"十三五"国家重点出版物出版规划

中国特色社会主义政治经济学研究丛书

# 中国特色社会主义收入分配制度研究

ZHONGGUO TESE SHEHUI ZHUYI SHOURU FENPEI ZHIDU YANJIU

刘 灿　王朝明　李 萍　盖凯程　等著

中国财经出版传媒集团
经济科学出版社
Economic Science Press

图书在版编目（CIP）数据

中国特色社会主义收入分配制度研究/刘灿等著.
—北京：经济科学出版社，2017.12
（中国特色社会主义政治经济学研究丛书）
ISBN 978-7-5141-8882-0

Ⅰ.①中⋯　Ⅱ.①刘⋯　Ⅲ.①社会主义分配制度-研究-中国　Ⅳ.①F124.7

中国版本图书馆 CIP 数据核字（2017）第 321913 号

责任编辑：于海汛　宋　涛
责任校对：郑淑艳
版式设计：齐　杰
责任印制：潘泽新

**中国特色社会主义收入分配制度研究**
刘　灿　王朝明　李　萍　盖凯程　等著
经济科学出版社出版、发行　新华书店经销
社址：北京市海淀区阜成路甲 28 号　邮编：100142
总编部电话：010-88191217　发行部电话：010-88191522
网址：www.esp.com.cn
电子邮件：esp@esp.com.cn
天猫网店：经济科学出版社旗舰店
网址：http://jjkxcbs.tmall.com
北京季蜂印刷有限公司印装
710×1000　16 开　29.25 印张　490000 字
2017 年 12 月第 1 版　2017 年 12 月第 1 次印刷
ISBN 978-7-5141-8882-0　定价：68.00 元
(图书出现印装问题，本社负责调换。电话：010-88191510)
（版权所有　侵权必究　举报电话：010-88191586
电子邮箱：dbts@esp.com.cn）

# 总　　序

习近平总书记近年来多次提出坚持和发展中国特色社会主义政治经济学问题。可见中国特色社会主义政治经济学在习近平总书记的治国理政理念中居于重要地位。对中国特色社会主义道路自信、理论自信、制度自信和文化自信的集中体现是构建系统的并形成共识的理论体系。其中最为突出的是构建中国特色社会主义政治经济学。

对构建中国特色社会主义政治经济学，习近平总书记在主持中央政治局第28次专题集体学习马克思主义政治经济学学习会时，明确要求：要立足我国国情和我国发展实践，揭示新特点新规律，提炼和总结我国经济发展实践的规律性成果，把实践经验上升为系统化的经济学说，不断开拓当代中国马克思主义政治经济学新境界。

构建中国特色社会主义政治经济学必须坚持以马克思主义为指导。马克思主义深刻揭示了自然界、人类社会、人类思维发展的普遍规律，为人类社会发展进步指明了方向。中国特色社会主义政治经济学的构建坚持马克思主义为指导，最为基本的是继承马克思主义政治经济学的基本范式并依据中国特色社会主义经济建设和改革开放的实践进行如下创新：第一，为什么人的问题，是为少数人服务还是为绝大多数人服务。马克思主义经济学代表无产阶级根本利益。无产阶级夺取政权以后，其阶级利益代表全体人民的根本利益，因此中国特色社会主义政治经济学以人民为中心，服从于人民的福祉和共同富裕。第二，基本任务是什么？马克思主义政治经济学的基本任务是阐述社会主义代替资本主义的必然性。进入社会主义社会后，政治经济学的基本任务由批判旧社会转向建设新社会。处于社会主义初级阶段的政治经济学，需要研究中国特色的社会主义的经济制度、发展道路，阐述社会主义初级阶段的经济规律，提供建设新社会的理论指导。第三，坚持问题导向是马克思主义的鲜明特点。问题是创新的起点，也是创新的动力源。只有聆听时代的声音，回应时代的呼唤，认真研究解决重大而紧迫的问题，才能真正把握住历史脉络、找到发展规律，推动理论创新。我国经济进入中等收入阶段后面临的一系列重大发展问题，例如，市场决定资源配置和政府更好发挥作用问题；中高速增长的可持续问题；跨越"中等收入陷阱"；等等。中国特色社会主义政治经济学需要围绕我国发展的重大问题，着力提出能够体现中国立场、中国智慧、中国价值的理论和理念。

中国特色社会主义是马克思主义中国化时代化的成果。从时空观分析，马克思是在资本主义社会研究资本主义，当时还没有出现社会主义国家。他所预见的社会主义经济同资本主义经济是在时间上继起的两个社会。而现时代，社会主义和资本主义空间中并存。在国际上是社会主义国家和资本主义国家并存，在国内是作为主体的社会主义经济与多种所有制经济并存。马克思主义经济学中国化的任务，不仅需要阐述社会主义经济制度的优越性，更要寻求增强社会主义经济的竞争力和影响力并最终战胜资本主义的途径。从物质基础分析，马克思当时认为，发达的资本主义是社会主义的入口。新中国脱胎于半殖民地和半封建社会。社会主义的物质基础没有完全建立起来，发展社会主义需要经过一个社会主义初级阶段。在社会主义初级阶段的社会主义不是完全消灭私有制，恰恰要在公有制为主体的前提下利用多种私有制经济发展生产力。从中国特色社会主义的成功实践分析，中国从一个贫穷落后的农业大国一跃成为世界第二大经济体。经济改革的中国模式，经济发展的中国道路得到了实践的检验。因此中国特色社会主义政治经济学是对中国特色社会主义经济建设的成功实践进行的理论概括，是用中国理论讲中国故事。

习近平总书记指出，构建中国特色哲学社会科学要把握好三方面资源：一是马克思主义的资源。二是中华优秀传统文化的资源。三是国外哲学社会科学的资源。构建中国特色社会主义政治经济学同样要把握好这些资源。以其中的经济发展理论体系为例，首先是继承性。在马克思主义经济学的理论宝库中挖掘其系统的发展生产力理论，使其成为经济发展理论建构的指导思想和方法论基础。其次是开放性，批判地吸收世界先进的发展理论。例如，二元结构现代化理论，中等收入陷阱理论，全要素生产率理论，可持续发展理论，知识经济理论，国家创新体系理论等。最后是创新性。中国的发展理论是在讲中国故事，体现中国智慧。例如，中国的新型工业化、信息化、城镇化和农业现代化"四化同步"社会主义现代化道路，中国的全面小康社会建设都是值得总结的发展理论。

习近平在主持政治局集体学习马克思主义政治经济学时，归纳了改革开放以来当代中国马克思主义政治经济学的重要理论成果，其中包括：关于社会主义本质的理论；关于社会主义初级阶段基本经济制度的理论；关于树立和落实创新、协调、绿色、开放、共享的发展理念的理论；关于发展社会主义市场经济、使市场在资源配置中起决定性作用和更好发挥政府作用的理论；关于我国经济发展进入新常态的理论；关于推动新型工业化、信息化、城镇化、农业现代化相互协调的理论；关于用好国际国内两个市场、两种资源的理论；关于促进社会公平正义、逐步实现全体人民共同富裕的理论；等等。这些重大理论成果都应该在中国特色社会主义政治经济学中进行系统化的阐述。

中国特色社会主义，以其理论和成功的实践回答了社会主义的发展中大国实现国家强盛人民富裕的重大问题，比如，在东方经济落后的国家建设什么样的社会主义、能否通过社会主义道路走向富强？社会主义和市场经济能否结合和怎样结合？在二元结构突出的农业大国如何实现现代化？在后起的资源相对缺乏的国家如何实现可持续发展？这些需要直面的世界性理论难题，马克思在当时不可能碰到，也不可能做出科学的预见。以中国特色社会主义政治经济学为理论指导所取得的中国经济成就，对这些重大问题作出了正确的回答，是对马克思主义的重大发展，为整个人类的经济科学文明发展做出了贡献。

进入新的历史时期后，时代赋予我们构建中国特色社会主义政治经济学的使命是加强对改革开放和社会主义现代化建设实践经验的系统总结，加强对发展社会主义市场经济的分析研究，加强对党中央治国理政新理念新思想新战略的研究阐释，提炼出有学理性的新理论，概括出有规律性的新实践。

2015年由我牵头的《中国特色社会主义政治经济学研究》被立项为马克思主义理论研究和建设工程重大项目和国家社科基金重大项目。经中央马克思主义理论研究和建设工程办公室批准，本项目研究的首席专家除我以外还有中央民族大学的黄泰岩教授、西南财经大学的刘灿教授、复旦大学的石磊教授、厦门大学的龙小宁教授和南京大学的葛扬教授。根据研究计划，我们编写中国特色社会主义政治经济学研究丛书，分别由各位首席专家领衔主持：《中国特色社会主义政治经济学理论体系构建》《中国特色社会主义基本经济制度》《中国特色社会主义市场经济体制建设和完善》《新常态下中国经济发展》《社会主义初级阶段的收入分配》《全球化与中国对外开放经济》《中国特色社会主义法治经济建设》，将陆续由经济科学出版社出版。

洪银兴

# 目　录

导论 / 1

**第一篇**　理论溯源与发展 / 21

## 第一章　马克思主义收入分配理论创立 / 23

一、收入分配理论：古典经济学到现代经济学 / 24
（一）古典经济学中的收入分配理论 / 24
（二）新古典经济学中的收入分配理论 / 30
（三）现代经济学分配理论的发展动态 / 33
二、经典马克思收入分配理论 / 47
（一）马克思恩格斯收入分配理论的来源及其地位 / 48
（二）马克思恩格斯收入分配理论概说 / 55

## 第二章　马克思收入分配理论在苏联的运用和发展 / 89

一、俄国十月革命与无产阶级政权的建立 / 90
二、列宁对马克思主义收入分配理论的继承与发展 / 91
（一）提出经济落后国家向社会主义过渡时期的理论 / 91
（二）提出社会主义制度下个人消费品分配原则 / 93
（三）对马克思主义按劳分配理论的发展 / 95
（四）社会主义的工资与奖金理论 / 97
三、高度集权的计划经济时期的斯大林收入分配理论 / 99
（一）关于社会主义商品经济的理论 / 100

（二）提出按劳分配的高度概括、实现形式及适用的历史
　　　阶段 ／ 102
（三）批判分配中的平均主义思想 ／ 103
（四）提出社会主义不要贫困，严格区别"生活富裕的人"与
　　　"去发财吧"两个口号 ／ 105
四、经济体制改革时期的收入分配理论 ／ 106
（一）关于按劳分配中"劳"的标准的质疑和再探讨 ／ 107
（二）关于工资制度改革的理论 ／ 108
（三）关于扩大企业分配自主权、物质奖励基金、利润和奖金
　　　制度改革的理论 ／ 110
（四）关于社会消费基金改革的理论 ／ 111
（五）关于集体农庄中按劳分配实现形式的理论 ／ 112
五、戈尔巴乔夫时期收入分配方面的改革 ／ 114
（一）工资、奖金制度方面的改革 ／ 115
（二）集体农庄的集体承包制和家庭承包制的改革 ／ 116

## 第三章　马克思收入分配理论在中国的突破 ／ 118

一、新民主主义社会时期与社会主义改造阶段收入分配理论 ／ 119
（一）1949～1952年，在新民主主义"三大经济纲领"引领下的
　　　收入分配格局 ／ 119
（二）1953～1957年，社会主义改造时期有关收入分配的理论
　　　争论 ／ 120
二、计划经济时期的收入分配理论 ／ 124
（一）马克思收入分配理论在中国计划经济时代的曲折
　　　探索 ／ 124
（二）高度集中计划经济体制下"产品经济型"按劳分配理论
　　　探索的经验总结 ／ 137
三、改革开放以后中国的收入分配理论 ／ 139
（一）有计划商品经济探索时期的收入分配理论 ／ 139
（二）社会主义市场经济体制初步确立时期的收入分配理论 ／ 146
（三）社会主义市场经济体制完善时期的收入分配理论 ／ 155

（四）社会主义市场经济收入分配理论探索突破的经验与
总结 / 171

# 第二篇　制度演变与创新 / 177

## 第四章　当代中国社会主义收入分配制度变迁：一个理论分析框架 / 179

一、基本概念界说 / 179
（一）分配制度 / 179
（二）分配基础 / 180
（三）分配原则 / 181
（四）分配机制 / 182
（五）分配形式 / 182
二、双向度逻辑关系构成的理论分析框架 / 182
（一）分配内在向度：分配制度与分配基础、分配原则、分配机制和分配形式的逻辑关联 / 183
（二）分配外在向度：广义生产关系及其内嵌的分配关系的前后延展逻辑关联 / 184
三、收入分配制度变迁的基本轨迹 / 186
（一）制度的形成与发展（1949～1978） / 187
（二）制度嬗变（1978～1992） / 188
（三）制度的完善（1992年至今） / 189

## 第五章　当代中国收入分配制度的形成、发展与演变 / 192

一、传统社会主义按劳分配制度的形成与发展（1949～1978） / 193
（一）过渡时期"混杂型"收入分配的产生和终结：1949～1956年 / 193
（二）"单一型"按劳分配制度的确立和演变：1957～1978年 / 196
（三）对传统按劳分配制度的反思及其启示 / 208
二、体制改革进程中社会主义收入分配制度的嬗变（1978～1992） / 214

（一）"混入型"收入分配制度改革与转向的动因 ／ 215
（二）"混入型"收入分配制度改革与转向的突破：
1978～1986年 ／ 219
（三）"混入型"收入分配制度改革与转向的深入：
1987～1992年 ／ 228
（四）"混入型"收入分配制度嬗变的特征、内在逻辑与演变
方向 ／ 234
三、社会主义市场经济体制下收入分配制度的完善（1992年至今） ／ 240
（一）"混生型"收入分配制度的初步确立：1992～2001年 ／ 241
（二）"混生型"收入分配制度的新突破：2002～2011年 ／ 247
（三）"混生型"收入分配制度的深度优化：2012年至今 ／ 254

# 第六章 当代中国收入分配制度的演变逻辑与方法论意义：政治经济学的解释 ／ 262

一、制度双向度演变逻辑 ／ 262
（一）制度演变的外在向度逻辑：从"生产力—生产关系—
上层建筑"的向前推进到向后推进 ／ 263
（二）制度演变的内在向度逻辑：从狭义的分配关系改革到
广义的分配制度改革 ／ 268
二、制度的演变方向 ／ 270
（一）制度的演变方向：共享发展理念下的制度自我完善和
深入发展 ／ 270
（二）制度本质认识的演进 ／ 271
（三）制度转型的完善和深入发展 ／ 276
三、制度的演变进路 ／ 278
（一）渐进式为主的制度演变轨迹：从强制性为主的变迁到
诱致性为主的变迁 ／ 279
（二）制度演变进路：从分配内在向度的协调到外在向度的
协同求变 ／ 285
（三）当前制度协同求变过程中的突出问题及解决思路 ／ 287
四、制度演变的政治经济学分析方法论意义 ／ 288

（一）马克思主义唯物史观方法论对于深刻剖析制度变迁有着重要的意义 / 288

（二）从社会经济结构以及生产力与生产关系、上层建筑的矛盾运动中来解释制度变迁 / 289

（三）以生产资料所有制及其产权关系为基础确定收入分配制度的性质 / 289

（四）通过社会分配实践来实现制度演变发展合规律性与合目的性的统一 / 289

## 第三篇　深化改革与制度构建 / 291

### 第七章　我国转型期收入分配结构及其矛盾 / 293

一、改革开放以来收入分配格局和财产权结构的变化 / 293

（一）混合所有制的发展与不同所有制条件下收入结构的来源或区域分析 / 294

（二）农村土地制度改革、农民土地权利的获得与土地收入的贡献 / 304

（三）城市住房制度改革与城镇居民房屋产权及其收入的获得 / 311

（四）城镇居民和农村居民家庭实物资产与金融资产的累积与收入结构变化 / 315

二、转型期收入分配结构的突出矛盾 / 323

（一）居民收入差距扩大 / 323

（二）财产权利在社会成员间的分布状况 / 338

三、经济发展与收入差距的相关性：库兹涅茨曲线的中国检验 / 342

（一）居民收入差距与财产占有差距的相关性 / 342

（二）经济发展与收入差距的相关性：理论与实证检验 / 346

附录　当代资本主义国家收入分配和财产权结构的矛盾及其深刻原因 / 353

### 第八章　我国转型期收入分配领域矛盾的深层原因 / 371

一、关于我国转型期收入分配结构主要矛盾及其原因的研究 / 371

二、转型期收入分配领域矛盾的深层原因 / 376
  （一）市场化改革与按要素贡献分配 / 376
  （二）所有制结构变化与财产权分布 / 377
  （三）财产权利结构失衡与收入差距 / 378
三、资本与劳动：初次分配领域不可避免的矛盾 / 379
  （一）初次分配领域资本与劳动的分配关系失衡 / 379
  （二）资本强权下的分配不公问题突出 / 382
  （三）从三大关系看转型期利益结构失衡 / 383

## 第九章　构建一个与市场经济相适应的中国特色社会主义收入分配制度 / 386

一、社会主义收入分配制度的核心价值 / 386
  （一）收入分配与社会公平：思想史的溯源 / 386
  （二）中国特色社会主义收入分配制度的价值取向 / 393
  （三）增长与共享：以新的发展理念实现公平正义 / 397
二、深化收入分配制度改革制度建设的整体架构 / 401
  （一）取向维度 / 401
  （二）制度功能维度 / 403
  （三）顶层设计维度 / 407
  （四）法律法规维度 / 409
  （五）经济调节维度 / 413
  （六）利益共享机制维度 / 417
三、坚持和加强社会主义收入分配制度的所有制基础 / 423
  （一）转型期收入分配关系及其利益结构演变的核心逻辑：生产关系 / 423
  （二）公有制经济：国民财富与利益共享的根本保证 / 425
  （三）公有领域的权力以及权力者行为规范与制度约束 / 427
  （四）保护非公有制经济特别是公民私人财产权利不可侵犯 / 428

**参考文献** / 431
**后记** / 454

# 导 论

## 一、研究背景

进入21世纪后，中国经济发展面临着的阶段性转换和一系列新的特征，习近平总书记提出认识新常态、适应新常态、引领新常态是当前和今后一个时期我国经济发展的大逻辑。习近平总书记在中央经济工作会议上指出："要深入研究世界经济和我国经济面临的新情况新问题，为马克思主义政治经济学创新发展贡献中国智慧。"立足于中国改革发展的成功实践，研究和揭示中国特色社会主义经济发展和运行中生产关系适合生产力性质、促进生产力发展的规律，形成的系统化、科学的理论体系，是政治经济学面临的重大课题。

生产关系要适合生产力性质这个规律，是马克思和恩格斯的伟大科学发现。这一发现使人们科学地认识了人类社会发展的客观过程。在马克思和恩格斯以前，许多资产阶级学者把人类社会的变化不是看做由客观规律支配的客观过程，而是用人的理性、人的意识来解释社会现象。马克思和恩格斯把复杂的社会现象归结为经济关系，即生产关系，而生产关系的变化又归结为生产力的发展变化，从客观的生产力水平出发，揭示了社会发展的客观规律。列宁说："只有把社会关系归结于生产关系，把生产关系归结于生产力的高度，才能有可靠的根据把社会形态的发展看做自然历史过程，不言而喻，没有这种观点，也就不会有社会科学。"[①] 马克思主义政治经济学的历史唯物主义体现就是它揭示了生产关系和生产力的矛盾是推动人类社会发展

---

① 《列宁选集》第1卷，人民出版社1972年版，第8页。

的基本动力。

中国特色社会主义是马克思主义普遍真理同中国具体实际相结合的典范。特别是中共十一届三中全会以来中国改革开放的实践，不断地探索建设中国社会主义的经济规律，即社会主义初级阶段生产关系和生产力的矛盾运动规律，积累了一系列宝贵的实践经验和科学观点，政治经济学需要深刻认识这些规律，总结这些规律，把它们上升为系统化的理论。同时，在建设中国特色社会主义和构建社会主义市场经济体制的过程中，我们也遇到了前所未有的、复杂的社会现象和矛盾。当前面临全面深化改革的重大任务，中国特色社会主义政治经济学研究需要对这些现象、矛盾的根源有科学的认识，找到解决这些矛盾的路径，形成新的经济学理论，为马克思主义政治经济学的创新发展贡献"中国智慧"。政治经济学不仅要研究我国经济发展新阶段的经济运行特征和问题，更重要的是要从基本经济关系、特别是收入分配关系层面上研究全面深化改革带来的生产关系、利益关系的变化（所有制和产权问题），揭示生产力和生产关系变化的经济规律。

自改革开放以来，我国收入分配制度改革逐步推进，破除了传统计划经济体制下平均主义的分配方式，在坚持按劳分配为主体的基础上，允许和鼓励资本、技术、管理等要素按贡献参与分配，不断加大收入分配调节力度。经过30多年的探索与实践，按劳分配为主体、多种分配方式并存的分配制度基本确立，以税收、社会保障、转移支付为主要手段的再分配调节框架初步形成，有力地推动了社会主义市场经济体制的建立。同时，收入分配领域仍存在一些亟待解决的突出问题，主要是城乡区域发展差距和居民收入分配差距依然较大，收入分配秩序不规范，隐性收入、非法收入问题比较突出，部分群众生活比较困难，宏观收入分配格局有待优化。

进入21世纪，我国发展战略推进到全面建成小康社会的决定性阶段，社会经济领域面临着全面深化改革、完善社会主义市场经济体制、转变经济发展方式等一系列战略性任务。中共十八届三中全会《决定》指出，深化收入分配制度改革，优化收入分配结构，构建扩大消费需求的长效机制，是加快转变经济发展方式的迫切需要；深化收入分配制度改革，切实解决一些领域分配不公问题，防止收入分配差距过大，规范收入分配秩序，是维护社会公平正义与和谐稳定的根本举措；深化收入分配制度改革，处理好劳动与资本、城市与农村、政府与市场等重大关系，推动相关领域改革向纵深发展,是完善社会主义市场经济体制的重要内容;深化收入分配制度改革,使发展成果更多、更公平地惠及全体人民,为逐步实现共同富裕奠定物质基础和制度基础,是体现社会主义本质的必然要求。

收入分配是一个社会基本经济制度和所有制结构的重要内容或表现形式,收入分配制度和分配结构直接决定一个社会的基本利益关系及社会成员之间的利益关系,马克思把它们称为生产关系。我国的社会主义初级阶段实行的是以按劳分配为主、多种收入分配方式并存的收入分配制度,其内涵是按劳分配和按生产要素贡献分配结合,其价值取向是实现公平和效率的统一。这一分配制度是同我国公有制为主体、多种所有制并存的所有制结构相适应的,体现了社会主义初级阶段生产关系的特征和要求,也体现了发展社会主义市场经济和构建社会主义和谐社会的客观要求。深化收入分配制度改革,对于完善社会主义基本经济制度和社会主义市场经济体制,促进我国社会经济长期稳定增长和社会利益结构的均衡,实现效率与公平的统一,有着重大的意义。

党的十九大报告指出,中国特色社会主义进入了新时代,这是我国发展新的历史方位。新时代我国社会的主要矛盾是人民日益增长的美好生活需要和不平等、不充分的发展之间的矛盾。本书正是基于这一时代背景,立足于构建中国特色社会主义政治经济学理论体系,系统研究中国特色社会主义收入分配制度的理论与实践问题。

本书的研究内容主要包括:(1)从经济思想史上系统梳理收入分配理论的演进,着重研究马克思主义收入分配理论和按劳分配思想及其在实践中的发展;(2)系统总结和研究中国特色社会主义收入分配制度形成、演进与改革创新;(3)研究我国转型期收入分配结构的突出矛盾和深层原因,对此进行马克思主义政治经济学的分析;(4)提出一个与市场经济相适应的、中国特色社会主义收入分配制度的指导思想、价值取向和整体架构,研究深化收入分配制度改革的路径和破解难题的关键问题。

## 二、理论基础和相关文献

### (一)马克思主义收入分配理论的形成

在19世纪中后期,马克思在深刻剖析资本主义生产关系和分配关系的同时，全面考察了前人的理论成果，批判了空想社会主义者关于未来社会分配问题的错误观点，吸收了其中的合理成分，创立了科学的按劳分配理论。在马克思设想的未来社会里，个人消费品的分配原则是按劳分配。有关马克思的按劳分配思想及其理论，集中体现在 1875 年的《哥达纲领批判》一书中。

马克思在《哥达纲领批判》一书中，对未来社会的设想第一次明确区分了共产主义社会的第一阶段和高级阶段，并提出第一阶段即社会主义社会实行按劳分配原则、高级阶段则实行"各尽所能，按需分配"原则。马克思指出，"我们这里所说的是这样的共产主义社会，它不是在它自身基础上已经发展了的，恰好相反，是刚刚从资本主义社会中产生出来的，因此它在各方面，在经济、道德和精神方面都还带着它脱胎出来的那个旧社会的痕迹。"① 马克思在这里强调了共产主义的第一个阶段还带着"旧社会的痕迹"，保留了旧式分工，生产力水平还不够高，物质财富还未充分涌流，劳动仍是谋生的手段，个人还不可能得到自由全面的发展，因此，为充分发挥劳动者的积极性，促进生产力的发展，还须实行按劳分配原则，而不能实行共产主义高级阶段的按需分配。

马克思强调，按劳分配是按劳动者提供的劳动量分配个人消费品。"每一个生产者，在做了各项扣除以后，从社会方面正好领回他所给予社会的一切。他所给予社会的，就是他个人的劳动量。例如，社会劳动日是由所有的个人劳动小时构成的，每一个生产者的个人劳动时间就是社会劳动日中他所提供的部分，就是他在社会劳动日里的一份。他从社会方面领得一张证书，证明他提供了多少劳动（扣除他为社会基金而进行的劳动），而他凭这张证书从社会储存中领得和他所提供的劳动量相当的一份消费资料。他以一种形式给予社会的劳动量，又以另一种形式全部领回来。"② 这是等量劳动相交换的过程，实质上也就是按劳分配的过程，这是我们在马克思著作中所看到的对于按劳分配的最详细、最经典的论述，这段话强调了按劳分配的关键是以劳动者提供给社会的劳动（包括劳动数量和质量）为尺度来分配个人消

---

① 马克思：《哥达纲领批判》，引自《马克思恩格斯选集》第 3 卷，人民出版社 1972 年版，第 10 页。
② 马克思：《哥达纲领批判》，引自《马克思恩格斯选集》第 3 卷，人民出版社 1972 年版，第 10~11 页。

费品，虽然没有出现"按劳分配"的字样，但这已经标志着按劳分配理论的正式形成。

马克思认为，"所谓的分配关系，是同生产过程的历史规定的特殊社会形态，以及在人们生活的再生产过程中互相所处的关系相适应的，并且是由这些形式和关系产生的。这种分配关系的历史性质，就是生产关系的历史性质，分配关系不过表示生产关系的一个方面。"他还指出："一定的生产决定一定的消费、分配、交换和这些不同要素相互间的一定关系。"① 马克思的论述表明，生产和分配都存在于生产总过程中，但并非同类事物，生产关系决定分配关系，而不是相反。同时，分配关系具有客观性，因为生产关系是客观的，不以人的意志为转移的，作为生产关系重要组成部分的分配关系自然也是不以人的意志为转移的。研究生产关系是研究分配关系的基础或出发点。

马克思还研究了分配关系与生产关系各个方面之间存在的辩证关系，以及分配方式的历史暂时性。他认为，分配关系是生产关系的一个组成部分，而生产关系是一个有机的整体，生产关系（狭义的）、分配关系、交换关系、消费关系构成这一"总体的各个环节"，它们之间存在着"一个统一体内部的差别"。"分配关系的历史性即暂时性"，是指任何分配关系都不可能是永恒的，它只能与一定的社会历史条件相适应。

马克思基于上述分配原理和分配观，研究了特定社会分配方式的逻辑。他指出："分配方式只是表现为生产要素的背面。个人以雇佣劳动的形式参与生产，就以工资形式参与生产成果的分配。分配的结构完全决定于生产的结构，分配本身就是生产的产物，不仅就对象说是如此，而且就形式说也是如此。"② 可见，生产要素参与生产的形式决定产品分配的形式，而前者又决定于该社会生产资料的分配和生产者在各类生产之间的分配。

总而言之，在马克思主义政治经济学体系中，遵循历史唯物论的哲学方法论和从抽象到具体的辩证逻辑，收入分配的研究从生产关系（即经济利益关系）研究发轫，一方面，始终贯穿于价值创造与价值形成、剩余价值来源、资本积累、社会资本再生产和剩余价值分割等理论研究的主线上；另

---

① 《马克思恩格斯全集》第 30 卷，人民出版社 1995 年版，第 40~41 页。
② 《马克思恩格斯文集》第 8 卷，人民出版社 2009 年版，第 19 页。

一方面，又结合社会经济制度的变革，落实在揭示资本剥削、贫富悬殊、危机爆发以及新分配制度创建等社会实践上。可以说，经典马克思收入分配理论是马克思主义政治经济学的重要组成部分，不仅仍然是认识批判现代资本主义制度的锐利武器，也是建设中国特色社会主义的一个理论基础。

### （二）作为思想来源之一的西方经济学收入分配理论

马克思主义收入分配理论有着丰富的思想资源。这个思想资源就包括来源于西方古典经济学、新古典经济学到现代各经济学流派理论观点以及对16~19世纪空想社会主义思想中合理成分的借鉴和吸取。

亚当·斯密作为古典劳动价值论的重大推进者，继承了威廉·配第的劳动价值论的观点，把其作为分析经济问题出发点，且奠定了其分配理论的基石。在他的分配理论中，分配对象是劳动生产的财富，收入分配也就是对劳动生产物的分配，这一思想充分体现在《国富论》中。李嘉图是第一个系统地用高度简化的假设条件和演绎推理建立经济学理论体系的人，而且与斯密不同的是，李嘉图在其成名代表作《政治经济学及赋税原理》中把收入分配作为研究的重点，他认为，"确定支配这种分配的法则是政治经济学的首要问题。"[①] 而劳动价值论仍然是其收入分配理论的关键所在，于是工资、利润、地租都是来源于工人生产商品时劳动耗费所创造的新价值，但是其价值概念已经从交换和价格的现象中抽离出来。后来，作为庸俗经济学的代表人物萨伊通过政治经济学研究对象的"三分法"、生产三要素论、"供给自动会创造需求"论将古典经济学引向了后来边际效用分析的方向。也正因为如此，他的思想为新古典经济学和现代经济学作了许多重要的铺垫，如效用价值论以及三要素创造价值的理论，成为新古典经济学收入分配理论的逻辑起点和按要素收入理论的直接思想资源。在经济学说史上首次对古典经济学进行综合研究中，约翰·穆勒同李嘉图一样将收入分配而不是经济增长作为理论体系构建的重点，他第一次提出了分配优先的观点。穆勒认为，对于当时的发达国家来说，需要的问题是收入分配的公平，而不是财富的增长。

1890年马歇尔在其代表性著作《经济学原理》中将边际效用论、生产费用论和供求理论综合为"均衡价格理论"，也就是用边际效用来说明商品

---

① 大卫·李嘉图，周洁译：《政治经济学及赋税原理》，华夏出版社2005年版，序。

需求价格，以生产费用来说明商品供给价格，再以供给和需求的均衡来说明均衡价格和均衡产量的形成，从而使西方经济学中的"价值"概念被"均衡价格"取代①。新古典经济学也就正式粉墨登场，确立其在当时西方经济学中的主流地位。于是马歇尔以"均衡价格理论"为基础建立其分配理论，把分配问题仅仅看做是生产要素价格形成问题中的一个方面，进而认为分配问题也就是国民收入如何分割为生产要素的份额问题。从比较的角度看，古典主义的分配理论，将土地所有者和资本家所得的剩余源于特权、所有制和剥削，而新古典理论则将注意力从分配份额转向稀缺性资源的配置以及投入报酬与生产贡献之间的联系。这是新古典分配理论与古典分配理论的一个重要区别。

第二次世界大战以后，凯恩斯主义经济学和国家干预的兴起，收入再分配成为西方经济学和政府用来对付不平等现象的主要手段，西方国"福利国家"也是在这种背景下兴起的，而西方国家强大的社会生产力又为政府实行再分配政策提供了物质基础。但是，福利主义和国家对收入分配的干预调节并没有消除收入分配领域的矛盾，差距扩大、社会分化和利益冲突日益严重，加之收入分配的过于悬殊不仅可能影响效率，而且其本身就与人类社会的基本价值观念相冲突。因此，收入分配问题重新成为西方经济学界关注的一个重大理论和实践问题。近年来，主流经济学对规范经济学的理论意义和现实作用给予了充分的关注和肯定，如印度经济学家阿马蒂亚·森，罗尔斯、诺齐克等，从伦理学、政治学、社会学、哲学的角度对分配问题进行了诸多研究，并得到经济学家的接受。这些研究有两个特征：一是对非收入因素的关注；二是对社会最底层成员的关注。

### （三）马克思收入分配理论在苏联的运用和发展

列宁在建设世界上第一个社会主义国家，巩固和壮大新生的无产阶级政权的过程中，全面继承和发展了经典马克思收入分配思想，特别是创造性地把马克思按劳分配理论推进到了一个新阶段，首次明确提出"按劳分配"概念，具体阐述了它的性质、原则、意义和实现形式，对后来世界上社会主义国家的分配关系和分配制度产生了极其深远的影响。1924年，无产阶级

---

① 马歇尔：《经济学原理》，商务印书馆2011年版。

革命导师列宁与世长辞。他在短短的六年之内建立无产阶级国家政权的社会主义制度框架,结合当时苏维埃俄国的具体情况把马克思收入分配理论付诸了实践,特别是在新经济政策时期将按劳分配与商品货币关系结合起来,探索了社会主义工资、奖金、分红等收入分配形式,将社会主义收入分配模式从平均主义的实物分配转向了结合物质利益的货币分配,对后来世界上各社会主义国家建立收入分配制度都产生了指导性的影响。

1924年列宁逝世,斯大林在新经济政策实施结束后构建了高度集中的计划经济体制。斯大林围绕这个计划体制对商品经济、实行按劳分配、批判平均主义、工资级别的计划管理以及集体农庄的富裕等分配问题进行了阐述,形成了他的收入分配理论,对苏联高度集中的计划经济体制下的收入分配制度产生了极大的影响。

### (四) 马克思收入分配理论在中国的突破

新中国成立后从新民主主义经济向社会主义经济过渡的这一阶段,国内学界对收入分配理论的探索反映了所有制关系改造对分配关系变革的理论认识。在计划经济时期,当时阐述按劳分配的主流思想,强调了与社会主义公有制经济相一致的按劳分配是社会主义收入分配中的基本原则,反对平均主义,必须坚持贯彻按劳分配。但其主要论述囿于高度集中的计划经济体制,按劳分配受计划经济规律的制约,实际上论证的是"产品经济型"的按劳分配,期间虽有将按劳分配与商品生产联系起来的看法,但既未有深入系统的研究,更不可能上升为国家战略和政策层面加以实施。至于超前认识到几十年后建立社会主义市场经济体制下按劳分配与市场经济关系的思想萌芽,在当时由于缺乏此思想成长的社会经济土壤,只能是昙花一现,但留给后人对此继续研究的深刻启发。

1992年中共十四大确立了我国改革的目标是建立有中国特色的社会主义市场经济体制,中共十四届三中全会作出了《中共中央关于建立社会主义市场经济体制若干问题的决定》,在收入分配体制改革方面提出坚持按劳分配为主体,多种分配制度并存的制度,体现效率优先,兼顾公平的原则,通过收入分配政策和税收调节避免收入的两极分化。中共十五大确立了公有制为主体、多种所有制经济共同发展是我国社会主义初级阶段的一项基本经济制度,在收入分配方面,提出要完善分配结构和分配方式,在坚持按劳分配为主体，多种分配方式并存的前提条件下，把按劳分配与按生产要素分配结合起来。在实践推进的过程中，中国特色社会主义收入分配理论创新也围绕这个目标模式而进行，在分配方式的理论探讨上，提出了按劳分配为主体的多种分配方式的存在，这不仅打破了按劳分配在分配领域中的唯一性，而且承认了资本等生产要素参与收益分配的合法性[①]。要素参与分配的方式，开始进入理论研究的视野，不仅对马克思劳动价值论在当代的发展提出了新要求，而且推动市场经济条件下分配方式的研究向纵深发展。但是，对于按劳分配和按要素分配的讨论还没有停歇，甚至转向按劳分配与按要素贡献分配关系的讨论。关于效率与公平的探讨，虽然提出了"效率优先、兼顾公平"的论断，但效率与公平之间择优抉择的说法并没有定论，在一次分配和二次分配过程中的效率与公平的权衡问题，还留下了继续研究的空间。

### 三、分析框架、理论逻辑和核心观点

#### （一）分析框架

本书以马克思的收入分配理论为基础，以历史唯物主义的制度分析为基本方法，立足于中国特色社会主义政治经济学基本理论研究，借鉴经济思想史上近现代收入分配理论和我国改革实践中收入分配理论的创新的积极成果，研究我国收入分配制度的形成、发展及历史演变，分析我国转型期收入分配领域的突出矛盾及其深层原因，在对中国经济改革与收入分配制度改革实践分析的基础上，提出一个与社会主义市场经济条件相适应的收入分配制度创新的理论框架。

#### （二）理论逻辑

1. 以经济思想史研究的视角，对马克思主义收入分配理论的形成、发展以及当代创新进行系统研究

本书对马克思主义收入分配理论形成和丰富的思想资源进行了系统整理。这个思想资源就包括来源于西方古典经济学、新古典经济学到现代各经

---

[①] 李楠：《马克思按劳分配理论及其在当代中国的发展》，高等教育出版社2003年版，第169页。

济学流派理论观点以及对16～19世纪空想社会主义思想中合理成分的借鉴和吸取，当然也对其阶级局限性、历史局限性给予了科学的批判。同时，本书对苏联和中国的社会主义实践中对马克思主义收入分配理论的运用、理论讨论和理论发展进行了系统的梳理。因而，本书研究的逻辑是马克思主义收入分配理论的开始。从经济思想史的角度看，任何一个国家、一个时代的经济思想的发展都要受到社会历史背景的影响。马克思主义收入分配理论从它的提出、形成、演进和创新，有着深刻的社会经济、政治演变的印记，为了对这一思想的学术整理既能反映思想发展的逻辑，又具有鲜明的社会历史标记，我们将马克思主义收入分配理论的创立与发展分为三个大的部分（即三个大的时间阶段）：（1）马克思主义收入分配理论的创立；（2）马克思收入分配理论在苏联的运用和发展；（3）马克思收入分配理论在中国的突破，以此来分别整理收入分配理论的思想积累、发展线索、过程状态、学术形式及研究方法，力图勾勒出马克思主义收入分配理论形成发展的、比较完整的学科框架。

2. 以历史的大视野，构建了一个对当代中国收入分配制度变迁研究的双向度逻辑关系的理论分析框架

从历史的大视野来观察我国收入分配制度变迁发展的流向，发现我国收入分配制度的变迁，走过了一个从新中国之初过渡期的"混杂型"收入分配制度、很快转为传统社会主义计划经济体制下单一的按劳分配制度、到改革后按劳分配为主体、多种分配形式出现的"混入型"收入分配制度、再到社会主义市场经济体制下按劳分配与按其他要素分配相结合、有中国特色的社会主义"混生型"收入分配制度的转变过程，彰显出"否定之否定"的规律性特征和演变轨迹：单一按劳分配制度是对多种分配形式杂存的"混杂型"收入分配制度的第一次否定，而按劳分配为主体、"混入型"收入分配制度及其后的"混生型"收入分配制度，则是对单一按劳分配制度的第二次否定。其中，尤为重要的是，"混生型"收入分配制度并非是对新中国之初过渡期"混杂型"收入分配制度的简单回归，而是在改革开放新的历史背景下，社会主义市场经济体制建立和完善进程中收入分配制度适应性调整的创新发展。为把握这一制度演变过程的总体轮廓及其多个角度多个层面，本书致力于政治经济学角度、构建了一个双向度逻辑关系的理论分析框架：一方面，通过分析分配制度内部分配基础、分配原则、分配机制和分

配形式的逻辑互动关系，分析刻画了一个内在向度的理论进路；另一方面，将分配纳入社会经济系统的整体向度，通过分析生产力、生产资料所有制及其生产关系、上层建筑的发展演变如何引致分配制度的发展演变，分析刻画了一个外在向度的理论进路。运用这一分析框架进行的研究，着意揭示了近70年来我国"社会主义特殊形态"的"混合型"收入分配制度变迁，在嵌入生产力——生产关系——上层建筑相互影响、作用的系统结构互动机制中动态适应性调整的不断创新发展，是社会主义收入分配制度的自我完善，并形成社会主义市场经济体制下收入分配制度创新探索的"中国实践"。

3. 从现象到本质：坚持对财产权与收入结构的生产关系分析

收入分配是一个社会基本经济制度和所有制结构的重要内容或表现形式，收入分配制度和分配结构直接决定一个社会的基本利益关系及社会成员之间的利益关系，马克思把它们称为生产关系。改革开放以来，我国收入分配制度改革不断深化，逐步打破了计划经济体制下僵化的收入分配制度，建立起与社会主义市场经济体制相适应的按劳分配为主体、多种分配方式并存的分配制度，有效调整各种经济主体之间的利益关系，促进了经济社会平稳较快发展。改革近40年后，社会成员间利益结构（财产占有和收入分配）发生了一系列新的变化，在收入分配领域，收入差距和分配不公是转型期利益结构失衡的突出表现，而这一特点在我国转型期是内生的。本书对我国转型期收入分配领域的主要矛盾及其深层原因进行了政治经济学分析，即把转型期利益结构失衡的原因集中到生产关系层面的三大关系上：一是资本权利与劳动权利的关系；二是政府与公民的关系；三是公共利益与私人利益的关系。在这些关系上体现出来的我国转型期收入分配关系及其利益结构失衡，其背后的核心逻辑是生产关系，它是社会主义初级阶段生产力发展与生产关系、经济基础与上层建筑之间矛盾的具体表现和在现实中的展开。

4. 提出构建一个与社会主义市场经济相适应的收入分配制度

针对这一命题，本书提出了一个整体性制度架构。在核心价值取向上，提出坚持马克思主义核心的价值观，即社会公正与人的全面发展；在制度功能上，提出保护公民的占有财产和社会产品分配上的权利，激励各类经济主体，规范不同主体之间的权利义务关系，实现资源的有效配置；在制度构建上，提出财产权利制度建构层面、顶层设计层面、行政法律法规层面、经济调节层面（如税收、社会保障等）以及利益共享机制层面的多层次制度设计，并提出要处理好经济自由与政府协调的关系，强调政府在财产权结构和收入分配上应该积极有为。

### （三）核心观点

（1）马克思收入分配理论是马克思主义政治经济学的重要组成部分。马克思收入分配理论既是对资本主义分配关系、运动规律及其制度的揭示与批判，也是对未来社会崭新分配制度的科学预言。同时，经典马克思收入分配理论的基本元素来源于英国古典政治经济学，是对古典政治经济学批判的基础上诞生的。在马克思主义政治经济学体系中，遵循历史唯物论的哲学方法论和从抽象到具体的辩证逻辑，收入分配的研究从生产关系（即经济利益关系）研究发轫，一方面，始终贯穿于价值创造与价值形成、剩余价值来源、资本积累、社会资本再生产和剩余价值分割等理论研究的主线上；另一方面，又结合社会经济制度的变革，落实在揭示资本剥削、贫富悬殊、危机爆发以及新分配制度创建等社会实践上。可以说，经典马克思收入分配理论是马克思主义政治经济学的重要组成部分，不仅仍然是认识批判现代资本主义制度的锐利武器，也是建设中国特色社会主义的一个理论基础。

（2）基于中国特色社会主义建设和改革实践，马克思主义政治经济学的中国化在收入分配领域取得丰富的理论创新成果，形成了中国特色社会主义分配理论，其理论演进的基本脉络与逻辑关系有以下几条线索：①在社会主义市场经济体制的建设中，逐步实现了以按劳分配为主体与多种分配方式并存的有机结合，从而取得了马克思主义经济学关于社会主义初级阶段分配理论的重大发展；②公平与效率关系的导向逐步由"先富论"到"共富论"，再到特别强调改革红利有效惠及全体人民的"共享论"，反映了中国改革实践中生产力变化与生产关系调整间的互动作用，并且显现了马克思主义经济学视野内公平与效率间的相互促进而非替代关系；[①] ③初次分配与再次分配的关系由前者注重"效率"后者强调"公平"，演变至二者都要兼顾

---

[①] 程恩富：《现代马克思主义政治经济学的四大理论假设》，载于《中国社会科学》2007年第1期。

效率与公平，并且突出完善初次分配机制对于缩小收入差距的重要作用，提出劳动报酬与劳动生产率同步提升，① 这一进程体现了中国改革实践和中国经济学对马克思主义收入分配理论的贡献。

（3）我国社会主义收入分配制度的实践探索和历史逻辑，呈现出一条试错—改革—优化的鲜明主线：建立在总体低下生产力水平及其生产关系、上层建筑的动态适应性发展之上的"社会主义特殊形态"的"混合型"收入分配制度，在社会主义制度的形成、改革及其完善的反复摸索、波澜起伏过程中，表现为过渡时期的"混杂型"收入分配制度、改革开放初期的"混入型"收入分配制度和社会主义市场经济体制下"混生型"收入分配制度。实践反复证明，当"社会主义特殊形态"的"混合型"收入分配制度的具体选择和形成适合现实社会生产力、生产关系及其上层建筑实际时，就会促进社会生产力发展和经济增长与发展，从而因改善民生、增进民生福利、提升民生水平而进一步优化和完善社会主义制度；相反，当出现违背现实生产力、生产关系客观要求及其上层建筑制约的超前或滞后的收入分配制度，则必然抑阻社会生产力发展和经济增长与发展，民生因此得不到应有的改善和提高、从而偏离社会主义制度探索的正确方向而使社会主义制度建设遭受挫折。

（4）对传统社会主义计划经济体制下的收入分配制度及其绩效的公允评判，要基于特定历史时期经济与社会背景来展开，充分考察生产力、生产关系、上层建筑关联系统间的相互牵制与影响。改革开放前，收入分配状况总体处于人均低收入和相对平均化的状态，这不仅与传统社会主义时期的所有制结构直接相关，也是在落后的生产力条件、有限的资源储备和庞大的人口规模这一基础上追求快速工业化并完成经济赶超的结果②。收入分配政策在这一时期的局部调整既从属于国家经济战略的推进和意识形态转变，根本上说也受制于低下的生产力水平的制约。

（5）从方法论意义看，迄今对收入分配问题的经济学解释多见于运用理性经济人假设、边际效用、成本—收益、制度绩效、交易成本等新古典经

---

① 林岗：《从马克思主义视角看收入分配的理论和现实》，载于《政治经济学评论》2015 年第 1 期。
② Wen Rui and Wu Li, "New China's Income Distribution System: Its Evolution, Performance and Lessons for the Future", Social Science in China, Winter, 2007.

济学、新制度经济学分析工具来分析收入分配制度改革转型及其对资源配置优化、效率提高的作用。效率原则固然能够在很大程度上评判制度的优劣，但是随着对经济发展以及制度绩效认识的不断丰富，单纯以效率原则来衡量制度绩效，显然片面且有碍于实现制度绩效衡量的多样化和制度变迁理论分析范式选择的多样化。这也关系到如何对中国社会主义经济制度的变迁轨迹进行合理的、逻辑自洽的历史诠释。因此，我们需要从政治经济学角度、从收入分配制度变迁既受到整体社会经济制度变迁的制约、又深刻影响着社会经济制度转型发展、在"生产力——生产关系——上层建筑"相互影响、作用的互动中做进一步深化研究和理论扩展。

（6）30多年来，我国城乡居民收入快速增长，减贫成就举世瞩目；收入分配领域法规制度逐步完善，初次分配有章可循；政府再分配调节能力不断增强，市场机制缺陷得到弥补。但是，收入分配领域仍然存在不少矛盾和问题，主要表现为国民收入中个人收入比重下降，劳动收入增长缓慢，居民之间收入差距扩大，收入分配秩序还不规范，分配不公和以权谋私加大了收入差距等。探究这些矛盾问题的原因，我们需要运用马克思的历史唯物主义方法和收入分配理论，把收入分配问题纳入社会制度结构和生产关系中分析，寻找其生产力与生产关系相互作用的内在逻辑，这是中国特色社会主义政治经济学研究面临的一个重大理论问题。

（7）资本主义市场经济在其长期发展过程中一直面临着收入分配和财产结构的巨大矛盾，贫富差距和两极分化是当代资本主义生产关系最基本的特征；世纪之交两次金融危机和快速发展的财产金融化进一步加剧了贫富差距和两极分化。当代资本主义国家一直在用国家干预和社会福利政策来调节贫富差距，减少社会矛盾。但是要看到，资本主义市场经济内在的贫富分化和社会利益结构失衡是由它的基础生产关系决定的，资本主义私有制限制了对财产和收入分配结构调节的力度及范围。当代发达资本主义国家为经济增长已付出巨大的代价（不平等和社会分裂），中国在发展社会主义市场经济和极力推进经济增长的时候，要避免资本主义制度最有害的和破坏性的特征出现。

（8）在马克思恩格斯对资本主义私有制的批评和对未来社会公有制的构想中，包括了深刻的产权正义公平的思想。马克思主义产权正义思想体现了追求实质正义和平等的社会主义价值观，我们在构建社会主义市场经济的财产权与收入分配制度时应该坚持这种价值取向。按照马克思主义的唯物史观，任何一个制度作为生产关系的法定表现是由生产力决定的。在制度构建上，作为社会理性，我们要选择的是这种制度与现阶段生产力发展相适应，且促进经济效率的内洽性。

（9）马克思、恩格斯从人和社会的关系出发，从历史演变的角度揭示了三大社会形态中人的发展状态，指出人的全面发展的历程和人类社会历史发展一样是一个自然历史过程。从历史唯物主义出发，马克思认为财产权和所有制不仅是一种与物质生产力发展有关的生产关系，它本质上包含着人的发展的基础条件，即能否突破旧的社会分工和机器大工业对人的束缚，消灭并剥夺任何人利用财产的占有权力去奴役他人劳动的权力，重建"劳动者个人所有制"和自由人联合体，最终实现每个人的自由全面发展。马克思关于人的全面发展的思想是我们构建社会主义收入分配制度和财产权制度的基本原则和核心精神。

（10）我国转型期个人收入和财产分布差距扩大的原因是复杂多样的，总体来说，一方面是来自深化改革所牵动的利益格局调整；另一方面来自发展过程的代价体现。通过不断完善社会主义市场经济体制和深化改革，处理好市场经济中政府与市场的关系，继续强化制度性反腐，可以在一定程度上抑制住差距扩大的趋势，而在今后相当长的时间内保持较中高速的经济增长，实现共享经济发展，对于抑制和缩小差距具有更加重要的意义。我们的道路选择应该是以包容性经济增长和共享式发展来解决收入分配领域中的矛盾，来解决社会公平正义问题。

（11）构建与社会主义市场经济相适应的财产调节与收入分配制度，要充分发挥财产权制度的功能，首先是要界定和保护公民财产所有权的排他性，保护公民实现其财产权益；其次要激励财产权主体，规范不同主体之间的权利义务关系，包括公民个体与国家权利主体的关系，与各类集体、社会经济组织之间的关系，公民个体权利主体之间的关系等；再次，要充分发挥产权交易的功能实现资源的有效配置；最后，在不同的利益主体（政府、企业与个人）之间形成利益均衡机制。

（12）同样是财产主体的多元化和收入分配形式的多样性，其所有制基础是否以公有制为主体，这是社会主义市场经济与资本主义市场经济的根本区别。在经济转型期，我国与社会主义市场经济相适应的收入分配结构正在逐渐形成，多种所有制并存共荣和财产多元化、包容性结构的社会主义市场经济体制新形态正逐渐为社会大众认可接受。与此同时，社会经济结构的演变，也形成了多样性的财产权形式和财产权主体。与社会主义市场经济相适应的社会主义收入分配制度，其所有制基础是公有制为主体、多种所有制经济共同发展的基本经济制度。在社会主义市场经济中，公有制经济在关系国家及民生的重要经济部门充分发挥主体和主导作用，是国民财富增长及其经济利益在社会成员之间合理分配、平等受益的重要保证。公有制经济及其衍生出来的按劳分配制度及其方式，是"消灭剥削、消除两极分化、共享改革发展成果、实现共同富裕"的必然制度基础和长期经济保证，是实现国民财富和利益共享的"制度之钥"。

## 四、研究方法

### （一）马克思主义的生产关系和制度分析方法

首先，对于构建适应社会主义市场经济的收入分配制度，寻找其基本规律和客观性，其哲学观应该是马克思主义的历史唯物主义和辩证唯物主义，即从生产力与生产关系的矛盾运动中得到解释；其次，把收入分配制度放到一个作为整体的社会经济制度结构之中来研究，以寻求一个社会在特定阶段的市场环境条件下制度均衡的路径，并在研究方法上把整体主义分析与个体主义分析、制度的宏观结构分析与微观结构分析结合起来。

### （二）历史分析与逻辑演绎相统一的研究方法

马克思主义收入分配理论是本书的理论基础。本书对收入分配思想史的研究仍然采用了历史分析与逻辑演绎相统一的方法。从历史演进的分析看，马克思主义收入分配理论的形成，以及在实践中的创新和发展是一个宏大的历史过程，具体到思想史上，则是对马克思主义收入分配理论丰富的思想资源进行系统梳理。这个思想资源就包括来源于西方古典经济学、新古典经济学到现代各经济学流派理论观点以及 16～19 世纪空想社会主义思想；也包括后来在苏联和中国社会主义实践中对马克思主义收入分配理论的运用及推进。从逻辑演绎的分析看，遵循辩证逻辑的方法论，从抽象到具体、本质到现象、简单到复杂的演绎推论，我们对马克思主义收入分配理论体系的展开，也就是从最基础和本质性的生产关系（即经济利益关系）研究发轫，将马克思收入分配理论的内在逻辑贯穿于抽象、简单的价值创造与价值形成、剩余价值来源、资本积累，到剩余价值流通和实现，最终通过价值分配展现为工资收入、利润、利息、地租等具体、复杂的现象形态。并在马克思主义收入分配理论创立与发展三个部分上，把历史分析与逻辑演绎相统一起来。

**（三）把收入分配制度演变纳入生产力——生产关系——上层建筑相互作用的系统结构互动机制中研究**

本书遵循马克思主义政治经济学方法论对我国渐进式的收入分配制度演变过程进行历史大视野下的分析，从收入分配制度变迁既受到整体社会经济制度变迁的制约、又深刻影响着社会经济制度转型发展、在生产力——生产关系——上层建筑相互作用的完整的系统结构互动机制中，通过分配基础、分配原则、分配机制和分配形式等四个维度深刻揭示我国收入分配制度演变的四重内涵，重返政治经济学的传统。

**（四）运用经济统计、计量分析、典型案例和比较研究等多种方法**

本书在对收入分配领域矛盾及突出问题进行生产关系分析的同时，运用经济统计、计量分析、典型案例和比较研究多种方法，研究了我国转型期收入和财产权结构、居民个人收入差距（包括地区、行业、劳资之间等）的现状及变化趋势，研究了当代资本主义国家的贫富差距和两极分化现象。大量的数据分析和统计现象描述丰富了这些实证研究，为本书的定性研究提供了有力支撑。

## 五、内容安排

本书总共分为导论以及三个篇章（共九章）内容。
导论部分是本书内容、研究方法、主要观点和研究框架的总括性分析。介绍了本书的研究背景、选题取向，主要理论、分析框架、核心观点、研究方法和篇章结构安排等内容。

第一篇是"理论溯源与发展"。该篇介绍收入分配理论从古典、新古典、现代经济学以及马克思主义经济学等不同角度发展演变的理论脉络。第一篇分为三章：第一章，从收入分配的经典理论分析出发，分析了古典、新古典、现代经济学分配理论的发展脉络，并着重分析了经典马克思收入分配理论的来源、地位和概说。第二章，从马克思收入分配理论在苏联的运用和发展来分析马克思主义收入分配理论的继承、发展，着重分析了几代苏联领导人在不同时期所强调的收入分配理论及其改革。第三章，探讨马克思收入分配理论在中国的突破，特别分析了新民主主义社会时期与社会主义改造阶段收入分配理论、计划经济时期的收入分配理论、改革开放以后中国的收入分配理论，并对相关理论探索的经验进行了总结。

第二篇是"制度演变与创新"。该篇以历史的大视野来介绍我国收入分配制度的变迁发展。第二篇分为三章：第四章，分析了"当代中国收入分配制度安排：变迁的基本轨迹"，该章将当代中国收入分配制度安排分为1949~1978年，1978~1992年以及1992年至今三个阶段，探讨了收入分配制度在中国的发展、演变、完善过程。第五章，分析了当代中国收入分配制度的形成、发展与演变，该章特别关注了传统社会主义按劳分配制度的形成与发展、中国体制改革进程中社会主义收入分配制度的嬗变、社会主义市场经济体制下收入分配制度的完善等三个重要主题。第六章，分析了"中国社会主义收入分配制度的演变逻辑与方法论意义：政治经济学的解释"，包括中国社会主义收入分配制度双向度演变逻辑、中国社会主义收入分配制度的演变方向、中国社会主义收入分配制度演变进、中国社会主义收入分配制度演变的政治经济学分析方法论意义等问题。

第三篇是"深化改革与制度构建"。该篇从我国转型期收入分配结构的量化分析入手，提出转型期中国收入分配结构的突出矛盾，并对这些矛盾形成的深层次原因进行了剖析，提出了构建一个与市场经济相适应的中国特色社会主义收入分配制度的设想。第三篇分为三章。第七章，分析了我国转型期收入分配结构及其矛盾，主要从改革开放以来收入分配格局和财产权结构的变化、转型期收入分配结构的突出矛盾、经济发展与收入差距的相关性：库兹涅茨曲线的中国检验三个角度从结构性、实证性角度分析了改革开放以来收入分配结构的变化和矛盾。并以一个附录的形式，对比分析了当代资本主义国家收入分配和财产权结构的矛盾及其深刻原因。第八章，探讨了我国转型期收入分配领域矛盾的深层原因,主要包括我国转型期收入分配结构主要矛盾及其原因的研究,转型期收入分配领域矛盾的深层原因、资本与劳动,初次分配领域不可避免的矛盾三个部分。第九章,提出了构建一个与市场经济相适应的中国特色社会主义收入分配制度的设想,以社会主义收入分配制度的核心价值、深化收入分配制度改革制度建设的整体架构、坚持和加强社会主义收入分配制度的所有制基础作为设计这种适应中国特色社会主义收入分配制度的设想的基本原则、框架和所有制基础。

# 第一篇

## 理论溯源与发展

"所谓分配关系,是同生产过程的历史规定的特殊形式,以及人们在他们生活的再生产过程中互相所处的关系相适应的,并且是由这些形式和关系产生的。这些分配的历史性质就是生产关系的历史性质,分配关系不过表示生产关系的一个方面。"——马克思

# 第一章 马克思主义收入分配理论创立

迄今为止,马克思主义收入分配理论从创建到发展已经历了170多年。历史的沧桑巨变仍然证明马克思主义收入分配理论具有的时代性和生命力。恩格斯在马克思的墓前这样说道:马克思发现了现代资本主义生产方式和它所产生的资产阶级社会的特殊的运动规律。由于剩余价值的发现,这里就豁然开朗了,而先前无论资产阶级经济学家或社会主义批评家所做的一切都只是在黑暗中摸索。① 尤其是经典马克思收入分配理论,创立了包括解释资本主义分配关系、分配方式及其运动规律和预测设计未来新社会收入分配制度及其方式的理论体系。这个理论体系从根本上讲,是建立在历史唯物主义和科学的劳动价值论、剩余价值论的基础之上的,因而就具有科学的本质特征和强有力的理论指导意义,它当然成为世界上建立社会主义制度的国家进行分配制度革命和分配体制改革的理论基础。而这个过程本身也是马克思主义收入分配理论在实践中不断创新和发展的过程,远未穷期。那么研究马克思主义收入分配理论的创新发展,首先得了解马克思主义收入分配理论形成和丰富的思想资源。这个思想资源就包括来源于西方古典经济学、新古典经济学到现代各经济学流派理论观点以及对16~19世纪空想社会主义思想中合理成分的借鉴和吸取,当然也对这些思想资源所含有的阶级局限性、历史局限性给予了科学的批判。因而,研究的逻辑也就当先从古典经济学到现代经济学的收入分配理论评述开始,然后重点回顾经典马克思收入分配理论。

---

① 李慎明:《洞察人类历史发展规律的教材——重温恩格斯在马克思墓前的讲话》,载于《党建研究》2011年第2期。

## 一、收入分配理论：古典经济学到现代经济学

收入分配理论被称作经济学研究领域的"常青树"或"敏感的神经"。西方经济学界，甚至在经济学理论大厦建立之前，就有很多经济学家开始思考和研究收入分配问题。在经济学的形成、发展和演变过程中，收入分配问题一直是经济学家关注和研究的重点内容。古典经济学、新古典经济学、现代各经济学流派等都把收入分配作为其理论的重要组成部分。我们将沿袭西方经济学发展和演变的脉络对收入分配理论进行梳理和评析。

### （一）古典经济学中的收入分配理论

古典政治经济学产生于 17 世纪中叶，在 19 世纪初基本完成。在英国，从威廉·配第开始，经过亚当·斯密和大卫·李嘉图等学者的发展后结束；在法国从阿布吉尔贝尔开始，经过西斯蒙第等发展后结束。古典政治经济学的核心内容之一就是探讨以劳动价值论为基础的分配问题，如利息、利润、工资和地租等。古典政治经济学产生之前，西欧的主流经济思想是重商主义。14~15 世纪，海外贸易的发展为重商主义思想的发展提供了实践基础。重商主义者重视商业流通领域，尤其是对外贸易，认为贸易顺差是增加社会财富的主要手段。重商主义思想主导下的荷兰、西班牙和英国等的对外贸易和殖民地统治为资本主义发展提供了原始积累。随着资产阶级的势力日益壮大，充当工业资产阶级利益代言人的古典政治经济学登上历史舞台，纷纷论证资本主义生产方式是"自然的"和符合人类发展规律的永恒的生产方式。从古典政治经济学开始注重对国家财富的积累、国际贸易、货币和赋税等问题的研究，强调个人利益与国家利益的协调，主张价格系统在配置资源过程中的重要作用。

可以说，自 1776 年亚当·斯密的《国富论》的出版到 19 世纪 70 年代，西方古典经济学的一个特点就是重视对生产和分配的研究，其中亚当·斯密、大卫·李嘉图、约翰·穆勒、萨伊等是主要代表人物。

1. 亚当·斯密的收入分配思想

亚当·斯密作为古典劳动价值论的重大推进者，继承了威廉·配第的劳动价值论的观点，把其作为分析经济问题出发点，且奠定了其分配理论的基

石。于是在他的分配理论中，分配对象是劳动生产的财富，收入分配也就是对劳动生产物的分配，这一思想充分体现在《国富论》中，如其在第一篇中所提到的，"劳动的生产物按照何种顺序自然而然的分配给社会上各阶级"①。亚当·斯密的分配论是劳动工资、资本利润以及土地地租决定论。他认为："在所有的社会中，每一种商品的价格最终要分解为这三个部分中的一种或全部；在每一个先进社会中，这三部分，作为价格的组成部分，都或多或少地进入大部分商品价格中②。"这里所说的"三个部分"指的是工资、利润和地租这三种收入形式，即工资来源于劳动的收入，利润来自运用资本的收入，地租来自土地的收入。他以谷物为例证明自己的观点：谷物价格中的"一部分付给地主的地租，另一部分付给生产上所雇用的劳动者的工资及耕畜的维持费，第三部分付给农业家的利润③。"

为此，亚当·斯密继论述了收入分配来源的理论硬核，即关于商品价值形成问题，从而形成了按生产要素分配的理论基础，也开了功能性收入分配理论的先河。在斯密看来，并不是只有劳动才创造价值，资本和土地同样能够创造价值。斯密认为，只有在资本积累和土地私有尚未发生之前的初期野蛮社会，劳动是获得物品的唯一投入，劳动的产品完全属于劳动者自己。因此，物品相互之间才按取得或生产它们所需的劳动量比例进行交换。一旦资本在一部分人手里积聚起来和土地成为私有财产，物品的价值便由投入生产的劳动、资本和土地共同决定④。商品的交换价值由劳动得到的工资、资本得到的利润和土地得到的地租构成，这种被称为斯密的收入构成商品价格由工资、利润和地租组成的说法，就是著名的"斯密教条"。

2. 大卫·李嘉图的收入分配思想

作为古典经济学的集大成者，大卫·李嘉图较早系统地研究了资本主义收入分配问题。他和亚当·斯密都是从商品的价值出发分析剩余在各要素之间的分配，但李嘉图是第一个系统地用高度简化的假设条件和演绎推理建立经济学理论体系的人，而且与斯密不同的是，李嘉图在其成名代表作《政

---

① 亚当·斯密，郭大力、王亚南译：《国富论》第一卷，商务印书馆2003年版，第2页。
② 亚当·斯密，郭大力、王亚南译：《国富论》第一卷，商务印书馆2003年版，第50页。
③ 亚当·斯密，郭大力、王亚南译：《国富论》第一卷，商务印书馆2003年版，第240~255页。
④ 亚当·斯密：《国富论》（全译本），中央编译出版社2013年版，第50~58页。

治经济学及赋税原理》中把收入分配作为研究的重点,他认为"确定支配这种分配的法则是政治经济学的首要问题。"① 而劳动价值论仍然是其收入分配理论的关键所在,于是工资、利润、地租都是来源于工人生产商品时劳动耗费所创造的新价值,但是其价值概念已经从交换和价格的现象中抽离出来。李嘉图的价值决定和收入分配理论有三个特点:(1)在解释工资、利润和地租的决定时,李嘉图将劳动作为一个整体来看待,使用均量分析法来决定工资水平,而对土地却按照优劣顺序排列,用边际分析法来决定地租水平;(2)李嘉图认为,不仅商品价值是影响收入分配的因素,而且劳动力供求因素也会影响收入分配;(3)价值不仅由劳动创造,至少土地也创造价值②。

工资理论。李嘉图认为,劳动的价值就是劳动的工资,其取决于维持其生存需要以及繁衍后代所需要的生活资料的价值。从长期来看,价格反映了生产成本,可称为"自然价格"。自然价格中的人力成本,是劳动者维生所需的花费。如果工资反映人力成本的话,那么工资必须保持在可以维生的水平。因为工资需要维持在一定的水平才能保证工人的基本生存和生活。然而,由于经济的发展,工资水平会高于勉强维生的水平,并且劳动者维持其基本生存和生活的能力不取决于其获得的名义工资,即货币工资,而是取决于他的货币工资的实际购买力。同时,以相对工资,即能购买的食物和必需品的数量来解释在国民收入中工人阶级所占份额与资本家阶级、地主阶级所占份额此涨彼落的关系,这在李嘉图的利润和地租理论上也比较充分地展现出来。

利润理论。李嘉图明确指出,商品的价值可以分解为两部分:工资和利润,二者之间是此跌彼涨的对立关系,他认为,"利润取决于工资的高低,工资取决于必需品的价格,而必需品的价格主要取决于食物的价格。"因为"在任何国家和任何时期中,利润都取决于在不支付地租的土地上或用不支付地租的资本为劳动者提供各种必需品所需要的劳动量"③。依照这个逻辑,如果谷物和工业制造品按同一价格出售,那么利润与工资就呈反比例变化;如果随着人口增加,劣等土地终将被生产食物的部门利用起来,按照"土地肥力递减"规律,那么谷物价格还要持续上涨,工资随之提高,整个社

---

① 大卫·李嘉图,周洁译:《政治经济学及赋税原理》,华夏出版社2005年版,序。
② 大卫·李嘉图:《政治经济学及赋税原理》,商务印书馆1962年版,第73页。
③ 大卫·李嘉图:《政治经济学及赋税原理》,商务印书馆1981年版,第106页。

会的利润率就会下降,此时社会上的积累动机会随着利润率的下降而逐渐下滑,直至消失。从这里可以看出,李嘉图将工资与利润的关系对立起来,认为工资的增加必然会导致利润的下降,实际上论证了资本主义生产方式的不可持续性。这一思想被马克思创立经济理论体系时继承了下来,并比李嘉图走得更远。

地租理论。李嘉图首先提出了地租的性质和定义,认为"地租是为使用土地原有和不可摧毁的土壤生产力而付给地租的部分产品[①]";并且由于不同原因,表现为两种形式:级差地租的第一形态和级差地租的第二形态。在上述基础上,李嘉图考察了地租涨落的规律。他指出,谷物价格上涨并不是由于支付了地租,然而支付地租却是因为谷物价格昂贵,这样,李嘉图也看到了,地租与利润的对立,但是他却把这种对立归结为"土地肥力递减规律"和人口增加的结果,而不是到资本主义社会关系及其制度中去寻找根源。

可见,李嘉图的分配理论道出了资本主义社会中工人阶级、资本家阶级与地主阶级之间在经济利益上的矛盾性,从既定的国民收入总量上各阶级集团分配所占份额的涨落角度揭示了资本主义社会这三大阶级之间的对立。但是,李嘉图把商品生产看成是永恒的,无法理解商品价值的社会属性和历史属性;并且缺乏科学的劳动二重性理论,无法解释劳动创造价值,以及怎样创造价值的问题,也就解决不了价值规律与劳动和资本交换规律之间的矛盾,这就是后来李嘉图学派解体的原因所在。

3. 萨伊的收入分配思想

作为亚当·斯密思想的追随者和整理者,法国经济学家让·巴蒂斯特·萨伊与李嘉图大致处于同一时代,但与后者的经济学立场不同,萨伊通过政治经济学研究对象的"三分法"、生产三要素论、"供给自动会创造需求"论将古典经济学引向了后来边际效用分析的方向。也正因为如此,他的思想为新古典经济学和现代经济学作了许多重要的铺垫,如效用价值论以及三要素创造价值的理论,成为新古典经济学收入分配理论的逻辑起点和按要素收入分配理论的直接思想资源。特别是萨伊提出工资是劳动的报酬,利润(利息)是资本的报酬,地租是土地的报酬,即三种要素在生产过程中发挥

---

① 大卫·李嘉图:《政治经济学及赋税原理》,商务印书馆1962年版,第123页。

作用，在参与分配时各自取得其相应的报酬份额。这就是萨伊的"三位一体"的分配公式，对后来西方经济学的分配理论产生了深远的影响。

沿袭古典传统，萨伊的分配理论研究也是从价值问题入手的。他认为，人的劳动借助资本和自然力创造出商品的效用，效用是商品价值构成的基础，而对价值的测量则是通过"市场价格"来表现的，"一件物品价值的唯一标准，是这物品的主人在割让时能够很容易换取的其他一般物品的数量，这在商业行为上和一切以货币估价的行为上成为市价"[①]。当然，他还考虑了供给和需求等因素在市场价格形成上的影响。因此，在萨伊的价值理论框架内，似乎效用决定论、供求决定论和生产费用决定论同时存在，掺杂在一起。萨伊论述了他对价值问题的认知以后，联系生产领域研究分配问题，萨伊认为产品是由劳动、资本和自然力共同创造出来的，三者在生产过程中都提供了"生产性服务"，那么产品的价值就构成拥有劳动、资本和自然力的人的收入，即收入的分配与所有权的分布息息相关。

首先是劳动收入。一般情况下，劳动收入在不同条件和不同部门会存在差异，这既取决于资本的丰裕程度，又与工作性质差异有关，如危险、困难、疲劳程度、确定性大小、所需技能高低等因素。例如科学家、经理和劳工的收入差异与他们劳动性质的差异高度相关：科学家的劳动是研究自然规律和趋势；经理的劳动是将规律知识应用到有用的产品生产中；劳工的劳动是在前两种劳动的基础上从事最直接的执行和操作。科学家的劳动对社会的贡献很大，但自己只得到全部收入的一小部分，因此国家通常采取各种形式予以补偿；经理的劳动（冒险精神、判断能力、专业知识等）较为高级，且供给有限，往往能获得比较高的收入；萨伊认为劳工从事的是简单劳动，仅仅作为维持基本生存的手段，收入会受供求影响而波动，但仍有不断向基本生存条件的工资水平回归的趋势。

其次是资本收入。资本收入是资本所有者将资本自己使用或借给别人使用时获得的报酬，自用时资本所有者获得资本的利润以及使用资本的劳动的利润，所有者借出资本时则获得利息。当然这些收入多少与使用资本的供求关系及期限也相关。

最后是土地收入。土地产生的利润是土地为生产提供生产性服务的报

---

[①] 萨伊、陈福生、陈振骅译：《政治经济学概论》，商务印书馆1982年版，第319页。

酬。"土地的生产力具有价值，该价值与一般价值一样，随着需求增加而增加、供给增加而减少；但是土地在性质上不同于其他要素，如地点和位置很重要，所以对每一特殊的性质都有特殊的需求和供给"①。农场主租借土地，土地生产力提供的生产型报酬归地主所有，农场主获得提供资本的利润、使用资本的劳动的利润，支付给劳动者工资。

综上所述，萨伊的分配理论就是描述了各种要素创造了价值，在此前提下要素所有者按照要素投入生产的效用大小，各自分配所得份额，心安理得，各得其所，处于和谐关系状态，与马克思分配理论所揭示的资本主义雇佣劳动制下分配关系的剥削性、对立性是大相径庭的。

4. 约翰·穆勒的收入分配思想

在经济学说史上首次对古典经济学进行的综合研究中，约翰·穆勒同李嘉图一样将收入分配而不是经济增长作为理论体系构建的重点，他第一次提出了分配优先的观点。穆勒认为，对于当时的发达国家来说，需要研究与解决的问题是收入分配的公平，而不是财富的增长。他还提出了可以把分配与生产分割开来论点，分配规律不同于生产规律，它与人类制度密切相关，财富分配受到社会的法律和习惯的影响极大，为了实现分配的公平正义，政府应该动用经济手段乃至激进的做法来推动财富再分配，抑制收入不平等和增进国民福利。穆勒试图通过法规和政策等再分配措施来缓解资本主义日趋扩大的两极分化和收入不均等现象。此后收入分配的不均等问题成为经济学关注的一个重要领域，收入再分配成为西方经济学和政府用来对付不平等现象的主要手段②。从李嘉图到约翰·穆勒，标志着西方主流经济学对增长与分配选择的一种转变。因此，穆勒认为资本主义的分配关系是"人为"的分配制度，这就会导致很多的不公平。所以，他是非常强调收入分配公平的重要性的。古典经济学时期，斯密、李嘉图等人就关注谷物法和福利改革等经济政策来解决收入公平问题。从收入分配的角度来看，穆勒的收入分配公平的思想和政策是古典时期最有影响的。穆勒对贫困和收入分配的目标是：救助贫困、向健康的失业者提供工作权和实行旨在改变收入分配的政府政策。穆勒既是自由的崇尚和捍卫者，也非常关注贫困的改善。分配公平和自由主

---

① 萨伊，陈福生、陈振骅译：《政治经济学概论》，商务印书馆1982年版，第410~411页。
② 穆勒：《政治经济学原理及其在社会哲学上的若干应用》，商务印书馆1991年版，第28页。

义的结合是其思想和政策主张的基本特点。在穆勒看来,个人自由要求机会平等,而不是收入的平等。争取自由的关键是个人应当"一切开始都公平",而且政府应在确定旨在促进机会平等的政策中起基本的作用。穆勒提出应通过税收制度,包括所得税、遗产税和消费税调节收入分配。穆勒关于济贫法的思想也体现了他的分配公平和自由放任主义信条的结合。他主张确立一种既能照顾穷人,又能避免使有能力的人成为国家保护对象的救济制度。他认为,福利依赖是收入分配的最危险和最有害的形式,而且福利依赖是穷人更容易学会的东西。

同时,穆勒的收入分配理论对后来新古典收入分配理论产生了相当的学术影响。在《论自由》中穆勒指出,"如果整个人类,除一人之外,意见都一致,而只有那一个人持相反意见,人类也没有理由不让那个人说话。正如那个人一旦大权在握,也没有理由不让人类说话一样"[①],这种个人自由观念是建立在"最大多数人的最大幸福"这一功利主义原则之上的,这也成为后来新古典收入分配理论评价标准的重要内涵。并且穆勒认为心理学应该是一门独立的科学,它的任务是发现各种心理状态间的规律,他还指出心理学应从心理现象自身出发进行研究,不必借助于生理学。这种言论从其实质来说,是反对从唯物论出发研究心理的生理基础,这为新古典理论利用边际分析工具从效用的角度阐释价格以及分配理论埋下了伏笔。

### (二) 新古典经济学中的收入分配理论

1. "边际主义"的出现与"均衡价格"论为基础的分配理论

19世纪70年代初,在西欧有三位经济学家分别从事独立的研究工作,却得出了同一的研究成果——"边际效用价值论",他们分别是英国的杰文斯(《政治经济学理论》,1871)、奥地利的门格尔(《国民经济学原理》,1871)和法国的瓦尔拉斯(《纯粹政治经济学要义》,1874、1877)。他们研究的学术源头可以追溯到原来名不见经传的德国学者戈森在1854年提出的"戈森定律"中的"边际效用思想"(《人类交换法则及由此产生的人类行为准则的法则》,1854),而后经门格尔学术继承者维塞尔、庞巴维克的发展形成一个完整的理论体系,并且借助于19世纪下半叶日趋完备的现代微

---

① 约翰·穆勒:《论自由》,上海三联书店2008年版,第130页。

积分基础工具,催生出了经济学术思想史上的"边际革命"。在这场革命中,出现的边际学派包括两个支流,一支是以心理学分析基础的奥地利学派;另一支是以数学为分析工具的数理学派或洛桑学派,这些学派及其继承发展者的理论主张史称"边际主义理论"。[1]

从19世纪70年代初出现的边际主义理论来看,古典经济学确立的"劳动价值理论"(客观价值论)在经济理论体系中的基础地位被颠覆性放弃,取而代之的是人们在使用某种产品时对其效用大小的主观评价判断为其价值大小的来源的"主观价值论"。门格尔对此明确说过:"价值就是经济人对于财货所具有的意义所下的判断。因而它绝不存在于经济人意识以外[2]"。那么主观评价如何来决定商品价值的大小呢?这不是由"它的最大效用,也不是它的平均效用"来决定,而是"由它的边际效用量来决定的[3]"。至此,西方经济学中边际效用价值论取代古典经济学的劳动价值论成为分配理论的基础。

1890年马歇尔在其代表性著作《经济学原理》中将边际效用论、生产费用论和供求理论综合为"均衡价格理论",也就是用边际效用来说明商品需求价格,以生产费用来说明商品供给价格,再以供给和需求的均衡来说明均衡价格和均衡产量的形成,从而使西方经济学中的"价值"概念被"均衡价格"取代[4]。新古典经济学也就正式粉墨登场,确立其在当时西方经济学中的主流地位。于是马歇尔以"均衡价格理论"为基础建立其分配理论,把分配问题仅仅看做是生产要素价格形成问题中的一个方面,进而认为分配问题也就是国民收入如何分割为生产要素的份额问题。一方面,国民收入是一切生产要素即劳动、资本、土地和企业能力共同作用的结果;另一方面,国民收入又是各分配份额即工资、利息、地租和利润的来源。这样看来分配问题也就只是生产要素分配的份额大小如何决定的问题。而要素分配份额大小问题,其实是各生产要素的价值确定问题,但在马歇尔理论中的一般价值范式已经被均衡价格取代,于是他的生产要素的价值也就当做是生产要素的

---

[1] 约翰·霍布森在《工作和财富》(1914)中第一次引入了"边际主义"这一术语。
[2] 门格尔:《国民经济学》,商务印书馆1958年版,第67页。
[3] 庞巴维克:《资本实在论》,商务印书馆1964年版,第167页。"边际效用"一词是由奥地利学派的主要代表维塞尔首创的,在其著作《经济价值的起源和主要规律》(1884)一书中提出,此后西方主流经济学一直沿用这个术语。
[4] 马歇尔:《经济学原理》,商务印书馆2011年版,第64页。

价格即工资、利息、地租和利润了。既然把分配看作生产要素价格，供求论也就成为马歇尔分配论的一般原则。他把对一般商品价格分析的原则和方法应用到各生产要素的价格分析上去，把均衡价格概念引申到各生产要素价格的形成上去，即各生产要素在供求波动中都会有一个均衡价格，而这些均衡价格就是工资、利息、地租和利润形成的基础，均衡价格的形成又取决于各生产要素的供给与需求。① 由此可见，马歇尔的分配理论实际上只是萨伊生产三要素论的翻版和延伸。从比较的角度看，古典主义的分配理论，将土地所有者和资本家所得的剩余源于特权、所有制和剥削，而新古典理论则将注意力从分配份额转向稀缺性资源的配置以及投入报酬与生产贡献之间的联系。这是新古典分配理论与古典分配理论的一个重要区别。

2. 新古典时代的又一种分配理论：边际生产力论

伴随着边际革命的兴起，在收入分配方面又形成了要素价格决定的边际生产力理论。这个理论的提出者就是，19 世纪末美国经济学家约翰·倍茨·克拉克（《财富的分配》，1899）。克拉克将资本生产力论和边际效用论掺和在一起，提出了边际生产力理论，并以此作为分析工资和利息的理论基础。克拉克认为，假定在完全竞争的理想状态下，如果资本数量不变，继续增加工人数量，而最后增加那一单位工人的劳动生产率最低，也就是劳动的边际生产力，那么工资就是由这种劳动的边际生产力，即投入最后一个工人的劳动所得到的边际产品来决定的；如果劳动生产率提高了，工人的工资水平也会提高。同样，在工人人数不变的情况下，而最后追加的那一个单位资本的生产力最低，这就是资本的边际生产力。这样在静态条件下，利息也就由资本的边际生产力所决定。② 可见，克拉克的分配理论是从总量上对各种投入的报酬的功能性分配进行了考察，按要素的生产贡献论证了各种功能性收入的份额，这对于研究社会主义市场经济条件下的按要素贡献分配具有一定的启示和借鉴意义。然而，克拉克分配理论的实质在于企图证明，在完全自由竞争条件下，每种生产要素都会根据其边际产品的数量得到公平的支付，资本和劳动按其在生产过程中的贡献得到相应的报酬，这是一种公正的自然规律，于是以边际生产力论为基础的分配原则就是一个合乎道德的公正原则。

---

① 鲁友章、李宗正：《经济学说史》，人民出版社 1983 年版，第 265~266 页。
② 克拉克：《财富的分配》，商务印书馆 2009 年版，第 78 页。

显然，克拉克分配理论中的公平正义观既不符合资本主义社会的现实，也与马克思的剩余价值理论相对抗，有为现存资本主义制度辩护之嫌；并且与马尔萨斯、李嘉图关于工人的工资水平可能不会高于生存工资水平的观点有所不同；甚至可以说，马歇尔也用边际生产来分析工资和利息，但他只是将其作为决定均衡工资和均衡利息的一个因素，而克拉克却将其当做决定工资和利息的唯一因素；① 后者研究的科学程度就可见一斑了。

3. 新古典时代分配理论对效率与公平关系的解释

在整个新古典时代的分配理论中，还涉及经济效率与公平分配替代或互补的探讨。在新古典经济学看来，收入分配过程中只要市场机制能够充分发挥作用，生产要素按其价格所得到的收益就是公平合理的。而旧福利经济学以"基数效用论"为基础，认为经济学研究的是可以用货币计量的由效用构成的那部分社会福利或经济福利，根据边沁的"最大多数人的最大幸福"的功利主义原则，每个人的福利构成社会福利的总和，社会福利的最大化也就是意味着社会上最大多数人的效用的最大满足，于是衡量社会福利就带有价值判断的两条标准：一是国民收入愈大，福利愈大；二是收入分配愈均等，福利愈大。新福利经济学主张"价值免谈"，认为收入均等化是无法实现的改良主义观点；同时，以"序数效用论"代替"基数效用论"，提出在一定技术条件和商品价格下，一个人怎样在两种或多种商品之间进行选择，以便获得更好的满足。这样政府就应该保证这种个人的自由选择，通过个人福利的最大化来增进整个社会福利，以此实现社会福利的最大化。尤其是社会福利函数论者认为，经济效率只是社会福利达到最大化的必要条件，收入分配公平才是充分条件。但是，随着阿罗"不可能定理"对通过政府干预来实现社会福利最大化观点的质疑，② 经济学家始终未能找到满足经济效率与公平分配的最优组合点的条件，这就给后续研究收入分配问题留下了极大的理论空间。

### （三）现代经济学分配理论的发展动态

1. 现代收入分配理论新进展概述

在第二次世界大战结束之后，凯恩斯主义经济学和国家干预的政策主张

---

① 鲁友章、李宗正、吴易风：《资产阶级政治经济学史》，人民出版社1975年版，第179页。
② 阿罗认为，在满足民主社会普遍接受的一系列合理前提（如广泛性、一致性、独立性和非独裁性）下，要想通过个人偏好顺序推导出社会的或集体的偏好顺序，一般来说是不可能的。

兴起，收入分配成为西方经济学和政府用来对付经济不平等现象的主要手段，像英国则在20世纪40年代初就推出了"贝弗里奇报告"[①]。正是在这样的背景下，战后西方发达国家在处理收入不平等问题上纷纷走上了"福利国家"的道路，并且西方发达国家迅速发展的生产力和雄厚的财力也为政府实行再分配政策提供了物质条件。但是，福利国家和政府对收入分配的干预调节并没有消除收入分配的矛盾，在资本主义制度自身内在矛盾的作用下，社会阶层分化、收入差距扩大、贫富悬殊和利益冲突日益严重，加之收入分配过于悬殊不仅可能影响效率，而且其本身就与人类社会基本价值观相冲突。因此，收入分配问题成为现代西方经济学界继续关注的一个重大理论和实践问题。

其实收入分配的研究内容在新古典经济学中可以说是一个并无多大争议的问题。新古典经济理论中对收入分配分析时所考虑的问题不外乎是商品、价格、福利、生产要素、边际效用等边际效用价值论或均衡价格论中的范式概念。而现代西方经济学家在分析收入分配问题时，除了20世纪60年代以来，源于意大利经济学家帕累托开始对收入差距在影响因素、测度技术、理论假说展开研究以外，考虑的范围已经不仅仅局限于收入或者商品了，自由、权利、能力等非收入和非商品信息日益受到当代经济学家们的青睐。这可以说是收入分配理论研究乃至整个经济理论研究中的一种新动态，同时也表明现代经济学研究的视野更加开阔了，或者说经济学与伦理学、社会学、政治学、哲学等学科正在实现学科的交叉融合，表明历来追求学术纯正和计量技术的现代主流经济学对规范分析范式的理论意义和现实作用不得不做出接纳和肯定的倾向。在这个进程中，各种学派、各种学术理论、各种学术人物纷至沓来抛出自己的理论观点和政策主张。他们在收入分配研究上出现了两个新的特点：一是关注非收入因素对收入分配的影响；二是关注社会最底层成员的收入状况变化及其对整个社会收入分配的影响。接下来主要介绍几位代表性人物：弗雷德里希·冯·哈耶克、约翰·罗尔斯、罗伯特·诺齐

---

① "贝弗里奇报告"是由伦敦经济学院院长贝弗里奇为主席的"社会保险及相关事业委员会"（1941年设立）研究英国社会福利政策的改革，起草有关战后福利制度重建的基本框架报告，这份报告在1942年以《社会保险及相关社会服务》为标题正式提出，史称"贝弗里奇报告"；此报告具有两个显著的历史意义：一是将各种改革者的不同意愿融进了一个有内在联系的框架之中，是当代福利思想的集大成者；二是确立了战后英国福利体系重建的基本框架，标志着福利国家思想开始从理论转变为现实。

克、阿马蒂亚·森等在围绕收入分配研究上对自由、正义、权利、能力等方面的阐述。

2. 现代收入分配理论对非收入因素的关注：自由选择、分配正义与权利正义

（1）哈耶克的"分配自由选择论"。奥地利学派、伦敦学派的代表人物和新自由主义思想来源者的哈耶克（Hayek）毕生把反对国家干预、批判社会主义计划经济、赞成市场自由经济和私有制作为自己的学术主旨及其倾向。作为一位彻底的经济自由主义者，哈耶克在收入分配问题上，把分配的内容基本上限定为自由选择的机会[1]。在哈耶克看来，自由不仅作为一种目的本身而极为重要，而且自由还是为人们提供各方面帮助的手段，正是自由赋予了人类文明一种创造力，而这种创造力才是人类社会进步的真正动力。因为只有当个人有自由运用他们所拥有的知识去实现他们自己的目的的时候，社会进步才会发生。联系分配的角度，他明确提出"自由社会的本质是，我们应当得到物质报酬，不是因为我们做了别人命令我们做的事，而是因为我们为别人提供了他们所需要的东西。"[2] 至于涉及分配是否"社会公正"（social justice）这样的词类，哈耶克一般持批判态度。这正是由于其中的"社会"（social）一词，在20世纪下半叶以来，西方世界里就有"社会主义的"和"社会党"（人）这类强烈的语义学暗示；哈耶克认为，在"社会公正"这个称呼中，"社会"一词很容易被"主体化"，即它会让人错误地联想到社会可以成为一个"公正分配的主体"；其实作为一个形容词的"社会"（social），只能代表一种"状态"（status），不能成为一个"公正分配者"。[3] 哈耶克由此推论道："'社会公正'一词今天被普遍用作所谓'分配公正'的同义语。后者大概能更好地说明它想要表达的含义，同时也说明了为何它不适用于市场经济的结果：在不存在分配者的地方，不可能有分配的公正。"[4] 同时在政策层面，凡是以"社会公正"为名进行的分配，其直接可

---

[1] 弗雷德里希·奥古斯特·冯·哈耶克：《自由秩序原理》，上海三联书店1997年版，第99页。
[2] 弗雷德里希·奥古斯特·冯·哈耶克，冯克利译：《自由企业制度的道德因素》，引自《哈耶克文选》，凤凰出版传媒集团、江苏人民出版社2007年版，第60页。
[3] 弗雷德里希·奥古斯特·冯·哈耶克，冯克利译：《哈耶克文选》译者前言，凤凰出版传媒集团、江苏人民出版社2007年版，第4页。
[4] 弗雷德里希·奥古斯特·冯·哈耶克，冯克利译："社会公正"的返祖现象，引自《哈耶克文选》，凤凰出版传媒集团、江苏人民出版社2007年版，第262~263页。

见的后果不但是对市场过程的扭曲,而且还有福利国家政策下培养出来的一大批丧失了个人责任感的公民,其后果,即使仅仅从道德上说,对一个自由社会也是非常不利的。这样,哈耶克对"社会公正"的概念采取否定的态度,在他看来,唯一能够担当"公正"一词的,只有法律面前的平等。

相反,哈耶克认为对于市场分配中出现的差距乃至不平等,当其是自由选择的结果,即符合道德的收入,参与者就必须欣然接受,这在于"我们在比较幸运时赚到钱……只能是因为我们同意参与这种游戏。一旦我们同意加入这场游戏,并从其结果中获益,我们就有道德上义务接受其结果,即使它们转而对我们不利。"① 这样在哈耶克看来,如果将市场比作一场赛局,宣称比赛的结果"公不公平"是没有意义的;同样的经济个体经过他们自由选择和努力在市场上所产生的结果是必然不可预测的,由此而产生收入分配不平均,并宣称这种差距"不公平"也是毫无意义的。哈耶克认为政府重新分配收入和资本的举动大多都是对于个体自由选择的不正当侵犯。他认为,若是我们引进一套分配公正的理论,那么一旦这种重新分配开始进行,便无终结,直到整个社会都围绕其发展为止。这样操作所引发的状况,将与一个自由社会下的所有特质完全相反。因此,哈耶克得出的结论是:"分配公正不但要求取消个人自由,而且要求贯彻一套不容争议的价值,换言之,即实行一种严密的极权统治。"②

可见,虽然哈耶克看到了社会上存在收入差距问题,但是他认为这是经济个体自身努力程度不同、选择差异、市场结果的不可预测性等因素造成的。如果说有公正,他认为这样的分配结果即是公正的。也就是说"如果我们认为最大限度地增加了社会中任何成员的机会报酬原则是公正的,那么我们也应当认为,由自由市场决定的报酬是公正的。"③ 个人或者国家没有必要另外定义一套"分配公正"来改变个人与市场自由选择的结果,否则只能徒增烦恼。这些观点说明,虽然看似哈耶克保持了新自由主义分配观前后逻辑的一致性,但他看待和处理分配不公问题的观点是有明显局限的,他

---

① 弗雷德里希·奥古斯特·冯·哈耶克,冯克利译:《哈耶克文选》译者前言,凤凰出版传媒集团、江苏人民出版社2007年版,第5页。
② 弗雷德里希·奥古斯特·冯·哈耶克,冯克利译:《经济、科学与政治》,引自《哈耶克文选》,凤凰出版传媒集团、江苏人民出版社2007年版,第17页。
③ 弗雷德里希·奥古斯特·冯·哈耶克,冯克利译:《"社会公正"的返祖现象》,引自《哈耶克文选》,凤凰出版传媒集团、江苏人民出版社2007年版,第267页。

秉持的自由选择即为最高分配公正是缺乏社会利益关系基础的。正因为有其所谓"公正"基础，所以他将分配问题一股脑儿塞给个人能力差异、偶然以及市场不确定性等没有实际"产权归属"的范畴逻辑的推演上。实际上，从资本主义问世以来，分配问题就不仅仅是个人能力差异问题，更不仅仅是市场不可预测的问题，而是活生生的与人们切身利益相关的社会关系问题，如果消除分配不公、追求分配公正只是开出"自由选择"的药方，恐怕标本均不得治。正因为如此，在世界上新自由主义理论和政策的话语权垄断风头甚健的20世纪70年代以来[①]，西方经济学界对其批评的声音也从未绝于耳，如"新自由主义方案拒绝考虑那些有可能促进劳动密集型产业发展的经济政策，新自由主义者也避免讨论支持工人权利和工资的国家干预，如政府管制和对工会的支持，继续将这些政策支持排除在新自由主义议程之外。""然而，新自由主义改良观点对这些问题似乎无能为力。"[②] 从世界历史发展来看，不难发现，对应一种生产方式的特定生产关系，在分配上不是不可预测，而是朝着一个既定的方向在不断深入，直到这种生产关系历经苦痛变更为止。况且资本主义"自由平等"形式掩饰下的社会上存在大量劳动者的能力与收入不匹配的现象，他们除了将劳动力出卖给资本家以外却束手无策、毫无自由选择的余地。这背后的制度原因才真正值得思考，才是透视分配问题的核心要义。

当然，哈耶克的自由选择的分配观也并非一无是处，它对中央集权体制下分配弊端的犀利批判，对福利过度依赖倾向的超前警告，对维护市场配置资源的决定性作用，等等。这些观点于当代中国深入推进收入分配体制改革，完善市场经济体制均不无裨益。

（2）罗尔斯的"分配正义论"。与哈耶克的自由选择分配观不同，美国著名哲学家、伦理学家和政治哲学家，罗尔斯在他所著的《正义论》中提出

---

[①] 20世纪70年代以来，凯恩斯主义由于长期推行需求管理的政策来对付经济危机以致资本主义经济陷入"滞涨"的窘境，凯恩斯主义也从官方经济学的宝座上跌落下来逐渐式微。新自由主义便应运而生，在80～90年代的苏东阵营解体和金融危机中逐步做大，不仅其学理登堂入室，大有执思想界牛耳之势，而且其政策推广在欧美、拉美、亚洲风靡，甚至影响中国，一时话语权垄断非新自由主义莫属。无怪乎，当时英国首相撒切尔夫人为新自由主义喊出了"别无选择"唯我独尊的口号，这仅仅对于历来冠以人权、自由价值和多元选择的西方社会来说也不啻是一种莫大的讽刺、蔑视和挑战。

[②] 阿尔弗雷多·萨德－费洛、黛博拉特·约翰斯顿，陈刚等译：《新自由主义批判读本》，凤凰出版传媒集团、江苏人民出版社2006年版，第185～186页。

的分配原则贯穿了他"社会正义"的思想,对研究分配问题的许多西方经济学家影响甚大。罗尔斯把自己的"正义观"确定为"作为公平之正义",这个一般的正义观的内涵就是:所有的社会基本价值(或者说基本善)——自由和机会,收入和财富、自尊的基础——都要平等地分配,除非对其中一种或所有价值的一种不平等分配合乎每一个人的利益①。在罗尔斯看来,自由平等权利、财产收入、公平竞争机会和人格尊严都是人类具有不可侵犯和不可剥夺性质的基本权利。然而,在现实生活中,完全的平等是不可能的。恰恰不平等,由于社会经济政治条件的限制和影响,在人们后天受到的出身、教育、环境等差异和先天存在的自然禀赋差异上体现出来,在现实生活中比比皆是。一般认为,通过建立适当的社会制度,前者可以控制乃至消除,而后者几乎是不可解决的。但罗尔斯认为,对于一个正义的社会,两者都应得到克服。为此,罗尔斯根据抽象的社会契约论方法,设定"无知之幕+相互冷淡"的原初状态,在"这可以保证任何人在原则的选择中都不会因自然的机遇和社会环境中的偶然因素得益或受害"② 的无知之幕之后,选择体现一般的正义观的两个正义原则通过几次过渡性的陈述而达到最后陈述的内容是:第一正义原则,即"每个人对与所有人所拥有的最为广泛的基本自由体系相容的类似自由体系都应有的一种平等的权利";第二正义原则,即"社会和经济的不平等应这样安排,一方面使它们在与正义的储存原则一致的情况下,适合最少受惠者的最大利益;另一方面依系于机会公平平等的条件下职务和地位向所有人开放"③。

这两个正义原则暗示,社会基本结构的两大部分,一是有关公民的政治权利部分,二是有关社会和经济利益部分;第一个原则要处理的是满足每个人基本自由、基本权利的自由平等原则;第二个原则要处理的是考虑不平等社会状态条件下,消除自然禀赋差异、尽可能关怀弱者的差别原则和消除社会出身差别的机会公正平等原则。罗尔斯认为,上述两个正义原则不是并列平行的,而是按照"词典式序列"④ 先后安排的,也就是第一个原则优先于

---

① 约翰·罗尔斯,何怀宏等译:《正义论》译者前言,中国社会科学出版社 2001 年版,第 7 页。
② 约翰·罗尔斯,何怀宏等译:《正义论》,中国社会科学出版社 2001 年版,第 12 页。
③ 约翰·罗尔斯,何怀宏等译:《正义论》,中国社会科学出版社 2001 年版,第 302 页。
④ "词典式序列"即一种编辑词典时的次序安排,比如,只有列举完所有需列举的以 A 为首字母的单词,才能考虑以 B 为首字母的单词。

第二个原则，第二个原则中的机会公正平等原则又优先于差别原则。由此可见，罗尔斯在他的原则框架中，由无知之幕之后选择的每个公民的政治自由平等原则，延伸到机会公正平等原则，再推进到处理不平等的差别原则，最终落脚点在"适合最少受惠者的最大利益"，这是罗尔斯正义论的一个关键。说明罗尔斯并不完全否认收入和地位的不平等，恰恰正义的要求是对这种不平等的限制，使其对最少受惠者也是有利的。因此，罗尔斯公平即正义的分配观最为鲜明的特征，便是分配正义的天平向弱势群体的倾斜，并部分牺牲强者，意味着分配正义是在一种公平的原初状态中被一致同意的，所形成的是一种公平契约，所达到的是一种公平结果，确实具有平均主义倾向。罗尔斯也强调，资源的平均分配可能会消除最有生产力的人努力工作的激励，因为他们实现的财富将被征税拿走。最起码我们可以讲，这种"平均主义"的办法绝非适用于任何时空。古今中外，的确闪现过"平均主义"，但是都带有"昙花一现"的命运，概莫能外。如果说平均主义这种看似最稳定的状态，具有不可持续性，就必然预留一个等待我们回答的问题：对不平等进行怎样的处理是合意的？因为公平是相对的，无论对不平等作怎样的处理，都会对某一部分人不公平。罗尔斯认为，如果不公平使社会中境况最糟的人境况变好，是可以允许这种不公平存在的，这也是分配正义的题中之意。

很显然，罗尔斯也不否认自由、权利的重要性，他在第一正义原则中对公民政治权利的自由平等规定，完全是以西方自由民主社会为基准的，可以说他的正义论是对先验自由主义的一次大回归，给自由主义以新的基础和活力，并形成了哈耶克自发秩序理论之后一支新的自由主义流派。当然，溯源比较斯密—哈耶克—诺齐克一路沿袭的自由主义精神，始终没有考虑阶级社会的特殊性。也可以说他们谈的自由是永恒的抽象的自由，是根本不考虑历史时空维度的超社会经济结构的产物。如果放任不管市场经济的波动失灵，以及不同阶级利益冲突和矛盾激化，那么资本主义社会的贫富差距悬殊、经济危机频发、社会骚乱动荡以及战争跨越国界的蔓延等不利因素会日益显著。因此，"第三方"很重要，罗尔斯把希望寄托在政府头上，姑且先不谈他论述的是什么样性质的一个政府。在他分配正义的制度框架中，国家的职能和作用比起诺齐克"最弱意义的国家"来说要大得多，国家除了在政治上要充分保障它的人民享有尽量广泛的平等的基本自由外，而且这种保障优先于对社会福利、经济效率的考虑。但国家在实现了这一基本目标之后，还应当按照差别原则致力于经济利益的分配正义。这样他给政府划分四个职能部门，即配给、稳定、转让和分配部门（至于交换部门则与正义原则无关），以保证市场效率，预防市场失灵，实现充分就业，推进社会福利，调控分配差距。说明罗尔斯极力想把自己理想的正义原则运用于匡正现实偏差的愿望，这在他的正义论中，关注的是社会制度的正义，对制度的道德诉求优先于对个人的道德评价与选择，并把二者结合起来考虑，这与哈耶克专注于个人主义为基点的社会秩序是有很大的不同。因而对转型中的中国而言，罗尔斯的差别原则对"让一部分人先富起来"，进而实现全面共同富裕的历史逻辑中，如何回应和处理收入不平等问题应该是有所启迪和借鉴的。

其实罗尔斯的正义论在西方学术思潮中，企图走一条左右逢源的折中路线，不仅表现出一种平等主义的倾向，而且也表现出一种自由主义倾向，这种调和能否成功呢？能否解决问题呢？罗尔斯往往受到来自左右两方面的诘难，批评之声此起彼伏，如"罗尔斯理论对自由优先性的强调将影响平等和正义的实现，这种理论仍然有利于富有者和剥削者[①]"。"罗尔斯理论过分强调了天赋的不平等，而且过少地注重人身的选择"及其"其总体色彩是对弱者的同情，而不是对强者的鼓励，这同样是一种新的不平等[②]"等。显然，这是难以达成共识的。批评者中有罗尔斯在哈佛大学的同事诺齐克，是其中的著名代表。

（3）诺齐克的"分配持有正义论"。罗尔斯发表他的《正义论》（1971）3 年之后的 1974 年，美国著名政治哲学家、极端自由主义者诺齐克出版了他的代表作《无政府、国家和乌托邦》，在该书中构建了一套"正义即权利"的正义理论以回应和抗衡罗尔斯的"公平即正义"的正义理论。

从古典自由主义到当代自由主义的发展脉络看，罗尔斯和诺齐克均属名副其实的自由主义者。他们的理论思想也有诸多的共同点：他们都称自己的理论硬核当归属于康德的义务论，都坚决反对功利主义，都主张正义优先于善，都强调人的多样性和差别性，都承认自由的优先性，都对西方通行的自

---

[①] 约翰·罗尔斯，何怀宏等译：《正义论》译者前言，中国社会科学出版社 2001 年版，第 26～27 页。

[②] 李小兵：《当代西方政治哲学主流》，中共中央党校出版社 2001 年版，第 148 页。

由民主制度给予肯定①。甚至诺齐克对罗尔斯的《正义论》给予了这样的评价，它"是政治哲学和道德哲学领域一部有力的、深刻的、精致的、内容广泛的、系统的著作，起码自约翰·斯图亚特·穆勒（John Stuart Mill）以来，还没有见到可以与之匹敌的作品②"。但二者的分歧和争论却又更是鲜明的，可以说诺齐克的理论推进处处是以批评罗尔斯理论为靶心的。

如果仅仅从比较二者的分配观来说，首先，诺齐克用持有正义取代罗尔斯的分配正义。对罗尔斯来说正义的关键词是平等，对诺齐克来说正义的关键词是权利。诺齐克认为，在社会基本结构中，每个人的持有是千差万别的，那么判别一个人的持有是否正义，关键在于他是否对其拥有权利。如果一个人对其持有是有权利的，那么，他的持有就是正义的。如果每个人的持有都是有权利的，那么持有的总体（分配）就是正义的。因而，一个社会财富的分配是否正义，完全依赖于每个人的持有是否正义，如果财富分配符合每个人的资格占有的正义原则，那么它就是正义的③。当然，作为遵从市场经济条件下，自由选择权利这个自由主义精神的核心，虽然罗尔斯也关注到权利，但那是政治自由层面（言论、信仰、思想、人身、法治等）的权利。而诺齐克捍卫的是个人所拥有的各种权利，更强调对个人物品和利益的所有权的不可侵犯。在他眼中，基于个人权利基础上的个人财产权利是神圣不可侵犯的，如果侵犯这种权利，无论他（它）是个人或者国家，都是不正义的。所以，诺齐克在《无政府、国家和乌托邦》一书中开宗明义就确认"任何个人拥有权利，而且有一些事情是任何人或者任何群体都不能对他们做的（否则就会侵犯他们的权利）④"。

其次，诺齐克以持有正义的原则来反对罗尔斯的分配正义的原则。与罗尔斯的分配正义理论相对立，诺齐克将自己构建的分配理论称为"资格理论"，这个理论的基础就是"持有正义"。诺齐克的持有正义由三个主题构成："（1）一个人依据获取的正义原则获取了一个持有物，这个人对这个

---

① 罗伯特·诺齐克，姚大志译：《无政府、国家与乌托邦》，中国社会科学出版社2008年版，第19页。
② 罗伯特·诺齐克，姚大志译：《无政府、国家与乌托邦》，中国社会科学出版社2008年版，第218页。
③ 何建华：《经济正义论》，上海人民出版社2004年版，第12页。
④ 罗伯特·诺齐克，姚大志译：《无政府、国家与乌托邦》，中国社会科学出版社2008年版，第1页。

持有物是有资格的；（2）一个人依据转让的正义原则从另一个有资格拥有该持有物的人那里获取了一个持有物，这个人对这个持有物是有资格的；（3）除非通过（1）和（2）的重复，否则任何人对一个持有物都是没有资格的①"。这三个主题形成了诺齐克持有正义的三个原则："持有的获取正义原则"——规定事物如何从无主状态变为被人拥有的状态，以及通过什么方式这种拥有是合法的；"持有的转让正义原则"——说明已经合法拥有的财产如何可以转让给他人；"持有的矫正原则"——针对并非符合上述两原则的实际持有的不正义财产加以矫正的原则。这样，诺齐克归结出了与罗尔斯一般正义观内涵不同的"持有正义理论的一般纲领是：如果一个人根据获取和转让的正义原则或者根据不正义的矫正原则（由头两个原则所规定）对其持有是有资格的，那么他的持有就是正义的；如果每一个人的持有都是正义的，那么持有的总体（分配）就是正义的②"。据此，诺齐克对罗尔斯的差别原则进行了激烈的批评。他认为，原初状态中的人应该考虑的是关于个人的正义原则，而不应是关于某个群体的正义原则，因为处于原初状态中的人的动机应该是个人的，不会是群体的。因此，如果考虑问题的基点是个人，那么每个人对社会或他人做出了什么贡献，以及是否得到了与其相应的回报，这是清清楚楚的，从而没有差别原则的用武之地。如果考虑问题的基点是群体，那么个人的贡献与回报的激励相融就谈不上了。于是，一方面，他指责差别原则的心理基础是嫉妒，才智低者嫉妒才智较高者，这是非常不合理的；另一方面，他又批评罗尔斯通过"共同的财富"或者"集体的资产"来克服自然禀赋差异导致的分配不平等，这类说法暗示了一种"人头税"的合理性，这样，那些正在利用自己自然天赋的人就是在滥用公共资产了。③

最后，在正义原则的分配制度背景上，诺齐克以"最低限度的国家"来对抗罗尔斯主张差别原则的实施依赖国家功能的扩大来完成。按照"最少受惠最大利益"的差别原则，罗尔斯解决初次分配不平等是通过国家再

---

① 罗伯特·诺齐克，姚大志译：《无政府、国家与乌托邦》，中国社会科学出版社2008年版，第181页。
② 罗伯特·诺齐克，姚大志译：《无政府、国家与乌托邦》，中国社会科学出版社2008年版，第183~184页。
③ 罗伯特·诺齐克，姚大志译：《无政府、国家与乌托邦》，中国社会科学出版社2008年版，第22~24页。

分配来实现的，并且再分配程度是比较高的，这必然要求一种功能更多的国家。这也暗合了"二战"之后，西方各国重建社会保障制度走向高福利国家道路，这样无论在理论和实践上都不约而同地扩大着国家功能。而诺齐克对国家的再分配功能持质疑，他认为"再分配是否应该发生，我们是否应该把已经做过的事情拙劣地再做一次，至少，这是一个可以争论的问题①"。他认为，国家无权把一切物品集中起来加以再分配，没有一个人或一个机构有权控制所有的物品。不能把一个人的东西以任何动听的理由从一个人那里剥夺过来。在民间的活动与纠纷中，国家扮演的角色只能是公正的仲裁者。国家不可以用其强制手段来迫使一些公民帮助另一些公民，也不能用强制手段来禁止人们从事推进他们自身利益或自我保护的活动，哪怕其动机是善意的也不行。任何利益和福利的转移只能基于自愿的原则，否则最善意的动机都可能导致最卑鄙的恶行。尤其在当代社会中，对个人权利的侵害往往主要是国家借以平等的名义通过再分配来实施的。因而，诺齐克主张"最低限度的国家"，且填补国家的再分配功能，可以用"赔偿原则"，从而证明这种国家的合理合法性和合道德性，以达到捍卫个人权利不可侵犯的目的。

总之，诺齐克与罗尔斯的争论，反映了两人理论基点的分歧。概括地讲，罗尔斯是平等主义的自由主义者，诺齐克是权利主义的自由主义者，前者坚持自由和平等不可分离，后者坚持自由至上，走向极端自由主义。可以说，虽然诺齐克看到了罗尔斯的分配正义没有充分重视人的主观努力与其财富和地位关系的理论缺陷，但是他的资格理论作为一种正义理论也是成问题的。一方面，诺齐克的资格理论是向后看的，取向于历史与现实，而不是向前看的，取向于理想。在分配问题上，也就表现为尊重历史意味着承认事实，而事实就是某人拥有某种财产的权利，总是与某些人（群体）的既得利益连在一起的。那么诺齐克所说的那种神圣不可侵犯的抽象个人权利实际上是不存在的，诚如另一位美国著名哲学家阿拉斯戴•麦金太尔所言，自然权利或人权是一种虚构，"根本不存在这种权利，相信这种权利存在与相信独角兽或巫术是一样的。"② 因为，现实中人们的权利总是相互矛盾和冲突

---

① 罗伯特•诺齐克，姚大志译：《无政府、国家与乌托邦》，中国社会科学出版社 2008 年版，第 179 页。
② 阿拉斯戴•麦金太，龚群等译：《德性之后》，中国社会科学出版社 1995 年版，第 89 页；转引自何建华：《经济正义论》，上海人民出版社 2004 年版，第 13 页。

的，是难以调和的，往往某些人的权利不得不放弃。诺齐克反复强调的任何条件下个人权利不可侵犯的信条，终会指向无政府主义，他自己也不得不承认，不侵犯个人权利的最低限度的国家实际是一种乌托邦。另一方面，诺齐克的资格理论看起来好像是公平中立的，对所有人似乎平等相待，其实并非如此。因为，他提供的权利正义，虽然是对个人财产权利的尊重和保护，但这种尊重和保护对于不同的人，其价值和意义是不一样的。也就是说，与处于底层的人们相比，他更有利于处于社会顶层的人们。① 因此，诺齐克的资格理论并不公平，它没有考虑为市场中竞争失败者和天生劣势者的利益进行辩护和说话。

3. 现代收入分配理论对社会底层成员收入状况及其影响的关注：能力平等与实质自由的原则

人类社会进入21世纪，信息技术、原子能技术、新能源、新材料、生物工程、人工智能、航空航天等高新科技大大促进生产效率的提高，改变着人们的生活方式和提高生活质量。但这一切并不能完全阻止和消除战争、瘟疫、失业、贫困、饥饿以及收入不平等对地球上生活在社会底层人群的肆虐和侵害。因而现代经济学家在考虑收入分配时，不得不将关注的目光投向社会底层成员的收入状况及其影响的研究上，其中不乏研究卓有成就者，1998年诺贝尔经济学奖得主，英国剑桥大学三一学院院长，著名经济学家、政治哲学家阿玛蒂亚·森就是一位典型的代表。联合国前秘书长安南曾这样评价森的工作意义："全世界贫穷的、被剥夺的人们在经济学家中找不到任何人比森更加言理明晰地、富有远见地捍卫他们的利益。"另一位诺贝尔经济学奖获得者索罗，赞扬森对全世界各地遭受苦难的人们深切关心和投入的工作，享有"经济学的良心②"。

在当代学术界，森被视为一位百科全书式的学者，著述颇丰，研究范围涉猎广泛，横跨经济学、社会学、哲学、法学、文学和历史学等诸种领域。如果说森在自己研究工作上最有价值最有意义的贡献，当属他在福利经济学上的突破。正如森所言："瑞典皇家科学院认为我凭以获奖的研究领域是

---

① 罗伯特·诺齐克，姚大志译：《无政府、国家与乌托邦》译者前言，中国社会科学出版社2008年版，第14页。
② 阿玛蒂亚·森，任赜等译：《以自由看待发展》译者前言，中国人民大学出版社2002年版，第2页。

'福利经济学'，它包括三个分支领域：社会选择、分配和贫困[①]"。在这方面，森对传统福利经济学采用的以功利主义的效用和富裕为基础的经济成果评价路径进行了批判。森认为，这种功利主义的评价路径具有两个致命的缺陷：一是它的信息基础非常狭窄，只以主观的个人效用或心理快感作为评价的基础；二是采用效用最大化标准，却难以在人际间进行科学的比较，既使用帕累托最优来企图优雅地避免效用不可比这个理论难题，却又无法解释实际情况发生的比较，那么是否可以采用基于个人效用的社会选择最为评价标准来比较不同的社会状态优劣呢？阿罗"不可能定理"证明是行不通的，这样，传统福利经济学的基础成了问题。于是，森针对主流经济学过度撕裂分析哲学揭示的事实与价值的区分，将手段与目的、经济学与其伦理基础割裂开来，仅仅在效用框架内研究以资源配置为中心的因果关系分析，放弃了古典经济学关于收入分配、道德良知、社会贫困等诸多领域研究的缺陷，在大量运用经济学家熟悉的数学分析和经验方法的条件下重构了福利经济学的伦理基础。其研究工作的重点领域是，主流经济学所忽视的关于人的经济行为的目的或经济成果运行的分析评价问题。围绕这个重点，主要展开了彼此相关的三个方面工作。第一方面，通过对传统福利经济学采用功利主义效用评价过窄的信息基础缺陷的矫正，通过扩大的信息基础采用"功能活动"和"可行能力"作为经济行为的最终目的或经济成果的评价。第二方面，运用社会选择的公理化理论，探讨民主的基础上如何将个人的选择整合为社会的选择。这方面与前一方面的联系在于，第一方面仅仅为经济成果评价指出了一个方向，要按照这个方向得出具体的社会评价标准，还必须考虑社会对于各种功能活动和可行能力的看法，这就需要探讨一种合理方法，将个人评价整合为社会评价。第三方面，将前两个方面的成果运用于福利与贫困含义理解及其测度指数的定义、对饥荒的经验研究、对剥夺与不平等的经济伦理解析，以及联合国开发计划署的人类发展年度报告中所用人文发展指数（HDI）的设计及其理论基础等具体经济学领域[②]。

在森上述研究成果中，涉及对社会底层成员的收入状况及其影响的研究主要体现在第一方面和第三方面的工作。具体到收入分配问题上，森在对三

---

[①] 阿玛蒂亚·森，李凤华译：《理性与自由》，中国人民大学出版社2006年版，第60页。
[②] 阿玛蒂亚·森，徐大建译：《生活水准》译者前言，上海财经大学出版社2007年版，第5～6页。

种平等原则,即边沁、穆勒的功利主义原则、庇古的个人效用原则和罗尔斯的公平正义原则进行评价、批判及借鉴的基础上,基于分配正义原则提出了自己的"能力平等与实质自由"的分配原则①。森认为,财富和收入固然是人们追求的目标,但它们毕竟属于工具性的范畴,人类社会最高的价值标准是以人为本作为发展的自由②。这种自由,既不限于柏林所说的古典自由主义主张的"消极自由"或法治意义上的基本人权,也不是柏林所说的蕴含着绝对理性主义的"积极自由",而是既把消极自由包含在自身之内,又含积极自由要素即能力的实质自由,也就是"人们能够过自己愿意过的那种生活的可行能力"③。这样,可行能力与实质自由就联系在一起了。具体说,实质自由的清单至少包括"免受困苦——诸如饥饿、营养不良、可避免的疾病、过早死亡之类——基本可行能力,以及能够识字算数、享受政治参与等的自由④"。可见,包含在实质自由中的各种可行能力就是人们通过它们实现的各种生活状态,森称为"功能活动",换言之,一个人的可行能力,就是对此人可行的所有各种功能活动的组合。那么,可行能力这个概念实际上是以自由、平等和机会,即以人们选择不同的生活的能力为导向的,而不是仅仅着眼于最终的选择或结果。可以说平等的衡量是基于可行能力,可行能力视角是能够反映人与人之间在各自所具的优势上的差别,而这种差别可以帮助我们认识到一个人真正的弱势所在,从而使我们对市场经济中因收入状况而跌入贫困陷阱的社会底层成员的实质性问题评价有了一个基本标准且为制度性救助指明了方向。诚如森所认为,所谓"贫困,必须被视为基本可行能力的剥夺,而不仅仅是收入低下,而这却是现在识别贫穷的通行标准"。并且"对基本可行能力的剥夺可以表现为过早死亡、严重的营养不良(特别是儿童营养不足)、长期流行疾病、大量的文盲以及其他失败⑤"。当然这种可行能力——贫困的视角并不完全否认将低收入视为贫困主要原因之

---

① 虽然森对罗尔斯正义原则的极端平等观和理想化色彩进行了批评,但罗尔斯的分配正义理念对森构建自己的分配原则产生了强烈的影响和充分的吸取借鉴,连森自己都说:"罗尔斯的思想给我的影响最大,我很多方面都接受罗尔斯的论证方法的引导和启迪,即使我的研究路数与他相异(例如,我更多关注自由的程度而不是手段,即罗尔斯所说的'基本善')"。参见阿玛蒂亚·森,王利文等译:《论经济不平等/不平等之再考察》,社会科学文献出版社 2006 年版,第 219 页。
② 阿玛蒂亚·森:《以自由看待发展》,中国人民大学出版社 2013 年版,第 45 页。
③ 阿玛蒂亚·森,徐大建译:《生活水准》译者前言,上海财经大学出版社 2007 年版,第 8 页。
④ 阿玛蒂亚·森,任赜等译:《以自由看待发展》,中国人民大学出版社 2002 年版,第 30 页。
⑤ 阿玛蒂亚·森,任赜等译:《以自由看待发展》,中国人民大学出版社 2002 年版,第 85 页。

一的传统观点，同时还将反贫困的政策视角从直接的生活质量改善，拓展到提高获取收入并摆脱收入贫困的能力。可行能力视角对贫困分析所做出的贡献在于，通过把注意力从手段（而且是经常受到排他性注意的一种特定手段，即收入），转向了人们有理由追求的目的，并相应地转向可以使这些目的得以实现的自由，强化了我们对贫困和剥夺的性质及原因的解释①。

因此，森的"能力平等与实质自由"的分配原则，比基于效用和财富的平等原则，更接近对人的价值肯定。尤其对社会底层成员的能力提高，不仅可以扩大他们生产能力和获取收入的能力，而且可以解决他们在人文教育、公共服务、生态环境保护、政治参与等方面弱势的权利，以实现社会底层成员在实质自由清单上的各种内容，这样对其权利的剥夺、贫困现象的发生就会越来越少。无怪乎，森把人类社会对于平等和自由的追求看做是永恒的价值目标。人的自由是经济发展的目的，提高人的能力、获得收入的方法也仅仅是手段。森这种既关注主体内在的能力，以提高生产力，又注意主体与主体之间的生产关系和权利平等，由工具性手段（外在价值），最终达到人的自由（内在价值），以人的存在、尊严和权利平等的伦理为本，来解决经济领域的分配正义，是一种新的理论贡献②。这种贡献，对于当前我们在中共十八届五中全会提出的"五大发展理念"指导下，全力推进精准扶贫，全面建成小康社会，走向人的自由全面发展也是有所启迪和借鉴的。当然，这并不是说森的理论体系已经完美无缺。森的理论越是靠近现实，其理论解释力便显得不那么充足，例如，哪些功能活动和可行能力可列入实质自由清单，哪些又不列入呢？根据何在呢？森只是给出了与个人自我的生活性质相关这样肤浅的理由，问题在于，怎样从社会历史条件上给予更加深沉的思考呢？森未能有力的论证，他自己也承认："即便对功能活动和可行能力的基本研究成果得到了大家的认可，也仍然会有很多困难而令人费解的问题有待解决③"。

## 二、经典马克思收入分配理论

经典马克思收入分配理论创立了包括解释资本主义分配关系、分配方式

---

① 黄泰岩：《国外经济热点前沿》（第4辑），经济科学出版社2007年版，第83页。
② 何建华：《经济正义论》，上海人民出版社2004年版，第358页。
③ 阿玛蒂亚·森，徐大建译：《生活水准》，上海财经大学出版社2007年版，第139页。

及其运动规律和预测设计未来新社会收入分配制度及其方式的理论体系。这个理论体系在马克思主义政治经济学体系中，叙述的资本主义收入分配问题是服务于资本主义生产再生产过程的分析主线，贯穿于价值创造、价值形成、价值实现和价值分配的逻辑演绎，且从资本主义分配关系的本质、分配实体到分配形式的展开揭示。同时，在马克思恩格斯的设想中，未来社会主要实行按劳分配原则及其方式来分配个人消费品，这一分配思想主要体现在《德意志意识形态》《资本论》《哥达纲领批判》《反杜林论》等著作中。因此，本部分主要从马克思恩格斯收入分配理论的来源及地位，以及马克思恩格斯分配理论两个方面进行阐述。

### （一）马克思恩格斯收入分配理论的来源及其地位

1. 马克思恩格斯分配理论产生的时代背景与思想来源

17~18世纪，随着西欧工业革命的深化、资本主义生产方式统治地位的确立，资产阶级与无产阶级之间的经济、政治利益日益对立和尖锐，一方面是资本主义生产方式下，生产力获得空前发展，生产出了比以往任何时代都要庞大的社会财富；另一方面，由于资本主义私有制与社会化大生产之间的矛盾，资产阶级对工人阶级的剥削加深，占有了越来越多的社会产品。尤其在新技术条件下，要么机器排挤工人，要么工人成为机器的附属品，社会两极分化越来越严重，阶级矛盾越来越尖锐，结果当时欧洲爆发了三次大的工人起义，即1831年和1834年先后两次爆发的法国里昂丝织工人起义、1842年爆发的英国宪章运动、1844年爆发的德国西里西亚纺织工人起义。三次大的工人运动标志着在与资产阶级及其政府的斗争中，无产阶级作为一支独立的阶级力量和政治力量登上历史舞台，在斗争中无产阶级从"自为"转变"自觉"需要科学的理论加以指导和武装，于是马克思主义理论便应运而生。

作为马克思主义理论三大部分之一的经典马克思经济学是由马克思主义创始人马克思、恩格斯所创立，而马克思收入分配理论便是其中重要组成部分。马克思收入分配理论既是对资本主义分配关系、运动规律及其制度的揭示与批判，也是对未来社会崭新分配制度的科学预言。同时，经典马克思收入分配理论的基本元素来源于英国古典政治经济学，是对古典政治经济学批判的基础上诞生的，即在批判了"斯密教条"和萨伊的"三位一体"公式，批判性吸收了大卫·李嘉图的劳动价值论与分配理论的合理成分，以及批判的吸收了约翰·穆勒的"阶级异化"和收入公平思想基础上，结合当时特定的时代背景和社会实践形成的。正如马克思所言"英国古典政治经济学是属于阶级斗争不发展的时期的。它的最后的伟大的代表李嘉图，终于有意识地把阶级利益的对立、工资和利润的对立、利润和地租的对立当做他的研究的出发点，因为他天真地把这种对立看作社会的自然规律。这样，资产阶级的经济科学也就达到了它不可逾越的界限。"①

如前所述，马克思恩格斯的收入分配理论诞生之时，当时欧洲的经济学对于收入分配理论主要有三种理论。第一种是大卫·李嘉图为代表的古典经济学家提出的以劳动价值论为基础的分配理论。马克思恩格斯的收入分配理论主要是在批判地继承了李嘉图的劳动价值论基础上，马克思修正了李嘉图的错误，区分了使用价值、价值和交换价值，首创了科学的"劳动二重性"理论，并认为抽象劳动才是创造价值的唯一源泉，形成了马克思研究资本主义分配的逻辑起点。同时，以劳动价值论为基础，马克思又创造性地提出了"剩余价值"理论，形成了马克思研究资本主义分配的核心理论支点。充分揭示了资本主义分配方式中资本家利得的根本所在为：资本剥削雇佣劳动的秘密——"剩余价值"被资本家无偿占用；进而，马克思在劳动力商品理论的基础上提出工人获得的工资仅仅是劳动工人创造的新价值的一部分，用来补偿其自身价值，完成了对资本主义分配关系的本质性研究。而对资本主义分配关系的外化研究，是在平均利润和生产价格理论的基础上，阐述"剩余价值"又转化为利润、利息、地租等各种收入分配的外化形式，即剩余价值主要在产业资本家、商业资本家、借贷资本家、大土地所有者等之间进行分配。这样，马克思完成了从商品价值创造，剩余价值来源与生产到剩余价值分配的理论逻辑和现实批判。

第二种是萨伊在效用价值论基础上，提出的"三位一体"的要素分配理论。马克思批判了萨伊的"三位一体"公式，认为"三位一体"公式掩盖了劳动创造价值的事实，遮盖了价值创造的源泉。不同于萨伊的资本、劳动和土地都参与产品的生产，并创造价值和获得相应报酬的收入分配理论，马克思坚持认为价值是由劳动创造的。因而资本获得利息，地主获得的地

---

① 《马克思恩格斯文集》第5卷，人民出版社2009年版，第16页。

租，资本家获得利润等都是工人创造的剩余价值的转化形式。工人获得的工资仅仅是其在"必要劳动时间"内创造的新价值，用于补偿其劳动力价值。因此，在价值分配领域，工人仅仅是拿到了自身创造的新价值的一部分，而"剩余价值"是由资本家凭借生产资料所有权无偿占有了工人新创造的价值，体现的就是资本家对劳动者的剥削关系。资本主义的分配趋势是朝着有利于资本家的。资本主义的积累趋势就是资本家占有了越来越多的由工人创造的剩余价值，而工人阶级则越来越趋于贫困化。这样，马克思通过资本主义生产和再生产过程，运用资本积累理论说明了劳资关系在经济利益上的根本对立性。

第三种是以约翰·穆勒为代表的折中主义收入分配理论。马克思也是非常重视约翰·穆勒的收入分配思想的。马克思曾认真阅读了约翰·穆勒的《政治经济学原理》，并做了摘抄。后来，《约翰·穆勒〈政治经济学原理〉一书摘要》作为附录收入到了马克思的《1844年经济学哲学手稿》新版中①。约翰·穆勒的思想对马克思的"商品经济的异化"和"阶级的异化"，以及收入公平的重要性理论具有重要的影响。同时，穆勒又为当时英国的自由资本主义做了辩护，他指出资本主义生产方式是合乎自然法则的，要实现公平的收入分配就需要在坚持资本主义制度的基础上，不断地调整这种"人为"的分配制度，使其达到和谐统一。当然，这种论断与资本主义的现实和发展趋势是完全不相符的。

经典马克思收入分配理论的又一思想来源为，空想社会主义者的分配思想。资本主义制度确立统治地位后，财富分配不公，资本大亨不择手段疯狂聚敛财富，工人阶级及广大劳动群众深受资本的剥削和压迫，陷入生活穷困潦倒的境地。面对资本主义社会初期的种种不合理、不公平的罪恶现象，激起了一些社会思想家猛烈地批判和要求进行社会改革的主张，其中滥觞于17世纪鼎盛于19世纪的空想社会主义理论便是集中的代表。其中空想社会主义分配理论的发展大致可以分为三个阶段，每个阶段不同代表人物的收入分配思想也是有所不同的。空想社会主义分配理论的初期，即16～17世纪，以托马斯·莫尔、托马佐·康帕内拉为代表的空想社会主义思想家提出了实

---

① 中野英夫：《谈谈马克思〈詹姆斯·穆勒"政治经济学原理"一书摘要〉的研究进展》，载于《马克思主义研究》1987年第4期。

现"财产共有""人人劳动""按需分配"的分配原则。不过,由于当时,他们对社会主义的认识处于萌芽阶段,对未来社会收入分配原则及其方式的理论描述也停留在较为粗略的水平和"乌托邦"式的理想状态。18世纪,是空想社会主义分配理论发展的第二阶段。以摩莱里和巴贝夫等为代表的法国空想社会主义者开始了理论研究和实践探索,他们批判了资本主义私有制在政治上和经济上的不平等问题,提出要实施绝对的平均主义分配政策。摩莱里主张劳动产品"均按相同的规则公开分配,"且带有浓厚的禁欲主义色彩,对此恩格斯评论指出:摩莱里的思想主张是"苦修苦练的、禁绝一切生活享受的、斯巴达式的共产主义。"[1] 巴贝夫的社会理想是建立"平等共和国",以实现自由平等和"以劳动为基础的公众福利",人人都能从社会总产品中分配到均等的部分。受平均主义分配影响的社会生活方面,巴贝夫与摩莱里相似主张人们要过着清教徒式的禁欲生活。到19世纪早期和中后期,随着资本主义制度本身缺陷暴露得越来越充分,空想社会主义者对未来社会制度及其分配原则提出了新的构想,为空想社会主义分配理论发展的第三阶段。其代表人物是法国空想社会主义者昂利·圣西门和傅立叶,以及英国空想社会主义者欧文。他们在揭露资本主义罪恶的同时,虽然也在描述未来的"人人平等、个个幸福"的新社会,但抛弃了绝对平均主义和禁欲主义,转而寻求一种更加接近社会主义社会现实的分配制度及其方式。圣西门设想的理想社会制度是"实业制度",与之相适应的分配方式为"按能力计报酬,按功效定能力",他主张"每个人的作用和收入应与他的才能和贡献成正比。"[2] 圣西门的按才能和贡献分配原则,虽然还不能算是按劳分配,但已经向这个原则迈进了一步。傅立叶构想的理想社会制度是"协作制度"或者"和谐制度",在这个制度下的基本单位"法郎吉"中,人们的全部收入是按三种红利公正分配的,而三种红利又按照三种生产资料:劳动、资本和才能的一定比例来分配。[3] 其中劳动已经成为收入分配的一种标准,这虽然还不是彻底的按劳分配方式,但又向前进了一步。欧文不仅是空想社会主义分配理论的推进者,而且还在他建立的实验公社里对按需分配进行了实践。在公社实验失败以后,欧文提出劳动时间为价值尺度,按照劳动者活劳

---

[1] 《马克思恩格斯全集》第19卷,人民出版社1972年版,第207页。
[2] 圣西门,董果良等译:《圣西门选集》上卷,商务印书馆1962年版,第86页。
[3] 傅立叶,赵俊欣等译:《傅立叶选集》第1卷,商务印书馆1979年版,第95页。

动和物化劳动所耗时间确定的产品价格，发给劳动者劳动卷在市场交换进行公平的交易。这虽然还不是真正的按劳分配，但比之圣西门和傅立叶更接近按劳分配。后来，欧文的追随者、英国19世纪经济学家布雷在1839年出版的《对劳动的迫害及其救治方案》一书中，提出了比较明确的按劳分配思想。他认为，应以劳动为分配尺度，主张按劳动时间计算报酬，"能够由此得到的唯一结论，就是等量劳动应该得到相等的报酬。"① 因为，"个人的劳动将成为他所得和所失的唯一决定因素。"② 可见，布雷的分配思想已经很接近马克思的按劳分配理论了，只是前者还缺乏更加科学的方法论指导和缜密的理论论证。

总之，空想社会主义分配理论成为马克思、恩格斯吸取合理成分创立按劳分配理论的一大思想资源。但它毕竟是空想的，主要在于，一方面，空想社会主义者创立自己分配理论时，侧重于对资本主义分配方式的公正合理与否的伦理道德谴责，而没有深入到资本主义生产关系与生产力的矛盾运动中去认识，于是提出的新分配方式往往脱离了客观经济基础，带有幻想色彩；另一方面，空想社会主义者始终没有找到埋葬资本主义剥削分配制度，实现新分配制度的阶级力量，提出的新分配方案往往无法实现，只能束之高阁。正如恩格斯指出：这种"不成熟的理论，是同不成熟的资本主义生产状况、不成熟的阶级状况相适应的。"③ 因此，对收入分配理论的革命性变革，对资本主义分配制度的深刻批判以及对未来社会分配制度的科学预见，只能由马克思主义经济学创始人马克思、恩格斯来完成。

2. 马克思恩格斯分配理论的重要地位

马克思恩格斯在《政治经济学批判大纲》(1843~1844)、《英国工人阶级状况》(1844~1845)、《德意志意识形态》(1845~1847)、《共产党宣言》(1847~1848)、《政治经济学批判》导言(1857)、《资本论》(1866~1867、1883~1895)、《哥达纲领批判》(1875)、《反杜林》(1876~1878)等著作中对收入分配问题做了长期深入的研究。尤其是马克思在经济巨著《资本论》中提到，其研究对象是与资本主义生产方式相适应的生产关系及交换关系。以此为基础，马克思把"分配关系的概括建立在对资本主义分配具体形式

---

① 约翰·布雷:《对劳动的迫害及其救治方》，商务印书馆1983年版，第214页。
② 约翰·布雷:《对劳动的迫害及其救治方》，商务印书馆1983年版，第172页。
③ 《马克思恩格斯选集》第3卷，人民出版社1995年版，第724页。

及形成原因的详尽了解之上。"①

从现象形式看,分配问题直接涉及人们的收入比例及其份额,对此很敏感。如前所述,古典经济学家把分配问题置于资本主义经济关系中的特殊重要位置。他们还能看到,"在资本主义经济中,人们最真切感受到的是自己所得的分配份额。资本家在整个分配中的占比大小不仅关系着利润的多少,而且关系着资本积累的速度,雇佣工人、资本家和土地所有者之间矛盾着的利益关系直接地体现在分配问题上。"②处在资产阶级与工人阶级矛盾还未激化的古典经济学时期,还能较为客观公正地分析到分配关系所体现出的各阶级利益关系。那么,随着资本主义的发展,资产阶级与工人阶级矛盾上升为社会主要矛盾,古典经济学自身的局限性也就必然流布到后来的新古典经济学,直接影响到他们的分配理论,诚如马克思在评价李嘉图将分配作为政治经济学的研究对象所言:"像李嘉图那样的经济学家,最受责备的就是他们眼中只有生产,他们却专门把分配规定为经济学的对象,因为他们本能地把分配形式看成是一定社会中的生产要素得以确定的最确切的表现。"③

而只有批判继承了古典经济学的经典马克思收入分配理论才能在其科学成分的基础上继续推进收入分配理论的革命性变革。在经典马克思收入分配理论中,分配是被当做社会生产和再生产总过程中的一个环节,其关键在于分配关系被抽象出来纳入生产关系的研究框架之中,将分配研究重心从流通领域转入到生产领域。因此,马克思把分配关系看做是与生产关系紧密联系的一个重要环节,他明确指出,"分配关系本质上和生产关系是同一的,是生产关系的反面。"④ 而生产关系是马克思、恩格斯在《德意志意识形态》中首次提出,它是关于历史唯物主义的一个基本概念。马克思、恩格斯将生产关系区分为狭义的生产关系和广义的生产关系。狭义的生产关系就是人们在具体的生产过程中结成的以"生产资料所有制关系""生产中人与人之间的关系"和"产品分配关系"为内容的相互关系。广义的生产关系就是指人们在生产和再生产过程中形成的以生产、交换、分配和消费为核心内容的

---

① 何自力、张俊山、刘凤义:《高级政治经济学——马克思经济学的发展与创新探索》,经济管理出版社2010年版,第56页。
② 杨锦英、肖磊:《马克思收入分配理论新探》,西南财经大学出版社2015年版,第22页。
③ 《马克思恩格斯全集》第30卷,人民出版社1995年版,第39页。
④ 马克思:《资本论》第3卷,人民出版社1975年版,第993页。

经济利益关系。可见，无论是狭义的生产关系还是广义的生产关系定义中，"分配"问题都是非常重要的环节。马克思所提到的分配关系是"生产关系的反面"，意指，一是分配关系要受到生产关系的制约，生产关系决定分配关系，劳动产品的分配规则和数量都是由嵌入社会生产关系结构中的具体结构来决定；二是分配关系可以反映人们在生产过程中结成的生产关系的性质和要求，这种性质和要求折射在分配关系上就是人们强烈感受到的经济利益关系，并且一定社会形态的生产关系的历史暂时性也决定了分配关系的历史暂时性，没有永恒存在的分配关系及其方式；三是受生产关系制约的分配关系本身的性质，还支配着分配制度、分配体制机制、分配原则、分配方式、分配结构、分配功能等一系列分配体系的确立，分配也有自身的客观发展规律。

可见，比之古典经济学，经典马克思收入分配理论不仅研究了生产的社会财富受什么因素影响、按照什么比例在社会成员之间进行分配的问题，而且更重要的是揭示了在分配方式及其比例的背后，对其起决定作用的是生产关系中的所有制性质及其方式，即生产要素的所有权关系，这个决定了各个生产要素所有者都是按照生产要素的法权上的占有关系而获得相应的分配份额。这个思想始终贯穿于马克思收入分配理论之中。当然，这是具体分配结果的高度抽象，也就是说还停留在分配一般的研究上。在马克思看来，只有具体化的分配研究及其实践才能结出分配制度的果实。因此，马克思不仅将分配关系联系到资本主义社会关系及其现存制度来研究，在批判继承了古典经济学的合理成分，特别是吸取了空想社会主义对资本主义批判和对未来新社会设计方案的科学元素的基础上，提出了未来社会新的分配理念及其制度，即在共产主义社会第一阶段实行"等量劳动换取等量产品"的"按劳分配"制度和在共产主义社会高级阶段才能实现的"各尽所能，按需分配"制度。

总而言之，在马克思主义政治经济学体系中，遵循历史唯物论的哲学方法论和从抽象到具体的辩证逻辑，收入分配研究成果的叙述从生产关系（即经济利益关系）研究发轫，一方面，始终贯穿于价值创造与价值形成、剩余价值来源、资本积累、社会资本再生产和剩余价值分割等理论研究的主线上；另一方面，又结合社会经济制度的变革，落实在揭示资本剥削、贫富悬殊、危机爆发以及新分配制度创建等社会实践上。可以说，经典马克思收入分配理论是马克思主义政治经济学的重要组成部分，不仅仍然是认识批判现代资本主义制度的锐利武器，也是建设中国特色社会主义的一个理论基础。

### （二）马克思恩格斯收入分配理论概说

如前所述，马克思和恩格斯在他们一系列著作中对资本主义分配关系及其运动规律和未来新社会的分配原则及方式做了长达近30多年的科学探究，形成了丰硕的研究成果。这里本着从经典中聚焦经典的考量，将集中体现马克思和恩格斯收入分配思想和理论的三本著作：《资本论》《哥达纲领批判》和《反杜林论》做一个全景式的概括。

1. 《资本论》：对资本主义分配及其逻辑关系全景式扩展的理论解析

在《资本论》第1卷中，马克思首先提出"劳动二重性"理论，解决了古典经济学派在劳动创造价值实体和价值本质上的难题，为科学劳动价值论的形成奠定了基础。在科学劳动价值论的基础上形成的劳动力商品理论，找到了打开剩余价值来源秘密的钥匙，从而形成了剩余价值理论和资本积累理论。这些重大的理论创造，就构成了马克思收入分配理论的逻辑起点和理论支点。接下来在《资本论》第3卷中，马克思在平均利润和生产价格理论的基础上，深入研究了各种收入类型及其源泉。在《资本论》第四十八章至第五十章中，主要是批判代表资产阶级利益的古典政治经济学学说，第五十一章至第五十二章主要是对资本主义生产关系和分配关系的一个总结[①]。概括起来，在《资本论》中，马恩对收入分配的研究主要集中在以下几点。

（1）马克思研究资本主义分配关系的基本前提是资本主义的生产与分配相互关系。马克思将古典经济学研究分配问题从交换上的不平等现象，转入到生产方式的性质决定，这种特定生产方式的历史性也决定分配的历史性；将资本也认定为一种社会生产关系，据此认识资本主义分配关系；这是马克思分配理论借助其科学方法——历史唯物论，超越古典经济学分配理论的基本理论前提。马克思在《资本论》中讨论生产与分配相互关系的观点概括起来主要有三个方面：一是分配关系由生产关系决定；二是分配关系与生产关系本质上的同一性；三是分配关系以及与之相适应的生产关系，必须

---

[①] 杨志、王岩：《〈资本论〉解读》，中国人民大学出版社2015年版，第572~573页。

与生产力的发展要求相适应。① 同历史上任何一种分配关系一样，劳资之间的分配关系也是由资本主义生产条件的分配关系所决定的。在资本主义的生产过程中，资本家占有包括货币、生产资料在内的各种资本，工人只占有自身的劳动力，"既然生产要素是这样分配的，那么自然而然地就要产生消费资料的现在这样分配。"② 即资本家凭借资本所有权获得工人创造的剩余价值，工人只能获得劳动力价值的转化形式工资。这正是社会生产的性质和结构决定了社会成员的分配的性质与方式，也决定了分配的对象及可供分配的产品数量。同时，资本主义生产要素占有权关系也要通过分配关系来实现。如利润是资本所有权的经济实现，地租是土地所有权的经济实现，工资是劳动力所有权的经济实现，各种分配形式实际上是生产要素所有权的实现形式。并且从历史唯物主义的视角来看，资本主义这种生产方式不是永恒的，其仅仅是人类历史长河中的一个特殊阶段。那么，与之相适应的分配关系，即有利于资本和土地的私人占有的分配关系，也具有社会发展过程中的历史暂时性。这说明"资本主义的分配不同于各种由其他生产方式产生的分配形式，而每一种分配形式，都会同它由以产生并且与之相适应的一定的生产形式一道消失。"③ 因此，马克思研究资本主义分配关系的基本前提是生产与分配的相互关系，应该说这是在最抽象层次上对分配的探讨。

（2）马克思研究资本主义个人收入分配的逻辑起点、理论支点和形式化理论。马克思研究资本主义分配关系包括逻辑起点、理论支点、宏观的社会再生产分配比例和微观的收入分配转化形式理论，涉及的理论基础主要是劳动价值论、劳动力商品理论、剩余价值论、资本积累理论、社会总资本再生产理论和生产价格理论，几乎涵盖了《资本论》三卷相关内容。归结起来马克思对分配的研究有两个层次：一是宏观层次，即关于社会再生产过程中总产品、总价值的分配；二是微观层次，即个人消费品的分配（个人收入分配）。这是既有联系又有区别的两个层次分配，社会总价值分配包括个人收入分配，个人收入分配是社会总价值分配的一个部分。这里我们重点探讨的是个人收入分配。从《资本论》逻辑体系来看，马克思研究资本主义

---

① 洪银兴：《资本论的现代解析》，经济科学出版社2005年版，第384~386页。
② 《马克思恩格斯全集》第19卷，人民出版社1963年版，第23页。
③ 马克思：《资本论》第3卷（下），人民出版社1975年版，第999页。

个人收入分配问题从抽象到具体有一个系统的理论展开。①

①马克思研究资本主义个人收入分配问题的逻辑起点：劳动价值论。马克思研究资本主义个人收入分配问题的逻辑起点是科学的劳动价值论，或者说劳动价值论是马克思研究分配问题的价值论基础。古典经济学的分配理论都有其价值论基础，虽然马克思批判了从"斯密教条"到萨伊"三位一体公式"宣称的各种生产要素都能创造价值，因而各种生产要素都能获得相应报酬的错误观点，但不能说马克思的分配理论与其科学的劳动价值论毫无关系。恰恰相反，在马克思劳动价值论中至少有两条理论线索与分配紧密相关。

首先，分析价值实体和价值构成方面。马克思在劳动二重性原理的基础上不仅破解了导致李嘉图学派解体的重大理论难题，什么劳动创造价值以及怎样创造价值这样的价值实体问题，而且确立了抽象的活劳动是创造商品价值的唯一因素，即价值是人类一般劳动在商品中的凝结这样一元的价值创造观。进而在这个基础上，来认识价值形成（价值的构成）②就不仅有活劳动的作用，也有物化劳动的作用。因为，按照价值形成来看，无论是全社会生产的年总产品，还是任何单个商品，其价值构成都由三部分组成：C + V + M，C 部分为通过工人具体劳动转移的生产资料旧价值，是过去劳动创造的价值，即"计算物化在这个产品中的劳动。"③ 因此，在这里表现为生产资料的物化劳动在价值形成中成为不可或缺的因素。另外，V + M 部分为补偿预付可变资本的价值（V）和超过可变资本的剩余价值（M），这是通过工人的抽象劳动在商品中创造的新价值，即"新价值的加进，是由于劳动的单纯的量的追加；"④ 由此看来，V + M 这个新价值构成部分的价值实体属于价值创造。并且"在这里，一个价值用另一个价值来补偿是通过创造新价

---

① 马克思在《资本论》三卷中，也不乏对替代资本主义社会的未来社会收入分配原则的讨论和预测，但主要还是剖析资本主义收入分配关系的性质及其方式。其中对未来社会收入分配原则及方式的设想成为马克思另一部经典著作《哥达纲领批判》的思想来源，这将放在后文与此的相关内容中提及。

② 国内有学者将价值创造与价值形成进行了区别，讲价值创造问题，应该仅包括对价值决定主体的界定，即是价值的实体和来源，回答的是什么劳动创造价值；而讲价值形成问题，不仅应包括对价值决定主体的界定，也应包括对价值决定客体的界定，即是商品价值是由几个部分构成和如何形成的这种构成，回答的是价值决定的结构性问题。参见逄锦聚等：《马克思劳动价值论的继承与发展》，经济科学出版社 2005 年版，第 181 页。

③ 马克思：《资本论》第 1 卷（上），人民出版社 1975 年版，第 211 页。

④ 马克思：《资本论》第 1 卷（上），人民出版社 1975 年版，第 227 页。

值来实现的。"而这个抽象劳动创造新价值过程"不仅再生产出劳动力自身价值,而且生产出一个超额价值,"① 即剩余价值。所以,马克思认为,工人在同一时间内达到的旧价值保存和新价值加进这两种不同结果,只能用工人的劳动二重性来解释。这意味着,价值形成与价值创造是紧密相关的,价值形成包含有价值创造,价值创造是价值形成的重要构成部分。正是这个部分(V+M)通过市场的价值实现被马克思称为"总收入是总产品扣除了补偿预付的、并在生产中消费掉的不变资本的价值部分和由这个价值部分计量的产品部分以后,所余下的价值部分和由这个价值部分计量的产品部分。因而,总收入等于工资(或要重新转化为工人收入的产品部分)+利润+地租。但是,纯收入却是剩余价值,因而是剩余产品。"② 可见,进入价值形成部分中的价值创造(V+M)在分配的现象形式上成为总收入,其中 M 为纯收入,剩余价值中扣除利息、地租之后的纯利润又叫纯收益,V 为工人劳动力价值等价物工资。这些收入的分解都是来自价值创造(V+M)的各部分。这说明,从马克思劳动价值论分析的生产中价值创造为起点,到流通中价值实现,再到分配领域的价值分配,则能够追踪溯源的认清资本主义个人收入分配中价值形成部分的新价值提供了分配的对象,价值创造了多少,价值实现了多少,决定着价值分配多少。当然,这只能是生产出的社会产品具有了分配的必要性,这种必要性要变成现实性,还必须由生产的性质即所有权关系来说明。

其次,分析价值形式的发展和货币的起源方面。马克思研究价值形式解决了古典经济学没有解决的使价值成为交换价值的价值形式和"商品怎样、为什么、通过什么成为货币的问题。"③ 从而揭开了货币起源的神秘面纱,在经济学史上是个首创。马克思通过历史的分析与逻辑分析相统一的方法,把商品交换发展的历史与价值形式从简单价值形式演变到货币形式的逻辑进程相结合,揭示出了货币是商品经济发展中自发产生的,是商品内在矛盾发展的必然产物,货币的本质是固定充当一般等价物的特殊商品,体现商品经济条件下人与人之间的相互关系。到这里马克思对货币的分析并没有停止下来,而在对简单商品经济过程系统分析后的归纳认为"货币是这一过程的

---

① 马克思:《资本论》第 1 卷(上),人民出版社 1975 年版,第 235 页。
② 马克思:《资本论》第 1 卷(下),人民出版社 1975 年版,第 950 页。
③ 《马克思恩格斯全集》第 23 卷,人民出版社 1975 年版,第 110 页。

最后产物。商品流通的这个最后产物是资本的最初的表现形式。"[1] 资本这个概念,对凡是研究资本主义以来经济问题的各种学派都是不可绕开的。如古典经济学对资本概念的解释相当混乱和模糊,有时指的是资本家购买所有生产资料和劳动力支出;有时仅仅指资本家购买生产资料所花的钱,或者直接作为中间产品的生产资料;有时还指能够产生收入的任何财产。[2] 虽然马克思从古典经济学那里接受了资本概念,但将其最初的转化视为货币。从研究货币转化为资本开始,马克思构建了研究资本主义生产、流通、分配过程的恢弘的理论体系。在这里,马克思通过对作为货币的货币和作为资本的货币两种流通形式:W-G-W 和 G-W-G 在形式和内容比较分析后得出了货币转化为资本最本质的体现在,预付资本不仅在流通中保存了自己的价值,而且还带来了一个剩余价值,发生了价值增值,"正是这种运动使价值转化为资本。"[3] 资本就是能带来剩余价值的价值。由此而确定的资本运动总公式则是 G-W-G′,其中的 G′=G+ΔG,即等于原预付资本加上剩余价值,表明资本反复的运动出现了价值的自行增值。马克思的分析推进到这里,遭遇了李嘉图学派曾无法破解的难题,"货币羽化为资本的流通形式,是和前面阐明的所有关于商品、价值、货币和流通本身的性质的规律相矛盾。"[4] 即商品价值规律与资本在流通中价值增值的矛盾。对于这个价值增值,马克思通过在流通中无论等价交换还是非等价交换,颠来倒去的分析均不能说明价值增值的产生。这样马克思提出了上述资本总公式矛盾包含的双重结果,"资本不能从流通中产生,又不能不从流通中产生。它必须既在流通中又不在流通中产生。"[5] 这个双重结果规定了,货币羽化为资本,"必须既在流通领域中,又必须不在流通。这就是问题的条件。"[6] 按照这个条件范围去解决资本总公式矛盾,既要遵照价值规律要求,又要正确说明价值增值的产生,从而使货币转化为资本。这样在等价交换的条件下,货币所有者必须在市场上找到一种商品,它本身具有价值,但它的使用却能够创造价值,并且创造出比自身价值更大的价值,这种特殊的商品就是劳动力。所

---

[1] 马克思:《资本论》第 1 卷(上),人民出版社 1975 年版,第 167 页。
[2] 杨锦英、肖磊:《马克思收入分配理论新探》,西南财经大学出版社 2015 年版,第 88 页。
[3] 马克思:《资本论》第 1 卷(上),人民出版社 1975 年版,第 172 页。
[4] 马克思:《资本论》第 1 卷(上),人民出版社 1975 年版,第 177 页。
[5] 马克思:《资本论》第 1 卷(上),人民出版社 1975 年版,第 188 页。
[6] 马克思:《资本论》第 1 卷(上),人民出版社 1975 年版,第 189 页。

以，马克思提出解决资本总公式矛盾的唯一答案是，劳动力成为商品，是货币转化为资本的根本条件。由此而建立的劳动力商品理论十分重要，它不仅贯通了马克思的劳动价值论与剩余价值论的理论逻辑，而且是探究资本主义分配关系本质及其方式的理论支点的重要内容。

②马克思研究资本主义个人收入分配问题的理论支点：劳动力商品理论、剩余价值论和资本积累理论。从资本主义个人收入分配的形式来看，无论是工人的工资收入，还是各资本家集团分割获得的利润、利息和地租等收入，都要回到生产领域才能弄清楚它们为什么能够分配以及分配关系的本质。马克思研究资本主义生产过程的核心理论是剩余价值论，它被列宁称为"马克思经济理论的基石"。[①] 剩余价值理论是一个丰富的科学理论体系，除了以劳动价值论为基础外，它还有两个理论的支撑：一是劳动力商品理论；二是生产价格理论。没有这两个理论支撑，仅仅靠剩余价值论是难以完成对资本主义生产到分配全过程的科学把握。这里从马克思的劳动力商品理论来看，有三个要点对认识资本主义个人收入分配关系很关键。

首先，将劳动和劳动力这两个概念严格区分开来。在古典经济学的价值理论中一个重大缺陷就是没有劳动力概念，像斯密、李嘉图有时尽管也使用过"劳动能力"这个字眼，但他们从来没有意识到劳动与劳动力的区别。他们认为，劳动有价值，也就是工资。斯密甚至把工资等同于劳动。[②] 马克思提出且界定了劳动力概念，"我们把劳动力或劳动能力，理解为人的身体即活的人体内中存在的，每当人生产某种使用价值时就运用的体力和智力的总和。"[③] 进而马克思区别了劳动力和劳动。劳动力是商品，具有价值和价格，"实际上，在商品市场上同货币所有者直接对立的不是劳动，而是工人。工人出卖的是劳动力。"[④] 而劳动不是商品，"劳动是价值的实体和内在尺度，但是它本身没有价值。"[⑤] 劳动和劳动力这两个概念在理论上的区分相当重要，不仅一改以往古典经济学对工人工资收入的混乱看法，揭示出工资是劳动力价值或价格这个本质属性，而且已经蕴意着代替资本主义社会的未来社会按劳动来分配个人消费品所造成的不平等与阶级剥削所造成的不平

---

① 列宁：《列宁选集》第2卷，人民出版社1972年版，第444页。
② 管德华等：《西方价值理论的演进》，中国经济出版社2013年版，第89页。
③ 马克思：《资本论》第1卷（上），人民出版社1975年版，第190页。
④⑤ 马克思：《资本论》第1卷（下），人民出版社1975年版，第587页。

等并不是一回事,从而初步具备了未来社会如何分配劳动产品提出科学设想的理论基础。①

其次,劳动力商品的价值规定。劳动力既然是商品,它同任何商品一样,也具有价值和使用价值。先来分析劳动力商品的价值。根据劳动价值论的基本原理,马克思认为,"劳动力的价值也是由生产从而再生产这种特殊物品所必需的劳动时间决定的。"② 由于劳动力商品的特殊性,劳动力只存在于活的劳动者个体之中,它的生产和再生产是以活的个体为前提。而活的个体的存在和发展,就需要一定量的生活资料来维持。"因此,生产劳动力所需的劳动时间,可化为生产这些生活资料所需要的劳动时间,或者说,劳动力的价值,就是维持劳动力所有者所需要的生活资料的价值。"③ 当然,影响劳动力价值构成的因素生活资料价值、教育培训费用以及劳动力的自然差别等,并不是简单的由劳动者及其家庭生理需要决定,在此基础上,"劳动力的价值规定包含着一个历史和道德的因素。"④ 马克思在这里对劳动力价值及其规定的分析,也就确定了工人工资的内在价值,即工资变动的基础取决于维持劳动力生产和再生产所需要的生活资料的价值,但在不同国家或同一国家不同历史发展阶段,维持劳动力再生产的生活资料的种类和数量是不同的,它受到特定的社会、风俗和道德的限制;同时,"在一定的国家,在一定的时期,必要生活资料的平均范围是一样的。"⑤ 劳动力的价值又是可以确定的,因此,劳动力价值构成及其规定决定了工资分配的基础性机制,影响劳动力价格即工资变动的其他因素(劳动力市场供求、人口结构、对外贸易等)都是在这个基础上展开的。

最后,劳动力商品的特殊使用价值。与其他一般商品的使用或消费,就是其使用价值消失的同时,其价值也消失或转移到其他商品中去,不会创造新价值。劳动力商品则不同,"它的实际使用本身就是劳动的物化,从而是价值的创造。"⑥ 这就是劳动力商品特殊的使用价值,不仅如此,劳动力使用创造的价值还要大于自身的价值。为什么呢?因为,"劳动力维持一天只

---

① 任洲鸿:《"新按劳分配"论——一种基于劳动力资本化理论的劳动报酬递增学说》,山东人民出版社2014年版,第57页。
② 马克思:《资本论》第1卷(上),人民出版社1975年版,第193页。
③④⑤ 马克思:《资本论》第1卷(上),人民出版社1975年版,第194页。
⑥ 马克思:《资本论》第1卷(上),人民出版社1975年版,第190页。

费半个工作日,而劳动力却能劳动一整天,因此,劳动力使用一天所创造的价值比劳动力自身一天的价值大1倍。这种情况对买者是一种特别的幸运,对卖者也绝不是不公平。"① 劳动力市场买卖这种所谓的公平假象掩盖下的劳动者创造出来的超过劳动力价值的价值该如何占有和分配呢? 马克思转入生产领域用剩余价值理论加以说明。

根据剩余价值理论,资本主义生产本质是剩余价值生产,剩余价值是由雇佣工人的剩余劳动所创造。那么,创造了剩余价值的雇佣工人为什么不能占有和分配这部分价值呢? 马克思归结为资本主义雇佣劳动制度。在这种制度下,工人的劳动成为雇佣劳动与劳动力成为商品的条件紧密相关。因为,"一方面,工人是自由人,能够把自己的劳动力当做自己的商品来支配,另一方面,他没有其他商品可以出卖,自由得一无所有,没有任何实现自己的劳动力所必需的东西。"② 正因为如此,资本主义条件下工人与生产资料是相分离的,他要进入生产过程,与生产资料结合进行生产,必须将劳动力的支配和使用权按一定时间出卖给占有生产资料所有权的资本家,为资本家不断创造出占有的剩余价值,而工人只能获得劳动力价值或价格的转化形式工资。因此,在不考虑其他条件,假定消耗的不变资本一次完全转移到新产品中去的情况下,工人生产出的新产品中凝结的新价值得以实现后,初次分配(在做了各项社会必要扣除)的结果就表现为,一部分被资本家收回后成为不断用来购买劳动力的可变资本,即工人的工资部分;另一部分成为资本家占有的剩余价值,即转化为产业资本家集团的收入。新价值这两部分的分配也就是资本主义社会最基本和最本质的分配关系。可见"资本并没有发明剩余劳动。凡是社会上一部分人享有生产资料垄断权的地方,劳动者,无论是自由的或不自由的,都必须在维持自身生活所必需的劳动时间以外,追加超额的劳动时间来为生产资料的所有者生产生活资料"③。工人创造的新价值的这种分配结果也正是生产要素所有权或产权所决定的。虽然这一点西方经济学中按要素分配理论也看到了,④ 但是马克思除此之外,看得更远的是,创造了全部价值的工人阶级只能得到其中很小部分的工资收入,其中很

---

① 马克思:《资本论》第1卷(上),人民出版社1975年版,第219页。
② 马克思:《资本论》第1卷(上),人民出版社1975年版,第192页。
③ 马克思:《资本论》第1卷(上),人民出版社1975年版,第263页。
④ 逄锦聚等:《马克思劳动价值论的继承与发展》,经济科学出版社2005年版,第181页。

大部分通过占有剩余价值成为掌握生产要素私有权的资本家、地主阶级的收入，这种资本主义生产方式下价值创造与价值分配的不一致性，表明资本主义分配方式是很不合理、很不公平的，也就是说在资本主义社会，生产资料占有的不平等，就决定了分配的不平等；而不平等的分配关系就进一步强化了这种不平等的占有关系以及阶级对立的利益关系，这种不平等根本上是由资本主义私有制和雇佣劳动造成的。马克思要进一步说明的是，资本主义条件下凭借不创造价值的所有权获得价值的分配制度是具有剥削性质的制度。如何才能实现劳动者创造价值又占有价值呢？解决价值创造与价值分配的矛盾性呢？这就必须消灭资本主义私有制，消灭雇佣劳动，建立生产资料社会主义公有制，在共产主义社会的第一阶段，当商品经济退出历史舞台，社会财富直接表现为劳动产品，才有可能使生产的物的要素与人的要素统一于同一主体，创造价值的劳动者才能直接占有和分配所有的价值（做了各项必要扣除后），即实行按劳分配，这也恰恰表明了马克思的分配理论是基于价值理论和剩余价值理论的。

同时，从剩余价值理论分析出资本主义分配关系的不合理性和历史暂时性，是贯穿于资本主义始终的，这就在于随着资本主义生产和再生产将劳资分配关系也不断再生产出来。正如马克思的资本积累理论告诉我们，"把资本主义生产过程联系起来考察，或作为再生产过程来考察，它不仅生产出剩余价值，而且还生产和再生产资本关系：一方面是资本家；另一方面是雇佣工人。"[①] 其中再生产出的"资本关系"当然包含劳资分配关系。马克思正是从这里开始分析到，资本主义生产和再生产过程中资本主义社会这两大阶级集团的利益对立和分化随着资本积累发展而不断深化的，在社会经济现象上表现为工人不断失业、贫困，大资本家集团（大公司、企业集团、跨国公司）的反复形成，收入差距、收入不平等更加严重等。对于这一切，特别是收入差距上的"马太效应"西方经济学从市场失灵角度加以了大量的实证研究，对收入不平等提出了各种测度方法和假说命题，其中最为著名的是库兹涅茨曲线[②]（Kuznets Curve），又称"倒U形曲线"（Inverted U Curve），该曲线通过经验研究表明，在经济增长过程开始的时候，尤其是在国民人均

---

① 马克思：《资本论》第1卷（下），人民出版社1975年版，第634页。
② Kuznets S. Economic Growth and Income Inequality ［M］. LAP LAMBERT Academic Publishing, 2002.

收入从最低上升到中等水平时，收入分配状况先趋于恶化，继而随着经济增长，逐步改善，最后达到比较公平的收入分配状况，呈颠倒过来的 U 的形状。但是，这一结论并没有得到更广泛的经验证据的证明，该曲线及结论不符合发展中国家的实际情况，随着经济发展的进程，一些发展中国家的收入不平等越来越悬殊，并没有向平等的方向转变。似乎这个经验性结论并不是必然的，抑制收入差距扩大的因素并不是仅靠经济增长的自发作用，更主要的是政府的干预和社会政策的实施作用。而马克思经济学对资本主义收入差距扩大的研究，有一个严密的理论逻辑，即在劳动价值论和剩余价值论的基础上，提出资本积累内在地具有扩大财富占有差距和收入差距的趋势，马克思称为"资本积累的一般趋势"。① 对于这个一般趋势，马克思通过资本主义简单再生产和扩大再生产、资本积累发展、资本有机构成提高、相对过剩人口形成及扩大、工人阶级的贫困化的分析，将资本主义生产方式的内在对抗性归结为具有历史趋势的资本积累的一般规律，说明"这一规律制约着同资本积累相适应的贫困积累。因此，在一极是财富的积累，同时在另一极，即在把自己的产品作为资本来生产的阶级方面，是贫困、劳动折磨、受奴役、无知、粗野和道德堕落的积累。"② 也就是说，剩余价值资本化的积累规律作用的社会后果必然表现出，一方面是资本家财富积累，出现越来越富有的大资本家集团；另一方面是广大劳动群众贫困的积累，处于绝对贫困或相对贫困状态。"二战"后，虽然西方发达国家通过政府干预和福利国家暂时避免了马克思曾预言的 19～20 世纪资本积累历史趋势对资本主义丧钟敲响的厄运，但是迄今为止资本主义社会贫富悬殊的两极分化仍然是不争的事实，正如 2007 年美国次贷危机中爆发的"占领华尔街"运动所呐喊出的响亮口号："98% 反抗 2%"的利益对立；还有法国经济学家托马斯·皮凯蒂（Thomas Piketty）在他那本风靡全球的《21 世纪资本论》（2014）一书中，通过 200 多年来欧美国家财富收入的历史数据分析，旨在证明近几十年来，西方社会不平等现象已经扩大，很快会变得更加严重，否定库兹涅茨曲线和相应的良性资本主义观点，认为现有资本主义制度并不能解决贫富差距不断增加的社会危机。这些理论的研究和事实证据都表明，马克思在资本积累的一

---

① 杨锦英、肖磊：《马克思收入分配理论新探》，西南财经大学出版社 2015 年版，第 95 页。
② 马克思：《资本论》第 1 卷（下），人民出版社 1975 年版，第 708 页。

般趋势中提出资本主义的财富占有差距和收入差距扩大的结论仍然没有过时。因此,马克思分析劳资分配关系的对立深化也是基于资本积累理论的。

③马克思研究资本主义个人收入分配转化形式的理论:平均利润与生产价格理论。马克思研究资本主义个人收入分配的具体形式时都是实现了的价值分配,按照《资本论》三卷的逻辑体系,研究由雇佣工人创造的产品价值实现是在资本流通中(通过个别资本运动的循环和周转过程和社会总资本再生产运动,涉及《资本论》第2卷的全部内容),这里我们存而不论,假定价值实现是顺利的。于是,按照马克思的设计,资本主义个人收入分配具体形式的展开是在资本主义生产总过程中来完成的,也就是《资本论》第3卷的研究内容"要揭示和说明资本运动过程作为总体考察时所产生的各种具体形式。"① 即把资本主义生产过程和流通过程统一起来研究资本主义分配过程,恩格斯对此有明确的说明,《资本论》"第3卷所阐述的就是剩余价值的分配规律。而讲完了剩余价值生产、流通和分配,也就结束了剩余价值的整个生涯,此外对它就没有更多的东西好谈了。"② 从研究的逻辑和方法来看,《资本论》中对资本主义分配关系及其逻辑扩展的全景式解析,也完全遵循从抽象到具体、从本质到现象的研究进路,第3卷中剩余价值分割形成的各种收入形式,已经是具体的现象形态了。当然,它是以前面分析的价值和剩余价值创造及其实现为基础的。

在工人创造的新价值(即国民收入 V + M)进行了第一次分割为工资和剩余价值的基础上,剩余价值还要在不同资本有机构成的部门之间进行分割形成各职能资本家的投资收入和土地所有者的收入。马克思分析这些收入分配形式,仍然是以劳动价值论为基础,抓住剩余价值的逻辑主线,将其抽象的规定一步步向具体规定上升,展开了剩余价值(剩余价值率)的各级转化形式,③ 其中的平均利润和生产价格理论是解释剩余价值(剩余价值率)的各级转化形式即形成生产要素所有者个人收入分配形式的核心范式。马克

---

① 马克思:《资本论》第3卷(上),人民出版社1975年版,第29页。
② 《马克思恩格斯全集》第22卷,人民出版社1975年版,第511页。
③ 马克思的价值转型理论可以说是他劳动价值论的理论继续,在经济学说史上,继庞巴维克对马克思劳动价值论进行攻击以后,西方经济学家对马克思价值转型理论的批评渐成一个重心,主要围绕剩余价值与平均利润、价值与生产价格在总量上相等的结论是否成立的争论,这涉及价值转型能否成立,进而劳动价值论能否成立的基础性问题。讨论在国际上出现了两次高潮,一次是20世纪40~50年代"博特凯维兹"模型引起的大讨论;另一次是20世纪60~80年代后期由"斯拉发模型"引起的大讨论。所以,马克思的价值转型理论要立专章进行讨论,这里不再展开。

思分析剩余价值（剩余价值率）的各级转化形式是从价值形成入手的，在资本主义企业日常生产经营活动中价值形成的 c + v + m 中对于资本家来说，c + v 的价值是从商品价值形成中分离出来的，也就是"商品价值的这个部分，即补偿所消耗的生产资料价格和所使用的劳动力价格的部分，只是补偿商品使资本家自身耗费的东西，所以，对资本家来说，就是商品的成本价格。"① 这是剩余价值开始的一级转化，即价值形成的中的不变资本价值（c）和可变资本价值（v）转化为成本价格（k），则价值形成改变为 k + m。这意味着，一方面，成本价格这个概念与价值形成的原初概念 [c + (v + m)] 是不同的，它不是按旧价值的转移和新价值的创造来理解价值构成问题的，而是按资本投入来理解问题的；另一方面，在这里剩余价值作为成本价格的余额（即全部所耗资本的产物），就转化为利润（二级转化）。利润成为资本投资的收入，资本利得的程度就不是用剩余价值与可变资本的比率来衡量，而是用剩余价值与全部预付资本的比率来衡量了，也就是剩余价值率转化为利润率。马克思特别提到，"应当从剩余价值率到利润率的转化引出剩余价值到利润的转化，而不是相反。"② 因为，此时的利润无论是本质还是数额上与剩余价值尚还一致的，它还要借助利润率继续转化。在现实的资本主义各生产部门中由于资本有机构成和资本周转速度等的不同，在剩余价值率一定的条件下，同量资本生产出的剩余价值量就不一样，结果利润率就高低不同。这样一来，等量资本的投资并不能带来等量的利润收入，在部门之间的竞争和资本及劳动力自由转移的条件下，"资本会从利润率较低的部门抽走，投入利润率较高的其他部门。通过这种不断地流出和流入，总之，通过资本在不同部门之间根据利润率的升降进行的分配，供求之间就会形成这样一种比例，以致不同的生产部门都有相同的平均利润，因而价值也就转化为生产价格（三级转化——笔者）。"③ 可见，由成本价格概念后引出的等量资本的投资获得等量的利润，各个资本家获得的利润就是平均利润，而不是本企业工人创造的剩余价值。企业产品价值不是按生产成本加剩余价值来定价实现，而是按生产成本加平均利润，即生产价格为基础来定价实现。于是，平均利润的形成，使价值转化为生产价格。必须看到，马克思提出的平均利润

---

① 马克思：《资本论》第3卷（上），人民出版社1975年版，第30页。
② 马克思：《资本论》第3卷（上），人民出版社1975年版，第51页。
③ 马克思：《资本论》第3卷（上），人民出版社1975年版，第218~219页。

和生产价格理论在认识和解释剩余价值分割形成的各职能资本家集团的投资收入及地主的地租收入就相当重要了。这里集中从两个方面来理解，首先，是解决了使李嘉图经济学遭遇困境的又一个难题：价值规律与等量资本获取等量利润的矛盾，确立了价值创造与价值分配的联结。因为，李嘉图学派不清楚价值和生产价格的区别和联系，也就无法解释大多数部门的资本家获得利润与本部门工人创造的剩余价值不相一致，商品的生产价格与价值不相一致的矛盾，以致最终解体。虽然从表面看，生产价格否定了价值，并与其矛盾，其实生产价格是价值的转化形式，平均利润是剩余价值的转化形式，有的部门资本家获得利润与本部门工人创造的剩余价值不相一致，当从全社会看平均利润总量与剩余价值总量是一致的，有的部门商品的生产价格与价值不相一致，若从全社会看商品的生产价格总量与价值总量是相等的。整个社会上的商品按生产价格销售，实际就是按价值销售，价值规律仍然调节生产价格规律。正如马克思指出，"既然商品的总价值调节总剩余价值，而总剩余价值又调节平均利润从而一般利润率水平——这是一般的规律，也就是支配各种变动的规律，——那么，价值规律就调节生产价格。"[1] 这样看来，利润不再按部门资本投入的多少来分配，而是按资本在整个社会中的份额来分配，价值的抽象规定已经上升为生产价格的具体规定。马克思正是在价值转化为生产价格的基础上探讨了平均利润分配问题，确立了价值创造与价值分配的逻辑关联。

其次，是在平均利润和生产价格的基础上实现了剩余价值向更具体的和现象形态的产业利润、商业利润、利息、地租等收入形式的转化（四级转化），打通了从价值创造到价值分配的"最后一公里"。在社会分工发展和规模经济的作用下，商品资本从产业资本运动中独立出来，成为具有职能作用的商业资本，专业投资于商业领域。按照等量资本获取等量利润的要求，商业资本通过生产价格进一步表现的商业价格，要在商业进销差价中取得商业利润，并且这个利润的大小要与产业利润大致相当，否则在产业部门和商业部门之间的竞争就会引起资本的自由转移直到利润相当。可见，产业工人创造的剩余价值转化的平均利润则分割为产业利润和商业利润为产业资本家和商业资本家的投资收入，其实产业利润和商业利润是产业资本家和商业资

---

[1] 马克思：《资本论》第3卷（上），人民出版社1975年版，第218～201页。

本家共同参与平均利润的形成和剩余价值分配的结果。不仅如此，如果产业资本家和商业资本家不是用全部自有预付资本，而是有借入资本进行生产经营活动的话，平均利润还要进一步分割为企业利润和利息。这是当一笔资本借贷出去以后，资本的所有权和使用权分离，平均利润也就分为资本所有权的收入即利息和执行资本职能的收入，即企业主收入（企业利润）。这时，利息和企业利润似乎已经远离生产和流通了，职能资本家的收入和剩余价值的一切联系都不见了，好像是资本价值自行增值的结果。"因此，利息对他来说只是表现为资本所有权的果实，表现为抽掉了资本再生产过程的资本自身的果实；即不进行'劳动'，不执行职能的资本的果实；而企业主收入对他来说则只是表现为他用资本所执行的职能的果实，表现为资本的运动和过程的果实。"① 也就是说，好像利息来源于资本单纯所有权，归资本的单纯的所有者占有；企业主收入来源于执行职能资本之中，成为职能资本家的所谓"监督工资或管理工资"。看来越往现象形式走，资本主义个人分配形式令人迷惑的假象也就越掩盖其来源和本质。由于我们遵循马克思的价值创造到价值分配这样抽象上升到具体的研究进路，也就不难看清利息和企业利润这两个由平均利润反比例分割的部分均来源于剩余价值，都是剩余价值的转化形式。恰恰是"由于利润即剩余价值所分成的两个部分的对立形式。使人们忘记了，二者不过是剩余价值的不同部分，并且它们的分割丝毫不能改变剩余价值的性质、它们的起源和它的存在条件。"② 在资本主义社会土地仍然是一种重要的生产资料，农业也是一种重要的投资领域，资本主义生产方式所适用的一切条件也都适用于农业部门，原来封建土地所有权和小农土地所有权均受资本主义生产方式的影响转化为资本主义的土地所有权形式。那么，这样职能资本家才能像在其他产业部门一样投资于农业部门。资本家投资于农业，根据等量资本获取等量利润的原则，也必须获得平均利润，否则就会转移走资本。但是，在资本主义土地私有权的条件下，租地农场主（资本家）要在农业部门生产经营也必须交租，否则土地所有者宁可让租地荒废。可见，在资本主义农业中，平均利润仅仅是农业工人创造的剩余价值中的一部分，另一部分则为土地所有者的地租，"在这里地租是土地所有权在

---

① 马克思：《资本论》第 3 卷（上），人民出版社 1975 年版，第 218～420 页。
② 马克思：《资本论》第 3 卷（上），人民出版社 1975 年版，第 218～427 页。

经济上借以实现即增值价值的形式。"① 任何地租都是以土地所有权为前提的，资本主义地租是资本主义土地所有权在经济上的实现形式。这意味着，资本主义地租只能是剩余价值中超过平均利润的超额利润的转化形式。马克思还以生产价格理论分析了这部分超额利润因能够留在农业的条件不同，使地租出现了不同的形式。因土地经营权的垄断和土地自然条件的差异出现了级差地租形式；因土地私有权的垄断和垄断价格存在的绝对地租形式，这些地租形式就是土地所有者出租任何土地的收入形式。

至此，通过预付不变资本和可变资本转化为成本价格，剩余价值率和剩余价值转化为利润率和利润，以及利润的平均化，使价值转化为生产价格，这应该说还是在比较抽象的范围演绎剩余价值的分配的话，那么，剩余价值在此基础上进一步转化为产业利润、商业利润、利息、地租等收入形式已经上升到剩余价值分配的具体规定性了。换句话说，从价值创造到价值分配，理论的逻辑上是一个从抽象到具体、从本质到形式的转化过程，价值是由劳动创造的，但剩余价值和平均利润的分配却是由生产要素的所有权决定的；② 如果再加上劳动力商品所有权的实现形式工资的话，马克思在《资本论》第3卷中最终勾勒出了资本主义分配关系的全景缩影，即"由每年新追加的劳动加进的价值，……分成三部分，它们采取三种不同的收入形式，这些形式表明，这个价值一部分属于或归于劳动力的所有者，另一部分属于或归于资本所有者，第三部分属于或归于土地所有权的占有者。因此，这就是分配的关系或形式，因为，它们表示出新生产的总价值在不同生产要素的所有者中间进行的分配关系。"③

（3）批判"三位一体"分配公式的谬论，总结提炼出资本主义生产方式中分配关系与生产关系之间的相互联系。马克思《资本论》第3卷的第七篇，是《资本论》理论部分的最终篇章，既是对资本主义收入分配研究的总结，也是《资本论》全书的总结。在第七篇中，马克思高度浓缩从分析商品、货币的性质开始，对资本主义的全部经济关系采取了层层深入的方式，由现象到本质，进一步论证了劳动价值论的正确性，论证了只有无偿的剩余劳动才是剩余价值的唯一来源，至于利润、利息、地租，只不过是剩余

---

① 马克思：《资本论》第3卷（下），人民出版社1975年版，第698页。
② 朱炳元等：《马克思劳动价值论及其现代形态》，中央编译出版社2007年版，第167页。
③ 马克思：《资本论》第3卷（下），人民出版社1975年版，第992页。

价值通过转化的各种外生的具体形式。这样，马克思既从批判古典经济学的"三位一体"分配公式错误观点的角度，总结了资本主义各种收入形式的真实来源和经济本质，又基于对一般的分配关系与生产关系一以贯之的分析，深刻提炼和总结了资本主义生产方式中资本主义分配关系与生产关系的辩证关系和历史趋势。

首先，古典经济学对收入分配的研究先于马克思的研究，对其中合理的成分马克思加以了充分的借鉴和吸收来构建自己的理论体系，但对其错误东西进行了深刻犀利的批判。其中对萨伊提出的"三位一体"的分配公式的批判，就是一个代表。如前所述，萨伊继承了亚当·斯密关于商品价值可以分解为利润、工资和地租的教条，认为资本主义生产要素中"劳动创造工资"，"资本创造利润"和"土地创造地租"，并且还把利润分解为资本获得的利息和资本家本人获得报酬，因此，只要资本、劳动和土地这三种要素在生产过程中发挥作用，提供了应有的服务，联合参与创造了商品，就应该在分配过程中获得相应的收入，这就是萨伊的"三位一体"分配公式。马克思指出"资本—利润（企业主收入加上利息），土地—地租，劳动—工资，这就是把社会生产过程的一切秘密都包括在内的'三位一体'的公式。"然而"资本—利息，土地—地租，劳动—工资；在这个形式中，利润，这个体现资本主义生产方式的独特特征的剩余价值形式，就幸运地被排除了"[①]。"三位一体"公式，将资本、工资和土地作为并列的三种要素，共同创造了商品的价值，这是错误的。它掩盖了价值的真正源泉，即劳动创造价值。利润、工资和地租仅仅是一种分配关系，不是价值创造的源泉。劳动，唯有劳动才是创造价值的唯一源泉，且唯有劳动创造的新价值才是资本、劳动和土地获得收入的基础。只不过，劳动获得的工资，是劳动力创造的新价值的一部分，用于补偿劳动力的价值，包括维持劳动力自身生产、接受教育培训和抚养后代的费用等。当然，劳动力的价值也会受到历史和道德等因素的影响。资本获得的利润，土地获得地租，完全是由劳动创造的新价值的另一部分，即剩余价值组成的。资本家通过资本所有权，地主凭借土地所有权参与了剩余价值的瓜分。在资本主义生产关系中，正如马克思所指出的"资本会把价值的一部分，从而把年劳动产品的一部分固定在利润的形式上，土地

---

[①] 马克思：《资本论》第 3 卷（下），人民出版社 1975 年版，第 919~920 页。

所有者会把另一部分固定在地租的形式上，雇佣劳动会把第三部分固定在工资的形式上，并且正是由于这种转化，使它们变成了资本家的收入、土地所有者的收入和工人的收入，但是并没有创造转化为这几个不同范畴的实体本身。相反，这种分配是以这种实体已经存在为前提的，也就是说，是以年产品的总价值为前提的，而这个总价值不外就是对象化的社会劳动"[1]。在资本主义生产关系下，新价值的分配主要取决于各类生产要素的所有权，尤其是资本和土地的所有权；而不是取决于资本、劳动和土地等要素参与了生产过程。

对于"三位一体"公式在理论上错误的原因，马克思将其归结为斯密和萨伊没有厘清生产过程中的一些范畴。一是，马克思认为，之所以会发生建立在斯密教条之上的"三位一体"公式，是因萨伊混淆了总产品（c + v + m）、总收入（v + m）和纯收入（m），并将总收益等同于纯收入。[2] 因此，误认为资本、劳动和土地都参与了总产品的生产，必然要参与总产品的最终分配，这是错误的。马克思指出"如果像萨伊先生那样，认为全部收益，全部总产品，对一个国家来说都分解为纯收益，或者同纯收益没有区别，因而这种区别从国家的角度来看不复存在，那么这种幻想不过是亚当·斯密以来贯穿整个政治经济学的荒谬教条的必然的和最后的表现，即认为商品价值最终会全部分解为收入即工资、利润和地租这样一种教条的必然的和最后的表现"[3]。二是，他们没有理解劳动才是创造价值的唯一源泉。具体来说，抽象劳动创造商品的价值，具体劳动形成商品的使用价值。三是，他们没有区分投入生产过程的不变资本 c 和可变资本 v 之间的区别。不变资本 c 在生产过程中，仅仅被作为旧价值，发生了转移而已。可变资本 v 是用于购买劳动力的部分，劳动力作为商品，在使用过程中，就是工人的劳动，不仅创造了补偿自身价值的价值，而且创造了剩余价值，而剩余价值才是产业资本、商业资本和借贷资本最终获得相应报酬的基础。因此，萨伊的"三位一体"公式，以资本主义分配的表面现象来掩盖资本家和地主阶级的各种收入来源于剩余价值，提出各种生产要素参与价值创造，且获得相应收入的谬论，由此企图证明资本主义生产方式的合理性和永恒性，因而也说明了"三位一

---

[1] 马克思：《资本论》第 3 卷（下），人民出版社 1975 年版，第 929 页。
[2] 杨志、王岩：《〈资本论〉解读》，中国人民大学出版社 2015 年版，第 577 页。
[3] 马克思：《资本论》第 3 卷（下），人民出版社 1975 年版，第 954 页。

体"公式所做的只是对资本主义生产当事人的观念"教条地加以解释、系统化和辩护。"①即充分暴露了萨伊"三位一体"分配公式为资本主义制度辩护的庸俗性。

其次,在这里马克思又精辟地论述了分配关系与生产关系之间的相互联系。关于分配关系与生产关系之间的相互联系,马克思在他1857~1858年经济学手稿的开头部分的《〈政治经济学批判〉导言》中曾有一段精彩的论述:"照最浅薄的理解,分配表现为产品的分配,因此它仿佛离生产很远,对生产是独立的。但是,在分配是产品的分配之前,它是:(1)生产工具的分配;(2)社会成员在各类生产之间的分配(个人从属于一定的生产关系)——这是上述同一关系的进一步规定。这种分配关系包含在生产过程本身中而且决定生产的结构,产品的分配显然只是这种分配的结果。……有了这种本来构成生产的一个要素的分配,产品的分配自然也就确定了。"②到了《资本论》第3卷的第七篇中,马克思仍然坚持和贯穿了这样的思想,"所谓分配关系,是同生产过程的历史规定的特殊形式,以及人们在他们生活的再生产过程中互相所处的关系相适应的,并且是由这些形式和关系产生的。这些分配的历史性质就是生产关系的历史性质,分配关系不过表示生产关系的一个方面。"③从这些论述可以看出,其一,生产关系对分配关系具有重要的决定作用,有什么样的生产关系,尤其是生产资料占有关系,就有什么样的分配关系。其二,分配关系对生产关系,尤其是社会生产条件具有重要的影响,即"分配关系赋予生产条件本身及其代表以特殊的性质。它们决定着生产的全部性质和全部运动"④。依据这些对一般的分配关系与生产关系之间相互联系的基本理论,马克思对资本主义生产方式中资本主义分配关系与生产关系的辩证关系和历史趋势进行了高度概括,指明了资本主义分配关系只是资本主义生产关系的表现,是资本主义生产关系的反面,二者都具有了历史暂时的性质,随着资本主义生产关系退出历史舞台,资本主义分配关系必将被新的未来社会的分配关系及其制度所取代。

---

① 马克思:《资本论》第3卷(下),人民出版社1975年版,第923页。
② 《马克思恩格斯选集》第2卷,人民出版社1972年版,第99页。
③ 马克思:《资本论》第3卷(下),人民出版社1975年版,第998~999页。
④ 马克思:《资本论》第3卷,人民出版社1975年版,第994页。

最后，还有必要说明的是，我们认为从《资本论》三卷对资本主义分配及其逻辑关系的全景式扩展来看，《资本论》第1卷，分析商品的价值、货币是最抽象的层次，虽然在这个层面分配的一切现象概念都还没有出现，分配的社会过程刚刚开始；但是，在这里马克思劳动价值论已经确立了分配的实体——劳动创造的价值，所以，劳动价值论的理论规定性成为研究资本主义分配的逻辑起点，即分配理论是建立在劳动价值论的基础之上。接下来从货币转化为资本开始，分析资本、剩余价值、工资、资本再生产和积累，在确定资本主义生产和再生产过程性质及其趋势的同时，资本主义分配关系的规定性也就确定下来了；其中劳动力成为商品是一个关键环节，它不仅解开了剩余价值来源的神秘之结，构架了劳动价值论与剩余价值论的理论逻辑，而且清晰地揭示了资本主义分配中工人的收入——工资的本质、形式及其变动规律，确立了资本主义社会新价值（国民收入 $v+m$）分配的基本比例。因此，劳动力商品理论与剩余价值论、资本积累理论共同构成了研究资本主义分配的理论支点。《资本论》第2卷，分析资本流通过程，包括个别资本的流通（资本循环与周转）和社会总资本的流通（社会总资本再生产实现比例），全面阐述价值的实现问题（价值补偿和实物替换），形成了一个错综复杂的图景。虽然，分配问题在这里还是一个局部方面（涉及宏观层面的社会再生产过程中积累与消费的分配），但是流通过程中已经展现出了分配的社会过程。由于我们更多的是关注资本主义个人收入分配，价值实现和宏观层面的分配存而不论。《资本论》第3卷，进入剩余价值分配过程，前面对资本主义分配关系的抽象规定性都上升到具体的收入形式来表现了。主要分析了资本家阶级和地主阶级取得的利润、利息和地租等收入是怎样由工人创造的剩余价值转化而来的，资本主义分配关系及其形式作为一个社会过程的全部图景就都清晰地展现出来了。

因此，《资本论》三卷对资本主义分配及其逻辑关系的全景式扩展进路——价值创造，价值实现和价值分配表明，《资本论》的起点和终点连接在一起，作为起点的商品的价值、货币在终点表现为工资、利润、利息和地租；然而商品这个长途旅行幻化出来的神奇外形，曾使不少经济学流派神魂颠倒，执迷不悟，而从《资本论》涉及的分配问题分析中最终得出的简洁而正确的结论却应该是，价值的创造只能是劳动，价值的分配由生产要素所有权决定，价值创造与价值分配是既有区别又有联系，马克思的分配理论是以其劳动价值论为基础的。①

2.《哥达纲领批判》《反杜林论》：未来社会收入分配理论的奠基

马克思和恩格斯对未来社会收入分配理论的探索和研究的结晶，最终归结为在共产主义社会发展的两个阶段的基础上，设想适用于"共产主义社会第一阶段"个人消费品的分配原则（即后来列宁概括为"按劳分配"的原则）② 和适用于"共产主义社会高级阶段"的"各尽所能，按需分配"原则这样的分配制度。对于这种科学的描述未来社会收入分配关系及其制度的理论的形成，马克思恩格斯却经历了对当时各种空想的形形色色的"社会主义、共产主义"思潮的批判借鉴，建立起历史唯物史观、科学劳动价值论和剩余价值论以及共产主义社会发展两阶段学说等一系列曲折而漫长的过程。

（1）马克思恩格斯关于未来社会收入分配理论的形成过程。在19世纪40年代，马克思恩格斯在评价当时在西欧资本主义国家迅速传播的各种空想共产主义学说时，间接地表达了他们对未来社会收入分配问题的观点。恩格斯在评价圣西门学派的分配思想时指出，"他们的经济学说也不是无懈可

---

① 关于价值创造与价值分配的关系，是我国经济学界长期争论不休的一个问题，尤其在中共十五大提出把按劳分配与按要素分配结合起来和中共十六大提出我国现阶段要确立劳动、资本、技术和管理等生产要素按贡献参与分配的论断以来，讨论更加激烈。归纳起来有两种代表性观点，一种观点认为，价值创造与价值分配是两回事，一个在生产领域，另一个在分配领域，二者没有必然联系。进而认为分配理论不能由价值创造来说明，因此，马克思劳动价值论与收入分配理论也没有必然联系。另一种观点认为，价值创造与价值分配既有内在联系，又有相互区别。联系在于，分配的对象是劳动创造的价值，于是分配理论实质上是价值创造理论的延伸或者说是价值创造理论在分配领域的具体运用；区别在于，价值创造要说明的是价值源泉问题，它与劳动者的劳动相关，价值分配要说明的是社会生产成果如何在社会成员之间分解，它与生产要素所有权相联系（参见朱炳元等：《马克思劳动价值论及其现代形态》，中央编译出版社2007年版，第154～155页）。比较这两种观点而言，前一种观点，似乎要坚持价值分配由生产要素所有权决定，唯恐滑向"三位一体"分配公式的泥潭，则对价值创造与价值分配的关系采取了机械性的理解，将二者完全割裂开来，看不到它们之间的内在联系，进而否认了马克思的分配理论是以其劳动价值论为基础的，对马克思政治经济学体系的逻辑贯通性和理论完整性都将是不利的；而后一种观点，将价值创造与价值分配的关系看成是辩证统一的，既发掘了二者存在的内在关联性，将价值创造、价值形成、价值实现和价值分配看成一个发生互动联系的整体，又避免了将价值创造与价值分配等同混淆的错误，坚持了马克思关于生产决定分配，分配结构取决于生产结构的基本观点，符合《资本论》三卷对价值创造、价值形成、价值实现和价值分配逻辑扩展的研究进路，进而将马克思的劳动价值论、剩余价值论、资本流通理论和剩余价值分配理论的有机整体性展现了出来。因此，我们倾向后一种观点。

② 马克思从没有使用过"按劳分配"这一专门的术语，如前所述，"按劳分配"这个概念最早是由欧文主义者、英国19世纪经济学家布雷（有的著作中又翻译为勃雷）从欧文的"按劳取酬"观演化提出的；而列宁使用的社会主义社会（即马克思设想的"共产主义社会第一阶段"，马克思对未来社会形态的描述也从未使用"社会主义社会"一词）按劳分配原则，则是马克思恩格斯经历长期科学研究且对空想的形形色色的"社会主义、共产主义"分配理论批判吸收之后，对"共产主义社会第一阶段"个人消费品的分配原则的一系列论述的总称和概括。

击的；他们公社的每个社员分得的产品，首先是以他的工作量、其次是以他所表现的才能决定的。德国共产主义者白尔尼正确地批驳了这一点，他认为才能不该给予报酬，而应看做先天的优越条件；因此为了恢复平等，必须从有才能的人应得的产品中间扣除一部分。"① 可见，这时的恩格斯还是和空想共产主义学者的观点大致一样，追求分配上的绝对平等，未来共产主义社会中劳动者收入分配中因劳动贡献差异（包括脑力劳动上智力才能等差异）带来报酬上的差异，还没有得到恩格斯的肯定，因为科学的劳动价值论和共产主义社会发展两阶段学说还未建立起来。从1845年春，马克思写作了《关于费尔巴哈的提纲》，到1846年夏，马克思恩格斯合作完成了《德意志意识形态》，表明他们创建历史唯物主义理论的工作已经开始。他们将研究资本主义生产方式的产生、发展和消亡纳入这一理论框架之中，意识到共产主义社会已存在着与资本主义社会完全对立的分配制度，并且这一新的分配制度的建立要以消灭资本主义私有制，建立共产主义社会公有制为前提。特别是在《德意志意识形态》一书中，马克思恩格斯在批判圣西门学派的"按能力计报酬，按功效定能力"的分配主张时，提出对共产主义社会分配原则的认识，即"'按能力计报酬'这个以我们目前的制度为基础的不正确的原理应当——因为这个原理是仅就狭义的消费而言——变为'按需分配'这样一个原理，换句话说，活动上'劳动上的差别不会引起在占有和消费方面的任何不平等，任何特权。"② 这里马克思恩格斯明确指出了未来共产主义社会的分配是要实行按需分配，但是由于对未来社会的基本特征和发展阶段还未进行更深入和科学的研究，还不清楚推翻资本主义制度后必须经历一个相当长的过渡时期以后，才能进入共产主义社会（高级阶段）实行按需分配，而在这个过渡时期（共产主义社会第一阶段）个人消费品分配只能以劳动为尺度进行分配。当然，这个分配理论要最终的确立除了马克思恩格斯对历史唯物史观继续完善，深刻研究共产主义社会发展阶段以外，科学的劳动价值论和剩余价值论的形成是其重要的基础，因为只有在这个基础上马克思恩格斯通过研究一般的分配关系与生产关系之间相互联系才能上升到具体的对取代资本主义社会进入未来社会的分配原则及其方式的阐述。

---

① 《马克思恩格斯全集》第1卷，人民出版社1960年版，第577页。
② 《马克思恩格斯全集》第3卷，人民出版社1960年版，第637~638页。

在 19 世纪 50 年代后半期到 60 年代初，是马克思恩格斯创建自己政治经济学理论体系的关键时期，在对劳动价值论研究取得突破性进展和开始探索资本主义向共产主义过渡的问题情况下，马克思恩格斯对社会生产方式中分配关系及其运动规律有了较为深刻的认识，为后来研究未来社会分配原则及其方式奠定了坚实的理论基础。1857 年，马克思在《〈政治经济学批判〉导言》一书中，从社会经济总体运行的角度，分析生产、消费、分配和交换的相互联系时指出，"分配的结构决定于生产的结构，分配本身就是生产的产物，不仅就对象说是如此，而且就形式说也是如此。"① 由此，马克思形成了研究分配关系最基本的原理，即生产决定分配，一定社会历史条件下的生产的性质和方式决定了分配的性质及其方式，"如果劳动不是规定为雇佣劳动，那么，劳动参与产品分配的方式，也就不表现为工资，如在奴隶制度下就是这样。"② 可见，分配结构及其变动是一定社会形态中占主导地位的生产关系进一步发展的结果。根据生产决定分配这样的理解，马克思在 1857~1858 年经济学手稿中进一步指出，在未来社会以"共同生产"的基础上，由于"单个人的劳动一开始就成为社会劳动。因此，不管他所创造的或协助创造的产品的特殊物质形式如何，他用自己劳动所购买的不是一定的特殊产品，而是共同生产中的一定份额。"③ 马克思这一段论述，比起在《德意志意识形态》中的有关论述，更接近后来对未来社会分配原则及其方式的表述了，特别是其中孕育着以社会劳动为直接分配尺度的观点成为马克思在《哥达纲领批判》中描述共产主义社会第一阶段个人消费品分配原则的重要思想元素。

1867 年，《资本论》第 1 卷（德文版）的问世，不仅标志着马克思政治经济学的诞生，而且对社会主义社会的个人消费品分配思想又有了进一步的发展。马克思提出，"设想有一个自由人联合体，他们用公共的生产资料进行劳动，并且自觉地把他们许多个人劳动力当做一个社会劳动力来使用。……这个联合体的总产品是社会产品。这些产品的一部分重新用作生产资料。这一部分依旧是社会的。而另一部分则作为生活资料由联合体成员消费。因此，这一部分要在他们之间分配。这种分配的方式会随着社会生产机体本身

---

① 《马克思恩格斯全集》第 2 卷，人民出版社 1972 年版，第 98 页。
② 《马克思恩格斯全集》第 46 卷（上），人民出版社 1979 年版，第 32 页。
③ 《马克思恩格斯全集》第 46 卷（上），人民出版社 1979 年版，第 119 页。

的特殊方式和随着生产者的相应的历史发展程度而改变。仅仅为了同商品生产进行对比,我们假定,每个生产者在生活资料中得到的份额是由他的劳动时间决定的。这样,劳动时间就会起双重作用。劳动时间的社会的有计划的分配,调节着各种劳动职能同各种需要的比例。另外,劳动时间又是计量生产者个人在共同劳动中所占份额的尺度,因而也是计量生产者个人在共同产品的个人消费部分中所占份额的尺度。"① 由此可见,马克思在《资本论》第1卷论述整个劳动价值论部分中,提出了未来社会(自由人联合体)中是以劳动时间来计量个人消费品分配份额的尺度,显然将按劳分配置于科学劳动价值论的基础上。因为,从马克思的劳动价值论我们知道,在生产过程中,劳动是价值创造的唯一源泉,只有人类抽象劳动才创造价值,"劳动是生产的真正灵魂。"相应的,在分配的过程中必须强调劳动者付出的劳动应该得到相应的报酬。② 同时,马克思明确指出了,未来社会的分配方式不是一成不变,它将随着社会生产方式的改变和人类历史进程的发展而改变。这也就意味着,按劳分配不是共产主义社会唯一的分配方式,仅仅是某一阶段的分配方式,表明共产主义社会发展两阶段学说已经在酝酿形成之中。马克思逝世近两年后的1885年,由恩格斯整理马克思手稿出版的《资本论》第2卷(德文版)中,马克思在论及货币资本的作用时,对未来社会个人消费品分配采用的具体形式已经有所阐述,即"在社会公有的生产中,货币资本不再存在了。社会把劳动力和生产资料分配给不同的生产部门。生产者也许会得到纸的凭证,以此从社会的消费品储备中,取走一个与他们的劳动时间相当的量。这些凭证不是货币。它们是不流通的。"③ 这里不仅基于科学劳动价值论坚持按劳动时间分配消费品的原则,而且首次设想了在生产资料全社会公有制条件下,不通过商品货币而是借助纸的凭证直接分配消费品的形式。这实际上是将从空想社会主义分配思想中抽离出来的合理因素与劳动价值论相结合进一步发展了马克思的分配理论。

综上所述,从19世纪40年代开始到60年代初,马克思恩格斯对未来社会的分配制度、原则以及方式进行了艰辛、曲折而漫长的理论探索。其中逐渐形成的研究成果,汇集到《哥达纲领批判》和《反杜林论》中为形成

---

① 马克思:《资本论》第1卷(上),人民出版社1975年版,第95~96页。
② 逄锦聚等:《马克思劳动价值论的继承与发展》,经济科学出版社2005年版,第301页。
③ 马克思:《资本论》第2卷,人民出版社1975年版,第397页。

科学的按劳分配理论和坚持马克思分配理论的科学性质奠定了坚实的基础。

（2）《哥达纲领批判》和《反杜林论》关于未来社会收入分配理论的基本内容。

①《哥达纲领批判》：未来社会收入分配设想的基本理论内容。《哥达纲领批判》是马克思阐述科学社会主义以及社会主义收入分配理论的重要文献，其中主要包括了恩格斯的序言，1875 年 5 月 5 日写给威廉·白克拉的信以及他的《对德国工人党纲领的几点意见》。《哥达纲领批判》针对拉萨尔派离开生产关系空谈"不折不扣的劳动所得"和"公平分配"等错误观点批判的同时，在全面考察前人收入分配理论，特别是批判吸取空想社会主义对未来社会分配制度设想的合理成分的基础上，创立了科学的"按劳分配"的基本原理，为社会主义收入分配理论奠定了坚实的基础。

在《哥达纲领批判》中的按劳分配理论大致可以表述为以下几个方面：

第一，按劳分配存在的历史阶段：共产主义社会发展的两个阶段。《哥达纲领批判》中，马克思放弃了早先用"自由人联合体"术语来描述未来社会，而是经过科学的研究和实践证明使用"共产主义社会"一词，并且依据共产主义社会发展的不同成熟程度，将其分为既相区别又有联系的两个阶段："从资本主义里刚刚产生出来的共产主义社会"，和"在自己基础上发展起来的共产主义社会"，即"共产主义社会第一阶段"和"共产主义社会高级阶段"。① 这就是后来被概括为"社会主义社会"和"共产主义社会"的两个发展阶段。这两个发展阶段存在既相区别又有联系的分配形式，在共产主义社会第一阶段，由于"它在各方面，在经济、道德和精神方面都还带着它脱胎出来的那个旧社会的痕迹。"所以，这里个人消费品分配的原则"通行的是商品等价物的交换中也通行的同一原则，即一种形式的一定量的劳动可以和另一种形式的同量劳动相交换。"② 也就是说劳动者个人消费品的分配必须实行按劳分配。因为，"权利永远不能超出社会的经济结构以及由经济结构所制约的社会文化发展。"③ 只有到了共产主义社会高级阶段，"在那个时候，才能完全超出资产阶级权利的狭隘眼界，社会才能在

---

① 《马克思恩格斯选集》第 3 卷，人民出版社 1972 年版，第 10、12 页。
② 《马克思恩格斯选集》第 3 卷，人民出版社 1972 年版，第 10、11 页。
③ 《马克思恩格斯选集》第 3 卷，人民出版社 1972 年版，第 12 页。

自己的旗帜上写上：各尽所能，按需分配！"①

第二，按劳分配实现的基本条件：社会主义公有制和旧的社会分工。针对拉萨尔的折中主义的分配理论，马克思加以了批驳，认为生产资料的占有最终会决定消费资料的分配。他指出"消费资料的任何一种分配，都不过是生产条件本身分配的结果。而生产条件的分配，则表现生产方式本身的性质。例如，资本主义生产方式的基础就在于：物质的生产条件以资本和地产的形式掌握在非劳动者手中，而人民大众则只有人身的生产条件，即劳动力。既然生产的要素是这样分配的，那末自然而然地就要产生消费资料的现在这样的分配。如果物质的生产条件是劳动者自己的集体财产，那末同样要产生一种和现在不同的消费资料的分配。"②。那就是在社会主义公有制条件下，即"在一个集体的、以共同占有生产资料为基础的社会里，"劳动者的消费品分配才能实行按劳分配"以一种形式给予社会的劳动量，又以另一种形式全部领回来。"③ 显然，在这里生产资料私有制已经彻底消亡，劳动者"除了自己的劳动，谁都不能提供其他任何东西，""除了个人的消费资料，没有东西可以成为个人的财产。"④ 按劳分配的实行即成必然。同时，在共产主义社会第一阶段实行按劳分配，与此阶段在"经过长久的阵痛刚刚从资本主义社会里产生出来的形态中，是不可避免的。"⑤也就带有它脱胎出来的那个旧社会的各种痕迹，劳动者还固定在旧的社会分工之中，存在着明显的劳动差别，劳动还是人们谋生的手段，具有很大的强制性，只能以人们劳动的多少来衡量人们劳动的报酬。因此，在旧的社会分工的条件下，有必要实现按劳分配。

第三，按劳分配的对象：在社会总产品中作了各项必要扣除后的那部分。拉萨尔等还提出"公平分配劳动所得"和"不折不扣的劳动所得"，马克思给予了彻底的批判。马克思认为，"'社会一切成员'和'平等的权利'显然只是空话。"⑥ 即便是共产主义社会，要实现"公平分配劳动所得"和"不折不扣的劳动所得"均是空想。马克思依据社会总资本再生产理论，来

---

①⑤ 《马克思恩格斯选集》第 3 卷，人民出版社 1972 年版，第 12 页。
② 《马克思恩格斯选集》第 3 卷，人民出版社 1972 年版，第 13 页。
③ 《马克思恩格斯选集》第 3 卷，人民出版社 1972 年版，第 10、11 页。
④ 《马克思恩格斯选集》第 3 卷，人民出版社 1972 年版，第 11 页。
⑥ 《马克思恩格斯选集》第 3 卷，人民出版社 1972 年版，第 9 页。

阐明对于劳动者集体共同生产出来的社会总产品分配。为了保证社会主义社会再生产的不断进行，社会总产品在用作个人消费资料分配之前，必须进行两大类六项扣除。一是，要扣除用于补偿生产资料的物质损耗部分；二是，扣除用来实现扩大再生产的追加部分，即仍需要保留一定的社会总产品作为积累的部分。三是，扣除用来应对各种社会事故和自然灾害的后备基金或保险基金。社会总产品完成上述三项扣除，从价值形态看大部分（二、三项扣除）成为积累基金，余下的相当于国民收入成为消费基金。对这部分进行个人分配之前，还要进行三项扣除：一是，和生产没有直接关系的一般管理费用；二是，用来满足共同需要的部分，如学校、保健设施等；三是，为丧失劳动能力的人等设立的基金，就是属于官办济贫事业的部分。① 进行了这两大类六项扣除之后，根据社会成员为社会提供的劳动量来分配社会总产品中的个人消费品。所以，未来社会个人消费资料的分配，并不是拉萨尔派所说的"不折不扣的劳动所得"，而是"有折有扣的"了。②

第四，按劳分配的直接尺度：以"劳动"为标准的计量尺度，分配采取证明直接劳动量的"证书"为实现按劳分配的"媒介"形式。在《哥达纲领批判》中，马克思提出了按劳分配以"劳动"为分配尺度，由此论及了分配的具体形式。他指出，"每一个生产者，在作了各项扣除之后，从社会方面正好领回他所给予社会的一切。他所给予社会的，就是他个人的劳动量。例如，社会劳动日是由所有的个人劳动小时构成的；每一个生产者的个人劳动时间就是社会劳动日中他所提供的部分，就是他在社会劳动日里的一份。他从社会方面领得一张证书，证明他提供了多少劳动（扣除他为社会基金而进行的劳动），而他凭这张证书从社会储存中领得和他所提供的劳动量相当的一份消费资料。他以一种形式给予社会的劳动量，又以另一种形式全部领回来。"③ 在这里虽然马克思没有使用"按劳分配"一词，但这就是按劳分配内涵最早的基本表述，标志了按劳分配理论的形成。从马克思的这一段表述中可以看出，一是，按劳分配中"劳动"尺度的衡量是"个人劳动时间"，至于这个"个人劳动时间"又怎样成为社会劳动日的构成部分来分配个人消费资料，马克思没有进一步明确的说法，这给后来学术界留下了

---

①② 《马克思恩格斯选集》第3卷，人民出版社1972年版，第9~10页。
③ 《马克思恩格斯选集》第3卷，人民出版社1972年版，第11页。

争论和研究的空间。二是，设想按劳分配的具体形式是证明直接劳动量的"证书"，这与上述《资本论》第2卷中提出的劳动者为社会提供劳动量后借助纸的"凭证"直接分配消费品的形式是一致的。① 为什么不通过商品货币形式来实现按劳分配呢？这与马克思为实现按劳分配所要求的严格的社会经济条件相关。他认为，在建立了社会主义公有制的条件下"生产者并不交换自己的产品；耗费在产品上的劳动，在这里也不表现为这些产品的价值，不表现为它们所具有的某种物的属性，因为这时和资本主义社会相反，个人的劳动不再经过迂回曲折的道路，而是直接地作为总劳动的构成部分存在着。"② 显然，马克思设想按劳分配实现时，社会已经直接占有了生产资料，全社会形成单一的公有制结构，商品经济不复存在，全社会经济管理实行严格的计划经济，劳动者直接与生产资料相结合，劳动者的个别劳动直接成为社会劳动组成部分，劳动时间成为社会生产和分配的直接尺度，这样对劳动者为社会提供的劳动量作了若干扣除之后，可以凭劳动的证书直接分配到个人消费资料。这与后来实现了社会主义制度后的国家通过商品经济、采取货币工资形式来实现按劳分配的情况又有很大的区别。三是，按劳分配中的分配量的比例是，劳动者为社会劳动后凭劳动的证书从社会总产品（作了各项扣除）中分配到和他所提供的劳动量相当的一份消费资料，这与商品等价交换通行的原则一样，即不同形式的等量劳动相交换的原则。这个按劳分配的分配量比例，"相当"和"全部领回来"是什么含义？不同形式的等量劳动相交换的原则与商品等价交换原则是什么关系？等等，这些问题也留给后来学术界无尽讨论的话题。

第五，按劳分配的历史二重性和历史过渡性。按劳分配确立的以劳动为个人消费资料的唯一分配尺度，意味着一切有劳动能力的人必须参加劳动，才能获得相应的收入报酬，这是对千百年来不劳而获的剥削分配制度的否定，真正实现了劳动平等和收入分配上的平等，尤其比起资本主义制度下凭

---

① 需要说明的是，马克思在这里所说的"凭证"或"证书"，本质上与欧文所说的"劳动券"或"劳动货币"类似，都代表单个生产者在社会生产过程中所提供的劳动量。但是，欧文所说的"劳动券"存在着内在缺陷：由于欧文并不真正了解商品生产的历史性质，这就导致他一方面直接以一种与商品生产截然相反的生产方式为前提；另一方面又试图通过劳动力市场实现劳动的等价交换，从而使这种分配方式陷入自相矛盾的境地。参见马克思：《资本论》第1卷（上），人民出版社1975年版，第112页。脚注（50）。转引自任洲鸿：《〈新按劳分配〉论——一种基于劳动力资本化理论的劳动报酬递增学说》，山东人民出版社2014年版，第58页。

② 《马克思恩格斯选集》第3卷，人民出版社1972年版，第9~10页。

借占有生产资料而无偿占有剩余价值的分配制度来说是一个伟大的历史进步。同时，按劳分配"在这里平等的权利按照原则仍然是资产阶级权利。""这个平等的权利还仍然被限制在一个资产阶级的框框里。"① 按劳分配体现的平等还是一种表面的平等，即"生产者的权利是和他们提供的劳动成比例的；平等就在于以同一的尺度—劳动—来计量。"事实上"这种平等的权利，对不同的劳动者来说是不平等的权利。"因为"它默认劳动者的不同等的个人天赋，因而也就默认劳动者的不同等的工作能力是天然特权。"② 还有由于劳动者家庭赡养人口的多寡不同，使用同一的劳动尺度来衡量他们从社会消费品中分得相同的份额，但不同家庭成员实际所得的消费品份额就不同等了。如此等等，虽然按劳分配唯以劳动为分配尺度，做到了形式上的平等，但以这个尺度来衡量所有劳动者及其家庭所获得的消费资料份额，还存在事实上的不平等。所以，按劳分配"就它的内容来讲，它像一切权利一样是一种不平等的权利。"③ 这就是按劳分配的历史局限性，这也是社会主义社会客观历史条件规定所不可避免的。要消除这个局限性必须经过漫长的社会经济发展，人类社会逐步进入共产主义社会实现按需分配后才能达到。由此可见，按劳分配具有历史过渡性，它还要随着社会生产力发展和社会主义生产关系的变化，向更高级的分配制度及其方式转化。

②《反杜林论》坚持马克思收入分配思想以及对未来社会收入分配理论的阐述。1876~1878 年，恩格斯写作和出版的《反杜林论》作为一本论战性著作，是为了维护马克思主义的哲学、政治经济学和科学社会主义三大理论体系的科学性，对小资产阶级社会主义者欧根·杜林所宣扬的错误的哲学、政治经济学和社会主义观点进行了彻底的反驳，并系统地阐述了马克思主义理论体系。在《反杜林论》中，关于收入分配的思想和理论主要集中在第二编"政治经济学"中相关部分和第三编"社会主义"中的"分配"部分，在批判杜林分配理论的同时，捍卫和发展了马克思收入分配理论。

首先，恩格斯批判了杜林的"暴力决定分配论"，坚持马克思的生产和分配的辩证关系的观点。杜林认为，分配不是由生产决定的，而是由纯粹的意志行为，即暴力，尤其是凭借国家机器的暴力机构以及系统决定的。杜林

---

① 《马克思恩格斯选集》第 3 卷，人民出版社 1972 年版，第 11 页。
② 《马克思恩格斯选集》第 3 卷，人民出版社 1972 年版，第 11~12 页。
③ 《马克思恩格斯选集》第 3 卷，人民出版社 1972 年版，第 12 页。

把在"道德与法"中用过的两个男人（鲁滨逊和星期五）偷运进经济学，构造他的"劳动进行生产，暴力决定分配"的公式。在杜林看来，漂流到孤岛上的鲁滨逊，单独的与自然对抗，于是在这里只有生产问题，没有分配问题。只有出现了第二个男人（星期五）时，杜林"同一故事的最新版本"中的鲁滨逊手持利剑奴役了星期五，一方用暴力压迫另一方从事经济劳动，且占有其劳动成果，出现了暴力进行分配，才产生了分配上的不平等。这样杜林把决定分配的因素说成是道德正义，进而归纳出"……本原的东西必须从直接的政治暴力中去寻找，而不是从间接的经济力量中去寻找"的论断。① 恩格斯对此进行了批判。恩格斯认为，生产、交换和分配是相互作用和影响的，"随着历史上一定社会的生产和交换的方式和方法的产生，随着这一社会的历史前提的产生，同时也产生了产品分配的方式和方法。"② 生产不仅决定交换，而且也决定分配。杜林把分配看作是由纯粹的意志行为（暴力）决定的，实际上就是把分配放在再生产过程之外，看成同生产、交换毫不相干的另一个过程，割裂了生产、交换与分配的内在联系，是极其错误的。同时，恩格斯还指出了分配对生产、交换的反作用"分配并不仅仅是生产和交换的消极产物；它反过来又同样地影响生产和交换。"③ 特别是人类社会出现私有制之后，"随着分配上的差别的出现，也出现了阶级差别。"④ 于是在阶级社会中统治阶级为了维持统治地位和经济利益"就具有了这样的目的：用暴力来维持统治阶级的生活条件和统治条件，以反对被统治阶级。"可见，恰恰是占有生产资料的特定的社会生产关系性质决定着特定的分配关系，从而决定着上层建筑中暴力工具的出现，而不是像杜林所说那样相反。杜林把重大的历史事件作为对历史发展起决定作用的观点是荒谬的，是混淆了事情的根本。恩格斯指出"暴力本身的'本原的东西'是什么呢？是经济力量，是占有大工业这一强大的手段。"⑤ 犹如欧洲资产阶级与封建贵族的斗争，资产阶级的决定性武器是他们掌握的"经济权力"而不是其他。相反，政治暴力是封建贵族用来对付内部反对派和其他反对派的工具，早已有之。

---

① 《马克思恩格斯选集》第3卷，人民出版社1972年版，第198页。
②④ 《马克思恩格斯选集》第3卷，人民出版社1972年版，第187页。
③ 《马克思恩格斯选集》第3卷，人民出版社1972年版，第188页。
⑤ 《马克思恩格斯选集》第3卷，人民出版社1972年版，第213页。

其次，批判杜林的五种价值论，坚持和捍卫马克思科学劳动价值论。针对杜林在《国民经济学和社会经济学教程》中提出的多元价值理论或五种价值理论，即生产价值、分配价值、"人力的花费""计量一切价值"、再生产费用决定的价值和工资决定的价值，对这样拼凑的基础理论，恩格斯进行了严厉的批判和驳斥，主要体现在，其一，杜林提出的多元价值论是庸俗价值理论的堆砌，没有逻辑的一致性和严密性是极其混乱的；其二，杜林把价值和价格混用，把价值说出是由再生产费用等决定，完全是本末倒置，是混淆了价值理论的基本概念，其实为庸俗经济学中"生产费用决定价值"理论的翻版；其三，将工资看成是价值的决定因素，意味着工人得到了他劳动创造的全部价值，与马克思提出的工资仅仅为工人劳动力价值或价格的转化形式是完全对立的，掩盖了资本对雇佣劳动剥削这个资本主义制度下的事实；其四，杜林的分配价值论，是他"暴力决定分配"观在价值理论中的延伸，恩格斯对此反驳说，"如果利剑具有杜林先生所赋予的经济魔力，那末，为什么没有一个政府能够长期地强使坏货币具有好货币的'分配价值'，或者强使纸币具有黄金的'分配价值'呢？在世界市场上发号施令的利剑在什么地方呢？"[①] 大量事实证明，暴力不仅不能决定分配，也是不可能创造出价值的；其五，杜林提出的"劳动等价论"，即"一切劳动时间都是毫无例外地和原则地……完全等价的，"[②] 这是有逻辑错误的。因为，杜林混淆了劳动创造价值和劳动本身没有价值的区别，将其"劳动等价论"建立在劳动时间从而劳动本身有价值这样错误的理论逻辑上，特别是当马克思已经区分了劳动与劳动力，在政治经济学中实现了根本性的变革后，仍然宣扬这样错误的观点，只能表明杜林的无知。恩格斯对此讥讽道，"杜林先生把社会炼金术的头衔加于像圣西门、欧文、傅立叶这样的人。但是，他虚构劳动时间的即劳动的价值时，他证明了他自己还远不如真正的炼金术士。"[③] 恩格斯批判杜林的五种价值论，维护了马克思劳动价值论的科学性，实际上使收入分配的研究继续建立在坚实和正确的基础上，并能有力批判杜林将其错误理论应用于未来社会的分析，发展了马克思关于未来社会的收入分配思想。

---

① 《马克思恩格斯选集》第3卷，人民出版社1972年版，第230页。
② 《马克思恩格斯选集》第3卷，人民出版社1972年版，第238页。
③ 《马克思恩格斯选集》第3卷，人民出版社1972年版，第240页。

最后，批判杜林将其错误理论应用于未来社会分析，发展马克思关于未来社会的收入分配思想。这方面的内容，在恩格斯的《反杜林论》集中体现为两个方面。一是杜林把"劳动等价论"应用于未来的经济公社的分配原则，混淆简单劳动与复杂劳动，并直接与工资支付相联系，是极其荒谬的。恩格斯指出，杜林先生"做了一次跳跃，翻了一个真正的空心筋斗，从现在的剥削者的万恶世界翻到他自己的未来的经济公社，翻到平等正义的纯洁的太空中。"① 杜林宣称，依据"劳动等价论"，经济公社实现"普遍公平"的分配原则，不管是推小车人还是建造师，他们的劳动时间在经济上等价，他们得到的工资就一样，也就是说不管是简单劳动还是复杂劳动都得到一样的工资。杜林把每个人的劳动时间看成在经济上的等同，完全歪曲了马克思对简单劳动与复杂劳动的区分，甚至把工资分配的决定与劳动复杂程度相联系，② 说成是"马克思想据以在按社会主义原则组织起来的社会中调节生活资料的分配的基本原则，"恩格斯将其斥责为，"这种无耻的无事生非只有在专事诽谤的出版物里才可以见到。"③ 杜林的错误在于，宣扬小资产阶级社会主义绝对平均主义分配思想，否定了马克思历来坚持的生产决定分配，生产资料所有权关系决定分配关系的基本观点，因此，恩格斯明确指出，"只要分配为纯粹经济的考虑所支配，它就将由生产的利益来调节，"④ 而不是由"劳动等价论"来调节。在这里还值得提出的是，怎样看待和解决复杂劳动支付较高工资这个不仅在资本主义经济而且在社会主义经济中都可能存在的分配问题呢？恩格斯首次进行了诠释，基本观点是，复杂劳动支付较高工资问题要依社会制度不同而有所区别。他指出，"在私人生产者的社会里，训练有学识的劳动者的费用是由私人或家庭负担的，所以有学识的劳动力的较高的价格也首先归私人所有：熟练的奴隶卖得贵些，熟练的雇佣工人得到较高的工资。"⑤ 在这里，虽然恩格斯没有人力资本理论来解释私人对人力资源投资的报酬收益占有问题，但是从生产资料私有制，劳

---

① 《马克思恩格斯选集》第3卷，人民出版社1972年版，第238页。
② 恩格斯在这里特别提到，马克思在《资本论》中，论述简单劳动与复杂劳动之后，有一个简短的注释提醒人们"这里指的不是工人得到的一个工作日的工资或价值，而是指工人的一个工作日物化成的商品价值。"（参见《马克思恩格斯全集》第23卷，人民出版社1979年版，第58页注（15）），好像已经预见到有人将曲解他关于劳动复杂程度与工资收入的关系。
③ 《马克思恩格斯选集》第3卷，人民出版社1972年版，第239页。
④ 《马克思恩格斯选集》第3卷，人民出版社1972年版，第240页。
⑤ 《马克思恩格斯选集》第3卷，人民出版社1972年版，第241页。

动力私有权以及劳动力商品化（雇佣工人）的高度说明了能从事复杂劳动的较高劳动力价格归属私人所有的问题。那么，这种分配在未来社会的情况又如何呢？恩格斯认为，"在按社会主义原则组织起来的社会里，这种费用是由社会来负担的，所以复杂劳动所创造的成果，即比较大的价值也归社会所有。工人本身没有任何额外的要求。"① 这段论述，是经典作家对未来社会中劳动者个人"多劳能否多得"的收入分配思想的首次表述。表明此时恩格斯与马克思在《哥达纲领批判》中阐述的按劳分配理论是一致的，劳动者个人消费资料的分配是有明确的前置条件的：全社会直接占有生产资料，商品经济已经退出历史舞台，劳动力更不是商品，劳动者生产的产品中有为社会掌握的扣除来满足共同需要（教育、训练费用）的部分，劳动者"除了自己的劳动谁都不能提供其他任何东西"，当然"工人本身就没有任何额外的要求了"等等。这样劳动者复杂劳动创造的更多价值必然就归社会所有了。因此，恩格斯关于复杂劳动能否支付较高工资问题的阐述，是对未来产品经济的社会主义社会收入分配思想的一个重大发展，它对后来还需要发展商品经济的社会主义社会，尤其是还在建设和完善社会主义市场经济条件下的按劳分配的实现将给予重要的启示和产生深远的影响。人们将深入地探讨，社会主义市场经济条件下当劳动力还是商品，劳动者家庭还得对劳动力商品投入教育、培训、迁移乃至医疗保健等费用支出时，复杂劳动得到的更高收入归其劳动者所有的客观经济条件，这也必将受到社会主义发展阶段的基本经济制度所支配的。

  杜林继续把他的"暴力决定分配论"运用来说明"共同社会"分配模式，提出等量劳动与等量劳动相交换原则，实际上是拉萨尔派的"不折不扣的劳动所得"的翻版，违背马克思提出的社会总产品中积累与消费比例划分的分配观。在这里恩格斯将"杜林的经济学归结为这样一个命题，资本主义的生产方式很好，可以继续存在，但是资本主义分配方式很坏，一定得消失。现在我们可以看出，杜林先生的'共同社会'不过是这一命题在幻想中的实现。"② 这在于杜林看来，分配与生产无关，是由纯粹的意志行为决定的，而不是由生产决定的。正因为如此，杜林的"共同社会"要抓

---

① 《马克思恩格斯选集》第3卷，人民出版社1972年版，第241页。
② 《马克思恩格斯选集》第3卷，人民出版社1972年版，第337页。

住分配做文章，要改造资本主义万恶的分配方式，分配是他的"社会炼金术"的注定活动场地。这样按照杜林的说法，在未来"共同社会"体系的"经济公社"中，要实行等量劳动与等量劳动相交换的基本原则，"一种劳动……按照平等估价的原则和别种劳动相交换……贡献和报酬在这里是真正相等的劳动量。"① 杜林将劳动看成只有量的差别而无质的区分，任何行动只要花费了时间和力量，都可以看作劳动的支出（如玩九柱戏、散步都是如此），都可以按照等价劳动拿到同等的工资，即是工人在相等的劳动时间内提供相等的劳动量，获得相等的工资，达到消费的平等，这样一来，"经济公社"中就实现了"普遍公平原则"，资本主义万恶的分配方式就被改造了。其实，杜林这套远不如空想社会主义思想的说教，无论在理论和实践上都是行不通的。理论上，它是马克思在《哥达纲领批判》中批判过的拉萨尔派的"不折不扣的劳动所得"的翻版。在此之前马克思已经明确提出，劳动者生产的社会总产品，在进行个人消费资料分配前，必须完成必要的各项扣除，即形成社会积累基金和消费基金，二者之间还要保持平衡的比例关系，② 社会再生产才能顺利进行下去。因此，杜林的等量劳动与等量劳动相交换的"普遍公平原则"只能是新瓶装旧酒的陈词滥调。实践上，如果推行杜林的相等的劳动时间内提供相等的劳动量，就能获得相等的工资，从而实现消费的平等的话，那么，这个公社的成员就会全部消费掉他生产的产品，最终不仅公社的消费水平不能提高，公社向前发展的积累也完全没有了，甚至发生公社的解体，这正如恩格斯指出，"更坏的是：因为积累是社会的必需，而货币的保存是积累的适当的形式，所以经济公社的组织就直接要求社员去进行私人的积累，因而就导致它自身的崩溃。"③ 在这样的情况下，社会再生产要进行下去，恩格斯提出，"二者必居其一。或者是经济公社以'等量劳动与等量劳动'相交换，在这种情况下，能够积累基金来维持和扩大再生产的，就不是公社，而是私人。或者是它要造成这种基金，在这种情况下，它就不能以'等量劳动与等量劳动'相交换。"④ 可见，实践

---

① 《马克思恩格斯选集》第3卷，人民出版社1972年版，第338页。
② 这样的比例关系，马克思在《资本论》第2卷中从简单再生产和扩大再生产方面做了详细科学的论证。
③ 《马克思恩格斯选集》第3卷，人民出版社1972年版，第340页。
④ 《马克思恩格斯选集》第3卷，人民出版社1972年版，第341页。

上杜林的说教也是自相矛盾的。需要指出的是，恩格斯关于积累为社会需要，社会不积累就必然崩溃的论述，是对马克思《资本论》第2卷中社会总资本再生产理论和《哥达纲领批判》中社会总产品扣除理论的重要补充，对于研究宏观层次分配，即关于社会再生产过程中总产品、总价值的分配是一笔十分可贵的理论遗产。

到了晚年的恩格斯仍然十分关注未来社会的收入分配问题，在1890年8月5日在给德国经济学家、哲学家施米特的信中专门提到了当时在《柏林人民论坛》报纸上关于未来社会中产品分配问题的辩论。恩格斯针对该报在总标题《每个人的全部劳动产品归自己》下刊载一组文章围绕"是按照劳动量分配呢？还是按照其他方式分配"的争论时指出，"分配方式本质上毕竟要取决可分配的产品数量，而这个数量当随着生产和社会组织的进步而改变，从而分配方式也应当改变。"[①] 接着恩格斯对未来社会的产品分配方式变化及其方向提出了一个重要观点，"在所有参加辩论的人看来'社会主义社会'并不是不断改变、不断进步的东西，而是稳定的、一成不变的东西，所以它应当也有个一成不变的分配方式。但是，合理的辩论只能是（1）设法发现将来由以开始的分配方式；（2）尽力找出进一步的发展将循以进行的总方向。"[②] 可见，恩格斯从历史唯物主义出发重申了分配方式将随着生产力和生产关系的矛盾统一运动而改变，并且已经科学的预见到社会主义分配具体方式，也将随着社会生产力发展、产品数量增长以及社会主义生产关系的发展而改变，这就为社会主义收入分配体制改革提供了重要的理论基础。同时，还提到了要根据社会主义社会建立的实际情况来制定开始的分配具体形式，并确立代表社会主义本质及其发展方向的分配基本原则。恩格斯的这些思想为后人研究社会主义分配问题具有建树性和指导性意义。

---

[①②] 《马克思恩格斯选集》第3卷，人民出版社1972年版，第475页。

# 第二章 马克思收入分配理论在苏联的运用和发展

列宁全面继承和发展了经典马克思收入分配思想，结合社会主义的实践将马克思主义按劳分配思想付诸社会制度的变革和经济建设之中，首次明确提出了"按劳分配"概念，并具体阐述了其性质、原则、意义和实现形式。列宁在具体实践中认识到了社会主义按劳分配可以借助货币工资这一具体形式，主张实行工资等级制、劳动管理、奖金奖励以及分红制度，强调劳动者收入要与劳动成果、劳动生产率直接挂钩，多劳多得。列宁对社会主义收入分配的理论探索和实践摸索对后来世界上社会主义国家的分配关系和分配制度产生了极其深远的影响。

斯大林继任苏联的最高领导人后，围绕其建立的高度集权计划体制对承认商品经济、实行按劳分配、批判平均主义、工资级别的计划管理以及集体农庄的富裕等分配问题进行了阐述，形成了他的收入分配理论。斯大林在理论和实践上继续坚持按劳分配原则，将其视为"社会主义的公式"，但是在苏联高度集权的计划经济体制下，始终没有建立起有效发挥按劳分配优势的体制机制，分配体制反而在高度集权的计划经济体制束缚下，暴露了许多严重的问题，制约着国民经济的发展。斯大林模式下的社会主义分配制度，对后来模仿苏联模式的其他社会主义国家的收入分配理论和实践产生极大影响。

虽然斯大林的继任者们对高度集权的收入分配体制进行了改革，但始终难以走出斯大林模式的束缚。收入分配体制改革的理论焦点和政策措施主要是围绕传统工资制度改革，激活工资激励作用；扩大企业分配自主权，调整奖励基金；改革集体农庄劳动日分配制度，实施货币报酬制度和包工奖励报酬制这三个方面重点展开。而改革并没有触动分配权高度集中这一根本性体制弊端，只是在原有体制框架上的修修补补，这也就为戈尔巴乔夫改革派上台提供了契机。戈尔巴乔夫经济领域内的改革完成了苏联时期最后的也是最重要的经济领域的权利下放和行政性分权调整，但是在实践中收效甚微，转而进行政治领域内改革。戈尔巴乔夫政治领域内的改革偏离了社会主义方向，最终断送了苏联社会主义事业。

### 一、俄国十月革命与无产阶级政权的建立

19世纪中叶，俄国进行了废除农奴制的改革，步入了资本主义发展轨道。但由于改革的不彻底，残存着大量阻碍资本主义发展的旧制度，束缚了社会生产力，制约了俄国资本主义发展的速度。到了19世纪末20世纪初，资本主义发展由自由竞争阶段逐渐过渡到了垄断阶段，世界资本主义进入帝国主义和无产阶级革命时代，物质生产资料和劳动产品日益集中到少数人手中，同时社会化生产的程度不断提高。垄断的产生，加剧了资本主义生产关系的基本矛盾，并且也激化了垄断资本主义国家之间以及和殖民地、半殖民地、附属国之间的矛盾。

而当时的沙皇俄国作为帝国主义国家中最落后的国家，到第一次世界大战的前夕，其落后农业国的地位并没有根本改变，封建主义经济与资本主义经济并存于国民经济中，窒息了俄国的经济发展和社会进步。针对俄国这一特殊情况，如何摆脱落后的状况，如何进行社会革命，建立无产阶级政权，就成为俄国革命者必须思考解决的重大理论和实践问题。而在当时广为传播的马克思无产阶级革命和国家学说里并不能为俄国革命者提供现存的理论指导。因为马克思、恩格斯根据他们所处的西欧资本主义各国发展的实际情况，尤其是巴黎公社革命失败的经验教训，预想未来社会主义革命要首先发生于发达的资本主义国家，并且要在多个发达的资本主义国家同时革命取得胜利。按照这个论断，沙皇俄国的生产力和资本主义经济关系远没有达到社会主义革命的要求，也不能率先革命取得成功。在此期间，列宁秉承马克思主义实事求是的精神，具体考察和分析了当时各发达资本主义国家出现的新情况和俄国发展的现实情况，在资本主义进入帝国主义阶段，垄断已经成为其深厚经济基础的条件下，提出了帝国主义和无产阶级革命理论，尤其是发现了资本主义经济与政治发展不平衡的绝对规律，"由此可以得出一个必然

的结论：社会主义不能在所有国家内同时获得胜利。它将首先在一个或者几个国家内获得胜利，而其余的国家在一段时期内将仍然是资产阶级的或资产阶级以前的国家。"[①] 依据这个新论断，列宁认为虽然俄国资本主义生产力发展相对落后，但也是世界帝国主义链条和资本统治最薄弱的环节，当其阶级矛盾、民族矛盾十分尖锐激化的时候，可以率先爆发无产阶级和被压迫民族的解放革命，建立无产阶级政权，进而迈向社会主义。所以，在帝国主义时代列宁继承和发展了马克思主义，为俄国十月革命和建立世界上第一个无产阶级政权——苏维埃国家，提出了一系列理论创新和政策策略。特别是在列宁和布尔什维克党的领导下的俄国十月革命胜利后，列宁和布尔什维克党继续领导人民开始探索在落后国家进行社会主义经济建设，发展了马克思主义经济理论，为后来的社会主义国家的经济建设积累了宝贵经验，其中关于马克思主义收入分配理论的继承与发展是一个重要方面。

## 二、列宁对马克思主义收入分配理论的继承与发展

列宁在建设世界上第一个社会主义国家，巩固和壮大新生的无产阶级政权的过程中，全面继承和发展了经典马克思收入分配思想，特别是创造性地把马克思按劳分配理论推进到了一个新阶段，首次明确提出"按劳分配"概念，具体阐述了它的性质、原则、意义和实现形式，对后来世界上社会主义国家的分配关系和分配制度产生了极其深远的影响。

### （一）提出经济落后国家向社会主义过渡时期的理论

列宁继承马克思共产主义社会发展的两个阶段的理论，提出了经济落后国家从资本主义向社会主义过渡时期的理论。马克思对未来共产主义社会作了详细的、定性的描述。共产主义社会的第一阶段脱胎于资本主义社会，实现了生产资料公有制，以此为基础，"社会的每个成员完成一定份额的社会必要劳动量。他根据这张凭证从消费品的社会存储中领取相应数量的产品，这样，扣除了用作社会基金的那部分劳动量，每个劳动者从社会领回的正好

---

[①] 《列宁选集》第 2 卷，人民出版社 2012 年版，第 722 页。

是他给予社会的。"① 因此，列宁认为在共产主义第一阶段也就是社会主义阶段，存在的基本特征可以概括为两个方面：社会主义公有制和按劳分配，他明确指出："人类从资本主义只能过渡到社会主义，即过渡到生产资料公有和按每个人的劳动量分配产品。"② 可见，在列宁的过渡时期理论中按劳分配是被看做社会主义阶段的一个基本特征。

列宁的过渡时期理论还阐明了推翻资本主义制度之后，"在共产主义第一阶段还不能做到公平和平等，因为富裕的程度还会不同，而不同就是不公平。"③ 这就意味着，在社会主义阶段，个人收入实行按劳分配，即按照劳动者为社会提供的劳动数量分配个人收入，每个人付出同等数额的社会劳动，领取相同数额的消费品这一社会分配原则，体现了人人在劳动这一分配尺度面前是公平或平等的；但是，这一分配原则却又忽略了每个人不同的劳动能力的差别和家庭的特性（如体力智力的差异、家庭抚养人数的不同等），所带来的收入差距，它就是一种形式上平等代替事实上的不平等。也就是说，在社会主义社会阶段，"这个社会最初只能消灭私人占有生产资料这一'不公平'现象，却不能立即消灭另一不公平现象：'按劳动'（而不是按需要）分配消费品。"④ 也就是说，"这还不是共产主义，还没有消除对不同等的人的不等量（事实上是不等量的）劳动给予等量产品的'资产阶级权利'。"⑤

当然，这种"资产阶级权利"，在刚从资本主义社会脱胎而来的社会主义社会阶段是不可避免的，但其权利已缩小了它的领域。在社会主义阶段已经实现了生产资料公有制，于是在生产资料公有制关系这个重要领域已经取消了"资产阶级权利"，但是社会成员间的消费品分配领域却依然存在。并且在社会主义社会阶段，实现了"不劳动不得食"和"等量劳动给予等量产品"这两条分配的原则，个人消费品分配领域却存在的不平等，也绝不是资本主义性质的不平等，而是社会主义性质的不平等。其中所体现的权利，不属于资产阶级性质的权利，而是属于在没有资产阶级存在的条件下不

---

① 《列宁选集》第3卷，人民出版社2012年版，第194页。
② 《列宁选集》第3卷，人民出版社2012年版，第64页。
③④ 《列宁选集》第3卷，人民出版社2012年版，第195页。
⑤ 《列宁选集》第3卷，人民出版社2012年版，第196页。

具有资产阶级性质的资产阶级权利。①

同时，列宁提出的落后国家从资本主义向社会主义过渡时期的理论，还要通过国家资本主义向社会主义过渡，"要借助伟大革命所产生的热情，靠个人利益，靠同个人利益的结合，靠经济核算，在这个小农国家里先建立牢固的桥梁，通过国家资本主义走向社会主义"，"为了做好向共产主义过渡的准备（通过多年的工作来准备），需要经过国家资本主义和社会主义这些过渡阶段。"② 显然，列宁提出的落后国家从资本主义向社会主义的过渡，中间还要经过国家资本主义，完成这个阶段还要依靠个人利益的结合，还要借助经济核算，这完全符合像当时俄国这样经济落后国家的生产力发展水平，也反映出列宁收入分配理论求真务实的理论风格，如在"战时共产主义政策"时期推行个人消费品平均分配转向结合物质利益分配就是例证。

### （二）提出社会主义制度下个人消费品分配原则

早在十月革命之前，列宁设想建立无产阶级政权后，实行按劳分配的社会主义分配原则。十月革命的后的苏维埃俄国，主动退出了第一次世界大战，但是已是满目疮痍，而帝国主义和国内的资产阶级对新生的苏维埃虎视眈眈，试图联合起来将其扼杀在摇篮之中。为了赢得战争，苏维埃将整个国民经济纳入战时轨道，实行"战时共产主义政策"。通过"战时共产主义政策"，将现有粮食和商品全部集中在国家手中，为取消私人贸易，实行产品分配的国家垄断奠定了基础。同时，由于苏维埃政府大量发行纸币以弥补财政赤字，致使卢布大幅贬值，国内经济越来越实物化。苏维埃俄国推行普遍义务劳动制，严格执行"不劳动不得食"的按劳分配原则，取消商品关系的货币交换，劳动者向社会提供劳动，凭劳动卡片领取粮食和其他生活必需品。当时，列宁对按劳分配条件下"资产阶级权利"发生的事实上不平等的"弊端"看得过重，认为个人收入越平等、越公平，越能激发劳动者的生产热情，越能提高劳动生产率，因而劳动成果越丰富。这样列宁及苏维埃当局，由于缺乏对当时国情的足够认识，且忽视劳动者智力与体力差别，在分配中存在严重的平均主义，每个劳动者只能领取按需分配的最低平均数

---

① 王元璋：《列宁经济发展思想研究》，武汉大学出版社1995年版，第194～195页。
② 《列宁选集》第4卷，人民出版社2012年版，第570页。

额。结果出人预料的是苏维埃俄国到处盛行"令人厌烦的是:懒惰,松懈,零星的投机倒把,盗窃,纪律松弛。"①列宁希望通过收入均等分配,来激发人们的劳动热情,实现自觉纪律,以及提高生产效率和创造丰硕劳动成果的局面并没有出现。

当然作为一种应对战争的临时政策,战时共产主义政策的实施有其必要,但随着国内战争的结束,苏维埃俄国面临的是如何向社会主义过渡的问题。此时,战时共产主义政策脱离了当时俄国的现实国情,作为一种向社会主义过渡和建设社会主义的道路,无疑是失败的。列宁总结道:"当时在某种程度上由于军事任务突然压来,由于共和国在帝国主义战争结束时似乎已经陷入绝境,由于这一些和其他一些情况,我们犯了错误:决定直接过渡到共产主义的生产和分配。"②

列宁在认识到"战时共产主义"政策存在问题,并对此进行了全面深刻的反思,及时停止了"战时共产主义政策"在国内的执行,果断提出在全国范围内废除以余粮收集制为主要内容的"战时共产主义"政策,实行以粮食税为主要内容的"新经济政策"。

列宁认识到在社会主义物质水平和文化水平还不发达的情况下,仅仅依靠人们的"热情",在个人收入分配中以"平等""公平"等道德标准为依据,不利于激发劳动者的生产积极性和提高社会主义劳动生产率。因而,列宁在总结战时共产主义的教训时,认为物质利益是推动社会生产力发展的主要因素,提出了"同个人利益结合个人责任的原则"。列宁强调,"必须把国民经济的一切大部门建立在同个人利益的结合上。共同讨论,专人负责。"③"同个人利益结合个人责任的原则",就是在激发人们革命热情的同时要结合劳动者的个人兴趣,从物质利益上关心劳动者,将个人利益与劳动、工作直接挂钩。列宁在个人收入分配的改革中,贯彻了物质利益原则。首先在较大的企业,将企业的消费或工资基金与企业完成的计划任务挂钩,这类似于集体计件工资。在企业的内部,实行计件工资制度,工资按劳动者的熟练程度、劳动的质量和数量发放。"战时共产主义政策"时期,余粮收集制造成了粮食产量大幅下降,粮食及日用品黑市交易泛滥、价格暴涨。转

---

① 《列宁文稿》第 4 卷,人民出版社 1978 年版,第 289 页。
② 《列宁选集》第 4 卷,人民出版社 2012 年版,第 574 页。
③ 《列宁选集》第 4 卷,人民出版社 2012 年版,第 582 页。

为新经济政策后，取消粮食收集制度，实行粮食税，允许粮食自由贸易，农民在缴纳国家规定的税收后，可以出售剩余的粮食。列宁写道："在粮食分配问题上，绝不能认为只要分配得公平合理就行了，而应当考虑到粮食分配是提高生产的一种方法、工具和手段。"①

### （三）对马克思主义按劳分配理论的发展

列宁科学抽象了马克思共产主义社会发展两个阶段的分配理论精髓，首次明确将马克思恩格斯关于未来社会收入分配理论归结为"按劳分配"理论，并将其肯定为社会主义分配原则和基本经济特征。列宁关于按劳分配的思想，主要体现在俄国十月革命前夕撰写的《无产阶级在我国革命中的任务》（1917）、《国家与革命》（1917~1918）等著作上。

列宁高度评价了在建立无产阶级政权的苏维埃国家实施按劳分配的性质。他在《无产阶级在我国革命中的任务》一文中写道："人类从资本主义只能直接过渡到社会主义，即过渡到生产资料公有和按每个人的劳动量分配产品。我们党看得更远些：社会主义必然会逐渐成长为共产主义，而在共产主义的旗帜上写的是'各尽所能，按需分配'。"② 按劳分配制度，"这是唯一走向社会主义胜利的道路，社会主义胜利的保障，战胜一切剥削和一切贫困的保障！"③。列宁在社会主义思想史上第一次确定了按劳分配是社会主义社会的基本特征和分配原则。

列宁还充分阐述了在社会主义社会实行按劳分配具有其历史的必然性。首先，在社会主义阶段，"生产资料已经不是个人的私有财产。它归全体社会所有。"④ 社会主义生产资料公有制消灭了凭借生产资料私有权获取物质利益的可能，每个社会成员只能依靠为社会提供劳动获得收入，因而按劳分配是生产资料公有制的必然产物。其次，在社会主义阶段实行按劳分配是由社会主义生产力的发展状况决定的。马克思主义经典作家认为人类最美好的分配制度是按需分配。实行按需分配的前提是在共产主义社会的高级阶段生产力极大发展，物质产品极大丰富，劳动成为人们的第一需要。而在社会主

---

① 《列宁全集》第41卷，人民出版社1986年版，第352页。
② 《列宁选集》第3卷，人民出版社2012年版，第64页。
③ 《列宁选集》第3卷，人民出版社2012年版，第379页。
④ 《列宁选集》第3卷，人民出版社2012年版，第194页。

义阶段生产力发展程度远没有达到实行按需分配的程度。最后，社会主义社会是在资本主义社会的基础上建立的，新社会还可能带有资本主义残存的各种痕迹。因而社会主义社会不可能实现绝对的平等，生产资料公有制只是消除了人们占有财产上的不平等。由于个体差异的存在，在收入分配领域存在不平等和不公平的现象，同时"共产主义第一阶段还保留'资产阶级权利的狭隘眼界'"①，在资本主义痕迹残存的现实情况下，按劳分配成为必然选择。

列宁将按劳分配的基本原则确定为两条："'不劳动者不得食'这个社会主义原则已经实现了；对'等量劳动给予等量产品'这个社会主义原则也已经实现了。"② 其中"'不劳动者不得食'，——这是工人代表苏维埃掌握政权后能够实现而且一定要实现的最重要的、最主要的根本原则。"③ 在战时共产主义时期，"不劳动者不得食"分配原则被严格贯彻执行。凡是有劳动能力的人必须参加劳动，并强迫剥削阶级分子参加体力劳动，只有参加劳动才能获得一定的食物；这一原则的确立是在分配领域内对剥削性质的根本否定，对寄生、懒惰行为的杜绝，也是分配领域的革命性变革。对于"等量劳动给予等量产品"原则，列宁解释道，"社会的每个成员完成一定份额的社会必要劳动，就从社会领得一张凭证，证明他完成了多少的劳动量。他根据这张凭证从消费品的社会存储中领取相应数量的产品。"④ 这一原则实施体现了按劳分配的公正、平等性，多劳多得、少劳少得，劳动报酬与劳动贡献挂钩，才可充分调动劳动者生产和创新的积极性。并且实行"等量劳动给予等量产品"原则在规定劳动量和劳动报酬的同时，还要实行严格的计算和监督。"计算和监督，这就是每个工农兵代表苏维埃、每个消费合作社、每个工会或供给委员会、每个工厂委员会或一般工人监督机关的主要经济任务。"⑤ "对这种分配建立切实可行的全面监督，不仅在政治上而且在日常生活中战胜那些人民的敌人——首先是富人和他们的食客，其次是骗子、懒汉和流氓。"⑥ 所以，必须对劳动者提供的劳动实施这样强制形式，

---

① 《列宁选集》第3卷，人民出版社2012年版，第200页。
② 《列宁选集》第3卷，人民出版社2012年版，第196页。
③ 《列宁选集》第3卷，人民出版社2012年版，第301页。
④ 《列宁选集》第3卷，人民出版社2012年版，第194页。
⑤ 《列宁选集》第3卷，人民出版社2012年版，第378页。
⑥ 《列宁选集》第3卷，人民出版社2012年版，第379页。

才能有效合理规定劳动量和劳动报酬。

列宁还在多方面提示了按劳分配的巨大作用，发展了马克思的按劳分配理论。因为，马克思在《哥达纲领批判》中，只是讲到按劳分配不承认任何阶级差别，是人类社会发展的必经阶段。列宁不仅继承了马克思这一思想，指出按劳分配是否定阶级剥削的重大步骤，而且根据社会主义建设的具体实践，肯定按劳分配是社会主义时期发展生产、提高劳动生产率、激发劳动者劳动积极性、对付资产阶级和小资产阶级反抗以及最终消灭阶级的强有力手段。[1]

### （四）社会主义的工资与奖金理论

俄国十月革命胜利后，全社会个人消费品分配通过按劳分配怎样实现、有哪些具体形式呢？马克思恩格斯没有现成的答案，当时也不具备解决这个问题的条件。列宁在社会主义实践中遇到了这个问题，必须从理论和实践上加以解决。他经过反复的探索实验，围绕个人消费品分配与商品经济的关系、工资、奖金、津贴、分红以及劳动组织管理等涉及按劳分配的具体形式展开了理论阐述与政策制定。

列宁及时汲取了战时共产主义政策的经验与教训，纠正了他过去认为社会主义历史阶段个人消费品的分配与商品经济不相容的观点。在新经济政策时期，列宁提出社会主义时期仍然存在商品货币关系。他指出："我们已经退到了国家资本主义。但我们退得适度。现在我们正退到由国家调节商业。"[2] 而"掌握商业，引导商业，把它控制在一定的范围内，这是无产阶级政权能够做到的。"[3] 这样在商品经济条件下，个人消费品的分配离不开商品货币关系，因此，列宁主张在新经济政策时期，个人消费品分配应以货币工资代替劳动卡片，取消直接的实物分配。货币作为一般等价物是把货币作为媒介分配个人消费品是其主要特征，劳动者向社会提供劳动，获取以货币计量的劳动报酬，突破了战时共产主义时期的实物分配的限制和平均主义倾向，有利于调动劳动者的生产积极性，促进社会经济的发展。

列宁不仅认为资本主义社会普遍存在的工资，可以成为按劳分配的实现形式，而且对社会主义制度下的工资具体实施、劳动管理、奖金奖励以及分

---

[1] 杨锦英、肖磊：《马克思收入分配理论新探》，西南财经大学出版社2015年版，第122页。
[2] 《列宁选集》第4卷，人民出版社2012年版，第617页。
[3] 《列宁选集》第4卷，人民出版社2012年版，第615页。

红制度进行了前所未有的探索和实践。他指出："应该规定所有生产部门无条件地实行计件工资。"① 在实行计件工资的同时，列宁对资本主义劳动管理上的"血汗工资"制度——泰罗制加以了评价，认为它是一种科学的"血汗工资"制度，其中科学的成分可以借鉴与社会主义工资相结合。他提出："目前应该提上日程的是实际采用和试行计件工资，采用泰罗制中许多科学的先进的方法，以及使工资同产品的总额或铁路水路的经营额等相适应。"② 列宁还从提高生产率入手，主张试行计件工资和泰罗制，他认为在社会主义革命取得胜利，无产阶级掌握政权后，"必然要把创造高于资本主义的社会结构的根本任务提高首要地位，这个根本任务就是：提高劳动生产率，因此（并且为此）就要有更高的劳动形式的劳动组织。"③ 同时，为了提高劳动效率和奖励杰出优秀的工作，列宁主张在那些不适合实行计件工资的部门或行业实行奖励制度。奖励制度很好地体现了从个人物质利益上关心的原则，能够很好地把劳动者劳动贡献的数量、质量状况与自己所得的工资数量直接联系起来，比较充分地发挥了物质鼓励对劳动者从事生产和经营活动的激励作用，从而能有力提高劳动生产率，有利于推动生产的发展和其他一切工作任务的完成。

列宁还主张在经济工作人员中实行"分红制"。为了推动商业的迅速发展和获得必要的利润，列宁提出了按营业额和按利润提成对经济工作人员实行分红制度。他指出："我们可以并能学会对我们的官僚们实行分红制：做成某一笔交易，从中抽给你一定的提成（按百分比）；如果不干事，那就去坐牢。"④ 同时，"对职员（与经济工作有关的所有职员）改用按营业额和按利润提成分红，如有亏损，办事不力和失职情况，应予严惩"⑤。为此，列宁制定了较为详细的奖金发放比例和相应的不能完成任务的惩处办法。

另外，列宁根据巴黎公社的分配原则，要求"取消支付给官员的一切公务津贴和一切金钱上的特权，把国家所有公职人员的薪酬减到'工人工资'的水平。"⑥ 反对给予国家工作人员，特别是党员领导干部过高薪金。

---

① 《列宁全集》第34卷，人民出版社1985年版，第195页。
② 《列宁选集》第3卷，人民出版社2012年版，第491页。
③ 《列宁选集》第3卷，人民出版社2012年版，第490页。
④⑤ 列宁：《列宁论苏维埃俄国社会主义经济建设》，人民出版社1979年版，第232页。
⑥ 《列宁选集》第3卷，人民出版社2012年版，第148页。

并且以身作则，坚决地拒绝了提高自己薪金的建议，有效地制约了特权和腐败在苏维埃政权内部的滋生和蔓延。同时，列宁充分认识到科学技术对于提高生产力的重要性，认识到了当时苏维埃俄国的经济建设离不开资产阶级专家的科学知识，因此从社会主义建设的实际出发，主张给予这些专家较高的薪酬，以激励他们发挥聪明才智为新社会服务、为工农服务，开辟了从物质利益上尊重知识、尊重人才的理论与政策的先河。从理论讲，列宁主张给予专家较高的薪酬的观点，是根据当时苏联的实际情况对恩格斯在《反杜林论》中提出的社会主义条件下劳动者复杂劳动创造的更多价值归社会所有的论述，而有所发展的。这也符合晚年恩格斯提出的社会主义分配具体形式应该以当时社会生产力的水平和未来社会组织的进步程度来确定，并随其发展而改变的论述。

1924年，无产阶级革命导师列宁与世长辞。短短的六年之内他在无产阶级建立国家政权的社会主义制度框架内，结合当时苏维埃俄国的具体情况把马克思收入分配理论付诸了实践，全面继承且创新发展了马克思按劳分配学说，特别是在新经济政策时期将按劳分配与商品货币关系结合起来，探索了社会主义工资、奖金、分红等收入分配形式，将社会主义收入分配模式从平均主义的实物分配转向了结合物质利益的货币分配，对后来世界上各社会主义国家建立收入分配制度都产生了指导性的影响。但毕竟，留给列宁在社会主义制度下的时间不长，收入分配中许多重大的理论和实践问题都尚未突破和解决，他倡导制定的新经济政策也随着他的逝世戛然而止了。

### 三、高度集权的计划经济时期的斯大林收入分配理论

列宁逝世以后，斯大林成为苏维埃国家的最高领导人，新经济政策实施结束。他依据马克思恩格斯在经济发达国家基础上对社会主义的构想和对社会主义有组织、有计划生产的论述[①]，构建了高度集中的计划经济体制。斯

---

① 虽然"计划经济"这个术语在马克思和恩格斯原著中未见，但在19世纪40年代，马克思和恩格斯合著的《德意志意识形态》和《共产党宣言》中，已经将"自由联合起来的个人共同计划"描绘为未来新社会的蓝图，并且到60~70年代，他们在《资本论》《反杜林论》《社会主义从空想到科学的发展》《家庭、私有制和国家的起源》《自然辩证法》《法德农民问题》等著作中，对社会主义生产有组织、有计划问题做了系统的论述。

大林围绕这个计划体制对商品经济、对实行按劳分配、批判平均主义、工资级别的计划管理以及集体农庄的富裕等分配问题进行了阐述，形成了他的收入分配理论，对苏联高度集中的计划经济体制下的收入分配制度产生了极大的影响。

### （一）关于社会主义商品经济的理论

恩格斯认为，只有当一切生产资料都公有化以后，才能完全地消灭商品经济。在当时的苏联，显然消灭商品经济是不可能的，原因在于虽然无产阶级夺取了政权，但是小农经济仍占主导地位，资本主义工业发展依然很落后。列宁从当时苏联的现实国情出发，在将工业生产资料收归国有的同时，将农村中的中小生产者们联合到集体农庄中，提供支持农业发展的大型机械；在"新经济政策"时期，为协调城市与农村发展，列宁将商品经济作为连接城市与乡村的纽带，鼓励发展商品经济。而斯大林对社会主义商品经济的阐述，最集中地反映在 1951 年苏联科学院将评定政治经济学教科书的系列建议、争论材料送斯大林审阅后提出的意见：《苏联社会主义经济问题》(1952) 一书中。

首先，斯大林肯定了社会主义条件下还存在商品经济。他认为，恩格斯提出的将一切生产资料收归全民所有（国有），消除商品经济的条件，是针对发达资本主义国家的预言，而在当时苏联还达不到。因为在苏联无产阶级建立国家政权后，虽然在资本主义发展的大工业领域内，生产资料集中到可以剥夺并收归全民所有，进而消除商品经济，但是在农业部门，生产力发展相对落后，资本主义生产集中相当不充分，还存在人数众多又分散的中小私有生产者，生产资料就不可能收归全民所有，而是应该实现集体农庄化，土地、大型农机具虽归国有，但生产的产品却归集体农庄所有。集体农庄的产品就要作为商品来对待。于是，斯大林提出只要苏联社会经济中还存在国营经济和集体农庄经济这两种基本生产成分，"商品生产和商品流通便应当作为我国国民经济体系中必要的和极其有用的因素而仍然保存。""因此，商品生产和商品流通，目前在我国，也像大约 30 年以前当列宁宣布必须全力扩展商品流通时一样，仍是必要的东西。"[①]

---

① 斯大林：《苏联社会主义经济问题》，人民出版社 1958 年版，第 12 页。

其次，斯大林规定了社会主义商品经济的特殊性。斯大林指出"只有存在着生产资料的私有制，只有劳动力作为商品出现在市场上，资本家能够购买它并在生产过程中剥削它，因而只有在国内存在资本家剥削雇佣工人的制度时，商品生产才会引导到资本主义。"① 他认为在生产资料公有制的苏联，不存在雇佣劳动制度，劳动力不再是商品，因而不存在资本主义的商品生产。商品生产不等同资本主义，只有具备一定历史条件，商品生产才能发展到资本主义。因此，社会主义条件下，商品经济的特殊性就在于商品生产是"特种的商品生产，是没有资本家参加的生产……它的活动范围限于个人消费品。"②

并且斯大林还指出"无论如何不能把我国制度下的生产资料列入商品的范畴中。"③ 斯大林认为在社会主义国家，生产资料为国家所有，国家把生产资料分配给企业，企业按照国家计划来使用生产资料，在此过程中，并不改变生产资料的所有制关系。因此，在社会主义的苏联，生产资料并不属于商品的范畴，虽然生产资料依然具有价值，并且需要计算成本和价格，但只是为了核算和对外贸易的需要。"在对外贸易流通领域内，我国企业所生产的生产资料，无论在实质上或形式上都保持着商品的特性，可是在国内经济流通领域内，生产资料却失去了商品的特性，不再是商品，并且超出了价值法则发生作用的范围之外，仅仅是保持着商品的外壳（计价等等）。"④ 所以，社会主义下的商品"失去了自己旧的机能并取得了新的机能，同时保持着旧的形式而为社会主义制度所利用"。⑤ 因此，社会主义条件下，生产资料不是商品、社会主义商品具有核算、记账的功能，是逐步取消、衰亡中的商品，实质已经变化，仅仅具有商品的外壳。

最后，斯大林提出了社会主义商品经济中价值规律还要发生作用，但作用的范围受到了限制。商品生产与商品经济是价值规律存在的前提和基础。斯大林强调，在社会主义制度下价值规律发生作用有明确的范围。在流通范围内，价值规律起调节作用；价值规律同样对社会主义的商品生产产生影

---

① 斯大林：《苏联社会主义经济问题》，人民出版社1958年版，第10页。
② 斯大林：《苏联社会主义经济问题》，人民出版社1958年版，第12页。
③④ 斯大林：《苏联社会主义经济问题》，人民出版社1958年版，第39页。
⑤ 斯大林：《苏联社会主义经济问题》，人民出版社1958年版，第40页。

响,但已经没有调节作用,"价值法则的作用是被严格限制在一定范围内的。"① 因为"在城市和农村中,生产资料私有制的不存在和生产资料的公有化,不能不限制价值法则发生作用的范围及其对生产的影响程度。"②;同时,"国民经济有计划的(按比例的)发展的法则"替代了"竞争和生产无政府状态的法则";并且,"各个年度计划和五年计划以及我国一般的整个的经济政策,它们都是以国民经济有计划发展法则的要求为依据的"③。在社会主义条件下,国民经济蓬勃发展,而价值规律并没有导致生产过剩的危机。斯大林还特别指出,价值规律是一种历史范畴,而"价值是与商品生产的存在相关联的一种历史范畴",当商品生产消失时,"价值连同它的各种形式以及价值法则,也都要随之消失"④,而在共产主义社会的第二阶段,对于劳动产品的劳动量是以"直接耗费在生产产品上的时间数量即钟点数量来计算的"⑤。因此,在共产主义社会第二阶段,劳动分配将不再依据价值规律,而是"依靠社会对产品的需要量增长来调节"⑥。

由此可见,斯大林对社会主义商品经济外壳论、价值规律作用有限论的阐述,将给他的收入分配理论带来深刻的影响。

### (二) 提出按劳分配的高度概括、实现形式及适用的历史阶段

1931年斯大林在总结苏维埃经济建设的实践经验基础之上,针对收入分配领域出现的问题,在《和德国作家艾米尔·路德维希的谈话》一文中,第一次将"各尽所能"和"按劳分配"连在一起,确定为社会主义的收入分配公式。他讲道:"在阶级还没有彻底消灭的时候,在劳动还没有从生存手段变为人们的第一需要,变成为社会谋福利的自愿劳动的时候,人们将按照自己的劳动来领取工资报酬。'各尽所能,按劳分配'——这就是马克思主义的社会主义公式,也就是共产主义的第一阶段即共产主义社会的第一阶段的公式。"⑦ 按劳分配为什么适用于这个历史阶段? 斯大林认为,在社会主义阶段,生产力发展程度达不到实行按需分配的要求,脑力劳动和体力劳动之间的对立依然存在;同时,劳动生产率还不能达到物质极大丰富的条

---

① 斯大林:《苏联社会主义经济问题》,人民出版社1958年版,第15页。
②③⑤ 斯大林:《苏联社会主义经济问题》,人民出版社1958年版,第16页。
⑥ 斯大林:《苏联社会主义经济问题》,人民出版社1958年版,第17页。
⑦ 《斯大林选集》下卷,人民出版社1979年版,第308页。

件，所以，不具备实行按需分配的条件，只能实行按劳分配。在社会主义阶段，实行生产资料公有制，劳动者成为国家和生产的主人，个人收入实行按劳分配，可以调动劳动者的生产积极性和主动性，并且使劳动者的劳动权利得到保障，有利于劳动者充分发挥自身的才能，为社会创造更多的财富。

斯大林强调，实行按劳分配体现了劳动的平等，消灭了剥削。他指出，"大家都有按各人能力劳动的平等义务，一切劳动者都有按劳取酬的平等权利（社会主义社会）。"① 这是对列宁确立的按劳分配基本原则的进一步发展。同时，斯大林对于按劳分配的具体形式和实现方式还结合苏联社会主义实践的具体情况加以探索，他认为在社会主义社会里，人人有劳动的义务，虽然人们所得到的劳动报酬不是以他们的需要为标准，而是以他们所投入的劳动数量和质量为标准，因此，还存在工资。而且工资是不相同的，有差别的，特别是在他领导下制定了苏联工人的八级工资制。这种计划管理的工资制度，虽然对当时核定人们劳动技能的差别所带来的劳动贡献差别找到了一个相对的标准，但是由于八级工资制级别的固定化，难以随时灵活反映工人在劳动中技术技能变化所要求的劳动报酬的变化，随着实施它的僵化性逐渐显现，并为日后国营企业工资分配的大锅饭、平均主义埋下了伏笔。在当时的苏联随着两个五年计划的提前完成，工业化和农业集体化也基本实现，建立起了高度集中的计划经济模式。在斯大林模式下，企业收入分配采取的按劳分配基本形式主要有两种：计件工资和计时工资。但由于商品生产和商品交换的存在，对工人的劳动量不能直接用劳动时间的长短来计量，因而对每位劳动者付出的"劳动"的计算缺乏严格的客观标准，特别是简单劳动和复杂劳动根本无法科学折算，因而使得劳动报酬的确定带有很大的主观随意性，在"极左思潮"影响下往往具有平均主义倾向，斯大林也意识到这个问题的严重性。于是，在他领导下展开对平均主义的批判为1931～1933年的工资制度改革奠定了理论基础。

### （三）批判分配中的平均主义思想

在工业化开始之前，苏联在工资制度方面存在许多问题。其中最突出的是平均主义问题。这在不同工种及同种工种的最低工资和最高工资的差别上

---

① 《斯大林选集》下卷，人民出版社1979年版，第228页。

都有所表现。例如，工人八级工资制的两级差距为1∶2，钢铁备料工与清洁工领取同样的工资，火车司机与抄写员的工资相等，工程技术人员的工资甚至低于熟练工人的工资，轻工业部门的工资高于重工业部门。这种平均主义原则下的工资制度不利于提高职工的熟练程度和技术水平，不利于发展重工业，与工业化的方针相背离。并且收入分配中的平均主义原则还带来诸多的问题：如劳动力流动性较大；生产率低下；产品质量差；人浮于事，工作中不负责任，缺乏提高工作效率和保养机器设备的动力等，不利于劳动力的稳定，严重地威胁到了工厂的连续生产与持续经营。为了扭转这种局面，斯大林对平均主义思想和做法进行了批判。斯大林指出："所有的人都领取同样的工资、同等数量的肉、同等数量的面包，穿同样的衣服，领取同样的和同等数量的产品，——这种社会主义是马克思主义所不知道的。"① 一针见血地指出这种平均主义的思想根源是"个体农民的思想方式，是平分一切财富的心理，是朴素的农民'共产主义'的心理。平均主义和马克思主义的社会主义是毫无共同之处的。"② 并且强调其危害是："我们很多的企业制定的工资率几乎把熟练劳动和非熟练之间、重劳动和轻劳动之间的差别抹杀了。"③ 严重挫伤了劳动者工作的积极性和创造性。在实践中，斯大林提出了"消灭工资制度中平均主义"的口号，坚持按劳分配原则，坚决与苏联20世纪30年代初工资制度中"左"的平均主义倾向做斗争。

在反对平均主义的同时，斯大林坚持马克思主义的平等观，反对一切打着马克思主义平等观的"平均主义"，强调马克思主义平等观的实质"并不是个人需要和日常生活方面的平均，而是阶级的消灭"④。并且指出"无论在社会主义时期或共产主义时期，各人的口味和需要在质量上或在数量上都不是而且也不能是彼此一样，大家平等的"⑤。至于人们劳动的工种、熟练程度存在的差别，只有在共产主义的最高阶段才能完全消除⑥，而苏联仍然处于共产主义的第一阶段，即社会主义阶段，工种与熟练差别还客观存在。

---

① 《斯大林选集》下卷，人民出版社1979年版，第308页。
② 《斯大林选集》下卷，人民出版社1979年版，第309页。
③ 《斯大林选集》下卷，人民出版社1979年版，第280页。
④⑤ 《斯大林选集》下卷，人民出版社1979年版，第335页。
⑥ 马克思和列宁说过：熟练劳动和非熟练劳动之间的差别，即使在社会主义制度下，即使在阶级消灭以后，也还会存在；这种差别只有在共产主义制度下才会消失．在共产主义高级阶段，按劳分配原则之所以会消亡，并不是因为人们在才能、熟练程度和劳动贡献方面都相等了，而是劳动上的差别将不再有社会经济意义。

斯大林还进一步把社会主义经济中的收入差别分为城市（工业）和乡村（农业）之间的差别、脑力劳动和体力劳动之间的差别。对于前者，斯大林认为其不仅与劳动条件不同相关，且与两种生产资料所有制形式（全民所有制和集体所有制）相关；对于后者，斯大林认为由于工人阶级的文化水平、劳动生产率等因素，脑体的对立和差别在社会主义一定阶段是难免的。

**（四）提出社会主义不要贫困，严格区别"生活富裕的人"与"去发财吧"两个口号**

在苏联广大的农村地区，如何引领集体农庄成员摆脱贫困，富裕起来呢？针对有些人将社会主义等同贫困，如果没有穷人就不再需要共产党的谬论，斯大林严厉驳斥道："但是当资本主义分子已被击溃，穷人已摆脱了剥削的时候，列宁主义者的任务就不是要巩固和保存已经被消灭了存在前提的贫穷现象和穷人，而是要消灭贫穷现象并把穷人提高到过富裕生活的水平。如果以为社会主义能够在贫困的基础上，在缩减个人需要和把人们的生活水平降低到穷人生活水平的基础上，那就愚蠢了。"[1] 因此，斯大林认为"社会主义不是要大家贫困，而是要消灭贫困，为社会全体成员建立富裕的和文明的生活。"[2] 斯大林还通过两个口号："使全体集体农庄庄员成为生活富裕的人"与"去发财吧"的比较分析，阐述了他把按劳分配看作集体农庄成员实现共同富裕必由之路的主张。"使全体集体农庄庄员成为生活富裕的人"是斯大林在全苏集体农庄突击队员第一次代表大会上的演说中提出的口号，号召加入集体农庄的农民努力工作，发展社会主义农业，"使全体集体农庄庄员成为生活富裕的人"。"去发财吧"是列宁在《新经济政策和政治教育委员的任务》一文中提出的号召大家去做经济工作的时提出的口号。斯大林指出这两口号存在的巨大的差别，首先，斯大林指出能够发财的只是个别人或个别集体，生活富裕指的是全体集体农庄庄员的共同富裕；其次，个别人或个别集体富裕是建立在剥削大多数人的基础上的富裕，而共同富裕是建立在集体农庄生产资料公有制的基础上，不存在人剥削人的情况；最后，"去发财吧"是在"新经济政策"初期为了恢复经济，借助资本主义生

---

[1]《斯大林选集》下卷，人民出版社1979年版，第338页。
[2]《斯大林选集》下卷，人民出版社1979年版，第337页。

产方式发展经济的阶段性政策，而"使全体集体农庄庄员成为生活富裕的人"口号的提出是在"新经济政策"的最后阶段，是为了消灭资本主义"最后残余"。所以这两个口号之间没有丝毫的共同之处。

综上所述，斯大林在理论和实践上继续坚持按劳分配原则，将其视为"社会主义的公式"，并且着手批判了分配中的平均主义思想，领导了20世纪30年代初苏联的工资制度改革，建立了工资等级制度，拉开了工资之间的合理差距，对激发劳动者的生产积极性有所作用。但是，20世纪20年代后期，斯大林放弃了新经济政策并且通过全面的经济计划发动了高速的工业化、农业的全盘集体农庄化，在这个过程中逐渐形成了高度集权的计划经济管理体制，也被后来学术界称为"斯大林体制模式"。斯大林的收入分配理论及其实践正是囿于这个高度集权的计划经济体制框架内，依靠行政手段的指令性计划对国营企业和集体农庄及其他合作企业的个人收入分配管得过多、统得过死，缺乏灵活性和激励相融性，企业和劳动者的责任性、积极性和创造性都将被严重地压抑；全民无偿分配的社会消费基金，刺激作用也逐渐减弱，依赖心理加重，其增长速度往往超过劳动生产率的增长，带来财政不堪重负；另外，与列宁确定所有国家公职人员的薪金水平不超过工人工资的理念及做法不同，斯大林领导的工资制度改革中扩大了党政负责人同工人工资之间的差距，为日后苏联的官僚主义专断、特权阶层的出现种下了苦果。苏联高度集权的计划经济体制下收入分配制度的弊端日渐显露，对其改革势在必行。

## 四、经济体制改革时期的收入分配理论

综观苏联在经济体制改革之前，虽然一直在坚持按劳分配的社会主义分配原则，且自列宁时期就开始，也一直反对平均主义。但在经济体制方面却始终没有建立起有效发挥按劳分配优势的体制机制，分配体制反而在高度集权的计划经济体制束缚下，暴露了许多严重的问题，制约着国民经济的发展。主要表现在：一是分配权高度集中在国家手中，企业没有分配的决策权，企业的工资基金与企业经营的好坏无关，劳动者报酬与劳动者成果脱节，以致企业经济效益低下，工人生产积极性不高；二是分配中平均主义倾向仍然严重，表现在熟练工人与非数量工人的工资比例不合理、脑力劳动者

与非脑力劳动者工资差别不大、奖金及各种补贴平均分配等"大锅饭"现象，多劳不能多得，分配机制不能发挥激励作用；三是重工业与轻工业部门之间工资比例不协调，重工业的劳动报酬远远高于轻工业部门，造成国民经济部门长期非均衡的畸形发展；四是分配中长期忽视市场机制的作用，分配对资源的配置功能、经济保障功能以及对效率与公平的相互促进功能都难以有效发挥。显然，苏联收入分配体制存在的弊端严重挫伤了企业和劳动者的生产经营积极性，使经济发展失去动力，资源无法得到有效配置，经济效率难以提高。因此，全面正确地认识和贯穿按劳分配原则，对收入分配体制的改革提上议事日程。

从 20 世纪 50 年代末的赫鲁晓夫上台执政时期到勃列日涅夫时期及以后，苏联开始了 20 多年的经济体制改革，企图冲破僵化的经济模式，其中也相继对收入分配体制的改革提出了若干理论探讨和政策措施，主要体现在以下几个方面。

### （一）关于按劳分配中"劳"的标准的质疑和再探讨

马克思、恩格斯等经典马克思主义作家并没有明确地指出在按劳分配中以劳动者的劳动的"质量"作为个人消费品的分配标准。列宁提出的社会主义原则之一是"等量劳动领取等量产品"，是按劳分配中的数量标准，并不涉及劳动的"质"的标准，但有些苏联经济学家却又认为"列宁在许多著作中解释了按劳动的数量和质量进行分配的实质……列宁所说的按劳动的数量和质量进行分配是指根据劳动的有用成果，而不只是仅仅根据劳动时间的长短来划分劳动报酬的等级"[1]。也有经济学者进行了论证，指出劳动的数量，是人在生产活动过程中所耗肌肉活动和神经活动的总量，而劳动的质量说明所完成工作的复杂程度、难度和对国民经济意义的大小，它们之间的相互联系是通过劳动定额表现出来的，而劳动定额主要是时间定额、产量定额、服务定额和其他定额。[2] 并且劳动报酬的分配标准就是劳动者劳动的数量和质量，即"必要产品的主要部分按照每个工作者在社会生产中所付出

---

[1] 达·卡扎克维奇著，马文奇等译：《社会主义经济理论概论》，中国社会科学出版社 1985 年版，第 67 页。
[2] A. M. 鲁缅采夫著，毛荣芳等译：《政治经济学教科书》下册，吉林人民出版社 1981 年版，第 138 页。

劳动的数量和质量直接进行分配。"① 学术界关于按劳分配的标准包括劳动的"质"与"量"这两方面讨论得到斯大林肯定后，便在苏联经济学界流行开来。将劳动数量和质量作为按劳分配的标准，虽然得到传统社会主义理论界主流观点的认同，但是并非学术界没有批评声音，如比利时著名经济学家曼德尔就曾激烈地批判道："根据'为社会提供劳动的数量和质量'来规定报酬这一项理论，完全不是什么劳动价值法则在'社会主义'社会内一种'特殊的'用法，而只不过是一种粗劣的辩解。辩解的是，在苏联，在其他从资本主义向社会主义过渡的社会里，在严重的官僚主义的控制下，事实上依然存在着不同的报酬……其实是当时要设法为社会不平等的突然严重化寻找辩解。"② 国内也有学者认为，将劳动的"质"和劳动的"量"在概念上合二为一，本身就存在矛盾，也没有理论意义。马克思在《资本论》（第1卷）中明确地指出："比较复杂的劳动只是自乘的或不如说是多倍的简单劳动，因此，少量的复杂劳动等于多量的简单劳动。"③ 因此，简单劳动与复杂劳动之间，本质上只是一种"量"换算关系，而不存在"质量"的区别。④ 在个人消费品领域中，以劳动的数量和质量为统一的标准，忽略了不同劳动者的技能和不同工种的差别，破坏了"按劳分配"原则和"物质利益"原则，助长了社会主义收入分配领域的主观主义倾向，导致了普遍的平均主义。

### （二）关于工资制度改革的理论

苏联经济学界一直认为，社会主义制度条件下的工资性质不同于资本主义工资。"社会主义社会中，劳动力不再是商品，因此，工资不是劳动力的价格……而是以社会主义国家为代表的整个社会和为自己社会工作的各个工作者之间的关系。"⑤ 苏联的工资制度改革始于20世纪50年代中期。这个

---

① A. M. 鲁缅采夫著，毛荣芳等译：《政治经济学教科书》下册，吉林人民出版社1981年版，第136页。
② 曼德尔著，廉佩直译：《论马克思主义经济学》下卷，商务印书馆1979年版，第371~372页。转引自任洲鸿：《"新按劳分配"论——一种基于劳动力资本化理论的劳动报酬递增学说》，山东人民出版社2014年版，第65~66页。
③ 马克思：《资本论》第1卷，人民出版社2012年版，第58页。
④ 任洲鸿：《"新按劳分配"论——一种基于劳动力资本化理论的劳动报酬递增学说》，山东人民出版社2014年版，第71页。
⑤ 苏联科学院经济研究所：《政治经济学教科书》，人民出版社1955年版，第490页。

时期的工资制度改革基于斯大林模式下工资制度的改进，难以触动其高度集权计划经济体制所形成的弊端：分配权高度集中于中央，全国工资基金和规定工资等级表由国家控制。一直到 20 世纪 70 年代中后期，苏联的工资制度改革仍然没有体制框架性突破，但在联系企业经营成果，如何提高劳动生产率等方面有其理论解释和政策举措。正如苏联经济学家 B. A. 梅德维杰夫指出："目前的劳动报酬组织制度正在适应国家经济生活改革的要求加以实行，业已规定的变革按其深度具有劳动报酬改革的性质。"而"完善劳动报酬的主要任务是加强工资对提高劳动生产率、提高产品质量、更好地利用固定生产基金和物质资源，对克服平均主义和'报酬过高'这类现象的刺激作用。"① 为此，应该扩大"联合公司、企业在完全解决核算制基础上组织劳动报酬方面的自主权"，"目的在于使工资直接地和严格地取决于劳动集体经营管理活动的最终成果，从而提高工作者劳动和生产管理的积极性，更充分地利用物质刺激"。② 经济学家鲁米扬采夫也认为，"在改进劳动报酬组织上的崭新阶段，是与企业改行计划工作和经济刺激新条件有关的。经济改革，是共产党创造性利用物质资料和精神财富的分配方式以刺激生产发展为范例。物质刺激方面的基本任务就在于保证个人物质利益与企业集体利益和整个社会利益的最优结合，引导它们去提高企业和联合组织的工作效率。"③ 于是在改革中劳动者的工资水平，尤其最低工资是经常性的增长。当然工资的增长得益于社会主义生产的发展，"工资由于以下种种原因而提高的必要性：劳动生产率和生产率的增长，工作者的熟练程度、各种不同级别的工人和职员的工资的提高，以及工作人数增加的前景和以前商品补偿预定工资基金的可能性。"④

在 20 世纪 50 年代末至 80 年代初期的工资改革中，苏联最高决策层也出台了若干政策措施。在赫鲁晓夫改革之前，各部门在地区工资差别混乱不堪且过于繁杂，存在着严重的本位主义和多种不协调的现象。为此，苏联于 1955 年成立苏联部长会议国家劳动与工资问题委员会，以便加强工资的集中统一管理和计划调节。赫鲁晓夫执政时期，通过改革，各部门普遍实行三

---

① ② B. A. 梅德维杰夫等编著，高中毅等译：《政治经济学》，中国社会科学出版社 1989 年版，第 421 页。
③ 鲁米扬采夫主编：《社会主义政治经济学》，上海人民出版社 1973 年版，第 249 页。
④ 鲁米扬采夫主编：《社会主义政治经济学》，上海人民出版社 1973 年版，第 239～240 页。

种幅度的六级工资表，黑色冶金工业实行八级工资表，其他人员实行职务工资制。勃列日涅夫上台后，并没有终止赫鲁晓夫在工资方面的改革，而是在其基础上继续推行工资制度改革。由于受利别尔曼建议（见后文）的影响，在工资管理方面了，扩大了企业在使用工资基金和奖金方面的自主性，提高了物质利益的刺激作用。

### （三）关于扩大企业分配自主权、物质奖励基金、利润和奖金制度改革的理论

在高度集权的计划经济体制下，企业生产按照国家给定的指令性计划指标任务来完成，尤其缺乏自主生产中的自主用人权。随着"经济改革扩大了企业在确定工作人数上的权利。以前国家机关在其计划任务中把所谓劳动限额通知每个企业，即规定工人和职员的极限人数，现在在计划工作和经济刺激新条件下，各企业不会从上面接到这样的任务了。如今它们自己决定该有多少工作者，什么样的工作者。"① 因为对于企业而言要"建立提高生产效率的经济刺激因素，生产集体就一定要有经营独立性，一定要生产集体固定供应国家生产资源和以社会必要的数额等价补偿它们用于获取产品的耗费。"② 于是1961年10月在莫斯科召开的苏共二十二次代表大会通过了《苏共纲领》，强调要扩大企业自主权、加强物质刺激和充分利用商品货币关系。《苏共纲领》指出："为了动员内部潜力，更有效地利用基本建设投资、生产基金和财政资金，必须在国家计划任务的基础上，扩大企业的独立性和主动性。提高企业在采用先进技术和更充分利用生产能力方面的作用和兴趣。"③

在"实行经济改革后，盈利变成了各个经济核算经济环节中生产效率的一个最重要的标准。"④ 于是经赫鲁晓夫的授意，1962年《真理报》发表了利别尔曼教授名为《计划、利润与奖金》的文章。利别尔曼在文章中指出："按所达到的盈利水平建立的奖励基金应当成为各种奖金的统一的和唯

---

① 鲁米扬采夫主编：《社会主义政治经济学》，上海人民出版社1973年版，第239页。
② 达·卡扎克维奇著，马文奇等译：《社会主义经济理论概论》，中国社会科学出版社1985年版，第70页。
③ 转引自陆南泉：《苏联经济体制改革史论（从列宁到普京）》，人民出版社2007年版，第204页。
④ 达·卡扎克维奇著，马文奇等译：《社会主义经济理论概论》，中国社会科学出版社1985年版，第171页。

一的来源。重要的是使集体物质利益和个人物质利益结合在一起。让企业有更大的自由去利用'自己的'那部分利润吧！"① 文章的主要观点是：为了"使企业关心最大的生产效果"，应该"建立一种计划和评价企业的制度"。在这种制度下，国家下达给企业的将只是"一种按品种的产量任务"，其他计划指标可以由企业根据这一任务自行制订；企业根据统一批准的随盈利率而变化的奖金比率表，按盈利率（利润与生产基金之比）的多少提取各种物资鼓励的统一基金，同时扩大企业运用奖励基金的权限。② 这些观点就称为"利别尔曼建议"。该建议的核心在于扩大企业自主确定生产计划的权利，国家利用经济激励杠杆（利润和奖金）来管理企业，其主要目的是要让企业"接受最高的计划任务"和"关心最大的生产效果"。为了达到这个实行奖金比率表是必要手段和"重要的原则"，因为"盈利率越高，奖金就越多"；同时，"企业根据它在所创造的收入中实际所占份额取得奖金，企业自己编制的盈利计划越高，奖金也就越多。"③ 利别尔曼的文章发表以后，在全苏联引起了广泛的讨论，反对者将其针砭为"利润挂帅"的资本主义典型论调，但苏联当局仍然在一些企业对利别尔曼建议进行了一些试验，但试验还未来得及总结经验和研究推广，赫鲁晓夫就突然下台了。

勃列日涅夫上台后，并没有忽视经济改革的迫切性，因此，关于"利别尔曼建议"的试验得以继续推行。在参照和吸收"利别尔曼建议"及其试验的经验的基础上，于1966年推行新的经济体制，其目的在于扩大基层单位的经营管理的自主性，把企业的物质利益同完成产品的销售额、利润及其他指标情况挂钩，加强对企业和职工的经济刺激。勃列日涅夫这次改革作为一种折中性方案，与赫鲁晓夫的改革相比，更加谨慎也更加保守，虽然前期取得了较好的成果，但是由于方案本身的局限性和反对者的重重阻力，在改革的后期，却收效甚微，实际上又回到了斯大林时期中央集权计划经济体制的窠臼之中。

### （四）关于社会消费基金改革的理论

社会消费基金作为苏联收入分配中的重要组成部分，已经初步具有共产

---

①②③ 叶·利别尔曼，梁攸，汉文：《计划，利润，奖金》，载于《经济学动态》1962年第20期。

主义分配的萌芽①，体现了"整个社会、劳动集体和每个社会成员之间在供个人消费，首先是供共同消费的那部分国民收入方面的关系"②，是物质福利和社会服务的社会主义收入分配的重要形式。在改革以前，社会消费基金的具有慈善性质，在分配过程中平均主义盛行，削弱了其刺激作用，产生了依赖心理，从而也就使得社会主义的分配原则变形。其根本原因在于"社会消费基金是消费基金的一部分，国家，以及国营企业和合作社集体农庄企业把这一部分用于满足社会成员的集体需要和个人需要，通常（完全地或部分地）不计较他们的劳动成果。"③ 因此，社会消费基金这种"大锅饭"式的分配方式必须加以改革。

这一阶段的社会消费基金改革主要变革社会消费基金的慈善性质，提高其作为收入分配手段的经济刺激作用。通过改革，力图实现"这项基金提供的许多支付和优惠只有在同人们的劳动成果紧密挂钩的情况下才能列入动因机制。"④ 并且"不诚实的工作者不应当指望在发放优抚金、分配住房和提供疗养证、休假长度等方面同诚实的劳动者一样平等地分享这项基金。"⑤ 同时，更加凸显企业在社会消费基金的分配中的作用，以确保"来自社会消费基金的收入对劳动成果的依从关系"。因此"最近几年，由于经济改革，劳动者得自企业纯收入的津贴和优待，开始在社会消费基金中占愈来愈明显的比重。"⑥ 最后，合理配置社会消费基金中的集中形式和非集中形式的比例。非集中基金的资金主要来源于国营企业以及各种组织机构和集体农庄，是集体单位职工创造的财富，因而主要是用来满足所在单位成员的消费需求。集中性基金，即国家资金，是"对社会全体成员实施宪法所规定的最重要的权利的物质保证"⑦。

**（五）关于集体农庄中按劳分配实现形式的理论**

斯大林时期，集体农庄的按劳分配是通过劳动日制度来实行的。在劳动

---

① A. M. 鲁缅采夫著，毛荣芳等译：《政治经济学教科书》下册，吉林人民出版社 1981 年版，第 145 页。
② A. M. 鲁缅采夫著，毛荣芳等译：《政治经济学教科书》下册，吉林人民出版社 1981 年版，第 146 页。
③ 鲁米扬采夫主编：《社会主义政治经济学》，上海人民出版社 1973 年版，第 239 页。
④⑤ B. A. 梅德维杰夫等编著，高中毅等译：《政治经济学》，中国社会科学出版社 1989 年版，第 412 页。
⑥ 鲁米扬采夫主编：《社会主义政治经济学》，上海人民出版社 1973 年版，第 263 页。
⑦ 陈惠珍：《社会消费基金》，载于《国际观察》1981 年第 2 期。

日制度下由"国家向合作者下达劳动组织和劳动报酬方面的建议书"①,而"劳动日是衡量集体农庄庄员劳动的尺度,同时也是衡量个人消费基金分配的尺度"②。随着农业生产的增长和集体农庄关系的日益完善,劳动日所具有的消极因素逐渐显露出来。在劳动日分配制度下,只有等每个农业年度结束,对农庄的全部收入进行结算和分配后,庄员才能知道自己一年的劳动所得的数额,缺乏物质利益的刺激,且在分配过程存在平均主义的倾向。但又由于农庄的总收入因受到自然气候条件的影响,庄员不同年份付出同样的工作量,所获得的劳动报酬量是不同的。在苏联的经济体制改革过程中,劳动日分配制度逐步被淘汰,取而代之的是集体农庄庄员货币报酬制度。在货币报酬制度下,实行计时和计件两种劳动报酬形式,同时劳动报酬基金有两部分组成:一部分用来支付按固定单价计算的劳动报酬;另一部分是对集体农庄庄员进行附加的物质奖励。③ 可见,"集体农庄的货币报酬制度与劳动日相比,无疑是向前跨了一步。它造就集体农庄庄员对挣钱的信心,有助于提高他们的生产积极性和主动性,给各种农活的限期和质量带来良好的影响。"④

货币报酬制度刚开始是按季度或月预支劳动日分配的部分收入。逐渐地,这种预支被按事前规定的数额被用产品和货币支付的、更经常、更稳定劳动报酬所代替。随着集体农庄经济的改善以及在国家贷款的帮助下,集体农庄庄员的货币报酬逐年增长。1966 年,苏共中央委员会正式通过《关于提高集体农庄庄员从物质利益上关心公共生产发展的决议》,建议各集体农庄实行集体农庄庄员有保证的劳动报酬制度⑤,这一制度得到正式认同与推广。有保证的劳动报酬制度很快得以在全国推广,到 1966 年底,4/5 的集体农庄实行了这种制度,到 1968 年底,几乎所用的集体农庄都实行了这种制度。⑥

集体农庄庄员的货币报酬不同于国营企业和机关单位的工资,工资是具

---

① B. A. 梅德维杰夫等编著,高中毅等译:《政治经济学》,中国社会科学出版社 1989 年版,第 423 页。
② 鲁米扬采夫主编:《社会主义政治经济学》,上海人民出版社 1973 年版,第 256 页。
③ A. M. 鲁缅采夫著,毛荣芳等译:《政治经济学教科书》下册,吉林人民出版社 1981 年版,第 143 页。
④ 鲁米扬采夫主编:《社会主义政治经济学》,上海人民出版社 1973 年版,第 259 页。
⑤⑥ 鲁米扬采夫主编:《社会主义政治经济学》,上海人民出版社 1973 年版,第 258 页。

有国家保证在全国范围内的按劳分配，且劳动的尺度和分配的标准对国营企业和机关单位的工人及职员来说是统一的；而集体农庄庄员的货币报酬是各个集体农庄保证的，只是在具体某一个农庄的内部保证按劳分配的同工同酬原则的实现。而按劳分配的"数额在各地区、各州，往往甚至在离得很近的各集体农庄都大不同。"① 有保证的劳动报酬制度提高了集体农庄的劳动生产率，激发了庄员的劳动热情。同时，许多先进的集体农庄开始广泛实现以生产队小组为经济核算单位的包工奖励报酬制。其主要做法是"集体农庄把土地和技术设备固定给某些生产单位，估计（一般是以过去几年平均数字为根据的）计划收获量，规定每公担产量（个别是计划产量和超计划产量）的单价。收获前集体农庄庄员得到货币预支，待到收获后，集体农庄同生产队或小组进行结算。"② 集体农庄按劳分配方式的这些该改革，也旨在将集体农庄庄员的劳动报酬与集体农庄的生产成果更紧密地联系起来，充分调动人们生产劳动的积极性。

综上所述，苏联1957~1985年的收入分配体制改革的理论焦点和政策措施主要是围绕传统工资制度改革，激活工资激励作用；扩大企业分配自主权，调整奖励基金；改革集体农庄劳动日分配制度，实施货币报酬制度和包工奖励报酬制这三个方面重点展开。而改革并没有触动分配权高度集中这一根本性体制弊端，只是在原有体制框架上的修修补补，这也就为戈尔巴乔夫改革派上台提供了契机。

### 五、戈尔巴乔夫时期收入分配方面的改革

1985年3月，戈尔巴乔夫接任苏共中央总书记，此时的苏联正处于历史性的关键时期，根本性的改革刻不容缓。戈尔巴乔夫本人也多次强调要对苏联现行经济体制进行改革，在他主政的六年中，改革进程以1988年为界限大致可分为两个阶段，其中收入分配方面的改革主要在第一阶段。

1985~1988年为改革的第一阶段，主要为经济体制改革阶段。戈尔巴乔夫上台后，在1985年4月召开的苏共中央全会上作了《召开苏共例行第

---

① 鲁米扬采夫主编：《社会主义政治经济学》，上海人民出版社1973年版，第258~259页。
② 鲁米扬采夫主编：《社会主义政治经济学》，上海人民出版社1973年版，第259页。

二十七次代表会议及有关筹备和举行代表大会的任务》的报告，分析了当时主要面临的经济问题，首次提出了苏联社会经济发展的新战略方针，即要实行大大"加速社会主义经济发展的战略"，1986年2月召开的苏共二十七次代表大会，正式提出"加速战略"，将其确定为改革的根本方针和党的对内政策总路线，并使之成为苏联全党工作的指南，提出要贯彻这条路线，必须坚定不移地完善经济机制和整个管理体制。但是并没有提出一个完整的改革方案，直到1987年6月苏共中央全会才提出了较为完整的综合改革方案，即通过了《根本改革经济管理的基本原则》，以及据此制定的《苏联国营企业（联合公司）法》和有关宏观经济各个领域（如计划、物资、价格、财政、信贷、科学技术等）、国民经济管理机构和职能改革的11个决议，这些被称为戈尔巴乔夫经济改革的四步棋。其中戈尔巴乔夫强调"新社会制度社会公正的实质就在于实行各尽所能、按劳分配的原则"，为收入分配改革定了基调，改革的内容主要体现在以下几个方面。

### （一）工资、奖金制度方面的改革

由于分配领域的平均主义倾向仍然严重，且日益成为苏联实行加速战略的"绊脚石"，为此，苏共二十七次代表大会明确提出了彻底改革生产领域的工资、奖金制度。此次工资、奖金改革的目的就在于消除平均主义，为苏联进一步改革扫清障碍，大约有7500万职工纳入了这次工资改革。这次工资、奖金改革的做法主要包括以下几个方面：第一，提高基本工资，新的工人工资标准平均提高20%～25%，高级技术工人的工资标准则提高45%～50%，以鼓励职工掌握新技能和提高熟练程度；第二，扩大企业在工资方面的权限，国家对企业下达按净产值的比率规定的长期稳定的工资定额，企业实行完全经济核算和自筹资金，企业的工资基金、物质鼓励基金等都需要企业完全依靠自己的收入来支付，从而把企业的工资基金总额与经营好坏联系起来；第三，企业内部的工资基金分配，要求强化工资的刺激作用，特别是扩大熟练工人和非熟练工人的工资差距，这次工资改革的一个显著的特点就是在任何情况下都首先照顾高度熟练工人；第四，对工程技术人员以及科学研究人员的劳动报酬制度进行重大改革，在提高他们基本工资的同时，扩大工资等级；第五，改革奖金、附加工资以及补贴制度，消除平均主义倾向，提高刺激作用。此次工资、奖金制度改革的初衷，是想更好贯彻"各尽所能，按劳分配"的原则，但在实施新工资制度的过程中，却潜伏下了经济风险。主要是在商品短缺和缺乏竞争的条件下，企业自由确定工资和价格就使得通货膨胀成为经济的破坏力量。如相当多的企业利用扩大经济自主权和新经济机制的缺陷，采用计划利润分配方法，在没有提高生产效率的情况下上涨工资；据有关资料统计，苏联工业中劳动报酬与产量增长比例由1986年的0.6∶1骤升1989年的5.8∶1[①]，工资超正常增长，加大了通胀的压力。同时，工资制度的改革也碰到了某些抵触，因为在于以往分配过程的平均主义倾向使人们养成了惰性心理，相当一部分劳动者习惯于旧的工资制度下，不努力工作依然可以领取较高的奖金和补贴。并且旧体制下成长起来的干部，依然固守旧的思维方式，对新的工资制度持观望态度。

### （二）集体农庄的集体承包制和家庭承包制的改革

农业领域是戈尔巴乔夫改革的一个重点，集体农庄以及农民的收入分配制度改革又是农业改革的重中之重。而农业领域分配改革的重点在于提高扩大集体农庄和国营农场的自主性，促进农民积极生产的热情。改革的思路与工业改革的思路相同，都是通过推行完全核算制，改革主要途径是实施集体承包制和家庭承包制。推行完全核算制后，集体农庄成为自负盈亏的独立单位，但是由于种种原因，集体农庄在生产经营过程中负债累累，只能维持简单的再生产，根本谈不上扩大再生产。在这样的情况下，集体农庄只能向政府举债且又没有偿还能力，政府只能冲销集体农庄的债务，并对集体农庄进行补贴。

苏共二十七次代表大会后，农业中家庭承包制得到官方的正式肯定。推出集体承包制，能够把劳动者的报酬与生产成果联系起来，有利于提高农业生产效率。但是，集体承包制在推行过程遇到了重重阻碍，原因在于承包制没有改变生产资料和产品的所有权，生产资料和产品依然归集体农庄所有，农庄没有给承包人提供必要的能源和生产资料；且承包周期短，承包人只顾追求短期经济利益，缺乏改良土壤的动力。戈尔巴乔夫针对农业集体承包制出现的问题，又主张改承包制为租赁承包。相比于承包制，租赁承包制的期限较长，租赁者就会更关心土地改良，更加爱护生产资料，企望这样有助于

---

① 关雪凌：《俄罗斯社会转型期的经济危机》，中国经济出版社2002年版，第84页。

生产效益的提高。

可见，戈尔巴乔夫两年时间四次重大改革决策，完成了苏联时期的最后的也是最重要的经济领域的权利下放和行政性分权调整。改革仍然在社会主义制度框架内进行，改革的要旨仍是要"完善社会主义"。尽管改革的具体措施比前任有所前进，但是改革缺乏总揽全局的目标模式，僵化的计划经济体制模式没有得到颠覆性改造，许多深层次、盘根错节的体制性问题也没有解决。而且改革政策的调整也不仅缺乏系统性和明确目标下的递进性，反而过于频繁，以致实践中并没有得到认真贯彻实施。结果"加速战略"执行情况很不理想，严重受挫。戈尔巴乔夫改革也就转入第二阶段，即政治改革阶段。

1988~1991年为改革的第二阶段，主要为政治体制改革阶段。当"加速战略"受挫之后，戈尔巴乔夫认为，苏联经济体制改革深入不下去的根本原因，不在于经济体制，而在于政治体制。从而他的改革战略和改革目标、次序发生了根本性变化。以"人道的、民主的社会主义"为目标的政治体制改革，偏离了社会主义方向，在"公开性""民主化的口号下"走上了抛弃社会主义制度，建立资本主义制度的道路。戈尔巴乔夫的改革最终断送了苏联社会主义事业。

总结戈尔巴乔夫改革失败有一个至关重要的命门，就是第一阶段改革中，体制改革的目标模式始终模糊不清，根本的缺陷是没有及时明确提出改革的市场经济模式，冲破束缚生产力发展的计划经济体制框架。虽然苏共二十八大上，经过激烈争论，最终确定"向市场经济过渡"，并在1990年8月底推出了由戈尔巴乔夫和叶利钦委托制订的向市场经济过渡的"沙塔林500天计划"，但这一系列的所谓市场化改革动作，都是在改革方向已经偏离社会主义性质所做出的，要建立的市场经济将以私有制为主体的多元所有者为基础，企业家阶层（实则新型资本家阶层）为代表的自由商品生产者成为市场活动主体。这样的市场经济也就不是社会主义的，而是资本主义的了。这也证明，改革坚持什么样方向和性质，也就决定了体制目标模式的最终属性及其走势。

# 第三章 马克思收入分配理论在中国的突破

马克思收入分配理论是中国进行社会主义收入分配实践的理论基础，并且结合国情不断地在理论界的百家争鸣中发展与创新。马克思收入分配理论中国化是一个动态的过程，不同的时代特征赋予了马克思收入分配理论发展的不同特色和演进方向，因此，根据中国生产力发展水平和经济体制变迁的实际情况，马克思收入分配理论在中国的探索与突破的过程大致分为三个阶段。第一阶段为1949年新中国成立到社会主义改造的完成。这一时期经济恢复与社会制度的深刻变革同时进行，收入分配理论进行了初步探索及争论，主要围绕在国家工业化背景下农民的利益问题、如何巩固土改成果以及是实行按劳分配还是推行平均主义三大议题上，并且争论延续到了下一阶段。第二阶段为计划经济时期，这一时期的争论主要围绕在"按劳分配"议题之上，尽管闪现了将按劳分配与商品生产内在联系起来的观点，但很快淹没在批判"右倾思想"和修正主义的声浪中，并且，在"左"的思潮干扰下，按劳分配前后经历了两次曲折的探索，呈现出"产品经济型"按劳分配的特色。第三阶段为改革开放以后的时期。在这一阶段按劳分配理论得以"拨乱反正"并得到了进一步的拓展与创新，收入分配理论也在对按劳分配以外的其他分配方式、效率与公平、收入差距等议题的争论中得到了空前的发展与突破，中国特色社会主义市场经济收入分配理论应运而生。然而，我们对其研究远未穷期，随着全面深化改革的推进和社会主义市场经济体制的发展完善，收入分配的理论研究还需深入突破，并且中国改革开放的丰润土壤也将使理论研究结出更加丰硕的果实。

## 一、新民主主义社会时期与社会主义改造阶段收入分配理论

### (一) 1949~1952年,在新民主主义"三大经济纲领"引领下的收入分配格局

1949年新中国成立以后到1952年底,面对战争带来的满目疮痍、百废待兴的复杂局面,社会生产力得到了迅速恢复与发展,全面恢复了遭到严重破坏的国民经济,在新民主主义"三大经济纲领"的指导下,中国构建了多种经济成分并存、市场与计划并存的新民主主义经济体制。早在1947年12月,毛泽东在《目前形势和我们的任务》一文中,就明确提出了新民主主义革命的三大经济纲领:"没收封建阶级的土地归农民所有,没收蒋介石、宋子文、孔祥熙、陈立夫为首的垄断资本归新民主主义国家所有,保护民族工商业。"[①] 这是继土地革命战争时期以后对新民主主义经济纲领的最完备的提法,是总揽新民主主义时期经济工作的大政方针,为进一步在中国全面建立新民主主义经济制度奠定了理论基础。随即,1949年3月在河北平山县西柏坡村召开的中共七届二中全会上提出的夺取全国政权后,必须完成的新民主主义革命任务中,就包括没收官僚资本归人民的国家所有,有步骤地将封建的土地所有制改变为农民的土地所有制。刘少奇也曾明确指出:"解决土地问题是直接关系到几百万人、几千万人的问题,就全国来说,是几万万人的问题。这直接是农民的利益,同时也是全民族的利益,是中国人民最大的最长远的利益,是中国革命的基本任务。"[②] 到了1949年9月,由中国人民政治协商会议第一届主体会议通过的《共同纲领》中,明确了农村收入分配改革的重点,是循序渐进的改变土地所有制结构,由封建半封建的土地所有制变为农民土地所有制。新中国成立的初期,当时,我国的收入分配机制还处于比较混乱的局面,在不同的组织中对收入分配的主体还有不同依据以及标准等的规定都不相同,但从1949~1952年,我国政府通过没收官僚资本,建立全民所有制经济;通过土地改革,消灭了封建的地主土

---

[①] 《毛泽东选集》1卷本,人民出版社1970年版,第1149页
[②] 《刘少奇选集》上卷,人民出版社1981年版,第394页。

地所有制，使广大农民获得土地；恢复和保护民族工业。这一时期，在新型的全民所有制经济中工人成为企业的主人，这提高了工人阶级的生产劳动积极性，使工人收入大幅度增加，农民则主要围绕土地改革来展开收入分配改革，获得重要财产——土地及其收入甚至民族资本的利益也能得到适当的兼顾，形成了一个各方利益有所兼顾，比较适应生产力发展的收入分配格局。

### （二）1953～1957年，社会主义改造时期有关收入分配的理论争论

1952年底，我国进行了社会主义改造，毛泽东为党在社会主义改造这一过渡时期制定了总路线和总任务，即要在一个相当长的时期内，基本实现国家工业化和对农业、手工业、资本主义工商业的社会主义改造。但到了1952年，当土地改革和朝鲜战争结束后，既定的大政方针发生重大变化，原来对于新民主主义社会及其经济按照"三年准备、十年建设"，[1] 然后才可以采取步骤进入社会主义的设想部署工作的方针被放弃，急于开始了从新民主主义社会向社会主义社会的过渡，过渡期也由原来设想的10～15年，缩短为5年。[2] 在这种情况下，加快所有制改造步伐，消灭资本主义民族工商业，尽快推进工业化（特别是重工业化），废除小农土地私有制，通过合作化，短时间内完成"小社并大社"，1958年实现"人民公社化"等，这一系列的社会经济制度的变迁反映到收入分配上，存在不同认识和争论也就在所难免。

总的来讲，在这一时期经济理论围绕收入分配的讨论主要集中在三点：一是在实现国家工业化过程中，如何看待积累与消费的关系以及如何确定二者的比例，这就成为影响个人收入分配，尤其是影响农民收入水平的宏观决策因素，对关于工人和农民的劳动报酬是否存在差距出现了首次争论；二是为了巩固土改的成果，解决农村出现的日益严重的土地兼并问题，提高广大贫苦农民的收入水平，如何改造小农经济，将农民组织起来走合作化道路问

---

[1] 1951年5～7月，刘少奇根据毛泽东的意见，先后向中共党内高级干部全面阐述了"三年准备、十年建设"的指导思想。刘少奇：《"三年准备、十年建设"、春藕斋谈话》，引自中共中央文献研究室编：《刘少奇论新中国经济建设》，中央文献出版社1993年版，第178～210页。

[2] 1952年9月24日，毛泽东在中共中央书记处的一次会议上提出，我们现在就要开始用10～15年的时间基本上完成到社会主义的过渡，而不是10年或者以后才开始。转引自吴敬琏：《当代中国经济改革》，上海远东出版社2004年版，第36～37页。

题；三是初步探讨了实行按劳分配原则的必要性及其条件，以及反对平均主义等问题。而这些讨论均是发轫于新民主主义经济向社会主义经济的过渡背景下。

1. 如何看待和确立积累与消费之间的关系及其比例，引起关于工人和农民的劳动报酬是否存在差距的争论

在这一时期，全国主要经济任务在于恢复国民经济，建立独立的工业体系，加速工业化建设，提高积累基金比例和压缩消费基金比例，而积累的负担落在农民身上，会不会影响农民的收入乃至扩大工农之间的差距，当时社会上已有不同的声音，并且在这些重大国策的表述上，中央高层领导的讲话已有细微的差别。1953 年 9 月，党外人士梁漱溟针对农业税所征过重在全国政协会议上发表意见，认为"近年来工人生活提高而农民生活仍然很苦"，"建国运动而忽略或遗漏了农民——他们是全国人民的绝大部分——怕不相宜。"① 毛泽东反对这种观点，提出为了实现国家工业化，主张优先发展重工业，必须节制一部分消费为工业化提高积累，认为不能只着眼于眼前的利益，更要以全局的眼光看待长远发展问题。随后，理论界在关于工人和农民的劳动报酬的差异上出现了首次讨论，薛暮桥、苏星认为，这种差异在目前大体上是适当的，基本上是合理的。② 但也有人不同意这种看法，认为工农收入差异有些偏大，农民生活没有怎么改变。③

同时，在如何对待加速工业化，提高积累和兼顾改善人民生活问题上其他国家领导人也发表了自己的观点，像刘少奇在《国家的工业化和人民生活水平的提高》一文中就指出："为了要大规模地进行经济建设和加快，就需要由人民节省出大量的资金以投资于经济事业。而人民节省出大量的资金，就不能不影响人民生活水平提高的速度，也就是说，在最近一二十年内人民生活水平提高的速度不能不受到一些限制。这并不是为了其他，只是为了创造劳动人民将来更好的生活，在将来能够更快地提高人民的生活水平。"④ 陈云在 1956 年中共八大上提出了"三个主体，三个补充"的思想：国家经营和集体经营是工商业的主体，一定数量的个体经营是补充；在生产

---

① 《梁漱溟全集》第 7 卷，山东人民出版社 1993 年版，第 16 页。
② 汤国钧：《我国关于"按劳分配"的讨论》，载于《经济研究》1958 年第 7 期，第 72~76 页。
③ 胡晓风、韩淑颖：《中国社会主义经济问题讨论纲要》，吉林人民出版社 1983 年版，第 486 页。
④ 《刘少奇选集》下卷，人民出版社 1981 年版，第 7 页。

领域，计划生产是工农业生产的主体，按照市场变化而进行的自由生产是补充；在市场方面，国家市场是主体，一定范围内国家领导的自由市场是补充。他主张在收入分配领域需要通过国家预算为军队、工业和建设提供资金，给农业地区提供足够的帮助，从而使农民从"剪刀差"中解放出来。①1954年，周恩来在全国人大一届一次会议上所作的《政府工作报告》中虽然也谈到发展重工业的重要性，但他特别关注发展重工业与改善人民生活的关系，且在另一个报告中指出："苏联和其他一些社会主义国家都是优先发展重工业，这个原则是对的，但是在发展中忽视了人民的当前利益"，"发展重工业，实现社会主义工业化，是为人民谋长远利益。为了保卫人民的福利和社会主义成果，必须依靠人民。如果不关心人民的当前利益，要求人民过分地束紧裤带，他们的生活不能改善甚至还要降低水平，他们要购买的物品不能供应，即使重工业发展起来也还得停下来"，"一些社会主义国家发生的事件值得我们引为教训。"②显然这些讲话，与毛泽东的"中国社会主义工业化道路"思想有其细微的差别了。

2. 如何巩固土改的成果，改造小农经济，提高广大贫苦农民的收入水平，将农民组织起来走合作化道路，进而转变为集体所有制的"人民公社"问题上，出现了不同看法

在这一时期，为了解决土改后农村土地兼并的问题，改造小农私有经济，通过自愿互利原则，将农民组织起来，走合作化道路，但在巩固发展合作经济什么时候、什么条件下转变为集体所有制的"人民公社"的看法上，产生了分歧。毛泽东认为应该积极快速推进农业合作化运动，他认为需要分三个阶段来实现农业合作化，首先要从带有社会主义萌芽的互助组到半社会主义性质的初级合作社，再发展成为完全社会主义性质的高级合作社。然而，在进行"三步走"的改造过程中出现了"步子过快、形式过于划一、要求过急的缺点"③。刘少奇则认为农业合作化运动是一项艰巨的任务，应当稳步前进。他提出要通过"组织互助，把生产力从封建束缚下解放出来，"④并且要让一部分农民先富起来。他认可"合作社办好，走上正轨，

---

① 李成瑞：《陈云经济思想发展史》，当代中国出版社2005年版，第10~18页。
② 《周恩来选集》下卷，人民出版社1984年版，第230页。
③ 王毅武：《中国社会主义经济思想史简编》，青海人民出版社1988年版，第135页。
④ 《刘少奇选集》上卷，人民出版社1981年版，第394页。

是我国走向社会主义的关键"①，但同时强调农业合作化运动一定要稳步前进，"要继续按照自愿和互利的政策，争取还没有加入合作社的少数农户入社"②，不允许强迫入社，同时还需要对现有合作社形式进行调整，及时纠正要求过急、形式单一的问题。当时，具体主持农村工作的领导人邓子恢对农业合作化运动中出现的"左"的冒进思想持坚决反对的态度，并且倡导慎重稳进的方针。1953 年，他在全国第一次农村工作会议上强调："今天搞互助社合作与战争动员或搞土改是不同的。我们要从现在小私有生产者的现状出发，一方面要改造他们，另一方面又要适应他们，适应就是为了便于改造，过急不行。互助合作是一个群众运动，必须按照群众运动的发展规律办事，由小到大，由少到多，由点到面，由低级到高级，发展一步巩固一步，有阵地的前进。互助合作关系到农民的生产和生活的根本问题，必须慎重稳进。"③他认为在中国这样的大国完成小农经济的社会主义改造不是一蹴而就的，还批评了贪多、图快、盲目追求高级形式的种种急躁冒进思想和做法。④但是，在 1955 年夏季已经大规模开展的中国农村"社会主义高潮"运动中，邓子恢的主张被指责为犯有"右倾和经验主义"的错误，遭到批判；刘少奇的观点在党内也受到批评。

3. 初步探讨社会主义社会必须实行按劳分配原则，对实行按劳分配与反对平均主义上还远未达成共识

在这一时期，随着社会主义公有制经济的建立，如何建立与此相适应的分配关系，是现实经济生活中遇到的一个迫切需要认识和解决的问题，这样按劳分配作为一个新生事物进入理论界关注的视野。可以说，1955年以前，很少有人在报刊上谈论按劳分配。1956 年春，刘毅、李敬实等人发表了反对平均主义，实行按劳分配的文章，开始比较多地讲这个问题，但是，基本上没有交锋。直到 1957 年初，仲津的《对按劳分配的一些看法》一文发表后，⑤由此引起了比较热烈的讨论。在这个阶段讨论的

---

① 中共中央文献研究室：《文献和研究》，人民出版社 1984 年版，第 12～24 页，转引自王毅武：《中国社会主义经济思想史简编》，青海人民出版社 1988 年版，第 161 页。
② 《刘少奇选集》下卷，人民出版社 1981 年版，第 219 页。
③ 《党史资料通讯》，中共中央党校出版社 1982 年版，第 424 页，转引自王毅武：《中国社会主义经济思想史简编》，青海人民出版社 1988 年版，第 227 页。
④ 王毅武：《中国社会主义经济思想史简编》，青海人民出版社 1988 年版，第 227 页。
⑤ 仲津：《对按劳分配的一些看法》，载于《学习》1957 年第 2 期。

基调,是肯定在社会主义社会必须实行按劳分配原则,按劳分配是个人消费基金分配的规律。讨论的焦点,是社会主义工资如何体现按劳分配原则。在讨论中许多人提出,贯彻按劳分配必须反对平均主义。但是,占统治地位的观点,却是反对在劳动报酬中高低悬殊,主张大体平均。因此,在这个阶段,到底是实行按劳分配还是实行平均主义的争论,还处于势均力敌的状态。[①]

总之,从新民主主义经济向社会主义经济过渡的这一阶段的收入分配理论探索反映了所有制关系改造对分配关系变革的理论认识,讨论触及到了在处理社会主义物质利益关系时,如何对待农民的利益问题;现实经济生活中,国家对土地分配、基础教育普及、医疗保健,以及城市就业、住房、退休养老等实施非货币化的低水平且又平均的分配,对实行按劳分配与推行平均主义之间的争论产生了持续的影响,这个影响一直延伸到中国高度集中计划经济体制下收入分配理论的争论。

## 二、计划经济时期的收入分配理论

### (一) 马克思收入分配理论在中国计划经济时代的曲折探索

1957年,随着社会主义改造的完成,在实现经济赶超战略的推动下,中国按照苏联的经验模式仍然以单一的公有制经济为基础建立了高度集中的计划经济体制。这个经济体制是一个以国民经济为范围的庞大的等级组织系统,是按照对经济活动"归口"管理的需要来组建政府机构,政企(政社)是高度的合一。[②] 与这种经济体制相适应的唯一分配模式,是"产品经济型"直接按劳动时间分配的按劳分配模式,它的实现形式在全民所有制企事业单位和城镇集体企业是工资、津贴制度,在农村集体经济则是工分制;实施的结果是分配上的"大锅饭"和平均主义的流行。针对这样的"按劳分配制度模式",理论界展开了反复的讨论和若

---

① 经济研究编辑部:《中国社会主义经济理论的回顾与展望》,经济日报出版社1986年版,第375~376页。

② 谷书堂:《社会主义经济学通论——中国转型经济问题研究》,高等教育出版社2005年版,第109页。

干争论，实际上反映了马克思收入分配理论在中国计划经济时代的曲折探索。

在这一时期，理论讨论的重点在于弄清楚什么是按劳分配？为什么要坚持按劳分配原则？以及怎样贯彻按劳分配等问题？讨论中闪现出了要将按劳分配与发展商品经济结合起来的宝贵观点，但在当时很快被视为异端，淹没在批判修正主义的声浪之中；同时，在"左倾"特别是"极左思潮"的干扰下，按劳分配遭遇两次否定和歪曲，体现出获得正确理论认识的曲折与艰难。

1. 主流和异端：按劳分配理论认识歧义出现端倪

（1）党和国家领导人以及理论界对中国社会主义条件下实行按劳分配的阐述，形成了"产品经济型"按劳分配的主流观点。按照马克思在《哥达纲领批判》上对未来新社会分配制度的设想和苏联社会主义的实践经验，当中国社会主义改造完成，公有制经济成为基本经济制度和社会经济基础时，全社会的个人消费品的分配就必须是按劳分配。过渡时期结束，毛泽东认为要坚持按劳分配即采用"各尽所能、按劳分配、多劳多得"的收入分配方式。1958年的《关于人民公社若干问题的决议》当中指出，按劳分配对发展社会主义具有重要的意义，"企图过早地否定按劳分配的原则而代之以按需分配的原则，也就是说，企图在条件不成熟的时候勉强进入共产主义无疑是一个不可能成功的空想。"① 尤其重要的是，毛泽东在读苏联《政治经济学教科书》（第三版）的笔记和谈话中，既坚持了斯大林关于社会主义制度下存在商品经济的正确观点，又对斯大林关于生产资料不是商品，价值规律仅在流通领域起作用的观点有所质疑，提出了价值法则是"一个伟大的学校，只有利用它，才有可能教会我们几千万干部和几万万人民，才有可能建设我们的社会主义和共产主义。"② 并且认为，在社会主义改造完成以前和以后，都要利用商品生产来来团结几亿农民，继续发展商品生产和保持按劳分配，对于发展社会主义经济是至关重要的。③ 这一时期，刘少奇也是主张坚持实行按劳分配，反对平均主义，他认为要"在发展生产的基础上

---

① 中共中央文献研究室：《建国以来重要文献选编》，中央文献出版社1995年版，第598页。
② 王毅武：《中国社会主义经济思想史简编》，青海人民出版社1988年版，第147页。
③ 王毅武：《中国社会主义经济思想史简编》，青海人民出版社1988年版，第145页。

逐步增加个人收入，改善个人生活。"① 并一再强调"在社会主义阶段，我们的分配原则，是按劳分配，"而"不是平均主义。"② 更为可贵的是，刘少奇提出了按劳分配和两种公有制形式是商品生产存在的原因，认为"只要不取消按劳分配，商品生产就不能取消。"③ 这在当时可以说是一个极其重要的理论创建。

同时，理论界也对实行按劳分配的必然性、作用等方面展开了讨论。如有学者认为，实行按劳分配原则是客观必然的，并且对按劳分配的具体形式和工资的定义做出了阐释："按劳分配就是按照劳动者所提供的劳动的数量和质量来进行分配，多劳多得、少劳少得，复杂劳动比简单劳动多得一点报酬，有劳动能力而不劳动的不能参加分配。"④ 同时，也强调："在坚持按劳分配原则的同时，必须对劳动人民不断地进行社会主义教育，提倡共产主义劳动态度，使个人利益服从集体利益，目前利益服从长远利益。物质鼓励和政治思想教育必须相辅而行。"⑤ 还有研究者论述到社会主义的所有制就决定了按劳分配的必要性，从根本上讲，"按劳分配的必要性，是由社会主义所有制的性质决定的，而社会主义所有制的性质，则首先是由这种所有制所特有的主体的质的规定性构成的，正因为如此，按劳分配才必然是随着社会主义所有制的主体的质的规定性、从而随着社会主义所有制的性质的变化而变化的。"⑥ 等等。

此外，当时经济学界还对按劳分配与商品经济的关系这个重大理论问题进行了初步讨论，主要是围绕按劳分配与等价交换的关系展开了争论形成了几种观点。一是胡钧、郭茂生等先后在《红旗》1959 年第 12 期和《河南日报》1961 年 11 月 1 日撰文发表，声称按劳分配是等量劳动相交换，它和商品等价交换根本没有任何联系，职工用货币工资购买消费品不是商品等价交换关系。⑦ 胡钧还特别强调，虽然在全民所有制内部还存在着商品价值关

---

① 《刘少奇选集》下卷，人民出版社 1981 年版，第 200 页。
② 《刘少奇选集》下卷，人民出版社 1981 年版，第 365 页。
③ 王毅武：《中国社会主义经济思想史简编》，青海人民出版社 1988 年版，第 168 页。
④ 《建国以来按劳分配论文选》（上），上海人民出版社 1978 年版，第 2 页。
⑤ 薛暮桥：《中国社会主义经济问题研究》，人民出版社 1979 年版，第 76 页。
⑥ 《建国以来按劳分配论文选》（上），上海人民出版社 1978 年版，第 43～45 页。
⑦ 胡晓风、韩淑颖：《中国社会主义经济问题讨论纲要》，吉林人民出版社 1983 年版，第 497 页。

系，但仅仅有商品的"形式"，不是真正的商品关系。① 二是许涤新、张珂、田峰和江陵等人的意见与上述的观点针锋相对。他们认为，按劳分配是等价交换原则在分配领域里的延长。等量交换劳动实质就是等价交换，"量"如果没有"价"做标准，便无从谈起。② 许涤新明确指出："按劳分配规律是社会主义时期，价值规律在分配领域的延长，……是等价交换在分配领域的延长。"③ 田峰和江陵还在反对胡钧等人的"商品外壳论"时谈道："在胡钧同志看来，货币对全民所有制内部实现消费品分配和劳动交换来说，事实上已成为可有可无的东西，甚至可以干脆把它抽掉，……可是社会主义的现实生活，并不能为胡钧同志作证明"，"是没有办法用按劳分配关系来代替和排斥商品关系的"。④ 三是关梦觉、卫兴华和顾尚荣等人的观点基本一致，他们不同意上述两种看法。认为，对按劳分配过程中的等量劳动相交换与等价交换，既不能看做是一回事，也不能看做是互相排斥，互相并存的对立物，而是"劳动（为自己劳动部分）——货币（货币工资）"和"货币——商品"这两个既有区别又互相衔接的过程，前一过程是等量劳动相交换，后一过程是等价交换，即按劳分配过程与商品交换过程是相互区别又相互联系的。⑤

（2）经济学界仅有个别学者意识到按劳分配与商品经济之间存在内在联系，但被看成修正主义的异端思想被批判所淹没。在当时仅有个别的学者，比较锐敏地捕捉到了按劳分配与商品经济之间的内在联系，在当时的研究者中走得比较远，他们作为后来改革开放时代，"社会主义市场经济收入分配理论"的先声而出现，难能可贵；但在当时却被视为异端，当做修正主义思想被批判。像顾准发表在《经济研究》1957 年第 2 期上的《试论社会主义制度下商品生产和价值规律》一文中提出并论证了计划体制根本不可能完全消灭商品货币关系和价值规律的论断，主张社会主义条件下依靠商品经济的力量参与收入分配，并且对收入分配中利用货币、价格、经济核算

---

① 胡钧：《关于全民所有制内部商品价值形式文》，载于《红旗》1959 年第 12 期。
② 胡晓风、韩淑颖：《中国社会主义经济问题讨论纲要》，吉林人民出版社 1983 年版，第 497～498 页。
③ 《建国以来按劳分配论文选》（上），上海人民出版社 1978 年版，第 288 页。
④ 《建国以来按劳分配论文选》（上），上海人民出版社 1978 年版，第 309、313 页。
⑤ 胡晓风、韩淑颖：《中国社会主义经济问题讨论纲要》，吉林人民出版社 1983 年版，第 498～499 页。

等进行了全面的分析。他阐述道:"采取货币这个工具来分配消费品,……是领物凭证式的劳动券所不能替代的。"并且"利用货币来分配消费品,同时也就是利用货币来实行核算。因之,价值与价格在我们的日常生活中是存在的。"① 顾准虽已看到在社会主义条件下不是用直接劳动时间来为尺度来分配消费资料,而是利用货币来分配消费品,但也同时指出,"货币虽然反映了劳动时间消耗的量,虽把复杂劳动与简单劳动换算成统一的货币单位,但它确实只是相对的,而不是绝对的反映了劳动时间的消耗。"② 于是,"这样看来,利用货币工资与预先规定的价格,作为核算的工具,就采用了一个公共的价值尺度单位。这个价值尺度只能是相对的、近似的不充分反映产品的劳动消耗,……缺乏这个公共的价值尺度,这个实行广泛生产分工的社会化生产中,全核算体系是建立不起来的。"③ 这就既看到了公共价值尺度在收入分配中的关键作用,同时也留下了政府干预调节收入分配的必要空间。特别是还认识到了,"社会主义生产是价值生产,价值规律的作用也不能不影响及于经济生活的全部过程。"④ 这不仅突破了斯大林"价值规律局限论"的羁绊,而且还进一步指出,"价值规律制约着经济计划,因此,社会主义必须自觉地运用价值规律,经济核算是运用价值规律的基本形式之一。"⑤ 在解释这个观点的客观依据时,也联系到了收入问题,即"全部国民收入,除劳动者当年新加到生产资料中的价值而外,没有其他来源。因此任何一个细小的、无益的生产中的劳动虚耗,都不免要减低国民收入的量。"这些论述,在当时已经是相当的超前了,需要作者有极大的理论勇气和理论睿智。这在于作者坚持了实事求是,与时俱进的理论学风,顾准自己也提出,通过分配方法和核算方法的分析可以看到,社会主义经过几十年发展已经形成体系,"这个体系的全部细节是马克思、恩格斯所没有全部预见,也不可能预见的。""这是不足为怪的。我们不能要求马克思主义的奠基人,把社会主义的一切问题都给我们解决得那么妥善,只要我们去引证现成的结论就行了。"⑥ 所以,马克思主义理论的生命力就在于根据实际情况的变化不断地

---

① 《顾准文集》,贵州人民出版社1994年版,第15、16页。
② 《顾准文集》,贵州人民出版社1994年版,第17页。
③ 《顾准文集》,贵州人民出版社1994年版,第19页。
④ 《顾准文集》,贵州人民出版社1994年版,第44页。
⑤ 《顾准文集》,贵州人民出版社1994年版,第45页。
⑥ 《顾准文集》,贵州人民出版社1994年版,第20~21、39~40页。

创新发展。

20 世纪 50 年代中后期，我国著名经济学家、人口学家马寅初先生提出了"新人口论"①主张控制人口增长，实行计划生育，引起学术争论，后演变为政治批判，马寅初被斥责为中国的"马尔萨斯主义者"，直到粉碎"四人帮"才予以平反正名。表面上看马寅初分析的是人口问题，其实在他分析中，收入分配是一个重要参考变量。在分析控制人口必要性时，从积累与消费比例分配的角度至少有两点与居民收入变动相关。一是"要改善人民的生活，一定要扩大生产和再生产；要扩大生产和再生产，一定要增加积累；要增加积累，一定要增加国民收入。"但是"因人口大，所以消费大，积累小，而这点积累又要分摊在这许多部门之中，觉得更小了。我要研究的是如何把人口控制起来，使消费的比例降低，同时就可以把资金多积累一些。"②这是从国民收入增加的情况下，控制人口增长，可实现适当降低消费比例，增加积累，但从长远看还是会提高居民收入水平，改善人民生活。二是"我们的国民收入只有这一点，分为积累和消费两部分。积累多了消费就少了，对于人民的生活，难免照顾得不够。反之，消费多了，积累就少了，就必然推迟工业化的完成，故二者之间必须求得一个平衡。至于如何平衡，要看实际情况。"③这是从国民收入既定的情况下，分析积累与消费的反比例运动如何在实践中寻求二者之间的平衡。而积累与消费这一基本的比例变化，又会与人口数量与人均收入的反比例变化发生密切的关系。这一点早已为 20 世纪上半期的人口学家所揭示，马寅初的分析见解表明，即使在生产资料公有制的条件下，这一规律仍然存在，不仅如此，他还提出，特别在农村，如果任由人口增长，又要减少消费，农民的收入得不到与城市同步的提高，还会引发农民与政府的矛盾，当时指出这一点也是需要理论

---

① 1954 年和 1955 年，马寅初先后三次视察浙江省，对农村人口增长和粮食生产发展情况进行调查研究，写成题为"控制人口与科学研究"的发言稿，打算提交给 1955 年全国人民代表大会发言，提交前先在浙江小组进行讨论，小组会上大多数代表不同意其看法，马寅初认为是善意的批评，故将发言稿收回，静等时机成熟再提出。1957 年 2 月，马寅初在最高国务会议上畅谈了关于我国人口问题；同年 5 月 9 日在《大公报》上发表了"我国人口问题与发展生产力的关系"一文；同年 6 月在全国一届人大第四次会议上，他又系统地阐述了他对人口问题的主张，7 月 5 日《人民日报》以人大代表书面发言的形式全文发表，这就是马寅初的"新人口论"（参见马寅初：《新人口论》，北京出版社 1979 年版，第 4～5、75～76 页。）

② 马寅初：《新人口论》，北京出版社 1979 年版，第 4 页。

③ 马寅初：《新人口论》，北京出版社 1979 年版，第 11 页。

勇气的。①

其他经济学家还提出了，要以个人使用价值（或个人需要的满足）作为衡量社会经济效益的基础，"劳动由于它在社会主义制度下具有直接的社会性，直接表现为一般等价物的货币，同作为商品的消费品进行交换"②，主张以生产力为标准确立收入分配方式，并提出按劳分配不是分配个人消费品的唯一原则。③ 同时认为，在按劳分配原则起主要作用的情况下，也应该承认其他分配原则也在发生作用。并列举了社会福利和社会救济中的再分配，对当时民族资本家财产的赎买，小私有生产者的私有财产性收入以及对资产阶级高级知识分子在经济上的特别照顾等这些都不是按劳分配，而是其他分配方式。④ 这些论述应该说是当前理论界关于"按劳分配为主体，多种分配方式并存"提法的最早探索。

综上所述，当时阐述按劳分配的主流思想，强调了与社会主义公有制经济相一致的按劳分配是社会主义收入分配中的基本原则，反对平均主义，必须坚持贯彻按劳分配。但其主要论述囿于高度集中的计划经济体制，按劳分配受计划经济规律的制约，实际上论证的是"产品经济型"的按劳分配，其间虽有将按劳分配与商品生产联系起来的看法，但既未有深入系统的研究，更不可能上升为国家战略和政策层面加以实施。至于超前认识到几十年后建立社会主义市场经济体制下按劳分配与市场经济关系的思想萌芽，在当时由于缺乏此思想成长的社会经济土壤，只能是昙花一现，但留给后人对此继续研究的深刻启发。

2. "左倾"思潮影响下按劳分配讨论的第一次曲折

（1） "左倾"思潮的泛起，掀起了对按劳分配原则及其实现形式肯定与否的争论。1958年初，掀起了"大跃进"和"人民公社化"运动，大刮高指标、瞎指挥的"浮夸风"和"一平二调"的"共产风"为标志的

---

① 钟祥财：《中国收入分配思想史》，上海社会科学院出版社2005年版，第272页。
② 于光远：《关于社会主义制度下商品生产问题的讨论》，载于《经济研究》1959年第7期，第19~51页。
③ 于光远：《谈谈社会主义公有制和按劳分配问题》，人民出版社1978年版，第37页，转引自经济研究、经济学动态编辑部：《建国以来政治经济学问题争论》，中国财政经济出版社1981年版，第320页。
④ 于光远：《再来谈谈按劳分配问题·于光远经济学文选》，西蒙与舒特国际出版公司2001年版，第10页，转引自钟祥财：《中国收入分配思想史》，上海社会科学院出版社2005年版，第265页。

"左倾"思潮严重地泛滥开来。这一阶段,在全国农村基本上普遍实现了人民公社化,它的特点就是所谓的"一大二公"①,造成了严重的平均主义。同时,在城市也取消了计件工资和奖金,有的地区还准备取消工资制,实行供给制。这些情况,反映在理论上则出现了一系列否定按劳分配原则的声音,引起了要不要坚持按劳分配,以及如何贯彻按劳分配的一系列争论。②

1958年9月张春桥在《解放》杂志第6期发表了《破除资产阶级法权思想》的文章,其中提到,按劳分配是"资产阶级法权",③而资产阶级法权的核心是等级制度,贯彻按劳分配,实行工资制,就是扩大了资产阶级法权,形成了等级制度,"不是刺激人们生产的积极性,而是刺激了争名于朝,争利于市的积极性。"④ 因此,工资制是错误的,要恢复革命战争年代的供给制。加上陈伯达也跳出来有意煽动"共产风",在这种"左倾"思潮影响下,对按劳分配出现了许多争论。

第一,关于按劳分配是否具有客观规律性的争论。在前一个阶段,这个问题是具有普遍共识的,即在社会主义条件下,按劳分配是一个客观规律。然而在"左倾"思潮的影响下,一些人,怀疑了按劳分配的必然性和规律性,有人认为,社会主义阶段没有实行按劳分配的客观必然性,"在社会主义革命胜利以后,这个'按劳取酬'的口号,也仅仅是为了对付懒汉、怠工者、过去的剥削者。"⑤ 还有人提到:"大跃进后人民公社已经形成的情况下,按劳取酬的分配原则,必须由共产主义的分配原则——供给制代替,这是符合社会发展规律的。"⑥ 但也有人反对上述观点,认为在新中国成立后一定历史时期内,贯彻按劳分配原则,把供给制

---

① "大"就是指将原来的一二百户的合作社合并为四五千户以致一二万户的人民公社;"公"是指公有化程度高于高级社,在公社范围内实行统一劳动、统一分配,一部分采用工资形式,另一部分按人均供给,许多公社大办公共食堂、吃饭不要钱
② 经济研究、经济学动态编辑部:《建国以来政治经济学重要问题争论》,中国财政经济出版社1981年版,第308页。
③ "资产阶级法权"后来译为"资产阶级权利"。
④ 经济研究、经济学动态编辑部:《建国以来政治经济学重要问题争论》,中国财政经济出版社1981年版,第332页。
⑤ 俞文伯和安烈鹰:《革命队伍中改行"工资制"是倒退》,载于《安徽日报》1958年10月27日,转引自经济研究、经济学动态编辑部:《建国以来政治经济学重要问题争论》,中国财政经济出版社1981年版,第309页。
⑥ 侯春芳:《法权不能超过经济制度》,载于《吉林日报》,1958年11月17日,转引自胡晓风、韩淑颖:《中国社会主义经济问题讨论纲要》,吉林人民出版社1983年版,第490页。

改为工资制是势在必行，它具有不可避免的客观必然性。① 在1959年初以后，理论界逐渐取得了比较一致的意见，仍然承认实行按劳分配具有必然性。

第二，按劳分配具不具有资产阶级法权的性质？有人提出按劳分配具有或者就是资产阶级法权性质，认为："按劳分配的方法贯彻了资产阶级法权的平等原则，因此，我们说这种分配原则是资产阶级法权。"② 也有人着重依据按劳分配原则针对分配领域中存在着等价交换原则，说明它虽然是社会主义原则但也具有资产阶级法权的性质。③ 还有人对按劳分配存在资产阶级法权的原因，做了具体的分析，一是社会主义分配领域中还通行着资本主义的商品等价交换原则；二是按劳分配的平等权利只是形式平等而事实上不平等；三是资本主义残余因素的影响。④

第三，关于如何计算按劳分配的劳动量问题的讨论。这是围绕按劳分配中劳动数量和质量，亦即衡量"劳"的标准的讨论。讨论主要从两个角度展开，一是从劳动的自然形态来考察，包括潜在劳动形态、流动劳动形态、凝结形态或物化形态劳动的讨论；二是从劳动的社会性质来考察，包括"劳"是社会必要劳动、"劳"是个别劳动支出、"劳"是社会平均劳动的讨论等等。⑤

第四，劳动报酬形式问题，主要关于供给制好还是工资制好的争论。开始赞成供给制的观点比较多。有人主张应该取消计件工资制、奖金制，应该实行供给制和取消农村评工计分制。比如，有人认为，新中国成立后实行按劳分配的工资制是错误的，应该继续实行"带有共产主义因素的供给制"。⑥

---

① 《人民日报》1958年10月17日、11月22日、11月28日发表的刘艺、彭海、贺天中等的文章。

② 郑季翘：《再谈消除资产阶级法权》，载于《人民日报》，1959年1月27日，转引自胡晓风、韩淑颖：《中国社会主义经济问题讨论纲要》，吉林人民出版社1983年版，第492页。

③ 吴敬琏：《按劳分配的平等权利不具有资产阶级法权的属性吗？》，载于《经济研究》1963年第12期，转引自胡晓风、韩淑颖：《中国社会主义经济问题讨论纲要》，吉林人民出版社1983年版，第493页。

④ 漆琪生：《关于按劳分配原则的几个问题》，载于《新建设》1964年第8期，转引自胡晓风、韩淑颖：《中国社会主义经济问题讨论纲要》，吉林人民出版社1983年版，第493页。

⑤ 经济研究、经济学动态编辑部：《建国以来政治经济学重要问题争论》，中国财政经济出版社1981年版，第324～328页。

⑥ 任仲平：《不要让前人的理论束缚住后人的手脚》，载于《人民日报》1958年10月27日，转引自胡晓风、韩淑颖：《中国社会主义经济问题讨论纲要》，吉林人民出版社1983年版，第489页。

并且他们认为，把原来实行的"供给制改工资制是一种倒退"，①"供给制改为工资制，不仅对革命干部害多利少，更严重是增加了改造社会、扫除种种资产阶级法权残余的困难。"② 与此相反，也有反对意见，认为把原来的供给制改为工资制"不是倒退，而是前进"③"工资制好处大"④"工资制在新中国成立后势在必行"⑤ 等。在 1960 年开始，意见初步趋于统一在社会主义阶段唯一可行的是按劳分配的工资制的观点。而后开展了关于该不该采用计件工资以及其作用的讨论。

第五，按劳分配与政治挂帅的关系。普遍认为按劳分配与政治挂帅是相辅相成紧密结合的关系，但对按劳分配与政治挂帅又有各自强调的方面不同，对什么是政治挂帅以及怎样挂法却有不同理解。这些问题的讨论，有许多是以马列主义为指导，也有以我国经济实践出发提出来的正确的有益的观点，这不仅从一定程度上抵制了"左倾"思潮，也维护了按劳分配原则。⑥

（2）纠正"左倾"思潮，理论界针对按劳分配问题的讨论回归正常状态。实践证明了，"大跃进"和"人民公社化"运动是违反客观规律的。1958 年 11 月郑州会议到 1959 年 7 月庐山会议前期，中共中央召开了两次郑州会议、武昌会议和中共八届六中全会、上海会议和中共八届七中全会等一系列会议，对前一阶段"大跃进""人民公社化"中的"左倾"错误进行了初步的纠正，一开始这种纠正只限于具体工作。⑦ 但到 1958 年 12 月 10 日在中共八届六中全会上，通过的由毛泽东主持起草的《关于人民公社若干问题的决议》从政治路线上纠正了大刮"共产风"的"左倾"思潮，承

---

① 王茂湘：《供给制改工资制是一种倒退》，载于《人民日报》1958 年 10 月 18 日，转引自胡晓风、韩淑颖：《中国社会主义经济问题讨论纲要》，吉林人民出版社 1983 年版，第 499 页。
② 《改工资制是一个历史教训》，载于《人民日报》1958 年 10 月 27 日，转引自经济研究、经济学动态编辑部：《建国以来政治经济学重要问题争论》，中国财政经济出版社 1981 年版，第 333 页。
③ 何培煌：《不是倒退，而是前进》，载于《人民日报》1958 年 10 月 27 日，转引自胡晓风、韩淑颖：《中国社会主义经济问题讨论纲要》，吉林人民出版社 1983 年版，第 499 页。
④ 方偟：《工资制好处大》，载于《人民日报》1958 年 10 月 11 日，转引自胡晓风、韩淑颖：《中国社会主义经济问题讨论纲要》，吉林人民出版社 1983 年版，第 499 页。
⑤ 刘艺：《工资制在解放后势在必行》，载于《人民日报》1958 年 10 月 17 日，转引自胡晓风、韩淑颖：《中国社会主义经济问题讨论纲要》，吉林人民出版社 1983 年版，第 499 页。
⑥ 胡晓风、韩淑颖：《中国社会主义经济问题讨论纲要》，吉林人民出版社 1983 年版，第 503～505 页。
⑦ 赵凌云：《中国共产党经济工作史（1921～2011）》，中国财政经济出版社 2011 年版，第 273～316 页。

认社会主义还存在商品经济，由社会主义发展到共产主义要经历很长的历史时期。因此，随着《关于人民公社若干问题的决议》的出台，肯定了社会主义阶段实行按劳分配原则的必要性，随即停止了供给制的讨论，理论界针对按劳分配问题的讨论回归正常状态，以 1959 年 4 月，在上海举行的以商品生产、价值规律问题和计件工资问题为内容的全国理论讨论会为标志，按劳分配的讨论又进入了一个新高潮。在这一阶段讨论的内容比较广泛，它的基调是从社会主义实行按劳分配的客观必然性出发，批驳了尽快取消按劳分配的观点，论证了按劳分配的性质和作用，以及探索了按劳分配的实现、按劳分配的相对稳定性等问题。几乎所有前一阶段讨论的问题，在这一阶段都重新讨论，并逐步深入。讨论中明显地否定按劳分配的言论不见了，但不足之处在于许多观点的论证，是以教条主义的引证经典著作为主，忽视了对现实生活的分析，背离了理论联系实际的学风；并且对按劳分配体现的资产阶级权利要不要限制的问题，直到 20 世纪 60 年代初期仍在争论，说明两种分配原则的争论并没有停止。[①] 这为 1966 年文化大革命爆发后，"四人帮"通过批判资产阶级权利，否定按劳分配埋下了伏笔。

3．"极左"思想干扰下按劳分配讨论的第二次曲折

（1）"文化大革命"运动的爆发，对按劳分配中"资产阶级权利"的再度批判。1966 年 5 月到 1976 年 10 月的"文化大革命"是由毛泽东发动和领导的政治运动。[②] 由于领导者对我国阶级形势以及党和国家政治状况的错误估计，并被"四人帮"集团所利用，给党、国家和各族人民带来严重灾难的内乱，使党、国家和人民遭到新中国成立以来最严重的挫折和损失。[③] 在这次运动中出现的"党内存在走资本主义道路当权派""以阶级斗争为纲""无产阶级专政下继续革命"等"极左"思想影响下按劳分配遭受到严重歪曲和否定。

"文革"十年期间，按劳分配再遭否定，与当时批判"资产阶级权利"

---

① 经济研究编辑部编：《中国社会主义经济理论的回顾与展望》，经济日报出版社 1986 年版，第 378 页。
② 中共中央文献研究室：《关于建国以来党的若干历史问题的决议注释本》，人民出版社 1983 年版，第 27 页。
③ 中共中央文献研究室：《关于建国以来党的若干历史问题的决议注释本》，人民出版社 1983 年版，第 27、30 页。

直接相关。为什么会出现这种批判呢？先要理解经典作家使用"资产阶级权利"这个概念的原意。如前所述，马克思在《哥达纲领批判》中，分析按劳分配的不同形式的等量劳动相交换的原则中还存在"资产阶级权利"时，这是在抽象层次使用的这个概念。它既撇开了社会主义按劳分配同资本主义商品交换各不相同的特殊性质，也撇开了它们各自从属的不同生产关系。如果要"资产阶级权利"这个抽象概念来分析按劳分配时，就必须重新回到社会主义生产关系的基础上来。只有这样，才能分清社会主义按劳分配同资本主义商品交换的本质区别。马克思使用"资产阶级权利"这个概念，既没有否认按劳分配的社会主义性质，也没有把社会主义按劳分配同资本主义商品交换混为一谈。[1] 并且马克思在使用"资产阶级权利"这个概念时，既包含不同形式的等量劳动相交换在形式上的平等，也包含不同形式的等量劳动相交换存在事实上的不平等。马克思着重考察了按劳分配中"资产阶级权利"在形式上平等的意义。后来，列宁在《国家与革命》一书中，对于"资产阶级权利"概念的理解上开始发生了变化。他着重强调了"资产阶级权利"所体现的事实上不平等的含义，并且将这个概念同国家问题联系在一起，提出了社会主义国家是"没有资产阶级的资产阶级国家"的论断，使"资产阶级权利"这个本来从纯经济意义提出的概念，具有了政治色彩，这样泛用"资产阶级权利"的结果，使这个在马克思那里原本有确定含义的概念变为不确定、不清晰，从而使本来就比较复杂的理论问题变得更加费解。[2] 这个变化的情况对毛泽东使用"资产阶级权利"概念产生了较大的影响，也带给他了若干误解，[3] 使他对"资产阶级权利"的理解离开了马克思的原意的客观性，而将其变为可以任意取舍的主观价值判断和经济上推行一系列政策措施以及政治上发动"文化大革命"的一个思想的、理论的根据。

毛泽东谈论"资产阶级权利"始于1958年"大跃进"和"人民公社化运动"兴起之时。他当时列举过"资产阶级权利"在现实生活中的种种表

---

[1] 中共中央文献研究室：《关于建国以来党的若干历史问题的决议注释本》，人民出版社1983年版，第428页。
[2] 中共中央文献研究室：《关于建国以来党的若干历史问题的决议注释本》，人民出版社1983年版，第428～430页。
[3] 中共中央文献研究室：《关于建国以来党的若干历史问题的决议注释本》，人民出版社1983年版，第430～435页。

现，除了薪金制、工资等级制、计件工资等分配形式上的表现外，还涉及人与人之间关系上的表现，如等级森严、居高临下、脱离群众、以不平等态度待人乃至"三风五气""猫鼠关系"、老爷态度、官僚主义、军衔制等都说成是"资产阶级权利"，于是产生了要破除"资产阶级权利"，采用"供给制"的意向。后来出于实际的考虑，对"资产阶级权利"区分了有用的和无用的，采取部分保护和部分破除的态度。但到了"文革"期间他又再度提出批判"资产阶级权利"，认为八级工资制，按劳分配，等价交换跟旧社会差不多；并且提出在大多数工厂基层的管理中领导人（当时叫"走资派"）大搞物质刺激，利润挂帅，奖金挂帅等是修正主义路线，同时对工人阶级施加管、卡、扣、罚等不合理的管理制度，这些被上升到"所有制没有解决"的根本问题。解决这个根本问题，则有发动"文化大革命"的必要了。这里虽然没有直接使用"资产阶级权利"一词，但"资产阶级权利"已被视为所论及问题的重要内容了，并且还把对"资产阶级权利"的态度，看成区别马克思主义还是修正主义，划分是不是"走资派"的一个标志。直到1975年初，毛泽东发表关于理论问题指示的主要内容中，仍然提出了要批判"资产阶级权利"。因此，"文革"期间，掀起了对"资产阶级权利"批判高潮。

（2）"四人帮"宣扬"极左思潮"，否定按劳分配原则。"文革"十年间，"四人帮"正是利用了毛泽东对"资产阶级权利"的误解，大肆制造舆论，大力传播"极左"观点，对按劳分配进行攻击和诬蔑，集中起来讲就是，全盘否定按劳分配的社会主义性质，将按劳分配等同于资本主义的分配制度，说成是产生资本主义的土壤和条件，是"资本主义因素"，是"产生资本主义和资产阶级的经济基础和条件"，是"生产力发展的障碍"等。并且歪曲按劳分配会造成劳动报酬的差别，要直接导致"贫富悬殊、两极分化"，导致一部分社会成员"无偿地侵占另一部分社会成员的劳动"，"资本主义和资产阶级就会很快地产生出来"。[①] 姚文元就曾说："按劳分配会产生把商品和货币转化为资本和把劳动力当做商品的资本主义剥削行为。"[②] 王

---

① 上海市劳动局办公室资料组编：《建国以来按劳分配论文选》，上海人民出版社1978年版，第676~691页。
② 上海市劳动局办公室资料组编：《建国以来按劳分配论文选》，上海人民出版社1978年版，第723页。

洪文在 1974 年的一次讲话中也提到："从内容上看，八级工资制、按劳分配、货币交换，这些资本主义社会存在，社会主义也有。"① 他们更是通过原上海市委组织编写的《社会主义政治经济学》来推行自己的"极左"观点，其中声称：社会主义制度下的"工资范畴及其具体形式，不论是计时工资还是计件工资，都是资本主义社会留下来的"，奖金"更没有跳出'做事为了拿钱'这个资产阶级框框，因此搞奖金必然使企业滑向修正主义邪路。"② 这样，将按劳分配的实现形式计件工资和奖金当做修正主义的物质刺激来否定。最终，在经济生活中，导致了平均主义的泛滥。

上述分析可见，改革开放前按劳分配理论的讨论遭遇了两次曲折，尤其"文化大革命"期间，出现了否定按劳分配的高潮。"文革"十年中，由于"极左"思想的干扰和破坏，正常的学术讨论被打断，在报纸杂志和政治经济学的书籍中大量充斥着"四人帮"歪曲、诋毁、否定按劳分配的谬论。这一时期的收入分配理论不仅没有任何创新、发展，反而在许多思想认识上出现了与之前相比的倒退与荒谬。因此，1978 年改革开放伊始，理论界就面临拨乱反正，必须对"文革"中的错误观点进行批判肃清，才能还其按劳分配的本来面目，才能开启改革开放新时代马克思收入分配理论在中国的突破创新，特别是新中国成立初期，"小荷才露尖尖角"的那些所谓"异端"收入分配思想在中国改革开放的深厚土壤中才会获得茁壮成长。

**（二）高度集中计划经济体制下"产品经济型"按劳分配理论探索的经验总结**

回顾"大跃进""人民公社化"运动和"文化大革命"曲折发展的 20 年，受到"左倾"思想的严重影响，对于按劳分配的争论一直没有停歇，甚至出现了倒退。尤其是在"文革"十年间，"四人帮"打着批判"资产阶级法权"的旗号，否定按劳分配的客观性，抛开中国的具体实践，片面错误地解读了马克思主义收入分配理论，并一再造成平均主义的横行，广大劳

---

① 经济研究、经济学动态编辑部：《建国以来政治经济学重要问题争论》，中国财政经济出版社 1981 年版，第 146 页。
② 上海市劳动局办公室资料组编：《建国以来按劳分配论文选》，上海人民出版社 1978 年版，第 755、764 页。

动者的积极性受到严重挫伤。总的来讲，这一时期实行的按劳分配是计划经济体制下的产物，即"产品经济型"按劳分配，其理论探索的经验归纳主要有以下几个方面。

首先，"产品经济型"按劳分配理论的探索在一定程度上偏离了实际，但并未脱离马克思分配理论的指导。在计划经济体制下，中国的"产品经济型"按劳分配实现模式，仍然是依据马克思、恩格斯、列宁等人关于社会主义个人消费品分配制度的思想建立起来的。并且毛泽东开始也认为，资本主义和共产主义之间的社会主义阶段是一个短暂的革命转变时期，直到晚年才承认这是一个很长的历史阶段。因此，在普遍认为社会主义是"短暂"时期的前提下，按需分配就必须提上日程，这也为否定按劳分配提供了理论依据，但这是脱离了中国的实际，酿成了"跑步进入共产主义"大刮"共产风"的错误行为。

其次，高度集中的计划经济体制对"产品经济型"按劳分配理论的探索产生了很大的影响，在分配原则、分配方式、分配机制的研究上都打上了鲜明的计划经济体制烙印。当时的理论上普遍认为，按劳分配原则必须受到有计划按比例发展规律的制约，在城市企业职工收入分配的具体形式工资、奖金和津贴是由国家计划管理执行，分配机制更多接受国家指令计划机制的作用，企业没有自主的分配权。有的时期随着工人在收入分配方式中的计件工资、技术考核等被取消，计划经济体制下单一的收入分配方式，使得社会生产呈现低效率，职工工资水平增长水平缓慢。而农村人民公社体制下，实行的"工分制"，忽略了每个劳动力的"差别"，因此这种城乡劳动者收入上的单一分配方式严重影响了工人和农民生产的积极性。特别是"文革"后期大批按劳分配中的资产阶级权利，理论上提出否定货币交换、按劳分配、工资制度，造成企业吃国家"大锅饭"职工端企业"铁饭碗"的劳动分配制度和农村按工计分"大胡噜式"的平均分配方式，这表现出了明显的计划经济体制特征，也造成了当时生产力水平的落后和低效。

再次，在生产力水平低下的阶段，"产品经济型"按劳分配理论的探索始终没有找到排除平均主义，提高分配效率的有效途径，理论的指导作用大打折扣。如从农业生产自身的特点来看，人民公社中每一个社员付出的劳动和生产的农产品之间是很难加以计量的。在当时生产力水平低、消费资料短缺的条件下，实行按人头分配的低水平平均主义分配方式，虽然保证了当时生产条件下劳动力的基本再生产,在一定程度上为我国工业的发展提供了支持,但国家在制定价格政策时,又极力压低农产品收购价格,保持较高的农村工业品零售价格,利用工农产品价格"剪刀差",把大量农村经济剩余无偿转移给城市工业部门,致使农民收入长期处于极低水平,农村居民生活长期得不到改善,在实践中造成了严重的后果。

最后,思想政治路线上的"左倾"错误给"产品经济型"按劳分配理论的探索带来了相当的障碍,发生了两次曲折,甚至倒退。国内有学者就曾批评道:"片面地强调政治挂帅而忽略群众的物质利益,也会影响群众的积极性。"① 按劳分配理论这一阶段的曲折探索,给了中国一个深刻的教训,使大家意识到,要保持理论指导的正确,必须从中国的实际出发,以实践作为检验真理的唯一标准,要建设具有中国特色的社会主义,就必须贯彻实事求是的思想,这也为后来"解放思想、实事求是"的正确道路作了前车之鉴,以此伴随计划经济体制的改革,开启了马克思收入分配理论在中国突破的新时代。

### 三、改革开放以后中国的收入分配理论

#### (一) 有计划商品经济探索时期的收入分配理论

马克思收入分配理论在中国的发展以1978年中国共产党的十一届三中全会的召开为标志,进入了一个前所未有的新阶段。这次会议彻底否定了"以阶级斗争为纲"的政治路线,结束十年动乱,作出把党和国家的工作重心转移到经济建设上来的路线方针和战略部署,重新确立解放思想、实事求是的思想路线,纠正了"两个凡是"的错误方针,确立实行改革开放的伟大决策。这一阶段开始的生产资料所有制结构改革、农村经济体制改革、城市经济体制改革以及商品经济的发展都将对按劳分配理论的创新探索产生重要影响。

从改革开放到中共十四大召开之前,这一时期中国特色社会主义经济理

---

① 沈志远:《关于按劳分配的几个问题》,载于《文汇报》1962年8月30日,转引自钟祥财:《中国收入分配思想史》,上海社会科学院出版社2005年版,第267页。

论的重大构建主要融汇体现在两个方面:一是"社会主义有计划商品经济"的经济体制改革目标模式理论;二是社会主义初级阶段理论,这是深入进行收入分配体制改革的理论依据;同时,也促使我国按劳分配的学术讨论呈现出新中国成立以来少有的生机勃勃、百花齐放的状态。在1977~1978年,国家计委经济研究所、社科院经济研究所等几个单位在经济学界发起了关于按劳分配理论的四次全国性研讨会,冲破了"四人帮"造成的万马齐喑的沉闷局面。这一阶段按劳分配的理论进展主要在两个方面:一方面批判"四人帮"否定按劳分配的种种谬论,拨乱反正,回归马克思收入分配理论的本来面目;另一方面继续深入探讨按劳分配的社会主义本质特征,肯定按劳分配的作用,根据改革中所有制结构的调整研究分配形式的变化,并且将收入分配理论研究与经济政策紧密联系,从收入分配的宏观政策调整与改革的角度对"先富与后富"的关系进行了探讨,特别重要的是把社会主义商品经济与按劳分配结合起来研究了劳动报酬与企业经营成果的相互关系,为社会主义市场经济收入分配理论的研究做出了铺垫。

1. 理论上的拨乱反正,批驳批判"四人帮"否定按劳分配的种种谬论

改革开放初期,理论界必须肃清"四人帮"否定歪曲按劳分配的种种奇谈怪论。邓小平明确指出:"我们一定要坚持按劳分配的社会主义原则。按劳分配就是按劳动的数量和质量进行分配。根据这个原则,评定职工工资级别时,主要是看他的劳动好坏、技术高低、贡献大小。"[1] 国内学者也发表了大量批判"四人帮"在按劳分配方面散布谬论的文章,有学者撰文论证,按劳分配不但不产生资本主义和资产阶级,而且是最终消灭资本主义和资产阶级的必由之路;驳斥"四人帮"鼓吹的"按劳分配是产生新生资产阶级分子的经济基础或条件"的谬论。[2] 也有研究者提到,在讨论按劳分配是不是产生资产阶级分子的问题之前,首先要把被"四人帮"颠倒的理论是非还原过来。[3] 还有学者谈道:"'四人帮'根本否定一切物质利益,表现了旧中国大地主和官僚资产阶级经济理论的特色。"[4] 并且在工资问题上还

---

[1] 《邓小平文选》第二卷,人民出版社1993年版,第101页。
[2] 于光远:《政治经济学社会主义部分探索(二)》,人民出版社1981年版,第108~121页。
[3] 黄黎:《为"按劳分配"正名——1977~1978年的按劳分配理论讨论会始末》,载于《党史博采:纪实版》2008年第5期,第19~22页。
[4] 吴敬琏:《论"四人帮"经济思想的封建性.吴敬琏选集》,山西经济出版社1989年版,第77、78页,转引自钟祥财:《中国收入分配思想史》,上海社会科学院出版社2005年版,第288页。

批判在"四人帮"错误思潮横行时,宣扬"贯彻按劳分配原则就是搞所谓物质刺激,搞所谓物质刺激就是搞修正主义的荒谬公式,成了劳动工资工作者头上的紧箍咒",极大地伤害了人民群众进行劳动、学习的积极性,严重阻碍了生产力的发展。① 其他一些研究者也对姚文元等人所说的按劳分配是资产阶级法权的理论进行了驳斥,并且明确指出按劳分配是社会主义的分配原则。② 通过国内经济学界对"四人帮"强加给按劳分配的种种错误言论的批驳和澄清,"文革"十年期间按劳分配理论研究上的迷失和混乱终得基本的纠正,按劳分配理论研究开始进入了一个前所未有的理论创新时期。

2. 按劳分配理论研究随着改革中所有制结构多元化和发展社会主义商品经济的理论与实践的推进,出现了创新突破的初步展现

(1) 提出"以按劳分配为主体,其他分配方式为补充"的论断,开展"先富与共富"的讨论。这一阶段,适应改革发展的需要,我国所有制理论取得重大进展。突破了单一公有制经济特别是单一国有化的观念,提出了社会主义公有制为主体,全民所有制经济占主导的前提下发展多种经济成分的论断,与此相应社会主义分配方式多元化、收入分配"先富与后富"的讨论热烈起来。1987年召开的中共十三大报告中指出,社会主义初级阶段的分配方式不可能是单一的。我们必须坚持的原则是,以按劳分配为主体,其他分配方式为补充,在共同富裕的目标下,鼓励一部分人通过诚实劳动和合法经营先富起来。这是首次突破了"产品经济型"的按劳分配理论认为按劳分配是社会主义唯一分配方式的观念。经济理论界为之进行了深入的讨论,达成了一定的共识认为"在社会主义初级阶段存在着生产资料公有制为主体的多种所有制并存,按劳分配只能是公有制经济内部分配个人消费品的原则,而不是全社会个人收入的唯一原则。"③ 并且普遍认为,社会主义初级阶段的分配领域实行按劳分配为主体,其他分配方式为补充,这是由现阶段生产力发展水平、公有制为主体多种经济成分并存、商品经济的内在要

---

① 吴敬琏、周叔莲、汪海波:《驳"四人帮"对社会主义工资制度的污蔑》,广东人民出版社1978年版,第6页,钟祥财:《中国收入分配思想史》,上海社会科学院出版社2005年版,第289页。
② 黄黎:《为"按劳分配"正名——1977~1978年的按劳分配理论讨论会始末》,载于《党史博采:纪实版》2008年第5期,第19~22页。
③ 王启荣、王广礼、方涛:《中国社会主义经济学理论》,华中师范大学出版社1987年版,第207、208页。

求等共同决定的。也就是说,在坚持个人消费品按劳分配的主体方式前提下,个人收入还有必要采取其他分配方式,这些方式包括:一是按个体劳动分配;二是按经营分配;三是按资金分配;四是按资本分配;五是按劳动力价值分配;等等。① 后来,"实践证明,坚持按劳分配为主体,多种分配方式并存的分配制度,有利于让一切劳动、知识、技术、管理和资本的活力竞相迸发,有利于让一切创社会造财富的源泉充分涌流,有利于维护广大群众的切身利益和调动他们的创造积极性。"② 通过这样的学术探讨,最终形成了国家的收入分配政策的基本思路和指导方针,尤其是"让一部分人、一部分地区先富起来,带动共同富裕"的基本政策。对于这个基本政策邓小平的论述奠定了理论基础,他深刻指出:"我的一贯主张是,让一部分人、一部分地区先富起来,大原则是共同富裕。一部分地区发展快一点,带动大部分地区,这是加速发展,达到共同富裕的捷径。""社会主义的本质,是解放生产力,发展生产力,消灭剥削,消除两极分化,最终达到共同富裕。"③ 这是第一次将共同富裕与解放、发展生产力,消灭剥削,消除两极分化联系起来完整地概括了社会主义本质,并明确了实现共同富裕的途径。随之,理论界对先富与共富的相互关系,先富的衡量标准,共富的内涵、原则与目标以及既要反对平均主义,又要防止两极分化展开深入的讨论,推动着收入分配体制的改革向纵深发展。

(2) 关于按劳分配与物质利益关系、工资改革的讨论和家庭联产承包计酬收益的争论。这一阶段,经济理论界还对打破平均主义,正确看待按劳分配与物质利益关系,以及对企业劳动报酬形式的工资制度改革、农业劳动计酬形式的农村家庭联产计酬制改革进行了探讨。有经济学家认为,按劳分配与物质刺激是既有联系、交叉而又有区别的两个概念,把一切有关物质利益的东西都加到按劳分配上是错误的,对物质利益问题讲都不准讲也是错误的。④ 并且还论述了社会主义工资的具体形式,肯定了计件工资和计时工资都是社会主义劳动报酬的一种。有研究者在《贯彻执行按劳分配的社会主

---

① 王珏:《社会主义政治经济学四十年》第4卷,中国经济出版社1991年版,第394~398页。
② 马克思主义政治经济学概论编写组:《马克思主义政治经济学概论》,人民出版社2011年版,第314页。
③ 《邓小平文选》第三卷,人民出版社1993年版,第166、373页。
④ 四次会议纪要汇:《1977~1978年按劳分配理论讨论会四次会议纪要汇编》,中国财政经济出版社1979年版,第2页。

义原则》一文中指出,"按劳分配是社会主义公有制的产物,又是社会主义公有制的实现。"并且说明了"计时工资、计件工资和奖金,都是承认劳动者之间在劳动报酬上的必要差别。"明确指出"平均主义是小生产的产物,是小资产阶级的空想社会主义思想。"① 邓小平对该文章给予了高度评价和充分肯定,并对文章的修改提出了重要的指导性意见。这使得按劳分配的名誉得到了正式的恢复。② 在工资改革问题上,有论者提到,邓小平曾指出:"我们一定要坚持按劳分配的社会主义原则。按劳分配就按劳动的数量和质量进行分配。"这就是我们工资改革的总方向。③ 由于在计划经济时期,包产到户就被看做是复辟资本主义的一个重要组成部分,因此农村改革后,包产到户的重新提出引起了大家热烈的讨论,尤其对于家庭承包经营中产品分配性质的质疑,争论主要集中在是否坚持按劳分配这个问题上。主要形成了三种不同观点:一是由于承包户可以实现多劳多得,因此这完全是按劳分配;二是承包户的收入中既有劳动收入,也有个体经营的非劳动收入,因此是不完全的按劳分配;三是由于家庭承包强调了它的个体经营的特性,不存在统一的劳的尺度,因此是不带按劳分配因素的。

(3) 将按劳分配与社会主义商品经济结合起来研究,在"按劳分配与商品经济的兼容性""按劳分配为主体的多种分配方式""两级按劳分配""社会主义条件下劳动力是否是商品"等方面的理论讨论。1984 年 10 月,中国共产党的十二届三中全会通过了《中共中央关于经济体制改革的决定》,首次提出了中国要实行"有计划的商品经济"的论断,改变了原来"计划经济为主、市场调节为辅"的提法,突破了把计划经济同商品经济对立起来的传统观念。这对当时把社会主义商品经济与按劳分配结合起来的讨论具有深入推动的作用,产生了一些影响较大的学术观点。关于按劳分配与商品经济结合的讨论主要集中在四个方面:一是探讨按劳分配与商品经济的兼容性;二是对"按劳分配为主体的多种分配方式"的论断进行了深入讨

---

① 《人民日报》特约评论员:《贯彻执行按劳分配的社会主义原则》,载于《人民日报》1978 年 5 月 8 日。
② 黄黎:《为"按劳分配"正名——1977~1978 年的按劳分配理论讨论会始末》,载于《党史博采:纪实版》2008 年第 5 期,第 19~22 页。
③ 谢明干、丁家桃:《学习〈中共中央关于经济体制改革的决定〉百题问答》,吉林人民出版社 1985 年版,转引自清华大学社科系政治经济学教研室:《社会主义经济十四题》,清华大学出版社 1987 年版,第 481 页。

论；三是提出"两级按劳分配"理论；四是社会主义条件下劳动力是否是商品及与按劳分配的关系。

第一，关于按劳分配与商品经济兼容性的讨论。既涉及对马克思按劳分配理论的正确理解，又涉及对社会主义商品经济条件下按劳分配的认识。经济理论界有三种代表性观点：第一种观点认为，在商品经济条件下，按劳分配规律不复存在。这种观点实际上把产品经济看成了按劳分配的根本条件。第二种观点认为，只有在商品经济条件下，才能真正实现按劳分配。这种观点实际上把商品经济看成按劳分配的根本条件。第三种观点认为，在商品经济条件下，按劳分配实现范围、方式与马克思主义创始人的设想相比发生了变化，形成了按劳分配的新特点。[1]

第二，关于如何体现按劳分配为主体以及多种分配方式的分类。有论者谈到，从整个社会层面来看，公有制实现的按劳分配占主体，从社会主义公有制经济自身看，按劳分配是主要的实现方式。[2] 而对于多种分配方式的分类主要有三种观点，但差别在于对非按劳分配的界定，例如，有学者将其分为按资分配和按经营成果分配[3]，并有研究者在此基础上扩展了直接的劳动收入和按劳动力价值分配的收入。[4]

第三，关于"两级按劳分配"理论的讨论。"两级按劳分配"理论主要是，第一级为国家对企业实行的按劳分配，第二级是企业对职工进行按劳分配。前者是按劳分配的基础、前提，后者是按劳分配的结果、归宿。并且这一理论启发了工效挂钩这种国有企业工资制度改革的过渡模式。可以看出，这一时期最明显的特点即是将劳动报酬与企业经营成果联系起来分析，这也是收入分配理论的一个新突破。这个理论成果也很快反映到国家对经济体制改革的决策之中，提出了"企业职工奖金由企业根据经营状况自行决定，……，同企业经济效益的提高更好地挂起钩来。"[5]

---

[1] 陆立军、王祖强：《新社会主义政治经济学论纲》，中国经济出版社 2000 年版，第 226～227 页。

[2] 王珏：《中国社会主义政治经济学 40 年》，中国经济出版社 1991 年版，引自杨辉：《马克思主义个人收入分配理论中国化研究》，世界图书出版公司 2011 年版，第 65 页。

[3] 郭元晞：《有计划商品经济条件下的个人消费品分配》，载于《中国社会科学》1986 年第 5 期，第 35～46 页。

[4] 晓亮：《论经营及按经营成果分配》，载于《中国社会科学》1986 年第 5 期，第 47～56 页。

[5] 《中共中央关于经济体制改革的决定（中国共产党第十二届三中全会通过）》，人民出版社 1984 年版，第 28～29 页。

第四，这一阶段随着"有计划的商品经济"论断的提出，经济理论界对社会主义制度下劳动力是否是商品以及与按劳分配的关系发生了争辩，主要有两种针锋相对的观点。一种观点认为，社会主义条件下劳动力商品是与社会主义商品生产密切联系的，主要承认全民所有制企业是商品生产者，作为全民企业劳动过程的主观因素的劳动力就是商品。[①] 在这种情况下按劳分配就是按劳动力价值分配，这是社会主义劳动者实现其劳动力个人所有权的形式。[②] 另一种观点认为，社会主义公有制和劳动力商品互不相容，劳动力商品反映的是资本主义生产关系本质的特征范畴，社会主义公有制经济不存在劳动力成为商品的条件。[③]因而不同意按劳动力价值分配就是按劳分配的提法，指出如果按劳动力价值分配，劳动者就不能获得劳动力价值以外的一部分剩余产品价值；如果劳动者收入超过劳动力价值，那么其收入就不是劳动力价值或价格，劳动力就不是以等价交换原则出卖商品；如果劳动力是商品，那么劳动力价值会随着劳动生产率的提高而降低，从而必要产品部分所占比例会不断相对降低，按劳分配不存在这种经济机制。[④]

总的来讲，改革开放初期这一阶段的收入分配理论进展，除了在思想上清除"四人帮"散布的各种谬论之外，就是与经济体制改革的推进相向而行，对高度集中计划经济体制下形成的"产品经济型"按劳分配理论的突破正在蓄势待发，但真正的突破还未出现。因为，在1989年前后，经济学界在改革目标模式应当选择计划取向还是市场取向这个问题上发生了激烈的论争乃至提出了姓"资"还是姓"社"的问题，将计划和市场的关系问题与社会主义基本制度联系在一起，一些人认为：社会主义经济只能是计划经济为主体，而把改革的目标定位在市场取向上，把市场经济作为我们社会主义的目标模式，就是把资本主义生产方式的经济范畴同社会主义生产方式的经济范畴混淆[⑤]。一直到1990年12月24日，邓小平同江泽民、杨尚昆、李鹏谈话时，说到"我们必须从理论上搞懂，资本主义与社会主义的区分不在于是计划还是市场这样的问题。社会主义也有市场经济，资本主义也有计

---

[①][③] 陆立军、王祖强：《新社会主义政治经济学论纲》，中国经济出版社2000年版，第222页。
[②] 赵晓雷：《中华人民共和国经济思想史纲》，首都经济贸易大学出版社2009年版，第22页。
[④] 赵晓雷：《中华人民共和国经济思想史纲》，首都经济贸易大学出版社2009年版，第22、23页。
[⑤] 郭熙保、张平：《对我国经济体制改革论争的回顾与思考》，载于《江海学刊》2009年第4期，第87～93页。

划控制。"① "有计划的商品经济"的争论才得以停息，经济体制改革目标模式才回归"市场经济"之门，② 社会主义市场经济收入分配理论的研究呼之欲出了。

### （二）社会主义市场经济体制初步确立时期的收入分配理论

按照1992年邓小平南方谈话精神，中共十四大明确提出，我国经济体制改革目标是建立社会主义市场经济体制，有利于进一步解放和发展生产力。这种市场经济体制，就是要使市场在社会主义国家宏观调控下对资源配置起基础性作用。③ 随后，中共十四届三中全会对社会主义市场经济体制做出了全面的战略部署，④ 中国的经济改革至此进入市场经济改革的轨道，也由此影响到马克思收入分配理论中国化推进到"社会主义市场经济收入分配理论"研究的新阶段。

这一阶段为社会主义市场经济收入分配理论形成发展的初步阶段。1997年9月召开的中共十五大首次提出了，公有制为主体、多种所有制经济共同发展，是我国社会主义初级阶段的一项基本经济制度。⑤ 所有制改革的这一新论断，将推动收入分配理论围绕深化改革开放，建立社会主义市场经济体制，取得突破性进展，其研究的重点主要集中在三个方面：一是深入探讨社会主义市场经济与按劳分配的关系，按劳分配和按要素分配相结合，劳动价值论与按劳分配的关系等问题；二是为了规范收入分配秩序，加强收入分配的宏观政策调控，深入探讨效率与公平的关系，确立效率优先，兼顾公平原则；三是由于体制转型深化和腐败的滋生，居民收入差距的不断扩大，成为一个研究热点，西方经济学中实证研究方法的分析工具也介入研究之中。

1. 探讨社会主义市场经济与按劳分配的关系，按劳分配和按要素分配

---

① 《邓小平文选》第三卷，人民出版社1993年版，第364页。
② 中国网：《有计划的商品经济》，http://www.china.com.cn/news/txt/2008-12/09/content_16919417.htm，2008年12月9日。
③ 江泽民：《加快改革开放和现代化建设步伐夺取有中国特色社会主义事业的更大胜利——在中国共产党第十四次全国代表大会上的报告》，载于《求实》1992年第11期，第2~21页。
④ 《中共中央关于建立社会主义市场经济体制若干问题的决定》（中国共产党第十四届三中全会通过），人民出版社1993年版。
⑤ 江泽民：《高举邓小平理论伟大旗帜，把建设中国特色社会主义事业全面推向二十一世纪——在中国共产党第十五次全国代表大会上的报告·十五大报告辅导读本》，人民出版社1997年版，第25页。

相结合，劳动价值论与按劳分配的关系等问题

（1）深入探讨社会主义市场经济与按劳分配的相容性问题。在前一阶段研究按劳分配与社会主义商品经济关系的基础上，继续深入到关于社会主义市场经济与按劳分配相容性的讨论。经济理论界在这方面发表了大量文章，如有学者认为，社会主义市场经济与按劳分配具有相互兼容性就在于，市场经济作为一种资源配置手段是能为社会主义经济制度服务的；而按劳分配作为社会主义经济制度的有机组成部分，它必然要选择适合自己的实现形式。因此，二者是互为条件，互相兼容的。[1] 还有论者从市场经济与按劳分配都"以生产力发展到一定阶段为客观基础，……都与生产资料公有制相联系"[2] 等十个方面论述了两者的统一性。也有论者也不认同有人认为社会主义市场经济与按劳分配不能相结合的看法，原因有三："首先，从方法论上说，必须坚持生产决定分配的方法论"，"其次，从生产条件分配看，在社会主义市场经济中，按劳分配仍然是存在的"，"最后，从交换对个人消费品分配的制约、影响和某种程度的'决定'作用看，按劳分配也仍然存在。"[3] 还有人提出了"按劳分配与市场经济的矛盾分析"认为，马克思所设想的按劳分配，是在全社会统一实行的狭义按劳分配，即物质生产要素不参与产品分配的按劳分配。……一个社会如果不具备实行马克思所设想的按劳分配的条件，就不应该实行马克思所设想的按劳分配，倘若勉强实行，也不能真正实现马克思所设想的按劳分配。……如在计划经济体制下，从来没有贯彻过按劳分配，从来是平均主义"大锅饭式"的分配。因而这种"产品型的按劳分配"是必然同市场经济改革目标发生矛盾。[4] 但也有人提出了"按劳分配市场化"的看法，这一观点认为，在社会主义市场经济条件下，按劳分配虽然仍居主体地位，但其前提是必须对按劳分配实现模式作出适应市场经济的根本转换。而实现模式以市场为导向的改革条件跨出的第一步就是实现劳动计量的市场化。在这个基础上还要实行工资形成市场

---

[1] 张作云等：《社会主义市场经济中收入分配体制研究》，商务印书馆2004年版，第38～39页。
[2] 赵满华：《社会主义市场经济与按劳分配相互统一》，载于《经济问题》1993年第6期，第18～20页。
[3] 王克忠：《论社会主义市场经济与按劳分配》，载于《学术月刊》1997年第4期，第50～57页。
[4] 赵晓雷：《中华人民共和国经济思想史纲》，首都经济贸易大学出版社2009年版，第191～192页。

化和工资总量的企业自主分配制,这一环节对市场发育及企业改革的依赖程度更大。①

(2) 对"按劳分配和按要素分配相结合"这一新论断的讨论。1997 年中共十五大报告中明确提出了"把按劳分配和按要素分配结合起来"的新论断,②引起经济理论界的大讨论。关于按劳分配和按要素分配结合起来的问题,主要集中在讨论按生产要素分配的含义以及参与分配的依据、按劳分配和按要素分配二者结合的理论根据以及如何结合等方面。

第一,关于按要素分配的含义讨论。大多数学者认为,生产要素是人们进行生产经营活动所必需的各种条件,主要包括劳动、土地、资本技术、信息等。按要素分配就是指社会根据各种生产要素在商品和劳务生产服务过程中的投入比例和贡献大小给予收益分配的一种方式。简单说,是要素所有者的所有权在经济上的实现。但在传统的经济理论中,把按生产要素分配理论与萨伊的三要素是创造价值的源泉联系起来,称为资产阶级庸俗经济学。但在讨论中,有人持不同观点,认为只有劳动才有权参加分配,对非劳动要素参与分配一概加以否定,是脱离物质利益基本制约性的历史唯心主义观点。③并且也有人指出,按生产要素分配并不违背按劳分配。劳动价值论指商品价值是由人的活劳动创造的,它涉及的是生产领域,而生产要素分配是指在生产过程中创造出的价值如何分配,它涉及的是分配领域,根本不涉及价值是如何创造的。萨伊的要素参与分配是要素创造价值,我们所说的是要素参与分配,并不涉及要素创造价值,而是指要素在形成财富中的作用。④

第二,涉及要素参与分配的依据以及如何参与分配的讨论。学术界主要有三种观点:一是按要素对使用价值的贡献分配;二是按要素对价值的贡献分配;三是按要素所有权的分配。并且分配要素参与分配的依据和如何参与分配,实质是对现有分配关系和分配机制的理论解释,这里还需要认清三个问题:一是要素参与分配与商品的使用价值和价值创造的关系;二是要素参

---

① 赵晓雷:《中华人民共和国经济思想史纲》,首都经济贸易大学出版社 2009 年版,第 192 页。
② 江泽民:《高举邓小平理论伟大旗帜,把建设中国特色社会主义事业全面推向二十一世纪——在中国共产党第十五次全国代表大会上的报告·十五大报告辅导读本》,人民出版社 1997 年版,第 25 页。
③ 于祖尧:《中国经济转型期个人收入分配研究》,经济科学出版社 1997 年版,第 48~49 页。
④ 黄泰岩:《论按生产要素分配》,载于《中国经济问题》1998 年第 6 期。

与分配与社会所有制的关系；三是要素参与分配与市场经济的关系。①

　　第三，关于按劳分配和按要素分配二者结合的理论根据以及如何结合的探讨。学术界对此有两种不同观点，一是按劳分配和按要素分配能够结合。这种观点认为，在社会主义市场经济条件下，从不同的所有制经济实行不同的分配方式这一层面去理解，公有制实行按劳分配，非公有制实行按要素分配。从整个社会看，按劳分配和按要素分配作为同时起作用的两种分配方式并存结合。② 正如有的专家将社会主义初级阶段的按要素分配与按劳分配的密切关系概括为，并存与结合、主体与补充的关系。即在社会主义初级阶段，允许存在两种不同的分配方式并且结合起来运用，在两者关系上，必须坚持以按劳分配为主体，按生产要素分配为补充。③ 二是按劳分配和按要素分配不能结合。这种观点的一个论据是，市场经济的一切分配方式都可以概括为按要素分配，劳动者也不例外，市场经济实际上否定了按劳分配。这种观点的另一依据是，按劳分配是社会主义条件下消费品的分配原则，而按要素分配是国民收入的大分配，二者不是一个层次问题，不存在结合。④ 更有人提出，按生产要素分配并不是按劳分配。因为，按劳分配建立在劳动价值论基础上，而按生产要素分配的基础是资产阶级庸俗价值论，并且两者分配的尺度和结果均不相同。⑤

　　（3）关于劳动价值论与按劳分配关系的争论。学术界关于劳动价值论与按劳分配关系的争论，实际上涉及基础理论上价值的创造与价值分配关系的理解，主要存在三种观点：无关论、关联论和基础论⑥。

　　首先，是无关论。这种观点认为，马克思的劳动价值论与收入分配理论没有必然联系，劳动价值论仅仅回答了分配的对象和分配的数量，但没有回答如何分配的问题，这不是价值理论的任务，而是分配理论的任务。进而认为，马克思提出社会主义实行按劳分配与劳动价值论无关，劳动价值论不能作为我国现阶段分配制度的理论依据，分配关系只决定于生产资料所有制。

---

① 高培勇：《收入分配：经济学界如是说》，经济科学出版社2002年版，第77~80页。
②④　高培勇：《收入分配：经济学界如是说》，经济科学出版社2002年版，第81页。
③ 赵晓雷：《中华人民共和国经济思想史纲》，首都经济贸易大学出版社2009年版，第191页。
⑤ 李楠：《关于社会主义市场经济与按劳分配的关系》，载于《江汉论坛》1995年第5期，第12~16页。
⑥ 江宗超：《按劳分配与劳动价值论的关系综述》，载于《法制与社会》2008年第11期，第198页。

认为这样，才既能坚持马克思劳动价值论的劳动创造价值的一元观，又能保证按劳分配理论的科学性。因此需要区分价值创造和价值分配。

其次，是关联论。这种观点认为，不能孤立地看待价值的创造与价值分配的关系，二者之间存在一系列环节的转化，主要包括价值创造、价值形成、价值实现和价值分配，它们之间是紧密相关联的，价值创造决定价值形成，价值形成决定价值实现，价值实现影响价值分配，价值分配只能是实现的价值在社会成员之间的分配，没有价值创造就没有价值形成，也就没有价值分配，它们之间是不可或缺的。

最后，是基础论。这种观点认为，分配理论实质上是价值创造理论的延伸或者说是价值创造理论在分配领域的具体运用，分配的对象是劳动创造的价值，价值生产是价值分配的基础。也就是说，揭示商品价值或社会生产成果如何在社会成员之间分解为各种收入的逻辑起点应该是研究取得各种收入的各个社会成员是否参与了价值创造过程。如果劳动价值论只能说明价值创造，而不能彻底贯彻到分配领域，它就不能成为科学的价值论。进而认为，马克思的按劳分配理论是在对劳动价值论的研究过程中不断完善的，按劳分配理论的逻辑起点就是劳动价值论。按照马克思劳动价值论的要求，劳动是价值创造的唯一源泉，所以劳动者应占有劳动创造的全部价值（在做了必要的社会扣除以后），但在资本主义社会资本家和土地所有者凭借要素所有权攫取了劳动创造的一部分新价值，具有剥削性质。因此，在未来社会主义社会中要解决资本主义雇佣劳动制度带来的分配上的不平等性，就只有在未来社会建立了单一的生产资料公有制以后，才能把劳动时间作为计量个人在共同产品的个人消费部分所占份额的尺度，即实行按劳分配，从而消灭剥削。①

2. 在收入分配的伦理价值判断上深入探讨效率与公平的关系，确立效率优先，兼顾公平原则

经济学界对收入分配伦理价值判断上的效率与公平的关系，进行了长期的探讨和争论，形成了三种主要观点。第一种是"效率优先"观。持这种观点的经济学家，反对把收入公平作为社会福利最大化的一个必要条件，反

---

① 朱炳元等：《马克思劳动价值论及其现代形态》，中央编译出版社2007年版，第155、171、173～174页。

对通过政府干预来纠正市场机制自发调节所形成的收入不平等，因为再分配会或多或少牺牲效率；他们还认为，效率是与自由不可分割的，这种自由是市场机制正常运行从而实现配置的前提条件，如果追求公平破坏了自由，必将牺牲效率，是不可取的；即使追求公平也应该是有助于效率提高的机会公平，不是损伤效率的结果公平。第二种是"公平优先"观。持这种观点的经济学家、政治哲学家认为，公平（平等）本来就是人的天赋权利，况且市场竞争中有失败者，甚至还有先天缺陷者，要保护这些人的基本"生存权"公平就该放在优先地位；并且收入分配不公平会导致权利和机会的不公平，进而损害人的积极性和工作热情以至降低效率，还会侵犯人的尊严，使"人人生而平等"成为一句空话。第三种是"效率与公平兼顾"观。持这种观点的经济学家，既不赞成效率优先，也不同意公平优先，而是主张二者兼顾，试图找到一条既能保持市场机制的优点，又能消除收入差距扩大的途径，使效率提高的同时，又不过分损害公平。① 因此，有观点认为效率与公平是相辅相成的，也有观点认为两者呈此消彼长或互相替代的关系。

改革开放以后，中国经济学界在对上述关于效率与公平关系研究成果的基础上，结合中国特色社会主义的实践，提出了处理效率与公平关系的新理念，这集中体现在 1993 年中共第十四届三中全会通过的《中共中央关于建立社会主义市场经济体制若干问题的决定》中首次提出的"效率优先、兼顾公平的原则"，② 尔后中共十五大又再次强调了这一原则。经济理论界对此开展了热烈的讨论，有的提出，所谓效率优先，是指要通过建立健全生产要素市场来提高资源配置效率，由市场决定要素价格从而决定分配；所谓兼顾公平，就是在初次分配后，政府通过税收、社会保障制度和转移支付来进行再分配，以解决社会公平问题。③ 有人认为，在社会主义市场经济条件下，效率和公平应该是相互促进的。④ 也有观点认为，现阶段坚持"效率优先、兼顾公平的原则"是由公平与效率内在决定的；是由社会主义的本质

---

① 徐茂魁：《马克思主义政治经济学研究述评》，中国人民大学出版社 2003 年版，第 368~374 页。
② 《中共中央关于建立社会主义市场经济体制若干问题的决定（中国共产党第十四届三中全会通过）》，人民出版社 1993 年版，第 19 页。
③ 徐茂魁等：《"马克思主义政治经济学原理"疑难解析》，中国人民大学出版社 2002 年版，第 331 页。
④ 于祖尧：《中国经济转型时期个人收入分配研究》，经济科学出版社 1997 年版，转引自杨辉：《马克思主义个人收入分配理论中国化研究》，世界图书出版公司 2011 年版，第 78 页。

和根本任务决定的;是一条很重要的历史经验总结;也是社会主义初级阶段基本经济制度的必然要求和社会主义市场经济的客观要求。① 有人还提到:"在起飞前这个至关重要的阶段,对平等与效率的选择,应以效率为主导。"② 也有观点认为,"效率优先、兼顾公平"的关键在于兼顾公平,因为市场经济先天具有效率优先的内在机制,而不具有兼顾公平的内在机制,并且如果没有公平的兼顾,不能妥善处理社会分配不公、收入差距扩大的问题,可能导致各种社会矛盾的激化。③ 还有人提到,之所以在主张"效率优先"的同时要求"兼顾公平",是因为效率与公平往往不容易同时兼顾,社会的任务就是在这两者之间进行权衡,或者以牺牲效率为代价而获得更多的公平,或者以放弃一定的公平为前提而谋得更高的效率,这是一种两难的抉择。④

3. 由于体制转型深化和腐败的滋生,居民收入差距的不断扩大,逐渐成为一个研究热点,引起是否两极分化的争论

这一时期,随着市场经济体制改革的推进,居民收入形式由过去单一转变为多元,经济高速增长与收入分配的内生作用,城乡二元结构固化,以及体制转型中存在制度漏洞滋生寻租腐败等多种因素的影响,中国居民收入差距开始逐渐拉大,据学者测算,我国居民个人可支配收入的基尼系数由1979年的0.33上升到1995年的0.445和2000年的0.458,21年间上升了45%,即12.8个百分点,已经越过国际公认的0.4的警戒线。⑤ 针对居民收入差距的不断扩大,成为经济学界研究的一个热点,围绕城乡收入差距、地区收入差距、行业收入差距、阶层收入差距的状况、特征、形成机制和治理对策等方面展开研究,并且西方经济学中实证研究方法的分析工具也介入研究之中。经济学界关于个人收入分配理论与实践的研究也逐渐由过去就"分配论分配,只局限于特征性质和分配形式工资、奖金"的讨论开始转向规模性个人收入分配的实证分析,即个人收入分配与经济增长、要素配置、生产效率、技术进步、人力资源开发、物价水平、权力寻租、社会分层、社会稳

---

① 青连斌:《分配制度改革与共同富裕》,江苏人民出版社2004年版,第139~141页。
② 王珏等:《分配制度十人谈》,广西人民出版社1998年版,第160页。
③ 胡长清:《共同富裕论——中国公平分配模式》,湖南人民出版社1998年版,第46页。
④ 赵晓雷:《中华人民共和国经济思想史纲》,首都经济贸易大学出版社2009年版,第204页。
⑤ 高培勇:《收入分配:经济学界如是说》,经济科学出版社2002年版,第1页。

定等之间的关系进行探究，形成了一大批研究成果。对此择其要加以介绍。

（1）1994 年有学者提出了"公有制经济收入差异倒 U 型曲线假说"及其"阶梯变异论"。[①] 该假说认为，随着经济发展，劳动差别、生计剩余、资本积累等解释变量会发生相应改变，从而改变收入差别，但总的趋势是一条"倒 U 型"曲线。[②] 但由于按劳分配方式的领域逐步缩减，按生产要素分配的领域逐步扩大，该模型的解释力也在减弱。

（2）吴敬琏较早注意到了中国经济中的消极腐败现象，并主张用现代经济学中"寻租理论"加以解释，他在 20 世纪 80 年代末就提出了"官倒"活动中的寻租腐败和分配不公问题。在 90 年代又明确指出，中国经济活动中的腐败现象，如果说 80 年代寻租活动的主要领域是通过商品差价寻租，那么 90 年代就由商品寻租发展到了后果更为严重的要素寻租。[③] 1996 年还有学者分析了非法收入对基尼系数的贡献问题；并且指出，在全国范围内各种非法收入已经使收入分配基尼系数上升了 31%，这些不断扩大的非法收入主要由私营经济的非法收入所解释（在农村和城市分别占 83% 和 91%），其余小部分则由经济犯罪官员的非法收入和集团消费向个人消费的转化所解释，非法收入的基本部分是通过"钱权交易"方式的。[④] 中国发展研究基金会的一个课题组认为，最近 3~4 年全国收入分配差距可能略有上升，处于一个相对稳定状态。但是，"灰色收入"问题还在相当程度上存在，腐败带来的部分人群的巨额"黑色收入"更不容忽视，这些因素都给总体收入差距的变化带来新的不确定性。[⑤] 这些研究成果也引发了是否产生两极分化的争论。"两极分化论"认为两极分化正开始在我国出现，因为高收入人群与低收入人群的差别在扩张；而"两极未分化论"却认为，我国即使各种财产及非法收入的影响都计算在内也没有达到基尼系数 0.5 的水平，因此不算两极分化。[⑥] 这也表明了学界对于收入差距扩大的关注与担忧。

---

[①] 陈宗胜：《倒 U 曲线的"阶梯形"变异》，载于《经济研究》1994 年第 5 期，第 57~61、35 页。
[②] 陈宗胜：《经济发展中的收入分配》，载于《南开学报》（哲学社会科学版）2016 年第 8 期，第 41~49 页。
[③] 钟祥财：《中国收入分配思想史》，上海社会科学院出版社 2005 年版，第 290~292 页。
[④] 钟祥财：《中国收入分配思想史》，上海社会科学院出版社 2005 年版，第 284 页。
[⑤] 中国发展研究基金会课题组：《转折期的中国收入分配：中国收入分配相关政策的影响评估》，中国发展出版社 2012 年版，第 3 页。
[⑥] 林幼平、张澍：《20 世纪 90 年代以来中国收入分配问题研究综述》，载于《经济评论》2001 年第 4 期，第 56~60 页。

（3）李实、赵人伟等对收入分配做了实证分析。他们作为中国社会科学院经济研究所"收入分配课题组"的主要负责人，率领其团队在中国居民收入分配的实证研究方面做了大量深入和富有开创性的工作，成果显著。① 李实、赵人伟等在课题组 1988 年和 1995 年的两次住户抽样调查数据基础上，对中国居民收入分配的现状及其原因进行了深入分析，发现我国农村内部和城镇内部收入差距在不断扩大，但城镇要低于农村；城乡差距高居世界第一，全国收入差距呈持续扩大的趋势。②

（4）也有论者将收入分配置于经济体制改革这一背景中进行分析，并认为，中国的改革进程中的改革步骤序列安排、区域对外开放的时间先后、市场发育的非均衡等因素，很大程度上决定了这一时期的收入分配变动，并对资源配置、生产效率技术进步产生了积极的促进作用。而生产要素的市场化和再分配功能的弱化和扭曲拉大了收入分配差距。③

（5）"中国改革与发展报告"专家组从功能性分配角度对中国收入问题进行了探讨，较为清晰地分析了中国转型期收入分配的独特内涵，区分了两种相互纠缠在一起的现象，即收入分配同资产（财富）的分配以及经济体制改革过程中收入正常性拉大与非正常性拉大的两种现象。④ 可以说，这项研究是较早的介入对中国转型期财产性收入及其差距的考察。

综上所述，这一时期，中国改革目标模式确定为社会主义市场经济体制，中国特色社会主义收入分配理论创新也将围绕这个目标模式而进行。在分配方式的理论探讨上，认为必须有除按劳分配为主体以外的其他分配方式的存在，这不仅打破了按劳分配在分配领域中的唯一性，而且承认了资本等生产要素参与收益分配的合法性⑤。要素参与分配的方式，开始进入理论研究的视野，不仅对马克思劳动价值论在当代的发展提出了新要求，而且推动市场经济条件下分配方式的研究向纵深发展。也就是说，将按劳分配与按生产要素结合起来，赋予了按劳分配以主体地位和新的内容，是对产品型按劳

---

① 周振华等：《收入分配与权利、权力》，上海社会科学院出版社 2005 年版，第 29~30 页。
② 李实：《中国个人收入分配研究回顾与展望》，载于《经济学》2003 年第 2 期，第 379~404 页。
③ 周振华：《我国收入分配变动的内涵、结构及趋势分析》，载于《改革》2002 年第 3 期，第 12~17 页。
④ 周振华等：《收入分配与权利、权力》，上海社会科学院出版社 2005 年版，第 28~29 页。
⑤ 李楠：《马克思按劳分配理论及其在当代中国的发展》，高等教育出版社 2003 年版，第 169 页。

分配实现模式的突破。但是，对于按劳分配与按要素分配的讨论还没有停歇，甚至转向按劳分配与按要素贡献分配关系的讨论。关于效率与公平的探讨，虽然提出了"效率优先、兼顾公平"的论断，但效率与公平之间择优抉择的说法并没有定论，在一次分配和二次分配过程中的效率与公平的权衡问题，还留下了继续研究的空间。中国居民收入差距的问题，开始进入经济学界关注的视域，这方面的研究还要持续升温，对于收入差距的测度方法和各种收入差距的逐渐拉大的内在机制及调整的办法；对于政策与制度对收入差距产生的作用等，还需要继续进行探索；并且西方研究范式开始逐渐引进，实证分析工具对各种收入差距研究将得到广泛运用，中西经济理论和分析范式的结合问题，都是在下一阶段亟待解决的争端。但可以说，从这一阶段开始，逐步形成了社会主义市场经济的收入分配理论。

### （三）社会主义市场经济体制完善时期的收入分配理论

进入 21 世纪以来，从中共十六大到十八大，在邓小平理论、"三个代表"重要思想和科学发展观的引领下，贯彻落实"五大文明建设"和"四个全面"战略布局，改革进入全面深化的攻坚克难期，深化国有企业改革、深化农业生产经营体制和土地制度改革、深化政府体制改革、深化收入分配体制改革、深化投融资体制改革、深化社会体制改革等逐一展开；同时，建设社会主义新农村，推进城乡一体化战略，走新型工业化、新型城市化之路，加强民生建设，促进社会主义和谐社会发展，实现全面建成小康社会的宏伟目标也在按步骤进行，这一切表明社会主义市场经济体制进入不断完善的阶段，与此相应社会主义市场经济收入分配理论研究也进入纵深发展和不断完善的阶段。

随着社会主义市场经济体制的建立和发展，关于市场经济和所有制的论断不断突破，从市场对资源配置起基础性作用到起决定作用；非公经济从"允许存在""有益补充""重要组成部分"定位到公私"混合所有制经济"为基本经济制度的重要实现形式，等等这些都为社会主义市场经济收入分配理论的创新发展提供了极大的研究空间。从 2002 年至今社会主义市场经济收入分配理论呈现出诸多新进展，概括起来主要集中在四个方面：一是以马克思劳动价值论的分析范式为基础，深入探讨社会主义市场经济条件下按要素贡献分配与按劳分配的关系；二是继续深入探讨效率与公平关系，提出初次分配与再分配的关系由前者注重"效率"后者强调"公平",演变至二者都要兼顾效率与公平,再分配更加注重公平;三是持续关注收入差距扩大问题,这一阶段居民财产性收入、扩大中等收入者比重、人力资本投资、社会保障、公共产品投入、实施精准扶贫脱贫等如何影响收入差距成为研究新亮点;四是加强收入差距的治理,规范收入分配秩序,收入分配政策的研究受到重视。

1. 深入探讨社会主义市场经济条件下按要素贡献分配与按劳分配的关系

2002年11月中共十六大报告中指出:要"确立劳动、资本、技术和管理等生产要素按贡献参与分配的原则,完善按劳分配为主体、多种分配方式并存的分配制度。"① 这是一个很大胆很有突破性的提法。还在1988年,就有学者在《按贡献分配是社会主义初级阶段的分配原则》一文中提出:现阶段多种分配方式的实质是按贡献分配,即按劳动、资本、土地、技术、管理等各种生产要素在社会财富(价值)的创造中所做的贡献分配。② 这是在中国经济学界较早提出按贡献分配思想的文献,是对社会主义初级阶段收入分配关系进行理论概括的最初尝试。③ 但在当时却被认为是有违马克思主义经济学的,并且认为按生产要素分配所体现的是资本主义分配关系。尽管在中共十六大报告中承认了这一理论解释,但经济学术界的争论未停,尚未达成共识。

(1) 关于生产要素"贡献"是创造价值的贡献还是生产财富(即使用价值)贡献的探讨。代表性观点有三种:第一种观点认为,"价值和财富是由劳动和其他生产要素共同创造的,原来那种认为价值是由劳动创造,其他生产要素不创造价值,只参与创造财富的观点应予突破。"④ 第二种观点认为,"生产要素按贡献参与分配,是指生产要素在生产财富即使用价值中的贡献分配,而不是指他们在创造价值中的贡献。""劳动是价值的唯一源泉,""创造新价值的只是劳动",如果认为"劳动、知识、技术、管理和资

---

① 江泽民:《全面建设小康社会,开创中国特色社会主义事业新局面——在中国共产党第十六次全国代表大会上的报告》,引自《十六大报告辅导读本》,人民出版社2002年版,第25页。
② 谷书堂、蔡继明:《按贡献分配是社会主义初级阶段的分配原则》,载于《经济学家》1989年第2期,第100~108页。
③ 郭熙保、张平:《对我国经济体制改革论争的回顾与思考》,载于《江海学刊》2009年第4期,第87~93页。
④ 劳动和社会保障部劳动工资研究所课题组:《深化劳动价值论和分配理论的认识》,载于《经济日报》2002年3月18日。

本都创造价值,就把创造财富与创造价值、把财富源泉与价值源泉混淆起来了。"① 第三种观点则认为,应该把以上两种观点综合:"生产要素按贡献参与分配,承认的是各种生产要素在价值形成和财富创造中的贡献,对非劳动的其他生产要素而言,这种贡献只是为价值形成和财富创造提供了条件,而并非说它们本身也创造了价值,这与活劳动创造价值(包括剩余价值)不但并行不悖,而是更好地承认并保证了劳动创造价值的实现。"② 因此,"对于各种生产要素做出的贡献,应该在财富包括价值和使用价值的分配中得到承认。"③

(2) 关于生产要素按贡献参与分配的理论依据应如何理解。有观点认为,按生产要素按贡献分配的依据是生产要素的所有权或产权关系,这是生产要素所有权在经济上的实现,也是合理利用生产要素、有效配置资源的需要。④ 还有观点则认为,马克思劳动价值论讲过,商品具有价值和使用价值两个属性,物质财富是由使用价值构成的。因此,劳动不是一切财富的唯一源泉,其他生产要素与劳动一样也是财富的源泉之一。依据这个原理,财富的分配不仅要在劳动力的所有者中进行分配,而且要在其他生产要素所有者中按投入生产要素的多少来分配。⑤

(3) 关于按要素贡献分配与按劳分配关系的讨论。有观点认为,现实社会分配与传统的按劳分配是不同的,从整个社会经济来说,社会主义公有制同样是按要素贡献分配,按劳分配是从属于按要素贡献分配的。也有观点认为,通常所说的按劳分配,指按劳动贡献分配,而与按劳分配并存的其他分配形式,如利息(包括股息、红利)、地租和企业家收入等,实质上也都是按贡献分配的形式,并且按贡献分配谈的是使用价值的创造和由此决定的分配形式,而不涉及价值的创造,不能把它等同于萨伊的"三位一体公式"。还有观点认为,按劳分配为主体,多种分配方式并存的实质是按贡献分配;持相反观点的则认为,按劳分配是社会主义分配原则,要以社会主义

---

① 卫兴华:《按贡献参与分配的贡献是指什么》,载于《人民日报》2003年2月18日。
② 逄锦聚等:《马克思劳动价值论的继承与发展》,经济科学出版社2005年版,第333~334页。
③ 逄锦聚:《论劳动价值论与生产要素按贡献参与分配》,载于《南开学报》(哲学社会科学版) 2004年第5期,第1~4页。
④ 赵晓雷:《中华人民共和国经济思想史纲》,首都经济贸易大学出版社2009年版,第204页。
⑤ 黄燕芬等:《分配的革命:部分劳权向股权的转换》,中国水利水电出版社2004年版,第33页。

公有制的存在为前提,而按生产要素(包括劳动要素)贡献分配,在资本主义社会就普遍实行,也存在于我国外资企业和私营企业中,两种分配方式所体现的生产关系和分配关系是不同的,按劳分配是由社会主义生产方式决定的社会主义分配方式,而按生产要素贡献分配适于特定的私有制经济相联系的分配方式。①

2. 结合改革发展的实际,继续深入探讨效率与公平关系,提出初次分配与再分配都要兼顾效率与公平,再分配更加注重公平

在收入分配领域中,如何处理好效率与公平的关系持续受到关注。"效率优先、兼顾公平"的提法有所改变。2002年中共十六大报告中提出了"初次分配注重效率,再分配注重公平"的新提法,② 这个提法到2007年的中共十七大报告中又发展为"初次分配和再次分配都要处理好效率和公平的关系,再分配更加注重公平"。③ 中共十八大继续坚持了这一提法。经济学术界围绕初次分配与再次分配的效率与公平关系展开了讨论。对中共十六大关于"初次分配注重效率,再分配注重公平"的提法,有观点认为,效率是市场和企业的直接目标,公平是政府的首要目标;因此,初次分配必须注重效率,发挥市场的作用,鼓励一部分人通过诚实劳动和合法经营先富起来;再分配必须注重公平,加强政府对收入分配的调节职能,调节差距过大的收入。④ 还有观点从实际操作层面提出,要运用财政再分配手段,改善和提高低收入群体的收入,这才是"初次分配讲效率,再次分配讲公平"。⑤ 而有学者进一步提出,中共十七大报告中关于效率与公平的新提法,是对"效率优先、兼顾公平"提法的重要调整。有观点认为,公平与效率之间不是互相排斥、非此即彼的关系,也不应有先后顺序的排列,在和谐社会的构建过程中,应逐步由"效率优先、兼顾公平"向"效率与公平并重"转变。⑥

---

① 赵晓雷:《中华人民共和国经济思想史纲》,首都经济贸易大学出版社2009年版,第185~186、204~205页。
② 江泽民:《全面建设小康社会,开创中国特色社会主义事业新局面——在中国共产党第十六次全国代表大会上的报告》,引自《十六大报告辅导读本》,人民出版社2002年版,第25页。
③ 胡锦涛:《高举中国特色社会主义伟大旗帜,为夺取全面建设小康社会新胜利而奋斗——在中国共产党第十七次全国代表大会上的报告·十七大报告辅导读本》,人民出版社2007年版,第37页。
④ 青连斌:《分配制度改革与共同富裕》,江苏人民出版社2004年版,第142页。
⑤ 袁恩桢:《收入差距与社会和谐》,载于《上海交通大学学报》(哲学社会科学版)2005年第13期,第5~8页。
⑥ 赵晓雷:《中华人民共和国经济思想史纲》,首都经济贸易大学出版社2009年版,第205~206页。

有观点也指出，初次分配注重效率，不是不要公平，在初次分配中也有一个公平问题。即初次分配中必须完善市场机制，创造公平竞争环境，实现机会均等，保证生产要素按贡献大小得到公平合理的回报和补偿。① 更有一些论者对"效率优先、兼顾公平"作了"重新反思"，指出"效率优先、兼顾公平"多年来一直是政策建议的价值判断基础，但这是一种"有重大缺陷、甚至错误的观点"，其错误的根源就在于它对"公平"狭隘的、不恰当的理解，进而赋予了效率以一种完全优于任何其他社会经济目标的地位。有些观点在讨论效率与公平关系时认为，公平是最广大人民群众的效率，在公平与效率的辩证关系中，公平是矛盾的主要方面，公平促进效率。于是，有的论者宣称要"公平优先、兼顾效率"。②

当然，不同意上述观点的论者也提出了自己的看法。有学者对"效率优先、兼顾公平"仍持肯定意见，指出"效率优先、兼顾公平"是20世纪80年代针对当时占统治地位的平均主义提出的，这有个前提，即人们的机会是平等的情况下，效率与公平之间才会呈现某种负相关的关系。目前中国居民收入不平等的主因恐怕是机会不平等而非效率。也有观点认为，注重效率而忽视公平，似乎是现在不少人对新体制的一种流行性批评，但这种批评是没有实践根据的，其根本错误是将效率与公平绝对地对立起来。也有论者不赞成"效率优先"原则已经过时，应转为"公平优先"或"效率与公平并重"的意见，认为在目前经济全球化趋势下，各国都在强调效率优先，以确立自己的竞争优势，如果我们放弃效率优先，就可能在国际竞争中处于劣势。还有论者总结，改革开放30年来，特别是从中共十三大到中共十七大这20年间，实现了由"唯平等论"依次向"效率与公平并重"和"效率优先、兼顾公平"的转变，由此才促进了我国社会生产力和国民经济持续、稳定、高速增长，人民生活水平才有了普遍的大幅度提高，社会才更加和谐。而在收入分配领域之所以还存在许多不公平现象，并不是因为主张"效率优先、兼顾公平"和按生产要素贡献分配原则造成的。③

3. 持续关注收入差距扩大问题，深入挖掘收入差距扩大的原因，居民

---

① 青连斌：《分配制度改革与共同富裕》，江苏人民出版社2004年版，第143页。
② 赵晓雷：《中华人民共和国经济思想史纲》，首都经济贸易大学出版社2009年版，第205页。
③ 赵晓雷：《中华人民共和国经济思想史纲》，首都经济贸易大学出版社2009年版，第205、206页。

财产性收入、扩大中等收入者比重、人力资本投资、经济增长、社会保障、公共产品投入、扶贫开发等如何影响收入差距成为研究新亮点

伴随我国市场经济体制改革的深入推进，城乡居民收入差距扩大问题日益醒目，仍然受到经济学界的持续关注，这方面的研究出现了一些新进展。

（1）关于居民收入差距持续扩大原因的讨论。近年来，劳动相对于各生产要素的报酬偏低以及有偏技术进步等理论，用于解释我国居民收入差距日渐扩大的原因。有观点阐述了劳动价值被严重低估的现实情况，指出了要素价格失衡是导致收入差距扩大的重要根源。① 也有观点指出，通过对地区版面数据的分析得出："各地区技术进步偏向性与全国走势趋同，基本呈资本偏向型"，"技术进步越偏向于资本，越有助于提升资本的收入份额而恶化劳动在收入中的地位。"② 有些学者通过在 2005 年上海社科院经济所主办的"转型发展中的收入分配：中国经验与国际比较"国际学术研讨会上的讨论，一致认为初次分配坚持按照要素参与分配的原则，这必然影响收入差距的扩大；但也有论者提出，再次分配中央财政与地方财政权责的不平等，以及相应的财权和事权不匹配才是产生收入分配不平等问题的重要原因。③ 还有论者在分析收入分配差距的具体原因时就提到，不同分配形式的存在是拉大中国收入分配差距的基本原因，具体造成收入差距的原因，一是"单一所有制变革为公私并存的多元所有制结构，……相应引起按劳分配与按要素分配相结合的多元分配方式"；二是，不完善的市场经济体制为部分人"寻租和暴富提供了巨大机遇"；三是，劳动力市场化使得按劳分配的形式异化为劳动力的价格，减少了按劳分配在剩余价值中应有的分配；四是，"先富、后富"及"发展才是硬道理"等政策安排也影响了人们之间收入分配的拉开；并且强调体制转轨时期的各种不规范收入来源以及分配方式才是导致收入差距急剧扩大的根本原因。④ 也有研究者在第十二届中国经济论坛上，反驳了关于中国人口、改革等红利的释放殆尽以及"中等收入陷阱"

---

① 彭定赟：《要素价格失衡与收入差距变化的动态关联研究》，载于《华中师范大学学报人文社会科学版》2013 年第 52 期，第 47~52 页。
② 王林辉、赵景：《技术进步偏向性及其收入分配效应：来自地区面板数据的分位数回归》，载于《求是学刊》2015 年第 4 期。
③ 权衡：《收入分配与社会和谐》，上海社会科学院出版社 2006 年版，第 3 页。
④ 袁恩桢：《收入差距与社会和谐》，载于《上海交通大学学报》（哲学社会科学版）2005 年第 9 期，第 5~8 页。

的论断时,强调:"中国贫富差距特别大的一个重要原因是二次分配有问题,西方是'一次分配不足,二次分配缩小差距',而中国则是二次分配扩大了一次分配的差距。"①

值得提出的是,有学者认为:"主流经济学家更多地从发展的角度考察发展中国家的收入分配,假定了制度或经济体制是不变的或不重要的。这样一种研究方式显然无法全部说明中国收入分配的'来龙去脉'。"② 对于收入差距持续扩大问题,学者们逐渐将马克思收入分配理论的研究范式与西方经济学的分析工具相结合,开始了对收入分配与经济增长关系的研究,不仅聚焦于对城乡、区域、行业、阶层的收入差距深入研究,还对居民财产性收入、扩大中等收入者比重、人力资本投资、民生建设等影响收入差距方面进行探索。

(2) 关于中国居民财产性收入与收入差距的讨论。有观点认为在改革以前"两个60元"③的条件下,中国人很难产生财富差距。④ 世界银行的一份报告也指出,当时的中国居民除了可以略去不计的极少量利息收入以外,几乎没有什么财产收入。⑤ 改革开放之后,随着股份制经济的出现,职工住房货币化改革及上市交易,农村土地的家庭承包,知识产权的保护和转让等因素影响下,居民财产性收入逐渐显现。特别是2007年中共十七大报告提出"创造条件让更多群众拥有财产性收入"⑥ 以后,居民财产性收入快速增加和积累,学者们开始重视对财产性收入及其差距的关注和研究,这些讨论主要集中在对财产性收入差距的现状测度与分析、产生的原因以及缩小财产性收入差距的对策分析三个方面。有论者根据中国社会科学院经济研究所收入分配课题组2002年家庭调查数据为基础,对农村、城市和全国居民个人

---

① http://news.xinhuanet.com/fortune/2012-12/10/c_124070714.htm.
② 李实:《中国农村劳动力流动与收入增长和分配》,载于《中国社会科学》1999年第2期,第16~33页。
③ 1987年邓小平在会见新加坡领导人是指出,在20世纪50~70年代中国农民的年均现金收入60元,职工月均入60元,一直处在贫困线之下(参见《人民日报》,1987年5月30日)。
④ 朱光磊:《中国的贫富差距与政府控制》,上海三联书店2002年版,第123页。
⑤ 世界银行:《中国:社会主义经济发展——世界银行经济考察团对中国经济的考察报告》,中国财政经济出版社1981年版,转引自李实等:《中国居民收入分配研究Ⅲ》,北京师范大学出版社2008年版,第279页。
⑥ 胡锦涛:《高举中国特色社会主义伟大旗帜,为夺取全面建设小康社会新胜利而奋斗——在中国共产党第十七次全国代表大会上的报告·十七大报告辅导读本》,人民出版社2007年版,第38页。

财产的分配状况做了一个概括性的分析认为，中国城乡居民各项财产，最主要的三大项，即土地、房产和金融资产，三项合计，占资产总额的89.2%，只要这三项资产分布处理得当，就抓住了根本。并且在迄今为止的一个不太长的历史阶段内，我国经历了一个居民财产高速积累和显著分化的时期，城乡居民财产分布的差距已经超过了收入分配差距。财产分布差距的扩大必将成为影响收入分配差距扩大的一个重要因素。[①] 也有论者采用了1988~2009年国家统计局全国入户调查数据通过基尼系数的分解方法，分解出了每年各个收入成分对收入差距的贡献，发现财产性收入分布的基尼系数最高并且对总收入差距的贡献仍在迅速扩大。[②] 有论者从财产性收入来源的角度，比较了我国城乡居民拥有的财产状况，指出金融资产和房产价值分布差距的扩大加速了居民财产性收入的不平等。[③] 还有学者则指出，金融、行政等制度缺陷导致了居民灰色收入的存在、扩大了财产性收入差距。[④]

（3）关于扩大中等收入者比重，缩小收入差距，形成"橄榄型"分配结构的讨论。2002年中共十六大首次将"扩大中等收入者比重"[⑤] 写入报告中，至2013年中共第十八届三中全会通过的《中共中央关于全面深化改革若干重大问题决定》中继续提出"扩大中等收入者比重，努力缩小城乡、区域、行业收入分配差距，逐步形成'橄榄型'分配格局。"[⑥] 这是作为预防市场经济中贫富分化加剧、社会矛盾凸显，促进社会稳定、经济发展的一个重大战略举措。经济学界许多学者对我国中等收入者阶层的判断标准、规模估计，以及如何扩大中等收入者阶层和对缩小收入差距的作用问题进行了研究。国家发改委宏观经济研究院一个课题组对我国中等收入者先后确定了两个收入标准，2004年的标准是人均年收入在1.5万~3.75万元；[⑦] 2005

---

① 赵人伟、丁赛：《中国居民财产分布研究》，转引自李实等：《中国居民收入分配研究Ⅲ》，北京师范大学出版社2008年版，第255~281页。
② 迟巍、蔡许许：《城市居民财产性收入与贫富差距的实证分析》，载于《数量经济技术经济研究》2012年第2期，第100~112页。
③ 李实、魏众、丁赛：《中国居民财产分布不均等及其原因的经验分析》，载于《经济研究》2005年第6期，第4~15页。
④ 王小鲁：《灰色收入拉大居民收入差距》，载于《中国改革》2007年第10期，第8~12页。
⑤ 江泽民：《全面建设小康社会，开创中国特色社会主义事业新局面——在中国共产党第十六次全国代表大会上的报告·十六大报告辅导读本》，人民出版社2002年版，第25页。
⑥ 《中共中央关于全面深化改革若干重大问题决定》，引自《党的十八届三中全会〈决定〉学习辅导百问》，党建读物出版社学习出版社2013年版，第30页。
⑦ 国家发改委宏观经济研究院课题组：《中等收入者的概念和划分标准》，载于《宏观经济研究》2004年第5期。

年的标准是人均年收入在1.8万~4.0万元。[1] 有论者提出，我国中等收入者的标准是，"个人年收入3.4万~10万元、家庭年人均可支配收入1.8万~5.4万元、家庭年收入5.37万~16万元。"[2] 还有论者认为，应把各地区收入平均值作为确定中等收入者的标准；[3] 应按农村和城市分别统计中等收入者的标准[4]等等。可见，理论界对划分中等收入者的标准分歧较大，并且专家给出标准与社会大众的看法不同，后者标准高于前者。因此，有学者认为，根据收入标准划分中等收入者阶层只具有统计意义，和真实的社会关系中的中等收入者阶层不是一回事。[5] 关于我国中等收入者阶层的规模估计，有论者提出，2005年，我国相对收入标准意义上的中等收入者比重为28.49%；其中，城镇中等收入者比重为37.6%，农村中等收入者比重为24.7%。[6] 2011年，中国社科院的一份城市发展报告指出，截至2009年，我国城市中等收入者阶层的规模已经达到2.3亿人，占城市人口的37%左右；此报告还预测，2010~2025年，在城市中，中等收入者阶层的规模将以每年2.3%的速度扩大，到2020年将接近47%左右，在2023年前后可能要突破50%；2019年城市中等收入者阶层比重可能首次超过城市中低收入者阶层比重，"中间大，两头小"的"橄榄型"社会结构将出现。[7] 关于如何扩大中等收入者阶层，缩小收入差距，促进"橄榄型"分配结构形成的路径及措施讨论方面，有论者就扩大中等收入者比重、扭转收入差距扩大的问题进行了中等收入群体的测算，并提出要通过转移支付向低收入者倾斜、提高农民现金收入、制定个人所得税与消费挂钩、开征财产税等六个方面扩大中等收入群体；[8] 也有论者分析了所有制结构变迁、低价工业化增长机制和产业结构升级缓慢是影响中等收入者比重扩大的主要因素，提出应从大力发展公有制经济、大幅

---

[1] 国家发改委宏观经济研究院课题组：《扩大中等收入者的比重》，载于《经济研究参考》2005年第5期。
[2] 陈新年：《中等收入者论》，中国计划出版社2005年版，第29页。
[3] 李春玲：《断裂与碎片：当代中国社会分层分化实证分析》，社会科学文献出版社2005年版，第49页。
[4] 王开玉：《中国中等收入者研究》，社会科学文献出版社2006年版，第131页。
[5] 李强：《当代中国社会分层：测量与分析》，北京师范大学出版社2010年版，第159页。
[6] 纪宏，陈云：《我国中等收入者比重及其变动的测度研究》，载于《经济学动态》2009年第6期。
[7] 《2011中国城市发展报告：46%北京人进中等收入阶层》，中国新闻网，http://www.chinanews.com/gn/2011/08-04/3233405.shtml，2011年8月4日。
[8] 李培林：《关于扩大中等收入者比重的对策思路》，载于《中国党政干部论坛》2007年第11期，第43~45页。

提高低中等收入者工资水平、加强企业对人力资本投资三个方面来作为扩大中等收入阶层的路径;① 等等。

（4）关于人力资本投资与收入差距的讨论。自中共十六大明确了劳动、资本、技术等生产要素按贡献参与分配的原则以来，经济学界许多学者还从人力资本的视角分析了对缩小收入差距的作用。有论者，论证了经济发展过程中并不必然伴随收入差距扩大的"库兹涅茨效应"，并提出发展中国家需通过对人力资本的大力投资来缩小经济发展过程中产生的收入差距问题。②也有学者从人力资本投资的投资回报率差异入手得出了人力资本投资及其存量的差异是造成贫富差距的根本原因，并且通过对人力资本的投资可以推动经济增长和实现公平的收入分配。③另外，近年来的讨论还集中在人力资本投资的二元性影响城乡收入差距的方面。例如，有论者认为，城市政府人力资本投资和农村个人人力资本投资的差距造成了城乡人力资本的差距，而这就是造成城乡收入差距的深层次原因，并提出政府的人力资本投资应该向农村倾斜。④还有学者讨论了，收入差距扩大对人力资本投资的不利影响，认为体制外收入差距、低收入者对人力资本投资的现实支付能力、收入差距引起的心里失衡对人力资本投资的消极效应等因素都不利于低收入群体的人力资本积累。⑤

（5）经济增长、民生建设与收入差距的讨论。近年来，我国经济学界还针对经济增长、民生建设对收入差距的影响展开了讨论。首先，自1955年库兹涅茨在美国经济协会演讲中首次提出收入分配"倒U型假说"以来，经济学关于经济增长与收入不平等的讨论就持续不断。而针对中国改革发展的事实特征，经济学界围绕中国高速经济增长与收入差距也进行了不断地研究。有学者从检验库兹涅茨曲线在中国是否存在入题，运用面板模型方法中发现了一系列包括经济增长、收入再分配、社会保障、公共产品和基础设施

---

① 夏华、李金凤：《扩大中等收入者比重的影响因素分析和政策建议》，载于《环渤海经济瞭望》2015年第5期，第37~41页。
② 陈钊、陆铭：《教育、人力资本和兼顾公平的增长——理论、台湾经验及启示》，载于《上海经济研究》2002年第1期，第10~15页。
③ 王从军、钱海燕：《人力资本投资与公平的收入分配——一个基于经济发展兼顾公平的收入分配理论研究》，载于《求索》2005年第9期，第81~84页。
④ 郭磊磊、郭剑雄：《人力资本投资二元性对城乡收入差距的影响》，载于《技术经济与管理研究》2017年第1期，第96~101页。
⑤ 黄泰岩等：《如何看待居民收入差距的扩大》，中国财政经济出版社2001年版，第105~108页。

及制度等方面的因素对收入差距存在影响。① 也有论者指出，中国经济高速增长在为收入分配改善奠定重要物质条件的同时，事实上收入差距也呈现不断扩大的趋势，这是非均衡经济中结构刚性矛盾与高速增长、非公经济发展和国有经济改革的非同步性、城乡二元结构刚性与人口流动、双发展战略倾斜②等因素影响收入分配的结果。③ 还有论者认为，居民收入差距的持续扩大对经济增长的负面效应也必须关注，一是给经济持续高增长造成一种潜在的不稳定的政治和社会环境因素；二是不利于生产要素使用效率提高，进而阻碍经济高速增长；三是造成消费需求不足，以致经济增长的拉动作用不足；四是导致投资需求不足，也使经济增动力不够。④ 在目前，经济增长新常态下，我国经济增速下降，维持在中高速增长，随着产业结构调整优化进一步加深和收入分配领域的改革措施的实施，我国收入差距扩大的趋势得到了一定的遏制。有论者分别考察了近年来我国城镇居民和农村居民以及城乡收入差距的变化，发现近年来我国城镇居民收入差距缩小而农村居民收入差距变大，但城乡收入差距有缩小迹象，因为经济增长放缓和产业结构升级使得农村劳动力需求增加和城镇劳动力需求减少，导致农户工资性收入增加高于城镇居民，这会使得未来中国居民收入差距继续缩小。⑤ 也有论者认为，当前的收入差距是建立在城乡居民收入大幅提高的基础上，还未出现两极分化同时呈现出持续下降的趋势，要缩小收入差距还仍需一段时间。⑥

其次，2007年，中共十七大报告中强调"加快推进以改善民生为重点的社会建设"⑦ 以来，经济学界针对公共教育、医疗卫生、财政转移支付、社会保障、扶贫开发等民生问题对收入差距的影响进行了探讨。

---

① 王小鲁、樊纲：《中国收入差距的走势和影响因素分析》，载于《经济研究》2005年第10期，第24~36页。
② 双发展战略倾斜，一是1984年以后农村改革战略向城市改革战略发展战略倾斜；二是实行内地发展战略向沿海优先发展战略倾斜。
③ 周振华：《收入分配——中国经济分析2001~2002》，上海人民出版社2003年版，第72~78页。
④ 高培勇：《收入分配：经济学界如是说》，经济科学出版社2002年版，第122~124页。
⑤ 杨宜勇、池振合：《经济新常态下我国居民收入差距的动态变化》，载于《区域经济评论》2017年第1期，第122~127页。
⑥ 赵振华：《如何认识当前我国居民的收入差距》，载于《光明日报》2016年3月23日。
⑦ 胡锦涛：《高举中国特色社会主义伟大旗帜，为夺取全面建设小康社会新胜利而奋斗——在中国共产党第十七次全国代表大会上的报告·十七大报告辅导读本》，人民出版社2007年版，第36页。

一是在公共教育方面。有论者认为，中国20世纪90年代开始的教育制度改革，对要素收入分配有着深远的影响。从理论上讲，教育扩展带来的人力资本提升，将会提高劳动者在工资谈判中的要价能力，从而提高劳动收入份额。然而，经验事实恰恰相反，近年来教育的快速发展和劳动者受教育水平提高，没有带来劳动收入份额的相应提高。① 这在于我国基础教育特别是义务教育的发展正处于重要的历史转折点，正如对其他国家的发展历程分析所显示的，基础教育财政体制的完善是一个漫长的过程，尤其是在我国这样一个人口与教育大国之中，实现教育公平的目标不可能一蹴而就。②

二是在医疗卫生方面。有论者运用5分组、集中指数和Kakwani指数等方法对政府卫生补助的居民受益归属进行定量分析后认为，从绝对公平角度看，贫困居民获得政府医疗补助绝对数额少，而富裕居民反而从政府补助中获益更多，补助受益的公平性较差。仅仅从相对公平角度来看，才能说各省政府补助在缩小相对贫富差距负面发挥了一定作用。③ 有论者就明确指出，居民收入的提高和保健意识的而增强，使保险需求呈上升趋势，这就给医疗保险制度改革提出了新课题，如何进一步完善医疗保险制度，健全整个医疗保险体系，加强管理，满足人们不断增长的对健康的需求。④

三是在财政转移支付方面。有论者指出，1994年实行的分税财政体制，最突出的两个问题是导致了基层财政困难和地区间差距的扩大。缓解这两个分属于纵向财政不均衡和横向财政不均衡的问题，是分税财政体制改革的主要目标。但迄今为止这一制度尚存在很多问题，特别是导致了近年来地区间差距的进一步拉大。⑤ 也有论者认为，针对我国收入分配中所存在的问题，税收调节的着眼点应放在促进经济发展，鼓励投资，降低低收入者特别是农民的负担，运用财税加强社会保障体制的建设，合理调节居民个人收入，强

---

① 中国发展研究基金会课题组：《转折期的中国收入分配：中国收入分配相关政策的影响评估》，中国发展出版社2012年版，第322页。
② 中国经济体制改革研究研究基金会、中国经济体制改革研究研究会联合专家组：《中国改革发展报告2005：收入分配与公共政策》，上海远东出版社2005年版，第142~143页。
③ 中国经济体制改革研究研究基金会、中国经济体制改革研究研究会联合专家组：《中国改革发展报告2005：收入分配与公共政策》，上海远东出版社2005年版，第146~150页。
④ 周振华：《收入分配——中国经济分析2001~2002》，上海人民出版社2003年版，第256页。
⑤ 中国经济体制改革研究研究基金会、中国经济体制改革研究研究会联合专家组：《中国改革发展报告2005：收入分配与公共政策》，上海远东出版社2005年版，第155~165页。

化征管手段，严格税收管理，利用不同税种，从多方面相互配合，有效地发挥税收对收入分配的调节作用。①

四是在社会保障方面。自 1993 年《中共中央关于建立社会主义市场经济体制若干问题的决定》提出"建立多层次的社会保障体系"② 以来，经济学界关于社会保障体制改革及建立健全与社会主义市场经济体制相适应的社会保障体系，提高低收入群体基本生活保障能力，遏制收入差距的扩大的讨论不断，形成了诸多研究成果。有观点提出，社会保障制度是一种收入再分配制度，也是一种生存物质资源最优化配置制度。如何实现社会保障制度中的收入再分配优化配置，无论是检验标准还是具体政策、理论设计，都有待进一步探讨。③ 有观点还指出，建立有中国特色的社会保障是一项涉及社会成员基本利益的跨时期的制度安排，正义和公平是其核心价值。我国应建立一个社会化、广覆盖、低水平、城乡一体化和可持续的社会保障体系。④

五是在扶贫开发方面。改革开放以来，为了遏制收入差距扩大，实现共同富裕的目标，必须解决城乡贫困问题。在农村，以 1986 年国务院成立贫困地区开放领导小组、1994 年启动"八七扶贫攻坚计划"和 2001 年开始实施新的《农村扶贫开发纲要（2001~2010）（2011~2020）》为标志，30 年来中国农村扶贫的政策目标逐渐明确，制度化水平不断提高，政策手段日益丰富，一个以专项扶贫、社会扶贫、国际支持扶贫，政策保障、开发和救济相结合的扶贫开发体系已经形成，农村贫困人口从 1978 年的 2.5 亿人减少到 2016 年的 5575 万人；在城市，以 1999 年国务院颁布《城市居民最低生活保障条例》为标志，城市中因体制转型下岗失业陷入贫困的群体及其他生活困难的群体被纳入最低生活保障的制度覆盖，通过十多年的努力已经实现"应保尽保"年均覆盖的城市低保人员达 2000 多万。目前，在向 2020 年奔小康过程中，为了不让贫困群体掉队，2013 年 11 月，习近平在湖南湘西考察过程中首次提出"精准扶贫"这一概念，随后学术界围绕精准扶贫、精准脱贫展开研讨。讨论主要着重于三个方面：其一，是探讨精准扶贫、精准脱贫

---

① 高培勇：《收入分配：经济学界如是说》，经济科学出版社 2002 年版，第 157 页。
② 《中共中央关于建立社会主义市场经济体制若干问题的决定（中国共产党第十四届三中全会通过）》，人民出版社 1993 年版，第 20 页。
③ 穆怀中：《国民财富与社会保障收入再分配》，中国劳动社会保障出版社 2003 年版，第 157 页。
④ 汪行福：《分配正义与社会保障》，上海财经大学出版社 2003 年版，第 323、326 页。

机制并包括实践困境的思考；其二，是着眼于实践中的帮扶方式创新与扶贫资金的使用管理问题；其三，是研究了贫困县退出机制的完善问题。

4. 加强收入差距的治理，规范收入分配秩序，收入分配政策的研究受到重视

随着改革开放的深入发展，计划经济体制下收入分配的平均主义格局被打破，在人们收入水平不断提高的同时，居民收入差距的扩大逐渐成为影响经济持续增长、社会和谐稳定的一个重大因素，如何有效防止"两极分化"引起党和政府的高度关注。自中共十五大以来，调节过高收入、扩大中等收入、提高低收入水平、保护合法收入、取缔非法收入，规范收入分配成收入分配政策的一个主导方向。借鉴西方发达国家利用二次收入分配手段来调控收入不平等，也逐渐引起重视。我国二次收入分配的主要手段有社会保障制度、税收制度和政府转移支付等，但这些手段并没有起到有效调节收入分配差距的有效作用。直到中共十七大报告中关于"逐步提高居民收入在国民收入分配中的比重，提高劳动报酬在初次分配中的比重"，[1] 以及中共十八大再肯定"再分配更加注重公平"[2] 的提法出台，表明了政府在对两个收入分配环节中出现收入分配差距拉大的重视和着力缩小收入差距扩大、实现共享成果的目标。随着收入差距问题研究的深入，中共十七大报告中提到"发展成果由人民共享"，[3] 和中共第十八届五中全会提出"共享发展的理念"[4] 标志着"先富论"向"共富论"再到"共享论"的转变，治理收入差距的制度安排、政策措施以及路径选择等方面的研讨也越来越受到研究者的重视。

经济学界对于如何进一步缩小收入差距，形成良好的收入分配格局的讨论也十分广泛。有观点认为，我国以户籍制度为特征的二元结构会导致下一步的分配格局呈现"葫芦形"，应该要努力缩小区域间、城乡间、行业间过大的收入

---

[1] 胡锦涛：《高举中国特色社会主义伟大旗帜，为夺取全面建设小康社会新胜利而奋斗——在中国共产党第十七次全国代表大会上的报告·十七大报告辅导读本》，人民出版社 2007 年版，第 37 页。

[2] 胡锦涛：《坚定不移沿着中国特色社会主义道路前进，为全面建成小康社会而奋斗——在中国共产党第十八次全国代表大会上的报告·十八大报告学习辅导百问》，党建读物出版社学习出版社 2012 年版，第 32 页。

[3] 胡锦涛：《高举中国特色社会主义伟大旗帜，为夺取全面建设小康社会新胜利而奋斗——在中国共产党第十七次全国代表大会上的报告·十七大报告辅导读本》，人民出版社 2007 年版，第 15 页。

[4] 《中共中央关于制定国民经济和社会发展第十三个五年规划的建议（中国共产党第十八届五中全会通过）》，人民出版社 2015 年版，第 5 页。

差距，调节高收入阶层的增速，取缔非法收入。① 有观点指出，必须要通过政治体制改革建立一套完善的初次分配与再分配的政策体系来解决收入差距问题。② 还有论者提出，个人所拥有的要素不同产生了收入差距，因此要解决收入差距扩大的问题应该要通过缩小不同人群所拥有的参与分配要素的差别，尤其是财产和知识的差别。③ 也有论者发现收入差距大主要表现为城乡收入分配差距过大，应该平等分配城乡间生产要素尤其是公共生产要素来缩小城乡收入差距。④

在缩小收入差距对策方面许多学者也给出了不同的解决路径。例如，有观点认为，要通过建立规范完善的财产交易市场来保障财产的有序流通，这是居民取得财产性收入的必要条件。⑤ 也有观点提出，应该要降低财产性收入的准入"门槛"和加大对农村居民的金融支持来缩小城乡居民财产性收入差距。⑥ 还有学者针对初次分配与再分配提出治理收入差距，即初次分配环节形成的过大收入差距，可以通过再分配环节进行调整。⑦ 也有论者提出，对于收入差距的不平等以及扩大趋势问题，应该从市场和政府两方面来入手解决，而另一种意见则认为要对政府和相关的不合理制度安排进行改善。⑧ 还有论者认为，承认分配差距，也要注意社会和谐，改善低收入人群的收入的主要途径就是运用社会再分配特别是财政再分配手段，加强对低收入群体的扶持力度。⑨ 还有在2011年"收入分配理论与政策"国际学术研讨会上不少专家学者提出了从个体瞄准式扶贫、优化间接税的收入分配职能、改革税制使之以个人所得税和财产税为主、促进农民工工资增长、对外

---

① 陈宗胜、高玉伟：《论我国居民收入分配格局变动及橄榄型格局的实现条件》，载于《经济学家》2015年第1期，第30~41页。
② 李实：《中国收入分配格局的变化与改革》，载于《北京工商大学学报社会科学版》2015年第4期，第1~6页。
③ 洪银兴：《非劳动生产要素参与收入分配的理论辨析》，载于《经济学家》2015年第4期，第5~13页。
④ 崔朝栋、崔翀：《马克思分配理论与当代中国收入分配制度改革》，载于《经济经纬》2015年第2期，第117~121页。
⑤ 武岚：《缩小我国居民收入差距的现实选择——基于提高财产性收入的分析》，载于《经济师》2008年第12期，第11~14页。
⑥ 付敏杰：《什么影响了居民的财产性收入？——兼论城市化的首要功能》，载于《经济与管理研究》2010年第10期，第18~23页。
⑦ 蔡昉、王美艳：《中国面对的收入差距现实与中等收入陷阱风险》，载于《中国人民大学学报》2014年第3期，第1~7页。
⑧ 权衡：《收入分配与社会和谐》，上海社会科学院出版社2006年版，第4页。
⑨ 袁恩桢：《收入差距与社会和谐》，载于《上海交通大学学报》（哲学社会科学版）2005年第9期，第5~8页。

贸易等方面入手优化收入分配相关政策。[1]

近年来，学术界还对收入分配相关政策的影响评估展开了研究，有研究团队对近10年调控收入差距的政策实施绩效进行了评估认为，有针对性的政策措施在一定程度上缓解了收入差距不断扩大的趋势，主要体现在：居民收入差距不断扩大的过程中，历史形成的政策因素和制度障碍所产生的作用是主要的，也是主导性的；均衡性的区域协调发展战略对抑制地区间差距扩大起到了明显的作用；农村扶贫开发战略显著地缩小了贫困农村和普通农村的发展差距，但贫困农村内部收入差距仍在扩大；户籍制度放松和促进劳动力流动的政策，对于降低农民工内部以及城镇劳动力市场的收入差距具有积极影响；农产品价格的放开有助于缩小农村内部的地区差距和城乡差距；农村土地流转政策总体上有助于缩小城乡收入差距，但可能使农村内部收入分配更加不平等；免费九年制义务教育的实施对于缩小西部地区的城乡差距具有直接作用，而高等教育制度改革在一定程度上具有拉大收入差距的作用；中央对地方的财政转移支付改革总体上促进了地方政府财政能力的均等化，但还有较大的政策改进空间，这虽不直接影响居民收入分配，但为居民收入分配提供改善的财力基础；农村税费改革和收入所得税起征点具有直接的收入均等化效应；随着我国进入城镇化中期以及刘易斯拐点的到来，加上一系列有利于公平分配的政策助力，我国的收入分配变化可能已经迎来一个转折期。[2]

总的来看，这一时期关于收入分配理论的焦点衔接上一阶段提出的：从什么是社会主义市场经济、如何与按劳分配相容、什么是按生产要素分配以及与按劳分配的关系、"效率"与"公平"关系如何权衡处理等问题，随着改革的深化和收入差距的扩大逐渐转移到，如何更好地将按劳分配同按生产要素贡献分配结合起来，如何更好地兼顾"效率"与"公平"，以此建设"以人为本"的和谐社会，更好地让全民共享发展。不仅如此，随着西方经济学分析范式的不断借鉴融合，国内对收入分配及收入差距扩大的研究从其产生的原因、造成的影响及分析工具相比以往的研究在广度、深度和实用性

---

[1] 杨灿明、赵兴罗：《"收入分配理论与政策"国际学术研讨会综述》，载于《中南财经政法大学学报》2012年第190期，第51~54页。

[2] 中国发展研究基金会课题组：《转折期的中国收入分配——中国收入分配相关政策的影响评估》，中国发展出版社2012年版，第2~7页。

上有了一些突破和创新。例如，在研究收入分配和收入差距扩大原因时对非经济因素的关注，包括权利、制度、人力资本，并借助大量的计量模型加以实证分析等，都是这一时期研究的不同以往之处。同时，也应该看到，虽然大部分的研究越来越更加注重实证，但缺乏对其背后理论依据的深入透析，即缺乏马克思主义收入分配理论的深刻分析，使其理论品质不高。正如有学者提到："有必要在马克思主义理论基础上，对当前的收入分配状况作深入地研究"，还要通过："努力挖掘马克思主义经济理论的丰富内涵，创新理论对收入分配问题给予科学的说明"。[①] 我们对社会主义市场经济收入分配理论的研究远未穷期，随着全面深化改革的推进和社会主义市场经济体制的发展完善，社会主义市场经济收入分配理论的研究还在路上，并且中国改革开放的丰润土壤将使理论研究结出更加丰硕的果实。

### （四）社会主义市场经济收入分配理论探索突破的经验与总结

1. 社会生产力的发展经济的高速增长为社会主义市场经济收入分配理论探索提供了基本前提

从中共十四大明确指出，经济体制改革目标为建立社会主义市场经济体制到中共十四届三中全会对建立社会主义市场经济体制做出了全面的战略部署，开启了社会主义市场经济理论的不断探索，中国经济改革取得一项又一项骄人的成果，这一切都基于生产力的解放，呈现为中国经济的持续高速增长。而解放生产力又为社会积累了财富，为人民生活水平的提高奠定了物质基础，物质生产和生活条件的变化，必将为社会主义市场经济收入分配理论研究提供了基本前提。在改革开放的正确方针下，打破了高度集中的计划经济体制，经济蓬勃发展、高速腾飞，人民物质生活水平大幅提高，这样的鲜活实践使人们真正得以冲破思想的束缚，开始探索理论的新发展，不再纠结于姓"资"还是姓"社"的问题。尤其邓小平提出市场经济不止存在于资本主义社会，"社会主义也可以搞市场经济"的观点，才真正开始了社会主义市场经济收入分配理论的探索。随着我国生产力发展水平不断提高，人均GDP从改革开放前夕的500多元到2002年突破1000美元，说明社会经济生

---

[①] 张俊山：《关于当前我国收入分配理论研究的若干问题思考》，载于《经济学家》2012年第12期，第21~30页。

活中可供分配的数量越来越多，可供分配的对象也越来越丰富，中国逐渐告别了"温饱"时代，走向"小康"社会，而社会主义市场经济收入分配理论也正是这个大时代背景下的产物。同时，也必须看到随着"蛋糕"的做大，分配不公出现，收入差距扩大成为引人关注的问题，研究者们开始探讨收入差距扩大的原因、解决的办法，进而关注城乡、区域、行业、阶层的收入差距、人力资本投资与收入差距、经济增长与收入差距、财产性收入差距、权力寻租与收入差距、民生建设与收入差距以及制度与政策对收入差距的影响等课题，这些研究在相当程度上丰富了社会主义市场经济收入分配理论的探索和创新。

2. 以人为本、公平正义，建设社会主义和谐社会，实现全面建成小康社会为社会主义市场经济收入分配理论探索突破提供了方向和目标

改革开放以前，我国实行计划经济体制下的分配模式，将收入分配结果平均化理解为按劳分配，尤其在"极左思潮"时期，完全否定了经济利益对劳动效率的促进作用，一味地强调分配结果平均化，极大地挫伤了人们劳动的积极性。改革开放后，随着社会主义市场经济理论的提出，才逐渐开始对效率与公平的内涵以及二者权衡的讨论。从中共十三大首次提出"在促进效率提高的前提下体现公平"，中共十六届四中全会，进一步提出构建和谐社会的任务，明确了"以人为本、公平正义"，实现全面建成小康社会的宏伟目标，到中共十七大和十八大分别提出，"初次分配和再分配都要处理好效率与公平的关系"；"初次分配和再分配都要兼顾效率和公平，再分配更加注重公平"等纲领性的提法为社会主义市场经济收入分配理论的进一步探索突破提供了新的方向和目标。可以说，对效率与公平在收入分配中的不断演进和运用，都是为了更好地促进收入分配的改革实践。不管从改革初期打破平均主义僵局，促使经济腾飞角度看，认为效率更为重要的观点，还是后来的强调以人为本，着眼于遏制收入差距扩大、着眼于公平分配，着眼于提高低收入水平，应该认为在初次分配与再分配阶段强调效率与公平兼顾的论述，都是收入分配各环节上既要鼓励按要素贡献大小获得收益，承认合理的收入差距，同时又要调节收入差距的过大，防止贫富悬殊的两极分化，以此更好更快地建设社会主义和谐社会、实现全面建设小康社会的宏伟目标。因此，可以说，社会主义市场经济收入分配理论是在全面建设小康社会目标的指引下，围绕以人为本、公平正义、建设社会主义和谐社会的原则

下不断的突破创新。

3. 社会主义初级阶段所有制结构的不断改革为社会主义市场经济收入分配理论探索突破提供了深厚基础

改革开放以来，根据生产力发展水平和经济发展实际情况，不断进行阶段性的调整所有制结构，这也使得社会主义市场经济收入分配理论随着改革发展逐步探索突破，走向成熟。从理论上讲，马克思收入分配理论中国化是一个动态的过程，当其所依存的经济条件发生变化时，理论也要随之变化。[①] 中共十一届三中全会到中共十四大，我国经济结构中形成了以公有制为主体、其他经济成分为补充的所有制结构，中共十五大又进一步提出"公有制为主体，多种所有制经济共同发展"的基本经济制度，表明了对公有制经济及其主体地位有更加全面的认识。由于分配方式取决于所有制关系，因此这一时期的收入分配理论，从按劳分配在社会主义初级阶段分配结构中的主体地位，多种非按劳分配方式的补充地位，转向了"个人收入分配要坚持以按劳分配为主体，多种分配方式并存的制度"，都是收入分配理论上对的重大突破，并且在中共十五大报告中提出"把按劳分配和按生产要素分配结合起来"，中共十六大报告中又进一步深化为，"确立劳动、资本、技术和管理等生产要素按贡献参与分配的原则"，更是对马克思收入分配理论的新发展，彻底突破了"产品型按劳分配"的实现模式。可以说，改革以来，所有制结构多元化的变迁，使理论界也逐渐突破了按劳分配方式唯一性的传统观念，人们从开始承认非劳动性收入，到探索劳动、资本、技术、管理等生产要素按贡献参与分配这些具有社会主义市场经济特点的分配方式，表明所有制结构的不断改革为社会主义市场经济收入分配理论探索突破提供了深厚基础。

4. 社会主义市场经济体制改革目标模式的确定为社会主义市场经济收入分配理论探索突破提供了理论框架

1978 年，以中共十一届三中全会召开为标志，中国进入改革开放新时期。但改革的目标模式一直游移不定。早在 1979 年李先念就提到整个国民经济中，以计划经济为主，同时还应该充分重视市场调节的辅助作用，陈云也强调了市场调节在社会主义经济体制中的作用，由此开始了

---

① 杨辉：《马克思主义个人收入分配理论中国化研究》，世界图书出版公司 2011 年版，第 81 页。

"计划经济为主、市场调节为辅的"官方提法和经济改革理论界的主流观点。① 随之,理论界开始为"商品经济"正名,并且把社会主义商品经济与按劳分配结合起来研究了劳动报酬与企业经营成果的相互关系。之后,中共十二届三中全会就明确提出"有计划的商品经济模式"。而中共十三大又进一步提出"计划与市场内在统一"的经济体制及"国家调节市场、市场引导企业"的运行机制又朝着市场导向型经济体制迈出了一大步。理论界,也围绕计划与市场的关系展开了激烈的争论。直到1992年1~2月,邓小平在南方的讲话,对社会主义也存在市场的论断不仅结束了理论界在计划与市场关系上的长期争论,而且奠定了中共十四大和十四届三中全会对确立我国建立社会主义市场经济体制且作出全面战略部署和制度安排的基调,这标志着社会主义市场经济体制建设的正式起步,也标志着创建社会主义市场经济理论体系的开始。由此经济理论界关于社会主义市场经济研究的诸多方面,如市场机制、市场运行、市场主体、市场体系、市场开放与国际金融贸易、市场失灵与政府干预等研究,都影响到马克思收入分配理论中国化推进到"社会主义市场经济收入分配理论"研究的新阶段,为社会主义市场经济收入分配理论探索突破提供了理论框架。

5. 解放思想,实事求是,与时俱进,求真务实为社会主义市场经济收入分配理论探索突破提供了思想保障

改革开放以后的社会主义市场经济收入分配理论研究摆脱了"就分配论分配"的思维窠臼,在解读和运用经典作品时倾向全面、准确和灵活,更加注重实践对理论的检验和理论在实践中的作用,并通过实践促进理论的创新。正如邓小平提出的"解放思想,实事求是"的精神,这不仅是马克思主义的精髓,也是我们进行社会主义市场经济收入分配理论探索创新的核心精神。这就是要求一切从实际出发,杜绝本本主义和教条主义,从"实事"固有的相互联系和不断地变化发展中,去探求和把握事物发展的内在规律。本着这种求真务实的态度,邓小平在改革开放初期就勇于澄清历史上的错误,克服平均主义,按劳分配才得以"正名"。并开始逐步把企业作为分配主体,为我国的分配改革提供了理论探讨的微观基础。之后又提出了社

---

① 赵凌云:《中国共产党史(1921~2011)》,中国财政经济出版社2011年版,第404页。

会主义发展的不平衡规律、竞争规律，提出了"先富""后富"的理论。这些都体现了邓小平以及这一时期研究者们强调物质利益和精神作用并重的原则。也正是改革开放后思想路线上的拨乱反正，提倡解放思想，实事求是，与时俱进，求真务实的思想作风和研究方法，才为中国社会主义市场经济收入分配理论的探索突破提供了思想保障。

# 第二篇

## 制度演变与创新

"设想有一个自由人联合体,他们用公共的生产资料进行劳动,并且自觉地把他们许多个人劳动力当做一个社会劳动力来使用。……这个联合体的总产品是社会产品。这些产品的一部分重新用作生产资料。这一部分依旧是社会的。而另一部分则作为生活资料由联合体成员消费。因此,这一部分要在他们之间分配。这种分配的方式会随着社会生产机体本身的特殊方式和随着生产者的相应的历史发展程度而改变。"——马克思

# 第四章 当代中国社会主义收入分配制度变迁：一个理论分析框架

新中国成立以来，我国收入分配制度的变迁历经近70年，跨越前后两个世纪不同的经济体制的转换，其特殊历史背景及其阶段性发展战略、政策选择约束下的复杂性、变异性和多维性，需要一个能够涵盖全部问题的完整理论框架、综合的整体的理论把握才能予以揭示。

本章致力于政治经济学角度，从收入分配制度变迁既受到整体社会经济制度变迁的制约，又深刻影响着社会经济制度转型发展，在生产力——生产关系——上层建筑系统相互影响、作用的完整的系统结构互动机制中，通过分配基础、分配原则、分配机制和分配形式四个维度深刻揭示我国收入分配制度演变的四重内涵。易言之，本章构建了一个双向度逻辑关系的理论分析框架：一方面，通过分析分配制度内部分配基础、分配原则、分配机制和分配形式的逻辑互动关系，分析刻画了一个内在向度的理论进路；另一方面，将分配纳入社会经济系统的整体向度，通过分析生产力、生产资料所有制及其生产关系、上层建筑的发展演变如何引致分配制度的发展演变，分析刻画了一个外在向度的理论进路。

## 一、基本概念界说

### （一）分配制度

分配一般指社会产品分给国家、社会集团以及社会成员的过程和形式，分配是社会再生产的一个重要环节。从广义上讲，分配包括社会总产品的分配、国民收入的分配、个人消费品的分配等。社会总产品是社会在一定时期内（通常为1年）所生产的物质产品的总和，包括生产资料和生活资料。社会总产品的分配是指社会对社会总产品（包括生产资料和消费资料）的归属、去向和分割所作出的安排。个人消费品的分配是指社会对个人消费品的分割和归属所作出的安排。

本节研究的收入分配是指国民收入的分配，即国民收入分给国家、社会集团以及社会成员的过程和形式，其中包含了个人消费品的分配。国民收入的分配通常可以可划分为初次分配和再分配。

本书研究的收入分配制度，简称"分配制度"，是指关于国民收入分配的一系列制度安排，其核心是关于国民收入分配的规则、程序、机制和形式。本节把分配制度划分为分配基础、分配原则、分配机制和分配形式四个维度来开展研究。

### （二）分配基础

按照经典的马克思主义政治经济学的基本原理，在社会生产关系中，生产资料所有制决定分配关系和分配制度，生产资料所有制构成分配关系和分配制度的基础。换言之，人对物质生产资料占有上体现出的人与人之间的社会经济关系，其核心是生产资料的归属问题，进一步地，所有制关系是通过社会生产及其产品的分配、交换、消费来体现，是生产、分配、交换、消费各方面关系的总和，且所有制是一个发展的概念和发展的过程，在一定的社会经济形态同时存在的不同所有制形式构成的所有制结构中，居于主体地位的所有制成分的性质，决定了该社会基本经济制度的性质。基于此，本书研究的分配基础指的是以生产资料所有制为核心的生产关系，占主体地位的生产资料所有制是一个社会的基本经济制度，是社会选择其分配制度的前提和基础。通常，生产资料的公有制安排决定了分配关系将采取按劳分配乃至按需分配的制度安排，而生产资料的私有制安排则决定了分配关系将采取按要素贡献分配的制度安排。我国社会主义初级阶段选择了以公有制为主体、多种所有制经济共同发展的基本经济制度，这就决定了我们社会主义初级阶段的分配制度将采取按劳分配为主体、多种分配方式并存的分配制度。

产权是所有制的核心，是经济所有制关系的法律表现形式。产权包括财产的所有权、占有权、支配权、使用权、收益权和处置权。一个社会的生产资料所有制安排决定了产权制度安排。因此，所有制安排和产权制度安排都构成是分配制度的前提和基础。当前,我国正在着力健全归属清晰、权责明确、保护严格、流转顺畅的现代产权制度,这将对我国的分配关系和分配制度变革产生深远的影响。

## (三) 分配原则

分配原则是收入分配制度秉持的基本原理和准则,是分配制度的核心安排。在法学中,按照法律原则产生的基础不同,可以把法律原则分为公理性原则和政策性原则。公理性原则,是指从社会关系性质中产生并得到广泛认同的被奉为法律公理的法律原则,这是严格意义上的法律原则。例如,宪法中的分权原则和人权原则,选举法中的普遍、直接、秘密、平等原则,现代刑法中的罪刑法定原则,民法中的诚实信用原则,行政法中的合法性原则,诉讼法的司法独立原则,刑事诉讼中的无罪推定原则,国际法中的国家平等原则等。由于公理性原则来自事物本身的性质,所以公理性原则较政策性原则有更大的普适性。政策性原则则是一个国家或民族出于一定的政策考量而制定的一些原则,如我国宪法中规定的"依法治国,建设社会主义法治国家"的原则,"国家实行社会主义市场经济"的原则,婚姻法中"实行计划生育"的原则,等等。政策性原则具有针对性、民族性和时代性。概言之,公理性原则是从社会关系的本质中产生出来的,得到广泛承认并被奉为法律的公理,在原则中属于一般的、公认的原则;而政策性原则属于特定时期为了适应特定政策的需要而制定的法律原则。

借鉴法学中关于法律原则的分类方法,我们尝试将分配制度的分配原则也划分为公理性分配原则和政策性分配原则。公理性分配原则是从社会关系的本质中产生出来的,得到广泛承认并被奉为分配的公理,如社会主义生产资料公有制本质关系中产生的人们之间公平分配、人人平等、按劳分配等原则。政策性分配原则是国家关于不同时期适应社会经济发展需要的具体分配决策和政策安排,政策性分配原则的核心是效率与公平的权衡,比如效率优先、兼顾公平原则,或者是公平优先、兼顾效率原则等。

公理性分配原则和政策性分配原则之间具有互动关系。国家在制定政策性分配原则时,不可能不受公理性分配原则的影响;同时,政策性分配原则通过反作用来塑造、影响公理性分配原则。

### （四）分配机制

分配机制是指分配制度得以实施和运行的机制。通常，分配制度可以通过计划经济的运行机制来贯彻实施，也可以通过市场经济机制来贯彻实施。计划分配机制的实质是收入由计划分配，价格机制和供求竞争机制被弱化、扭曲甚至取消；市场分配机制的实质是收入由供求竞争决定，价值规律和价格机制起支配作用。两者的关键差别是：收入是在计划中确定，还是在供方与供方、需方与需方、供方与需方的相互竞争中决定。[①] 在计划经济年代，我国的按劳分配制度通过一套严格的计划机制来实施和运行。而当前在社会主义市场条件下，我国按劳分配为主、多种分配方式并存的分配制度则是通过市场机制来实施和运行的。

### （五）分配形式

分配形式是社会收入分配所采取的具体形式。分配形式有不同的划分标准，从现象上看，可以划分为工资性收入、经营性收入、财产性收入等；从收入源泉上看，可以划分为劳动收入、资本收入、土地收入、技术收入等。分配形式是分配制度的产物和表现形式。在计划经济年代，分配形式表现为工资、工分、实物分配等形式。而在市场经济年代，分配形式通常表现为工资、奖金、股息、利息以及其他多种形式。

## 二、双向度逻辑关系构成的理论分析框架

向度指一种视角，是一个判断、评价和确定一个事物的多方位、多角度、多层次的概念。由于收入分配制度的复杂性和多维性，需要从不同的向度对分配制度进行剖析和分析。本节从分配制度的内在向度（分配基础、分配原则、分配机制、分配形式）和外在整体向度（生产力——生产关系——上层建筑）两个层面，构建了一个研究分配制度变迁的理论分析框架。

---

[①] 严格地说，计划经济中不能说完全没有对资源和收入的竞争，只是这些竞争主要是对资源的分配性竞争，所谓"跑部钱进"，而极少是生产性的供求竞争。

收入分配制度是社会生产关系的重要组成部分,要理解当代中国收入分配制度的变迁,必须深入当代中国生产力与生产关系、经济基础与上层建筑的互动作用机制中去理解和分析。本书运用马克思主义经济学关于"生产力—生产关系（经济基础）—上层建筑"的互动作用原理,通过分析当代中国社会生产力的发展如何引致生产关系（生产关系包括所有制、分配制度等）的改革和演变,同时分析上层建筑的改革发展又如何反作用于经济基础（包括对其中分配制度的作用）,从而来解释和理解当代中国收入分配制度的演变机制、演变路径和改革发展的未来方向。

本节从分配基础、分配原则、分配机制和分配形式四个维度去解构分配制度,构建了双向度逻辑关系的理论分析框架：第一,通过分析分配制度内部分配基础、分配原则、分配机制和分配形式的逻辑互动关系,构建了一个内在向度的分析框架；第二,将分配纳入社会经济系统的整体向度,通过分析生产力、生产资料所有制、上层建筑的发展演变如何引致分配制度的发展演变,构建了一个外在向度的分析框架。这一双向度逻辑关系的理论分析框架可以通过图4-1来表达。

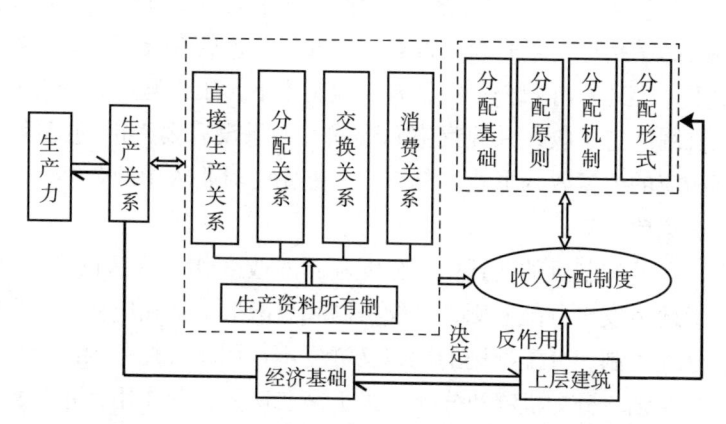

图4-1 收入分配制度的形成机理及结构分解示意图

**（一）分配内在向度：分配制度与分配基础、分配原则、分配机制和分配形式的逻辑关联**

如前面所述,从内在向度来看,分配制度包含了分配基础、分配原则、分配机制和分配形式四个组成部分。在分配制度的内部机理中,分配基础、分配原则、分配机制和分配形式的关系是：

首先，分配基础决定分配原则，并在一定程度上影响着分配机制和分配形式的选择。公有制为基础的分配原则和私有制为基础的分配原则具有重要的区别。通常，生产资料的公有制安排决定了分配关系将采取按劳分配原则，而生产资料的私有制安排决定了分配关系将采取按要素贡献分配的原则。

其次，分配基础和分配原则对分配机制的具体运行具有重要影响，分配机制是分配基础和分配原则的具体体现。另外，因为分配机制由社会总体经济运行机制来决定，无论分配基础、分配原则，都必须纳入这个运行机制之中，适应这个机制的内在逻辑和规律。因此，分配机制在一定意义上又决定了分配基础的存在方式，也决定了分配原则发生作用的方式。

再次，政策性分配原则会反作用于分配机制和分配基础。公平和效率的权衡影响着市场机制的作用范围，比如出于公平考虑，医疗、卫生、教育等公共领域时常被认为不宜完全由市场支配；公平和效率的权衡影响着所有制结构，公平正义、共同富裕的分配原则构成生产资料公有制的意识形态基础，而个人主义、责任自负、推崇效率的分配原则则是私有制的思想土壤。

最后，分配形式则是分配基础、分配原则和分配机制综合作用的结果。其一，所有制结构决定了是否允许有私人要素收入的存在基础，比如在公有土地制度下，土地涨价归公；在私有土地制度下，土地涨价归私人所有。其二，分配机制决定了收入来源渠道和形式，如果没有要素市场的运行机制，就不会有相应的要素收入形式。其三，分配原则对收入中的劳动收入—要素收入结构有重要影响。

总之，在分配制度的变迁中，分配基础的改变作为变迁的历史性基点，影响和逻辑地生发出分配原则、分配机制和分配形式的相应变化，反之，分配形式、分配机制、分配原则的调整又进一步作用于分配基础的改变，分配基础、分配原则、分配机制和分配形式正是在这种相互作用、相互影响的过程中，形成一个对立统一、矛盾运动的有机整体，并推动着一个社会的收入分配制度不断发展、演变、革新。这是我们解析分配制度变迁的内在向度。

### （二）分配外在向度：广义生产关系及其内嵌的分配关系的前后延展逻辑关联

按照历史唯物主义的观点，生产力是一切社会发展的最终决定力量，生产力的发展决定生产关系①的发展演变,生产关系的发展演变既包括生产资料所有制及其具体实现形式的变化,又包括人们在生产、分配、交换、消费领域的广义生产关系的发展演变。因此,生产力的发展通过决定生产关系(包含分配关系)的发展来决定分配制度的发展变迁。

按照马克思主义经济学关于"生产力——生产关系(其总和构成经济基础,其中包括分配制度)——上层建筑"的互动作用原理,生产力的发展决定生产关系的发展(包括分配制度的发展变迁),同时,上层建筑的发展变革通过反作用于生产关系来影响和推动分配制度的发展变迁。

首先,社会生产力的发展演变决定了分配制度的发展变迁。

分配制度是社会生产关系的一部分,由于生产力决定生产关系,因此生产力的发展变迁在很大程度上决定着分配制度的发展变迁。生产力发展决定生产关系的发展演变,并进而决定分配制度的发展演变,其具体作用机制是:生产力发展决定了一个社会生产资料所有制的结构与制度安排——生产资料所有制关系和结构与制度安排决定了分配关系和分配制度的安排——由此也决定着分配制度内部的分配基础、分配原则、分配机制和分配形式的发展变迁。

马克思分配理论的思想精髓和理论逻辑是:分配是生产的背面,一定的生产制度决定了分配的制度。分配的性质是由生产的性质决定的,归根结底是由生产资料所有制的性质决定的,这一点马克思在《政治经济学批判》中作了明确分析,分配包括产品的分配和生产条件的分配,狭义的分配关系,是指收入的分配,它"表示对产品中归个人消费部分的各种索取权"。②这种分配关系取决于生产关系;另一种是生产条件的分配,马克思指出:"一定的分配形式是以生产条件的一定的社会关系为前提的。因此,一定的分配只是历史规定的生产关系的表现。"③ 因而"是在生产关系本身范围内","它们决定着生产的全部性质和全部运动"。④ 我们称为"马克思分配定理"。

---

① 按照马克思主义政治经济学的理解,生产关系是指人们在物质资料生产和再生产的过程中结成的相互关系,通常有狭义和广义的生产关系之说。狭义的生产关系是指人们在直接生产过程中发生的关系,广义的生产关系是指人们在社会生产总过程中发生的生产、分配、交换和消费的关系。本书使用的生产关系采用广义生产关系的内涵。
②④《马克思恩格斯文集》第7卷,人民出版社2009年版,第995页。
③《马克思恩格斯全集》第25卷,人民出版社1965年版,第997页。

其次，上层建筑的发展变迁在很大程度上影响着分配制度的发展变迁。

由于生产关系的总和构成一个社会的经济基础，所以分配制度也属于社会经济基础的组成部分。按照马克思主义经济学基本原理，一定的经济基础决定相应的上层建筑，上层建筑反作用于经济基础，因此，社会上层建筑的发展变革在很大程度上影响着分配制度（经济基础）的发展变迁。可以说，收入分配制度的变迁受到经济基础和上层建筑两个层面因素的影响。在这两个层面中，经济基础决定了收入分配制度的基本安排，同时上层建筑对收入分配制度也会产生深远影响。上层建筑在决定于经济基础的同时，自身有一定的独立性，可反作用与经济基础，影响和规范着分配制度的具体安排。

总之，将分配制度纳入社会经济系统的整体向度加以分析，从生产力——生产关系（包括分配制度）——上层建筑三者的互动作用中去理解分配制度的变迁，为我们提供了一个更加宽广、宏大的分析视角。

### 三、收入分配制度变迁的基本轨迹

收入分配制度作为中国社会主义发展和改革的基础性制度，有着很强的时代特征和历史逻辑联系。因此，按照历史时序检视社会主义实践在不同体制和阶段下收入分配制度的变迁，对当前和未来中国收入分配制度的进一步改革创新和完善有着重大的理论意义和实践价值。

新中国成立后迄今近70年间，社会主义收入分配制度的实践探索和历史逻辑，呈现出一条试错—改革—优化的鲜明主线：建基于总体低下生产力水平及其生产关系、上层建筑的动态适应性发展之上的"社会主义特殊形态"的"混合型"收入分配制度，在社会主义制度的形成、改革及其完善的反复摸索、波澜起伏过程中，表现为过渡时期的"混杂型"收入分配制度、改革开放初期的"混存型"收入分配制度和社会主义市场经济体制下"混生型"收入分配制度。实践反复证明，当"社会主义特殊形态"的"混合型"收入分配制度的具体选择和形成适合现实社会生产力、生产关系及其上层建筑实际时，就会促进社会生产力发展和经济增长与发展，从而因改善民生、增进民生福利、提升民生水平而进一步优化和完善社会主义制度；相反，当出现违背现实生产力、生产关系客观要求及其上层建筑制约的超前或滞后的收入分配制度时，则必然抑阻社会生产力发展和经济增长与发展，民生因此得不到应有的改善和提高，从而偏离社会主义制度探索的正确方向而使社会主义制度建设遭受挫折。

我们将运用历史分析方法，通过历史回顾与梳理，将当代中国分配制度的发展变迁分为三个阶段来展开分析研究：（1）制度变革背景下传统社会主义按劳分配制度的形成与发展（1949~1978）；（2）体制改革进程中社会主义收入分配制度嬗变（1978~1992）；（3）社会主义市场经济体制下收入分配制度的改革完善（1992年至今）。

我们将运用双向度的理论分析框架，分别研究这三个阶段中国居民收入分配制度的改革演变机制、演变路径和阶段性特征等内容，并对当代中国分配制度改革发展的未来方向做出分析和研判。

### （一）制度的形成与发展（1949~1978）

新中国成立后，我国的经济制度经历了深刻的历史变革。伴随着社会经济制度的变革，我国的收入分配制度也经历了深刻的演变和发展。这一阶段收入分配制度变迁的基本轨迹大致如下。

1. "混杂型"收入分配的产生和终结：1949~1956年

"混杂型"收入分配制度出现在新中国成立后至社会主义改造完成前，包含了按劳分配、按生产要素分配、供给制等多种分配方式的混合。在这一国民经济调整恢复期和社会主义改造期，国营经济、个体经济、合作社经济、资本主义经济共同存在，提供了"混杂型"多种分配方式并存的所有制基础。与此同时，在有限的生产力基础上，快速推进工业化的基本发展目标，也要求决策者调动一切可使用的资源，最有效地推动生产力快速发展，同时保证不同行业、不同所有制部门劳动者的基本生存所需。"混杂型"收入分配制度的灵活性特征，起到了提升生产者积极性，保证分配与消费环节基本稳定的重要作用。

2. "单一型"按劳分配制度的确立和演变：1957~1978年

1956年社会主义改造的完成意味着社会主义基本经济制度的确立，自此直到1978年末实行改革开放前，全面的生产资料公有制取缔了私人资本等其他要素取得要素报酬的基础，劳动者只能凭借劳动贡献参与收入分配，劳动者个人不具备非劳动要素，也就不可能凭借非劳动要素参与分配。因此，全面公有制的所有制结构和要素产权制度，决定了这一阶段传统计划经济体制下"单一型"按劳分配成为唯一可行的个人收入分配方案。生产资料所有制向单一化的社会主义公有制经济转变的根本性变革，既构成重塑新的社会主义经济制度的逻辑起点，也构成新的社会主义收入分配制度形成的现实起点。理论上说，社会主义公有制经济的建立，要求打破原有的以资本和土地私有制为基础的分配制度，确立一种可以体现人民当家做主，基本实现经济利益较公平分配的分配制度，从而改变人们在经济生活中的地位与相互关系，也改变了产品的分配与归属；实践上看，具体体现在所有制与分配制度的内在关联上，全面的生产资料公有制要求实行单一的按劳分配制度，并进一步逻辑地生发出新的按劳分配原则、按劳分配的计划机制和分配形式。

**（二）制度嬗变（1978～1992）**

从1978年末党的十一届三中全会开启改革到1992年党的十四大召开之前，我国收入分配制度的改革演变经历了一个从传统计划化的、单一的按劳分配制度逐渐向市场化的、坚持按劳分配基础上新的按生产要素分配渐进性渗入的"混入型"分配制度演进，其单一公有制的裂变、多元产权一定程度的回归等分配基础的率先改革和变化，引致了分配原则、分配机制及其分配形式的相应变化，构成了分配制度渐进性改革的内在逻辑。

1. "混入型"收入分配制度改革与转向的突破：1978～1986年

在这一阶段，随着个体、私营、"三资"企业等非公有经济形式的出现和快速发展，原有劳动关系的变化和新的劳资关系的产生，引起整体国民经济和国民收入分配格局的一定变化：一方面，公有制经济的外围区域相应出现市场作用下的资本性收入、经营性收入、技术性收入等要素性收入的多种收入分配方式；另一方面，要素性收入分配方式又通过生产、交换等多种形式、多个渠道的外溢效应，渗入到公有制经济的内部，影响到包括国有企业、集体企业等公有制经济市场化改革作用下的收入分配的变化。我们把这种因改革的市场作用而产生的资本性收入、经营性收入、技术性收入等要素性收入的多种收入分配方式，向公有制经济及其分配的渗入影响、从而混入整体国民经济和国民收入分配中形成的分配制度及其政策，视为"混入型"收入分配制度。

2. "混入型"收入分配制度改革与转向的深入：1987~1992年

随着生产力的发展和非公有制经济等市场经济因素的不断壮大，需要我国生产关系和上层建筑做出必要的调整。1987年中国共产党第十三次全国代表大会提出按劳分配为主，其他分配形式为补充，并明确资本等非劳动要素参与收益分配的合法性，由此开始并深入推进了我国的"混入型"收入分配制度变革。

总体上看，1978~1992年，我国收入分配制度的演变轨迹是从传统计划化的、单一的按劳分配制度逐渐向市场化的、按生产要素分配渐进性渗入的"混入型"分配制度演进，这种演变轨迹可以通过分配基础、分配原则、分配机制和分配形式四个方面来体现。其中，分配基础经历了要素产权从单一化到多元化的演变，分配原则经历了公理性原则和政策性原则的优化，分配机制经历了从政府单一分配机制到引入市场机制的变革，分配形式则经历了从简单化到多样化的演变。

### （三）制度的完善（1992年至今）

1992年，党的十四大确立了我国经济体制改革的目标是建立社会主义市场经济体制。随着我国社会主义市场经济体制的逐步建立和完善，各种生产要素对经济发展的贡献越来越大，传统的劳动分配占绝对地位、新的生产要素分配有所渗入的"混入型"收入分配制度也随之逐步转变为"混生型"收入分配制度。

1. "混生型"收入分配制度的初步确立：1992~2001年

"混生型"收入分配制度，也即按劳分配为主体，多种分配方式混合生长、并存作用的基本收入分配制度，它是伴随体制改革进入中国特色社会主义市场经济体制确立、建设、发展过程中逐渐形成的。这是1992年党的十四大对社会主义市场经济体制改革目标确立新的历史背景下、我国收入分配制度的又一次适应性调整和创新，是生产要素转向以市场配置为基础、多种所有制和经济形式由体制外的"边际增量"改革，转入打破体制外与体制内泾渭分明界限、向相互渗透融合、谋求合作共生的同一社会主义市场经济体制转变历史逻辑的必然。"混生型"收入分配制度中，按劳分配重视公平，按生产要素分配促进效率提升，二者相辅相成，形成混生优势，以在促进生产力新的发展过程中实现公平与效率的有机融合。比如，公有制企业中有按生产要素分配，非公有制企业特别是合资企业、合作经营中也受到按劳分配的影响与制约，存在一定的准按劳分配因素，而混合所有制的推进更是为他们的融合生长提供了良好的机遇。

由于实践中社会主义市场经济体制下基本收入分配制度的确立并不是一蹴而就的，而是一个渐进的演进过程，其中分配基础、分配原则、分配机制和分配形式四个维度的演变也经历一个从逐步改革到初步确立的过程。

2. "混生型"收入分配制度的新突破：2002~2011年

伴随着分配制度的变革和收入分配机制的市场化，我国居民收入差距迅速扩大，我国从一个收入差距相对较小的国家，迅速变成了一个收入差距较大的国家。收入差距的迅速扩大使得社会公平问题日益凸显，倒逼进一步改革完善社会主义市场经济体制下的收入分配制度。2002年，中国共产党第十六次全国代表大会确定了"全面建设小康社会"的目标，要求"理顺收入分配关系"，明确强调"确立劳动、资本、技术和管理等生产要素按贡献参与分配的原则"，"初次分配注重效率，再次分配注重公平。"收入分配制度方面的延续与调整既是对过去改革成果的肯定，同时也为解决改革过程中分配领域出现的新问题提供指导。

随着市场化改革的推进，收入差距扩大化趋势更加突出，社会公平问题难以回避。2007年，中国共产党第十七次全国代表大会进一步强调了"2020年建成小康社会"的目标之后，明确指出"合理的收入分配制度是社会公平的重要体现。"在不断完善社会主义经济体制的过程中，"要坚持和完善按劳分配为主体、多种分配方式并存的分配制度，健全劳动、资本、技术、管理等生产要素按贡献参与分配的制度，初次分配和再分配都要处理好效率和公平的关系，再分配更加注重公平。逐步提高居民收入在国民收入分配中的比重，提高劳动报酬在初次分配中的比重。"

在21世纪初期的10年，我国"混生型"收入分配制度改革出现了明显的新突破。在分配基础上，侧重以建立现代产权制度为着力点，推进国有企业改革，完善所有制结构；在分配原则上，确立生产要素参与分配的标准是按贡献大小，且收入分配逐渐向公平端倾斜，效率与公平并重；在分配机制上，着力构建市场、政府和社会三重机制，扭转日益扩大化的收入差距；在分配形式上，居民收入多样化的趋势越来越显著。

3. "混生型"收入分配制度的深度优化:2012年至今

我国在2011年便跃居世界第二大经济体,但同年国家统计局公布的基尼系数为0.477,说明国家重视效率的制度设计在促进经济增长的同时,也带来了较大的收入差距,极不利于全面建成小康社会与共同富裕目标的实现。实际上,可以发现,"让一部分人先富起来"的政策已经完成任务,应逐步转向"实现共同富裕"的政策①,这也意味着社会主义市场经济体制下的基本收入分配制度应继续调整优化以适应新时期、新阶段的经济社会发展要求。

2012年召开的中国共产党第十八次全国代表大会指出,"要加快完善社会主义市场经济体制",与之相适应,"要完善按劳分配为主体,多种分配方式并存的分配制度。"相较于以往,此次会议更加关注基本收入分配制度的深入优化,创新之处较为显著:一是将完善收入分配制度的根本目标具体化为"实现发展成果人民共享";二是实现该目标"必须深化收入分配制度改革",具体来说要做到"两个同步、两个提高",即"努力实现居民收入增长和经济发展同步、劳动报酬增长和劳动生产率提高同步,提高居民收入在国民收入分配中的比重,提高劳动报酬在初次分配中的比重";三是"初次分配和再分配都要兼顾效率和公平,再分配更加注重公平",表明国家在对待效率与公平的关系上更加侧重公平。四是首次明确"完善劳动、资本、技术、管理等要素按贡献参与分配的初次分配机制,加快健全以税收、社会保障、转移支付为主要手段的再分配调节机制。"五是进一步鼓励居民收入多样化,强调要"多渠道增加居民财产性收入"。

总的来说,这一阶段"混生型"收入分配制度的深入优化本质上是加快缩小居民收入差距,最终迈向共同富裕。在分配基础方面,加速推进混合所有制经济,完善产权保护制度;在分配原则方面,以共享发展理念为指导,更加侧重公平;在分配机制方面,坚持三重机制协调的同时,强化政府与社会机制的调节作用;在分配形式方面,多渠道丰富群众收入来源,进一步推动居民收入的多样化。

---

① 刘国光:《是"国富优先"转向"民富优先"还是"一部分人先富起来"转向"共同富裕"》,载于《浙江社会科学》2011年第4期。

# 第五章 当代中国收入分配制度的形成、发展与演变

历史地看，中国的每一次重大变革几乎都与不同阶级、不同阶层、不同群体的利益调整分不开，更与收入分配制度的演进紧密关联。一定意义上可以说，中国收入分配制度的变迁史就是中国经济社会的变革史。本章基于"生产力——生产关系——上层建筑"外在向度和"分配基础、分配原则、分配机制和分配形式"内在向度的互动框架，运用马克思主义的唯物史观研究分析方法，着力从时间维度把握当代中国收入分配制度的形成、发展与演变，以全方位、多角度分析中国社会主义收入分配制度改革与创新。

新中国成立至今，中国的收入分配制度演进历程可分为三大阶段：一是制度变革背景下传统社会主义按劳分配制度的形成与发展阶段。这一时期是从私有到公有、从剥削到"平等"的阶段，收入分配制度由1949~1956年的"混杂型"收入分配制度过渡到1957~1978年的"单一型"按劳分配制度。二是中国体制改革进程中社会主义收入分配制度的嬗变阶段。以农村"家庭联产承包责任制"改革与城市的"扩权让利"改革为代表的中国经济体制改革发生在此时段。1978~1992年，中国的经济体制改革快速推进，平均主义特征突出的"单一型"按劳分配制度随之演变为按劳分配占绝对支配地位、按生产要素分配有所渗入的"混入型"收入分配制度。三是社会主义市场经济体制下收入分配制度的完善阶段。1992年以后，与社会主义市场经济体制改革目标相适应，收入分配领域的改革不断深入完善，逐步形成了按劳分配与按生产要素分配两种形式彼此渗透、互相影响、相互融合、共生发展的"混生型"收入分配制度。

## 一、传统社会主义按劳分配制度的形成与发展（1949～1978）

新中国通过所有制关系的全面改造和调整，切断了生产资料私人所有对社会生产总过程的控制，代之以生产资料公有制为基础的社会主义生产关系，并迅速覆盖生产、交换、分配及消费全过程。伴之形成的新中国社会主义经济制度及其分配制度，扎根于当时特定历史时期生产资料所有制关系的调整。

新中国成立后至1956年这一过渡时期①，国营经济、个体经济、合作社经济、民族资本主义经济、官僚资本主义经济五种主要的经济成分共存，收入分配制度也表现出"混杂型"特征与各种经济成分对应并存，在国民经济的恢复期调动起各种积极因素，促进了生产力发展。

1956年社会主义改造完成以后，中国全面建立起生产资料公有制结构，取缔了私人凭借对生产要素的所有权获取报酬的可能，按劳分配也成为"唯一可行的"分配制度。传统社会主义分配制度中的基本原则、具体机制与形式设计，反映了党和国家第一代领导集体对马克思主义经济学关于社会主义所有制与分配理论的认识，参照苏联式社会主义经济建设和分配制度的示范效应，同时受制于国家工业化赶超发展战略和计划经济体制的基本要求。

### （一）过渡时期"混杂型"收入分配的产生和终结：1949～1956年

"混杂型"收入分配制度出现在新中国成立后至社会主义改造完成前的过渡时期，包含了按劳分配、按生产要素分配、供给制等多种分配方式的混合掺杂。在这一社会主义改造期和国民经济调整恢复期，国营经济、个体经济、合作社经济、资本主义经济共同存在，提供了"混杂型"多种分配方

---

① 新中国成立后的7年（即1949～1956年底），我们处于由新民主主义社会向社会主义社会过渡的时期，所以简称为过渡时期。在社会形态上，它不是独立的社会形态，而是属于社会主义体系的形成和逐步过渡到社会主义的过渡性质的社会；在政治上实行以工人阶级为领导的各革命阶级联合专政的人民民主专政，民族资产阶级作为一个阶级还存在，并在国家政权中占有一定地位；在经济上实行国营经济主导的包括合作社经济、个体经济、私人资本主义和国家资本主义五种经济成分并存的新民主主义经济制度；在文化上实行发展以马克思主义为指导的民族的、科学的、大众的文化。1956年社会主义改造完成，中国第一部社会主义宪法颁布，才标志着我国社会主义制度的最终确立。

式并存的所有制基础。与此同时，在有限的生产力基础上，快速推进工业化的基本发展目标，也要求决策者调动一切可使用的资源，最有效地推动生产力快速发展，同时保证不同行业、不同所有制部门劳动者的基本生存所需。"混杂型"收入分配制度的灵活性特征，起到了提升生产者积极性，保证分配与消费环节基本稳定的重要作用。

自鸦片战争至新中国成立，跨越百年的历史战火纷飞，对生产力基础造成了严重的破坏。1949 年新中国成立时，人均国民收入只有 66.1 元；1952 年中国人均收入仅为世界平均水平的 1/4。工农业基础非常薄弱，生产技术尚以手工生产为主。据许涤新、吴承明测算，1949 年新式产业和传统产业在工农业总产值中的比重分别为 17% 和 83%。农业总产值在工农业总产值中占比 84.5%，轻工业占比 11%，重工业占比 4.5%。工业企业职工仅占全国总人口数的 5.6%。[①] 主要工业品和工业原料生产极为不足，基础设施严重落后。

社会主义改造的较长期性意味着多种经济成分将在这一历史时期相对稳定存在，"混杂型"收入分配制度的四重内涵也呈现出相应特征。

首先，多种所有制共存的结构为按劳分配和按生产要素分配等不同的分配方式并存提供了可能。中华人民共和国成立之初，国民经济存在多种成分，比如国有经济成分、个体经济成分、合作社经济成分和民族资本主义经济成分，形成了多种所有制共存的经济事实。建立在多种所有制结构基础上的分配方式必然不是同一的，而是呈现出多样化、灵活化、临时性的特征。在城镇公有制企业中，"按劳分配"已经率先建立起来。中央在 1950～1951 年发布的关于工业生产和企业管理的重要文件中，制定了城市企业中的按劳分配实施方案，以"工资分"为工资计算单位，按劳动熟练程度划分八级工资制，并在有条件的企业实行计件工资制。在国家机关和事业单位中则保留新民主主义的供给制，直至 1955～1956 年城市企、事业单位全面实施以职务等级为基础的货币工资制和一定的奖励工资制度，供给制才暂时退出。[②] 在城市私营部门，则采取了工资决定的劳资间协商制度，争议部分由

---

[①] 萧国亮、隋福民：《中华人民共和国经济史（1949～2010）》，北京大学出版社 2011 年版，第 30～34 页。

[②] 高志仁：《新中国个人收入分配制度变迁研究》，湖南师范大学博士学位论文，2008 年，第 40～50 页。

政府仲裁的决策。在农村中，1950年土改明确了建立"农民土地所有制"，农民获得土地后，以土地入股建立互助组或初级合作社，获得土地分红，与此同时，还根据按劳付酬原则，依据劳动强弱和技术高低，以"死分活评"的方法计算"劳动日"以获得劳动报酬。①

其次，从分配原则来看，由于社会主义改造还在进行当中，与社会主义生产资料公有制相适应的"按劳分配""公平分配""人人平等"尚未成为公理性原则引导这一时期分配制度的设计，但是对于分配的公平性强调已经开始凸显。特别是新中国成立后，要在全国范围内形成对社会主义意识形态的强有力认同，打破资本主义、封建主义和殖民主义思想的残留，就要求分配原则强化劳动者之间在分配方式和消费资源占有上的平等性。特别是大量小生产者尚处在自给自足的自然经济模式中，对社会主义分配模式的畅想，亦倾向于高度平均化的社会。这一客观条件，使得全民对"公平"分配原则的认同愈加强烈。

最后，从分配机制来看，这一时期计划机制与市场机制并存，公有制经济成分已经开始与计划经济体制相对接，直接目标是要保持高额资本积累率，这就使得按劳分配能落实在个体身上的消费金额极为有限，一些主要消费品分配不得不采取定量供给的方案，几乎不存在对"超额"劳动进入附加物质激励的空间。在公有制部门建立起的按劳分配总体上是对分配方案预设的劳动投入进行补偿，对于实际劳动投入的监督和激励存在不足。而在私有经济部门中，还是由市场机制引导生产者决策，影响其在消费、积累间的分配比例。随着社会主义改造深入，私有经济成分与市场机制作用占比逐渐减少。

社会主义改造时期的"混杂型"收入分配制度，是在基本符合生产资料所有制结构基础上建立与逐步调整的。随着社会主义改造的推进，公有经济比例逐步增加，按劳分配政策的适用范围也在不断扩大。在以国营经济和集体经济为主、其他经济成分混合的所有制形态下，适应于基本所有制结构和现实生产力条件的分配方案，也在当时起到了激发劳动者积极性、改善人民生活水平、保证社会主义工业生产的重要作用。伴随第一个

---

① 魏众、王琼：《按劳分配原则中国化的探索历程——经济思想史视角的分析》，载于《经济研究》2016年第11期。

五年计划的完成以及社会主义改造事业的成功,生产力水平和人民的基本物质生活条件都比新中国成立之初有明显的提升。1952~1956年,人均国内生产总值年均实际增长速度为8%,1956年工业总产值实际值是1949年的四倍,是1952年的两倍。表5-1显示,1952~1956年伴随社会主义改造的进行,公有制部门的职工人数不断上升,职工收入和居民消费也有了明显增长。①

表5-1　　　　　社会主义改造时期的就业、工资与消费状况

| 年份 | 国有单位职工数（万人） | 城镇集体单位职工数（万人） | 国有单位职工工资（元） | 城镇集体单位职工工资（元） | 居民消费增长（1952年为100%） ||
|---|---|---|---|---|---|---|
|  |  |  |  |  | 农村（%） | 城市（%） |
| 1952 | 1580 | 23 | 446 | 348 | 100.0 | 100.0 |
| 1953 | 1826 | 30 | 496 | 415 | 102.8 | 115.1 |
| 1954 | 1881 | 121 | 519 | 464 | 104.0 | 115.9 |
| 1955 | 1908 | 254 | 534 | 453 | 113.1 | 120.2 |
| 1956 | 2423 | 554 | 610 | 547 | 114.6 | 128.6 |

资料来源:国家统计局国民经济综合统计司编:《新中国60年统计资料汇编》,中国统计出版社2010年版。

新中国成立后,通过生产资料所有制改革的逐步推进、工业化赶超战略的实施,独立工业生产体系与人民生活水平的提升,稳固了新生的社会主义政权。随着社会主义改造的完成、全面公有制经济制度的确立,标志着"混杂型"收入分配作为过渡阶段与多种经济成分相对应的分配方案,退出了历史舞台。

**（二）"单一型"按劳分配制度的确立和演变:1957~1978年**

1956年社会主义改造的完成意味着社会主义基本经济制度的确立,自此直到1978年末实行改革开放前,全面的生产资料公有制取缔了私人

---

① 以上数据根据,国家统计局国民经济综合统计司编:《新中国60年统计资料汇编》,中国统计出版社2010年版计算。

资本等其他要素取得要素报酬的基础，劳动者只能凭借劳动贡献参与收入分配，劳动者个人不具备非劳动要素，也就不可能凭借非劳动要素参与分配。因此，全面公有制的所有制结构和要素产权制度，决定了这一阶段传统计划经济体制下"单一型"按劳分配成为唯一可行的个人收入分配方案。

生产资料所有制向单一化的社会主义公有制经济转变的根本性变革，既构成重塑新的社会主义经济制度的逻辑起点，也构成新的社会主义收入分配制度形成的现实起点。理论上，社会主义公有制经济的建立，要求打破原有的以资本和土地私有制为基础的分配制度，确立一种可以体现人民当家做主，基本实现经济利益较公平分配的分配制度，从而改变人们在经济生活中的地位与相互关系，也改变了产品的分配与归属。实践上，全面的生产资料公有制要求实行单一的按劳分配制度，进一步要求新的按劳分配原则、按劳分配的计划机制和分配形式，反之，新的按劳分配原则、分配机制、分配形式的调整又将巩固分配基础——生产资料公有制。除分配之外，生产、交换、消费的具体形式也都从属于生产资料全面公有制这个基本制度前提。下面我们从分配基础、分配原则、分配机制、分配形式四个方面简单地勾勒出传统社会主义"单一型"按劳分配制度本身及其运行的理论逻辑。

1. 分配基础：全面公有制下的按劳分配

相较于马克思、恩格斯对资本主义经济运行规律的系统阐释，他们对社会主义生产组织方式与收入分配目标的论述则是散见于《哥达纲领批判》《资本论》等多篇著作之中的。但是，建立在生产资料公有制基础上的按劳分配原则是明确的。在《哥达纲领批判》中，马克思指出"劳动的解放要求把劳动资料提高为社会的公共财产，要求集体调节总劳动并公平分配劳动所得"，[1] 从而确定了生产资料公有制下的基本分配制度。列宁在《无产阶级在我国革命中的任务》一文中也指出"人类从资本主义只能直接过渡到社会主义，即过渡到生产资料公有和按劳分配"。[2] 因而，新中国成立以后，尽快确立起生产资料公有的基本经济制度和按劳分配的基本分配制度，是中

---

[1] 《马克思恩格斯选集》第3卷，人民出版社1995年版，第301页。
[2] 《列宁选集》第三卷，人民出版社1995年版，第62页。

国共产党面临的重要任务。

1956年社会主义改造完成后，我国的所有制结构已从过渡时期多种经济成分并存，转变为几乎单一的公有制经济，社会上几乎不存在生产资料私有制，居民除了自身的劳动力以外，几乎不拥有任何非劳动要素的私人产权，居民也没有可能凭借非劳动要素的私人产权取得收益。当时，只存在全民所有制和集体所有制两种经济形式，全国也就只存在两种基本分配形式：在全民所有制企业、机关和事业单位和城镇集体企业实行工资制，在农村集体经济实行工分制。

在所有制经历"多元"至"一元"的变化过程中，公有制作为社会主义国家和社会唯一的经济基础或分配基础，对实践中的分配机制、分配原则及其分配形式产生了直接影响。

2. 分配原则：平均主义的按劳分配

新中国成立初期，以毛泽东同志为首的中国共产党第一代领导集体从兼顾国家、集体、个人利益的角度出发，认为社会主义建设应在按劳分配原则下保证分配的公平，促进生产力发展，同时避免两极分化。[①] 伴随社会主义改造的进行与完成，与生产资料公有制关系相适应的按劳分配、人人平等成为与社会主义基本经济制度相适应的公理性原则：依照劳动贡献，即唯一地按劳动者提供的劳动数量和质量进行分配。这样的分配原则可以保证所有人仅凭个人贡献获取收入，避免凭借对资本的私有所有权获取收益、占有他人剩余的空间。

与强调按劳分配、人人平等的公理性分配原则相伴随的是，在毛泽东、刘少奇等国家领导人对按劳分配制度的具体探讨中，政策性分配原则也体现出一定意义上公平与效率结合的取向，避免绝对的平均主义，即只要能依照劳动者的实际贡献给予报酬，也可以对劳动投入产生必需的激励。例如，毛泽东曾明确反对过"绝对平均主义"的分配思想，他在起草郑州会议纪要时，提出纠正公社化失误的14条原则，其中之一是"按劳分配，承认差别"；[②] 刘少奇也曾提及"如果按劳取酬贯彻得比较好，分配得公平合理，

---

[①] 陈慧女：《中国共产党领导社会主义经济建设过程中收入分配改革领域的实践与基本经验》，载于《经济纵横》2012年第2期。

[②] 谷红欣：《中国当代收入分配思想研究》，复旦大学经济学院博士学位论文，2006年，第40页。

大家满意,就会促进生产力的发展"。①

为此,我国也曾在苏联模式中汲取经验。苏联模式中,如何在按劳分配原则下通过工资形式的设计,促进劳动者个人利益与社会利益的组合曾经是工作的重点。例如,M. 亚姆波尔斯基在1931年明确提出按劳分配要以劳动数量和质量为依据的观点,他在一篇文章中写道:"按劳付酬要整个社会主义的物质财富、生产力的增长决定,并决定于每个工人劳动的数量和质量。"② 这一观点发展了按劳分配理论中按"劳动量"分配产品的原则,明确了按劳分配的依据不仅包含劳动的数量,还包含劳动的质量。此外,苏联的经济学家们也曾强调,按劳分配的标准只能是劳动,而不是简单平均分配。但是,总体而言,在国家工业化和国防安全的总目标约束下,苏联按劳分配的基本目标是实现社会公正与和平,如何刺激劳动者积极性仅仅处于相对次要的位置。③

然而,在我国计划经济体制的实际运行中,由于微观部门缺乏生产与分配决策的自主权,生产过程中,难以准确测度劳动的真实贡献,以及计划分配所面临的信息约束,计划当局很难真正做到按照劳动贡献分配,这一阶段的按劳分配更多的是采取一种职务等级工资和工分制,依照计划当局的意图进行统一的"计划分配"。例如,企业职工的工资同本企业经营状况无直接关系,无论盈亏,工人都拿同样级别的工资。从而使得政策性分配原则被异化为简单的平均主义。计划分配制度的效率损失表现在既不能给予劳动者有效的激励(调动劳动者的劳动积极性)以促进生产力发展,也不能给劳动者以普遍的公平感(即真正做到按劳动者的实际劳动贡献进行分配),结果是计划分配体制既不能提高经济效率,也难以保证普遍的社会公平。在平均主义分配原则的背后,事实上的不公平现象大量存在,例如,为了降低城镇部门职工的劳动力再生产成本,加速工业资本积累,抑制农业收入价格的做法,使农民获得了与劳动不相符的报酬。政府提供的福利补贴仅面向城市人口,强化了城乡居民间事实上的不平等。当然,在消费基金极为有限且分配

---

① 谷红欣:《中国当代收入分配思想研究》,复旦大学经济学院博士学位论文,2006年,第44页。
② M. 亚姆波尔斯基:《现阶段的工资问题》,载于苏联《经济问题》1931年第6期,转引自林榜:《马克思按劳分配释读与中小企业薪酬管理实践》,载于《改革与战略》2010年第1期。
③ 魏众、王琼:《按劳分配原则中国化的探索历程——经济思想史视角的分析》,载于《经济研究》2016年第11期。

方案完全集中的情况下，相对平均主义的分配方案也是稳定生产者情绪、保证基本效率不得已的一个选择，图 5-1 显示在 1952~1957 年，以及 1963~1978 年两个时段中，相比农村居民消费增长在 20 世纪 70 年代后基本停滞，城镇居民的消费水平还是取得了相对较为稳定的长期增长。

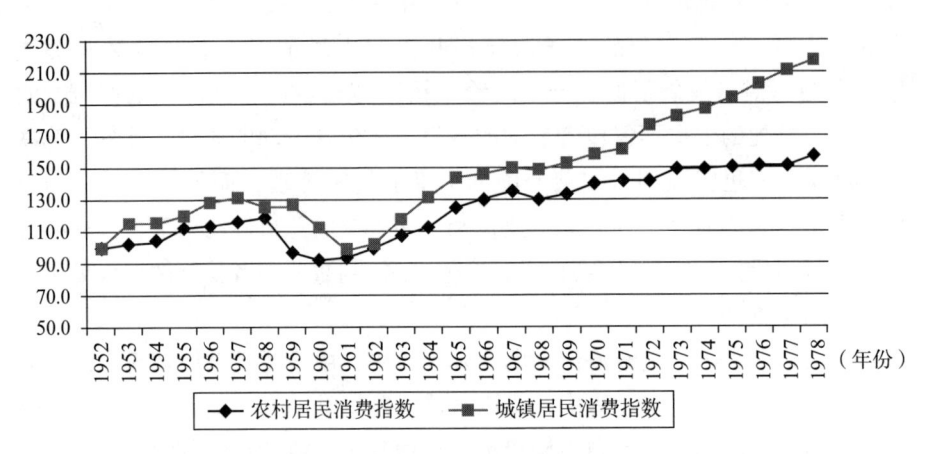

**图 5-1 传统社会主义阶段城乡居民的消费水平指数（1952 年为 100%）**

资料来源：国家统计局国民经济综合统计司编：《新中国 60 年统计资料汇编》，中国统计出版社 2010 年版。

面对社会主义改造和国民经济建设取得的突出成就，党的领导人对社会主义向共产主义的跃进产生了过度乐观。随着经济建设的"大跃进"和农村集体化程度的提高，"极左"翼思想的盛行让"按劳分配"制度本身成为资产阶级法权的表现和被批判的对象。20 世纪 50 年代末，理论界对按劳分配是否是一种资产阶级法权、是否有必要坚持展开了集中争论，并且从 1958 年起在人民公社中引入供给制与工资制的结合。[①] 收入分配的政策性原则开始背离了"按劳分配"这个公理性原则，愈加走向了"平均主义"。这样的分配方式严重脱离了现实的经济基础，随着"平均主义"政策性分配原则的普遍化，致使劳动效率损失明显，社会主义的生产力发展遭遇重大障碍。

---

① 魏众、王琼：《按劳分配原则中国化的探索历程——经济思想史视角的分析》，载于《经济研究》2016 年第 11 期。

3. 分配机制：计划经济体制下的按劳分配

伴随着社会主义改造的完成和社会主义基本经济制度的建立，按劳分配制度的具体机制设计与计划经济体制对资源的行政强制配置直接关联。究其原因，不仅在于计划经济体制自身的性质，也在于工业化赶超战略要求分配方案服务于国家的这一重大经济目标。

为建立起中国独立的工业体系，必须对有限资源实现强有力的调配，优先发展最重要的战略性行业，突出表现为关系到国家安全与独立的重工业行业。然而，重工业作为资本密集型产业的基本特征，与中国当时的经济条件并不符合，重工业优先增长无法借助于市场机制得以实现。解决这一困难的办法是做出适当的制度安排——实行中央集权的计划经济体制，人为降低重工业发展的成本，即降低资本、外汇、能源、原材料、农产品和劳动力的价格，从而降低重工业资本形成的"门槛"，形成有利于重工业发展的宏观环境。同时，在微观层面抑制企业和农户的自主经营决策权，限制个人可获得的消费品数量与范围，最大程度保证资源向重工业部门集中。

在传统社会主义计划经济体制中，中央部门集宏观经济和微观经济的决策权于一体，通过部门管理直接支配企业的人力、财力、物力和产、供、销。同时，在经济运行机制上，实行排斥价值规律的指令性计划经济，主要的计划指标由国家自上而下地集中制定，它囊括了经济生活的各个领域、各个部门，一旦制定出来，就成为具有高度强制效力的文件。在高度集中统一的计划经济体制中，指令性计划和强有力的行政任务下达是管理经济的主要手段。国家的各个地区、各个行业、各个部门这些微观经济主体间分割清晰，缺乏市场经济中联动的经济关系，某一方要跨入另一方时存在重重壁垒，这样的生产方式必然要求劳动上实行统包统配、财政上实行统收统支、物质资源上实行统购统销，分配上实行工资制和供给制相结合的计划配置。

因而，按劳分配制度本身就是计划经济体制的重要部分，完全服从并服务于计划经济体制。这就使得分配机制具有很强的计划化、行政化的色彩。从"计划化的按劳分配制度"的分配机制层面来看，计划当局决定分配规则、分配形式、积累和消费的比例、可供分配的消费基金总量、分配等级等，通过行政强制来贯彻实施，一切分配事项都必须遵循计划原则而不允许任何生产主体各自的分配决策行为。这是因为在计划经济体制中，可被分配的物质基础已经被限定，而生产—分配—交换—消费的链条上各个环节也是在给定的运行程序中，变通的空间极为有限，限制了微观生产组织利用额外资源激励劳动投入的可能性。在这种分配机制中，参与收入分配的主体包含中央政府（中央计划当局）、地方政府、部（委）、企业、人民公社、劳动者等。其中，中央政府掌握了绝大部分的分配决策权，并通过行政强制来推行。地方政府、部（委）、企业、人民公社的自行决策空间有限，而劳动者（工人或农民）个人只是分配规则的接收者。在1956~1978年的20多年中，国家只统一进行了4次工资调级，平均每个劳动者工资增长不足1级，平均增长数为7~8元，而同期物价上涨指数为14%（见表5-2）。[1]

表5-2　　　　　　1957~1978年城镇职工收入与存款状况　　　　　单位：元

| 年份 | 职工平均货币工资 ||居民人均储蓄存款余额|
| --- | --- | --- | --- |
| | 国有 | 城镇集体 | |
| 1957 | 637 | 571 | 5.4 |
| 1958 | 550 | 470 | 8.4 |
| 1959 | 524 | 430 | 10.2 |
| 1960 | 528 | 409 | 10.0 |
| 1961 | 537 | 380 | 8.4 |
| 1962 | 592 | 405 | 6.1 |
| 1963 | 641 | 371 | 6.6 |
| 1964 | 661 | 358 | 7.9 |
| 1965 | 652 | 398 | 9.0 |
| 1966 | 636 | 423 | 9.7 |
| 1967 | 630 | 455 | 9.7 |
| 1968 | 621 | 441 | 10.0 |

---

[1] 李楠：《马克思按劳分配理论及其在当代中国的发展》，高等教育出版社2003年版，第84页。

续表

| 年份 | 职工平均货币工资 国有 | 职工平均货币工资 城镇集体 | 居民人均储蓄存款余额 |
|---|---|---|---|
| 1969 | 618 | 439 | 9.4 |
| 1970 | 609 | 405 | 9.6 |
| 1971 | 597 | 429 | 11.0 |
| 1972 | 622 | 465 | 12.1 |
| 1973 | 614 | 489 | 13.6 |
| 1974 | 622 | 441 | 15.0 |
| 1975 | 613 | 453 | 16.2 |
| 1976 | 605 | 464 | 17.0 |
| 1977 | 602 | 478 | 19.1 |
| 1978 | 644 | 506 | 21.9 |

资料来源：国家统计局国民经济综合统计司编：《新中国60年统计资料汇编》，中国统计出版社2010年版。

总之，计划经济体制下的"单一型"按劳分配是为适应工业化赶超战略需要而实行的分配制度，完全基于政府在给定积累与消费比例下，人为划定的"劳动力价格"① 确定劳动报酬，在工业化赶超战略背景下，个人收入分配的主要目的是维持劳动力的基本再生产，以配合重工业部门的资本积累。由于宏观层面必须降低劳动力要素成本，致使个人可获得的分配数额相对较小；且微观层面个别企业生产、分配的自主决策空间有限，限制了分配方案调整带动劳动激励的可能。

4. 分配形式：定级工资、工分与供给制的结合

在"单一型"按劳分配制度中，居民获取收入的形式比较简单。城市居民主要以工资，同时还以一些社会福利和保障等隐性形式取得收入。农村居民主要是获得粮食等实物性分配，同时从集体经济组织中获得很少的现金收入。

在城市企业中，1956年的全国工资改革形成了干部的职务等级制，企

---

① 传统社会主义计划经济体制排斥商品和市场机制，否认劳动力市场及其劳动力的价值和价格的存在。因此，这里以政府规定的工资标准和层级指代按劳分配具有的工资"劳动力价格"外壳的属性。

业职工的八级工资制。国家以各产业在国民经济的重要性、技术复杂程度和劳动条件的优劣为依据，安排产业顺序，重工业企业工人的工资高于轻工业企业工人的工资。同时，国家根据各地区物价和生活水平的差异，把全国划分为若干个工资区，由国家统一制定工资标准、等级、数量；工资等级和工资标准只在不同部门、不同行业和不同地区之间稍有差别，同一部门、同一行业的基本上一样。① 在这样一种工资制度下，企业职工的工资收入，同所在企业经济效益基本无关联，职业晋升与工资增长主要取决于工龄增长。僵化的分配形式导致了企业中劳动激励不足的长期存在。

农村居民则获得按人头平均分配的口粮，以及在合作社劳动中获得工分。工分的确定标准，是根据一个最强的劳动力一天劳动可以完成的劳动量设定基准分，同时依据年龄、性别来调整，难以观测实际劳动支出；与此同时，工分值的确定取决于本生产队的纯收入，而生产队的收入是由当年国家所规定的农副产品价格决定的。因而，工分值和农民的现金收入都间接地取决于国家计划调节。②

值得注意的是，20世纪50年代末对"按劳分配"之"资产阶级法权"性质的探讨，也使得城市单位的分配形式进一步单一化，农村中"供给制"大行其道。1958年9月20日，上海《解放日报》发表了"社会主义的光芒"的社论，对取消计件工资予以大力支持，1958年11月，劳动部起草了《关于企业实行部分供给部分工资制的初步意见（草案）》，在全国一些地方试行了半供给制半工资制。国营企业和机关开始推行供给制与工资制的结合分配，并对计件工资和奖励制度加速围剿。③ 1958年10月底，全国参加人民公社的农户总数占总农户数的99.1%，全国农村基本实现了人民公社化。④ 在"人民公社"里普遍实行的供给制，被人们认为已经包含了共产主义因素。实际上，供给制在具体实施过程中，就是对粮食等基本生活资料实行免费供应和平均分配，这一制度的确立对当时仍在温饱线挣扎的中国广大

---

① 胡爽平：《马克思主义分配理论及其在当代中国的发展》，武汉大学博士学位论文，2010年，第71页。
② 林霞：《中国特色社会主义个人收入分配制度研究》，南京师范大学博士学位论文，2012年，第31页。
③ 高志仁：《新中国个人收入分配制度变迁研究》，湖南师范大学博士学位论文，2008年，第65页。
④ 王友成：《1958~1959年党的领导集体对所有制问题的认识轨迹》，载于《河南师范大学学报》（哲学社会科学版）2010年第4期。

农民来说,无疑具有极大的诱惑力和感召力。使以供给制为主要形式的分配制度在全国农村得以普遍推广。①

5."单一型"按劳分配制度的曲折演变

在社会主义计划经济体制的探索历程中,"单一型"按劳分配制度自身也经历了复杂的历史演变,与社会主义建设共同经历了相对繁荣和曲折挑战。一方面,当实行与生产力条件和所有制结构基本适应的按劳分配时,就起到了改善劳动力再生产条件、特别是推动重工业化建设的作用,也有助于政治环境的稳定;另一方面,当背离生产力基础、脱离"按劳分配"试图恢复非常时期的"供给制"甚或跨越演进到"按需分配"的分配方案时,则对国民经济和人民生活造成了严重的负面影响。因而,收入分配制度不可能脱离现实的生产力条件和生产资料所有制及其生产关系基础,成为一个独立运行的体系,而是适应并作用于基本经济制度的运行。表5-3提供了传统社会主义阶段有关收入分配制度改革的代表性事件。

表5-3 传统社会主义阶段有关收入分配制度变革的代表性事件

| | 年份 | 事件 | 中心任务 |
|---|---|---|---|
| 城镇 | 1952 | 全国第一次工资制度改革 | 以"工资分"作为统一的工资计算单位<br>初步建立工人和职员工资等级制度<br>实行计件工资和奖励工资制 |
| | 1956 | 全国第二次工资制度改革《关于工资改革的决定》 | 取消全民所有制企业"工资分"制度,实行货币工资制<br>继续推广计件工资制,实行与经济效益挂钩的奖励制度 |
| | 1958.11 | 《关于企业实行部分供给部分工资制的初步意见草案》 | 在全国一些地方试行半供给制半工资制 |
| | 1958.12 | 《关于人民公社若干问题的决议》 | 按劳分配的工资部分,在长时间内,必须占有重要地位,在一段时间内,将占有主要地位 |
| | 1964 | "一条龙"工资标准方案 | 全国各类人员包括企业、事业、国家机关工作人员统一的工资标准方案 |

① 中央财政领导小组办公室:《中国经济发展五十年大事记》,人民出版社2002年版。

续表

| | 年份 | 事件 | 中心任务 |
|---|---|---|---|
| 农村 | 1950 | 《中华人民共和国土地改革法(草案)》 | 农民的土地所有制建立;以家庭为经营单位的个体经济;产品扣除税收后归个人所有 |
| | 1953 | 《关于发展农业生产合作社的决议》 | 建立具有社会主义性质的初级农业生产合作社 |
| | 1955 | 《关于农业合作社问题的决议》 | 劳动报酬要高于土地报酬,在计算时要采用计件报酬或评工计分的方法 |
| | 1958 | 《中共中央关于在农村建立人民公社问题的决议》 | 批评以"按劳分配"为基础的工资制,赞赏供给制 |
| | 1959 | 《关于人民公社管理体制的若干规定(草案)》 | 实行"三级所有,队为基础"的三级经济核算体制 |
| | 1960 | 要求普通推广农村公共食堂 | 全国农村有80%的人到公共食堂吃饭,力争达到90%,供给制增加 |
| | 1961 | 《农村人民公社工作条例草案》 | 重新确立"三级所有,队为基础"的核算体系,取消供给制,严格实行评工记分和按工分分配,恢复社员自留地 |

20世纪50年代后期"大跃进"与"人民公社"运动使"平均主义"原则过度兴起,分配制度已经脱离了按劳分配的一般原则,表现为严重缺乏生产力基础的"供给制",加上对"资产阶级权利"的误解,劳动过程中的物质刺激被否定,"大锅饭"现象越来越深入,从全国范围来看,这样的分配制度给我国的经济发展带来了巨大的损失。经济体制日趋僵化,农业严重减产,整个国民经济陷入了严重的比例失调状态。

为了应对严重的经济衰退,1960~1962年我国一度恢复了全面的"供给制",通过平均分配必需粮食供给,建立票证供应制度,尽可能保证人民的基本口粮供应。1960年9月7日,中共中央发出《关于压低农村和城市的口粮标准的指示》,要求"农村的口粮标准必须降低。淮河以南直到珠江流域的地区,应当维持平均每人全年原粮360斤,遭灾的地方应当更低些","淮河以北地区的口粮标准,应当压低到平均每人全年原粮300斤左右,东北等一部分严寒地区可以稍高一点而各省的重灾区,则应当压低到平均每人300斤以下。各地社办企业的职工和事业单位的人员口粮应当同本社一般农民的标准完全一样，不能提高"。① 这一过渡时期"供给制"的主要功能在于保证人民的基本生存。生产力发展遭遇的困境也在提示收入分配制度改革适时调整，避免先前过度平均主义造成的严重效率陷阱。

人民基本生活遭遇的严重困境使中央毅然决定，对国民经济进行调整。伴随《中共中央关于改变农村人民公社基本核算单位问题的指示》和《农村人民公社工作条例修正草案》（六十条）等重要文献的出台，"一大二公"的人民公社被改为"以队为基础"的村落经济，至此国民经济转入调整阶段。在农村，以生产大队为基础的三级所有制得到进一步的巩固，并强调其是现阶段农村人民公社的根本制度。同时，生产队实行独立核算，自负盈亏，直接组织生产，组织收益分配，成为基本的所有和核算单位，并重新确立"三级所有，对生产队为基础的核算体系取消过去的供给制，实行'工分制'，严格实行评工记分和按工分分配的方法。"在城市，随着调整工作的顺利进行，也进一步明确了贯彻按劳分配的必要性。在实际工作中取消供给制、半供给制。1963～1966年政府明确了五项工资政策原则。包括：思想政治工作与物质鼓励相结合的原则；在发展生产和提高劳动生产率的基础上，逐步改善职工的物质文化生活，即工资不可不长，亦不可多长的原则；从6亿人口出发，统筹兼顾，适当安排的原则；坚持按劳分配原则，既要反对平均主义，又要反对高低过分悬殊的原则；表现按劳分配原则的工资形式应当有利于生产和职工团结，并重新肯定了计件工资和奖励制度。②

然而，进入20世纪60年代中后期，伴随过度"左倾"思想的再度兴起，按劳分配制度被当做资产阶级法权、并与产生资产阶级、资本主义相联系而被全盘否定，国民经济进入严重衰退期，如图5-2所示，进入60年代后期，劳动者收入增长几乎完全停滞，甚至出现收入水平倒退。

综上所述，传统社会主义阶段收入分配制度的形成与演变，是在生产力、生产资料所有制及其生产关系、上层建筑关联系统的互动中发展变化的，分配制度内部的分配基础、原则、机制与形式四重内涵受制于上述三大基本约束条件。落后生产力条件下大推进的工业化战略限定了消费基金的数量，与个人所能获得的分配的一般水平；社会主义改造完成后全面的公有制

---

① 《建国以来重要文献选编》第十三卷，中央文献出版社1996年版，第567～569页。
② 高志仁：《新中国个人收入分配制度变迁研究》，湖南师范大学博士学位论文，2008年，第67～68页。

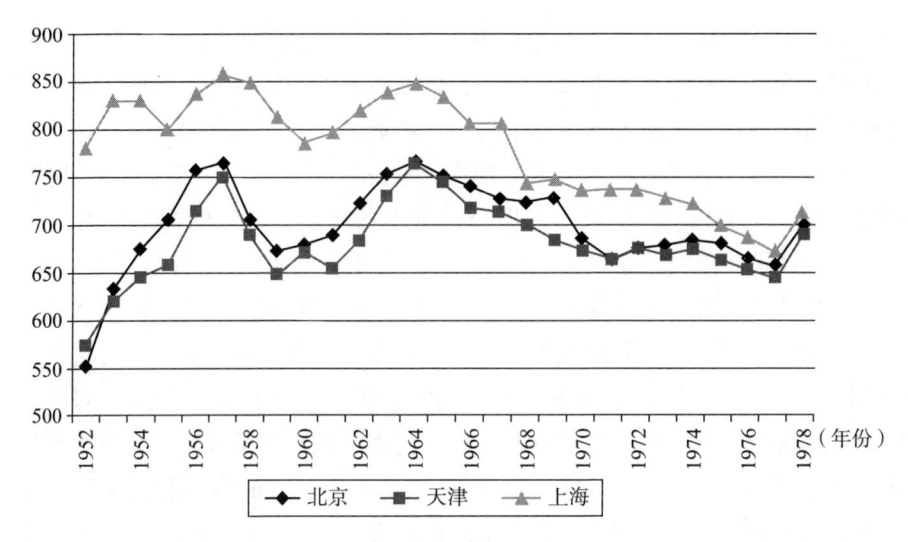

**图 5-2　传统社会主义阶段城镇职工的平均货币工资（京、津、沪三地名义值）**

资料来源：国家统计局国民经济综合统计司编：《新中国 60 年统计资料汇编》，中国统计出版社 2010 年版。

结构与高度集中的计划经济体制限定了分配的基础与机制，只能是全面的计划化的按劳分配，而分配的单一形式也与国家整体的经济控制体系相适应；党的领导人对社会主义国家性质的认识，和公平至上的意识形态限定了收入分配的基本原则要以"公平"为主要追求，分配形式要以不扩大收入差距为重要任务。收入分配制度四重内涵的调整、组合更多地体现为服务于国家工业化任务以及政治建设目标的强制性制度变迁。作为生产关系中的核心制度安排之一，这一时期的收入分配制度也对生产力发展和经济运行起到了重要的作用：一是此时的收入分配更多的只是保证劳动力完成基本的再生产，从而配合生产的正常运行，并不存在市场经济体制中分配对个人消费的影响和对投资与生产的刺激作用；二是分配原则和形式的变化对劳动过程产生影响，从而对生产效率发挥作用，特定历史阶段适当的劳动激励带来了效率提升，而过度平均主义的分配原则和过度僵化的分配形式则造成了整个国民经济体系的效率损失。

### （三）对传统按劳分配制度的反思及其启示

对传统社会主义计划经济体制下的收入分配制度及其绩效的公允评判，

要基于特定历史时期经济与社会背景来展开，充分考察生产力、生产关系、上层建筑关联系统间的相互牵制与影响。改革开放前，收入分配状况总体处于人均低收入和相对平均化的状态，这不仅与传统社会主义时期的所有制结构直接相关，也是在落后的生产力条件、有限的资源储备和庞大的人口规模这一基础上追求快速工业化并完成经济赶超的结果[①]。收入分配政策在这一时期的局部调整既从属于国家经济战略的推进和意识形态转变，根本上说也受制于低下的生产力水平的制约。

尽管学界的研究普遍认为，社会主义改造完成之后按劳分配制度的实施与薄弱的生产力基础是不相称的，背离了马克思在《哥达纲领批评》中设计的按劳分配制度需要具备的前提条件，然而值得关注的是，在快速工业化这个基本目标下，如何在高积累率和低消费增长率的状态下保障劳动者的基本生存和社会稳定，平均化的分配格局和单一的分配形式也是对当时生产力基础做出的妥协，它既在一定的历史时期起到了减轻人民群众贫困、使得劳动效率和生产力有所提高的积极作用，也在社会主义经济建设实践的挫折中显露出了过度平均主义的效率损失，与全面公有制下的计划经济体制一同面临着彻底改革压力。在改革开放30多年后的今天，客观评析传统社会主义阶段收入分配制度演变留给我们的历史经验，可在按劳分配制度本身、分配绩效以及政策启示几个方面形成总结，并为当下深化收入分配制度改革提供有益借鉴。

1. 传统社会主义计划经济体制阶段是否建立起真正的"按劳分配"制度

在传统社会主义计划经济体制阶段的生产力条件和经济运行特征下，是否真正建立起了"按劳分配"制度？改革开放后大量的研究者提出，传统计划经济体制中，"按劳分配"原则事实上极少运行，"平均主义"才是这一时期收入分配的指导思想。[②] 对此，我们从历史现实和理论逻辑两个层次尝试对此做出回应。

（1）从历史实践来看，传统社会主义计划经济体制阶段是否确实地把按劳分配作为基本分配制度？回顾改革开放前30年收入分配制度变革的历史，党的领导集体对按劳分配原则并非始终持肯定的态度。20世纪50年代

---

[①] Wen Rui and Wu Li, "New China's Income Distribution System: Its Evolution, Performance and Lessons for the Future", Social Science in China, Winter, 2007.

[②] 胡爽平：《马克思主义分配理论及其在当代中国的发展》，武汉大学博士学位论文，2010年。

前期，中国共产党领导下的社会主义改造为按劳分配制度的确定逐步设置了所有制基础。城市部门大多实施了与生产经验、职务等级相对应的等级工资制，并且对职工的超额劳动进行奖励，对特殊条件下的工作提供津贴；在农业部门中以工分制和劳动日制为主的分配形式，也试图体现按劳分配的社会主义原则。50 年代后期"左倾"思想的加剧、"大跃进""人民公社"运动都在给社会主义改造尝试确立的按劳分配制度造成冲击。面对极端平均主义的分配造成的生产效率损失，1961 年 9 月出台的"工业十七条"和 1962 年《农村人民公社工作条例（修正草案）》极力调整，都强调按照劳动投入的数量与质量确定收入水平，试图将城市和农村的分配制度引回按劳分配的正道。但是在随后的"文化大革命"中，按劳分配却被当做"资产阶级法权"和产生"资本主义"的经济基础而被全盘否定[1]。因此，改革开放前按劳分配制度伴随着社会主义经济建设道路的艰难探索也在经历着曲折的演变。当经济建设作为主要任务处在正轨时，按劳分配制度也在一定程度上得以发挥其积极的推动作用，保证生产和积累的加速运行，以及人民生活水平的相对稳定；而当经济建设遭遇过度"左倾"思想的冲击时，按劳分配制度也在同时受到重创，并被异化为简单的"平均主义"。

（2）理论视角来看，传统社会主义计划经济体制阶段的按劳分配是否符合马恩经典文本中社会主义生产方式的按劳分配？在《哥达纲领批判》中，马克思设置的按劳分配的前提条件包括：全社会范围内的生产资料公有；经济、社会条件保证劳动者各尽所能；商品经济已经消亡；社会可以统一对社会总产品做各项扣除等。他也强调了按劳分配"默认了不同等的个人天赋，因而也就默认了不同等的工作能力是天然特权"，按劳分配所体现的"平等"只是形式上的"平等"，而非事实"平等"，"平等的权利按照原则仍然是资产阶级权利"[2]。

今天看来，尽管马克思在《哥达纲领批判》中阐明了未来社会"总产品"扣除与补偿的要义，以及收入分配的基本原则，但是对于相应的社会主义总的经济机制和实施细则并未具体阐述。这就使得中国的社会主义建设实践更多的是在苏联模式中寻找经验，并且受传统"大同社会"中"无处

---

[1] 陈慧女：《中国共产党领导社会主义经济建设过程中收入分配改革领域的实践与基本经验》，载于《经济纵横》2012 年第 9 期。
[2] 《马克思恩格斯选集》第 3 卷，人民出版社 1995 年版，第 304 页。

不均匀，无人不饱暖"的思想的影响，易于走向过度平均主义的陷阱；尽早打破"按劳分配"背后的资产阶级权利的期望也使得党的第一代领导集体过早尝试进入"按需分配"，加剧了生产中的效率损失。与此同时，我国按劳分配制度要直接适应于中国大推进战略的发展要求和计划经济体制的运行，相应的分配基础、机制、原则与形式受制于上述基本的思想史与经济史背景。

同时回顾传统社会主义阶段的历史生产力条件，人们也会发现，尽管社会主义改造建立起了国有和集体所有的所有制结构，但是有限的生产力条件，表现为生产资料匮乏、技术水平落后、工人平均受教育水平低，甚至不能保证劳动者充分就业，更无法保证劳动力各尽其能；个人消费品的获取大多也是通过市场交易关系、通过货币支付来获得，也就是说经典文本中按劳分配的前提条件在传统社会主义阶段并没有充分形成。而马克思早就说过，"人们创造自己的历史，但是他们不是随心所欲地创造，并不是在他们自己选定的条件下创造，而是在自己直接碰到的、既定的、从过去继承下来的条件下创造"[①]。这表明，社会经济发展有其自身的规律性，如生产关系必须适合生产力发展要求的规律。因此，传统社会主义计划经济体制阶段个人消费资料的分配也无法僭越这一时期基本的生产条件，无法完全依照经典文本中按劳分配的制度设计来运行，超越生产力基础对理想状态下社会主义甚至共产主义的一些分配形式的教条模仿，甚至成为破坏生产、分配、交换、消费关系正常运行的原因。

2. 传统社会主义阶段收入分配制度对经济体制运行效率的作用反思

首先，就微观效率而言，传统计划经济体制内、全面公有制基础上、单一化的分配形式和较为平均化的分配结果，尽管在一定程度上保障了全体劳动者的基本生存和生产过程的运行，但远未充分调动起不同类型劳动的积极创造性。这一时期，城市和农村盛行的分配形式大多是将劳动能力等同于劳动贡献，城市部门以学历、工龄、职务设定工资级别，农村部门则基本上简单地以年龄、性别、体力确定工分，然而由于很少直接考察生产部门的实际绩效并与生产者的收入相挂钩，就使劳动者的实际劳动投入不能完全得到有效监督与激励。社会主义条件下，生产效率的提升还是依托劳动者在生产过

---

[①] 《马克思恩格斯全集》第 4 卷，人民出版社 1985 年版，第 109 页。

程中主动性与创造性的发挥，个人消费品的获得也与个人的收入水平直接相关，如果分配制度的设计不能对劳动者形成合理的奖励，就可能抑制工作热情，限制了微观层面生产效率的提升。

当然值得注意的是，近年来学者们也注意到，在传统社会主义计划经济体制阶段，僵化的工分制下的出工不出力并非是铁板一块的，在一些生产合作社中也会有同伴压力和集体制裁，也采取过计时工分和计件工分的结合，并有效地推动了基层生产组织的效率提升。[①] 可见，社会主义制度下按劳分配的具体分配形式如果能符合生产力发展的需要，避免单一的、僵化的、平均化的分配形式，调动起劳动者的生产积极性，就可以推动微观生产效率的提升。因此，这一时期收入分配制度的效率损失并不是按劳分配造成的，而是违背了按劳分配的原则，所谓公平的分配不能是平均主义，而是应当赋予不同劳动合理的报酬，并由此形成合理分配对效率的推进。

其次，就宏观效率而言，传统社会主义计划经济体制时期，经济发展的核心战略目标是要为巩固社会主义经济制度建立物质基础，形成独立的工业体系，收入分配的权限和资源都掌控在国家手中，只有通过高积累、低消费的模式才能推动工业化的快速进行，而这一时期的分配制度也的确起到了预期作用，显著地提升了总的积累率，帮助中国摆脱了贫困陷阱，建成了较为独立的初步的工业体系。从这个意义上讲，传统社会主义计划分配制度的形成对于工业化进程这个总的宏观效率目标是有正面意义的。而在总的消费资源极为有限的背景下，较为平均化的分配方式尽管缺乏足够的激励效应，但是却保障了人们的基本生活所需和劳动者的生存权，克服了旧中国私有制（外国资本主义经济、官僚资本主义经济、民族资本主义经济、封建地主经济和劳动者个体经济的混合体）剥削与被剥削基础上极大的收入分配差距造成的社会与政治不稳定。同时，这一时期的公共服务体系建设持续推进，在城市和农村，人们可以相对较为平等地获取教育、医疗等关键性的集体消费品。收入分配制度中，社会保障制度的职能发挥也值得关注（特别是在城市"单位"体制内）。尽管在总体的低生产力条件和有限的消费基金这一基本前提下，尚难以提供高水平的充沛的集体消费品供给，但是纵向来看，无疑促进

---

① 李怀印等：《制度、环境与劳动积极性：重新认识集体制时期的中国农民》，载于《开放时代》2016 年第 6 期。

了教育、医疗等公共服务一定程度的均等化，保证了这一时期的社会稳定，并且加速了人力资本的积累。

因此，从宏观层面讲，20世纪60年代中期之前，当传统社会主义建设处在稳步资本积累和较快经济增速的时期，收入分配制度事实上取得了较为显著的宏观效率，并通过较为普遍化的公共服务供给，改善了居民的一般福利状况。然而，也需要指出的是，从经济结构的视角来看，由于个人收入分配只是满足于劳动力基本再生产，没有对消费与生产的反作用，也就使得计划经济时期轻工业、零售服务业的增长缓慢，居民基本消费品的短缺程度极高，人均消费增长缓慢，就业增长停滞不前。收入分配尽管巩固了工业生产资料的积累，但是对于经济结构合理化并未起到积极的作用。

3. 方法论及政策经验启示

首先，从社会经济系统的整体向度来看，生产力、生产关系、上层建筑关联系统相互影响并制约，收入分配作为生产关系重要的方面之一，无法突破生产力所提供的基本的物质条件，因而传统社会主义计划经济体制阶段，落后生产力基础上的按劳分配尚无法帮助劳动力实现各尽其能的发展，而只是在高积累、低消费模式下推动劳动者生活资料获取的尽可能平均化；与之呼应，收入分配关系的特征也对这一时期的生产力变化起到了明显的作用，当按劳分配的适当形式可以调动起劳动积极性时，生产力有所进步，而简单的平均化模式甚至阻碍了生产过程的正常进行。因此，当下收入分配制度的改革亦无法突破社会主义初级阶段的生产力基础，而是应在按劳分配为主体、多种所有制分配方式并存的制度基础上，不断调整与生产力进步相适应的分配形式，逐步将改革红利惠及全民共享。

其次，从分配基础、机制、原则与形式的逻辑互动来看。传统社会主义全面公有制结构下的计划经济体制阶段，一定程度上存在个人收入与生产组织绩效相脱节的情况，平等化的分配原则和单一的分配形式保持了经济赶超时期社会总的稳定性，但对于微观生产组织的效率刺激确有不足。值得关注的是，在马克思主义经济学的研究中，效率与公平之间绝非此消彼长的关系而是相互促进的[1]，公平的收入分配是与劳动的实际付出相符的，也将刺激

---

[1] 程恩富：《现代马克思主义政治经济学的四大理论假设》，载于《中国社会科学》2007年第1期。

效率的提升。在经济发展过程中，不忘追求"共同富裕"的目标，以适当的分配方式保证劳动者取得符合自身贡献的报酬，对于社会主义长期生产潜能的发挥亦是至关重要的。现阶段主动推动收入分配改革，不仅要利用居民收入增长后的需要效应，也是调动工人生产积极性增长后的供给效应。

总之，传统社会主义阶段，与收入分配相关的制度安排是全面公有制结构和计划经济体制下必然选择的分配制度，从属于社会主义建设过程中资本积累的需要，是以劳动者获取消费品数量的有限性与形式的单一化，保证了稳定且有限的消费基金数额，以确保积累过程的快速进行。然而，伴随着社会主义建设自身遭遇过度"左倾"思想的曲折，按劳分配制度的运行也"突破了"生产力的自然基础，尝试跃进到完全的"按需分配"，陷入了极端平均主义的效率陷阱。正如社会主义初级阶段生产力发展的迫切要求，召唤着基本经济制度改革调动公有制之外其他所有制形式的协同生产，与之适应的收入分配制度改革也要在分配机制上对应以市场为基础的资源配置方式，在分配基础上与多元化的要素产权结构相匹配，在分配原则上保障不同要素的所有制获取与其贡献相符的报酬，同时依法保证分配形式的多元化和灵活化。促成合理的收入分配制度同时是在生产力与生产关系之间、在经济增长与居民消费之间，以及在公平与效率之间取得良性的互动。

## 二、体制改革进程中社会主义收入分配制度的嬗变（1978～1992）

20世纪70年代末，中国的经济体制改革，无论是农村联产承包责任制改革还是其后的城市国有企业改革，都是以"扩权让利"经营和分配体制改革、利益调整打开缺口拉开改革的大幕，以此为切入口启动了改革开放这一重大制度变迁。其间，伴随流通体制改革，再深入进行所有制、产权制度改革的方方面面，走出了一条渐进式为主、先易后难、由"体制外"改革向"体制内"改革的推进路径，与个体经济、私营经济和外资经济等非公经济相应的非按劳分配出现，对体制内按劳分配产生深刻影响。同时，体制内的按劳分配也发生着与市场取向改革相适应的改革。由此，体制外非按劳分配改革和体制内按劳分配变化的改革及其相互影响和碰撞，内在地生成了一个不同于改革前单一型按劳分配制度的"混入型"收入分配制度。

本节锁定1978～1992年的改革事实，将"混入型"收入分配制度变迁分为改革与转向的突破点、改革与转向的深入两个阶段，基于"分配基础、分配原则、分配机制和分配形式"内在向度和"生产力—生产资料所有制及其生产关系—上层建筑大系统相互影响及其作用"外在向度的双向度理论分析框架，从"混入型"收入分配制度的动因、特征、问题和内在逻辑等方面着手，回望检视改革开放初期形成的"混入型"收入分配制度承上启下、特定的历史意义及其深远的现实价值。

### （一）"混入型"收入分配制度改革与转向的动因

20 世纪 70 年代末 80 年代初的经济体制的改革和开放，成为中国走出发展困境的重大转折。其中，构成经济体制改革不可分割的重要组成部分的收入分配制度嬗变，源自"三大动力"。

1. 体制缺陷的动力：传统收入分配制度嬗变的制度需求

新中国成立初期扭曲的宏观经济环境和重工业优先发展战略，形成了传统计划经济制度与以国有化和人民公社化为特征的微观经营机制，从而造成了劳动激励不足的传统计划经济体制下的收入分配制度，愈益显现出其抑阻生产力发展的诸多弊端。

（1）传统体制制约下劳动者劳动积极性不足及其后果。在传统计划和分配体制下，其产权—分配的内在机制是，一方面国家既是国有资产法律和实际占有及其控制权意义上的产权拥有者和分配主体，也是资产收入或剩余的处置和唯一的占有者，因而，国家通过计划调拨、计划价格、统购统销等计划机制把农业自然资源，特别是农民所创造的一部分农产品价值或农业剩余强制性转移到其他地区或转化为城市居民的收入；另一方面，公有制的内在逻辑实际上否定了任何个人意义上的要素产权与收入关系，劳动者的劳动就成为其获得收入形式上的唯一来源，事实上，在市场缺位的体制下，劳动者的收入并非市场上所实现的价值，而是按照计划评价由政府配给的部分，因此，个人收入与其主观努力程度和客观工作成绩并无直接关系。这种产权制度下的收入分配结果，无论是在微观企业还是在宏观国民经济中，都必然是事实上的平均主义格局。

虽然当时人们追求的理想的分配方式是按劳分配，但产权—分配的内在逻辑在实践中的体现却是"劳"与"酬"的脱节，甚至出现了严重的背离现象，按劳分配原则没有在社会主义实践中得到真正地贯彻和实施，这严重地挫伤和消解了新中国成立初期因社会制度变更激发出来的人们普遍的政治热情和劳动积极性，出现了消极怠工、出勤不出力、劳动生产率、要素生产率下降的现象，严重阻碍了社会生产力的发展、抑制了经济的增长。迄至20世纪70年代末，整个经济情况实际上是处于缓慢发展和停滞状态，国民经济到了崩溃的边缘，迫切需要调整和改革不适应生产力发展的旧的生产关系、彻底改革传统的计划经济体制，以解放生产力、发展生产力。在这一重大的历史关头，我们党做出了实行改革开放的重大决策，拉开了市场取向的经济体制改革序幕。

（2）传统体制制约下效率损失和对消费的限制及其后果。在高度集中的计划经济体制下，违背资源比较优势，人为地推行重工业优先增长的发展战略，使经济结构遭到严重扭曲，由此丧失了可以达到的更快的增长速度；过密的资本构成抑制了劳动力资源丰富这一比较优势的发挥，加剧了传统部门和现代部门的二元结构现象，由此丧失了本来可以达到的劳动就业和城市化水平；依靠高积累维持的经济增长扭曲了国民收入的分配，致使人民生活水平提高缓慢；扭曲的产业结构还导致经济的封闭性，造成不能利用国际贸易发挥自身的比较优势，又不能借助国际贸易弥补本身的比较优势的局面。由于实际生产所需的要素统一划拨、生产出的产品全部上调、生产的成本统一核算、创造的利润全部上缴的企业制度，企业发展与其经济效益没有联系，劳动者的收入与其做出的共享没有联系，严重束缚了劳动者的生产积极性，造成微观经济效率低下的问题，以致生产只能在生产可能性边界之内进行。

从国民经济增长的角度看，传统的收入分配制度造成城乡居民的收入水平较低，居民消费水平增长极度缓慢，消费需求结构长期不变，难以拉动国民经济持续、协调、稳定的增长，经济增长只能依靠重工业、军事工业的封闭循环拉动。尽管这种优先发展重工业的赶超发展战略也有其具体的原因，如当时国际竞争的需要、国际政治和经济环境的制约、工业化积累方式的约束。[①] 但是，这种封闭循环难以实现经济的可持续增长和人民生活水平的正常提高，因而迫切需要革新已有的收入分配制度。

---

① 林毅夫等：《中国的奇迹：发展战略与经济改革》（增订版），上海三联书店1999年版，第30~33页。

2. 思想解放的动力：传统收入分配制度嬗变的政策供给

1976年10月"四人帮"被粉碎，标志着十年"文革"在政治上的结束。随后的1977~1978年的两年，我国兴起了一场声势浩大的思想解放运动，在批判"文革极左思想"的过程中，展开了关于真理标准问题的大讨论以及在政治经济学领域前后召开的四次有关按劳分配问题的大讨论。其中，1978年5月11日《光明日报》"实践是检验真理的唯一标准"的关于真理标准问题的大讨论，冲破了"两个凡是"的严重束缚，推动了全国性的马克思主义思想解放运动，"发展是硬道理"逐渐成为中国社会的共识，实现经济的快速增长和发展也成为执政党和政府重新获得政治合法性重要途径的共识，从而成为党的十一届三中全会发起改革开放这一具有深远历史意义的伟大转折的思想先导，也为新的经济体制、包括收入分配体制的革新，做了重要的理论与思想上准备。而四次按劳分配问题的大讨论，批判了单一型按劳分配实践中的平均主义倾向和"极左思潮"，明确了按劳分配的社会主义性质；否认了资产阶级法权与产生资产阶级、资本主义之间的联系，肯定了资产阶级法权的作用和地位，对"文革"的终结与改革的开启都产生了重要影响。真理标准问题和按劳分配问题的两大讨论，实际上产生了相互促进、叠加作用的历史性影响，共同构成思想解放运动的先导同时又是思想解放运动的重要组成部分。

在这样的背景下，党的十一届三中全会的召开，总结了历史教训，实事求是，在农业问题上明确提出了"公社各级经济组织必须认真执行按劳分配的社会主义原则，按照劳动的数量和质量计算报酬，克服平均主义……"，并且提出"缴够国家的，留够集体的，剩下都是自己的"具体改革实施方案；事实上这不仅限于农村，包括城市的各级经济组织都须如此。这是我国收入分配制度的重大改革，表明我国从理论上对按劳分配原则和实质的重新认识，在分配领域批判和反对平均主义，这为后来分配理论的不断探索与改革中新的制度供给和政策出台，如强调引入市场竞争机制，打破平均主义，合理拉开收入差距，鼓励一部分地区、一部分人先富起来、带动后富、实现共同富裕等政策创新，奠定了良好的基础，标志着改革收入分配制度、包括体制、政策的重大调整和深刻变化。

3. 实践创新的动力：收入分配制度嬗变的外溢效应

（1）对外开放边际增量改革的推进及其收入分配制度嬗变的外溢效应。

改革开放的实质，是解放和大力发展社会生产力，加快经济增长和发展，提高综合国力，以不断满足人民群众日益增长的物质文化生活的需要和幸福感。为此，打开国门之初对外开放的经济发展中，1979 年颁布的《中华人民共和国中外合资经营企业法》，在制度和政策上允许外商在中国直接投资，建立外商独资企业或中外合资经营企业、中外合作经营企业（俗称"三资企业"），遂成为我国吸引国外资金、技术和先进的管理经验、兴办外资经济、发展外向型经济的一个重要方面。

外资的合理引进和外资经济的发展，最初是通过设在沿海的深圳、珠海、厦门和汕头四个经济特区而后转向内地的方式推进的，这不仅弥补了我国经济发展资金长期匮乏的短板，打通了我国对外贸易的通道增加了外汇收入，更重要的是，也弥补了我国在先进技术、企业管理、特别是市场取向改革方面制度建设的不足，加快了我国经济的快速发展。同时，外资经济的出现，还意味着原有劳动关系的变化和新的劳资关系的产生，中外合资合营企业中体现外资外营与劳动者关系的市场机制的收入分配，或非按劳分配的引入，必然通过生产、交换等多种形式、多个渠道的外溢效应影响到其他经济形式的收入分配、包括国有企业的收入分配方式的变化。

（2）所有制结构及实现形式的变化推动收入分配制度的创新。改革之初，"八二宪法"①将社会主义基本经济制度规定为"生产资料的社会主义公有制，即全民所有制和劳动群众集体所有制"，因此，改革开放以来我国基本经济制度的核心，即公有制的主体地位没有根本改变，而与当时生产力水平相适应，调整和改变，一是公有制的实现形式，一方面，农村家庭联产承包责任制改革背景下农村集体经济"统分结合"双层经营体制与劳动和利益直接挂钩的变化推动分配理论和制度的创新；另一方面，城市以"扩权让利"为突破口的国有制实现形式的创新也推动着分配理论和制度的创新。二是个体、私营、"三资"企业等非公有制经济的出现，在经济增长、就业等方面做出贡献的同时，客观上要求我国收入分配理论和制度应有更大地创新。

虽然分配体制转换尚处于"摸着石头过河"的探索和过渡时期，但所

---

① 1982 年 12 月 4 日，"八二宪法"诞生。"八二宪法"由第五届全国代表大会第五次会议通过，全国代表大会公告公布施行。

有制关系及其所有制形式、所有制结构巨大变化的实践仍遵循着"所有制关系决定分配关系和分配方式的原理"①,公有制为主体决定了按劳分配为主体。正是因为生产资料的社会主义公有制和坚持公有制的主体地位保证了我国的收入分配制度改革内生公平因素的基础,分配公平是我国社会主义收入分配制度的基本要求。但是随着非公有制经济成分的增加,需要肯定要素参与分配的权益,以此来提高收入分配的效率,这就必然会要求我国收入分配制度不断地得到创新发展。

(3)市场机制的引入要求收入分配制度的创新。在市场化改革过程中,国家、集体与个人的利益关系通过价格机制、竞争机制、供求机制、风险机制得到有效的调整,分配格局和分配结构反映了资源与收入的重新分布,同时,积累与消费、投资与消费之间的关系也随着市场机制的运行进行了深度改革。在市场化改革条件下,分配原则、分配机制、分配秩序、分配形式等都需考虑和立足于我国是社会主义国家这个基本的价值取向,因而收入分配制度的改革也需要在公平与效率间不断地寻找最优平衡点。

1992年党的十四大报告正式提出我国经济体制改革的目标是建立社会主义市场经济体制。但是,此前的改革开放过程,事实上是市场经济成分不断增加、各类生产要素市场逐渐发育、市场机制对资源配置的作用日益显现的过程,这一市场化改革、市场机制引入的过程也提出了收入分配制度适时改革和嬗变以适应经济机制变化的需求。

上述来自体制缺陷、思想解放、实践创新形成的动力汇聚成一股巨大的时代洪流,推动着我国收入分配制度的适时改革和嬗变。

### (二)"混入型"收入分配制度改革与转向的突破:1978~1986年

自1978年末党的十一届三中全会改革以来到1992年党的十四大召开之前,我国收入分配制度的改革,经历了一个从传统计划化、"单一型"按劳分配制度向市场化、坚持按劳分配基础上新的按生产要素分配渗入的"混入型"收入分配制度演进的历程,其单一公有制的裂变、产权一定程度的回归②等分

---

① 杨承训:《正确认识"深化收入分配制度改革"中的矛盾》,载于《思想理论教育导刊》2008年第4期。
② 伴随着改革的进行,个体、私营、"三资"企业等非公有制相继出现,农民承包权的赋予和国企一定程度的生产经营权的让渡产权出现有限度的改革。

配基础的率先改革和变化引致分配机制、分配原则及其分配形式的相应变化构成分配制度渐进性改革的内在逻辑。本节和下一节主要考察"混入型"收入分配制度改革与转向的基本事实。

1978~1986年,随着个体、私营、"三资"企业等非公有经济形式的出现和快速发展,原有劳动关系的变化和新的劳资关系的产生,引起整体国民经济和国民收入的分配格局的一定的变化:一方面,公有制经济的外围区域相应出现市场作用下的资本性收入、经营性收入、技术性收入等要素性收入的多种收入分配方式;另一方面,要素性收入分配方式又通过生产、交换等多种形式、多个渠道的外溢效应,渗入到公有制经济的内部,影响到包括国有企业、集体企业等公有制经济市场化改革作用下的收入分配的变化。我们把这种因改革的市场作用而产生的资本性收入、经营性收入、技术性收入等要素性收入的多种收入分配方式,向公有制经济及其分配的渗入影响、从而混入整体国民经济和国民收入分配中形成的分配制度及其政策,视为"混入型"收入分配制度。

1. 分配基础的突破

经济体制改革是一个复杂的系统工程,从何处入手和寻找突破,成为改革初期理论与实践探索的焦点。1981年6月,党的十一届六中全会通过的《关于建国以来党的若干历史问题的决议》中指出:"社会主义生产关系的发展并不存在一套固定的模式,我们的任务是根据我国生产力发展的要求,在每一个阶段上创造出与之相适应和便于继续前进的生产关系的具体形式"。这一新的认识,深刻地阐明了马克思主义政治经济学的一个极为重要的基本原理,即作为社会主义生产关系基础的生产资料所有制及其形式,并不存在一套固定不变的模式。进一步说,这是对传统所有制理论"一大二公"极"左"教条的重大突破,确立了所有制改革以中国的具体国情为基础、由生产力水平及其发展状况决定、以公有制经济为基本经济形式、允许多种所有制经济存在和发展的指导思想。

在此指导思想形成的前后,所有制改革更多地强调了"主导—补充"的实践探索。实际上,之前的1981年党的十一届四中全会《关于建国以来党的若干历史问题的决议》就第一次明确提出:"国营经济和集体经济是我国的基本经济形式,一定范围的劳动者个体经济是公有制经济的必要补充",以及1982年4月《中华人民共和国宪法修正草案》在肯定公有制是社会主义经济制度的基础,全民所有制是国民经济中的主导力量的同时,确认"……城乡劳动者个体经济,是社会主义公有制经济的补充"。再到1982年党的十二大报告提出:"关于坚持国营经济的主导地位和发展多种经济形式的问题","社会主义国营经济在整个经济中居于主导地位""……在很长时间内还需要多种经济形式同时并存"。在改革的实践中,随着个体、私营、外资经济等多种经济形式雨后春笋般的发展,我国所有制发展的新变化,突出地表现在从过去公有制"一统天下"逐渐演变为在公有制经济的外围部分非公有制经济的出现和发展的新格局。具体表现在:一是非公有制经济在公有制经济的外围得到了一定程度的发展,在我国 GDP 结构中,我国非公有制经济由1978年末的0.9%增加到了1986年末的2.1%;二是国有成分在国民经济产值中的比重不断增加,但集体经济占比有所下降,在我国 GDP 结构中,1978年国有经济占56.2%,集体经济占42.9%;1986年末全民所有制经济占68.7%,集体经济占29.2%[①]。所有制结构的初步形成消除了传统体制下单一的所有制形式对生产力的羁绊,非公有制经济的出现与公有制经济的竞争,既促进了经济发展,扩大了国民经济的综合实力,增加了社会产品供给,活跃了市场,有利于满足人民生活的需要;又在一定程度上促使了公有制企业改革经营机制,讲究经济效益,不断提高劳动生产率和经济效益。

2. 分配原则的突破

在"混入型"收入分配制度的突破期,我国政府主要强调的是按劳分配原则的恢复,按生产要素分配还处于起步阶段,其核心内容是"认真执行按劳分配的社会主义原则"。在原有的计划经济体制下,收入分配原则名义上是要实行按劳分配,实际上却搞成了"平均主义",严重损害了广大人民群众的劳动积极性[②]。为此,改革开放初期,重新认识什么是社会主义、社会主义的本质是什么,成为收入分配体制改革中公理性分配原则正本清源、探索创新的重要内容。而毋庸置疑的是,收入分配制度的改革,并非是要否定社会主义制度,否定的只是传统体制下对社会主义本质的错误认识及其实践,即全面的公有制、平均主义式的按劳分配、计划经济等教条化的社

---

[①] 根据相关年份的《中国统计年鉴》和中国经济与社会发展统计数据库整理所得。
[②] 高玉伟:《关于收入分配原则问题的讨论》,载于《中国城市经济》2010年第11期。

会主义及其分配制度，要厘清和寻找的则是能够解放和发展社会生产力，促进整个社会经济效率的提高；同时消灭剥削和消除两极分化，实现公平正义最终达成共同富裕这一符合现实的社会主义本质的公理性分配原则。

改革最初的实践，是一个"摸着石头过河"的"试错"过程。同样，探索和确立符合新的社会主义本质观的公理性分配原则，也是一个边干边总结，通过试错摸索社会主义生产关系改革与演变规律、寻找与改革中所有制结构、劳动与劳资关系等社会经济关系新变化的本质中产生出来并逐渐上升到法律层面的过程。因而，新的公理性分配原则的探寻过程在实践中又表现出其与政策性分配原则的调整、改革和创新相互关联、交织互动的过程。为了激发劳动者的积极性和激发经济活力，党和国家对我国的传统收入分配原则的弊端进行了必要的突破。1978年，党的十一届三中全会明确提出："按劳分配、多劳多得是社会主义，绝不允许把它当作资本主义原则来反对"，"人民公社、各级经济组织必须认真执行按劳分配的原则，多劳多得，少劳少得"。并以农村为突破口，针对以前的平均主义分配方式，提出了"不允许无偿调用和占用生产队的劳力、资金、产品和物资；公社各级经济组织认真执行按劳分配的社会主义原则，按照劳动的数量和质量计算报酬，克服平均主义。"党的十一届三中全会以后，我国对农村经营体制以家庭为基本经营单位进行了改革，实行了以家庭联产承包责任制为基础的统分结合的双层经营体制，农村分配制度在家庭联产承包责任制全面铺开的情况下也发生了重大的转变，分配方式转变为"缴够国家的、留够集体的、剩下的都是自己的"，这一分配方式的变化，既明确了国家、集体、个人的权利、责任和利益关系；又使农民收入开始同劳动成果挂钩，多劳多得，少劳少得。

在城市，开始了国有企业改革的第一阶段即"放权放利"。1978年5月，国务院发布《关于实行奖励和计件工资制的通知》，正式恢复了已经停止实行十多年之久的奖励制度和计件工资制度，并通过试点逐步扩大。在企业分配制度方面，下放了企业决定职工工资的自主权，扩大企业内部的工资差距，拉开档次。1984年，中共十二届三中全会借鉴农村的改革经验开始对城市企业深化分配制度改革，在《中共中央关于经济体制改革的决定》中对贯彻按劳分配原则作出了具体规定："企业可以根据自身具体经营状况自行决定职工奖金，国家只对企业适当征收超限额奖金税；职工工资和奖金要同企业经济效益的提高挂钩；企业内部要扩大工资差距，充分体现多劳多得、少劳少得以及不同劳动之间的差别。"党的十二届三中全会以后，党实施了一系列重大措施改革收入分配制度：在国有企业改革工资管理体制，实行企业工资总额同经济效益挂钩；在机关事业单位实行结构工资制，开征个人收入调节税。

虽然这一时期政策性收入分配原则的公平和效率原则还未明确提出，但是在按劳分配原则重新确立的过程中，政策性收入原则已经有所体现，并呈现与公理性收入分配原则交织互动的过程，其主要是通过重新确立按劳分配收入原则来解决计划条件下过于平均化的分配制度弊端，并开始逐渐重视效率的作用。此外，国家已经存在了效率与公平分配原则的指导思想。1984年党的十二届三中全会通过的《中共中央关于经济体制改革的决定》提倡以"先富"产生的示范效应来促进"共富"的思想表现出了对公平本质的重新认识，但由于"共富"的前提是"先富"，因而这里暗含着效率先于公平的政策思路。在分配决策中，效率优先于公平确实解决了短期发展问题，但对经济社会的长期持续发展却埋下了隐患。① 这就是对原有过度强调平均的分配原则的突破。事实上，公平与效率的政策性收入分配原则是在1987年党的十三大提出的，即"混入型"收入分配制度深入发展的第二阶段。

3. 分配机制的突破

改革开放以前，我国实行的分配制度是一种与当时计划经济体制相适应的计划化的按劳分配制度，分配活动通过计划机制和行政强制来实施。而这种计划机制在改革开放后，更多的转化为政府在收入分配领域的宏观调控机制。随着所有制结构的初步形成，在居民收入的初次分配领域，市场机制开始引入。在公有制经济内部表现为市场的影响渗入到分配当中，国家下放了部分的分配权限给公有经济的不同组织（国有经济组织和集体经济组织），企业也下放了部分分配权限给劳动者个人，企业、集体经济组织和劳动者个人都成了收入分配的主体。从公有制经济外围的非公有制经济来看，由于个体经济、私营经济和三资企业的出现，市场不仅作为一个新的资源配置的手段出现了，同时它也成了个体经济、私营经济和三资企业收入分配的基本工具。这都体现了分配组织和主体的多元化，由原来单一化的收入主体向着多

---

① 刘承礼：《30年来中国收入分配原则改革的回顾与前瞻——一项基于公平与效率双重标准的历史研究》，载于《经济理论与经济管理》2008年第9期。

元化的收入分配主体的深刻变革，分配主体的多元化本质上体现的是市场机制的形成和对传统收入分配机制的突破。

具体来看，肇始于统分结合、双层经营的家庭联产承包责任制取代人民公社体制的农村改革标志着突破单一公有制、探索公有制新的实现形式的第一步创新，既坚持了农业基本生产资料土地的集体所有制，又实行了所有权与经营权的"两权分离"，促成了农户向经营主体和市场主体的重要转变；同时，其分配方式转变为"缴够国家的、留足集体、剩下的都是自己的"，意味着国家开始把部分分配权力下放给农村集体经济组织，集体又把部分分配权力下放给了农民个体，农民事实上拥有了部分剩余索取权，家庭开始有了一定的积累功能和积累资产，从而突破了过去长期形成的关于社会主义的某些传统观念，如个人只能占有生活资料、消费资料而不能占有生产资料的思想束缚，极大地促进了农民商品生产经营的自主性、积极性和农村商品经济的发展。在城市，始于1978年国有企业的扩大企业自主权、调整国家与企业之间利益分配关系的"扩权让利"、实行经济责任制的体制改革，与之前中央和地方间行政权力集权与放权政府系统内行政权力调整、改变的只是隶属关系不同，允许企业在完成国家计划之外，在生产计划、产品销售、劳动人事、技术改造、收入分配等方面有一定的机动权力，例如，企业在完成国家计划的前提下，可以增产市场需要的产品；可以自销国家商业和物资部门不收购的产品；超计划完成的利润可以分成，职工个人可以得到一定数额的奖金，包括计分奖、计件工资、超产奖、浮动工资等，这既在一定程度上下放了企业决定职工工资的自主权，使企业成为分配的一个不可或缺的主体；又对规范国家与企业间的分配关系、调动企业和职工的生产经营积极性起到了一定的积极作用。

由上可见，无论是从公有制经济还是非公有制经济来看，这一时期，我国收入分配机制的突破体现在政府管理机制外市场机制的出现。市场化分配机制的形成产生了两方面的显著影响，一方面是激活了要素，提高了要素，特别是劳动要素的使用效率，促进了生产力的发展，但是其对社会收入分配发挥的调节作用有限；另一方面，由于市场因素的影响，收入与经营好坏的联系，收入分配出现了一定的差距；特别是改革初期相应的制度规范、体制和政策创新的滞后缺位，因改革的"双轨制"带来的非均衡分配的出现，带来了一定的负面影响，表现为个体、私营等部分经营者偷税漏税以及一部分人在"双轨制"的寻租中先富起带来的收入差距、社会不公等问题。

由表5-4我们可以发现，1978~1986年，我国的居民收入差距有所扩大，且农村内部收入差距扩大的速度显著地快于城市地区。这是因为市场经济因素的引入打破了计划经济时期收入的过度均等化，而农村地区的收入差距扩大是由于在改革开放初期，农村地区的改革显著地快于城市地区。然而，总体来看，这一时期的全国、城市地区和农村地区的收入差距还处于比较平均的基尼系数区间，[①] 说明这一时期收入分配机制的变革不仅打破了计划经济时期绝对公平的收入分配制度，利于调动劳动者的积极性，并且收入差距依旧处于公平的范围内。

表5-4　　　　　　　　1978~1986年我国基尼系数表

| 年份 | 中国 | 城市 | 农村 |
| --- | --- | --- | --- |
| 1978 | 0.245 | 0.17 | 0.2124 |
| 1979 | 0.249 | 0.17 | 0.2266 |
| 1980 | 0.291 | 0.16 | 0.2407 |
| 1981 | 0.288 | 0.15 | 0.2406 |
| 1982 | 0.249 | 0.15 | 0.2317 |
| 1983 | 0.246 | 0.15 | 0.2461 |
| 1984 | 0.297 | 0.16 | 0.2439 |
| 1985 | 0.265 | 0.19 | 0.2267 |
| 1986 | 0.296 | 0.19 | 0.3042 |

资料来源：张东生：《中国居民收入分配年度报告（2011）》，经济科学出版社2012年版，第228页。

此外，这一时期，我国再分配的调节方式也在不断地调整和完善。首先是在个人所得税制度方面做出了切实的突破。1980年，我国正式开征个人所得税，起征额为800元，但是这一起征点远高于当时大部分居民的收入水平，因此，其更多地体现在其蕴含的象征意义。1986年，《个人收入调节税

---

[①] 国际上一般用基尼系数来综合考察一个国家的居民收入分配差异情况，基尼系数在0.2以下、0.2~0.3、0.3~0.4、0.4~0.5和0.5以上分别表示收入分配绝对平均、比较平均、相对合理、差距较大和差距悬殊。

暂行条例》和《城乡个体工商户所得税暂行条例》开始实施，由此形成了个人所得税、个人收入调节税和城乡个体工商业户所得税三税共存的局面。由表5-5可知，个人所得税的规模较小，调节作用微弱。

表5-5　　　　　　1980~1986年我国个人所得税收入　　　　单位：亿元

| 年份 | 个人所得税收入 |
| --- | --- |
| 1980 | 0.0016 |
| 1981 | 0.05 |
| 1982 | 0.10 |
| 1983 | 0.17 |
| 1984 | 0.34 |
| 1985 | 1.32 |
| 1986 | 5.52 |

注：数据来源于历年《中国统计年鉴》。

在社会保障方面，1978年以前中国社会保障制度的典型特征是"企业保险"，而1978~1986年这一阶段主要是巩固和完善这种模式。因此，这一阶段的主要目的还是为了解决历史遗留问题和恢复被"文化大革命"破坏的养老保障制度。与此同时，这一阶段的一些改革措施实现了由"企业保险"向"社会保险"的突破。从1984年开始，中国开始尝试养老保险费用的社会统筹，其目的是还原社会养老保险的基本职能，并在湖北省江门市、江苏省泰州市、辽宁省黑山县和广东省东莞市等地开始试行退休人员的退休费社会统筹。1986年国务院颁布了《国营企业实行劳动合同制暂行规定》和《国营企业职工待业保险暂行规定》，以解决国营企业新招收职工的养老和失业保险问题，养老基金由企业和合同工共同缴纳，不足部分由国家补上。总体来看，这一时期政府的收入再分配作用相对较弱，没有对收入分配起到很好的调节与再分配作用。

从第三次分配出发，这一时期，伴随中国受抑制生产力的释放和经济的快速发展，对于社会慈善事业，政府由取缔，抵触到支持的态度逐步转变。

但是，由于第三次分配此时在国内才刚刚起步，发展较为缓慢，民间慈善组织还非常少见，且是政府而不是社会力量成为第三次分配的主体。

4. 分配形式的突破

在计划经济体制下的传统分配制度中，居民获取收入的形式较为简单，城市居民主要是在公有制经济内部获得按劳分配名义上的工资性收入，农村居民主要是在农村集体经济组织内部获得的工分和粮食等实物性收入。而在"混入型"收入分配制度的突破期，我国居民获取收入的分配形式相对说来有了较大的变化。

首先，由于非公有制经济的发展、市场分配机制和按要素分配原则的突破，在公有制经济的外围出现了一定的资本等其他收入形式，从而突破了原本单一的按劳分配形式。

其次，在公有制经济内部，农村家庭联产承包责任制下农民除农业生产中的实物性收入外，家庭经营销售的农产品获得了市场上"商品实现惊险跳跃"后的货币性收入等形式，还有从乡镇企业和城市务工活动中获得的工资性收入。在城市，国企"扩权让利"的改革，使职工除基本工资外还获得了企业留利部分发放的奖金等收入形式。

总之，市场化改革使分配形式从过去比较单一的劳动收入、工资性收入形式，逐渐向多样化的收入分配形式演变，这一点在这一时期的农村体现得尤为明显，农村居民人均纯收入构成的多样化特征逐步显现。1978年，我国农村居民年人均纯收入为133.57元，其中，工资性收入占66.3%，家庭经营净收入占26.8%，财产性收入为0，转移性收入占6.6%。随着家庭联产责任制的推广，农民的总收入和经营性收入得到了显著的提高，经营性收入所占比重超过工资性收入跃居到第一位。1986年，农村居民年人均纯收入上升到了391.60元，工资性收入占比为8.5%，较1978年降低了47.8%；家庭经营净收入则增加到了81.5%，比1978年增加了54.7%；转移性收入占比分别上升至10.3%，财产性收入依旧为0。[①]

一言以蔽之，1978~1987年，我国收入分配制度的变化建立在公有制经济之外兴起和发展的大量的非公有制经济的所有制新格局的分配基础之上，进一步地，分配机制的变化主要体现在改革和否定了过去单一政府

---

[①] 根据相关年份的《中国统计年鉴》和中国经济与社会发展统计数据库整理所得。

行政分配机制及其低水平平均主义的分配方式，重新界定了社会主义按劳分配原则，逐步将利益机制引入和体现在收入分配领域，这一阶段强调恢复按劳分配原则，反对平均主义。因此，我国"混入型"收入分配制度的改革及其突破，一定意义上正是制度体制创新和政策适时调整的逻辑产物。

### （三）"混入型"收入分配制度改革与转向的深入：1987~1992年

随着生产力的发展和非公有制经济等市场经济因素的不断壮大，需要我国生产关系和上层建筑做出必要的调整。1987年中国共产党第十三次全国代表大会提出按劳分配为主，其他分配形式为补充，并明确资本等非劳动要素参与收益分配的合法性，由此开始并深入推进了我国的"混入型"收入分配制度变革。

1. 分配基础的深入

改革是对旧有的生产关系、上层建筑作局部或根本性的调整，是社会发展的强大动力，其需要根据实践的发展来进行不断地深化和完善。在前一时期改革的基础上，我国非公有制经济得到了进一步的提升，我国的所有制结构逐渐演变为多种所有制经济并存的格局。1987年，党的十三大报告阐述了社会主义初级阶段理论，提出了党在社会主义初级阶段的基本路线，需要以经济建设为中心，坚持四项基本原则和改革开放。这不仅指出了我国社会经济发展的方向和进一步深化经济体制改革的重要性，也为"混入型"我国收入分配制度的深入指明了道路。

在此历史背景下，1987年11月，中共十三大明确提出："必须以公有制为主体，大力发展有计划的商品经济""在所有制和分配上，社会主义社会并不要求……绝对平均。在初级阶段，尤其要在以公有制为主体的前提下发展多种经济成分，在以按劳分配为主体的前提下实行多种分配方式"，由此，我国所有制改革开始由前期突出国营经济主导地位和个体经济是公有制经济必要补充的"主导—补充"的实践探索，转向公有制为主体、个体经济、私营经济等非公有制经济都是补充的"主体—补充"的实践探索。

具体来看，随着非公有制经济的快速发展，我国私营经济在个体经济的基础上得到了进一步的发展壮大。1987年11月，中共十三大明确提出鼓励发展个体经济、私营经济的方针。1988年4月全国第七届人民代表大会通过的《中华人民共和国宪法（修正案）》的第十一条增加规定："国家允许私营经济在法律规定的范围内存在和发展。私营经济是社会主义公有制经济的补充。国家保护私营经济的合法的权利和利益，对私营经济实行引导、监督和管理。"[1] 这是首次确定私营经济的法律地位和经济地位，是上层建筑对生产关系的强化与维护。1992年，党的十四大报告进一步指出，"在所有制结构上，以公有制包括全民所有制和集体所有制经济为主体，个体经济、私营经济、外资经济为补充，多种经济成分长期共同发展，不同经济成分还可以自愿实行多种形式的联合经营。"进言之，这种分配基础的深化体现在如下两个方面：一是将前期国有经济的主导进一步扩展到公有制经济（包括国有经济和集体经济）在国民经济和收入分配领域占主体地位；二是在原有劳动者个体经济为补充的基础上，进一步把私营经济和外资经济作为国有经济的有益补充，并在制度上进行了明确。

由此，所有制结构进一步出现了较大地调整，公有制经济比重出现明显的下降，在我国GDP结构中，1987年初公有制经济占97.9%，1992年末公有制经济占86.4%。国有经济比重进一步下降，但受益于乡镇经济的快速发展，集体经济成分有所提升。在我国GDP结构中，国有经济占比由1987年初的68.7%下降到1992年末的51.4%，集体经济占比由1987年初的29.2%增加到1992年末的35%。[2] 所有制结构改革的进一步深化，非公有制经济的不断壮大，进一步激发了市场的活力，促进了资源配置效率和生产效率的提升。

2. 分配原则的深入

从我国收入分配制度的改革实践来看，其必然要求我们不断的根据实践的需要来调整和深化我们的收入分配原则，进而形成对实践的理论指导。因而，在突破原有绝对平均分配原则的基础上，结合着我国的实践来进一步深化我国的公理性收入分配原则，是我国经济社会发展的现实考量。随着我国经济结构中所有制的多元化和分配形式的多样化，政府部门在强调按劳分配的同时，也承认了其他分配方式的存在。但是从公理性原则的含义来看，由

---

[1] 中国人大：《中华人民共和国宪法修正案（1988年）》，中国人大网，http://www.npc.gov.cn/wxzl/wxzl/2000-12/05/content_4498.htm，2000年12月5日。
[2] 根据相关年份的《中国统计年鉴》和中国经济与社会发展统计数据库整理所得。

于法理上还没有确立新的收入分配制度，我国这一时期的收入分配制度坚持的依旧是按劳分配原则，但是是在传统计划经济时期绝对平均的分配原则上调整和优化形成的。此外，新的公理性分配原则的探寻过程在实践中又表现出其与政策性分配原则的调整、改革和创新相互关联、交织互动的过程。这一时期随着公理性收入分配原则的进一步深入，按劳分配以外的按要素分配原则在政策上的逐步确立，我国政策性收入分配原则中的公平与效率原则的重视程度有所变化，效率分配原则得到了进一步的强化，公平分配原则也在实践的基础上得到了一定的重视。

具体来看，我国根据经济实践的需要，围绕具体的收入分配原则进行了必要的调整和优化，以此来激发劳动者的活力和促进生产力的发展。在1987年，中共十三大明确提出："我们必须坚持的原则是，以按劳分配为主体，其他分配形式为补充"。允许企业发行债券筹集资金时凭债权取得的利息、股份制经济中的股份分红、企业经营者收入中的风险补偿、私营企业雇用劳动力的非劳动收入等通过合法手段获得的非劳动收入的存在，并指出"以上这些收入，只要是合法的，就应当允许"。这样就肯定了除按劳分配以外的其他分配形式的合法性。并要求在思想上和实际工作中加以克服平均主义，"凡是有条件的，都要在严格质量管理和定额管理的前提下，积极推行计件工资制和定额工资制。"1992年党的十四大沿用了十三大关于分配原则问题的提法。与此同时，《中共中央关于制定国民经济和社会发展十年规划和"八五"计划的建议》等党和国家的重要文件也都沿袭了这一说法，提出"在分配方面，实行按劳分配为主体的多种分配方式"，国有企业开始实行工资的"工效挂钩"制度，机关事业单位实行结构工资制等。按要素分配的内容由原本产品等要素进一步拓展为利息、股份分红和风险补偿等要素，分配的领域由原本的国有经济开始向机关事业单位进行推进。对于收入分配中公平和效率的关系问题，中共中央于1987年中共十三大上提出，"我们的分配政策……合理拉开收入差距，又要防止贫富悬殊，坚持共同富裕的方向，在促进效率提高的前提下体现社会公平"，这首次明确提出了公平与效率的收入分配原则。随后，在1992年的中共十四大上提出，在收入分配中要"兼顾效率与公平"，并提出在分配制度上，要"加快工资制度改革，逐步建立起符合企业、事业单位和机关各自特点的工资制度与正常的工资增长机制。"这是首次在党的代表大会上提出公平与效率的政策性收入分配原则,这意味着我国开始从改革开放初期一味地追求效率,开始根据经济实践的现实情况,逐步重视公平的分配原则,这是这一时期政策性收入分配原则深入的一个具体体现。

3. 分配机制的深入

随着我国市场经济成分的不断增加,私营经济和外资企业法律地位的确立,政府宏观调控机制配置资源中的比重逐渐下降,市场机制配置资源的比重不断上升。尤其是在居民收入的初次分配领域,市场机制得到了进一步的成长,要素市场的供求状况和要素价格等因素逐渐对社会初次分配领域产生了重要的影响,并开始对社会收入分配发挥越来越大的调节作用。1987年11月,党的十三大明确提出"加快建立和培育社会主义市场体系",不仅包括消费品和生产资料等商品市场,而且包括资金、劳务、技术、信息和房地产等生产要素市场,必须积极而稳步地推进价格改革,"逐步健全以间接管理为主的宏观经济调节体系"。1989年6月,党的十三届四中全会又提出,"建立适应有计划商品经济发展的计划经济与市场调节相结合的经济体制和运行机制"。直至1992年,党的十四大把建立社会主义市场经济体制确立为经济体制改革目标,我国收入分配制度改革开始进入建立与社会主义市场经济体制相适应的分配制度阶段,市场机制开始逐步成为收入分配机制内在的一部分,并由此进入"混生型"收入分配制度阶段。

概言之,这一时期收入分配机制上伴随着市场取向改革和市场化程度的提高、市场机制的植入和内嵌化,政府与市场在收入分配中的职能日益清晰,这一方面带来了我国经济增长速度的腾飞,另一方面也使我国的收入差距扩大问题日益凸显。

由表5-6我们可以发现,1987~1992年,我国的收入差距进一步扩大,且农村内部收入差距扩大的速度显著地快于城市地区。这一时期的中国城市地区的收入差距还处于比较平均的基尼系数区间,中国和农村地区的收入差距已经处于相对合理的基尼系数区间,[①] 居民收入差距也在持续拉大,贫富两极分化开始显现,与消除两极分化,共同富裕的收入分配目标背道而

---

① 国际上一般用基尼系数来综合考察一个国家的居民收入分配差异情况,基尼系数在0.2以下、0.2~0.3、0.3~0.4、0.4~0.5和0.5以上分别表示收入分配绝对平均、比较平均、相对合理、差距较大和差距悬殊。

驰。邓小平同志晚年已经预见到了贫富差距问题,并指出了解决这一问题的极端重要性:"如果我们的政策导致两极分化,我们就失败了。"①

表5-6　　　　　　　　1987~1992年我国基尼系数表

| 年份 | 中国 | 城市 | 农村 |
| --- | --- | --- | --- |
| 1987 | 0.305 | 0.20 | 0.2889 |
| 1988 | 0.382 | 0.23 | 0.3053 |
| 1989 | 0.349 | 0.23 | 0.3185 |
| 1990 | 0.343 | 0.23 | 0.3099 |
| 1991 | 0.324 | 0.24 | 0.3072 |
| 1992 | 0.325 | 0.25 | 0.3134 |

资料来源:张东生:《中国居民收入分配年度报告(2011)》,经济科学出版社2012年版,第228页。

除了市场化改革带来的合理的收入差距的扩大外,改革初期"双轨制"带来的非均衡分配、主要是一部分人在"双轨制"的寻租中先富了起来,也是收入开始出现差距、社会不公等问题出现的一个不可回避的原因。根据相关学者的估算,我国自实行双轨制的改革后,我国租金规模占国民收入的比例大致在30%~40%之间。这是因为在高度集中的计划经济和成熟的市场经济中,寻租规模相对较小,而处于转轨期的国家的寻租现象会较为突出。根据胡和立和万安培的估算,自1988年以来在我国历年的租金规模中商品价差、利差和汇差三项租金占了大部分,这是典型的双轨制产物。② 这些寻租的存在,给一些掌握权力的群体通过不合理甚至不合法的方式先富了起来。

从再分配机制来看,在税收调节方面,这一时期我国对个人收入分配的调节主要依靠始于1980年的个人所得税,其他与个人所得税相互补充和配合的税种尚未开征。由表5-7可知,个人所得税的调节作用虽然不断增强,但是绝对作用依旧存在不足。在社会保障方面,这一阶段由"企业保险"

---

① 《邓小平文选》第三卷,人民出版社1993年版,第111页。
② 卢现祥:《我国的渐进式改革及其寻租问题》,载于《中南财经大学学报》1998年第5期。

向"社会保险"的转变得到了进一步的深化。1991年,国务院对企业职工养老保险改革确定了"以支定收、略有节余、留有部分积累"的原则,要求构建多层次的养老保险体系和资金筹集机制。1992年,养老金同社会平均工资和个人缴费工资挂钩,进一步深化了社保的社会性特征。

表 5-7　　　　　1987~1992年我国个人所得税收入　　　单位:亿元

| 年份 | 个人所得税收入 |
| --- | --- |
| 1987 | 7.17 |
| 1988 | 8.68 |
| 1989 | 17.12 |
| 1990 | 21.13 |
| 1991 | 25.03 |
| 1992 | 31.36 |

注:数据来源于历年《中国统计年鉴》。

从第三次分配机制来看,随着经济体制改革的深入,慈善事业得到一定程度的发展,同时民间力量也开始苏醒,社会大背景对慈善事业的发展极为有利,虽然国家层面的慈善总会还未建立,但是现代意义上的慈善事业已经正式产生与恢复,但是其对收入分配产生的影响依旧很小,慈善更多是政府的扶贫行为。[①]

4. 分配形式的深入

随着所有制结构和收入分配机制的进一步深化,在这一时期,我国居民获取的收入形式更加多样化。在农村,部分参与企业集资入股的农民还可以获得利息、分红等分配形式。在城市,随着这一时期城市改革的大力推进,居民除工资性收入外,利息、股息、红利、房租等资本和财产性收入形式逐渐出现。并随着技术、信息和经理市场的发育,技术、信息、管理等生产要素所有者也获得了多样化的收入分配形式,如技术转让费、专利费、信息

---

① 林延光:《当代中国慈善公益募捐发展研究》,湖南师范大学博士学位论文,2014年,第1页。

费、经营者年薪、风险收入等。

具体来看,这一时期我国农村居民人均纯收入构成的多样化水平变化较大。1987 年初,我国农村居民年人均纯收入为 686 元,其中,工资性收入、经营净收入、财产性收入和转移性收入所占的比重分别为 8.5%、81.5%、0 和 10.3%。但是受制于 20 世纪 80 年代后期农村改革的停滞和城乡二元经济结构的新的强化,农民的收入形式没有明显的变化。[①] 到 1992 年,农村居民年人均纯收入上升到了 783.99 元,工资性收入、经营净收入和转移性收入占比分别变动了 0.37 个、0.6 个和 0.33 个百分点。在城市,1987 年初,我国城镇居民年人均可支配收入为 909.96 元,其中,工资性收入占 65.8%、经营性收入占 23.4%,财产性收入为 0.53%、转移性收入占 10.2%。随着城市各项改革的推进,1992 年,城镇居民年人均可支配收入上升到了 2031.53 元,工资性收入占比为 69.4%,经营性收入 15.4%,财产性收入为 1.5%,转移性收入为 11.7%,一个突出的特点就是工资性收入有所增加,经营性收入明显减少。[②]

综上可知,这一时期,我国开始出现了按照利息、股份分红等要素获得收入的分配方式。但是由于改革发展水平较低,按劳分配和按照生产要素进行分配的结合相对不够深入,只是在公有制经济的外围出现了一部分非公有制经济形式,进而出现了部分按要素分配的收入分配方式对我国整个收入分配制度的混入。

### (四)"混入型"收入分配制度嬗变的特征、内在逻辑与演变方向

前面虽然对"混入型"收入分配制度的基本事实分阶段进行了梳理,但是有必要从双向度的分析视角抽象出"混入型"收入分配制度嬗变的本质。故而,本节进一步探析其制度嬗变的基本特征、内在演变的逻辑和下一阶段收入分配制度进一步演化的方向。

1. "混入型"收入分配制度改革的基本特征

1978 ~ 1992 年,我国的收入分配制度发生了巨大的变化,形成了"混入型"收入分配制度。在制度演化的过程中,主要存在如下两个显著特征。

---

① 林毅夫:《中国农业:当前问题和政策抉择》,载于《经济导刊》1996 年第 1 期。
② 根据相关年份的《中国统计年鉴》和中国经济与社会发展统计数据库整理所得。

（1）诱致性和强制性制度变迁并存、交替，以强制性为主。中国的改革开放始于农村，以家庭联产承包责任制为起点的农村改革，是典型的"自下而上、上下结合"的诱致性制度变迁引致强制性制度变迁，诱致性与强制性制度变迁并存、交替，以强制性为主的改革。具体来看，农村收入分配制度的演变始于安徽小岗村部分农民自发签订的"包产到户"契约，但是在得到中央认可后，才在全国进行推广，联产承包制开始在农村得到确立，收入分配方式也逐渐演化为"缴够国家的，留足集体的，剩下的都是自己的"。而在城市，由于担心丧失医疗、住房、养老和子女教育等福利，又没有面临农民那样的生存困境。故而，城市居民没有自发地改变收入分配方式的内在动力，只能由政府强制推行承包制，随着承包制给企业和个人带来的利益日益显现，地方政府与企业演变的主动性被激发出来，收入分配制度变革中的强制性制度变迁逐步转为诱导性制度变迁。此外，强制性制度变迁始终都处于主导地位。一方面，转变计划化的分配方式是我国收入分配制度变迁的必要前提，而这离不开政府在资源配置上的作用，必然要求实行自上而下地强制性制度变迁；另一方面，在制度变迁过程中，政府是分配制度最大的供给者，它的制度供给能力和意愿，是决定收入分配制度演变方向、深度和广度的主导因素。[①] 而且，收入分配机制演变过程中涉及各种利益关系的协调，收入分配差距的"适度"控制，这些都是以强制性制度变迁为主导的。

（2）改革的渐进性特征显著。这一时期，我国收入分配制度的变迁，无论是在时间上还是在空间上都是一种"渐进式"的演变。

在时间上，这一时期"混入型"收入分配制度的演变可以分为两个阶段，第一阶段：在分配结果上打破平均主义，坚持按劳分配阶段。1978年底至1986年，农村否定了实行多年的"工分制"，采取了"缴够国家的、留够集体的、剩下全是自己的"的分配方式，体现了按劳分配的多劳多得原则。城市中企业内部分配逐渐拉开了工资差距，职工工资和奖金开始同企业经济效益挂钩；国家行政机关、事业单位将职工工资收入与岗位责任、劳动绩效相联系，实行以职务工资为主的结构工资制。第二阶段：在分配方式上突破单一的按劳分配方式，实行按劳分配为主体、其他分配方式为补充的

---

[①] 冯招容：《收入差距的制度分析》，载于《中共中央党校学报》2002年第3期。

阶段。1987~1992年，随着社会主义经济体制改革的发展，出现了按承包、租赁经营成果分配与外资、私营、股份制企业按资、按劳动力价值分配等多种形式。分配原则由单一的按劳分配逐渐转变为按劳分配为主体，其他分配方式为补充，并允许通过合法手段获得的非劳动收入的存在，允许属于个人的资本等生产要素参与收益分配。

在空间上，"混入型"收入分配制度的演变体现为由农村到城市，由沿海到内地，由非国有企业到国有企业的逐步过渡。[①] 在城乡之间，先是农村实行承包责任制，之后城市居民收入分配机制发生变革，城市收入分配机制的变革又以企业职工工资制度变革为先，事业单位、行政机关工资制度变革为后。在沿海城市与内地城市之间，沿海城市率先建立了企业员工持股、技术与管理知识入股、最低工资制等分配方式，打破了企业对劳动用工限制，拉开了企业职工的收入差距；而西部地区的收入分配机制演变则相对迟缓，影响因素主要是所有制结构、企业制度以及职工就业与社会稳定等方面。在国有企业和非国有企业之间，先是非国有企业放开搞活实行分配方式的多样性，而后国有企业内部实行按劳分配与按生产要素分配相结合。

2. "混入型"收入分配制度嬗变的内在逻辑

总体上看，这一时期我国收入分配制度的演变轨迹是从传统计划化的、单一的按劳分配制度逐渐向市场化的、按生产要素分配渐进性渗入的"混入型"分配制度演进，这种演变轨迹可以通过分配基础、分配原则、分配机制和分配形式四个方面来理解。

（1）分配基础的演变：要素产权从单一化到多元化。根据马克思主义经济学的基本原理，是最基本的，作为生产关系中起决定作用的生产资料所有制的形式决定和影响产品分配的形式。这一时期，我国的所有制结构从过去公有制"一统天下"逐渐演变为多种所有制经济并存的格局，与此相应的是居民拥有的要素产权也从过去的单一化逐渐演变为多元化的格局。具体而言，计划经济时代劳动者直接占有的是自身的劳动力产权（虽然还更多的是名义上的劳动力产权，并不通过市场交易的形式实现其产权的收益），劳动者只能通过劳动力产权获取收入，公有制经济消除了任何私人凭借非劳动要素（如资本、土地）获得收入的可能性。随着体制改革的深入和非公

---

① 袁竹：《完善中国特色社会主义收入分配机制研究》，东北师范大学博士学位论文，2013年。

有制经济的迅速发展，一部分居民逐渐积累了私人资本，并开始凭借资本要素获得收入，私人占有资本要素逐渐获得了合法的地位。另外，技术、信息、房产、企业家才能也逐渐进入市场进行交易，社会居民所拥有的要素产权日益地多元化了。

（2）分配原则的演变：公理性原则的恢复和政策性原则的优化。公理性分配原则是从社会关系的本质中产生出来的，如社会主义生产资料公有制本质关系中产生的人们之间公平分配、按劳分配等原则。由此可见，虽然在体制转轨的过渡期，我国逐渐引入了按要素分配原则，但是并没有改变我国的社会主义生产资料公有制本质，故而我国这一时期的公理性收入分配原则依旧为按劳分配原则，更多地表现为按劳分配原则的恢复与重新确立。此外，探索和确立新的公理性分配原则，是一个实践中总结的过程，通过试错摸索社会主义生产关系改革与演变规律、寻找与改革中所有制结构、劳动与劳资关系等社会经济关系新变化的本质中产生出来、并逐渐上升到法律层面的过程。因而，新的公理性分配原则的探寻过程在实践中又表现出其与政策性分配原则的交织互动的关系。在计划经济年代，我们实行按劳分配原则，个人只能凭借劳动贡献获取收入，任何个人不能凭借资本、土地等非劳动要素获取收入。而在改革后的20世纪80年代这一时期，我国分配制度演变的一个很清晰的轨迹就是从单纯的按劳分配向按生产要素贡献分配的方向演变，逐渐明确资本等非劳动要素参与收益分配的合法性。资本、土地等非劳动要素以及技术、管理等新型生产要素参与分配是一个渐进发展的过程。在80年代，乡镇企业通过"集资""入股"等形式，探索了股份合作制等企业财产组织形式，使资本这一重要的生产要素开始参与了企业的收入分配。到90年代初期，国有企业的公司化改革允许资本、土地等非劳动要素参与分配。另外，在改革以来不断得到发展的私营经济和外资经济中，劳动、资本、土地、管理、技术等生产要素一开始就按照市场化原则，按照要素对企业产出所作的贡献来参与分配。

政策性分配原则是国家关于不同时期适应社会经济发展需要的具体分配决策和政策安排，政策性分配原则的核心是效率与公平的权衡。具体来看，这一时期强调公平不重视效率，阻碍了劳动积极性的提高和生产力的发展。在收入分配体制转换期，效率开始逐渐的受到重视。这一时期由"唯平等论"依次向"克服平均主义倾向，以提高经济效益为中心"和"平等与效率并重",打破平均主义的分配体制,实行按劳分配,兼顾公平与效率。具体来看,这一时期公平与效率原则的演变有如下两个阶段:第一阶段由1978年的党的十一届三中全会到1984年的党的十二届三中全会,这一阶段提倡"克服平均主义倾向,以提高经济效益为中心";第二阶段由党的十二届三中全会《中共中央关于经济体制改革的决定》的发表至1992年党的十四大的召开,这一阶段的分配原则可概括为"效率第一、公平第二"。①

(3) 分配机制的演变:从政府单一分配机制到引入市场机制。改革开放以前,我国实行的分配制度是一种与当时计划经济体制相适应的计划化的按劳分配制度,分配活动通过计划机制和行政强制来实施。而这种计划机制在改革开放后,更多地转化为政府在收入分配领域的宏观调控机制。这一时期,随着我国市场经济成分的不断增加,政府宏观调控机制配置资源的比重逐渐下降,市场机制配置资源的比重不断上升。随着各类要素市场的不断发育,劳动力、资本、土地、技术、管理等生产要素通过市场配置的比重不断提高。相应地,在居民收入的初次分配领域,市场机制逐步引入、发育和成长,并开始对社会收入分配发挥越来越大的调节作用。居民的收入分配虽然依旧由政府宏观调控机制所主导,但是市场机制的作用愈加显现,要素市场的供求状况和要素价格等因素逐渐对社会初次分配领域产生了重要的影响。

(4) 分配形式的演变:从简单化到多样化。在传统的按劳分配制度中,居民获取收入的形式比较简单,城市居民主要是工资形式,农村居民主要是工分和粮食等实物性分配形式。而在这一时期,我国居民获取的收入形式越来越多样化了。在农村,农民除农业生产中的实物性收入、销售农产品的货币性收入等形式以外,还有从乡镇企业和城市务工活动中获得的工资性收入,部分参与企业集资入股的农民还可以获得利息、分红等分配形式。在城市,居民除工资性收入外,利息、股息、红利、房租等资本和财产性收入形式逐渐出现。随着技术、信息和经理市场的发育,技术、信息、管理等生产要素所有者也获得了多样化的收入分配形式,如技术转让费、专利费、信息费、经营者年薪、风险收入等。总之,市场化改革使分配形式从过去比较单一的劳动收入、工资性收入形式,逐渐向多样化的收入分配形式演变。

---

① 刘承礼:《改革开放以来我国收入分配制度改革的路径与成效——以公平与效率的双重标准为视角》,载于《北京行政学院学报》2009年第1期。

3. 进一步深化中国收入分配制度改革的方向

在"混入型"收入分配制度取代传统单一的按劳分配制度的改革和推进时期，我国收入分配制度在提高城乡劳动者和企业积极性等方面取得了显著的成效，有力地促进了我国生产力水平的提升。但还存在诸多不利因素，这需要通过不断深化我国市场化改革及相关体制机制改革，实现"混入型"收入分配制度向"混生型"收入分配制度的转换和发展。

第一，从分配基础来看，体制转轨期我国所有制结构虽然打破了计划经济时期的单一公有制经济，并依次经历了"国有经济为主导和劳动者个体经济为补充"与"公有制经济为主体和个体经济、私营经济、外资企业等非公有制经济为补充"的所有制结构演变的两个阶段，但是围绕私有制经济的争论还存在，我国的基本经济制度也还没有形成。这就要求我们在下一阶段形成并完善我国社会主义初级阶段的基本经济制度及其实现形式。

第二，从分配机制来看，针对市场力量薄弱、政府行政干预力量依旧过大和第三次分配作用微弱的问题，首先，要健全市场机制，发挥市场机制在初次分配中的作用；其次，进一步推进我国的政治经济体制改革，加速收入分配机制中政府职能的归位，建立以公共服务职能为主导的政府，维护社会公平，进一步体现收入分配的公平原则；最后，健全社会机制，完善我国收入分配制度的体系，应从明确慈善主体、激励和推动更多社会力量参与慈善事业、完善慈善运作监督机制等方面着力，从而使更多的社会力量自发地进行收入分配调节，促进社会公平。

第三，从分配原则来看，这一时期收入差距依旧开始拉大，效率与公平的原则需要优化，主要是在强调效率的同时，要更加重视公平面；随着所有制实现形式的变化，按劳分配与按生产要素分配也应该有着积极的改变，在强化按劳分配原则的同时，应该更加重视按照生产要素的分配原则。

第四，从分配形式来看，虽然已经由原本按劳分配的单一性收入形式，逐渐发展为利息、股息、红利、房租等资本和财产性收入等多样化收入分配形式，但是随着生产力的发展，必然会出现新的收入分配形式，如期货、期权，这就需要我们在实践中来进行调整和优化。

一言以蔽之，1978～1992年，我国收入分配制度的演变遵循着"生产力与生产关系、经济基础与上层建筑"决定与反作用的一般经济规律，并在深刻总结这一时期我国收入分配具体实践的基础上不断推进和深化改革。

1978 年，党的十一届三中全会就明确提出："按劳分配、多劳多得是社会主义，绝不允许把它当做资本主义原则来反对"。1984 年，中共十二届三中全会在《中共中央关于经济体制改革的决定》中对贯彻按劳分配原则作出了具体规定，强调了"多劳多得"的原则，以此来调动劳动的积极性。1987 年，为充分调动劳动者积极性，"以按劳分配为主体、其他分配方式为补充"的收入分配制度被首次提出。1992 年召开的中国共产党第十四次全国代表大会确立了"建立社会主义市场经济体制"的目标，为推进经济体制改革，分配制度上强调"以按劳分配为主体、其他分配方式为补充，兼顾效率与公平"。这一时期，虽然收入分配制度的改革更多体现在公有制经济的外围，是一种典型的"混入型"收入分配制度，但其对生产要素要贡献参与分配进行了有益的探索和实践，有利于促进了我国生产力水平的提升，为党的十四大后的新的"混生型"收入分配制度的进一步跃升提供了量的积累。

### 三、社会主义市场经济体制下收入分配制度的完善（1992 年至今）

改革开放后的十余年，为消除平均主义分配方式带来的逆向调节影响，国家以"部分人先富带动共富"为抓手的政策创新逐步调整收入分配制度，促进了社会主义生产力水平提升。与生产力的快速发展相比较，收入分配制度改革虽有所滞后，但仍不断推进，已由改革开放之前"平均化"色彩突出的"混杂型"分配制度转向改革开放初期劳动分配占绝对地位、新的生产要素分配渗入发展的"混入型"分配制度，一定程度上适应了经济发展水平。伴随社会主义市场经济体制确立、完善与深入发展，生产要素对经济发展的贡献愈来愈大，"混入型"收入分配制度逐步转变为"混生型"收入分配制度。

本节从时间维度把握中国社会主义市场经济体制背景下的收入分配制度演进历程。自党中央确定建立社会主义市场经济体制目标至今，劳动分配与生产要素分配相互融合生长，本节将社会主义市场经济体制下"混生型"收入分配制度的完善进程划分为"初步确立、新突破和深度优化"三个阶段。进一步，基于内在向度和外在向度的互动分析框架，发掘每一阶段下"分配基础、分配原则、分配机制和分配形式"四个维度的变化，以深入理解社会主义市场经济体制下的"混生型"收入分配制度变迁。

## （一）"混生型"收入分配制度的初步确立：1992~2001 年

社会主义市场经济体制下的"混生型"收入分配制度也即按劳分配为主体，多种分配方式融合生长、共存作用的基本收入分配制度，它是在经济体制改革转向中国特色社会主义市场经济体制确立、完善、发展的过程中逐渐形成的。此处使用"混生型"收入分配制度，在于强调按劳分配与按生产要素分配两种形式由改革开放初期的劳动分配占绝对地位、新的生产要素分配有所渗入转入彼此渗透、互相影响、相互融合、共生发展的形式。这是在1992年党的十四大对社会主义市场经济体制改革目标确立新的历史背景下，中国收入分配制度的又一次适应性调整和自创新，是生产要素转向以市场配置为基础，多种所有制和经济形式由体制外的"边际增量"改革转入打破体制外与体制内泾渭分明界限，向相互渗透融合、谋求合作共生的同一社会主义市场经济体制转变历史逻辑的必然。社会主义市场经济体制下的"混生型"收入分配制度中，按劳分配重视公平，按生产要素分配促进效率提升，二者相辅相成，形成混生优势，以在促进生产力新的发展过程中实现公平与效率的有机融合。比如，公有制企业中有按生产要素分配，非公有制企业特别是合资企业、合作经营中也受到按劳分配的影响与制约，存在一定的准按劳分配因素，当下混合所有制的推进更是为他们的融合生长提供了良好的机遇。

由于实践中社会主义市场经济体制下"混生型"收入分配制度的确立并不是一蹴而就的，而是一个渐进的演进过程。下面着重从分配基础、分配原则、分配机制和分配形式四个维度变化所表现出的社会主义市场经济体制变革进程中生产力与生产关系、经济基础与上层建筑的互动作用机制加以分析。

1. 分配基础的初步确立：公有制为主体、多种所有制共同发展

按照马克思主义基本原理，所有制结构决定分配制度，即有什么样的所有制结构必然要求实行与生产力发展相适应的分配制度与之匹配。这一原理表明要素产权在收入分配方面的基础作用。计划经济体制下，公有制"一统天下"的所有制结构要求按劳分配，因为"公有产权消除了公产成员之间财产权利的差异，劳动成为一切个人收入的源泉，并成为收入分配的唯一尺度"[①]。由于忽略了马克思按劳分配理论的重要前提——全社会范围内实现了生产资料公有

---

[①] 朱光华、陈国富：《中国所有制结构变迁的理论解析》，载于《经济学家》2001 年第 3 期。

制，从而使全体劳动者平等地占有和使用生产资料，排除了任何客观因素如土地、机器等生产资料对分配的影响，但在共产主义第一个阶段还带着"旧社会的痕迹"、保留了旧式分工、生产力水平还不够高、物质财富还未充分涌流、劳动仍是谋生手段的条件下，劳动也就成为决定个人消费品分配的唯一因素，而传统的按劳分配制度实际上是生产力水平极其低下且多层次、发展极不平衡、根本不具备全社会范围内实现了生产资料公有制基础上的低水平的平均主义。这种制度安排下导致的经济发展效率和人民收入水平的低下倒逼经济体制改革和深化。

社会主义市场经济体制改革的推进，一是促进非公经济快速发展，所有制结构形成并确立为公有制为主、多种所有制并存的格局。二是所有制结构转变的经济还表现为国有成分在国民经济产值中的比重大，但有所下降。1980~1995年国有经济工业产值占全国工业总产值的比重由最初的76%下降至30.9%，而城乡个体经济和其他类型成分的占比则由1980年的0.02%和0.5%，分别上升至13.2%和13.1%；再看商品流通方面，1980~1995年国有经济和集体经济商品零售总额占全社会商品零售总额的比重分别由51.4%、44.6%下滑至30%、19.8%，同期的个体经济和其他类型经济占比则分别由0.7%、3.2%上升至30.4%、19.8%。尽管国有经济成分相对下降，但国有经济的控制力与影响力依然较强。例如，铁路、航空、邮电等关键行业，国有资产全额占有；基础性行业中，国有成分占据了煤炭、电力与石油等行业资产的比重高于90%，占有金属冶炼、化工等行业资产的比重大于75%（见图5-3和图5-4）。

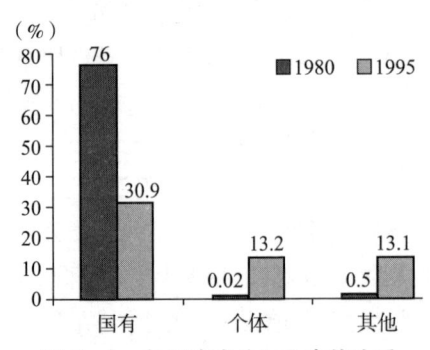

图5-3 各经济成分工业产值比重

资料来源：1981年和1996年《中国统计年鉴》。

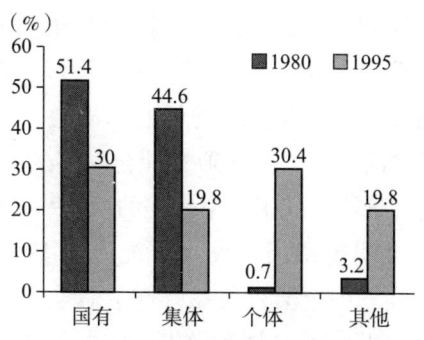

**图 5-4　各经济成分商品零售额比重**

资料来源：1981年和1996年《中国统计年鉴》。

所有制结构转变促进了生产力发展，国民收入分配格局也将随之变化，收入分配制度必然要做出相应调整。在社会主义市场经济体制下，由于公有制经济占主体地位，从而使按劳分配在收入分配中占主体地位，劳动者依靠劳动力产权获得收入的绝大部分。同时，劳动者不仅仅拥有劳动力产权，还拥有其他生产要素产权，如资本、土地、技术和管理才能等。市场经济条件下发挥要素市场对资源配置的基础性作用转向决定性作用，就必须相应地发展资本市场、劳动力市场、土地市场、技术市场等生产要素市场，劳动者凭借拥有的除劳动力以外的生产要素产权获取收入也就变得合理，这样就必须承认按生产要素的贡献分配收入。可见，所有制结构向"公有制为主、多种所有制并存"的演变激发了不同所有制经济的活力，较大程度上提升了生产力水平。伴随所有制结构转变应运而生的生产要素产权多元化，收入分配制度由改革开放初期的"混入型"调整为社会主义市场经济体制下的"混生型"是生产力发展的必然结果，是生产要素所有权变革的必然要求，是按劳分配制度对新阶段下生产力水平的再适应与自我完善，是政府与市场体制机制及其政策调整改革的上层建筑与社会主义公有制为主体、多种经济形式并存共生的所有制结构的经济基础相互作用的充分表现。

2. 分配原则的初步确立：按劳分配与按生产要素分配相结合

收入分配原则由收入分配制度决定，受收入分配机制影响，是指导一定时期国家个人收入分配的基本依据。这一时期，中国逐步实施了按劳分配为主、多种分配方式并存的"混生型"收入分配制度，收入分配原则同时实现了由单一的按劳分配向按劳分配和生产要素参与分配相结合原则的转变，即公理性分配原则的创新。与此相适应，政策性分配原则进一步调整转向坚持效率优先、兼顾公平。

理论上，在劳动者平等占有生产资料的基础上，等量劳动领取等量报酬，劳动者要得到更多的收入，就必须为社会财富的增进做出更大的贡献，按劳分配的真正贯彻却恰恰体现了效率优先的原则①。1992 年，中国共产党第十四次全国代表大会明确指出，收入分配方面要"兼顾效率与公平"。1993 年，党的第十四届三中全会首次在《建立社会主义市场经济体制若干问题的决定》中第一次提出了"效率优先、兼顾公平"的原则，强调"劳动者的个人报酬要引入竞争机制，打破平均主义，实行多劳多得，合理拉开收入差距"，并"鼓励城乡居民储蓄和投资，允许属于个人的资本等生产要素参与收益分配，体现效率优先、兼顾公平的原则。"相较之前，中国的收入分配原则实现了重大突破，突出地表现在对效率与公平关系的处理上。"坚持效率优先、兼顾公平"原则进一步被写入 1997 年召开的中国共产党第十五次全国代表大会的报告中。该报告同时首次提出"按劳分配和按生产要素分配相结合"的原则。

需要强调的是，"按劳分配和按生产要素分配相结合"与"效率优先、兼顾公平"分配原则，在一定意义上是中国提高生产力水平的客观要求，促进了社会主义市场经济的快速发展，加快破解了当时的短缺经济困局。然而，这一原则实质是公平置于效率之后，是为效率服务的，在执行的过程中过多地考虑效率优先，却较少考虑兼顾公平，对于经济增长无疑具有一定的推动作用，这对于 20 世纪 90 年代收入差距的持续扩大也起到了一定的推波助澜作用②。

3. 分配机制的初步确立：市场调节和政府调控复合作用的机制

中国共产党的第十四次全国代表大会确立了建设社会主义市场经济的目标以后，收入分配制度进入与经济体制这一重大改革相适应的新阶段。此阶段下，受资源配置方式与机制变化的影响，市场机制在收入分配方面的作用愈发重要，市场机制成为收入分配机制不可或缺的部分，收入分配机制由单

---

① 周为民、卢中原：《效率优先兼顾公平——通向繁荣的权衡》，载于《经济研究》1986 年第 2 期。

② 魏众、王琼：《按劳分配原则的中国化探索历程——经济思想史视角的分析》，载于《经济研究》2016 年第 11 期。

一的计划型分配机制逐步转向市场调节与政府调控复合作用的分配机制。

市场经济以促进和发展生产力、实现稀缺资源的最佳配置、提高经济效率为基本目标，客观上要求对所有投入经济运行的要素给予相应的报酬[①]。传统单一的计划分配机制必然难以适应经济体制变革。随着"放权让利"和城乡经济中承包制的推行，国民收入分配格局越来越向个人倾斜[②]，市场机制在初次分配领域方面逐步取得主导地位。这一时期，农村居民的收入分配由全面推行家庭联产承包责任制、承认家庭副业合法与恢复城乡集市贸易开始，到取消统购统销的粮食政策、放开农副产品价格和粮食价格，农村居民收入的市场化分配机制得以确立。城市居民收入分配机制的市场化则表现为由"工资总额与企业效益挂钩浮动"开始，到"市场机制决定，企业自主分配，政府监督调控""积极推进个人收入的货币化和规范化"以及"住房实物福利分配方式改变为以按劳分配为主的货币工资分配方式、建立住房公积金制度"等一系列政策的实施。

市场经济体制改革的同时，计划机制逐步退出初次分配领域，而于再分配领域中以政府宏观调控方式调节居民收入分配。此调节功能由政府依托相应的法律法规，通过税收与社会保障两大政策工具加以实现。因此，计划机制转为了政府着重于再分配领域的宏观调控机制。以个人所得税的征收为例，与社会主义市场经济建设相适应，1993年八届人大三次会议修订了1980年颁布的《中华人民共和国个人所得税法》，将个人所得税、个人收入调节税、城乡个体工商户所得税三个并列的税种，合并称为个人所得税。1999年的九届人大十一次会议将存款利息纳入个人所得税征收范畴写入《中华人民共和国个人所得税法》。再比如养老保险与医疗卫生，1992年规定养老保险金的缴纳比例与社会平均工资和个人工资挂钩，1997年国家确定了"统账结合"的养老保险模式；医疗卫生方面，1992年卫生部依据国务院意见提出"以工助医、以副补主"，1997年国务院出台《关于卫生改革的发展与决定》明确了卫生改革的总体要求、具体领域等，2000年和2001年《关于城镇医药卫生体制改革的指导意见》和《关于农村医药卫生体制改革的指导意见》相继出台。可以看出，国家正是通过一系列制度的约束与规范，

---

[①] 课题组：《促进形成合力的居民收入分配机制（总报告）》，载于《经济研究参考》2010年第3期。
[②] 朱光华、陈国富：《中国所有制结构变迁的理论解析》，载于《经济学家》2001年第3期。

借助政府宏观调控机制，通过发挥税收、保险等调节作用，实现居民收入分配的增减变化，以尽可能确保分配的有序和分配结果的公平与效率的兼顾。

4. 分配形式的初步确立：居民劳动收入与其他要素收入共存

收入分配制度、分配机制以及分配原则的不断演变，推动着分配形式的逐步变化。与社会主义市场经济体制建设相配套的所有制结构与"混生型"收入分配制度的演变，使得劳动者拥有的产权不再是唯一，可凭借要素所有权获取更多其他收入。这样，城乡居民收入获取方式由按劳分配制度下的工资收入或实物收入的简单化趋于多样化。

1992年，中国共产党第十四次全国代表大会在进一步肯定了除按劳分配以外的其他分配方式的合法性与合理性，破除了个人获取收入简单化的藩篱。"八五"规划明确了国有企业与机关事业单位要进行工资改革，实行"工效挂钩、等级工资"等制度。这说明城市居民不仅可以获得工资收入，还可以获得相应的效益分红。1993年，中国共产党第十四届三中全会进一步指出，"国家依法保护法人和居民的一切合法收入和财产，鼓励城乡居民储蓄和投资，允许属于个人的资本等生产要素参与收益分配。"非公有制企业所有者对企业收益权将获得保护，微观个体收入的结余也可用于储蓄与合法的私人投资，基于此所获的利息收入和资本收益也被承认。

1997年，中国共产党第十五次全国代表大会再次强调，"把按劳分配和按生产要素分配结合起来，依法保护合法收入，允许和鼓励一部分人通过诚实劳动和合法经营先富起来，允许和鼓励资本、技术等生产要素参与收益分配。"除劳动力以外的资本、技术、管理者才能等生产要素所有权收益得到了国家的进一步认同。随着市场化改革推进，农村居民也可获得更多市场化收入，诸如劳动产品实物收入、销售性收入、务工收入以及入股集体企业的利息与分红等（见表5-8）。

表5-8　　　　1997年城镇居民与农村居民家庭人均收入情况

| 类别 | 城镇居民 | | 类别 | 农村居民家庭 | |
| --- | --- | --- | --- | --- | --- |
| | 绝对数（元） | 比重（%） | | 绝对数（元） | 比重（%） |
| 可支配收入 | 5160.3 | 100 | 纯收入 | 2090.1 | 100 |
| 工资性收入 | 3735.7 | 72.4 | 工资纯收入 | 514.6 | 24.6 |

续表

| 类别 | 城镇居民 ||类别| 农村居民家庭 ||
|---|---|---|---|---|---|
|  | 绝对数（元） | 比重（%） |  | 绝对数（元） | 比重（%） |
| 经营净收入 | 168.2 | 3.3 | 经营纯收入 | 1472.7 | 70.5 |
| 财产性收入 | 124.4 | 2.4 | 财产纯收入 | 23.6 | 1.1 |
| 转移性收入 | 756.9 | 14.7 | 转移纯收入 | 79.3 | 3.8 |

资料来源：1998年《中国统计年鉴》。

## （二）"混生型"收入分配制度的新突破：2002～2011年

伴随着分配制度的变革和收入分配机制的市场化，中国居民收入差距迅速扩大，总体居民收入差距的基尼系数从20世纪80年代初的0.3左右，迅速上升到90年代后期的0.4以上，是同期全球收入差距增幅最大的国家[1]。2001年，中国的基尼系数达到了0.447，在世界银行考察的120个国家与地区由低到高的排序中，居于第85位[2]。可见，在收入分配制度改革过程中，中国已从一个收入差距相对较小的国家，迅速变成了一个收入差距较大的国家。

收入差距的迅速扩大使社会公平问题成为焦点，倒逼进一步改革完善社会主义市场经济体制下"混生型"的收入分配制度。2002年，中国共产党第十六次全国代表大会确定了"全面建设小康社会"的目标，认为"完善社会主义市场经济体制"是21世纪前20年的主要任务之一。相较于之前，此次会议依然坚持"完善按劳分配为主体、多种分配方式并存"的"混合型"收入分配制度，但也出现了新的提法。诸如，要求"理顺收入分配关系"，明确强调"确立劳动、资本、技术和管理等生产要素按贡献参与分配的原则"，"初次分配注重效率，再次分配注重公平。"社会主义市场经济体制下"混生型"收入分配制度的延续与进一步调整既是对过去改革成果的肯定，同时也为解决改革过程中分配领域出现的新问题提供指导。

随着市场化改革的推进，收入差距扩大化趋势更加突出，社会公平问题

---

[1] Atinc, T. Manuelyan, "Sharing rising incomes: disparities in China," in World Bank, eds., Sharing Rising Incomes: China 2020 Series, Washington D. C.: World Bank Press, 1997, pp. 257 - 260.
[2] World Bank, World Development Report 2005: A Better Investment Climate for Everyone, New York: World Bank and Oxford University Press, 2004, pp. 258 - 259.

难以回避。2007年，中国共产党第十七次全国代表大会进一步强调了"2020年建成小康社会"的目标之后，明确指出"合理的收入分配制度是社会公平的重要体现。"在不断完善社会主义经济体制的过程中，"要坚持和完善按劳分配为主体、多种分配方式并存的分配制度，健全劳动、资本、技术、管理等生产要素按贡献参与分配的制度，初次分配和再分配都要处理好效率和公平的关系，再分配更加注重公平。逐步提高居民收入在国民收入分配中的比重，提高劳动报酬在初次分配中的比重。"

下面的分析将展示，21世纪初期的前10年，中国社会主义市场经济体制下的"混生型"收入分配制度改革出现的新突破。在分配基础上，侧重以建立现代产权制度为着力点，推进国有企业改革，完善所有制结构；在分配原则上，确立生产要素参与分配的标准是按贡献大小，且收入分配逐渐向公平端倾斜，效率与公平并重；在分配机制上，着力构建市场、政府和社会三重机制，扭转日益扩大化的收入差距；在分配形式上，居民收入多样化的趋势越来越显著。

1. 分配基础的新突破：侧重建立现代产权制度的结构变革

秉承解放和发展生产力的要求，在中国共产党第十五次全国代表大会界定公有制经济与非公有制经济的基础上，这一时期依然坚持与完善"公有制为主体、多种所有制共同发展"的所有制结构。对所有制结构的认识更深刻，对所有制结构的完善逐步深入到产权等制度层面，影响着收入分配的基础。

2002年，中国共产党的十六大报告明确指出："必须毫不动摇地巩固和发展公有制经济，必须毫不动摇地鼓励、支持和引导非公有制经济发展，不能把这两者对立起来。"此次会议提出的"两个毫不动摇"无疑是从理论高度上认为这一制度安排的准确性与合理性。2003年，中国共产党十六届三中全会在社会主义所有制理论上实现了根本性突破。会上通过的《关于完善社会主义市场经济体制问题的决定》首次提出要"使股份制成为公有制的主要实现形式；要"放宽市场准入，允许非公有资本进入法律法规未进入的基础设施、公用事业及其他行业和领域。非公有制企业在投融资、税收、土地使用和对外贸易方面，与其他企业享受同等待遇。"更突出的是，第一次明确了产权的重要性，指出要"建立健全现代产权制度。"同年，召开的第十届全国代表大会第一次会议批准了《国务院机构改革方案》和

《国务院关于机构改革设置的通知》，明确设立国务院直属正部级特设机构"国有资产监督管理委员会"，省、市、区、县也设立相应机构。这对所有制结构的改革与完善具有极大的推动作用。2004年，第十届全国代表大会第二次会议通过了宪法修正案，"公民的合法的私有财产不受侵犯"被写入《宪法》。2007年召开的中国共产党第十七次全国代表大会再次重申了坚持和完善基本的所有制结构和"两个毫不动摇"，明确强调"以现代产权制度为基础，发展混合所有制经济"，首次指出"坚持平等保护物权，形成各种所有制经济平等竞争、相互促进新格局。"这表明，国家从制度层面对非公有制经济是中国市场经济重要组成部分的再次肯定。

这一时期，公有制经济的国有企业经营制度方面的变革极具代表性。管理体制上，以新三会的成立为抓手，初步实现了监督权、决策权与执行权的分离；用工制度上，普遍采用了全员劳动合同制，公开选聘企业各类人才从2004年的33万人增加到2011年的59.5万人；产权多元化上，2011年全国90%以上的国有企业完成了公司制股份制改革，2012年底，在国内A股上市的国有控股公司953家，占中国A股上市公司数量的38.5%；产权调整上，2012年底产权市场转让的无效或低效国有企业产权866亿元，平均增值率大19%[①]。与此同时，政策上的不断松绑也为非公有制经济发展提供了机遇。非公有制经济已经成为中国社会主义市场经济的重要组成部分，在活跃市场，促进经济发展，扩大就业等方面的作用极为突出。中华人民共和国统计局相关数据显示，2011年中国内资工业企业总产值为62.6万亿元，其中，私营工业企业的总产值达到26.5万亿元，占40.3%；个体工商户3757万户，从业人员7945万人；私营企业967.7万户，从业人员10353.6万人。

与此同时，农村拉开了继改革开放以来的第二次土改，之前20世纪80年代初期家庭联产承包责任制"两权分离"的第一次土改，严格地说只是一场农村经营制度的改革而不是产权制度的变革。而第二次土改，即在稳定农村土地承包权的基础上进一步落实农民对承包经营土地的财产产权，通过法律形式的"确权—颁证"，把土地使用权真正交给农民，赋予农民获得土地经营市场主体的地位，促进土地使用权的流转和适度规模经营，保障农民土地财产权及其收益，促进农业土地、劳动等要素生产率的提高，促进农业

---

① 罗志荣：《国企改革——十年攻坚探出发展新路子》，载于《企业文明》2013年第3期。

生产力的进一步发展。

制度上的不断变革，尤其是产权制度的演进、发展与实践，为公有制经济与非公有制经济活力的进一步释放打下了基础。"公有制为主体、多种所有制共同发展"的所有制结构在建立现代产权制度体系的过程中被不断被完善、优化与强化。这也为社会主义市场经济条件下"按劳分配为主、多种分配方式并存"的"混生型"收入分配制度提供了合理的产权依据与所有制基础。

2. 分配原则的新突破：按贡献标准的界定与效率公平并重

上一阶段确立了中国社会主义市场经济体制下"混生型"的收入分配制度，分配原则为"按劳分配和按生产要素分配相结合，坚持效率优先、兼顾公平。"理论上有所进步，但是尚未确定按生产要素分配的标准，而且对效率的侧重也导致收入差距日益扩大。与分配基础与分配机制相适应，该阶段的收入分配原则沿着生产要素分配标准与处理效率与公平的关系两条主线优化。

在继续坚持和完善社会主义市场经济体制下的"混生型"分配制度基础上，中国共产党第十六次全国代表大会报告明确指出要"确立劳动、资本、技术和管理等生产要素按贡献参与分配的原则。"相较之前的分配原则，此次会议规定了生产要素参与分配的标准为"按贡献"，即哪一种生产要素对经济发展的贡献大，该种要素的所有者便可以凭借所有权获得较高的报酬。更进一步，中国共产党第十七次全国代表大会将这一原则上升到制度层面——"健全劳动、资本、技术、管理等生产要素按贡献参与分配的制度。"从而，劳动、资本、技术与管理等生产要素均可在创造财富的过程中按照贡献大小获取等量报酬成为中国市场经济条件下初次分配领域的基本原则。

国家在对待效率与公平的关系上也出现变化，开始向公平端倾斜，由坚持效率优先、兼顾公平转变为效率与公平并重。比如，中国共产党第十六次全国代表大会的具体提法："既要反对平均主义，又要防止收入悬殊。初次分配注重效率，发挥市场的作用，鼓励一部分人通过诚实劳动、合法经营先富起来。再分配注重公平，加强政府对收入分配的调节职能，调节差距过大的收入。以共同富裕为目标，扩大中等收入者比重，提高低收入者收入水平。"这足以说明国家对收入差距问题扩大的重视。中国共产党第十七次全国代表大会完全将"效率优先、兼顾公平"的说法修订为"初次分配和再分配都要处理好效率和公平的关系，再分配更加注重公平。"并首次提出"逐步提高居民收入在国民收入分配中的比重，提高劳动报酬在初次分配中的比重。着力提高低收入者收入，逐步提高扶贫标准和最低工资标准。"这"四个提高"充分体现了中央领导人对公平问题的重视，说明效率与公平的关系转变为二者并重。

3. 分配机制的新突破：市场、政府和社会三重机制的形成

1992~2001 年，中国居民收入分配领域初步形成了市场调节和政府宏观调控复合的分配机制。伴随所有制改革的纵深发展，此阶段的收入分配机制进一步优化，逐步形成了初次分配领域市场占主导、再分配领域政府占主导和第三次分配领域社会占主导的三重分配机制。

初次分配领域发挥市场机制调节分配的主导作用是社会主义市场经济发展的必然。中国共产党第十六次全国代表大会报告强调，"在更大程度上发挥市场在资源配置中的基础性作用，推进资本市场的改革开放和稳定发展，发展产权、土地、劳动力和技术等市场。"这说明各类生产要素的供求都应由市场机制发挥作用配置。中国共产党第十七次全国代表大会报告明确指出，"除了少数关系国计民生的工农业产品实行政府指导价外，在社会商品零售总额、农副产品收购总额和生产资料销售总额中，市场调节价比重分别达到 95.6%、97.7% 和 91.1%。"可知，市场机制主导了要素资源配置，要素资源所有者凭借所有权获得收入必然由市场机制调节。因而，初次分配领域市场机制的主导作用随着市场经济体制的建立更加明显。

再分配领域政府宏观调控分配的作用机制不断强化。一方面，税收调节收入的作用有所提高。首先，2006 年 1 月 1 日在全国范围内彻底取消了农业税，至此，在中国延续了 2600 年的"皇粮国税"得以终结。取消农业税，平均每年为农民减轻负担 1200 多亿元。农业税的取消，标志着中国改革由过去"城市偏向"转入"反哺农业农村"的新阶段。粮食因此连年增产，农民收入出现再一次的恢复性增长。同时，改革财政支农"输血式"为项目落地的"造血式"投入方式及其机制，构建农业补贴制度、加大农业补贴力度，不断调整和理顺国家与农民的分配关系及其利益关系，提高了农民转移支付收入的比重，进一步扩大了农民增收源。其次，个人所得税免征额在 2006 年由 800 元调高至 1600 元，时隔两年进一步提高至 2000 元，2011 年国家则将个人所得税起征点升至 3500 元，累进级别也降为 7 级。这对增加工薪阶层的可支配收入，扩大中等收入群体比重的作用尤为明显。另一方面，社会保障的作用惠及更多居民。中国共产党第十六次全国代表大会

报告明确要求"建立健全同经济发展水平相适应的社会保障体系。"中国共产党第十七次全国代表大会报告进一步指出"全面推进城镇职工基本医疗保险、城镇居民基本医疗保险、新型农村合作医疗制度建设。"这说明国家对社会保障调节收入分配的作用给予了高度重视。从时间轴上看，2002年，全国范围内实施了"新型农村合作医疗制度"；2007年，国家启动了探索建立"城镇居民基本医疗保险制度"；2009年，全国10%的县级行政单位开始试点"新型农村社会养老保险制度"。

第三次分配领域中逐步形成了社会主导的机制。为更加体现社会文化、道德水准和文明程度等软约束调节收入分配中的功能，中国共产党第十六次和第十七次全国代表大会报告分别指出，"发展城乡社会救济和社会福利事业""以慈善事业、商业保险为补充，加快完善社会保障体系。"相关政策的创新推动了中国慈善事业的迅速发展。2008年，通过民政部门和各类社会组织的慈善捐赠款与其他物资折款总额达到新中国成立以来的峰值为764亿元，约是2007年的5.1倍。然而，由于缺少专门的法律支撑，使得慈善事业面临主管部门不清、审批难等问题，且诸如2011年的"郭美美"事件导致"信任危机"时有发生，慈善事业发展受到一定程度地掣肘，妨碍了慈善事业对收入分配的作用机制（见图5-5）。

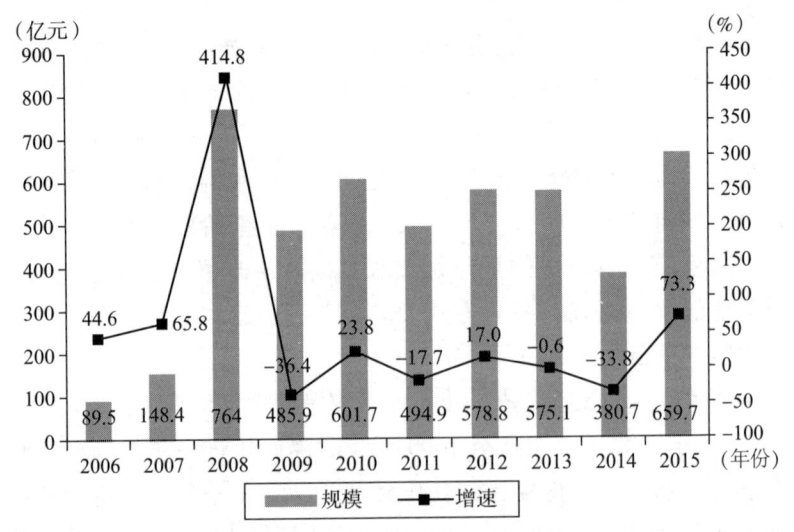

图5-5 2006~2015年社会捐赠情况

资料来源：2016年《中国统计年鉴》。

4. 分配形式的新突破：居民收入多样化的趋势越来越显著

国家果断"确立劳动、资本、技术和管理等生产要素按贡献参与分配的原则"，并将其上升到制度层面，且将"公民的合法的私有财产不受侵犯"写入《宪法》，这为城乡居民收入多样化提供了坚实的制度基础和法理依据。为鼓励更多居民获得多元化的收入，中国共产党第十七次全国代表大会报告首次强调要"创造条件让更多群众拥有财产性收入。"此阶段，分配基础、分配原则、分配机制的持续优化，使得分配形式多样化的趋势有所加强。具体表现为，城乡居民收入来源的日益丰富。就城市居民可支配收入来说，工资性收入占比大，但有下降趋势，非工资性收入（经营性收入、财产性收入和转移支付）不断上升。在农村居民的纯收入中，家庭经营性收入的比重显著下降，工资性、财产性和转移支付收入的比重日益提高。

相关统计数据显示，1990~2011年，中国城镇居民人均可支配收入多样化的构成中呈现"一降、三增"的特征。1990年，中国城镇居民人均可支配收入为1510元，其中，工资性收入占76.3%、经营净收入占1.5%、财产性收入占1.1%、转移性收入占21.1%。经过21年的快速发展，城镇居民人均可支配收入迅速增加，各种类型的收入均出现不同程度的增长，但除工资性收入在人均可支配收入中的比重出现下降以外，其他类型收入的比重均有所提高。2011年，城镇居民人均可支配收入为21810元，其中，工资性收入占60.7%、经营净收入占10.1%、财产性收入占3%、转移性收入占26.2%。

同期，中国农村居民人均纯收入构成的多样化特征一样显著，也出现了"一降、三增"的现象。1990年，中国农村居民年人均纯收入为686元，其中，工资性收入占20.3%、家庭经营净收入占75.7%、财产纯收入为0、转移纯收入占4%。随着市场化经济体制改革的推进，农村经济活力进一步释放，农民获得收入的方式日益多元，尤其是劳动力流动的放开与集体经济的发展，农村居民工资性收入的比重迅速提高。2011年，农村居民年人均纯收入上升到了6977元，工资性收入占比为42.5%，较1990年提高22.2个百分点；家庭经营净收入则下降到了46.2%，比1990年低29.5个百分点；财产纯收入和转移纯收入占比分别上升至3.3%和8%（见表5-9）。

表 5 – 9　　　1990 ~ 2011 年城镇居民、农村居民家庭人均收入情况　　单位：元，%

| 类别 | 城镇居民 |  |  |  | 类别 | 农村居民家庭 |  |  |  |
|---|---|---|---|---|---|---|---|---|---|
|  | 1990 年 |  | 2011 年 |  |  | 1990 年 |  | 2011 年 |  |
|  | 绝对数 | 比重 | 绝对数 | 比重 |  | 绝对数 | 比重 | 绝对数 | 比重 |
| 可支配收入 | 1510.0 | 100 | 21810.0 | 100 | 纯收入 | 686.0 | 100 | 6977.0 | 100 |
| 工资性收入 | 1152.1 | 76.3 | 13238.7 | 60.7 | 工资纯收入 | 139.3 | 20.3 | 2965.2 | 42.5 |
| 经营净收入 | 22.7 | 1.5 | 2202.8 | 10.1 | 经营纯收入 | 519.3 | 75.7 | 3223.4 | 46.2 |
| 财产性收入 | 16.6 | 1.1 | 654.3 | 3.0 | 财产纯收入 | 0.0 | 0.0 | 230.2 | 3.3 |
| 转移性收入 | 318.6 | 21.1 | 5714.2 | 26.2 | 转移纯收入 | 27.4 | 4.0 | 558.2 | 8.0 |

资料来源：1991 年和 2012 年《中国统计年鉴》。

### （三）"混生型"收入分配制度的深度优化：2012 年至今

2011 年中国跃居世界第二大经济体，但同年国家统计局公布的基尼系数为 0.477，说明国家重视效率的制度设计在促进经济增长的同时，也带来了较大的收入差距，极不利于全面建成小康社会与共同富裕目标的实现。"让一部分人先富起来"的政策已经完成任务，应逐步转向"实现共同富裕"的政策[①]，这也意味着社会主义市场经济体制下的"混生型"收入分配制度应继续调整优化以适应新时期、新阶段的经济社会发展要求。

2012 年召开的中国共产党第十八次全国代表大会指出，"要加快完善社会主义市场经济体制"，同时"要完善按劳分配为主体，多种分配方式并存的分配制度。"相较于以往，此次会议更加关注社会主义市场经济体制下"混生型"收入分配制度的深入优化，创新之处较为显著：一是将完善收入分配制度的根本目标具体化为"实现发展成果人民共享"；二是实现该目标"必须深化收入分配制度改革"，具体来说要做到"两个同步、两个提高"，即"努力实现居民收入增长和经济发展同步、劳动报酬增长和劳动生产率

---

[①] 刘国光：《是"国富优先"转向"民富优先"还是"一部分人先富起来"转向"共同富裕"》，载于《浙江社会科学》2011 年第 4 期。需要特别强调的是，"让一部分人先富起来"并不是严格地完成了历史任务。因为改革开放以来"先富带动后富"的理念在执行过程中出现了异化，"先富"并未真正带动"后富"，而且部分"先富"的群体，如"官倒"、"红顶商人"等，并不是真正依靠劳动实现富裕，更多地凭借"跑部钱进"等行为获取大量非法和灰色货币收入。中国共产党的十八大以来，对贪腐的"零容忍"态度与"老虎、苍蝇"一起打的严厉手段，恰恰体现了国家正着力遏制与纠正"先富"群体获得不合法、不合理收入的行为，加强规范收入分配秩序。

提高同步，提高居民收入在国民收入分配中的比重，提高劳动报酬在初次分配中的比重"；三是"初次分配和再分配都要兼顾效率和公平，再分配更加注重公平"，表明国家在对待效率与公平的关系上更加侧重公平。四是首次明确"完善劳动、资本、技术、管理等要素按贡献参与分配的初次分配机制，加快健全以税收、社会保障、转移支付为主要手段的再分配调节机制。"五是进一步鼓励居民收入多样化，强调要"多渠道增加居民财产性收入。"

总的来说，这一阶段"混生型"收入分配制度的深入优化本质上是在社会主义市场经济体制深入发展过程中加快缩小居民收入差距，最终迈向共同富裕。分配基础方面，加速推进混合所有制经济，完善产权保护制度；分配机制方面，坚持三重机制协调的同时，强化政府与社会机制的调节作用；分配原则方面，以共享发展理念为指导，更加侧重公平；分配形式方面，多渠道丰富群众收入来源，进一步推动居民收入的多样化。

1. 分配基础的深度优化：混合所有制与产权保护的推进

经过多年的实践，公有制为主体、多种所有制共同发展的制度安排是合理的已达成共识，但也存在优化空间。基于过去的所有制结构，当前时期主要围绕基本经济制度的混合所有制实现形式，提升公有制经济的竞争力与效率，完善产权保护制度，深入优化社会主义市场经济条件下的所有制结构。

国家主要以国有企业混合所有制改革的推进为着力点，提高公有制经济的竞争力和效率。1992～2011 年，国有企业基本完成了明晰产权、政企分开、管理体制健全以及价格、税收、金融等相关综合配套的阶段性改革，但国企市场化水平和效率不高的问题日益显现。中国共产党第十八次全国代表大会的报告指出，继续坚持"两个毫不动摇"的基础上，要"推行公有制多种实现形式，深化国有企业改革，完善各类国有资产管理体制。"这进一步强调了所有制实现形式的多样性，国有企业改革将成为突破口。2013 年，中国共产党第十八届中央委员会第三次会议通过了《中共中央关于全面深化若干重大问题的决定》，明确指出要"积极发展混合所有制经济"，首次提出"国有资本、集体资本、非公有资本等交叉持股、相互融合的混合所有制经济，是基本经济制度的重要实现形式"，并"鼓励非公有制企业参与国有企业改革，鼓励发展非公有资本控股的混合所有企业，鼓励有条件的私营企业建立现代企业制度。"这为两种所有制的融合，发挥各自优点指明了方向。2015年,《国务院关于国有企业发展混合所有制经济的意见》进一步明确了不同领域、不同层级的国有企业混合所有制改革的推进策略有所不同。同时,鼓励各类资本,尤其是注重采用有序吸收外资和采取员工持股的方式参与混合所有制改革。

产权是所有制的核心,混合所有制经济的实现要以完善的产权保护制度为根本前提。中国共产党第十八次全国代表大会的报告强调"保证各种所有制经济依法平等使用生产要素、公平参与市场竞争、同等受到法律保护。"2013年,《中共中央关于全面深化若干重大问题的决定》指出,"健全归属清晰、权责明确、保护严格、流转顺畅的现代产权制度。公有制经济财产权不可侵犯,非公有制经济财产权同样不可侵犯。国家保护各种所有制经济产权和合法利益,保证各种所有制经济依法平等使用生产要素、公开公平公正参与市场竞争、同等受到法律保护,依法监管各种所有制经济。"可以看到,国家在完善产权保护制度上的态度是坚定的,主张通过建立现代产权制度为两种所有制经济的有效融合打下基础,确保基本收入分配制度基础的牢靠。

另外,在中国农村改革再度迎来土地"两权分离"转向"三权分置"的重大制度创新。2014年11月,中央全面深化改革领导小组第五次会议审议通过的《关于引导农村土地承包经营权有序流转发展农业适度规模经营的意见》,提出"要在坚持农村土地集体所有的前提下,促使承包权和经营权分离,形成所有权、承包权、经营权三权分置、经营权流转的格局";2015年中央一号文件《关于加大改革创新力度加快农业现代化建设的若干意见》要求"明确现有土地承包关系保持稳定并长久不变的具体实现形式,界定农村土地集体所有权、农户承包权、土地经营权之间的权利关系"。2016年10月30日中共中央办公厅、国务院办公厅发布的《关于完善农村土地所有权承包权经营权分置办法的意见》指出,现阶段深化农村土地制度改革,顺应农民保留土地承包权、流转土地经营权的意愿,将土地承包经营权分为承包权和经营权,实行所有权、承包权、经营权分置并行。2017年中央一号文件进一步强调落实农村土地集体所有权、农户承包权、土地经营权"三权分置"办法。所谓"三权分置"改革,是指坚持农村土地集体所有的前提下,促使承包权和经营权的再分离,形成所有权、承包权、经营权的三权分置、经营权流转的格局,真正赋予农民更多选择自由和空间,切实保障农民的财产权及其收益，促进农民财产性增收。推进"三权分置"改革，目的是通过落实农民集体所有权、稳定和保护农户承包权以谋公平、放活土地经营权以求效率，在公平与效率并重和有机统一的基础上，推动形成"集体所有、家庭承包、多元经营"的新型农业经营机制，促进多种形式适度规模经营的发展，进一步探索农村集体所有制的有效实现形式，巩固和完善农村基本经营制度，加快实现农业现代化中实现农民多渠道增收。由此可见，新一轮的土地产权制度的重大创新，在"三权分置"完善农民财产权保护制度建构上是明确的，为确保农民财产性增收同样打下了坚实的分配制度基础。

2. 分配原则的深度优化：共享发展理念下公平端的侧重

日益扩大的居民收入差距引起社会各界对公平的关注，全面建成小康社会与共同富裕的实现也对过去的收入分配制度提出了挑战，分配原则的变革势在必行。结合"全面建成小康社会、两个翻一番和共同富裕"目标，收入分配原则的调整方向或指导方针是比较明确的。正如中国共产党的十八大报告所指出的，"要坚持社会主义基本经济制度和分配制度，调整国民收入分配格局，加大再分配调节力度，着力解决收入分配差距较大问题，使发展成果更多、更公平地惠及全体人民，朝着共同富裕方向稳步前进。"

中国共产党第十八次全国代表大会明确强调，"实现发展成果由人民共享，初次分配和再次分配都要兼顾效率和公平，再次分配更加注重公平。"说明在城乡居民收入分配方面，国家再次偏向公平端，且更加侧重公平。"蛋糕"不断做大了，还要把"蛋糕"分好，以促进公平正义[①]。中国共产党第十八届五次会议进一步提出了"共享发展理念"，认为共享发展是注重解决社会公平正义问题。至此，社会主义市场经济体制深入发展过程中，中国在解决缩小收入差距，维系社会公平正义问题方面的重视程度达到了前所未有的高度。

与共享发展理念指导下侧重公平的分配原则相适应，国家在具体的收入分配措施上更是加大了国民收入分配格局的调整力度。超过 7000 万规模的农村贫困人口被认为是全面建成小康社会的短板之一，也是造成收入差距和阻碍共同富裕的重要原因，从而脱贫攻坚成为"十三五"时期的工作重点

---

① 习近平：《切实把思想统一到党的十八届三中全会精神上来》，载于《求是》2014 年第 1 期。

之一;党的十八大以来实施的"八项规定"和以零容忍态度惩治腐败将打击非法非正常收入、规范收入分配秩序落到实处,促进了社会公平正义[①]。

3. 分配机制的深度优化:政府与社会机制作用的再加强

在市场、政府与社会三重分配机制协同的基础上,国家认可了市场机制调节初次分配的主导性作用,进一步加强了再分配和第三次分配领域政府和社会两大机制在收入分配中的调节作用,以缓解收入差距。初次分配领域,中国共产党第十八次代表大会强调"完善劳动、资本、技术、管理等要素按贡献参与分配的初次分配机制",以更好地"兼顾效率与公平"。

会议首次指出"加快健全以税收、社会保障、转移支付为主要手段的再分配调节机制。"这是对政府再分配调节机制认识上的提高与创新,并试图借助政府作用的加强调节收入分配。税收方面,进一步降低企业税负,调动各方积极性,从2012年1月1日于上海的交通运输业和部分现代服务业开展营业税改增值税试点,到2016年5月1日全国推行营业税改增值税的税收体制变革进一步提高了企业所有者收益。社会保障方面,中国共产党第十八次代表大会指出"要坚持全覆盖、保基本、多层次、可持续方针,以增强公平性、适应流动性、保证可持续性为重点,全面建成覆盖城乡居民的社会保障体系。"2014年,《国务院关于建立统一的城乡居民基本养老保险制度的意见》明确了基本养老保险的参保范围、参保标准、缴费形式等,推动了覆盖城乡居民社会保障体系的建立。2016年,《国务院关于整合城乡居民基本医疗保险制度的意见》的出台意味着长期分割的城乡医疗保险制度将走向终点,对促进城乡融合、体现城乡公平具有重要意义。而且,充分考虑广大人民的利益,"建立社会保险基金投资运营制度,确保基金安全和保值增值"也为国家所允许。

在农村,围绕农业供给侧结构性改革,核心是理顺市场、政府和社会的关系。通过进一步深化粮食等重要农产品价格形成机制和收储制度改革、完善农业补贴制度,充分发挥市场机制在农业农村资源配置中的基础性甚至决定性作用;深化改革财政支农投入机制,对准公益性、公益性农业农村发展探索政府转变传统单一输入式支农方式与市场的对接,更好地发挥政府分配

---

① 魏众、王琼:《按劳分配原则的中国化探索历程——经济思想史视角的分析》,载于《经济研究》2016年第11期。

机制在政策引导、宏观调控、支持保护、公共服务等方面作用；强化培育新型农业经营主体和多元化的服务主体，构建以公共服务机构为依托、合作经济组织为基础、龙头企业为骨干、其他社会力量为补充，公益性服务和经营性服务相结合、专项服务和综合服务相协调的新型社会化服务体系，完善农业社会化服务机制服务农业现代化的作用，提高农业生产效率和农民收入。

国家也更加重视社会机制在第三次分配领域中的补充作用。中国共产党第十八次代表大会再次强调"完善社会救助体系，健全社会福利制度，支持发展慈善事业，做好优抚安置工作。"为更好地发挥社会分配机制的调价功能，国家从规范慈善事业发展入手，中华人民共和国第十二届全国代表大会通过了首部《中华人民共和国慈善法》，于2016年9月正式施行。这是社会福利领域的第一部法律，标志着社会分配机制将进入制度规范发展阶段，在调节收入分配方面将发挥常态化的作用，助力缩小居民收入差距。

4. 分配形式的深度优化：居民收入多样化的进一步推动

社会主义市场经济体制下分配形式表现为居民收入多样化，这是分配基础、分配原则与分配机制在市场经济运行中发挥作用的具体表现。经过多年的努力中国居民人均可支配收入已显现多样化的趋势，社会主义市场经济体制下的"混合型"收入分配制度优化将进一步推动居民收入来源的多样化。

中国共产党第十八次全国代表大会指出，应在坚持按劳分配，"推行企业工资集体协商制度，保护劳动所得"，提高工资性收入的基础上，"多渠道增加居民财产性收入。"这是继中国共产党第十七次全国代表大会首次确定"创造条件让更多群众拥有财产性收入"政策，认可居民私人财产及其凭借私有产权获取收入合法之后的又一创新。在操作层面上，国家不断制定相应细则与办法以确保将"多渠道增加居民财产性收入"落到实处。比如，2013年出台的《中共中央关于全面深化若干重大问题的决定》关于"允许混合所有制经济实行企业员工持股，形成资本所有者和劳动者利益共同体"的政策，是鼓励工人在赚取劳动报酬的同时获得分红或股息，也是按劳分配与按资分配相结合的实现形式之一；2015年，《国务院办公厅转发人力资源社会保障部、财政部关于调整机关事业单位工作人员基本工资标准和增加机关事业单位离退休人员离退休费三个实施方案的通知》上调机关事业单位离退休人员离退休费的规定，是增加转移性支付收入的具体体现；2016年，交通运输部、工信部等7部委于联合发布并施行的《网络预约出租汽车经营服务管理暂行办法》是促进居民依托私有财产进行经营获取财产性收入的承认、规范与保护。

受收入分配领域相关政策出台与相继落实的影响，城乡居民收入来源多元特征日益显现，居民收入多样化的趋势进一步加强。2015 年全国居民人均可支配收入 21966.2 元，其中，工资性收入 12459 元，占 56.7%；经营净收入 3955.6 元，占 18%；财产净收入 1739.6 元，占 7.9%；转移净收入 3811.9 元，占 17.4%。分城乡看，2015 年城镇居民人均可支配收入 31194.8 元，工资性收入、经营净收入、财产净收入和转移净收入占可支配收入的比重分别为 62%、11.1%、9.8% 和 17.1%。其中，经营净收入、财产净收入与转移净收入占比分别较 1997 年提高 7.8 个、7.4 个和 2.4 个百分点。同期，农村居民人均可支配收入 11421.7 元，工资性收入、经营净收入、财产净收入和转移净收入占可支配收入的比重分别为 40.3%、39.4%、2.2% 和 18.1%。其中，工资性收入、财产净收入与转移净收入的比重分别高出 1997 年 16.3 个、1.1 个和 23 个百分点（见表 5 – 10）。

表 5 – 10　　　　2015 年全国、城镇和农村居民人均收入情况　　　单位：元，%

| 类别 | 全国 || 城镇 || 农村 ||
| --- | --- | --- | --- | --- | --- | --- |
|  | 绝对数 | 比重 | 绝对数 | 比重 | 绝对数 | 比重 |
| 可支配收入 | 21966.2 | 100.0 | 31194.8 | 100.0 | 11421.7 | 100.0 |
| 工资性收入 | 12459 | 56.7 | 19337.1 | 62.0 | 4600.3 | 40.3 |
| 经营净收入 | 3955.6 | 18.0 | 3476.1 | 11.1 | 4503.6 | 39.4 |
| 财产净收入 | 1739.6 | 7.9 | 3041.9 | 9.8 | 251.5 | 2.2 |
| 转移净收入 | 3811.9 | 17.4 | 5339.7 | 17.1 | 3066.3 | 26.8 |

资料来源：2016 年《中国统计年鉴》。

改革开放以来，中国收入分配制度的不断演变，体现了我们党基于过去实践的深刻总结，对社会生产力、生产资料所有制及其生产关系、上层建筑间决定与反作用规律的新的认知指导下对体制机制及其政策做出的创新性调整和改革。20 世纪 80 年代后期，为充分调动劳动者积极性，"以按劳分配为主体、其他分配方式为补充"的收入分配制度被首次提出。1992 年召开的中国共产党第十四次全国代表大会确立了"建立社会主义市场经济体制"的目标,为推进经济体制改革,分配制度上强调"以按劳分配为主体、其他分配方式为补充,兼顾效率与公平"。1993年的中国共产党第十四届三中全会进一步强调,"允许属于个人的资本等生产要素参与收益分配,体现效率优先、兼顾公平的原则。"1997年的中国共产党第十五次全国代表大会报告明确指出:"公有制为主体、多种所有制经济共同发展是中国社会主义初级阶段的一项基本经济制度。"与之相适应,个人收入分配制度调整为"坚持按劳分配为主体,多种分配方式并存。把按劳分配和按生产要素分配结合起来,坚持效率优先,兼顾公平。"1999年,"坚持按劳分配为主体,多种分配方式并存"的分配制度被写入《宪法》,标志着国家从上层建筑领域对"混生型"收入分配制度的赞同,其已成为发展社会主义市场经济必须遵循的制度与法律准则,即前面所说的公理性分配原则。迄今,党的十八大、十八届三中、四中、五中、六中全会均将"按劳分配为主体,多种分配方式并存"视为中国收入分配的基本制度,并强调发展成果由人民共享,深化收入分配制度改革必须在初次分配和再分配领域都要处理好效率和公平的关系,再分配更加注重社会公平,整体社会经济发展中使效率与公平并重、实现有机统一,这也是前面所说的政策性分配原则的持续创新。

  上面三小节的分析研究,从时间维度刻画了自1992年确定建立社会主义市场经济体制目标至今中国社会主义市场经济体制下"混生型"收入分配制度的演进轨迹,具体将"混生型"收入分配制度的演变分为"初步确立、新突破和深度优化三个阶段",并基于分配基础、分配原则、分配机制和分配形式逻辑关联的内在向度与生产力、生产资料所有制及其生产关系、上层建筑逻辑关联的外在向度的开放互动分析框架,发掘了每一历史阶段下分配基础、分配原则、分配机制和分配形式四个维度的变化,便于深入理解社会主义市场经济环境下的"混生型"收入分配制度变迁。

# 第六章 当代中国收入分配制度的演变逻辑与方法论意义：政治经济学的解释

中国社会主义收入分配制度所经历的不断探索和发展过程，是马克思主义中国化在收入分配领域的具体体现，更是对中国社会主义经济实践经验的理论提炼和总结。本部分在当代中国视野下从制度演变角度描绘社会主义收入分配制度形成和演化的路径与轨迹，研究收入分配制度的演变逻辑及方法论意义对深刻理解中国经济社会转型发展与方向指导有重要的现实价值。

从方法论意义看，迄今的解释多运用新古典经济学、新制度经济学产权、交易成本、成本—收益分析工具分析收入分配制度改革转型及其对资源配置优化和效率提高的作用。效率原则固然能够在很大程度上评判制度的优劣，但是随着对经济发展以及制度绩效认识的不断丰富，单纯以效率原则来衡量制度绩效，显然片面且有碍于实现制度绩效衡量的多样化和制度变迁理论分析范式选择的多样化。这也关系到如何对中国社会主义收入分配制度的演变轨迹进行合理的、逻辑自洽的历史诠释。因此，本章从收入分配制度作为政治经济学研究对象的构成部分入手，将视角向前、向后延伸，引入生产力及上层建筑因素，采用比较分析方法，充分挖掘传统经济体制以及转型期中国渐进式为主的收入分配制度在变迁与转型中的深刻内涵、本质及其独特性。

## 一、制度双向度演变逻辑

中国社会主义收入分配制度的实践探索和历史逻辑，建基于总体低下生产力水平及其生产关系、上层建筑的动态适应性发展之上。在这一整体向度的系统互动关系中，固然是生产力决定生产关系、经济基础决定上层建筑，在革命初期尤其如此。但是随着经济领域生产资料所有制的社会主义改造结束，上层建筑对于经济基础、进而生产关系对于生产力的反作用日益明显。检视我国收入分配制度的演变逻辑，表现出明显的两个阶段：改革开放前的"生产力——生产关系——上层建筑"的向前推进，即上层建筑反作用逻辑为主的内部封闭静态循环；改革开放后是"生产力——生产关系——上层建筑"的向后推进，即生产力的决定逻辑为主的开放动态演进。

**（一）制度演变的外在向度逻辑：从"生产力——生产关系——上层建筑"的向前推进到向后推进**

我国社会主义收入分配制度演变总体上经历了或正经历着一个适应性互动下"生产力——生产力——上层建筑"向前向后、螺旋形推进的轨迹。

1. 社会主义收入分配制度的内部封闭性静态演进（1949~1978）

如前所述，由于中国的社会主义制度实践是一个新的探索过程，所以新中国成立初期的制度建设带有明显的建构理性主义倾向。1956年三大改造完成后，我国建立了社会主义生产资料公有制的所有制结构，收入分配制度的核心内容建构呈现出一步到位的特点。

首先，从生产力——生产关系——上层建筑的作用链条来看，我国的生产力水平低下、物质条件的极大匮乏，而快速发展生产力必须建立起现代工业体系及其基础——重工业，为此提出了重工业优先发展的工业赶超战略；而重工业自身需要巨额资金、投资建设周期长等特征决定了在当时特定的生产力阶段国家必须采取计划经济体制，集中整个社会的资源，为重工业的发展提供廉价的劳动力和充足的物资需求。为此也需要在生产关系层面采用生产资料公有制和适当的收入分配制度。一方面，通过计划手段控制劳动者的消费、分配、生产；另一方面也需要充分调动劳动者的生产积极性，于是我国进一步提出了计划手段的按劳分配的收入分配制度，提出了公平偏向的分配理念，从而在上层建筑领域，在全社会形成了"均中求富"，服务国家发展需要的意识形态。国家在法律、秩序和政策方面对收入分配制度的分配基础、分配原则、分配机制和分配形式做出了框架安排。

其次，从生产力——生产关系——上层建筑的反作用来看。一方面，国家对马克思关于社会主义分配制度认知的有限性以及苏联模式的示范效应，出于统治阶层稳固政权的需要，在生产关系领域采取按劳分配的收入分配制度，提出公平偏向的"均中求富"理念，并通过计划体制使得我国的收入分配制度更好地为重工业优先发展战略服务，以促进生产力的发展。

但是传统的收入分配制度在实施过程中，在意识形态领域，超越特定历史发展阶段的"平均主义""共产风"的意识形态滋生，使得我国的收入分配制度逐渐脱离了其赖以生存的生产力基础，进一步使"生产力——生产关系——上层建筑"的向后推进对收入分配制度变迁的决定作用大大削弱。在相当长的一段时间内，我国的传统收入分配制度摒弃了按劳分配，公平偏向、"均中求富"的分配理念在实践中转而异化为一种平均主义的分配制度，如"供给制"。从1957~1959年的"大跃进"与人民公社时期到1960~1962年的国民经济过渡期再到1966~1976年的"文革"期间"四人帮"宣传"在社会主义历史时期，生产关系对生产力、上层建筑对经济基础的反作用是决定性的"[①]。这种由上层建筑领域所影响的平均主义的分配流弊对生产力来说是一种严重的损害，尤以"文革"期间更严重。可以说，改革开放前的收入分配制度变迁依循着"生产力——生产关系——上层建筑"的向前推进，即上层建筑反作用逻辑为主的内部封闭静态循环。

概言之，我国传统收入分配制度核心内容的建构呈现出一步到位的特点，通过上层建筑系统作用主导了收入分配的基础、原则、机制与形式的内容，并逐渐表现为对当时特定阶段生产力的脱离，呈现出一定的阶段跨越性、理想主义乌托邦精神的特征。

一方面，国家强制在意识形态领域决定了收入分配制度的整体框架。国家作为制度建设的主体，虽然不能决定一个制度如何运行，但是它却有权力"决定什么样的制度将存在"[②]。国家通过强制力提供法律、秩序及政策作为上层建筑领域的内容指导收入分配制度变迁的整体逻辑。

另一方面，由于社会认知的时代束缚，收入分配制度安排也具有一定的局限性。20世纪50年代初期，我国同东欧许多国家一样采用了苏联式的中央计划体制。由于政府发展战略的偏好和有限理性的存在，占统治地位的社会思想可能并不是"正确"的思想；即体现在这种思想中的解决方案，将

---

[①] 马昀、卫兴华：《用唯物史观科学把握生产力的历史作用》，载于《中国社会科学》2013年第11期，第55页。

[②] 林毅夫：《关于制度变迁的经济学理论：诱致性变迁与强制性变迁》，上海三联书店1994年版，第4页。

导致更高的收入增长速度和更合乎人们理想的收入分配。因此也会导致制度的效率无法充分的发挥。最终作用到生产力系统，导致生产积极性的破坏，生产力的停滞不前。同时由于存在意识形态刚性的问题，当原有的收入分配制度不均衡弊端逐渐显露，意识形态和现实之间的缝隙增大时，强制推行新制度安排将会挑战原有的意识形态，伤害统治者的权威。因此，政府倾向于维持旧的无效率的制度安排和社会稳定、而为纯洁意识形态而战。新的制度安排往往只有在旧的统治思想和制度被替代以后，才有可能建立。最典型的例子是在邓小平领导下中国农村集体经济从传统"一大二公"、高度集中经营的单一经营体制，向农村集体经济实行以家庭承包经营为基础、统分结合的双层经营体制的变迁。

这一期间，中国社会主义收入分配制度的演变处于一种封闭的静态循环中，收入分配制度的决定处于上层建筑与生产关系的内部循环中，并通过这种内部循环向外反作用于生产力的发展，收入分配随着生产力的发展不断适应性调整的动态过程并没有实现。具体的作用机制表现如图6-1所示。1949~1978年，当生产力的决定机制被主观阻断之后，收入分配由上层建筑决定，最终这种脱离生产力决定机制的收入分配演变走入了困境。

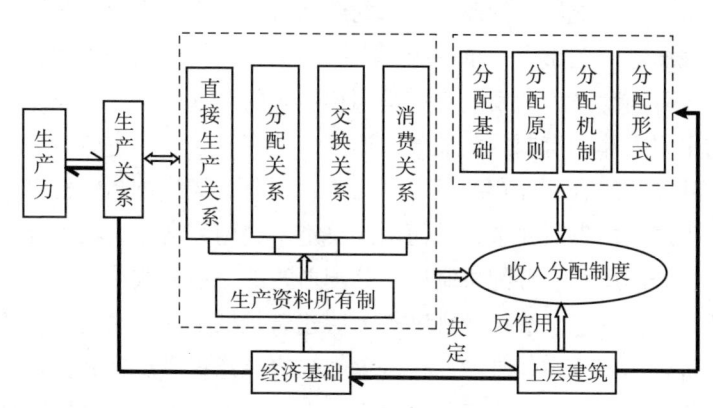

图6-1 1978年以前"生产力——生产关系——上层建筑"向前推进的传统收入分配制度变迁机理

## 2. 社会主义收入分配制度的开放性动态演进（1978～1991年和1992年至今）

面对传统计划经济体制运行下中国效率日益低下的国民经济，迫切需要对脱离生产力发展的旧的生产关系进行调整和改革，以解放和发展生产力，释放中国巨大的经济活力。

首先，从生产力——生产关系——上层建筑的向前作用来看。1978年真理问题的大讨论及改革开放作为意义深远的思想洗礼，激发了收入分配制度变迁中个体、企业及政府的思想活力。在解放和发展生产力的思潮带动下，我国在思想领域及国家政策上重新肯定了按劳分配的合理性，收入分配制度改革优先服务于调动广大人民的生产积极性，发展生产力的目标要求。思想上层建筑的变化对生产关系产生了重要的影响。商品和市场经济成分的引入必然对我国的所有制结构、经济体制进而对由此决定的我国社会主义收入分配制度产生重要的影响，表现在分配基础、分配原则、分配机制和分配形式的改革与完善。尤其是在社会主义市场经济体制下，收入分配制度的改革更是在"共同富裕"目标的引领下围绕"效率与公平"原则进行的一系列优化。

其次，从生产力——生产关系——上层建筑的向后作用来看。我国中国社会主义收入分配制度的改革回归到遵循着生产力决定论。落后的生产力决定了在我国生产关系中，单一的所有制结构、计划的经济体制、平均主义的分配制度等与生产力的发展水平是不相适应的。这就决定了我国必须在所有制结构中引入非国有制经济成分，形成以公有制经济为主体，多种所有制经济成分补充、结合、并存的所有制结构。同时，经济体制中也引入市场机制来适应生产力的发展要求，进而由此决定了我国社会主义收入分配制度的分配基础、分配原则、分配机制以及分配形式的一系列改革。从而收入分配制度变迁在意识形态、法律及规则等上层建筑领域不断地深化（见图6-2）。

该阶段，即便在强制性变迁过程中政府在意识形态领域决定了收入分配制度的整体框架，诱致性变迁过程中个人、团体在上层建筑领域对收入分配制度认识的深化也决定了中国社会主义收入分配制度变迁的主要方面，但是这些都是适应于我国生产力的发展水平的要求。此外，随着某一阶段收入分配制度的变革，当生产力获得了极大的发展后，生产关系的构成变得已经不能适应生产力的发展需求而必须进行新一轮的制度优化。比如，在所有制结构方面，改革初期形成的以公有制为主体、多种所有制经济为补充的所有制

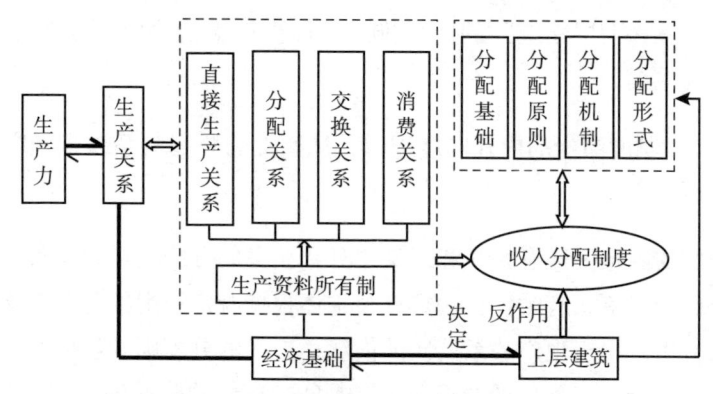

图 6-2  1978 年后"生产力——生产关系——上层建筑"的
向后推进的分配制度演进机理

结构，逐渐变革为以公有制为主体、多种所有制经济共同发展的所有制结构；除劳动力外的生产要素市场合理性获得了肯定；市场机制的主体地位得到了认可；收入分配制度中，计划和市场相结合的分配机制得以确立，并逐渐让位于市场；按劳分配为主体，多种分配形式为补充的分配制度逐渐转变为按劳分配与按要素贡献分配相结合。

综观中国改革开放以来生产关系的变革发展，往往是在生产力大发展的推动下进行的，在所有制结构、经济体制和收入分配制度方面得到了进一步深度优化，进而由生产关系进一步作用到上层建筑领域，在意识形态、法律法规等方面对收入分配制度有了更加丰富的认识和界定，尤其是多次提到对"共同富裕"的理念以及"公平与效率"认识的逐步完善。而上层建筑的变化又反作用于生产关系，从而对所有制结构、经济体制，进而对收入分配制度有了更高更具体的要求，进一步推动收入分配制度的变革，促进生产力的发展。这其中，尤其以个人和团体的制度创新运动逐渐被政府接受，转化成为政府主导的制度创新为特色。

概言之，改革开放后，中国社会主义收入分配制度变迁是在"生产力——生产关系——上层建筑"的相互作用中展开的，但是又必须以"生产力——

生产关系——上层建筑"的向后推进,即生产力的决定逻辑为主的开放动态演进为主线。

**(二) 制度演变的内在向度逻辑:从狭义的分配关系改革到广义的分配制度改革**

分配的界定一般有狭义和广义之分:狭义的分配是指国民收入的分割和消费资料的分割,有时仅指一定社会主体根据既定原则给劳动者支付个人纯收入的行为,属于生产关系层次的内涵;广义的分配则既包括产品和收入的分割,还包括生产条件的分配①,其中自然条件的分配即生产要素的分配,以社会条件的分配即生产要素的所有权、使用权、收益权的分配为基础,属于建立在一定生产资料所有制基础上生产力层次的含义;更宽泛地讲,分配的方式一旦成为国家的制度、政策和发展目标后,可以作为政策性分配原则乃至公理性分配原则,立足于整个社会经济发展做出安排和调节,具有上层建筑的意义。按照这一思路,分配以及分配制度也内涵了生产力、生产关系和上层建筑的三重结构。

1. 从生产力的角度看

分配首先意味着自然条件的分配即生产要素的分配这一关涉生产力的人的因素和物的因素以一定方式配置给社会经济主体,或生产力的人的因素和物的因素的一定的社会组织、即结合方式;同时,也关涉生产关系的社会条件的分配即生产要素所有权、使用权、收益权的分配以一定方式配置给社会经济活动主体。换言之,是生产条件的分配,也就是指物质生产资料的归属,即作为生产关系基础的生产资料所有制和各种生产要素的产权制度。对应于前面的"分配基础"。在传统计划经济体制下,由于生产资料公有制的产权制度安排,因此生产资料几乎不涉及社会条件分配,而生产资料自然条件的分配主要通过行政计划或指令赋予生产者;与此同时,由于绝大多数的生产要素产权收归国家或集体层面,所以个体所获得的收入也更加平均,社会相对而言也更公平。而 1978 年后随着经济的商品化和市场化,生产要素市场开始逐渐被培育起来,在生产要素市场上分配是一种商品的交换,要素

---

① 这里的生产条件具体包括自然条件和社会条件。自然条件的分配指生产要素的分配,社会条件的分配指生产要素的所有权、使用权、收益权的分配。

及其产权被供给者以一定价格交易给生产者以满足生产所需。由于国家赋予经济个体更多的产权,则个体的生产积极性就得到更大地调动,社会的生产效率也就更高,但同时由效率差异所带来的收入差距也就会更大。

根据个体对其所拥有的生产要素的产权变化,新中国成立以来至今的收入分配制度可细划为以下四个阶段:第一阶段是 1949~1956 年的土地要素和劳动要素效率共同释放阶段,以土地制度改革完成为高潮;第二阶段是 1957~1977 年的全要素生产率压抑或低下的阶段,尤以人民公社运动为甚;第三阶段是 1978~1996 年的土地要素和劳动要素效率重新释放阶段,以家庭联产承包责任制改革试点为起点;第四阶段则是 1997 年至今的包括知识、技术、资本和管理在内的其他要素的效率释放阶段,以党的十五大提出的按生产要素分配为标志。[①]

2. 从生产关系的角度看

分配意味着分配者依据一定原则将报酬或产品分割给被分配者,被分配者提供生产要素的贡献,分配者提供报酬或产品,分配者与被分配者通过生产要素与报酬之间的交换形成一种交易。马克思强调,从本质上讲,"生产条件的分配决定生产结果的分配""生产关系和分配关系是同一的,它不过是生产关系的反面""消费资料的任何一种分配,都不过是生产条件本身分配的结果"。[②] 由于分配者与被分配者在生产关系上通常是管理上的劳资关系或劳动关系及其分配的利益关系,所以收入或产品的分配就有了对应于前面的"分配原则""分配机制"和"分配形式"。

从我国劳资关系或劳动关系及其分配的利益关系的演变看,大致经历了两个阶段:第一阶段是改革开放以前,从 1949 年后过渡时期的"混杂型"收入分配制度下的、商品经济不发达条件下的中国式官僚资本、民族资本和城乡小私有者与劳动者的分配关系;随着 1956 年三大改造的完成和社会主义公有制的全面建立,逐渐转变为单一的按劳分配(或供给制)分配下的社会主义劳动者之间的劳动关系及其分配关系;第二阶段是改革开放之后,从 1978 年改革开放初期"混入型"收入分配制度下社会主义劳动关系和劳资关系,转变为 1992 年社会主义市场经济体制"混生型"收入分配制度下

---

① 李子联:《中国收入分配制度的演变及其绩效(1949~2013)》,载于《南京大学学报》(哲学·人文科学·社会科学)2015 年第 1 期,第 41 页。
② 《马克思恩格斯文集》第 7 卷,人民出版社 2009 年版,第 995 页。

的劳动关系、劳资关系及其分配关系，其间，资本在分配关系中不断增大甚至演化出新的"食利阶层"雏形，进而形成、强化了相应的经济利益集团并显著改变了利益分配格局。

3. 从上层建筑的角度看

分配除了表现为在法律法规以及政策等层面确认公理性分配原则和政策性分配原则外，还具体表现为国家的再分配政策和再分配制度的实施和运行，分配关系是政府与个人、组织三大主体之间的收入分配关系。主要通过税制和社会保障制度的构建完成，属于分配原则和分配机制的内容，可反作用于生产关系和生产力层次的分配关系。比如，改革开放前，在"低工资高就业"战略指导下除按劳分配之外，主要是通过再分配手段给予职工较高的企业福利，且不对个人征收所得税。直到"混生型"分配制度形成后期，鉴于收入差距过大日益凸显的矛盾，政府不断强调初次分配和再分配兼顾效率和公平，再分配领域更加注重公平的分配原则，调整公理性原则和政策性原则在分配原则中的地位和关系。相应地，在分配机制中，政府职能逐渐归位，发挥在再分配领域中的重要作用。在税收和转移支付以及社会保障制度方面不断向低收入群体倾斜，保障低收入群体的合法权益。

因此，这种分配内在的"生产力——生产关系——上层建筑"三重内涵理解和诠释，与前面以分配基础、分配原则、分配机制和分配形式四个维度结构分配制度来探索分配制度演变的内在逻辑，前后自洽，并不相悖。并且，在这三个层次上同样存在着决定和反作用的关系，要求生产要素及其产权分配—劳资关系—再分配（税制、福利制度等）三者应是相互适应的关系，进而与外在向度实现"生产力——生产力——上层建筑"双向度的适应性互动发展（具体阐释见本章第三节）。

## 二、制度的演变方向

### （一）制度的演变方向：共享发展理念下的制度自我完善和深入发展

收入分配制度改革并不是否定社会主义制度，而是否定历史进程中由于主客观原因形成的束缚生产力发展的体制缺陷和缺失因素，是为了更好地坚持和发展中国特色社会主义，在激发人们劳动积极性、促进生产力不断发展和经济有效增长的基础上，更好地满足广大人民群众日益增长、不断升级与个性化的物质文化和生态环境需要，从而真正实现社会主义生产目的。因此，改革和完善起社会主义市场经济体制下的收入分配制度，即中国特色社会主义收入分配制度，有着重要而深刻的历史责任感和使命感：始终坚持以人为本的原则，秉承社会主义的本质理念，彰显出以"共享发展"为特征的社会主义收入分配制度自我完善和深入发展的演变方向。反之，跳出分配问题，片面强调市场化改革的理论和实践，只能是模糊焦点、掩盖问题。

### （二）制度本质认识的演进

长期以来，我国在社会主义制度以及收入分配的认识上往往更注重生产关系，从公有制、按劳分配、计划经济等方面来界定社会主义及其分配制度[①]。在1949年新中国成立初期，社会主义阵营对社会主义的普遍认识就是强调公有制程度越高越好，否定社会主义存在市场，强调实行计划经济、强调发展重工业、强调阶级斗争和无产阶级专政。我国对于什么是社会主义的认识，也大多停留在社会主义公有制经济、计划经济、无产阶级专政制度等方面。在收入分配制度的选择上实行单一的按劳分配制度。而随着"左倾思潮"的泛滥及"文革"运动，人们对社会主义本质的认识发生了扭曲，认为社会主义就是全面的公有制，就是平均主义，按需分配。对于社会主义的本质认识以及在此认识下如何建设社会主义，在毛泽东时代的探索逐渐依附于对马克思主义关于社会主义社会的教条式理解——"姓资姓社"的阶级斗争问题，以致发展到"文化大革命"，造成全局指导上的失误。收入分配制度的探索也从最初单一的按劳分配制度过渡到平均主义分配，严重破坏了社会主义生产生活。

而邓小平对社会主义本质与收入分配公平问题的回答则兼顾了生产力与生产关系两个方面，并随着实践的发展而逐步深化。他指出，"社会主义的本质，是解放生产力，发展生产力，消灭剥削，消除两极分化，最终实现共同富裕。"[②] 在社会主义本质中，解放生产力、发展生产力是属于效率提高

---

[①] 列宁曾在1917年《无产阶级在我国革命中的任务》一文中指出："人类从资本主义只能直接过渡到社会主义，即过渡到生产资料公有和按劳分配。"（《列宁选集》第3卷，人民出版社1972年版，第62页）

[②] 《邓小平文选》第三卷，人民出版社1993年版，第373页。

的方面，而消灭剥削、消除两极分化、最终实现共同富裕则是属于维护社会公平的方面，这说明社会主义的本质包括两个方面：一是解放和发展社会生产力，促进整个社会经济效率的提高；二是消除两极分化，消灭社会贫富差距，实现公平正义，建设和谐社会，最终达到共同富裕。因此，社会主义的本质要求收入分配必须实现公平并实现共同富裕。

2002年11月，党的十六大报告提出了"全面小康"的概念。2007年10月，党的十七大报告进一步强调要走共同富裕道路，促进人的全面发展，做到发展为了人民、发展依靠人民、发展成果由人民共享。2012年11月，党的十八大报告再次提出，要加大再分配调节力度，着力解决收入分配差距较大问题，使发展成果更多、更公平地惠及全体人民，朝共同富裕方向稳步前进。将社会主义本质属性的论断逐渐把社会主义的本质要求上升到社会层面，是在邓小平对社会主义本质论断基础上的进一步升华。

概言之，随着对社会主义本质的更深层次的理解，我国收入分配制度的演变必须始终遵循着社会主义的本质要求，在根本上坚持以人为本，坚守"共享发展成果"促进公平以达到共同富裕这一中国特色社会主义的本质规定和奋斗目标。我国收入分配制度对分配公平以及生产力层次的认识也日趋完善。

1. 对分配公平实现途径认识的转变

随着对社会主义本质认识由"公有制、按劳分配、计划经济、无产阶级专政"到"解放和发展生产力，实现共同富裕"的巨大转变，我国社会主义收入分配制度，也由单一的按劳分配甚至平均分配逐渐转变为"按劳分配作为主体"的"混入型"收入分配制度、进而转变为"按劳分配与按要素分配相结合"的"混生型"收入分配制度。收入分配原则由收入分配制度决定，受收入分配机制影响，在分配制度的变迁中，对分配公平的认识也由"平均化、按需分配的结果公平"逐渐转变为"效率优先，兼顾公平"进而转变为"初次分配和再分配都要注重公平，再分配更加注重公平"的向公平端倾斜的分配原则。对公平实现途径的认识也经历了按需分配到再分配中政府分配与宏观调控机制相协调，通过税收和社会保障两大政策工具加以实现，进而到政府、市场和社会三者共同发挥作用。

1978年以前，在单一公有制的所有制结构下的劳动者不具备除生产力以外的任何生产要素，只能凭借自身劳动获取报酬。因此，社会主义分配公平只能由单一的按劳分配来实现。但是由于人们对社会主义本质认识的局限性，按劳分配的公平实现途径被以平均主义为核心的按需分配的过度公平的分配方式所取代。而这种方式经经验检验被证明是脱离了生产力发展水平的，是不切实际的。

而随着对社会主义本质认识的加深，尤其是在改革开放时期在生产力落后的背景下建立"混入型"分配制度的要求，提出"先富带动后富"的发展理念，以及在1992年党的十四大对社会主义市场经济体制改革目标确立新的历史背景下由"混入型"分配模式向"混生型"分配模式的转变，收入分配原则同时实现了由单一的按劳分配向按劳分配和生产要素参与分配相结合原则的转变，即公理性分配原则的创新。与此相适应，政策性分配原则进一步调整转向了坚持效率优先、兼顾公平。但是长久以来坚持"效率优先"的政策性原则，公平置于效率之后为效率服务。公平的实现途径往往局限于再分配领域，通过政府分配机制以及宏观调控机制实现。如税收和社会保障制度方面所进行的不断调整变革。

党的十六大全面的小康社会目标的提出，标志着我国对社会主义公平实现的认识发生了一个重大的转变，即从通过"消灭剥削者""剥夺剥夺者"实现，转变为让多数人掌握财富，在一定意义上，全面的小康社会就是大多数老百姓都有账产的社会。让大多数人都能够分享社会主义市场经济体制下经济发展好处的制度就是中国特色的社会主义制度。如我国农业税取消、"新农村合作医疗""新型农村社会养老保险制度"等一系列"反哺农业农村"的政策落实。

党的第十七次全国代表大会完全将"效率优先、兼顾公平"的说法修订为"初次分配和再分配都要处理好效率和公平的关系，再分配更加注重公平。"并首次提出"逐步提高居民收入在国民收入分配中的比重，提高劳动报酬在初次分配中的比重。着力提高低收入者收入，逐步提高扶贫标准和最低工资标准。"这"四个提高"充分体现了中央领导人对公平问题的重视，说明效率与公平的关系转变为二者并重。同时，对初次分配公平问题有了新的认识，不仅体现在国民收入三部分（政府财政收入、企业收入和个人可分配收入）保持适当的比例，并且保持均衡和协调增长；也体现在具体的生产企业在对生产参与者进行个人收入分配时要公正合理。我国在个人收入分配方面存在按劳分配和按要素贡献分配两种方式。个人收入分配方式不同，收入分配公平的标准也不同。在按劳分配方式下，分配公平要求严格按照劳动者所提供劳动的数量和质量进行个人收入的分配，不允许任何人利用自己的身份、地位和权力攫取不合理的收入；在按要素贡献分配方式下，分配公平要求资本所有者和劳动者按照各自在生产中所作贡献的大小进行个人收入的分配。

在国家"十三五"规划中，进一步提出了建立包容性制度，从而制度公平表现在消除贫困者权利的贫困、所面临的社会排斥及制度障碍等方面上。从而我国对公平实现的认识从"结果的平均"逐渐过渡到"机会的公平、过程的公平"，即包括财产公平、个人消费品的分配公平以及制度公平和权力公平等，也包括初次分配公平和再分配公平。为建立公平的收入分配制度提供了新的思路，从分配产品的公平到分配条件的公平，更加注重配套制度的构建，而不仅仅是在分配内部进行调节，更是在分配所处的生产关系、生产力和上层建筑整体层次基础上的安排。

2. 生产力的多层次性

对公平的强调不仅仅在于解决分配制度内部的失衡，而是为了更好地服务于解放和发展生产力、实现共同富裕的社会主义本质目标和要求。这需要我们更深刻地把握生产力—生产关系的相互作用以及生产力"人的尺度"的和谐这一重要内容。

生产关系是通过人对物的关系表现的人与人之间的关系（在阶级社会里，首先是阶级关系），生产力就是通过人对人的关系形成的人力与人力、物力与物力和人力与物力的结合。[①] 作为一个整体的社会力量来看，生产关系的性质首先取决于生产力的性质，然后取决于所有制、分配制度和交换制度的性质。[②] 而生产关系又会反作用于生产力。社会生产力和生产关系的相互作用对推动生产力的变革有着巨大的作用。当劳动者的积极性和创造性在社会生产力和生产关系所提供的物质条件和社会条件中得到激发和释放时，生产中的人的要素的生产潜力会极大解放，从而产生强大的连锁反应，即劳动生产率的提高促进生产工具更新进而引起社会生产力的新发展，又会唤起劳动者生产性能的改变进一步推动生产效率提高的循环。

---

[①] 平心：《三论生产力性质：关于生产力性质的含义问题及其他》，载于《学术月刊》1959年第12期，第53页。

[②] 平心：《略论生产力与生产关系的区别：八论生产力性质》，载于《学术月刊》1960年第8期，第29页。

因此，人的要素对于推动生产力变革有着重要的作用。马克思认为，"一切生产力即物质生产力和精神生产力"①。这表明，生产力既是生产物质财富的能力，又是生产精神财富的能力。因此，在生产力的发展过程中，不仅仅需要重视生产力发展的量的因素，也要重视"精神财富生产"的能力。而马克思所提倡的和谐生产力中人的尺度的和谐对生产力"精神财富生产"有着重要的意义。平心将劳动者的精神因素也纳入生产力的范畴，进一步将生产力的内部结构划分为物的要素和人的要素两部分，认为社会生产力是一切直接为生产使用价值服务的人的体力、精神力量、社会条件和一切被人用来生产使用价值的物质手段、物质条件、自然对象以及一切投入生产中的能量与动量的综合②，是"物质属性"和"社会属性"的结合。劳动者在生产过程中的精神状态（生产兴趣、生产的积极性和创造性等）实质是复杂的社会关系和社会条件的反映和产物。③

生产力的诸要素、诸因子和组成分子，除了一面受到生产关系的结合、形成一定的社会生产体系外，还受到生产力内部的各种形式的联系的结合，形成生产力本身的结构和体系。④ 生产力内部结构的和谐是建立在作为生产力构成因素的物的要素和人的要素同步互动基础上的，是以人与人的社会联系为基础，以人与物的联系为栋梁，以物与物的联系为支柱的。它们的交互组织，对生产关系来说，是有一定相对独立性的结构。作为衡量生产力发展水平的两个重要维度物的要素和人的要素在研究和实践过程中被片面地以生产力的量所取代，如劳动者社会地位、幸福感、满意度与自我一致性等精神层面质的部分被忽视，对生产力量的关注造成的经济发展"唯生产力论"和"唯生产力标准论"在很大程度上造成生产力发展的扭曲，与生产力发展的最终意义即人的解放与全面发展的要求不相符。

尤其是在中国社会主义"共同富裕"这一终极背景下，依托生产力与生产力关系相互作用的收入分配制度的构建必须取决于特定阶段的生产力的发展水平；同时，也必须重视分配制度中的生产力、生产关系和上层建筑之

---

① 《马克思恩格斯全集》第 30 卷，人民出版社 1995 年版，第 175~176、496~497 页。
② 平心：《关于生产力性质问题的讨论》，载于《学术月刊》1960 年第 4 期，第 22 页。
③ 平心：《三论生产力性质：关于生产力性质的含义问题及其他》，载于《学术月刊》1959 年第 12 期，第 53 页。
④ 平心：《论生产力与生产关系的相互推动和生产力的相对独立增长：七论生产力性质》，载于《学术月刊》1960 年第 7 期，第 63 页。

间的相互影响。毕竟,人的因素和物的因素是客观而共存于生产力、生产关系和上层建筑中间的。我们在构建社会主义收入分配制度的过程中,需要加深对收入分配制度这一作为生产关系重要组成部分在"生产力——生产关系——上层建筑"中的存在的相互作用的理解。因此,充分地考虑共存于三个层次的人的因素对于解决我国收入分配失衡问题有着极为重要的作用。而我国当前的收入分配制度所存在的一个重要的问题就是长期以来在"公平与效率"权衡中对公平端的忽视,过度强调效率的发展,从而社会主义收入分配制度长期强调"效率优先"。当前收入分配差距的扩大对劳动者的生产积极性,对社会公平的上层建筑,对实现共同富裕的社会主义本质目标是相违背的。因此,基于以上的分析,我们应该更加注重收入分配过程中人与人的因素,加强公平端的建设,进一步提高物质生产力和精神生产力的生产效率。

### (三) 制度转型的完善和深入发展

共同富裕是社会主义的本质规定和奋斗目标,就目前来讲,解决好效率与公平问题是当前实现共同富裕过程中的热点问题。但是共同富裕不等同于同时富裕,也绝不是搞平均主义,吃"大锅饭"。由于忽略再分配之下市场化机制所推动的发展及其追求部门利益和集团利益的结局,导致了"先富"没带"后富",社会矛盾不断积累,各领域中的收入差距不断扩大。因此初次分配和再分配都要注重公平成为解决这一突出问题的重要着力点,但也必须从"生产力——生产关系——上层建筑"的整体层次出发进行调整变革。我国调整收入差距促进社会公平的总体目标是:缩小收入差距,实现共同富裕,逐步形成中等收入者占多数的"橄榄型"收入分配格局。实现这一目标,必须深化收入分配改革,理顺收入分配关系。

在再分配注重公平的基础上,我们可以将初次分配公平分解为两个层次:第一层次的初次分配公平要求国民收入三部分(政府财政收入、企业收入和个人可分配收入)保持适当的比例,并保持均衡和协调增长;第二层次的初次分配公平要求具体的生产企业在对生产参与者进行个人收入分配时要保证机会的公平、程序的公平等。我国在个人收入分配方面存在按劳分配和按要素贡献分配两种方式。个人收入分配方式不同,收入分配公平的标准也不同。在按劳分配方式下,分配公平要求严格按照劳动者所提供劳动的数量和质量进行个人收入的分配,不允许任何人利用自己的身份、地位和权力攫取不合理的收入；在按要素贡献分配方式下，分配公平要求资本所有者和劳动者按照各自在生产中所作贡献的大小进行个人收入的分配。

基于上述认识，我国收入分配制度深入改革与完善需要注意以下问题：

第一，我国收入分配制度转型的完善着力点在于人与人之间关系的处理，处理好社会生产过程的各个环节的劳动者之间的相互关系和地位。保证各阶层、各主体在生产过程中的公平，保证人尽其才物尽其力各尽所能地充分发挥，保证人们参与分配环节的各层次都能够顺利实施。尤其是处理好不同社会阶层、主体在初次分配与再分配过程中的分配比例、地位等，保证人与人以及人与物之间的和谐关系。公平[①]问题是当前收入分配制度存在的核心问题。长久以来经济发展中过度追求经济效率使得人们对生产力的关注点集中于量的测度上，关注生产率的提高，而忽略了生产力质量尤其是作为生产力主体的人的精神生产能力。在经济发展转型过程中，新的发展观是以人为本，强调统筹兼顾。因此，在处理人与人之间的关系的时候要注重对生产力人的因素幸福感等的提升。

第二，重视占生产关系基础地位的所有制关系及其结构的完善，探索公有制为主体、多种所有制经济共同发展的新结合形式，尤其是当前混合所有制改革的推进；加快对要素所有权的改革。对于要素收入分配的转型来讲，重点在于各种生产要素参与收入分配的比重及其形式。要素收入分配与居民收入分配之间存在密切联系。由于居民收入中劳动收入不平等程度一般大大低于资本收入不平等程度，要素收入分配向劳动倾斜将有助于缩小居民收入分配差距。《国务院关于完善产权保护制度依法保护产权的意见》（以下简称《意见》）中首次出台产权保护顶层设计，明确非公有制经济财产权同样不可侵犯。《意见》明确了产权保护的十大任务：加强各种所有制经济产权保护；完善平等保护产权的法律制度；妥善处理历史形成的产权案件；严格规范涉案财产处置的法律程序；审慎把握处理产权和经济纠纷的司法政策；完善政府守信践诺机制；完善财产征收征用制度；加大知识产权保护力度；健全增加城乡居民财产性收入的各项制度；营造全社会重视和支持产权保护的良好环境。国家对产权改革的重视表明了我国对各种要素参与收入分配的完善。

---

① 公平是一个法权概念，属于上层建筑，分配是经济范畴，属于经济基础，是生产关系的内容。马克思说："难道经济关系是由法权概念来调节，而不是相反地由经济关系产生出法权关系吗？"由生产方式所决定的分配原则与公平所确定的标准是两回事。

第三，和谐社会的构建需要政府的归位与退位，针对政府在收入分配领域中的边界模糊以及在初次分配与再分配中的功能错位等问题进行重新调整。明确政府与市场在转型期收入分配领域中的权力边界，防止市场与政府功能错位。改变以往政府权力错配下的过度干预问题，如我国的户籍制度、城市倾斜政策、权力寻租腐败等。在重新界定收入分配领域中的政府权力与市场的关系的基础上，一方面，使市场在初次分配中起决定性作用，营造公平竞争的社会环境，加强企业和个人在收入分配领域的主观能动性；另一方面，按照有进有退，以退为进的原则，通过政治体制改革推进政府职能的转换，实现政府权力因素逐步退出初次分配领域，进入二次分配领域。同时通过规范收入分配秩序，完善转移支付功能，实现社会公平正义，这是全面落实科学发展观，构建社会主义和谐社会的重中之重。

第四，在政治、法律层面，完善我国的税收、社会保障、产权等制度改革，保障弱势行业、群体、阶层的权益。从战略意义上调节现有收入分配制度中的不合理因素，严厉打击非法、非正常收入；推进垄断行业改革，调节垄断行业过高收入；打击收入分配制度中的腐败行为，在全社会营造公平有序的竞争环境，保障政府、企业和居民参与收入分配的地位平等，保证收入分配参与人的多元化。同时，加强对收入分配过程的监督机制的建立，促进收入分配公平透明。制定公平与效率同时兼顾但再分配更加注重公平的收入分配策略。

### 三、制度的演变进路

我国收入分配制度的演变是马克思主义中国化的理论实践经验的总结，是贯穿于"共同富裕"的社会主义本质目标要求中的，是把社会主义发展生产力同不断提高人民生活水平、增强人民福祉、走向共同富裕联结在一起的。"让老百姓过上好日子，是我们一切工作的出发点和落脚点。"习近平既提出了发展生产力的新理念，又同时提出人民共享的以人民为中心的思路。[①]

在这个意义上，当代中国的收入分配领域先后出现的毛泽东和邓小平领导下寻求"均中求富"抑或"收入差距、共同富裕"两种主要思想及其相应制度，其实都可以看做是"社会主义公平"或"共同富裕"这一终极目

---

[①] 《习近平总书记系列重要讲话读本（2016年版）》，学习出版社、人民出版社2016年版，第213页。

标的不同阶段性特征，则其在实践中所带来的不同结果显然也具有其历史合理性。当然，由于中国每个时期关于社会主义收入分配制度的探索，是出于对当时经济社会体制结构等多重因素的考虑下以适应经济发展和社会稳定的需求的产物，因而更多地打上了历史范畴的烙印并带有一定的历史局限性。

放至较长的时间轴上看，我国收入分配制度演变进路的整体特征是，从一开始革命初期建基于外在向度的"生产力——生产关系——上层建筑"反作用逻辑的、建构理性主义的社会主义分配制度强制性建构之后，很快重点就转向了内在向度逻辑上的、受外在压力和主动学习驱动的、渐进式为主的制度缓慢演化。但是正是收入分配制度的诱致性制度演变特征，导致了我国的收入分配制度改革是在分配基础、分配原则、分配机制和分配形式上局部渐次推进，尤其是 1978 年之后伴随着农村家庭联产承包责任制、国有企业的增量改革和体制外变迁、试验推广进行的收入分配制度相应改革，事实上多有权宜之策。从而导致了当前分配制度内在向度及其与外在向度之间的失调，亟待当前社会经济形势下的建基于外在向度的分配制度顶层设计。换言之，我国收入分配制度演变经历了或正经历着一个双向度适应性互动下"生产力——生产力——上层建筑"向前向后、螺旋形推进的轨迹。

**（一）渐进式为主的制度演变轨迹：从强制性为主的变迁到诱致性为主的变迁**

从 1956 年开始，在中国共产党历次全国代表大会决议精神的指导下，我国的收入分配制度在分配基础、分配原则、分配机制和分配形式等方面进行了渐次深入的调整与变革，从宏观历史时序来看形成了明显的渐进性制度演变轨迹，经历了制度变革背景下传统社会主义按劳分配制度的形成与发展（1949~1978）；体制改革进程中社会主义收入分配制度嬗变（1978~1992）；社会主义市场经济体制下收入分配制度的完善与发展（1992 年至今）三个阶段。这种路径选择背后的基本思路，就是在国际国内各种利益关系错综复杂的环境下，以实现稳定为首要目标的改革必定是以实践导向、问题导向的经验主义道路，"学中干""干中学"，尽量地减少受损害的人数及其受损程度。在稳定偏好的影响下，政府行为往往表现出渐进性、反复性和试错性特征，而政府目标的达成也往往以实现社会稳定为基本前提。

本章依据社会主义收入分配制度的改革进程所处阶段及其分配原则、分配机制、分配形式及分配方法的特点,提出我国收入分配制度演变方式的"两阶段论",其时间转折点为1978年。即1978年以前是传统计划经济体制下自上而下的以强制性、渐进式和被动性为主收入分配制度变迁,1978年以后则是在市场取向改革及其社会主义市场经济体制下由自上而下与自下而上双线主导,且以诱致性、渐进式和主动性为主的收入分配制度变迁。但这两个时期的收入分配制度变迁,在时间和空间上都带有显著的渐进式演变特征。

1. 1978年前强制性为主的社会主义收入分配制度变迁(自上而下)

对收入分配制度变迁方式的评判只有结合制度变迁的主体、制度变迁的特点进行分析,才能准确把握我国收入分配制度变迁方式的整体性质。

从我国传统收入分配制度演变的主体来看,可以发现政府在收入分配的制度变迁中起着重要的决策者地位。中国社会主义收入分配制度的建立,是一个基于实践不断调整认识的试错过程,作为一般意义上制度变迁主体的个人、团体和政府对如何建构分配制度的理解存在认知差异。但是在1978年前生产资料公有制以及个人和集体从属于国家的前提下,政府作为制度变迁的决策者决定着我国收入分配制度的演进过程,个人及集体则作为制度的接受者贯彻落实政府的制度安排。

制度变迁的程序落实是自上而下的。新中国成立初期的制度建设带有明显的建构理性主义倾向,如诺思的"制度创新"理论所认为的那样,国家的治理者可以刻意地设计、创造和实施任何一种产权形式和分配制度。在面临国内生产力水平极其落后及物质财富极大匮乏的发展问题、国际上社会主义阵营同资本主义阵营相抗衡的竞争问题这两大背景下,在党的第一代领导集体对马克思关于社会主义所有制与分配理论认知基础、苏联式社会主义经济体制的示范影响、政府基于落后生产力基础制定的快速工业化发展战略以及相对集中的计划经济体制这四大因素的影响下,宣布了某种"虚所有制"(国有制)为"实所有制",并相应建立起在这种产权形式下的以八级工资制和三级工分制为实现方式的我国传统的收入分配制度。这种制度建构观,决定了收入分配制度建立的强制性制度变迁特征。政府决定了我国的经济发展战略以及生产、分配、交换、消费在体制内运行的方方面面,难以出现有利的诱变因素。政策的落实通过国家的行政指令层层下放,最终由具体的生产单位如人民公社、生产组等进一步落实到个人上。

传统的收入分配制度变迁表现出一定的激进式特征。虽然收入分配制度在一定程度上满足了国家发展战略的需要①，但是由于脱离了当时普遍的生产力发展水平，表现为制度本身的变异和失败，最初均中求富的构想逐渐被"大跃进"和"人民公社"的共产风所破坏。不论是政府在国民经济过渡期采取的供给制，还是调整期在农村实行的三级工分制以及对城市供给制和半供给制的取消，都难以挽救对人们生产积极性的损害以及生产力整体水平的停滞。尤其是"文化大革命"期间，在全国范围内彻底否定按劳分配的合理性，提倡平均主义这种具有强烈激进性质的运动，更是对生产力和人民生产激励机制的极大破坏。这种跨越当时特定的发展阶段，非均衡的越级发展的激进式想法被证明是不切实际的，严重脱离了中国生产力的发展水平。

我国社会主义计划体制下自上而下的收入分配制度表现为单一的生产资料公有制为分配基础、按劳分配、"均中求富"的分配原则、计划化的分配机制以及工资制和工分制的分配形式等特征，收入分配制度改革始终囿于内在向度的存量改革与计划体制，并不能够给予微观主体一定时间的内生需求诱导，使得制度本身缺乏活力和生命力，强制性的制度缺陷逐渐暴露，自我完善无法进行，最终制度跌入积重难返的供给陷阱。

2. 1978年后诱致性为主的社会主义收入分配制度变迁（自上而下与自下而上双向运动）

科学地把握马克思、恩格斯的理论应当是将其理论与中国实际相结合，探索适合中国社会主义初级阶段国情的收入分配制度，而不是照搬照套，也不是一步进入共产主义。20世纪80年代，在国际间以生产效率为首要竞争目标的外在压力诉求以及因制度严重的效率缺失而引起绝大多数利益群体的不满，甚至威胁到社会稳定的国内压力下，党的领导集团敏锐地觉察到改革的潜在利益[即不改革现有制度的潜在威胁以及制度变迁带来的强大的外溢效应（连锁式的经济效应以及非经济效应，包括政权稳定、政府威望提升等）]，凭借着改革胆略和热情，进行了诱致性变迁先行、随后政府"跟进"、发起强制性变迁的低成本且适应性效率高的制度改革途径探索。其间，外在压力（国际竞争压力和国内维稳压力）和主动学习（创新、思想解放）两

---

① 1958年毛泽东提出"钢产量十五年赶上英国"，他在此前一年说过"我们要好好干五十年，把工业建起来，要有美国那样多的钢铁"，这就是"超英赶美"，一直以来被当作自不量力的典范。事实是，15年后的1973年，英国钢产量2665万吨，中国2522万吨，"赶英"目标完成；50年后的2007年，中国钢产量是美国的5倍。

大动力一直贯穿分配制度演变过程始终。

随着制度"建构"观转向"演化"观，我国收入分配制度经历了从1978~1992年体制改革进程中社会主义商品经济下收入分配制度嬗变阶段到1992年至今的社会主义市场经济体制下收入分配制度的完善阶段，分配基础由要素产权单一化向多元化进而向公有制为主体、多种所有制共同发展转变，分配原则由平均主义到效率优先兼顾公平进而到再分配更加注重公平，共享发展成果转变；分配机制也由单一的计划化向政府与市场复合进而向市场、政府与社会三重复合机制转化；分配形式也从简单化到多样化进而到多样化趋势更加显著转变。内在向度上的分配基础、分配原则、分配机制与分配形式的每次改革，都是对原有制度的边际调整、结构性改革和深度优化。

在制度变迁主体、程序及其显著特征上，我国渐进式为主的自下而上和自上而下的收入分配制度双向运动演变主要表现在以下三个方面。

（1）改革的主体既有个人、团体，也有政府。一方面，收入分配制度的变迁是在政府的主导下进行的，并且政府不断通过立法和会议精神的方式推动和维护制度变迁的有序进行。仅就分配的政策性原则来看，邓小平同志在1985年提出了"一部分地区、一部分人可以先富起来，带动和帮助其他地区、其他的人，逐步达到共同富裕"①的初始改革倾向，为后续的改革划定范围，这种改革目标和改革大方向也体现在了党的十四大提出的"兼顾效率与公平"中，党的十四届三中全会的《决定》继而提出"效率优先、兼顾公平"；但由于经济体制存在的缺陷和缺失，该政策性原则按本身的逻辑发展的结果，却带来了各领域中收入差距的不断扩大化，并越来越偏离原来的目标；为此党的十六届四中全会及时调整和纠偏，从构建社会主义和谐

---

① 1978年12月，在中共中央工作会议上，邓小平在《解放思想，实事求是，团结一致向前看》这篇报告里提出了一个深刻影响中国的"大政策"。邓小平指出，在经济政策上，要允许一部分地区、一部分企业、一部分工人农民，由于辛勤努力成绩大而收入先多一些，生活先好起来。一部分人生活先好起来，就必然产生极大的示范力量，影响左邻右舍，带动其他地区、其他单位的人们向他们学习。这样，就会使整个国民经济不断地波浪式地向前发展，使全国各族人民都能比较快地富裕起来。这就是后来他反复阐释的"先富"与"共同富裕"的理论。（邓小平：《解放思想，实事求是，团结一致向前看》，引自《邓小平文选》第二卷，人民出版社1994年第二版）1984年10月，邓小平"允许一部分人先富起来"的思想写进了《中共中央关于经济体制改革的决定》（《中共中央关于经济体制改革的决定》，人民出版社1984年版）。该《决定》指出，只有允许和鼓励一部分地区、一部分企业和一部分人依靠勤奋劳动先富起来，才能对大多数人产生强烈的吸引和鼓舞作用，并带动越来越多的人一浪接一浪走向富裕。1985年9月23日，邓小平在中国共产党全国代表会议上的讲话中强调，鼓励一部分地区、一部分人先富裕起来，也正是为了带动越来越多的人富裕起来，达到共同富裕的目的。

社会的高度，提出要"注重社会公平"以防止积重难返情形的出现，并最终形成了"初次分配和再分配都要兼顾效率与公平，再分配更加注重公平"的政策性原则，使广大人民共享改革发展的成果。

另一方面，随着分配主体的多元化发展倾向，个人和企业在制度变迁中发挥着巨大的主观能动作用。如农村家庭联产承包责任制的建立和私营经济的曲折发展；以及政府对沿海及非国有企业放宽政策要求，鼓励个人、企业与地方政府改革实验，乡镇企业、个体、私营、外资等三资企业的迅猛发展，使得个人及企业团体在开放的环境中充分运用各种经济成分及手段进行改革创新，培育了新的分配基础、分配机制和分配形式，推动了我国收入分配制度的变迁发展。这一时期，个人、团体和政府制度创新合力构成了我国收入分配制度变迁的主要内容。

（2）收入分配制度变迁兼具自上而下与自下而上双向运动的特点。中国的经济改革是以改变激励机制和变革收入分配制度为开端的。而收入分配制度的改革，又是先从改变激励机制开始的。激励制度的改变在现实中经历了一个由点及面、从局部到整体，循序渐进的不断权衡和调整过程。首先，激励制度的改变是在计划经济链条中最薄弱的环节——农村实现突破的，以家庭联产承包责任制为起点，放松农村生产要素的分配经营管制来调动广大农民的生产积极性，并在此基础上由政府主导、在全国范围内实施和推广家庭联产承包责任制，其间也形成了联产计酬的按劳分配实现形式。其次，是家庭联产承包责任制激励机制在国企和其他企业的示范效应，从而推动产权制度和分配制度，进而市场经济改革自下而上的试点的诱致性制度变迁，随后由政府"跟进"，以点带面地实现自上而下的试点推广推进，以便随着时间的推移，当各种约束条件都发生变化以后，也许会使其他相关改革阻力变小，减少和化解改革的成本，同时增加过渡过程的可控性。

其间，随着多种所有制经济成分在中国的壮大，除劳动力以外的资本、管理、技术等生产要素市场得到了进一步的发展，收入分配的所有制结构基础改变，市场机制也逐渐被引入分配机制中，分配形式也变得更加多样化。最终"坚持按劳分配为主体、多种分配方式并存"于1999年被作为公理性原则写入《宪法》，成为我国的基本收入分配制度。而体制外改革的成功也进一步倒逼国有企业的改革，表现为国有经济产权制度和治理模式的改革以及股份制经济改造和重组；在以按劳分配为重要分配原则的同时，注入了如股利和分红等按要素的贡献参与分配的分配原则和分配方式。

总之，从家庭联产承包责任制最初小范围的村民自发组织到最后政府主导的全国范围内的推广，从企业承包制改革到体制外改革和增量改革，进而市场经济成分的逐步增大、特区经济的活力释放，以及多种经济成分下按知识、资本、技术和管理等要素的贡献获取收益等多样的分配形式的良好示范效应，使得我国所有制结构调整的步伐进一步加快，最终由政府通过细化的政策固化并推广开来，形成由诱发性变迁向强制变迁的转变；进而在变迁主体的主观能动性及其市场活力的驱动下进一步生成新一轮的诱致性变迁，所形成的示范效应及纠错效应又会以政府主导的方式进一步地调整下去⋯⋯如此循环，便构成我国收入分配制度变迁双向运动且以诱致性为主的最显著特征。

（3）具有边际性变革、以增量改革带动存量改革的特征。鉴于国有企业改革阻力较大，为此，一方面，对旧有制度的边际调整，让新的收入分配制度逐渐建立在旧有制度基础上，表现为边际性变革；另一方面，政府开始寻找新的改革增长点，选择了在基本不触动国有企业的产权或所有权基础的前提下通过大力发展非国有企业达到增强企业活力、提高企业效率的增量改革策略。通过在存量外领域培植新制度因素，维持有关制度主体的存量利益减轻改革阻力，又通过承认有关制度主体的增量利益而增强变革的动力，达到制度的边际均衡。所以由于分配基础的差异，也导致了分配原则、分配机制和分配形式带有明显的"双轨制"特征，在国有经济内部主要延续按劳分配为主，加大了奖金和津贴部分，并对国有企业经营者试行年薪制、股权期权制；在非公经济领域实行市场化的按要素贡献分配。在存量方面，财税体制改革和价格改革以及国有企业的改革也在逐步的推进，但其进程要落后于增量改革。

概言之，1978年后我国收入分配制度变迁具有诱致性和强制性的共同特征，但是以诱致性变迁为主。尤其是在社会主义市场经济体制建立后，个人及企业成为制度变迁中最具创造活力的主体，增量改革外溢效应逐渐增大，边际性特征更加明显，收入分配制度变迁的诱致性特征更加突出。该阶段重点集中于收入分配制度内在向度领域的制度改革。

### （二）制度演变进路：从分配内在向度的协调到外在向度的协同求变

路径依赖决定了我国的收入分配制度变迁必然是一个渐进的过程。除一开始革命初期建基于外在向度的"生产力——生产关系——上层建筑"反作用逻辑的强制性社会主义分配制度建构之外，每次收入分配制度改革都是在内在向度逻辑上对原有分配基础、分配原则、分配机制和分配形式的边际调整和结构性改革。原有制度所规定的制度实施范式对制度变迁的方向与速度具有自我强化的惯性和"锁定"作用：一方面，选择渐进式的改革路径，尤其是1978年之后伴随着农村家庭联产承包责任制、国有企业的增量改革和体制外变迁、试验推广进行的收入分配制度相应改革，为社会组织提供了适应性效率，从而使帕累托改进成为可能；另一方面，也可能顺着原来的错误路径往下滑，甚至被锁定在某种无效率的状态下而导致停滞，当前的收入分配制度不仅存在着内在向度的失衡、还存在内在向度与外在向度之间的失调，此时往往需要借助于外部效应，引入外生变量或依靠政权的变化，在当前社会经济形势下建基于外在向度进行收入分配制度内在向度协调和外在向度协同求变的顶层设计。

1. 内在向度的协调

从收入分配制度演变内在向度的逻辑主线看，我国近70年的渐进式收入分配制度演变经历了由混杂型——单一的按劳分配的内在封闭循环，到由单一按劳分配——混入型——混生型的开放动态演进过程，最终形成社会主义市场经济体制下的收入分配制度。

其间，对效率与公平关系抉择则经历了由平均主义到"效率优先，兼顾公平"，再到"初次分配效率兼顾公平、再分配更加注重公平"的演变，以上的演变路径都体现出我国收入分配制度演变具有典型的"就分配改分配"的特点。

由于"生产要素及其产权分配——劳资关系——再分配"（税制、福利制度等）之间也是向前推（决定）、向后推进（反作用）的关系动态适应，一方面形成了较为完善的分配制度：在分配基础上，以公有制为主体、多种所有制共同发展，并进一步以中央文件明确了个人财产权同样不可侵犯；在分配机制上，由市场、政府与社会共同复合发挥作用；在分配原则上，按劳分配与按要素分配相结合，初次分配与再分配同时注重公平与效率，再分配更加注重公平；在分配形式上，形成按劳分配与按要素分配相结合的多样化的收入分配制度。随着我国所有制改革的推进和要素产权制度的建立，我国的收入分配制度在混合所有制与产权保护方面，在分配形式进一步多样化方面，在加强政府与社会机制作用方面取得了不断的突破。

另一方面，由于收入分配制度演变的渐进、边际改革特点，局部性、权宜性政策较多，决定了分配制度改革不彻底，甚至由此带来的改革进程阻滞。比较典型的例子有目前严重依赖向劳动者课税，而对资产持有和资本利得几乎没有任何课税的国民税赋结构。中国主要税源是间接税，也就是从生产开始就对生产者征税，而非从获得的最终收入收税；在流通环节中征税，实际上是向全体消费者征税。与此同时，增量改革过程中还带来了实际工资长期增长停滞的问题，这些与原来的公有制是国民经济的基础这一制度安排有关。但令人遗憾的是，随着市场化改革的深入，尽管各项条件已基本具备，但我国税制改革依然在修修补补中前行。由此也加剧了在经济新常态下实体经济发展的困境。在此意义上，从"分配—分配"的改革到"生产—分配"关系的动态适应，又是建立在理顺税制与劳资关系、进而生产要素及其产权的分配关系上的。

2. 外在向度的协同

收入分配制度作为生产基础的重要组成部分，其演变遵循着"生产力——经济基础——上层建筑"的向前与向后推进的整体协同作用机制，在推进生产力发展变革中起着重要的作用。由生产力水平决定的我国所有制结构的调整与优化决定了我国收入分配制度及其对应的分配基础、分配原则、分配机制与分配形式的变革，从而由所有制及其生产关系构成的经济基础决定了上层建筑层次意识形态领域以及国家在法律、政策等方面对收入分配制度的框架界定及具体认知，并通过"生产力——经济基础——上层建筑"向前推进的反作用机制进一步影响我国所有制结构及收入分配制度的完善，推动生产力的发展与变革。

如上所述，我国的收入分配制度演变早期经历了一个囿于分配制度内向度的改革，以适应经济发展和社会稳定的需求。具体而言，就是分配政策或制度改革从集中于初次分配或再分配局部领域，到初次分配与再分配并重的转变。虽然制度效率绩效得以提高，然而时至今日，收入差距不断扩大，社会贫困问题依然突出，这是个不可回避的事实。因为我国在收入分配制度甚至整个经济体制改革一路摸石头走来的经济政策试验中，出台了很多临时性和权宜性的经济政策。而这些政策，仅仅是考虑了如何解决眼前的问题，后果估计不足、也无退出机制，但却被长期沿用下来。同时也让这些经济政策所带来的既得利益及其利益集团（社会阶层）固化，而政策的改革也会变得越来越困难。为此，需要在制度体系与政策措施上进行国家层面的顶层设计，从把分配纳入"生产力——经济基础——上层建筑"的整体向度中，协同求变，实现经济发展、社会稳定与合理收入分配关系的良性互动。

### （三）当前制度协同求变过程中的突出问题及解决思路

在我国社会主义市场经济对外开放渐次深入的背景下，随着不断参与国际竞争和主动学习，业已发展形成综合了"社会主义经济＋市场经济＋全球化＋信息技术"在内的开放的经济系统。中国未来的转变也不再是单向的和线性的，而必须在"生产力系统（物质和精神）——生产关系系统——上层建筑系统（法律、政治、意识形态）"框架下协同求变。

目前我国所有制结构、经济体制以及人与人之间的地位和关系经历了渐进的发展演变后，仍存在一些不尽如人意的地方。首先，在公有制为主体、多种所有制经济共同发展的过程中，对所有制关系的改革出现了"私有化"倾向，公有制经济成分减少，非公有制经济成分和私有产权增加。"私有化"模式较为单一僵化，不仅会严重影响到公有制的主体地位，还拉大了收入差距。其次，在由政府和市场共同决定资源配置体制下，政府与市场边界界定不清晰，市场与政府的分配功能错位等。经济活动中处于垄断地位的行业、企业可以获得高额收入，使这些行业、企业中的职工收入偏高。最后，在生产过程中资本、技术等日益成为强势要素，劳动者主体地位削弱。相对于资本报酬的增长，劳动报酬和实际工资增长缓慢，国民收入分配中劳动收入比重下降。这些最终导致社会收入差距不断加大，社会不公平加剧，不同阶层的利益冲突加剧，人与人关系中不和谐因素增多。同时，和谐社会建设对人的发展以及公平的要求更高。但我国的社会保障体系、所有权体系、税法体系的改革进程缓慢，收入差距过大导致的阶层固化，阶层利益冲突加剧成为突出的问题。

中国经济问题的根源在于分配制度残破和结构的扭曲，上述问题对我国的收入分配制度转型有着重要的制约作用。收入分配制度作为生产力、经济基础与上层建筑动态适应的中间环节产物——合理的收入分配关系，既是生产力发展的充分条件，又是实现上层建筑稳定的充分条件，其转型完善必须正确处理好三者的关系尤其是经济基础和上层建筑的改革和完善。正确把握经济基础与上层建筑的关系，使我们可以从流行的思维限制下解放出来，准确地揭示真正影响收入分配的社会原因。因此，我国收入分配制度转型的完善必须努力解决经济基础与上层建筑的不和谐因素，这样才能保障收入分配制度转型的效率。收入分配制度改革，首先要转变观念与思路，未来改革的关键在于建立和完善有中国特色的社会主义分配制度，内外协同、上下协同、制度与政策协同、中央与地方协同、政府与市场协同、部门之间协同、行业之间协同、产业之间协同，以协同求变。在面临种种困境和制约因素之下，我国收入分配转型若要取得实质性突破，必须由碎片化向系统化转变，直面收入分配中突出的一些深层次问题，整体、系统地设计改革方案。

### 四、制度演变的政治经济学分析方法论意义

本章遵循马克思主义政治经济学方法论对我国渐进式的收入分配制度演变过程进行历史大视野下的分析，从收入分配制度变迁既受到整体社会经济制度变迁的制约、又深刻影响着社会经济制度转型发展、在生产力——生产关系——上层建筑相互作用的完整的系统结构互动机制中，通过分配基础、分配原则、分配机制和分配形式四个维度深刻揭示我国收入分配制度演变的四重内涵，重返政治经济学的传统。

#### （一）马克思主义唯物史观方法论对于深刻剖析制度变迁有着重要的意义

马克思主义政治经济学作为一门历史的科学，从方法论上看，就不能仅限于一般原理运用或技术性工具运用的分析，而须将历史方法和逻辑方法相结合；历史方法上，在研究收入分配制度时，要按照历史发展的真实进程来把握其发展和变化；逻辑方法上，要按照思维逻辑，从简单到复杂，从低级到高级不断引申和展开。申言之，要深入到社会经济历史变迁中社会经济结构、社会经济行为、社会经济关系、社会经济法律制度及其社会经济政策等的变化和发展的深层次进行历史考察、动态分析、关联研究，揭示出收入分配制度演变本质的、具有决定意义和规律性的特征、历史价值（辩证、客

观地分析其二重性）及其发展方向。

### （二）从社会经济结构以及生产力与生产关系、上层建筑的矛盾运动中来解释制度变迁

社会作为按照特殊规则与特定结构组成的有机整体是不以人的意志为转移的，社会人行为受到社会条件的制约。社会结构对于他们反复组织起来的人的实践活动来说，既是后者的前提又是后者的结果，是内在于我国的收入分配制度的演变过程中的。而生产力作为制度变迁逻辑主线上的发端性要素，作为生产关系的物质承担者，生产力的发展变革推动生产关系的变动。因此，对作为生产关系重要组成部分的分配制度的研究也必然不能脱离生产力与生产关系的矛盾运动。而由社会生产关系总和构成的经济基础的变更则会使更庞大的上层建筑或快或慢地发生变革。因此，将分配纳入社会经济系统的整体向度，通过分析生产力、生产资料所有制及其生产关系、上层建筑的发展演变如何引致分配制度的发展演变，分析刻画外在向度的理论进路。

### （三）以生产资料所有制及其产权关系为基础确定收入分配制度的性质

生产力对生产关系，经济基础对上层建筑的决定作用是通过生产资料所有制为基础展开的，作为狭义生产关系的生产资料所有制结构在整个经济关系中有决定性作用。按照经典的马克思主义政治经济学的基本原理，在社会生产关系中，生产资料所有制及其产权关系决定分配关系和分配制度。所有制是一个发展的概念和发展的过程，在一定的社会经济形态同时存在的不同所有制形式构成的所有制结构中，这也决定了不同时期收入分配制度的不同内容，这些内容在社会实践中通过法律制度、政策、条文等规范得以实现，渗透到分配制度内部分配基础、分配机制、分配原则和分配形式的逻辑互动中，为刻画内在向度的理论进路提供依据。

### （四）通过社会分配实践来实现制度演变发展合规律性与合目的性的统一

社会分配实践作为人类实践过程中主观与客观、目的性与规律性的统一，在社会实践基础上对收入分配制度进行不断地调整完善，克服了经验主义的不可知论，也能够拜托唯物主义先验论，摒弃"左倾"、右倾的片面性认识，为科学收入分配制度的构建奠定基础。实践是检验真理的唯一标准，

在实践中认识和把握我国的收入分配制度演变,将收入分配制度演变的自发性与自觉性、合规律性与合目的性统一起来,保持分配制度演变发展的可持续性及其活力。

此外,本章改变了以往新古典经济学将效率作为制度评判的唯一原则的分析方法,一是以马克思主义政治经济学的视角实现制度绩效衡量的多样化;二是建立基于共同富裕的中国特色社会主义收入分配制度变迁理论分析范式,实现制度变迁理论分析范式选择的多样化。

(1)既重视对已形成集体共同意识的既存体系进行历时分析法,更重视尚未集体觉察和形成体系但代代相传的部分进行共时分析法。

(2)基于公平和效率非矛盾的"共同富裕"新内涵的而非单纯基于效率的研究。新制度经济学把经济效率的提高作为评判制度优劣的原则。效率原则固然能够在很大程度上评判制度的优劣,但是随着对经济发展的内容等认识的不断丰富,单纯地以效率原则来衡量制度绩效显然是片面的。这也关系到如何对中国社会主义经济制度的变迁进行合理的逻辑自洽的历史诠释。

(3)历史视野下的整体逻辑一致性分析。按照新古典经济学从资源配置效率的标准评判制度优劣的方法,制度变迁就应该是一个用效率较高的制度安排来替代或"转变"较低的。而改革者的任务不过是要证明新的制度安排(如市场经济制度)比旧的制度安排(如计划经济制度)要好。这一认识在我国改革开放后很长一段时间以来影响颇广颇深,也导致了在研究我国的社会主义经济转型或制度变迁(改革)时,难免分析逻辑上存在以后30年否定前30年的悖论,有失偏颇。本章试图通过把我国近70年的收入分配制度演变及其实践,整合在"共同富裕"这一基本点上,从阶段性差异的角度来实现逻辑统一的政治经济学诠释。在此基础上,以期寻求到深化收入分配制度改革的未来之路。

(4)基于制度演化观的研究。与基于先验的理论的建构主义制度构建观不同,演化论的核心是容纳变异、渐进积累,其根本意义在于不存在单一的、既定的审美标准("左"和右的判断)。从我国收入分配制度的演变理论经验看,与其由国家的治理者刻意地设计、创造和实施一种制度或制度创新,不如深刻理解我国制度演变的内在逻辑、凝练实践经验,综合运用社会主义的和市场经济的一切手段来发展和完善中国特色社会主义收入分配制度。

# 第三篇

## 深化改革与制度构建

"权利永远不能超出社会的经济结构以及由经济结构所制约的社会的文化发展。"——马克思

# 第七章 我国转型期收入分配结构及其矛盾

当前我国收入分配领域仍然存在不少矛盾和问题，主要表现为国民收入中个人收入比重下降，劳动收入增长缓慢，居民之间收入差距扩大，收入分配秩序还不规范，分配不公和以权谋私加大了收入差距等。探究这些矛盾问题的原因，我们需要运用马克思的历史唯物主义方法和收入分配理论，把收入分配问题纳入社会制度结构和生产关系分析，寻找其生产力与生产关系相互作用的内在逻辑。本章分析了我国转型期收入分配结构及其矛盾，以及经济发展与收入差距的相关性；并以一个附录的形式，对比分析了当代资本主义国家收入分配和财产权结构的矛盾及其深刻原因。

## 一、改革开放以来收入分配格局和财产权结构的变化

从 1978 年改革开放算起，中国的市场化改革接近 40 年了。在近 40 年的改革中，分配问题的改革有喜有忧，中国居民从改革前的"不患寡而患不均"过渡到了"既患寡更患不均"的阶段。市场化改革带来的分配格局变化的主要影响因素，从单纯的工资性收入差距，扩大到包括工资性收入、财产性收入差距等共同决定的总收入差距上来。居民财产权结构的变化，在某种程度上决定了这个过程中收入差距变化呈现剧烈变革的主要因素。在研究中国收入分配格局的文献中，阶段性特征和测算方式是研究的重点。下面我们将简要回顾改革开放以来不同视角下的收入分配格局和变化趋势，以讨论加大财产性收入分配改革力度的必要性；并从收入分配格局的历史变化和财产权结构变化等方面，探讨这个过程的一体两面。

### （一）混合所有制的发展与不同所有制条件下收入结构的来源或区域分析

1. 社会主义市场经济体制的初步确立阶段的所有制结构和收入分配结构（1978～1992）

我国经济体制改革的历史实质上是所有制改革的历史，我国经济领域所有制结构的调整过程，实际上也是市场化改革逐步深入和非公有制经济崛起的过程；而收入分配制度的变化也是由单一的国家或集体所有制分配模式占主导，逐步过渡到市场化的分配制度和分配格局。1978 年，安徽凤阳梨园公社小岗生产队的农民实行"分田到户"，开启了这一过程。在国家政策的宽容下，1980 年底，全国实行包产或包干到户的生产队占生产队总数的比例，由年初的 1.1% 上升到 20%。1982～1986 年，中央连续 5 年每年制定一个一号文件，把以家庭联产承包为主的责任制推向全国。到 1986 年，人民公社及其下属生产队已不复存在，代之而起的是 61766 个乡镇政府和 847894 个村民委员会①。

中国农村经济改革同时造就了这一时期乡镇企业异军突起，和农民收入渠道的非农化结果。到 1987 年，乡镇企业个数从 1978 年的 152 万个发展到 1750 万个，增加 10 倍还多；从业人数也从 1978 年的 2826 万人猛增到 8815 万人；产值达到 4764 亿元，占农村社会总产值的 51.4%，第一次超过了农业总产值；②乡镇工业产值就占到了全国工业总产值的 1/4（到 1997 年，乡镇企业产值已经占到全国工业总产值的一半）；在分配层面上，由于 20 世纪 80 年代农村生产力的彻底解放和乡镇企业发展红火，导致农民在分配社会剩余方面得到了实惠，特别是乡镇企业务工的农民享受到了非农收入带来的收入多元化结果。这是中国农村制度改革的重要成果。图 7-1 代表了自 1978 年开始到 2012 年期间，乡镇企业总数量呈现持平（1978～1983）、迅速增加（1984～1994）、迅速减少（1995～1997）；恢复性增长（1998～2010）的变化趋势。从结构上看，农、林、牧、渔业乡镇企业数量（见图 7-2）呈现不断下降的变化趋势，而建筑类、交通类、社会服务类以及批发零售类乡镇企业总体上呈现上升趋势，这说明，乡镇企业在提供非农就业和非农收入方面的巨大贡献（见图 7-3 至图 7-6）。

---

①② 《改革开放 30 年：所有制改革和非公有制经济发展的回顾》，人民网，2008 年 9 月 8 日。

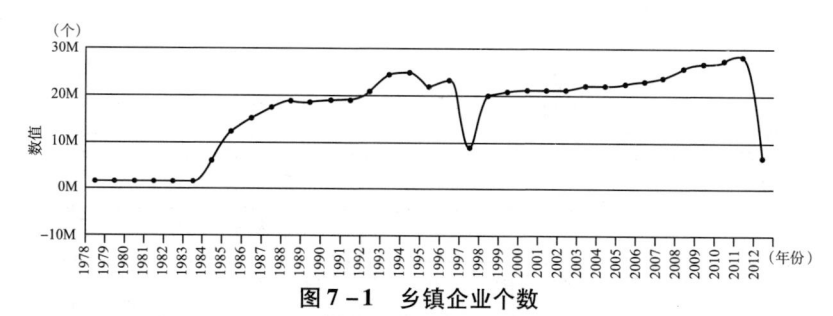

图 7-1　乡镇企业个数

资料来源：中国经济与社会统计发展数据库。

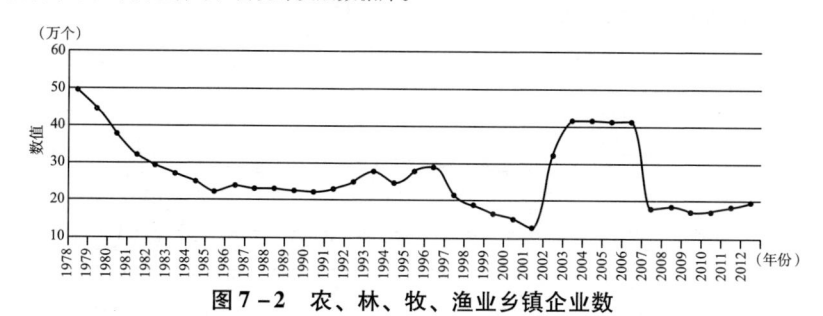

图 7-2　农、林、牧、渔业乡镇企业数

资料来源：中国经济与社会统计发展数据库。

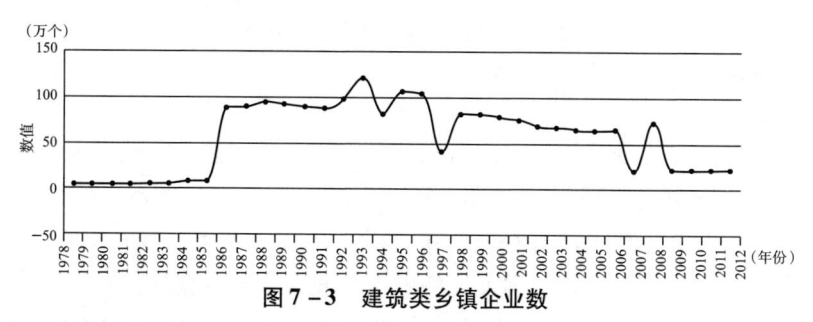

图 7-3　建筑类乡镇企业数

资料来源：中国经济与社会统计发展数据库。

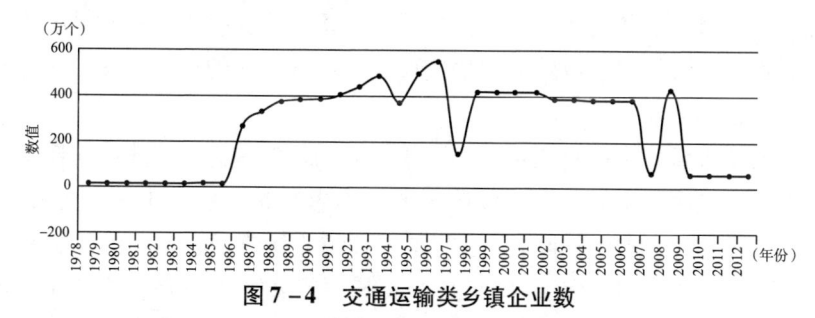

图 7-4　交通运输类乡镇企业数

资料来源：中国经济与社会统计发展数据库。

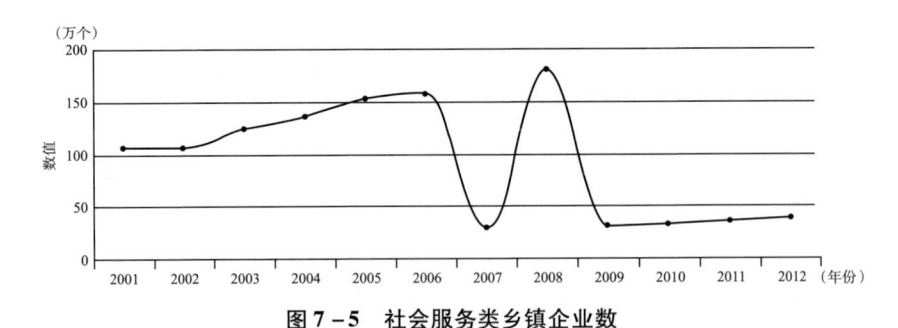

图 7-5　社会服务类乡镇企业数

资料来源：中国经济与社会统计发展数据库。

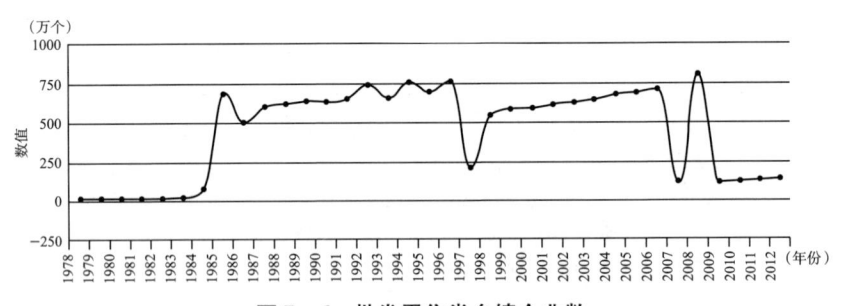

图 7-6　批发零售类乡镇企业数

资料来源：中国经济与社会统计发展数据库。

与上述乡镇企业发展格局相对应的是农村居民家庭工资性收入和财产性收入的变化趋势（如图7-7、图7-8所示）：农村居民家庭工资性收入在整个20世纪80年代上涨都是非常缓慢的，改变的节点出现在1992年，即市场化开启的年代；而农村居民家庭财产性收入由于数据缺失，不能全部反映80年代以来的变化趋势，但是，其变化的主要节点出现在2000年以后，这说明，农村居民的财产性收入获得远远慢于工资性收入。农村居民的工资性收入积累非常缓慢，以致无法快速形成财产性收入的源泉，其劳动力再生产的特质很明显。

从城镇来看，中国自改革开放开始就启动了对国有企业改革的探索。在党的十二届三中全会之前，企业改革的基本思路是：放权让利。从1984年10月到1986年，国有企业先后进行了利改税、拨改贷、企业承包制和股份制等改革。从1987年开始，国有企业改革围绕着重建企业经营机制这个中心，全面推行各种形式的经营责任制，包括大中型企业的承包制，小企业的

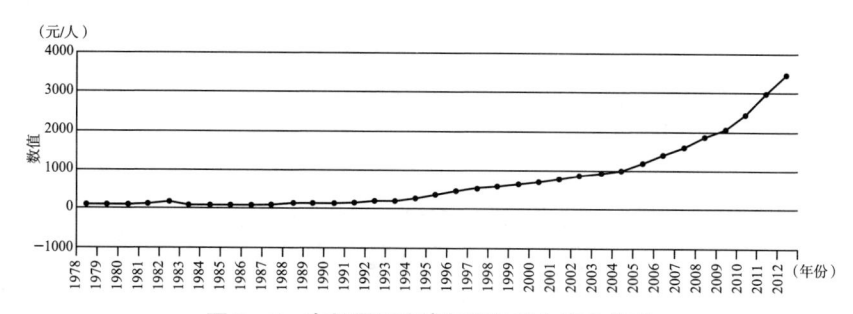

图7-7 农村居民家庭工资性收入变化趋势

资料来源：中国经济与社会统计发展数据库。

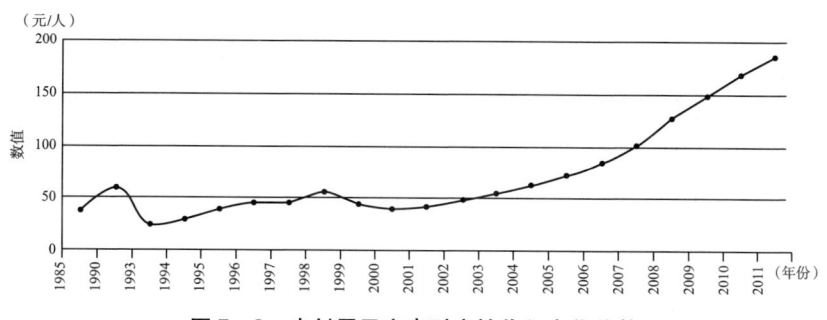

图7-8 农村居民家庭财产性收入变化趋势

资料来源：中国经济与社会统计发展数据库。

租赁制和股份制的试点。在1991年以前，国有企业改革最主要的手段是承包制。股份制改革的思路也是这时提出来的；城市主要用工部门相应的分配制度也是随着企业制度的股份化、产权化改制而越来越体现市场化趋势。同时，在这一时期，非公有制经济也取得了比较大的发展。1988年是私营经济的黄金之年。到这一年的年底，整个全国已有1000多万家个体企业和20万家私营企业，雇用的工人总计2480万人。至此，我国已基本上建立了公有制为主体、多种经济成分并存的所有制结构。

城镇居民家庭的收入来源结构受数据完整性影响，只能反映到2003年以后（见表7-1），总体而言，城镇居民收入中的大头依然来自"城镇居民家庭人均工资及补贴现金收入"，特别是"城镇居民家庭人均工薪现金收入"。而城镇居民的财产性收入水平则远低于工资性收入水平，稍微可以支撑一下收入水平的数据，主要体现在"城镇居民家庭人均出租房屋现金收入"和"城镇居民家庭人均股息与红利现金收入（元）"这两项上。应该说，城镇中的国企改革模式的变革，并没有从实质上影响城镇居民把工资收入当做收入主体的收入结构变化趋势。

表7-1　　　　　中国城镇居民家庭收入来源的结构分析　　　　　单位：元

| 年份 | 城镇居民家庭人均出租房屋现金收入 | 城镇居民家庭人均兑售有价证券现金收入 | 城镇居民家庭人均工资及补贴现金收入 | 城镇居民家庭人均股息与红利现金收入 | 城镇居民家庭人均工薪现金收入 |
|---|---|---|---|---|---|
| 2003 | 57.48 | 6.74 | 6228.72 | 30.57 | 6410.22 |
| 2004 | 86.47 | 8.81 | 6956.44 | 34.17 | 7152.76 |
| 2005 | 112.24 | 4.47 | 7585.37 | 35.89 | 7797.54 |
| 2006 | 126.42 | 125.46 | 8534.68 | 55.93 | 8766.96 |
| 2007 | 155.71 | 61.1 | 9979.6 | 96.21 | 10234.76 |
| 2008 | 203.75 | 40.47 | 11006.26 | 75.52 | 11298.96 |
| 2009 | 222.05 | 35.05 | 12084.49 | 76.43 | 12382.11 |
| 2010 | 275.26 | 14.03 | 13414.63 | 88.06 | 13707.68 |
| 2011 | 332.59 | 17.75 | 15087.86 | 100.11 | 15411.91 |

资料来源：中国经济与社会统计发展数据库。

2. 社会主义市场经济体制的初步完善阶段的所有制改革和收入分配制度改革（1992～2013）

1992年邓小平南方谈话和中共十四大的召开，标志着中国走出了计划经济本位论的樊笼，步入了社会主义市场经济本位论的正轨，人们摆脱了姓"资"姓"社"的争论，把所有制理论创新迅速转化为向社会主义市场经济迈进的物质力量。

（1）现代企业制度试点于国有企业，国企职工的分配制度逐渐市场化。1994年，《关于深化企业改革，搞好国有大中型企业的规范意见》和《关于选取一批国有大中型企业进行现代企业制度试点的方案》等文件出台，标志着现代企业制度试点工作正式开始。除国务院推行103家国家级企业试点以外，各省、自治区、直辖市又选定了2000多家地方企业试点。国务院要求试点工作必须严格按照"三法""两则""两条例"办事，实行"三改一加强"（改组、改制、改进，加强企业内部管理）。1995年，国家体改委在成都召开企业改革的试点工作会议，这次会议通过充实"三改一加强"为"五改一加强"，即"改组、改制、改造、改进、改善"和"加强企业内部经营管理"。其实质是进一步推动国有企业行为和运行体制的市场化，国企职工的分配制度越来越接近市场均衡水平。

（2）多种经济成分并存的所有制结构逐步完善，非国有企业职工的收入来源多元化、市场化。1995年底，经营性国有资本中有60%以上分布于工业、建筑业以及贸易、餐饮业等一般性竞争领域。在工业领域，共有国有企业87905个，其中小型企业72237个，中型企业10983个，中小国有工业企业占国有工业企业总数94.7%，分布于其中的国有资产量达17576.4亿元。

1993年，私营企业迅速地超过1988年的水平，达23.7万家；1994年，大举增至43.2万家。至于私营企业的注册资金，在1989年和1990年间几乎没有增加，在1991~1995年，增加了大约20倍，达到2400多亿元。1995年，国家工商总局列出中国30家最大的私营企业。它们年销售收入全部超过1亿元，其中位居第一的是希望集团有限公司，年销售收入16亿元[①]。相关私营企业不仅解决大量城乡适龄人口体制外就业问题，更带来收入分配多元化、市场化模式更加成熟。

（3）一批具有较强竞争力的大公司大集团如潮涌般崛起，国有大中型企业开始做大做强，有效地增加了国有大中型企业职工的收入水平。经过多年的国有经济布局调整、资产重组和结构调整，全国规模以上的国有控股企业由1998年的6.5万户减少到2002年的4.3万户，但利润却从736亿元上升到了2316亿元，增长了2.5倍。其中，2002年税金达到4000亿元，占全国工业上缴税金的65.6%，它们中的2/3仍是国有控股的。2001年底，我国基础产业占用国有资产总额为37235.7亿元，比1995年增长了1.1倍；国有大型企业占用国有资产总额为45990.7亿元，比1995年末增长了1.5倍；国有净资产总量比1995年增长了91.4%，但国有经济对经济总量（GDP）的贡献率则逐步降低，从1978年占56%降至1997年的42%，这有

---

[①]《改革开放30年：所有制改革和非公有制经济发展的回顾》，人民网，2008年9月8日。

助于进一步改善所有制结构①。

根据网易财经统计,2012年国企(非央企,由地方国资委主管)及其上市子公司共851家(不含境外上市公司)在职职工年平均工资为109900元,相比2012年央企及其上市子公司共287家员工平均工资111357元低出1457元;而同年"全国城镇私营单位就业人员年平均工资"为28752元,"非私营单位就业人员年平均工资"为46769元,分别是后两者年平均工资的3.8倍和2.4倍(见图7-9)。

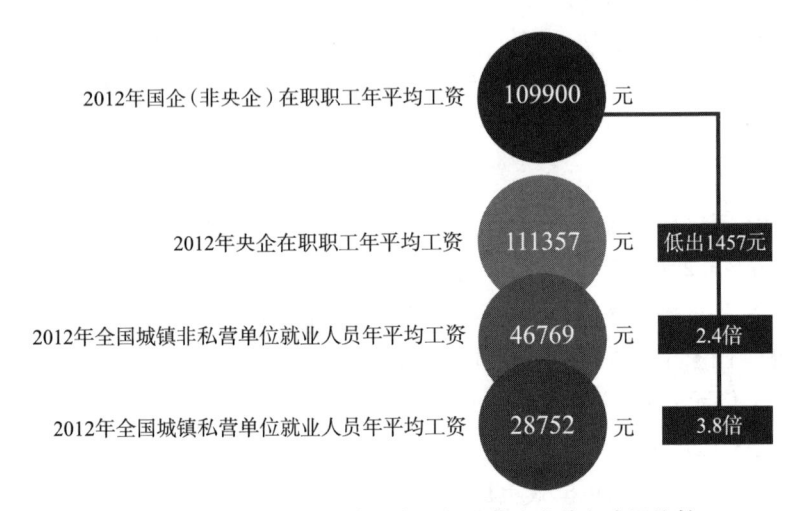

**图7-9 国有企业职工收入水平与私营企业收入水平比较**

资料来源:网易财经。

我们选取了内地30个省区市(西藏和港澳台地区除外)作为比较,发现其中在区域分布上,年平均职工工资最高的省(市)区域是海南省,上海市排名居次,天津市排第三位(见表7-2),以上三省市年平均职工工资分别为368934元、206737元和151865元。都来自西部地区的青海、宁夏、甘肃三省排名处在最后三位,分别为64179元、61546元和55351元。而在排名前十位中,上市国企(非央企)最多的省份是广东省,达88家;其次是上海市,达66家,山东则居第三,有55家企业入围。

---

① 邹东涛、欧阳日辉:《我国所有制改革与非公有制经济发展30年》,人民网-理论频道,2008年9月8日。

表7-2　　2012年国企（非央企）在职职工年平均工资区域排行榜（西藏和港澳台除外）

| 排名 | 省区市 | 数量（家） | 年平均工资（元） | 区域 |
| --- | --- | --- | --- | --- |
| 1 | 海南 | 16 | 368934 | 东中部/南方 |
| 2 | 上海 | 66 | 206737 | 东中部/南方 |
| 3 | 天津 | 22 | 151865 | 东中部/北方 |
| 4 | 广东 | 88 | 151389 | 东中部/南方 |
| 5 | 江苏 | 43 | 144438 | 东中部/南方 |
| 6 | 浙江 | 36 | 118886 | 东中部/南方 |
| 7 | 北京 | 49 | 118777 | 东中部/北方 |
| 8 | 河北 | 18 | 106999 | 东中部/北方 |
| 9 | 陕西 | 22 | 101482 | 西部/北方 |
| 10 | 辽宁 | 30 | 96336 | 东中部/北方 |
| 11 | 云南 | 25 | 95317 | 西部/南方 |
| 12 | 四川 | 39 | 91162 | 西部/南方 |
| 13 | 重庆 | 19 | 90292 | 西部/南方 |
| 14 | 福建 | 27 | 89845 | 东中部/南方 |
| 15 | 安徽 | 32 | 87320 | 东中部/南方 |
| 16 | 新疆 | 27 | 86868 | 西部/北方 |
| 17 | 贵州 | 12 | 85917 | 西部/南方 |
| 18 | 山西 | 23 | 85628 | 东中部/北方 |
| 19 | 黑龙江 | 16 | 84969 | 东中部/北方 |
| 20 | 广西 | 15 | 84816 | 西部/南方 |
| 21 | 湖北 | 44 | 81980 | 东中部/南方 |
| 22 | 山东 | 55 | 78792 | 东中部/北方 |
| 23 | 江西 | 18 | 76421 | 东中部/南方 |
| 24 | 内蒙古 | 9 | 73679 | 东中部（部分西部）/北方 |
| 25 | 湖南 | 31 | 72179 | 东中部/南方 |
| 26 | 吉林 | 12 | 70712 | 东中部/北方 |
| 27 | 河南 | 26 | 70268 | 东中部/北方 |
| 28 | 青海 | 6 | 64179 | 西部/北方 |
| 29 | 宁夏 | 10 | 61546 | 西部/北方 |
| 30 | 甘肃 | 14 | 55351 | 西部/北方 |

注：东西方位，我们划分为东中部、西部两个比较区域；南北方位，划分为南方、北方。
资料来源：网易财经。

（4）非公有制经济迅速发展带来私营企业、外资企业等职工收入增加。到2001年底，我国个体工商户已发展到2433万户、4760万人，注册资金3435.8亿元。私营经济行业分布在商贸餐饮业、社会服务业等，个体工商户从事第三产业的户数占总户数的80%以上，已经成为国民经济发展中的一支重要力量。1989年，我国私营企业共有90581户；1998年，私营企业户数增至120.1万户，增加了13.3倍，平均每年增长33.3%；2001年，增至202.9万户。从业人员，1989年164万人；1998年增加到1709.1万人，增加了10.4倍，平均每年增长29.8%；2001年，增至2713.9万人。注册资金，1989年84亿元；1998年增加到7178.1亿元，增加了85.7倍，平均每年增长64.0%；2001年增至18212.2亿元①。

而到2009年以后，私营企业收入的增加趋势更为明显，从年平均18000元增加到2015年的年平均40000元，增速一度达到18.3%。如图7-10所示。

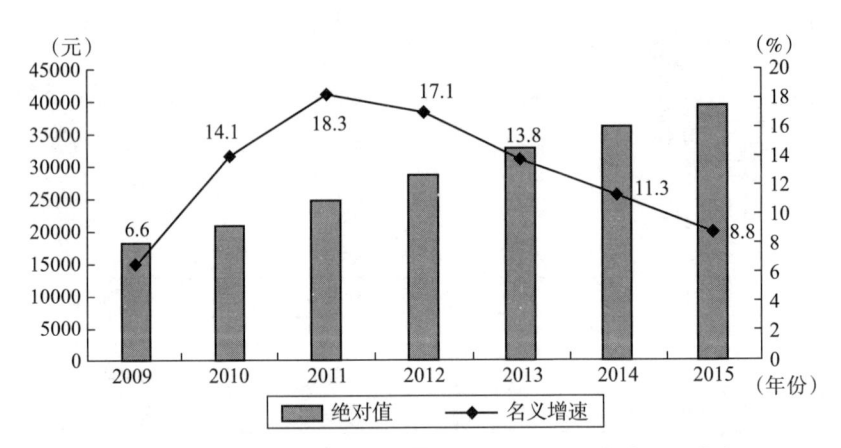

图7-10　2009~2015年城镇私营单位就业人员工资收入和增速图

资料来源：http://mt.sohu.com/20160517/n450019615.shtml。

3. 社会主义市场经济体制的完善阶段的收入分配发展趋势（2013年至今）

2013年党的十八届三中全会以来，积极发展混合所有制经济，允许更多国有经济和其他所有制经济发展成为混合所有制经济成为所有制改革的重要任务，其中，国有资本投资项目允许非国有资本参股、允许混合所有制经济实行企业

---

① 《改革开放30年：所有制改革和非公有制经济发展的回顾》，人民网，2008年9月8日。

员工持股、形成资本所有者和劳动者利益共同体成为改革的重要手段。这也标志着中国社会主义市场经济进入完善阶段,从收入分配的发展趋势看。国家统计局2015年的一组数据显示出中国在近期的收入分配格局的结构性发展趋势。

根据国家统计局的调查报告,2015年全国居民人均可支配收入中位数19281元(本章所指收入均默认为可支配收入),即全国有一半的人拥有的收入还不到1606元/月,而农村居民更是低至858元/月。

如果按照收入五等份平均分成低收入、中等偏下、中等、中等偏上和高收入五组,各占20%的人群比例,则全国居民收入最低的那20%的年人均收入为5221.2元,最高20%的家庭年人均收入为54543.5元,最高与最低相差10倍有余。处于中间的三组年平均收入分别为11894元、19320元和29437元(见图7-11)。

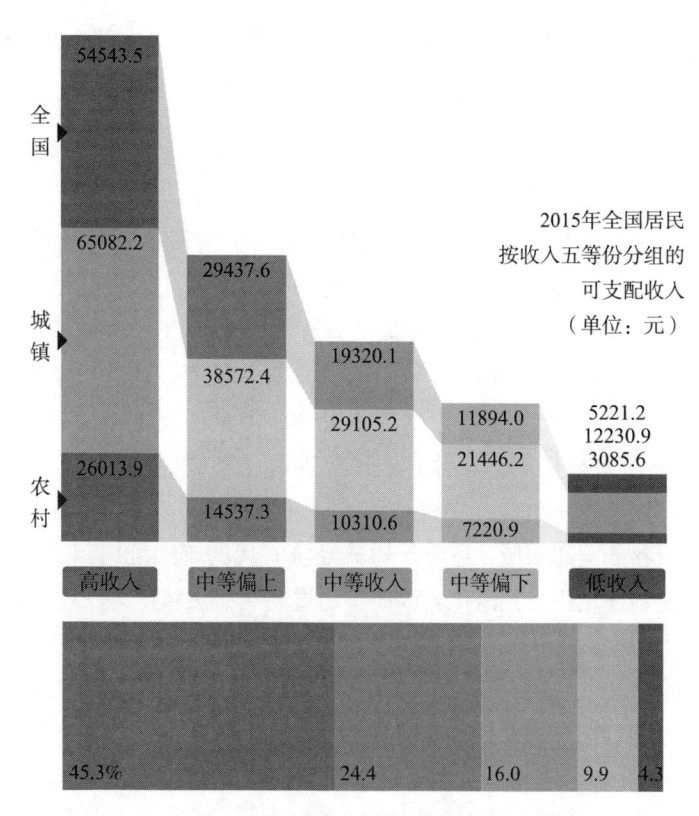

图 7-11  2015 年全国居民个收入等级占总收入的份额

资料来源:http://data.163.com/17/0309/11/CF360JAG000181IU.html。

单纯按收入分布计算，相当于最高的那 20% 家庭人均收入占有全国家庭人均收入的 45%，而底层 20% 只占有 4.3%。事实上如果加上其他固定资产，家庭总财富的分布差距只会更大。2013 年全国最富有的 10% 家庭拥有社会总财富的 60.6%，而最贫穷的 10% 家庭只拥有 0.1%。中国最富的 10% 和最穷的 10% 家庭生活有何不同？最明显的区别体现在吃穿这类基本需求上。根据统计局 2012 年的城镇家庭按收入分组消费调查数据，最高收入家庭每年用在食品上的消费仅占 27%，而最低收入家庭消费中光是购买食品就花去了 45%。在衣食住行之后，富有家庭用在医疗保健上的开支比例更低，文教娱乐上更高。而除去消费之外，高收入家庭每年还能剩余 41% 的收入，低收入家庭只能剩余 11%，最贫穷的 5% 家庭更是只剩 2.4%。

### （二）农村土地制度改革、农民土地权利的获得与土地收入的贡献

1. 以家庭联产承包责任制为基础的两权分置时期（1978~2014）

这一时期的农村土地制度改革过程可以描述为，家庭联产承包责任制从"包产包干"的雏形到正式制度意义上的基本确立直至稳定运行。

1978~1984 年是中国农村改革的第一个历史阶段，这一阶段的改革主题是，围绕调动农民的生产积极性，恢复和拓展农业生产责任制，直至建立起家庭联产承包经营的制度。家庭联产承包责任制对于中国农业增长的巨大作用，它采取土地产权的所有权与使用权分离的政策，让农户家庭拥有土地使用经营权，极大地刺激了农户生产积极性，但是该制度并没有触及土地产权流转，土地所有权仍属于集体，农民只拥有土地的经营权。

1985~1988 年这一阶段，农村经济体制改革向纵深发展，全面转入农产品和农业生产资料的流通领域，适应于短缺经济时代的统购统销制度开始发生变革。农民的土地使用权得到深化。1988 年通过的《宪法修正案》规定："任何组织或者个人不得侵占、买卖或者以其他形式非法转让土地。土地使用权可以依照法律的规定转让"，这首次从根本大法的高度使土地转让成为现实可能。

1992~1996 年，开始了土地使用权流转的尝试，这也是市场化推进的结果。这个阶段，土地制度发生了一个重要变化，地方政府尤其是基层政府过分使用行政权力（其本质是国家终极产权），不断加重农民负担（本质是农民产权被不断剥夺）。地方政府将向上侵占国家终极所有权，向下侵占农

民土地使用权。

1998年通过了修改后的《土地管理法》。第一次将"土地承包经营期限为30年"的土地政策上升为法律。1998年底，全国80%的村庄展开了土地承包期延长工作，农业建设向现代市场农业转变。

土地流转经历了禁止与解禁阶段之后，从2003年开始进入了规范化阶段。随着土地流转呈现出规模扩大、主体多元化的趋势，有些地方强制干预，要求农民放弃承包地，强行集中土地，用来进行农业结构的调整，现在确立土地承包关系长久不变，土地产权清晰稳定，这对土地流转市场的健康发展意义重大。它预示着国家会进一步完善政策法规、完善土地承包权能，给予农民切实有力的制度保障和彻底的土地承包权益，也为农业稳定和谐发展提供了基本经营制度保障。

因为缺乏全国统一的土地收入数据库，我们只能从政府土地出让金收入中推测农民获得的土地补偿。从1998~2015年来看，中国土地出让金收入从500亿元的规模迅速地达到40000亿元的水平，我们按照这其中70%是农民手中的土地，以及补偿标准是3%的水平测算，农民获得的土地收入在1998~2015年也从10.5亿元，增加至840亿元。这种由于土地流转带来的收入虽然呈现短期效应，但对农民来讲依然是十分可观的（见图7-12）。

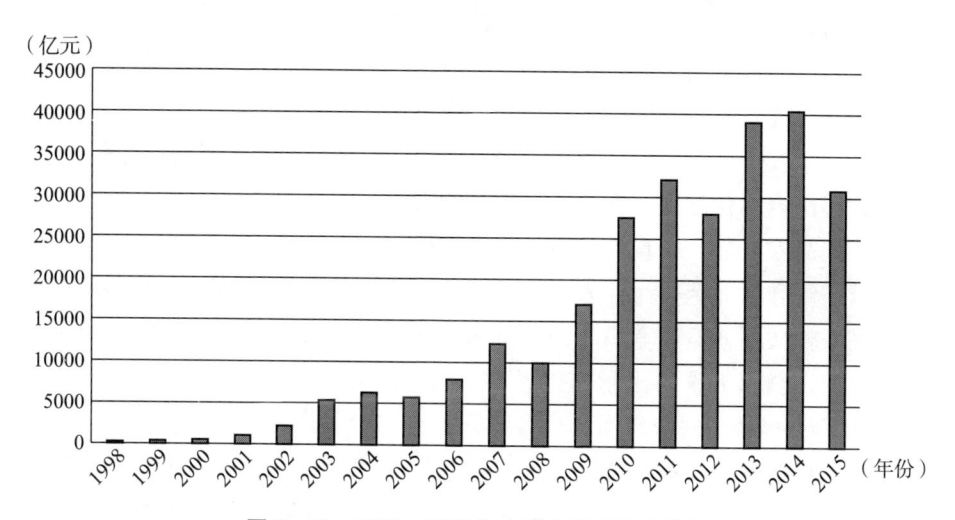

图7-12 1998~2015年中国土地出让金收入

资料来源：1998~2012年数据来自《中国国土资源统计年鉴》为土地出让金数据，2013~2015年数据来自财政部为国有土地使用权出让金收入。18年合计26.87万亿元。

## 2. 坚持农村集体所有制为基础的三权分置时期（2014年至今）

2014年，农村土地制度改革迎来了重大理论和政策的创新与突破。我国将加速推进农村土地的所有权、承包权和经营权三项权利分置，并将围绕"三权分置"进行一系列制度改革，并出台相关顶层设计方案。

党的十一届三中全会以后，我国实行农户承包经营，土地集体所有权与农户承包经营权实现了"两权分置"。而随着工业化、城镇化快速发展，目前大量劳动力离开农村，农民出现了分化，承包农户不经营自己承包地的情况越来越多。顺应农民保留土地承包权、流转土地经营权的意愿，把农民土地承包经营权分为承包权和经营权，实现承包权和经营权分置并行，这是我国农村改革的又一次重大创新。

农村最大的政策就是必须坚持和完善农村基本经营制度，实际上，从党的十八届五中全会，到中央农村工作会议，到《深化农村改革综合性实施方案》，再到"十三五"规划纲要，针对农村土地制度"三权分置"的改革基本方向，这几年政府在各个重要农业文件和会议上都有反复提及，就是要落实集体所有权，稳定农户承包权，放活土地经营权。

推进"三权分置"这种重大的理论创新，意味着一系列政策改革和法律修订要同步进行。土地承包经营制度、农村集体产权制度改革都会进一步推进，与之相关的土地承包法、物权法等法律修改有望加快。

针对"三权分置"的重点，改革重点在放活经营权强。经营权在更大范围内优化配置是农业适度规模经营和发展现代农业的重要前提，独立的经营权体现了农业生产的要素功能。他表示，"三权分置"下经营权流转以及在更大范围内优化配置，自给自足生产的农户和兼业农户必将大量减少，而以提供商品农产品、实现效益最大化为目标的家庭农场、合作社、农业产业化经营组织和农业企业为代表的"新农民"将不断成长发育，随之将大幅度提高农业质量效益和竞争力，这是构建现代农业经营体系的基础和方向。

目前，全国1/3的土地已经流转，全国2.3亿户承包土地的农民中，6600万户或多或少地流转了土地。此外，自2015年8月国务院正式启动农村承包土地的经营权抵押贷款试点工作以来，目前已经有近300个县级行政区开展了相关试点。这些都是放活农地经营权已经取得的重要成绩。

实际上，除了放活经营权外，农地承包权的政策制度接下来也面临重大调整。自20世纪70年代末开始实行家庭承包经营制度，1984年提出承包期15年不变，到1993年又提出15年到期之后再延长30年不变。这意味着，现行土地承包关系普遍将于2030年或2033年到期。目前，适时就二轮承包期满后耕地延包办法、新的承包期限等内容提出具体方案，也都已经排上政府的工作日程。

据悉，虽然农户土地承包权重在稳定，但是随着目前国内部分地区针对土地承包权改革的探索进入深水区，针对部分地区撂荒严重的问题，土地承包权的有偿退出也零星开始出现了试点，按照本课题的设计思路，我们认为土地"三权分置"时期的改革要点在于：

（1）依法守住底线，才能有效赋予农民更多的财产权利[①]。随着流转规模的扩大，土地流转也呈现出主体多元、形式多样的发展态势。流入方仍以农户为主，但向合作社、龙头企业等新型农业经营主体流转的比重逐步上升。在土地流转过程中，存在着地方强行推动土地流转，片面追求流转规模、比例，侵害了农民合法权益的现象，有的工商企业长时间、大面积租赁农户承包地，"非粮化""非农化"问题比较突出。对此，中央曾多次明确表示，鼓励和支持流转土地用于粮食生产，遏制"非粮化"，严禁"非农化"。绝不允许借土地流转之名搞非农建设。显见，守住耕地底线是农地改革的基础，农村土地集体所有制是这个基础保持至今所依赖的制度基础，必须长期坚持。

从现阶段情况看，所有权、承包权、经营权三权分置，赋予财产权的"承包使用权"流转是制度范围内可操作的重要途径，而所有权必须仍旧坚持集体所有，但可以凭借土地集体经营的收益按确权比例让农民分享红利。也就是说，耕地的承包经营权、宅基地的使用权和村集体建设用地的使用权可以在一定期限或延长期限的基础上赋予农民或农户，并允许农民或农户在这个期限内流转，但在期限到期之日前应让最初赋权的这个农民或农户有权利收回，这可以避免土地流转之后带来土地兼并的后果。主要也可借此防止城市工商资本下乡搞与农业发展和农民富裕无关的"圈地运动"。现在的困难是，土地流转时，是让农民个体分散出让流转还是以"组团"或"集体"形式让土地在更大规模和更大范围流转？这就要根据"地利"（是否有规模

---

[①] 吴垠、孔德：《"三权分置"：四川农村土地产权的改革路径》，载于《四川省情》2014年第11期。

化的土地可以流转)、投资者资金规模和"人和"(农村居民之间的利益关系)灵活安排。

可以肯定的是,集体出让谈判能力更强而农民个体分散出让则谈判能力相对弱,从长远的土地红利获取来看,有条件的地区应坚持土地集体出让、规模化经营、收益按确权比例让农民分享红利。所以,党的十八届三中全会关于"赋予农民更多的财产权利"的表述不是让土地财产权利一放了之,而是在农村土地集体所有制框架内有收有放。这个决策是和土地是农民最重要最基础的保障财产相联系的,不能只强调流转而不体现归属关系的持久性。如果没有集体所有,这一点就不可能保障。

(2) 赋予农民更多的财产权利应注重土地财产之上的产业化配套。在赋予农民更多的财产权利之前,特别"要加快构建新型农业经营体系",也就是说土地、宅基地是保底财产,发展相关产业、夯实农业经营体系才是根本。毕竟,中国各省市区都存在相当一部分土地肥沃程度和土地生态环境并不富裕的农村地区,坐等地利绝对不可行。土地之上若没有产业,这些地区要谋求发展农民、富裕农民仍旧难以实现。所以,地利条件并不优越的农村地区进一步土地财产权利的确权需要注意:不应只是划定农民拥有的财产权利范围,而应考虑土地和相关产业的综合效应。通俗地说,就是确了权,就要"办事儿"(让农民搞产业化),不能等、靠、要;养懒汉、靠天吃饭则只能带来贫穷。因此,确权和农民的产业化承诺应该一体化,不能为确权而确权。要从实际出发,支持专业大户、农民合作社、家庭农场、农业企业等多种经营主体发展,同时认真落实强农富农惠农政策,帮助普通农户解决生产经营实际困难。要把创新农业经营体系作为农村改革的重大任务来抓,把农民是否受益、受益多少作为创新农业经营方式的重要衡量指标,积极推行合同订单、收益分成、股份合作+保底分红等做法,让农民直接、充分、持续受益[①]。

(3) 探索与农村集体所有制的土地财产占有模式相适应的"多点多级"农地产业经营模式。总体而言,要尽力发挥集体所有制和农业合作社的最大生产潜力,找到适合各个地区农村集体所有制统筹、农户(民)分散经营、

---

① 吴垠、孔德:《"三权分置":四川农村土地产权的改革路径》,载于《四川省情》2014年第11期。

企业化带动合作等新模式，注重发挥基层社区对农户联合经营的带动作用，扭转小农经济长期的生产力低下状态。各地区利用土地谋发展的过程不求统一步伐，但求各具特色：功能、产业、资源上形成互补互动格局，有时未尝不是一种"梯度"发展的选择①。

（4）坚持市场的"决定性"资源配置功能前提下以多种形式推进农地承包经营权流转。农村土地经营权流转形式的不同将决定农地增值收益分配方式的差异，选择何种流转形式，思考的出发点应在于如何公平地在农民、政府间合理地分配农资增值收益。国内一些地方出现的土地"涨价归私"论和"涨价归公"论，均不是完全按照市场规律办事，都存在一定的"一刀切"缺陷。农村改革进入攻坚克难的关键时期，政府应当发挥引导、支持、规范、监管、服务作用，只有保障农民和经营主体的合法权益，才能调动农民参与改革的积极性，深化农村改革的艰巨任务才能顺利地向前推进。据此，现阶段可以考虑的增值收益分配模式包括：①"土地股份合作制"。出发点是建立一种长期收益分配机制，以解决农民土地使用权转让以后的长期收益问题。②"农民—公司—业主"合作经营模式。可大大提升土地产出的价值，使土地的收益增加，农民获得的租金普遍高于过去自己经营土地时的收入。③"土地资本化的市场指数模式"。农地流转的价差收益不是一次兑现就完了，可以考虑根据每次流转的价差收益收取一定比例用于流转出土地的农民，直至其收回土地使用权为止。这些模式均不是完美无瑕，要考虑各地农民、市场和政府的实际情况，因地制宜。但根本原则是，农户流转土地不是永久流转，要有时间限制和收益反哺，规避土地私有化和土地兼并的社会风险，坚持市场在定价与分配红利过程中的"决定性"功能②。

（5）通过农地产权改革推动农民成为社会中产阶层。土地流转集中到一定程度，就会开始让部分人定型化为比较稳定的社会中产阶层。显然，地权变革是一个农村各阶层利益的再分配与重组过程，并不断重组着既有的社会阶层结构，当前的要务在于，应尽快通过赋予农民土地财产权利和准予流转获益来形成一批农村的中产阶层（或至少应该形成农村居民向中产阶层社

---

①② 吴垠、孔德：《"三权分置"：四川农村土地产权的改革路径》，载于《四川省情》2014年第11期。

会结构过渡的一致性社会预期),并让这一趋势在农村社会阶层结构中日渐定型,稳固农村的社会生产关系,形成长治久安的农村经济和社会复兴态势。

(6)"确权、颁证、流转"仅是改革手段,后续配套政策必须跟上。下一步的改革应坚持农村土地(包括集体建设用地、承包地、宅基地)的集体所有,通过确权赋能,把集体经济组织的所有权和农民手中的使用权变为永久性物权,使它们能流转交易;保护集体和农民分享土地增值收益,以此建立农民获得生存、发展来源的长期保障制度,防止农民的财产权利受到侵害。但是,这种方向的改革也面临着一些风险后置的问题,例如,土地流转后,农业生产经营怎么保持?那些以生态和农业产业为特色的省、市、区的地位会不会受到影响?农村剩余劳动力在离开土地后,出路是否多元化、有着落?这些问题不是流转本身可以解决的,还需要大量的配套改革探索,中国农村土地产权改革的方向与路径必须是注重民生、着眼长远。

如果说前一阶段中国农村土地产权制度改革的关注点是实现土地要素权利的市场配置功能,改变分散的小规模经营,提高土地规模经营效率,即通常所说的"确权、颁证、流转";那么,下一阶段的改革方向则应该是解决农民的土地财产权利问题,即从法律上确权、建立所有权和使用权(用益物权)制度,在经济上实现权利的获益问题——切实改善农村居民的民生难题。

近期的思路是,坚持和完善农村基本经营制度,依法维护农民土地承包经营权、宅基地使用权、集体收益分配权,发展农民专业合作和股份合作组织,培育新型经营主体,通过改革征地制度,提高农民在土地增值收益中的分配比例,等等。而中长期的改革思路则要着眼于多元化的改革路径,侧重农村土地产权制度改革经验教训总结提炼、土地流转增值收益分配、农村新型合作组织以及乡村治理等方面进行更具有针对性的理论研究与政策实践,努力克服土地产权制度改革中出现过的利益冲突,引导土地产权制度带动各地的两化互动,增加农村产权制度改革对发展相对滞后地区的要素引领作用①。

---

① 吴垠、孔德:《"三权分置":四川农村土地产权的改革路径》,载于《四川省情》2014年第11期。

### （三）城市住房制度改革与城镇居民房屋产权及其收入的获得

1. 探索阶段（1978~1988）

从 1978 年开始，国家和企业一方面增加住房投资，加快住房建设步伐；另一方面开始探索改革住房制度。1978 年 9 月，中央召开的城市住宅建设会议传达了邓小平的一次重要谈话，主要思路就是：解决住房问题能不能路子宽些，譬如允许私人建房或者私建公助，分期付款；在长期规划中，必须把建筑业放在重要位置。1980 年 4 月，邓小平同志明确指出，住房改革要走商品化的路子，从而揭开了住房制度改革的大幕。

我国政府确定的住宅商品化的思路包括：（1）"提租补贴"，建立住房基金，促进居民个人买房、建房的模式；（2）以优惠价出售旧公房，建立住宅基金，促进提租，发展个人建房模式；（3）从新增量的住房制度改革入手，通过推行新建公房、向个人出售和"新房新租"，带动现存量的住房制度改革；（4）小步提租、无补贴思路；（5）"以息抵租"模式。根据住宅的价值和使用状况由住户向产权单位缴纳抵押金，用抵押金的利息冲抵房租；（6）"小补提租，双向负担，新建住宅资金统筹"的思路；（7）现有住房的"小步渐进"式改革与新增住房的"大步就位"式改革相结合的思路[①]（李斌，2002）。

1982 年，国家有关部门设计了"三三制"的补贴出售新建住房方案，即由政府、企业和个人各承担 1/3，并在郑州、常州、四平、沙市试点。在试点中，验证了职工有购房需求和一定支付能力，也暴露出在大量旧公房低租金制未触动的情况下，租买比价不合理，个人缺乏买房动力，住房建设资金不能自身循环，国家和企业难以长期承受这种负担，因而有关部门于 1985 年停止这种做法。

1985 年，住房制度改革从"三三制"售房转向租金制度改革的研究和设计。1986 年，选定烟台、唐山、蚌埠进行房改试点，试行"提租补贴、租售结合、以租促售、配套改革"的方案。租金按准成本起步，月租金由原来的 0.07~0.08 元/平方米（使用面积）提高到 1 元以上，相当于成本租金（由维修费、管理费、折旧费、投资利息和房产税 5 项因素组成）的

---

① 李斌：《中国住房改革制度的分割性》，载于《社会学研究》2002 年第 2 期。

70%~80%；公房按包含建筑造价、征地和拆迁补偿费的标准价出售。这次试点从根本上动摇了根深蒂固的住房福利观念、等级观念和消费观念，分房上的不正之风也基本得到解决，国家、企业以及职工之间的利益关系得到调整，为全国的住房改革提供了思路。

2. 逐步推开和深化阶段（1988~1998）

1988年，国务院召开第一次全国住房制度改革工作会议，推出《关于在全国城镇分期分批推行住房制度改革的实施方案》：首先，实施提租补贴、租售结合，实行维修费、房产税等5项因素组成的成本租金；其次，随着工资调整，逐步将住房补贴纳入工资，进入成本，并将租金提高到包含8项因素（成本租金加土地使用费、保险费和利润）的市场租金。

1988年下半年，出现严重的通货膨胀，零售物价总指数上升18.5%，使较大幅度提租补贴方案的实施遇到很大困难，用3~5年完成提租补贴方案的计划也夭折了。随后，一些城市想绕开这个难点，试图"甩包袱"出售公房，在标准价基础上优惠折扣。据不完全统计，这一年全国共出售旧公房654万平方米，每平方米仅回收资金65.7元，实则以低价福利售房取代租售并举的配套改革，既不利于住房机制转换，也带来很多不良后果，因而国务院房改办明令制止这种做法。

1991年6月，国务院发出《关于继续积极稳妥地进行城镇住房制度改革的通知》，要求将现有公有住房租金有计划、有步骤地提高到成本租金；在规定住房面积内，职工购买公有住房实行标准价。11月，国务院下发《关于全面进行城镇住房制度改革的意见》，确定房改的总目标是：从改革公房低租金制度入手，从公房的实物福利分配逐步转变为货币工资分配，由住户通过买房或租房取得住房的所有权或使用权，使住房作为商品进入市场，实现住房资金投入、产出的良性循环。这是我国住房制度改革的一个纲领性文件。

与此同时，各地方政府的房改房也陆续开始实施，其中，一些大城市的运作比较规范，部分中小城市则相对较差，优惠比例越来越高，房改又一次进入了低价售房的怪圈。对此，1992年6月，国务院房改工作会议再次提出制止。

1994年7月，国务院下发了《关于深化城镇住房制度改革的决定》，确定房改的根本目标是：建立与社会主义市场经济体制相适应的新的城镇住房制度，实现住房商品化、社会化；加快住房建设，改善居住条件，满足城镇居民不断增长的住房需求。房改的基本内容，可以概括为"三改四建"。

"三改"，即改变计划经济体制下的福利性体制，从住房建设投资由国家、单位统包的体制改为国家、单位、个人三者合理负担的体制；从国家、单位建房、分房和维修、管理住房的体制改为社会化、专业化运行体制；从住房实物福利分配方式改为以按劳分配的货币工资分配为主的方式。

"四建"，即建立与社会主义市场经济体制相适应的新住房制度，包括建立以中低收入家庭为对象、具有社会保障性质的经济适用住房供应体系和以高收入家庭为对象的商品房供应体系；建立住房公积金制度；发展住房金融、保险，建立政策性、商业性并存的住房信贷体系；建立规范化的房地产交易市场和房屋维修、管理市场。

《决定》出台后，各地纷纷制定本地区的房改实施方案，在建立住房公积金、提高公房租金、出售公房等方面取得较大进展。到1998年6月，全国归集住房公积金总额达980亿元。1997年底，35个中等城市的公房租金有了较大提高，平均为1.29元/平方米。到1998年中，全国城镇自有住房比例已经超过50%，部分省市已超过60%。

3. 住房分配货币化改革和建立住房保障制度阶段（1998年至今）

1998年7月3日，国务院颁发《关于进一步深化城镇住房制度改革、加快住房建设的通知》（以下简称《房改通知》），明确了城镇住房的市场化、货币化、商品化改革方向，并启动了彻底的住房制度改革，停止了"实物分房"、实行住房分配货币化，标志着以市场供应为主的住房供应体系的确立，在1998年实行城镇住房制度改革后，住宅产业成为中国大陆新的经济增长点和支柱产业。1998年起，中国内地的房地产开发、投资持续高速增长，增幅高于同期固定资产投资，2001年的增长率达到27.3%达到第一个波峰，2003年的增长率攀升至30.3%。此外，1998年的住房制度改革还改变了中国城镇居民的住房观念，由福利性住房观念向商品化住房观念转变，充分调动了中国居民对住房投资和消费的积极性。1998年中国城镇住房制度改革后出现了新的住房问题。其中，大型城市的住房问题尤为突出，具体表现为：地方政府依赖土地财政、住房价格的持续快速上涨、城镇住房供给结构失衡、居住空间分异趋势加剧、住房用地资源利用效率低下等。图7-13反映了1998年房改前后各个主体围绕住房问题展开的市场博弈和利益分配过程。

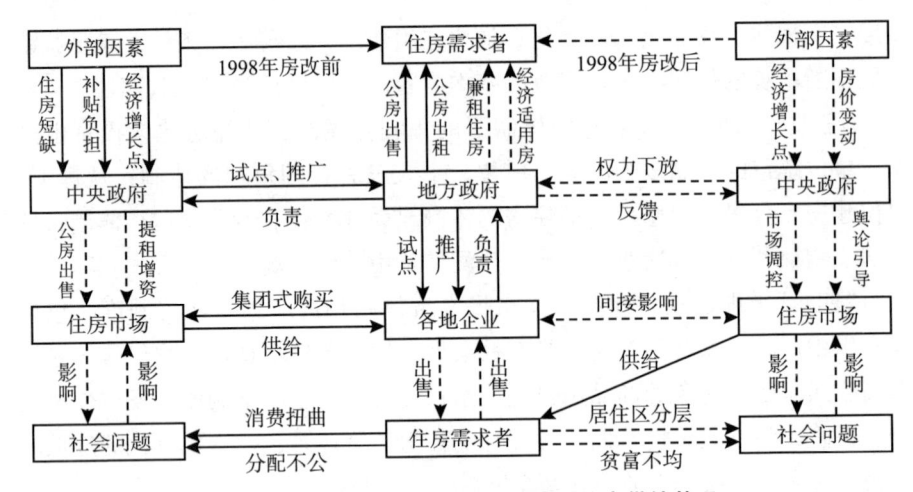

图 7-13　1998 年中国住房改革前后住房供给状况

资料来源：李培：《中国住房制度改革的政策评析》，载于《公共管理学报》2008 年第 3 期。

在 1998 年《房改通知》确定了以经济适用房为主导的住房供应体系，要求"重点发展经济适用房（安居工程），加快解决城镇住房困难居民的住房问题"。与住房实物分配福利制下的公房所不同的是，经济适用房是在住房商品化的前提下，一种由"政府提供政策优惠，限定建设标准、购买对象和销售价格，具有保障性质的政策性商品房"。经济适用房政策的推出和实施，有力地推动了中国住房体制的改革和转轨，使得部分居民可以通过自身努力而"买得起房"。然而，1998 年旧住房体制终结时，面对迅速释放的住房需求，房地产开发商首先选择了满足中高收入阶层的住房需求，经济适用房的建设更多的是通过集资建房和合伙建房等"非市场化"的方式完成的，这使得大量新建住房仍然通过实物分配的渠道进入了旧体制（李培，2008）①。这就意味着，货币化住房分配改革，其效用并未惠及广大住房刚需者，而让部分拥有特权和资本的投机者占据了一部分经济适用房的指标，造成了新的不公平。由于"买者富人化""监管失控化"等问题层出不穷，2003 年 6 月，国家发展与改革委员会等部门联合下发了《关于下达 2003~2004 年经济适用房建设投资计划的通知》，将经济适用房的供给对象由"中低收入家庭"收缩为"中等偏下收入家庭"。紧接着，国务院于 2003

---

① 李培：《中国住房制度改革的政策评析》，载于《公共管理学报》2008 年第 3 期。

年8月发布了《关于促进房地产市场持续健康发展的通知》，提出"调整住房供应结构，逐步实现多数家庭购买或承租普通商品住房"，表明国家住房供应的重点从经济适用房向普通商品住房的转变（李培，2008）[①]，这个趋势一直持续至今。住房改革的思路，渐渐从政府供给，变为市场调控；而住房市场调控的重点也从，调市场价格过渡为调保障结构，但核心的机制还是依靠价格机制进行规范，也就是说，单位低价福利购房、政府廉租廉售保障、市场化供给多样性商品住房的体制已经形成，尽管这个结构未必绝对科学，但是却很好地适应了转型条件下中国各阶层的住房需求。

**（四）城镇居民和农村居民家庭实物资产与金融资产的累积与收入结构变化**

1. 初步积累阶段（1978～1988）

从总体看，改革开放37年来，我国家庭金融资产规模逐年上升，特别是1993年以后资产总量有显著增长。1978年，改革开放伊始，我国家庭金融资产总量仅为380.2亿元。1990年，居民家庭金融资产总规模达到10507.75亿元，首次突破万亿元大关。截至2014年底，我国家庭金融资产持有总量为951631.34亿元。这充分说明了我国经济快速发展和人民生活水平的持续提高。

从图7-14中可以看出，在初步积累阶段的1978～1988年，中国城乡居民主要家庭实物资产表现为货币资产。住房和其他金融资产仅仅满足最低限度的使用。从金融资产的变动方向上看，储蓄存款呈现持续缓慢增加的态势，而居民手持现金则呈现减少趋势。

而这一时期的城乡居民的实物资产，除住房外，表现为：城市居民以自行车、缝纫机、收音机、手表、黑白电视机等代表性实物资产，而农村则以小型农机具、牲畜以及各种存量产品作为实物资产代表。

彭爽等（2008）[②]指出，城乡实物资产和金融资产收入的变化趋势，可以由初次分配格局和再分配格局的演变作为背景条件，其中，第一阶段（1978～1990年）：政府初次分配收入所占比重比较平稳……企业初次分配

---

[①] 李培：《中国住房制度改革的政策评析》，载于《公共管理学报》2008年第3期。
[②] 彭爽等：《论1978年以来中国国民收入分配格局的演变、现状与调整对策》，载于《经济评论》2008年第2期。

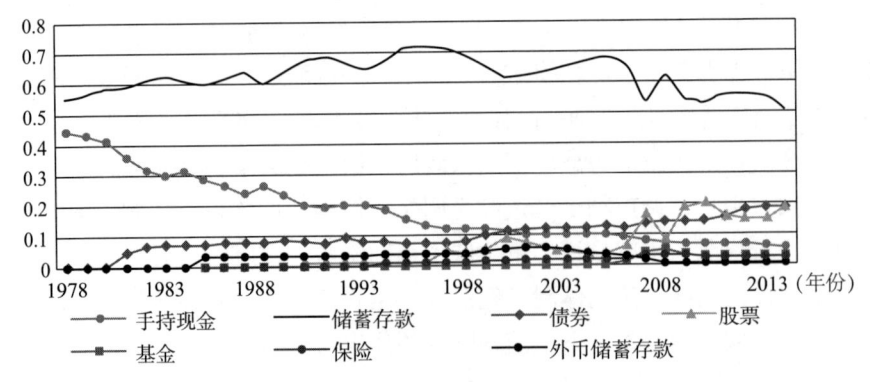

图 7-14 中国家庭金融资产变动趋势图

资料来源：马燕舞：《中国家庭金融资产分析》，载于《中国金融》2016 年第 3 期。

收入比重则先降后升，……居民初次分配收入比重基本保持持续上升的趋势；第二阶段（1991~1999 年）：政府、企业、居民初次分配收入比重均有升有降，但升降幅度很小；第三阶段（2000 年至今）：政府初次分配收入比重非常稳定，企业初次分配收入比重上升，居民初次分配收入比重相应地下降。显然，这种以政府、企业、居民作为分配主体研究的思路，基本上反映了中国分配格局演化中，不同主体的分配能力变化趋势，总体而言，政府强、企业次之，居民最弱。总体上，中国的收入分配格局可以从基尼系数的变化中（见表 7-3）找到依据。

表 7-3　　　　　　　　中国居民收入分配的基尼系数

| 年份 | 1981 | 1982 | 1983 | 1984 | 1985 | 1986 | 1987 | 1988 | 1989 | 1990 | 1991 |
|---|---|---|---|---|---|---|---|---|---|---|---|
| 基尼系数 | 0.278 | 0.2494 | 0.2641 | 0.2684 | 0.2656 | 0.2968 | 0.3052 | 0.3133 | 0.3214 | 0.3063 | 0.324 |
| 年份 | 1992 | 1993 | 1994 | 1995 | 1996 | 1997 | 1998 | 1998 | 2000 | 2001 | 2002 |
| 基尼系数 | 0.3369 | 0.3592 | 0.3621 | 0.3515 | 0.375 | 0.379 | 0.386 | 0.397 | 0.417 | 0.45 | 0.454 |

资料来源：转引自：彭爽等：《论 1978 年以来中国国民收入分配格局的演变、现状与调整对策》，载于《经济评论》2008 年第 2 期。

因此，这引发了白重恩等（2009）[①] 的疑问：是谁挤占了居民的收入？

---

[①] 白重恩等：《谁在挤占居民的收入——中国国民收入分配格局分析》，载于《中国社会科学》2009 年第 5 期。

这项研究的起点是 1990 年，其定量分析了 20 世纪 90 年代中期以来国民收入在企业、政府和住户部门间的分配格局的变化及其原因，结论是"政府正在挤占居民收入"。但是，该论文也指出：（1）居民收入占比下降的主要原因是劳动收入份额的大幅度下降；（2）财产收入下降是使居民在初次分配阶段收入占比下降的另一重要原因；（3）再分配阶段不是居民收入占比下降的主要原因；（4）我国国民收入分配格局中更突出的问题很可能是企业部门收入占比过高，而政府收入则需进一步审慎评价。

显然，白重恩等的这项研究的副产品，即劳动收入和财产收入的变化可能是更值得从微观上加以关注的；而政府、企业在多大程度上抑制了居民上述两种收入的增长，则是需要进一步深入研究的。

与上述研究不同，国家发改委社会发展研究所课题组（2012）推出了一份报告，给出了一些更引人关注的论点。① 这项研究得出的主要结论包括：（1）国民收入初次分配格局中，企业所得增长较快，政府所得次之，居民所得增长较慢；（2）再分配格局中，由于各种制度外收入和土地出让收入的快速增加使政府所得份额上升明显，企业在再分配格局中居于弱势地位，居民所得继续呈下降趋势；（3）各主体内部分配结构的变化特点是：政府部门内中央政府和地方政府的收支结构不平衡，地方政府的非预算收入激增；企业部门内部垄断行业利润增加大于竞争性行业，利润向少数行业集中；居民劳动报酬份额不断下降且会在较长时间内延续，居民部门内收入差距持续扩大。这种收入差距的拉大似乎并不来自居民拥有金融资产的多寡，而是来自居民劳动报酬占比的下降以及土地（住房）财产收入的下降。

可以说，这项研究的最大特征是把收入的结构性因素和财产尤其是土地财产带来的问题提出来了。换言之，我们在研究改革开放以来的收入分配格局时，必须具备这样一种从结构上、财产上考虑收入分配格局变化的深层次原因，这样才能从单纯的数据比较中找到那些深刻影响居民收入变化的因素。

陈宗胜等（2015）用"收入/人口分布"这一角度，更进一步画出了

---

① 国家发改委社会发展研究所课题组：《我国国民收入分配格局研究》，载于《经济研究参考》2012 年第 21 期。

1985年、1990年、1995年、2002年、2005年、2007年、2010年的收入分配格局图形。该分配结构图显示，20世纪90年代中期之前我国的收入分配过度平均，而且居民收入水平非常低下，基本都处在最低收入阶层，全体居民都集中在人均收入1万元以下的范围内，在图上都处于接近横轴的位置，呈现为扁圆的"飞碟形"。但是，到2000年以后，由于市场化改革带来的"先富效应"影响，"飞碟"顶部的"天线"愈来愈长、愈来愈粗，收入分配格局即由扁平的"飞碟形"逐步转变为"金字塔形"结构：较高收入者愈来愈多，相应地较低收入众数组的比重逐渐减小，到1990年已有少数人口的收入超过10000元，到2000年则有部分人的收入达到30000元。随着经济快速增长，城乡居民人均收入水平实现大幅增加，2010年我国城镇人均可支配收入、农村人均纯收入分别达到19109元、5919元，是1995年的3.66倍和2.71倍，其中最高收入者达到50000元甚至更多（见图7-15），人们的收入差别在收入提高中逐步扩大（陈宗胜等，2015）。

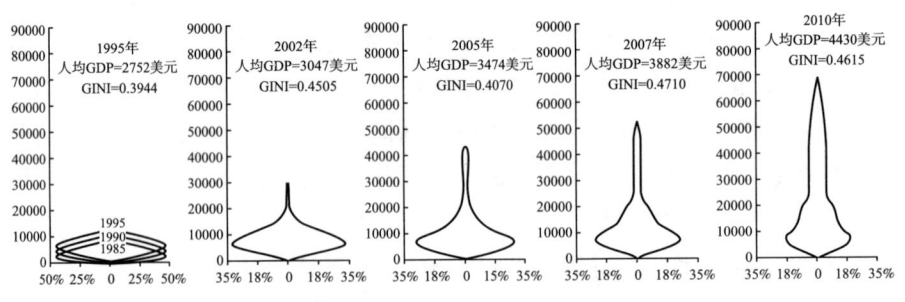

**图7-15 中国居民收入分配格局演变图**

资料来源：陈宗胜等：《论我国居民收入分配格局变动及橄榄型格局的实现条件》，载于《经济学家》2015年第1期。

问题的焦点，显然集中到20世纪90年代以后启动的市场化改革的收入分配效应上来。究竟在这个过程中，收入的相对结构发生的怎样剧烈的变动，才造成了上述国民收入分配结构的显著变化？劳动、资本、政府、企业之间的收入出现了何种差距？李子联（2015）的一项分析给出了较为清晰的结果（见图7-16）。

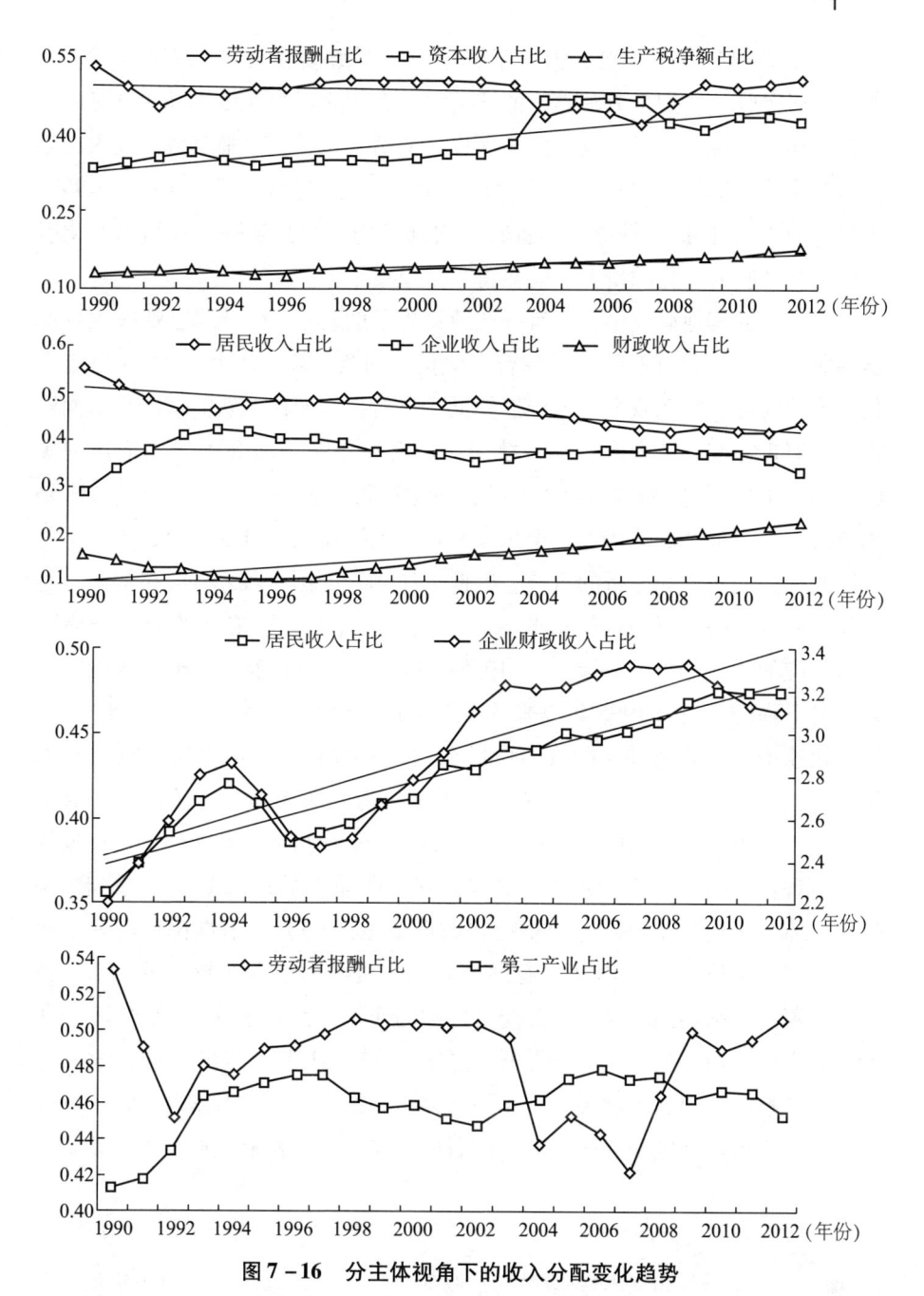

图 7-16　分主体视角下的收入分配变化趋势

资料来源：李子联：《中国收入分配格局：从结构失衡到合理有序》，载于《中南财经政法大学学报》2015 年第 3 期。

从图 7-16 可以看出，相对于资本收入、财政收入（政府收入代表）而言，居民收入特别是劳动收入的波动幅度在 20 世纪 90 年代以后显得最为剧烈。换句话说，市场化改革向纵深推进的每一步，几乎都对劳动收入产生剧烈的影响，这种影响在一些年代显示出强烈的"负效应"（1992~1997；2004~2008）。因此，探寻劳动者收入内部结构，尤其是财产权结构变化引发的财产性收入变化的研究，就显得十分重要了。

在近期的其他研究中，还有一些值得提及的观点。"当前宏观收入分配格局研究"课题组（2015）运用资金流量表的数据统计认为："居民可支配收入占国民可支配总收入比重仍然偏低，这对扩大居民消费需求产生负面影响；政府再分配调节力度不够，社会保障潜在欠账不断增大"[1]；而田卫民（2010）的一项研究采用马克思的社会再生产视角分析，认为"最终分配格局能最充分、最准确地代表一个国家一定时期国民收入分配状况，不能不是国民收入分配研究和分析的重点。因此，所测算的国民收入分配格局，是指主体收入分配格局，亦即国民收入在居民、企业和政府之间的分配格局"，经过对应的统计分析，他指出："1978 年以来，中国政府可支配收入份额总体上是下降的，但自 1995 年以来逐步增长；企业可支配收入份额自 1983 年以来快速增长；居民可支配收入份额在改革开放初期快速增长，但自 1984 年之后逐步下降"[2]；呈现这一原因的根本，为刘尚希等人（2015）所观察到，他们指出：企业部门与居民部门的关系：市场机制应有的作用没有发挥好，体现在：（1）劳动生产率与劳动报酬的关系不顺；（2）劳动报酬机制失衡，体现为地区差距、行业差距和城乡差距；（3）政府在国民收入初次分配中职能错位；（4）不同所有制企业的用资成本也存在较大差异，导致利润率不同，影响到市场对资源配置的导向作用；而李子联（2015）[3] 则认为：收入分配格局的"不合理"体现在收入分配中劳动报酬和居民收入比重下降及财政支出中各项民生支出占比降低，"无序性"则体现在收入分配秩序有悖于市场规则和法律法规，两者所带来的分配格局失衡是由劳动要素

---

[1] "当前宏观收入分配格局研究"课题组：《当前我国宏观收入分配格局研究》，载于《调研世界》2015 年第 11 期。
[2] 田卫民：《测算中国国民收入分配格局：1978~2006》，载于《财贸研究》2010 年第 1 期。
[3] 李子联：《中国收入分配格局：从结构失衡到合理有序》，载于《中南财经政法大学学报》2015 年第 3 期。

丰裕且廉价、产业选择及政策偏向以及"事权"和"税权"不对等所造成的。

这些因素，也导致了陈宗胜等（2015）[①] 所指出的"公有主导经济收入差别倒 U 模型"的预测，即我国当前的收入分配格局正在从"金字塔形"转变为"葫芦形"，有陷入"中等收入陷阱"的苗头，近期不可能很快实现"橄榄形"格局。

2. 快速积累阶段（1988～2009）

根据图 7-14 可知，1988～2009 年，中国居民的储蓄保持在所有金融资产存量的首位，但是增长日趋平稳，而债券、股票等金融资产在 20 世纪 90 年代中期超过现金成为增长最为明显的金融资产，而外汇、基金、保险等也有所增加。这说明，中国居民已经开始有意识地分散手中的储蓄和现金持有量到新产生的各类金融资产之上了。

而这一时期的城乡居民的实物资产表现为：城市居民开始升级换代实物资产，彩色电视机、计算机、冰箱、洗衣机、汽车等逐渐从以前的奢侈品成为日用品；农村居民则开始用上了大型农机具、各类家用电器并将其作为实物资产的代表。但是，这一时期由于城乡居民金融和实物资产在量上和质上产生较大差异，因此出现收入的鸿沟现象。

根据《中国经济与社会发展统计数据库》的统计（见图 7-17），城镇居民可支配收入和农村居民收入方面，差距改变的节点时间段开始于 1985 年后，到 1997 年后，城镇居民可支配收入基本呈现出 2 倍于农村居民收入的态势，到 2006 年前后，城镇居民可支配收入约为 3 倍于农村居民收入，这一水平一直维持到有统计数据显示的 2014 年。这种收入差距每隔十年显著扩大的现实，使探析其背后的收入分配影响因素成为研究的热点。

一些研究从政府、企业、个人的角度来理解这种收入差距形成的原因，认为，城镇化地区受到政府的发展重视，有大批企业入驻，带来较高的、多元化的就业和收入水平，因此，在可支配收入获取方面，城镇居民的收入水平逐年上升；与之相对应的是农村居民缺乏相应的就业和收入获取渠道，因

---

[①] 陈宗胜等：《论我国居民收入分配格局变动及橄榄形格局的实现条件》，载于《经济学家》2015 年第 1 期。

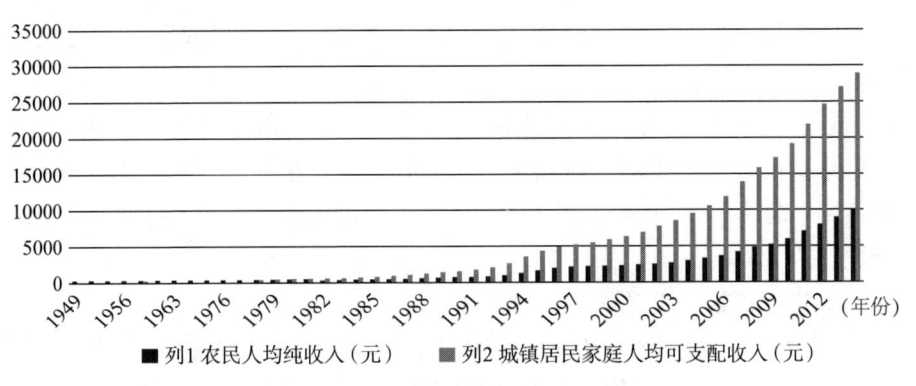

图 7-17　农民和城镇居民收入对比图

资料来源：中国经济与社会发展统计数据库。

此，仅靠务农收入作为主要收入来源的现实，使得农民人均收入在国民收入占比中越来越处于不利地位。而表现在基尼系数上，则是呈现明显扩大趋势的基尼系数增加态势。

3. 持续扩展阶段（2009年至今）

到 2009 年后，股票、债券、保险一跃成为城乡居民仅次于储蓄存款的金融资产。尽管股票、债券、保险市场一度经历波动，但是它们已经成为城乡居民不可或缺的财产组成部分。相对而言，外汇、基金、手持现金的数量则保持在较低水平，这说明，城乡居民越来越重视财产的短期增值效应，并注意规避风险较大的金融资产市场。根据宁光杰等（2016）的一项最新研究，中国居民各项收入的统计性指标显示出财产性收入中的金融资产投资收益、租金收入、借出款利息和土地收益成为居民财产性收入中分量最重的指标，也表明在新时期，人们愿意将更多的财产和工资收入积累用于投资、借贷等金融活动，以谋求最大限度地增加财富（见表 7-4）。

表 7-4　　　　　新时期中国家庭收入的统计性描述　　　　　单位：元

| | 平均值 | 标准差 | 最大值 | 最小值 | 样本数 |
|---|---|---|---|---|---|
| 总收入 | 39707.5 | 95481.16 | 3534500 | -99000 | 7938 |
| 工资性收入 | 42614.4 | 63307.4 | 930000 | 1 | 3497 |
| 经营性收入 | 19588.89 | 109123.7 | 3150000 | -60000 | 2841 |

续表

|  | 平均值 | 标准差 | 最大值 | 最小值 | 样本数 |
|---|---|---|---|---|---|
| 财产性收入 | 10659.13 | 63719.31 | 2401000 | -100000 | 1770 |
| —利息 | 2046.767 | 5258.792 | 80000 | 5 | 916 |
| —金融资产投资收益 | 10602.73 | 46669.72 | 401600 | -100000 | 292 |
| —保险收益 | 1195.066 | 1616.86 | 10000 | 1 | 140 |
| —租金收入 | 23719.62 | 62444.17 | 1200000 | 450 | 473 |
| —借出款利息 | 15236.25 | 28158.47 | 125000 | 300 | 40 |
| —土地收益 | 7948.47 | 78231.78 | 1200000 | 29 | 239 |
| 转移性收入 | 13444.44 | 32442.38 | 966600 | 1 | 6816 |

资料来源：宁光杰等：《我国转型期居民财产性收入不平等成因分析》，载于《经济研究》2016年第4期。

另外，这一时期城乡居民的实物资产，主要上升为以几十万元人民币为单位的住房、汽车、现代化大型农机具（农村居民独有）上，城乡居民的实物资产不再泾渭分明，一些农村居民通过农地制度改革和农业产业化经营，已经积累起相当可观的货币和实物财富，那些曾经是城市居民享有的实物、金融资产，也纷纷为农村居民逐渐享有。在财产形式的占有上，城乡差距基本趋于消失。

## 二、转型期收入分配结构的突出矛盾

### （一）居民收入差距扩大

国家统计局资料显示，2012~2015年，中国居民收入基尼系数分别为0.474、0.473、0.469、0.462。2016年是0.465，比2015年提高了0.003，尽管没有改变中国基尼系数总体下降趋势，但依旧处在高位运行状态。基尼系数作为衡量居民贫富差距的重要指标，数值越大，表示收入分配差距越大，国际上通常把0.4作为贫富差距的警戒线，大于这一数值容易出现社会动荡。2008年金融危机以来，收入分配差距在全球都成为尖锐话题。如果说"占领华尔街"运动、《21世纪资本论》的流行展示了西方人的焦虑的话，中国的收入分配问题则呈现出更复杂的面貌和更深重的潜在危机。作为转型社会，机会分配不均、利益集团阻挠，本身都在刺激中国收入分配差距的扩大，而市场经济的"马太效应"也在增添问题的复杂性。拉美等地转型失败、陷入"中等收入陷阱"，对中国构成了深刻的警示，提醒中国必须直面贫富差距悬殊问题及其背后的根源，以免社会发展再度走上歧路。下面我们将从城乡居民之间以及各自内部的收入差距、区域之间的收入差距、行业间的收入差距、最高收入组与最低收入组之间的差距等方面对我国居民收入分配状况的动态变化做一些说明。

1. 城乡居民之间及内部的收入差距

在我国，自1978年改革开放以来，无论是城镇内部还是农村内部，收入差距大致处于不断上升的过程中。李实、罗楚亮等（2014）以 CHIP（China Household Income Project）调查数据为基础的研究显示：在1978年，农村居民的收入基尼系数是0.21，城镇居民的收入基尼系数为0.16；30年之后的2007年，前者增加到0.38左右（其中2005年达到最大值），后者上升到0.34左右[①]。最近，胡志军、谭中（2016）基于2013年国家统计局调整后的农村、城镇20个收入分组数据，采用拟合收入分布的方法来估计全国总体基尼系数，发现2005～2012年，城镇居民收入基尼系数由0.34下降到0.32，农村居民收入基尼系数由0.37上升至0.38，收入差距及不平等程度略有扩大[②]。通过对比分析上述两项研究不难发现：1978年之后城、乡内部收入差距不断扩大的总体趋势没有发生大的变化；农村地区居民的收入差距和不平等程度一直高于城镇的水平，而且似乎越来越显著。也可以这么说，当前我国城镇经济发展水平与居民收入分布状态差不多已经来到"库兹涅茨曲线"的右半部分，而农村地区经济发展水平和居民收入分布态势似乎正在历经"倒U曲线"的左半部分。不管这是老现象，还是新事实，对于中国缩小居民收入差距和减小居民收入不平等程度，极具参考价值。它起码告诉我们中国受存在已久的二元经济格局影响和制约，不能一味参照

---

[①] 李实、罗楚亮：《中国收入差距的实证分析：Empirical analysis on income inequality in China》，社会科学文献出版社2014年版，第3～4页。

[②] 胡志军：《我国城镇居民收入基尼系数的估计及其群体阶层效应——基于省级收入分组数据的研究》，载于《当代财经》2016年第10期，第38～50页。

"平均数"视角对待处于不同经济发展阶段的城镇和农村,缩小收入差距的相关政策不宜"一刀切"(见表7-5)。

表7-5 1978~2012年我国城乡居民人均收入水平和恩格尔系数

| 年份 | 城镇人均可支配收入（元） | 农村人均纯收入（元） | 城镇居民家庭恩格尔系数（%） | 农村居民家庭恩格尔系数（%） |
| --- | --- | --- | --- | --- |
| 1978 | 343.4 | 133.6 | 57.5 | 67.7 |
| 1979 | 405.0 | 160.2 | — | 64.0 |
| 1980 | 477.6 | 191.3 | 56.9 | 61.8 |
| 1981 | 500.4 | 223.4 | 56.7 | 59.9 |
| 1982 | 535.3 | 270.1 | 58.6 | 60.7 |
| 1983 | 564.6 | 309.8 | 59.2 | 59.4 |
| 1984 | 652.1 | 355.3 | 58.0 | 59.2 |
| 1985 | 739.1 | 397.6 | 53.3 | 57.8 |
| 1986 | 900.9 | 423.8 | 52.4 | 56.4 |
| 1987 | 1002.1 | 462.6 | 53.5 | 55.8 |
| 1988 | 1180.2 | 544.9 | 51.4 | 54.0 |
| 1989 | 1373.9 | 601.5 | 54.5 | 54.8 |
| 1990 | 1510.2 | 686.3 | 54.2 | 58.8 |
| 1991 | 1700.6 | 708.6 | 53.8 | 57.6 |
| 1992 | 2026.6 | 784.0 | 53.0 | 57.6 |
| 1993 | 2577.4 | 921.6 | 50.3 | 58.1 |
| 1994 | 3496.2 | 1221.0 | 50.0 | 58.9 |
| 1995 | 4283.0 | 1577.7 | 50.1 | 58.6 |
| 1996 | 4838.9 | 1926.1 | 48.8 | 56.3 |
| 1997 | 5160.3 | 2090.1 | 46.6 | 55.1 |
| 1998 | 5425.1 | 2162.0 | 44.7 | 53.4 |
| 1999 | 5854.0 | 2210.3 | 42.1 | 52.6 |

续表

| 年份 | 城镇<br>人均可支配收入<br>（元） | 农村<br>人均纯收入<br>（元） | 城镇居民家庭<br>恩格尔系数<br>（%） | 农村居民家庭<br>恩格尔系数<br>（%） |
| --- | --- | --- | --- | --- |
| 2000 | 6280.0 | 2253.4 | 39.4 | 49.1 |
| 2001 | 6859.6 | 2366.4 | 38.2 | 47.7 |
| 2002 | 7702.8 | 2475.6 | 37.7 | 46.2 |
| 2003 | 8472.2 | 2622.2 | 37.1 | 45.6 |
| 2004 | 9421.6 | 2936.4 | 37.7 | 47.2 |
| 2005 | 10493.0 | 3254.9 | 36.7 | 45.5 |
| 2006 | 11759.5 | 3587.0 | 35.8 | 43.0 |
| 2007 | 13785.8 | 4140.4 | 36.3 | 43.1 |
| 2008 | 15780.8 | 4760.6 | 37.9 | 43.7 |
| 2009 | 17174.7 | 5153.2 | 36.5 | 41.0 |
| 2010 | 19109.4 | 5919.0 | 35.7 | 41.1 |
| 2011 | 21809.8 | 6977.3 | 36.3 | 40.4 |
| 2012 | 24564.7 | 7916.6 | 36.2 | 39.3 |
| 总体趋势 | 上升 | 上升 | 下降 | 下降 |

资料来源：国家统计局，年度数据库，http：//data.stats.gov.cn/easyquery.htm？cn=C01。

2014年，全国城镇和农村居民名义收入差距为2.75∶1，城乡名义收入差距最大省的比值为3.47∶1，最小为1.85∶1。剔除生活成本差异影响后，全国城乡居民实际收入差距为2.02∶1，比名义差距缩小0.73；城乡实际收入差距最大省比值仅为2.50∶1；城乡实际收入差距最小省则为1.40∶1。扣除生活成本差异使各省城乡居民收入差距均大幅缩小。

城乡居民收入差距的扩大实际上是二元经济结构的反映。农民从事的产业是传统农业，传统农业的劳动生产率比较低，刘易斯认为只能"维持生计"。农民收入低是传统农业的产物。城镇居民从事的产业，刘易斯称之为"现代产业"，就是现代制造业、信息业和服务业。现代产业的劳动生产率高，职工能够得到较高的工资收入。所以，从这个意义上可以说，城乡居民收入差距是二元经济结构的产物。正确的政策思路有两条：一是把传统产业改造成为现代产业，从而从根本上提高农民的收入水平；二是将传统产业中大量剩余劳动力转移到城市的现代产业中去，从而提高他们的收入水平。农业剩余劳动力转移在过去很长一段时间内如火如荼地进行着，但是传统农业改造成为现代产业的速度并不理想。中央已经发现了这些问题，高度重视"三农"问题，积极推进农村土地产权改革，取消农业税等一系列有力措施，已经或正在对从根本上缩小城乡居民收入差距发挥重要的作用。随着农村富余劳动力的日益枯竭，中国正面临经济学家所说的"刘易斯拐点"，当"人口红利"转为"人口赤字"，中国经济又面临着一个新的问题。

2. 地区之间的收入差距

经历近40年的改革开放，中国经济呈现高速增长态势（于2012年前后进入中高速增长的新常态），然而与增长伴生的问题也逐渐浮出水面，如地区收入差距问题，越来越突出。发展中国家在经济快速增长期，出现一定程度的地区差异，是一种普遍的现象，不足为奇。但是过大的差异，对社会的安定与和谐、国家的经济效率、社会整体福利水平及资源的有效配置都有显著的负面影响。因此，在保持经济增长的同时，缩小地区差距，实现二者的和谐统一，已成为各国政府和国际社会所追求的政策目标。近10年来学者们（林毅夫[1]，2004；王志刚[2]，2004；王小鲁[3]，2005；潘文卿[4]，2010；胡鞍钢[5]，2010；刘明兴[6]，2015；白俊红[7]，2016）通过对区域收入差异演变趋势的探索，对经济增长的收敛性及其成因的分析，从基础设施、要素布局、历史积淀、户籍制度、创新驱动等不同视角，构建了分析区域经济差距

---

[1] 林毅夫、刘明兴：《中国的经济增长收敛与收入分配》，载于《世界经济》2003年第8期，第3~14页。

[2] 王志刚：《质疑中国经济增长的条件收敛性》，载于《管理世界》2004年第3期，第25~30页。

[3] 王小鲁、樊纲：《中国收入差距的走势和影响因素分析》，载于《经济研究》2005年第10期，第24~36页。

[4] 潘文卿：《中国区域经济差异与收敛》，载于《中国社会科学》2010年第1期，第72~84页。

[5] 刘生龙、胡鞍钢：《交通基础设施与经济增长：中国区域差距的视角》，载于《中国工业经济》2010年第4期，第14~23页。

[6] 刘明兴、张冬、章奇：《区域经济发展差距的历史起源：以江浙两省为例》，载于《管理世界》2015年第3期，第34~50页。

[7] 白俊红、王林东：《创新驱动对中国地区经济差距的影响：收敛还是发散？》，载于《经济科学》2016年第2期，第18~27页。

扩大以及收敛的理论框架，进而为各级政府政策制定提供更为客观和切实可行的依据。

在改革以前，中国在东、中、西部地区之间就存在显著的经济差距。就总体而言，东部沿海地区和一部分中部地区的经济发展水平和人均收入均高于西部地区。为了缩小地区差距，中央政府在 20 世纪 50~70 年代实行了转移财政支付、平衡收入差距的政策，并在中西部地区进行了大量投资，但这并没有显著缩小东西部地区间在经济效率方面的差距。80 年代，为了扩大地方政府和企业的经济自主权和积极性，中央政府对各省实行了财政"分灶吃饭"，减小了经济较发达地区的财政上缴比重，从而在一定程度上减小了东西部之间财政转移支付的力度。这促进了东部地区的经济发展，特别是首先享受到这项政策的广东省在整个改革时期取得了突飞猛进的发展。

总体上看，我国省份之间的收入差距经历了一个"U"形的变化过程，1990 年左右为分水岭，这之前的区域收入差距有下降趋势，之后又逐步上升。众所周知，20 世纪 90 年代以前经历过区域发展机制转换和区域优先发展次序的变化，即计划经济体制下的区域经济格局，与改革开放所强调的沿海沿江沿边优先发展、再向腹地延伸的策略互补，很大程度上导致了区域差距的缩小。同时，随着改革政策和市场机制的逐步深入，发达地区更为迅猛的发展则难以避免，这又造成后来地区间收入差距的持续扩大。中国的不同地区，在改革初期所具备的初始禀赋和面临的初始条件是大不相同的，这也构成了不同地区在改革过程中的收益和结果迥然。历史上，东部地区尤其是江浙一带居民的商品经济观念比较强，对市场的理解和参与意识较深。所以，当中国开始市场化改革的时候，东南沿海地区的居民由于积极地参与便首先分享了改革的"红利"，而中西部地区的居民则由于行动迟缓而丧失了先动优势，从而使东部与中西部地区之间居民收入差距越拉越大。

通过对近几年我国省际人均 GDP 数据的分布拟合情况来看，2013~2015 年，我国各省份人均 GDP 都经历了增长过程，在图 7-18 中我们能够明显看到收入分布曲线整体向右移动。但是，相对于高人均收入省份，中低人均收入省份向右移动的速度稍慢，这是一个值得关注的现象，因为这样的差异会随着时间推移演变为省际收入两极分化，而且我们还看到这种趋向有逐渐被强化固化的态势。这种现象，在我们考察区域收入差距问题上，也引出另外一个值得讨论的问题，即区域收敛或发散。

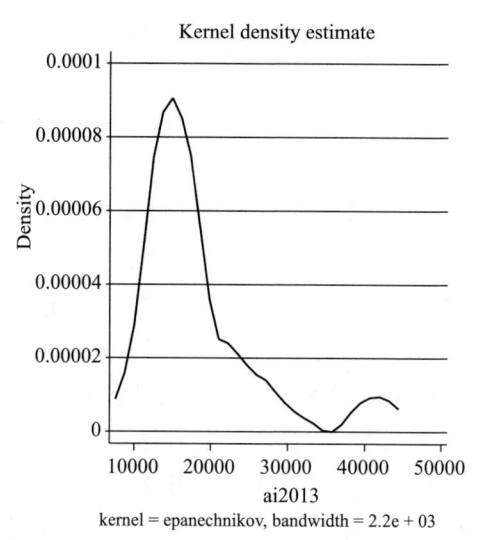

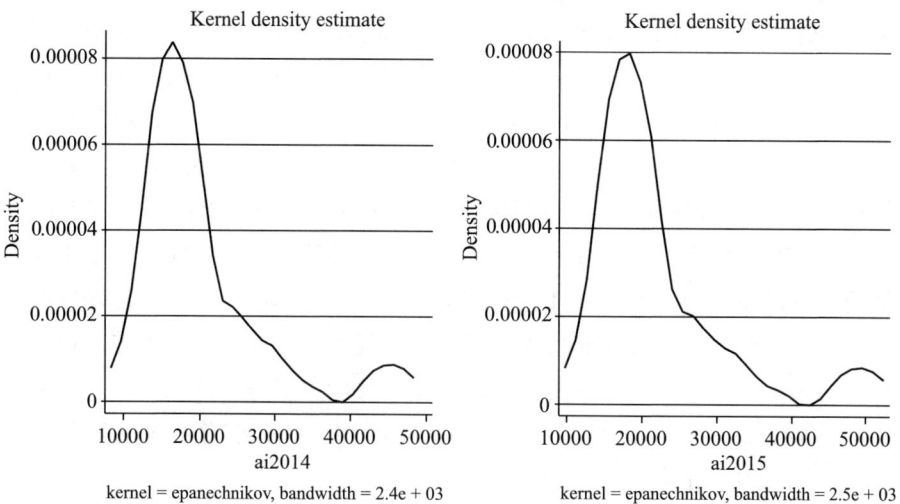

**图 7-18　2013~2015 我国各省居民平均收入分布图（非参核密度估计）**

资料来源：国家统计局—地区数据库—分省年度数据，http://data.stats.gov.cn/easyquery.htm?cn=E0103。

2000 年以来我国地区差距扩大的速度有所减缓，分析表明有些因素促使地区差距不断扩展，如不同地区的地理位置、经济环境差别、受教育水平、基础设施水平以及城市化水平等，也有些因素促使地区差距逐步减少，主要是市场经济体制不断完善，对投资、劳动力流动放宽限制以及区域经济一体化程度不断提高,这些因素都提高了地区间经济增长的条件收敛性。还有一些因素在不同阶段对地区差距起了不同的作用,例如各地的固定资产投资率、市场化程度等。由于这些因素的综合影响,2000年以后中国的地区差距仍然在进一步扩大,但速度有所减缓。下面我们以经济增长能否收敛为切入口谈一谈区域经济增长差异与区域收入差距问题。第一,区域内部收敛性方面,仅直辖市存在收敛性,东部没有明显收敛性,中部、西部内部不存在收敛,但有两个随机趋势。也就是说,中国四个直辖市的经济发展存在着明显的趋同效应,中部、西部地区在前一段时间的发展过程中存在着明显的随机分化趋势,这一点正是随着经济发展区域收入差距走向不明的表现形式。第二,中国三大区域之间的收入水平呈现出发散的趋势。2014年上海、北京、浙江、深圳等省市的城镇居民人均可支配收入都超过了4万元大关,其中上海高达47710元,北京以43910元位居第二,深圳是40948元,浙江是40393元,而中部的湖北城镇居民人均收入为18283元,河南是15695元,湖南是17622元,西部居民人均收入则更少,如甘肃省城镇居民人均可支配收入达到20804元,农村居民人均纯收入仅为5736元。剔除直辖市后,三大区域间依然不存在收敛,但仍存在两个共同的随机趋势。第三,直辖市与东部、东部与中部、中部与西部存在收敛性,是否意味着溢出效益的显现;东部与西部既不存在收敛,也没有共同的随机趋势。第四,直辖市和东部的经济发展远领先于中国其他省市地区。无论是高收入地区,还是低收入地区,通过对比人均可支配收入就可以发现我国经济发展存在多重失衡,如东南沿海地区与中西部地区发展失衡、城乡发展失衡等。这提示我们,促进经济协调发展、缩小发展差距,是实现全面小康和共同富裕的必由路径。

3. 行业之间的收入差距

行业间的收入差距是一个在国际上持续多年的话题。在中国,人们也普遍感受到了行业间的收入不平等。垄断行业的收入过高作为"收入不公"的重要表现,有别于因教育回报上升导致的"收入不均等"。但是,行业间收入不平等对于收入差距的贡献到底有多大,这一贡献有怎样的变化趋势,均不明确。这就使我们既无法了解旨在消除行业垄断的竞争政策对于缓解收入差距有多重要,也难以确定中国正在进行的市场化改革是否能够自动缩小行业间的收入不平等。尽管市场竞争在加剧,但市场竞争对于不同行业的影响是不同的。相对来说,国有垄断部门受到的影响较小。这说明在中国渐进式的改革中，转型并不必然走向竞争性的市场经济体制。在这个意义上，我们可以判断，如果不着手控制行业间收入不平等，这一因素就可能把中国目前的市场化改革引向不公正的市场经济轨道上去。

理论界对于我国目前行业间收入差距的认识，集中在以下几个方面：垄断性行业与非垄断性行业之间职工的收入差距过大，垄断性行业职工的收入远远高于非垄断性行业职工的收入；新兴行业与传统行业之间职工的收入差距较大，新兴行业职工的收入水平高、增长快；知识和资金密集型行业与劳动密集型行业之间职工的收入差距逐渐扩大，智力和资金密集型行业的职工收入较高。对于如何判断行业收入差距是否公平合理，学者们从机会、过程、结果等角度提出了不同的标准。一种观点认为，差距过大本身就是一种不公平。物质利益分配的公平是社会所追求的重要目标之一，行业之间收入差别过大是物质利益分配不公的重要表现。在市场经济条件下，各行业追求平均利润率，其员工收入差距应该是逐步缩小的，而不应该是扩大的趋势。他进一步提出了市场经济条件下判断行业收入差距是否合理的两个标准：第一，从动态的过程而言，主要看全社会各行业职工收入是否趋于平均化；第二，从收入和投入的关系而言，主要看职工收入差距是否与各行业职工的投入或贡献差别相一致。行业收入分配公平，包括两层含义，即机会均等和差距合理。机会均等是指所有资源包括资本、劳动力等，都可以不受任何限制而自由平等地在各个行业间流动，能够获取相同或相近的报酬率；差距合理是指行业间工资水平差距应正确反映行业间的劳动差别。

根据2010年统计局公布的数据，中国证券业的工资水平比职工平均工资高6倍左右，收入最高和最低行业的差距达11倍。2011年人力资源和社会保障部工资研究所发布的数据表明，这一差距又扩大到15倍。如果把证券业归到金融业一并计算，行业差距也高达6倍。其他市场经济国家的行业收入差距，根据人力资源和社会保障部国际劳工保障研究所提供的资料，2006~2007年最高和最低行业工资差距，日本、英国、法国约为1.6~2倍，德国、加拿大、美国、韩国在2.3~3倍。2016年国家统计局公布了对一套表联网直报平台16个行业门类的93万多家企业法人单位调查的最新数据。

数据显示，全部一套表平台被调查单位就业人员年平均工资为53615元，同比名义增长7.3%。其中，中层及以上管理人员115474元，增长5.2%；专业技术人员70981元，增长7.4%；办事人员和有关人员50972

元，增长7.3%；商业、服务业人员44277元，增长8.9%；生产、运输、设备操作人员及有关人员45346元，增长5.7%。中层及以上管理人员平均工资最高，是全部就业人员平均水平的2.15倍；商业、服务业人员平均工资最低，是全部就业人员平均水平的83%。岗位平均工资最高与最低之比为2.61，比上年下降0.09（见表7-6）。

表7-6　　　　2015年分地区分岗位就业人员平均工资　　　　单位：元

| 地区 | 就业人员 | 中层以上管理者 | 专业技术人员 | 办事人员 | 商业、服务业人员 | 生产、运输、设备操作人员等 |
| --- | --- | --- | --- | --- | --- | --- |
| 合计 | 53615 | 115474 | 70981 | 50972 | 44277 | 45346 |
| 东部 | 58564 | 133040 | 81321 | 56421 | 49842 | 47327 |
| 中部 | 44851 | 83193 | 54347 | 41392 | 35568 | 41221 |
| 西部 | 49885 | 98649 | 61234 | 46322 | 37562 | 45430 |
| 东北 | 46023 | 92747 | 55452 | 45414 | 36953 | 40516 |

资料来源：国家统计局，http://www.stats.gov.cn/tjsj/zxfb/201605/t20160513_1356094.html。

分行业门类看，租赁和商务服务业岗位工资差距最大，岗位平均工资最高与最低之比为4.78；建筑业岗位工资差距最小，最高与最低之比为2.16。8个行业岗位工资差距大于全国平均水平，从高到低依次是：租赁和商务服务业4.78，文化、体育和娱乐业3.89，科学研究和技术服务业3.72，信息传输、软件和信息技术服务业3.63，房地产业3.20，水利、环境和公共设施管理业3.07，批发和零售业2.82，采矿业2.63；8个行业岗位工资差距小于全国平均水平，从低到高依次是：建筑业2.16，住宿和餐饮业2.25，交通运输、仓储和邮政业2.30，卫生和社会工作2.30，教育2.31，制造业2.47，居民服务、修理和其他服务业2.56，电力、热力、燃气及水生产和供应业2.57。另外，分登记注册类型看，外商投资企业岗位工资差距最大，岗位平均工资最高与最低之比为4.25；其次是港澳台商投资企业，最高与最低之比为3.37；最后是国有单位，最高与最低之比为2.88。私营单位和其他内资单位岗位工资差距最小，最高与最低之比分别为2.25和2.29（见表7-7）。

表 7-7　　2015 年分行业分岗位就业人员平均工资　　　　单位：元

| 地区 | 就业人员 | 中层以上管理者 | 专业技术人员 | 办事人员 | 商业、服务业人员 | 生产、运输、设备操作人员等 |
| --- | --- | --- | --- | --- | --- | --- |
| 合计 | 53615 | 115474 | 70981 | 50972 | 44277 | 45346 |
| 采矿业 | 55914 | 108657 | 67140 | 57608 | 41374 | 52126 |
| 制造业 | 50684 | 108193 | 69274 | 50392 | 53910 | 43866 |
| 电力热力 | 79050 | 146989 | 92375 | 63098 | 57098 | 72834 |
| 建筑业 | 46735 | 86671 | 53153 | 41489 | 40215 | 43591 |
| 批发零售 | 55340 | 117384 | 69947 | 55409 | 41589 | 43553 |
| 邮政运输 | 63902 | 124696 | 97142 | 57367 | 54327 | 57639 |
| 餐饮住宿 | 38367 | 75971 | 43767 | 37704 | 33697 | 34459 |
| 软件信息 | 112119 | 219581 | 128589 | 80886 | 81886 | 60446 |
| 房地产 | 57470 | 120640 | 69990 | 48970 | 38789 | 37720 |
| 租赁商务 | 69848 | 217183 | 100938 | 63523 | 45463 | 47602 |
| 科学技术 | 95145 | 190179 | 102985 | 67181 | 51752 | 54619 |
| 水利环境 | 47150 | 101818 | 64871 | 45335 | 33129 | 44869 |
| 居民服务 | 40813 | 86794 | 52171 | 43478 | 33882 | 38733 |
| 教育 | 54076 | 95372 | 56024 | 46836 | 47806 | 41334 |
| 卫生 | 58869 | 96009 | 59313 | 43558 | 41820 | 45861 |
| 文化体育 | 74710 | 154309 | 103224 | 59851 | 39618 | 44949 |

资料来源：国家统计局，http://www.stats.gov.cn/tjsj/zxfb/201605/t20160513_1356094.html。

4. 高收入组与低收入组之间的收入差距

据浙江省社科院的杨建华教授在 2010 年发布的《浙江省城乡居民收入分配问题调查报告》显示，浙江省 2009 年城镇居民人均可支配收入 24611 元，比全国平均水平 17175 元高出 7536 元，是继 2000 年以后连续第九年居全国各省区中第一位；农村居民人均纯收入 10007 元，连续 25 年位居全国各省区首位。但这些高平均数是否能代表区域内大部分群众的真正收入水平，"被高平均"部分有多大？报告中的关键数字令人深思：20% 高收入组的个人年收入均值是 20% 低收入组的 17 倍；20% 低收入组占有的收入仅占总收入的 3.5%，而 20% 高收入组占有的收入达到了总收入的 58.7%，七成以上调查者收入在平均线以下，贫富两极分化的趋势渐明显。

从全国城镇居民分组的收入情况看，在2003～2012年的10年时间里，无论处于哪个组别，人均收入均稳步上升。同时，高低收入组人均收入比由2003年的8.5∶1，下降为2012年的7.6∶1，尽管有所下降，高低收入组间的收入差距仍然较大（见表7-8）。

表7-8　　　　　中国城镇居民按等级分组人均收入　　　　　单位：元

| 年份 | 2012 | 2011 | 2010 | 2009 | 2008 | 2007 | 2006 | 2005 | 2004 | 2003 |
| --- | --- | --- | --- | --- | --- | --- | --- | --- | --- | --- |
| 人均 | 26959 | 23979.2 | 21033.4 | 18858.1 | 17067.8 | 14908.6 | 12719.2 | 11320.8 | 10128.5 | 9061.2 |
| 最低（10%） | 9209.5 | 7819.4 | 6703.7 | 5950.7 | 5203.8 | 4604.1 | 3871.4 | 3377.7 | 3084.8 | 2762.4 |
| 困难（5%） | 7520.9 | 6445.5 | 5483.1 | 4935.8 | 4187.2 | 3744.9 | 3129.3 | 2733.3 | 2531.5 | 2278.3 |
| 较低（10%） | 13724.7 | 11751.3 | 10247 | 8956.8 | 7916.5 | 6992.6 | 5946.1 | 5202.1 | 4697.6 | 4209.2 |
| 中下（20%） | 18374.8 | 15880.7 | 13971 | 12345.2 | 10974.6 | 9568 | 8103.7 | 7177.1 | 6423.9 | 5705.7 |
| 中等（20%） | 24531.4 | 21439.7 | 18920.7 | 16858.4 | 15054.7 | 12978.6 | 11052.1 | 9887 | 8746.7 | 7753.9 |
| 中上（20%） | 32758.8 | 29058.9 | 25497.8 | 23050.8 | 20784.2 | 17684.6 | 15199.7 | 13596.7 | 11870.8 | 10463.7 |
| 较高（10%） | 43471 | 39215.5 | 34254.6 | 31171.5 | 28518.9 | 24106.6 | 20699.6 | 18687.7 | 16156 | 14076.1 |
| 最高（10%） | 69877.3 | 64460.7 | 56435.2 | 51349.6 | 47422.4 | 40019.2 | 34834.3 | 31237.5 | 27506.2 | 23484 |

资料来源：国家统计局，http：//data.stats.gov.cn/easyquery.htm?cn=C01。

与此同时，从全国农村居民五等份分组的收入情况看，我国农村居民高低收入组人均居民收入比由2003年的7.33∶1上升到2012年的8.21∶1，收入极差存在逐步扩大的趋势。在传统农业社会中，农民贫富差距主要源于农户占有土地数量，但现代农村收入分配差距的主导因素已经转化为就业与分工的差异。这从一个侧面提醒我们，城乡收入差异在缩小，但城市和乡村内部贫富差异都在扩大，农村内部的贫富差距扩大尤为值得关注（见表7-9）。

表7-9　　　　　中国农村居民五等份分组人均收入　　　　　单位：元

| 年份 | 2012 | 2011 | 2010 | 2009 | 2008 | 2007 | 2006 | 2005 | 2004 | 2003 |
| --- | --- | --- | --- | --- | --- | --- | --- | --- | --- | --- |
| 人均 | 7916.6 | 6977.3 | 5919 | 5153.2 | 4760.6 | 4140.4 | 3587 | 3254.9 | 2936.4 | 2622.2 |
| 低收入 | 2316.2 | 2000.5 | 1869.8 | 1549.3 | 1499.8 | 1346.9 | 1182.5 | 1067.2 | 1007 | 865.9 |
| 中等偏下 | 4807.5 | 4255.7 | 3621.2 | 3110.1 | 2935 | 2581.8 | 2222 | 2018.3 | 1842.2 | 1606.5 |

续表

| 年份 | 2012 | 2011 | 2010 | 2009 | 2008 | 2007 | 2006 | 2005 | 2004 | 2003 |
|---|---|---|---|---|---|---|---|---|---|---|
| 中等收入 | 7041 | 6207.7 | 5221.7 | 4502.1 | 4203.1 | 3658.8 | 3148.5 | 2851 | 2578.6 | 2273.1 |
| 中等偏上 | 10142.1 | 8893.6 | 7440.6 | 6467.6 | 5928.6 | 5129.8 | 4446.6 | 4003.3 | 3608 | 3206.8 |
| 高收入 | 19008.9 | 16783.1 | 14049.7 | 12319.1 | 11290.2 | 9790.7 | 8474.8 | 7747.4 | 6931 | 6346.9 |

资料来源：国家统计局，http：//data.stats.gov.cn/easyquery.htm? cn = C01。

### 5. 劳动者报酬与资本收入差距

劳动者报酬是收入分配中的一个核心问题。劳动是与其主体即劳动者不可分割的能力，因此劳动者报酬是要素所得中相对来说机会最平等的竞争和分配。所以，劳动者报酬成为国民最主要的收入，占有国民收入的最大比例，是社会进步的标志，也是当今发达国家收入分配的普遍趋势。冯志轩(2012)[①]根据马克思的理论，劳动报酬实际上对应了可变资本的范畴，可变资本需要同劳动力相交换来实现价值增值，因而只有在主要使用雇佣劳动进行生产的部门才存在劳动报酬的概念，尝试新的核算方法，初步得到一个政治经济学意义上的劳动报酬占比指标。我们可以看到在2002年以前，中国的劳动报酬占比总体上来说是上升的，但是在2002年以后出现了非常剧烈的下降，甚至直接下降到历史最低水平。另外，根据一些学者的比较分析，2003年一些工业化国家雇用者的劳动报酬占GDP的比重分别是：美国57.5%，英国55.9%，法国52.7%，加拿大51.1%，澳大利亚46.7%，韩国44.0%。日本2002年的数据则是53.3%。可以说，主要工业化国家该项指标数据均超过50%。我国2007年城乡职工劳动报酬占GDP比重只有35.1%，比韩国低9个百分点，比日本低18个百分点，比美国低近23个百分点[②]。根据经济理论和国际经验，一般认为，不考虑政府主体，劳动与资本在国民收入中所占的比重大约2∶1，即分别占2/3和1/3，而私有制经济比重上升、财政分权下地方政府"偏爱"资本倾向、产业结构的变化、垄断资本收益挤占等方面的都可能是劳动报酬低于合适水平的原因（见表7-10）。

---

[①] 冯志轩：《国民收入中劳动报酬占比测算理论基础和方法的讨论——基于马克思主义经济学的方法》，载于《经济学家》2012年第3期，第5~13页。
[②] http：//blog.sina.com.cn/s/blog_482bead90100fs9f.html。

表 7-10　　　　　　　政治经济学视角的劳动报酬占比

| 年份 | 1987 | 1990 | 1992 | 1995 | 1997 | 2002 | 2007 |
|---|---|---|---|---|---|---|---|
| 劳动者报酬/总价值 | 0.1287 | 0.1139 | 0.1109 | 0.1299 | 0.1574 | 0.1820 | 0.0973 |
| 调整后劳动者报酬占比 | 0.4410 | 0.4470 | 0.4502 | 0.4955 | 0.6591 | 0.6815 | 0.4762 |

资料来源：《中国投入产出表》(1987~2007)。

而白重恩等（2009）的一项测算，把劳动收入和资本收入进行了横向对比，资本收入在 1978~2006 年呈现增加态势，而劳动收入在同一时期呈现减少态势。大概在 2004 年以后，扣除生产税净额后，资本收入由占比不足 40%，迅速提升为与劳动收入水平持平并有进一步增长的态势——即按白重恩等人的计算口径，2004~2006 年，资本收入和劳动收入已经达到 1∶1 的水平（见图 7-19）。

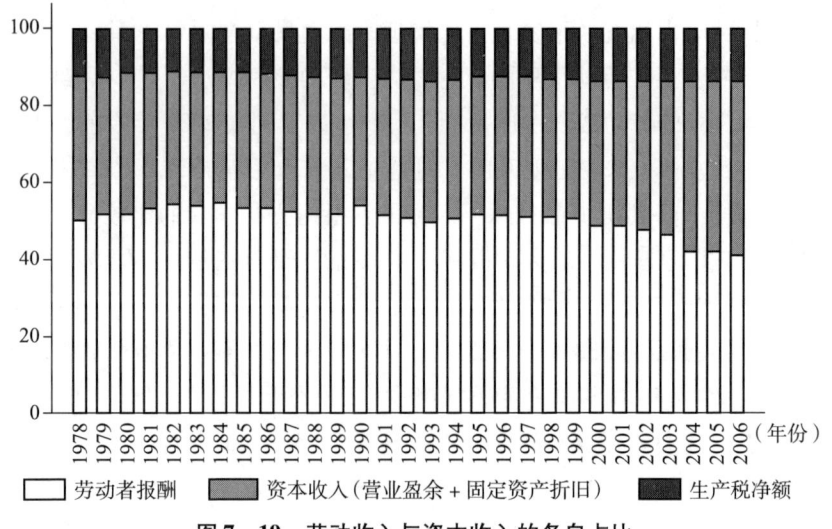

图 7-19　劳动收入与资本收入的各自占比

资料来源：白重恩等：《国民收入的要素分配：统计数据背后的故事》，载于《经济研究》2009 年第 3 期。

本章从就业人数占到较大比重的工业职工工资，全社会职工工资，以及资本投入较大的工业人均产值增加值（大体代表工业资本回报的利润和工业职工工资总和）的特征性事实来分析劳资收入的变化（见图 7-20、图 7-21

和图 7-22）。其中，劳资收入明显的转折点发生在 1997 年之后。1997 年，工业行业职工平均工资即劳动收入在 5000～7000 元，全社会职工年平均工资在 8000～9000 元，而工业行业增加值在 10000～12000 元，这说明在扣除工业工人工资收入后，工业行业增加值中属于资本收入（利润）的部分接近 5000 元，大体上，1997 年劳资收入比重在 1∶1 到 1.4∶1 之间，劳动收入占比较高；但是到 2008 年以后，尤其是 2014 年以来，工业行业职工平均工资即劳动收入仅达到 22000～23000 元，全社会职工平均工资在 38000～39000 元，人均工业产值增加值达到 57500～60000 元，这说明，资本年收入（以工业利润衡量）接近 25500～27000 元，劳资收入比重在 0.85～0.86，劳动收入相对资本收入呈现明显的下降。在整个期间全社会职工工资收入的增长幅度，也是低于工业资本收入增长的，这已经很明显地看出，资本收入增加的强势以及劳动收入增加的劣势。这种劳资收入增长差异，最显著的时间段出现在 2008 年以后的这几年，这说明，现有的分配制度在实施时已经具有了资本偏向，应该及时进行调整。

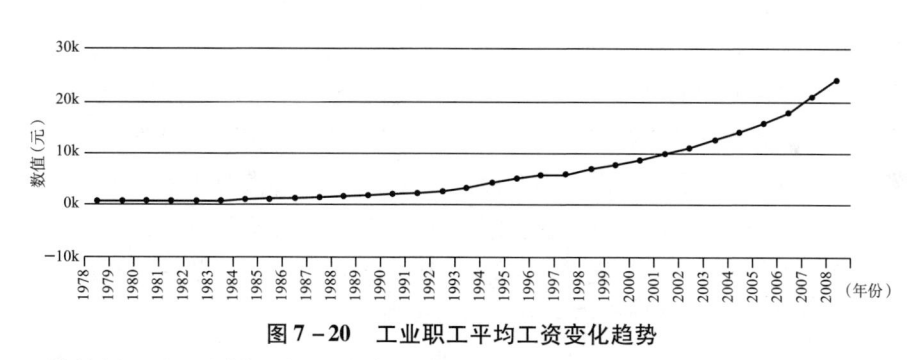

**图 7-20　工业职工平均工资变化趋势**

资料来源：中国经济与社会发展统计数据库。

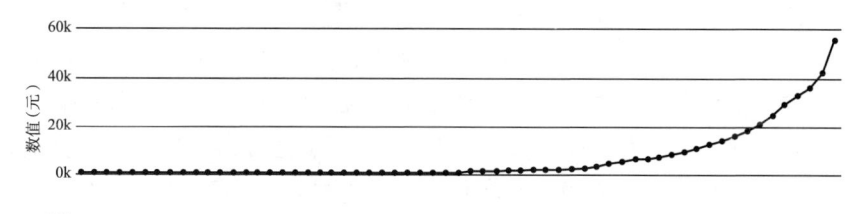

**图 7-21　全社会职工平均工资变化趋势**

资料来源：中国经济与社会发展统计数据库。

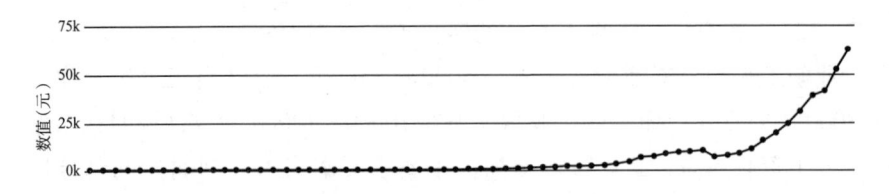

图 7-22　中国人均工业产值增加值变化趋势（涵盖工业资本与劳动收入增加的总和）

资料来源：中国经济与社会发展统计数据库。

## （二）财产权利在社会成员间的分布状况

据世界银行的测算，我国 2009 年的基尼系数是 0.47，在所有公布的 135 个国家中名列第 36 位，说明我国面临的贫富差距问题已经非常严峻了。西南财经大学中国家庭金融调查与研究中心（CHFS）2012 年发布的中国家庭金融调查数据表明，2010 年中国的基尼系数为 0.61[①]。这反映出中国贫富差距较大，但这一数值与学界多数研究成果相比偏高。此外，数据还表明，城镇家庭内部的基尼系数为 0.56，农村家庭内部的基尼系数为 0.60。首先要强调的是，基尼系数也只是反映当年实际收入在不同收入阶层的分布情况的一种指标，而非全面、客观评价收入差距所造成影响的指标。如美国的基尼系数虽然也在 0.40 这一警戒线以上，但由于社会福利和保障制度比较完善，社会保障和福利支出占美国整个财政支出的 50% 左右（我国约为 10%），因此对于保持社会稳定能起到积极作用。

贫富差距包括收入差距和财富差距两个方面，收入差距是一种即时性差距，是对社会成员之间年收入的比较；财富差距则是一种累积性差距，主要指的是社会成员之间物质资产和金融资产的对比。事实上，我国居民在收入分配上的贫富差距早已非常明显，财富差距扩大之势也已清晰地展现出来。事实上，以基尼系数作为衡量收入差距大小的数据还不足以反映中国当前的社会问题，而以财富差距来衡量或许其数据更为严峻。据 2009 年福布斯中国财富排行榜[②]统计，前 400 名富豪中，房地产商占 154 名；在前 40 名巨富

---

① http://epaper.xiancn.com/xawb/html/2012-12/11/content_166988.htm.
② http://www.360doc.com/content/09/1107/15/329873_8559766.shtml.

中，房地产商占 19 名；在前 10 名超级富豪中，房地产商占 5 名。房地产行业已经成为中国财富的主要集中地。从这个意义上讲，当前中国经济不仅经历着市场的初次分配和政府的再分配，还经历着房地产所带来的第三次财富分配。房地产产生的财富再分配和转移远远大过工资性收入的积累。如由国家发展改革委、国家统计局和中国社科院等编写的《中国居民收入分配年度报告（2004）》中指出："最高收入 10% 的富裕家庭其财产总额占全部居民财产的 45%，而最低收入 10% 的家庭相应比例仅为 1.4%。"财富差距达到 32 倍，估计随着房地产价格的不断飙升，目前的财富差距至少超过 40 倍了，而 2009 年对应的居民收入差距大约是 23 倍。财富分配的失衡会比一般收入分配差距带来的危害更大，因为它不仅进一步扩大了不同收入阶层在财富创造和财富积累上的差距，即所谓的"马太效应"，而且这种财富积累会一棒接一棒地继续"传递"下去，将通过代与代之间的财富转移，进一步恶化代与代之间的"分配不公"。

《中国家庭财富调查报告》是来自 25 个省份的 268 个县共 12000 户家庭的入户访问调查数据，涉及中国家庭财富的规模与结构、城乡与区域差异、金融资产和住房、家庭投融资决策、养老计划等多个方面。报告显示，2015 年我国家庭人均财富为 144197 元，城镇家庭和农村家庭的人均财富分别为 208317 元和 64780 元。报告还显示，房产净值是家庭财富最重要的组成部分。在全国家庭的人均财富中，房产净值的占比为 65.61%；在城镇和农村家庭的人均财富中，房产净值的比重分别为 67.62% 和 57.60%。报告对住房问题进行分析表明，房产净值具有一定的城乡差异。城镇家庭人均房产净值是农村家庭的 3.78 倍，略微高于家庭人均财富的城乡差异幅度，家庭拥有住房的财产价值与家庭人均收入以及户主的文化程度等呈现出高度的相关关系。此外，从出租房屋的情况看，城镇和农村出租房屋的家庭在全部家庭中的比重分别为 9.8% 和 3.5%。除了房产外，金融资产在家庭财富中也占有重要份额。金融资产在全国、城镇和农村家庭的人均财富中，分别占到了16.49%、15.96% 和 18.61%。动产与耐用消费品也是家庭财富的重要组成部分，但其在家庭人均财富中的比重没有呈现出显著的城乡差异。此外，与城镇家庭不同，农村家庭的财富还包括土地的价值。2015 年农村家庭的人均土地价值为 7556 元，占到了家庭人均财富的 11.66%。报告显示，从城乡家庭的投资渠道看，在参与各类金融产品投资的家庭中，股票的投资参与度相对最高,占到了全部调查家庭的 7.35%。投资基金的家庭占全部家庭的 4.52%,投资收藏的家庭只占到全部家庭的 3.53%。城镇家庭对各类金融产品投资的参与度都要高于农村家庭,10.56% 的城镇家庭进行了股票投资,这一比重约是农村家庭的 4 倍。从家庭进行储蓄的动机分析,位居首位的是"为子女教育做准备",超过 40% 的家庭都将其作为储蓄原因。其次分别是"应付突发事件及医疗支出""为养老储蓄做准备""不愿承担投资风险""为购房或装修做准备"。可见,预防性动机是城乡家庭储蓄行为的主要动因。

从 20 世纪 90 年代开始,国家加快了住房市场化和私有化的进程。90 年代中期,新的楼盘建设开始增加,商品房增长得更快。但是,住房市场并没有顺利地发展,因为商品房只占住宅建筑的小部分。一大部分的商品房被工作单位以折扣价格购买,然后仍然根据旧的分配方法分配给员工(Logan et al.,1999)[①]。到 2000 年,超过 55% 的城市家庭已经购买了一套住房。在这些住房所有者中,87% 通过他们的工作单位购买了以前的公有住房,只有 10% 是从市场上购买的商品房(李学芬,2000)[②]。面向中低收入者的住房政策被扭曲了,大部分的经济适用房都被中高收入者购买,因为这些住房很多都是大面积的,超出了低收入者的购买能力。公积金制度 1991 年最先在上海实施,然后向全国推广,1997 年完成。这套系统对高收入者有利,因为雇主会按照员工月收入的 5% 补助到公积金中。因此,那些收入高的人会从工作单位得到更多的公积金。

因此,在 20 世纪 90 年代中期看到的依然是类似于房改以前的住房分层。然而,更高比例的人开始通过工作单位或者住房市场购买到房子。同时,大部分的国有大银行为个人和家庭启动了住房贷款项目。他们可以从单位购买部分或者全部住房产权。拥有部分产权与完全产权不一样的是,他们一般只有在 5 年以后才有权在市场出售公房,而且售房的收益也必须与单位分享。不过大部分人还是从单位买到了全部产权的住房,而且是以折扣价的

---

① Logan J A, Megretskaia I A, Miller A J, et al. Logan, J. A. et al. Trends in the vertical distribution of ozone: a comparison of two analyses of ozonesonde data. J. Geophys. Res. 104, 26373 - 26399 [J]. Journal of Geophysical Research Atmospheres, 1999, 1042 (D21): 26373 - 26400.

② 李学芬:《中国城镇居民住房现状大调查》,载于《中外房地产导报》2000 年第 10 期,第 16~18 页。

方式，这迅速扩大了他们的私人房产。

总的来说，从20世纪80~90年代以来城市住房改革的简短回顾可以看出，干部家庭和普通职业群体（包括私营企业主），以及国有单位和私营部门工作的居民之间住房条件的差距在房改之前就已存在。住房改革所做的无非是商品化房产，通过以折扣价出售给现有住户的方法把它们转移到个人手中。一旦商品化，更好的住房就可以在住房市场上出售或出租并产生大额利润和新的财富。那些从工作单位以低价购买到住房的人迅速地积累了家庭财富，特别是在住房市场发展较快的大城市（如北京和上海）。

2014年中国个人持有的可投资资产总体规模达到112万亿元人民币，2012~2014年均增长率为16%。2014年，中国可投资资产在1000万元以上的高净值人数100万人，人均持有可投资资产3000万元，总量达到32万亿元（见图7-23）。

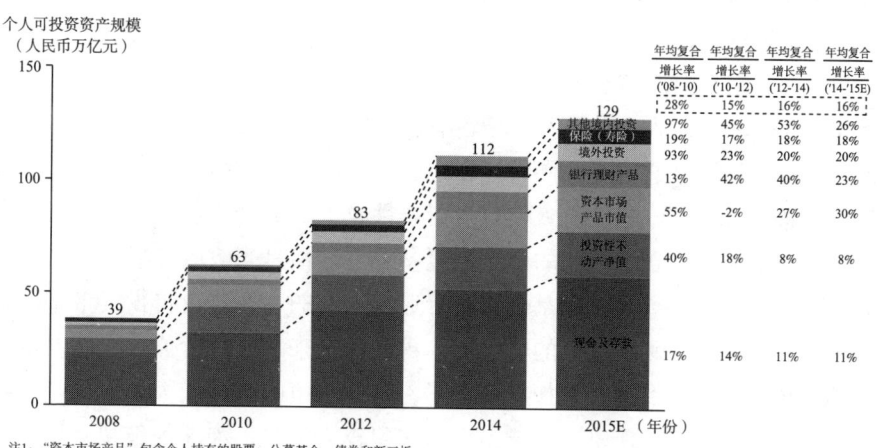

注1："资本市场产品"包含个人持有的股票、公募基金、债券和新三板。
注2："其他境内投资"包含个人持有的信托、基金专户、券商资管、私募股票投资产品、黄金、私募股权、P2P产品等。
来源：贝恩公司高净值人群收入－财富分布模型。

**图7-23 中国2008~2015年全国个人持有的可投资资产总体规模**

资料来源：招商银行《2015中国私人财富报告》。

自2009年以来，中国的高净值人数不断攀升。2014年末，各省基本上都达到了1万人，其中西部地区人数增长迅猛，高收入人群的地区分布差异在不断缩小，一定程度上显示出我国区域经济增长的活力。其中，有7个省市的高净值人数超过5万人，分别为广东、上海、北京、江苏、浙江、山东和四川。值得注意的是，四川成为首个高净值人数超过 5 万人的内陆省份，这与国家发展中西部地区的战略密不可分。

## 三、经济发展与收入差距的相关性：库兹涅茨曲线的中国检验

### （一）居民收入差距与财产占有差距的相关性

财产从概念上来说其实质是资产的货币净值，它是居民在一定时间点上的具体财富的静态表现。居民的家庭财产主要是指房地产、金融资产等；收入往往是指一段时间内个人或家庭的全部收益。财产的总量和收入的总量共同决定了一个家庭的生活水平。根据国家统计局统计口径显示，居民的收入包括了四项：工薪收入、经营性收入、财产性收入和转移性收入，而我们讨论的通常是其总和。因此我们可以认为，收入是某一时间段内动态状态的体现，是流量概念；财产是一个时间点上的静态总值体现，是存量概念。

收入差距和财产占有差距是相互联系又存在差别的两个概念，在不同的社会经济形态下，收入差距和财产占有差距的关系需要具体分析。大多数情况下，收入差距和财产差距同时存在，收入分配会影响财产分布，反过来财产分布也影响收入分配。收入中包含财产性收入，财产性收入来源于财产占有。财产性收入建立在一定的财产积累基础上。但是当收入形成时，又是独立的收入形式。财产性收入是个体对有形或无形的财产进行再投资带来的附加收入，是居民对财产产权的再投资、再利用带来的增加价值，也是财富实现不断累积的重要手段。例如股票市场，股票价值的泡沫较大，股价与其实际价值经常出现偏离现象，泡沫出现与破裂较为随机，泡沫的破裂会导致金融资产价格迅速暴跌，由此个体或者组织投入到股市的高额财产可能迅速全部蒸发或者大幅度缩水，从而导致非财产性收入也一起减少。财产性收入不涉及资产所有权转让而只限定于由于拥有和转让金融资产、住宅及非生产性资产的使用权而获得的收入。

收入、财产和财产性收入之间存在着互相影响，互相强化的关系。在现代劳动力市场中，财产内化成了劳动者的个人禀赋，财产弥补了劳动和资本的贡献差异，增加了居民在劳动力市场的谈判资本，但是作为禀赋，财产也在一定程度上恶化了收入的不平等程度，造成了居民财产占有差距的分化。

近年来，我国学界也广泛探讨了居民收入差距与财产占有差距之间的关系。

王沁（2016）的研究就直接表明，我国收入差距不断拉大的一个最主要的原因就是财产转化为财产性收入的差距在不断拉大。进一步的，他指出虽然城乡居民的财产性收入比重皆有所增加，但两者之间差距从 2000～2012 年仅从 2.9 倍降至 2.8 倍。在居民财产分布差距的扩大速度快于居民收入差距的扩大速度之下，目前贫富分化最主要的原因之一就是由财产转换为财产性收入的差距在拉大，而缩小贫富差距需要致力于增加中等阶层所占的比重。

王婷（2012）则明确指出财产性收入在居民收入中比重的增加会扩大我国居民的收入差距。她提出，马克思主义经济学认为，财产性收入的本质是社会劳动剩余，其分配的主要依据是生产资料所有权。因此，居民之间生产资料占有的差异必然导致其所获得的财产性收入不同，而财产性收入又具有较强的马太效应。所以，增加居民财产性收入不能有效缩小居民收入差距，反而会使居民收入差距不断扩大。

李金良（2008）也指出财产性收入的增加势必对我国的居民收入和贫富差距产生深远的影响。他的文章通过财产性收入的增加对城乡收入差距的影响进行实证研究，发现目前财产性收入并不是导致城乡收入差距的主要原因。但是，财产性收入迅速增长必然会对贫富差距产生影响，政府应当加强政策设计使得随着财产性收入的增加逐步缩小贫富差距。

金双华（2013）在研究收入差距和财产占有的关系中加入了税收负担的视角。他的研究结果表明，城镇居民财产性收入差距不断扩大，高收入阶层财产性收入占可支配收入的比重不断增大；财产性收入的税收负担只有微弱的累进性，财产性收入的税收对城镇居民收入差距的调节力度太小。同时他给出的政策建议是，有针对性地调整部分财产性收入的税收政策，对调整收入分配差距的目标有帮助。

除了学界对于这两者关系的探讨，本章认为涉及财产占有差距或者贫富差距的时候，一般包含了两层意义。第一层含义是指收入分配差距。个体的年收入、月收入总和形成个体的收入总和，这种收入从经济学角度来说是一个流量的概念，反映了个体的生活状态和福利水平，可以作为个体生活水平和福利状态的一个衡量指标。研究收入分配问题的实质是要解决不同个体或群体之间的生活环境差异，最终实现差异的公平合理。第二层含义是指财产占有差距。涉及贫富差距或贫富悬殊时，我们大多是指个体之间占有的财产的多少的差异，当我们说一个人是百万富翁或者千万富翁、亿万富翁的时候，这个富翁的概念并不是指他的收入多少，而是指他有多少财产。包括福布斯排行榜在内的其他一些富人榜，对财富的衡量标准也都是他们所占有的财产。财产是一个存量概念，因为它是一个长期的累积量。人的一生都在不断地积累财产，而我们所看到的只是一个时点上的财产量。所以说，"财产占有差距"包含了"收入差距"，但不只是收入的差距。当然，不可否认的是，这两者之间有着不可分割的联系。收入分配会影响财产分布，反过来财产分布也影响着收入分配。收入中包含着财产性收入，财产性收入来源于财产。如果一个人的财产性收入很高，往往意味着他的总收入也很高，由于更多的财产可以带来更多的收入，更多的收入也可以转化为更多的财产，所以二者之间存在着相互影响、相互强化的关系。

收入差距和财产占有差距从产生上来看，具有一定的因果关系。由于个体或者组织参与财富分配的方式和程度不同，收入差距的产生不可避免。那么，在市场经济中收入差距积累形成实际占有财产的差距，收入差距形成了财产占有差距的最直接、最主要的原因。也就是说，在合法的市场经济环境下，收入差距是财产占有差距的主要形成原因，这两者呈现因果关系。居民的收入差距发展到一定程度，必然会带来更大的社会效应，造成财产占有量的差距，实现从表面到质的变化。如果收入差距是合理的、科学的，贫富差距的问题就不会长期存在，因为个体的财产积累规模无论有多大，如果不能转化为长期的、持续的收入，那么他曾经所占有的财产终会消耗殆尽。

从收入差距与财产占有差距的影响来看，二者是相互影响的关系。收入差距在市场经济环境的积累下形成了财产差距，进而决定了贫富差距。财产是收入积累的结果，任何财产都根源于收入，但只有那些经常性的、稳定性的、合法性的收入才能成为财产不断增长的源泉。财产占有差距对于收入差距的扩大也形成一定程度的影响。也就是说，财产占有量的差距的形成和拉大，也影响到下一轮的收入的差距，二者之间可能形成一种恶性的相互作用机制。

当前我国经济处于高水平稳步发展的过程中，正面临着社会全面转型，市场经济较为繁荣但是仍存在缺陷，市场运行和政府的宏观调控关系也在逐步调整。在这样的经济和社会背景之下，我国当前的居民收入差距与财产占有差距存在着复杂的作用关系。

首先，当前我国居民财产占有差距问题部分来源于收入差距，但并不全部是由于收入上的差距。不可否认，当前我国的贫富差距问题必然有一部分来源于经济快速发展的过程中居民收入的差异。但是理论界较为普遍的观点是：制度不健全、区域经济发展不均衡、政府服务过程中的腐败、法律制度不健全、宏观调控水平较低等状况，是造成我国财产占有差距的重要原因。这种观点与我国经济社会发展历程相契合。整体来看，城镇人口中大部分劳动人口的收入都没有实质性差异。此外，大量的农村劳动力的收入都处于低水平、低差距状态。行政机构、事业单位、社会组织等职员工资水平较为一致，除了部分不可统计的灰色收入外，显性收入差异较小。综上所述，我国经济上的收入水平差距并没有很大。由于当前市场经济不健全，也存在一部分人通过非法手段获取部分非法收入，但是这并不是整体社会分配的主流现象，也不足以影响整个收入分配格局。当然灰色收入使得部分人群成为大量财富的拥有者，与此同时也有很多地区失业率有所增加，贫困状况严重。

其次，收入差距和财产占有差距问题存在但是并没有真正的两极化。二者与我国社会主义共同富裕的目标实质上是对立的。但是市场经济的发展使得二者的存在又是不可避免的。真正关键的问题不是收入差距与财产占有差距是否应该存在，而是保持在什么样的范围内。如果差距的存在能够充分体现劳动贡献差异，调动劳动者的积极性，那么它的存在就是可以接受的。我国当前收入差距问题和财产占有差距问题都存在，但是并未两极分化。在当前我国收入差距与财富占有差距的关系上，一定的财产差距的存在，尤其是财产差距在劳动力市场中形成了劳动者的个人禀赋，参与到劳动分配中，进一步揭示了"一部分人先富起来"思路的实现，也更加揭示了"实现共同富裕"的迫切需求。

财产与收入的互动关系为：现期财产受到上一期收入的影响，而现期财产又会对下一期甚至第三期收入形成影响。二者的作用关系具体来说如果居民的收入增加，未被完全消费的收入会实现累积，为形成下一期收入提供物质基础。反过来，居民的财产增加，财产的增加值会对收入形成一定的影响。所以说，财产的增加以收入的增加和收入的累积为基础，收入的增加也依赖于财产的增长，收入的提高与财产的积累是相互作用、共同促进的关系。但是必须要控制收入差距和财产占有差距，不能使个体间的差距过大，防止由于过大的差距带来的恶性后果，要在收入和财产的适度差距之间形成一种良性循环。

不可否认财产及财产性收入是一把"双刃剑"。财产和财产性收入也可能产生负面效应。比如，财产和财产性收入的快速、过度增加可能造成食利阶层的出现，进而造成收入差距的进一步扩大。我国财产差距、财产性收入差距并没有扩大到造成恶劣影响的程度，但是随着经济增长加快，财产差距与财产性收入差距必然会拉大。工资性收入差距已经成为收入差距的重要原因。但是近年来，随着我国居民收入水平的提高，财产积累越来越明显，以货币和房产为代表的财产累积更为突出。居民也逐步实现了将部分收入用于投资，取得投资性收入，这是近年收入差距拉大的新的原因。与劳动收入差距相比，财产占有差距和财产收入差距的扩大速度及影响水平要大得多。当前城镇居民家庭中，出租房屋的收入、证券投资的收入等财产性收入已经成为重要的家庭收入构成。而财产性收入作为一种衍生收入，依赖于财产存在，又可能产生"富者愈富，穷者愈穷"的马太效应，从而加剧社会的贫富差距。经济发展初期，财产性收入的增加会进一步扩大收入差距。所以说必须发挥财产性收入的正面作用，预防其产生负面经济效果。控制收入差距的扩大，并不仅仅是限制富有阶层财富的增加，关键是增加低收入群体的收入，提高其财产性收入水平，使得低收入阶层能够实现向中高收入阶层的流动。实现低收入群体向中等收入群体的转化是实现总体收入差距缩小的关键，也是实现共同富裕的要求。

### （二）经济发展与收入差距的相关性：理论与实证检验

#### 1. 理论研究

关于经济增长与收入差距的相关性问题，国内外学者的主要研究包括经济增长或经济发展过程中收入分配的长期变动趋势，在这一问题的研究中有一个非常著名的假说——库兹涅茨倒 U 型假说，大多数问题的研究都是围绕所谓库兹涅茨倒 U 曲线能否成立而展开。1955 年，在美国经济学会上，美国经济学家西蒙·史密斯·库兹涅茨作了题为《经济增长与收入不公平》的会长就职演说，对经济增长与收入差距之间的关系即经济发展过程中收入差距将怎样变动进行了创造性分析，提出了著名的收入分配差别"倒 U 假设",论述了如下一种观点,即随着经济发展而来的"创造"与"破坏"改变着社会、经济结构,并影响着收入分配。库兹涅茨利用各国的资料进行比较研究,得出结论:在经济未充分发展的阶段,收入分配将随同经济发展而趋于不平等。其后,经历收入分配暂时无大变化的时期,到达经济充分发展的阶段,收入分配将趋于平等(见图7-24)。

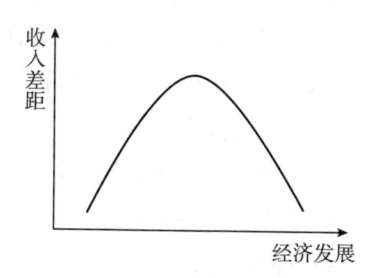

**图7-24 库兹涅茨曲线图**

库兹涅茨认为,一个国家从经济落后向经济发达的发展过程中,收入差距必然经历"先扩大,后缩小"的倒U型趋势。同时,他给出了这种变化趋势的原因,库兹涅茨分析经济增长与收入不平等的关系是基于传统的农业产业向现代工业产业转变过程进行的。他认为在经济发展的早期,社会资源逐渐聚集在少数人手中,在这一时期在先进生产力带动下,生产效率显著提高,经济迅速发展,同时也造成了社会剩余和储蓄主要聚集于在少数富裕阶层,因而就出现了早期的收入分配"富者愈富,穷者愈穷"的马太效应现象;另外在经济发展早期城市化加快的过程中,城市居民的收入不平等程度加剧,也加剧了收入差距的恶化。在经济发展的后期,因为相关法律法规、收入分配调节税及社会保障制度的有效实施等原因促进了社会资源的再分配,又会导致收入差距从扩大向逐步缓和转变。

对资本家与劳动阶级分析,诺贝尔奖获得者威廉·阿瑟·刘易斯认为,在经济发展的初级阶段,由于资本家无偿占有剩余价值,资本家和劳动阶级的收入差距扩大,同时劳动阶级内部因劳动者分属不同的部门引起收入差距扩大;随着经济继续发展,劳动者的工资会逐步提高,从而使得资本家和劳动阶级之间的收入差距趋于稳定。当经济发展进入较高级阶段时,社会剩余劳动力会逐步消失,劳动力市场不再是供过于求的阶段,相较于充足的资本要素，劳动要素相对稀缺，从而引起劳动者的工资上升，而资本家阶级的收益则相应下降，致使社会的整体收入差距下降。

由于库兹涅茨的理论提出时间较早，可以选用的资料和国家案例很不充分，库兹涅茨在当时无法提出一个工业化进程中分配差距变化模型，只能依据大量的猜想和引用一些发达国家工业化经验数据进行分析，库兹涅茨选用的是截面数据，用不同发展程度的国家现状反映国家发展的不同时期，这种方法所得的结果在学界引起广泛争论，有人认为"库兹涅茨曲线可能只有5%的经验基础，在95%上是一种推测，而且还可能受到想象的损害"。在众多学者所做的实证分析中，既有肯定也有否定。

对于我国的发展情况，从20世纪80年代开始，我国进入国民经济持续增长的阶段，与此同时，居民的收入差距也进入了一个持续的扩大时期，而且有进一步扩大的趋势。到目前为止，从我国的经济增长与收入差距的相关性来看，与倒U曲线基本一致。我国的学界也从政策和制度等层面探讨了经济发展与收入差距之间的关系。

孙华臣（2012）就研究了改革开放以来我国城乡收入差距变化的趋势以及造成变化的这种原因。他认为，改革开放以来的城乡收入差距演变总体上呈震荡上升的趋势，在城乡收入差距演变过程中，制度或政策因素对城乡收入差距的变动产生了重要的影响。另外，我国的城乡收入差距经历了先缩小（1979~1985年）、波动上升（1985~1994年）、再缩小（1994~1997年）、最后持续扩大（1997~2009年）四个阶段。分地区看，东部、中部、西部及东北四大地区城乡收入差距演变轨迹同全国基本相同，均呈现波动上升的趋势。四大地区中，西部地区的城乡收入差距最大，中部次之，东北地区最小。

李宪印（2011）则系统分析了城市化、经济增长和城乡收入差距之间的关系。他的研究发现，城市化、经济增长与城乡收入差距三个经济变量之间存在长期均衡关系；城乡收入差距扩大可以促进城市化的进程，而城市化进程反过来对城乡收入差距扩大具有长期影响；经济增长对城乡收入差距的扩大产生长期正的影响，但城乡收入差距的扩大对经济增长存在制约作用。

钞小静和沈坤荣（2014）从劳动力供给视角出发，将二元经济结构特征引入跨期模型来揭示城乡收入差距通过劳动力质量影响经济增长的内在机理。他们的研究结果表明，城乡收入差距过大会导致初始财富水平较低的农村居民无法进行人力资本投资，从而制约劳动力质量的提高。由于现代部门与传统部门具有不同的生产效率，较低质量的劳动力只能在传统部门从事生产，这不仅不利于传统部门自身生产效率的提升，而且也减少了进入现代部门从事生产的劳动力数量，城乡收入差距通过劳动力质量影响了中国的长期经济增长。

吕炜和储德银（2011）则通过建立考虑地区差异的城乡居民收入差距与经济增长的动态面板数据模型，以及采用 GMM 方法估计后，他们发现：我国城乡居民收入差距与经济增长之间存在显著的非线性影响，其中东部地区城乡居民收入差距与经济增长正相关，但中部和西部地区城乡居民收入差距均与经济增长负相关。因此，尽管缩小城乡居民收入差距在中部与西部地区能够有效促进经济增长，特别是在西部地区，但在东部地区反而阻滞经济增长。这也意味着政府制定再分配政策时应充分考虑城乡居民实际收入差距与经济发展水平的地区差异性。

陈安平（2010）对于我国经济增长和收入差距的研究结论则满足库兹涅茨倒 U 曲线。他的研究指出，尽管全国总量时序数据的 Granger 因果关系检验表明，中国的经济增长与收入差距不存在任何方向的因果关系，但以各省 GDP 增长率和城乡收入比为观测点的面板数据检验结果显示：不论是在短期还是在长期，收入差距的扩大都是引起经济增长的 Granger 原因；经济增长在短期会引起收入差距的扩大，但从长期看，有助于收入差距的缩小。

2. 实证检验

从理论分析中，我们认为经济发展与收入差距的相关性应当是一个满足库兹涅茨倒 U 曲线的关系，收入分配的库兹涅茨倒 U 曲线是指一个经济体的收入分配随其发展而呈现倒 U 型走势。首先参考中国改革开放以来的时间序列数据，选取 1981～2014 年的基尼系数（Gini coefficient）作为衡量收入差距的指标，选取 1981～2014 年人均国内生产总值作为衡量经济发展的指标，选用二次函数来反映曲线的形状，以此来建立回归模型进行实证检验。

首先对已知的数据进行对数处理，分别以（人均国内生产总值的自然对数）和（基尼系数的自然对数）为横纵坐标，进行二次函数拟合得到图 7-25。

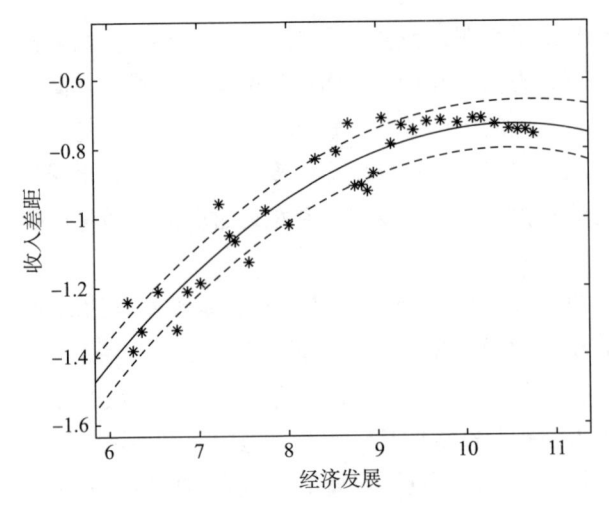

图 7-25　库兹涅茨曲线中国检验结果图

可以看出我国收入差距与经济发展的关系符合库兹涅茨倒 U 型曲线的变化趋势，截至 2014 年已经达到倒 U 型曲线的顶端。

3. 模型设定和变量定义

为了实证检验收入差距与经济发展的相关性，本文设定了如下回归模型：

其中，是代表收入差距的指标，采用的是公认度最高的基尼系数，基尼系数测度了一个经济体内个体或家庭之间收入分配偏离完全平等分配的程度，库兹涅茨曲线从低到高刻画了收入的累计百分比对人口的累计百分比的变化，基尼系数是库兹涅茨曲线与假想的完全平等线之间面积与完全平等线以下总面积的比值，本章的基尼系数来源于中国国家统计局和中国社会科学院，部分数据为民间测算，可能存在统计口径问题；是代表经济发展的指标，人均收入水平是最理想的刻画指标，本文选取的是人均国内生产总值，这一指标既能刻画经济发展，也能涵盖人均收入，选用数据来自 1981 ~ 2014 年的中国统计年鉴。本章实证结果的预期是中国收入差距与经济发展的关系满足库兹涅茨倒 U 型曲线。

4. 样本选取与数据处理

本章共选取了 1981 ~ 2014 年的 34 组数据，经济发展的指标来自期末，而且数据完好，不需要调整；收入差距的相关数据多数来源于中国国家统计局，有少部分来源于学者的调查研究，可能有统计口径导致的误差，由于数据量过少且对数据精度要求不高，所以仍然使用现有数据，经济发展与收入差距是一个长期的渐变的过程，因此选择期末的相互对应的数据是合理的。各变量的主要统计特征如表 7-11 所示。

表 7-11　　　　　中国经济发展与收入差距的统计特征表

|  | N | 极小值 | 极大值 | 均值 | 标准差 |
|---|---|---|---|---|---|
|  | 34 | -1.39 | -0.71 | -0.9237 | 0.21620 |
|  | 34 | 497.00 | 47203.00 | 11834.85 | 13697.93 |
|  | 34 | 247009.00 | 2228123209.00 | 322178531.32 | 591182486.80 |
| 有效的 N | 34 |  |  |  |  |

5. 实证结果

本章选用 34 个数据进行时间序列分析，得到如下结果（见表 7-12）。

表 7-12　　　　　中国经济发展与收入差距的回归结果

| 解释变量 | 估计值 |
|---|---|
| GDP | $4.044 \times 10^{-5}$* |
|  | (-34.904) |
| SQUAREGDP | $-7.300 \times 10^{-10}$* |
|  | (7.693) |
| 常数项 | -1.167* |
|  | (-5.993) |

注：括号内为 t 统计量；* 表示在 1% 水平下显著 $R^2=0.73$。

上述模型采用基尼系数作为被解释变量的时间序列分析，各系数均在 1% 水平下显著，同时拟合优度较高，可以认为模型有较强的解释力，因此验证了收入差距与经济发展的倒 U 型假说，得到了如下关系。

我们得出结论，收入差距与经济发展的相关性满足库兹涅茨倒 U 曲线，说明倒 U 曲线代表了中国发展进程中收入差距演变的一般趋势。倒 U 曲线对中国 1981 年以后的收入差距演变具有很好的解释力,并且中国的经济发展数据和实证结果的对比显示,中国大致在 2010 年以后已经进入倒 U 曲线的拐点区,在未来中国经济继续发展的大背景下,可以推测在未来收入差距将进一步减小。

# 附录  当代资本主义国家收入分配和财产权结构的矛盾及其深刻原因

当代资本主义国家收入分配和财产权结构是在资本主义私有制基础上发展而来的,是资本主义社会生产关系的集中表现和现实展开。历经数百年的演变与沉淀,发达资本主义国家慢慢形成了一个较为成型的社会财富结构体系和收入分配格局。尤其20世纪70年代以来,发达资本主义国家进入了一个相对稳定的发展时期,经济增长加速了居民私人财产的积累,无论是私人财产总规模还是私人财产,在国民财富中的比例都有显著的增加;但是,伴随这一过程的却是社会的分裂和矛盾的加剧。以美国为例,其收入分配格局和社会财产权结构的主要特征表现在:工薪(劳动)收入与资本收入差距不断扩大,中产阶级家庭财产严重缩水,各阶层家庭财产占有份额进一步分化,贫富差距不断拉大。

## 一、当代资本主义国家收入分配格局演化

美国的收入分配情况在第二次世界大战后经历了三个主要的阶段(见附图1):战后初期美国的收入分化状况得到明显改善;20世纪五六十年代的凯恩斯黄金增长阶段是美国社会一个较为公平的时期;80年代新自由主义兴起以后,美国富人阶层和工人阶层的收入分化状况日益严重(王家庭、杨庭,2012)。

数据显示,2009~2015年,占据美国人口仅1%的最富有阶层收入增长了37.4%,其余99%的人口收入则增长了区区的7.6%。众多经济学家在对1913年以来美国国税局公布的居民收入数据进行分析后发现,2012年美

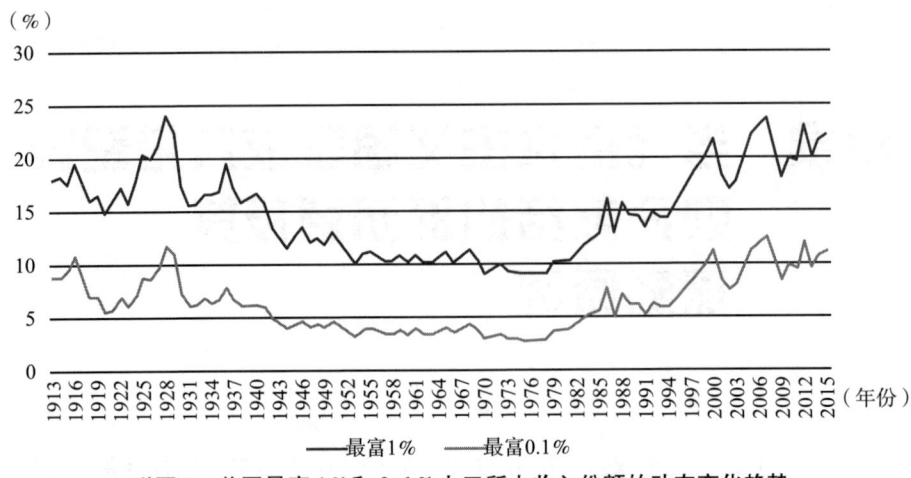

附图1 美国最富1%和0.1%人口所占收入份额的动态变化趋势

资料来源：Emmanuel Saez. http：//eml.berkeley.edu/~saez/.

国1%最富有人群的收入占全民年收入的23%左右，创下1928年以来最高纪录，并在短暂下降后又回升到2015年的22%以上；在收入"金字塔"中位居前10%的美国人占有全社会总收入的50.47%。加州大学伯克利分校经济学家伊曼纽尔·赛斯说："我们需要思考，在这样的社会中，收入差距的日益拉大，从经济学上说到底是不是有效率的，而从社会公平角度看是否可接受？"美国智库布鲁金斯学会高级研究员卡罗尔·格雷厄姆指出，如果收入不平等被视为是对个人不同努力程度的奖赏，那这是良性的，但是如果不平等的发生是源于社会体系偏袒少数精英和特权阶层，那么这种不平等就会削弱个人奋斗的动力。从这个意义上说，美国当前的贫富分化加剧趋势具有破坏性[1]。

从劳动收入与资本收入在国民收入中所占份额来看，美国的收入分配格局呈现出财产性收入稳步上升、劳动性收入比重持续下降的趋势日益明显。

### （一）劳动性收入

作为美国居民最主要收入来源的工资，其实际增长速度并没有跟上经济发展水平。美国私营企业的实际小时报酬从20世纪50年代到70年代末有

---

[1] 《美国贫富差距创新高》，载于《人民日报》2013年9月13日22版。

一个比较明显的增长趋势，然后一直保持平稳或者缓慢下降的趋势。美国工人的劳动报酬在80年代以前一直保持着正增长，与同期的GDP增速基本一致，但是80年代以后，美国GDP仍然保持2%的增速，但是工人工资的增长速度明显下降，基本上在0.5%左右。90年代以后，由于美国宏观经济的好转，出现了两高（高经济增长率和高生产增长率）和两低（低失业率和低通货膨胀率），美国工人工资的增长速度又有所回升，但是仍然低于生产率的增长，例如2000~2007年，美国生产率平均增长2.6%，但是同期美国工人工资只是增长2%左右，其中最低20%收入家庭组的工资增长只有0.1%，贫困率则增加了1.2%。劳动收入增长持续低于GDP增长速度，使得劳动收入占GDP的比重也不断下降（王家庭、杨庭，2012）。从附图2可以看出，美国的雇员收入占GDP比重在70年代达到最高，接近于66%，此后则呈现不断下降的趋势，2011年甚至低于60%。

**附图2　20世纪50年代以来劳动报酬占GDP比重变化趋势**

资料来源：Feenstra, Robert C., Robert Inklaar and Marcel P. Timmer. The Next Generation of the Penn World Table. American Economic Review, 2015.

### （二）财产性收入

财产性收入是财产的衍生物。与财产规模快速积累相对应，财产性收入占居民个人收入的比重稳步上升。20世纪90年代以来美国居民财产性收入占居民总收入的比重在25.31%~27.78%，居民财产性收入的分配占GDP的比重则超过了25%。美国居民财产性收入的分配占GDP的比重在金融危机之前稳步攀升，到 2008 年达到峰值 28.13%，随后经过短暂下降又迅速回升到 2015 年的 27.96%，并有继续上升趋势（见附图 3）。

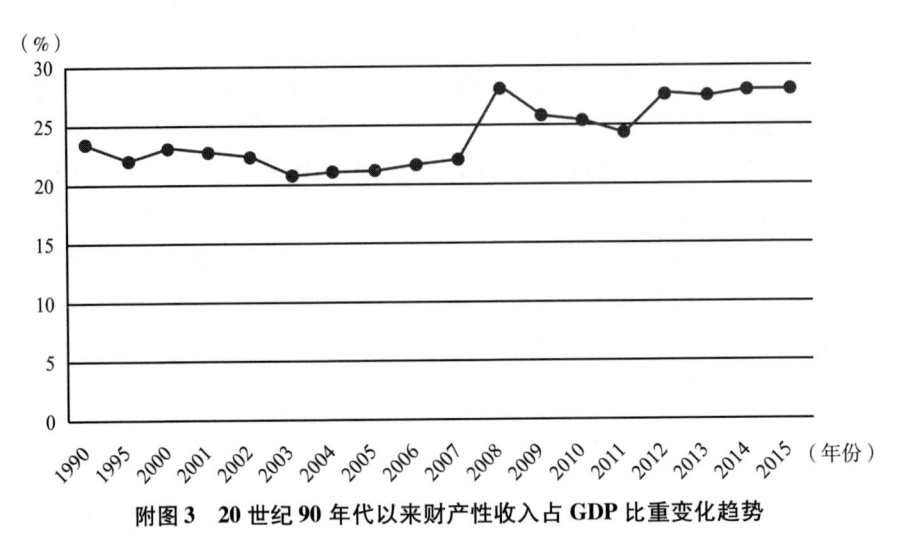

**附图 3　20 世纪 90 年代以来财产性收入占 GDP 比重变化趋势**

资料来源：根据美国 Bureau of Economic Analysis https://www.bea.gov 相关数据整理。

从来源和构成来看，其财产性收入主要来自于财产所得、财产租金收入、股息收入和利息收入等。其中财产增值所得和利息收入是居民财产性收入的主要来源。在 2007 年之前，利息收入是居民财产性收入的第一大来源，甚至在 2003 年以前利息收入占财产性收入的比重超过了 40%；财产所得是居民财产性收入的第二大来源，占居民财产性收入的比重平均在 30% 以上；股息收入是居民财产性收入第三大来源，特别是从 2004 年开始，居民股息所得超过了 20%，而且快速增加（见附图 4）。2007 年之后，财产性收入迅速上升，在 2008 年跃升为居民财产性收入的第一大来源，随后逐渐趋于稳定在 44% 左右；利息收入成为居民财产性收入的第二大来源，占居民财产性收入的比重平均在 27% 左右；租金收入快速增加，特别是从 2004 年开始，其份额超过股息收入，成为居民财产性收入第三大来源。而股息收入所占份额自 2007 年达到峰值 26% 后，呈接连下降趋势。

附图 4　美国居民财产性收入结构

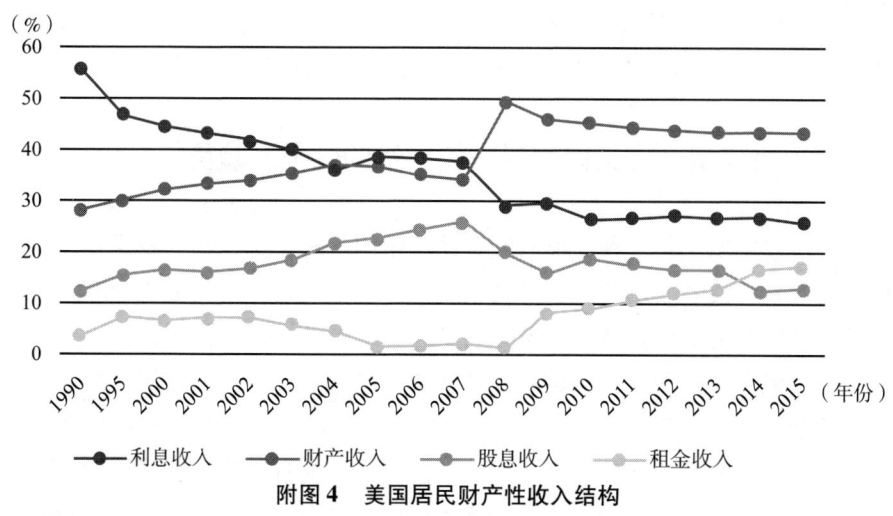

资料来源：美国 Bureau of Economic Analysis https：//www.bea.gov 相关数据整理。

从劳动收入与资本收入在国民收入中所占份额来看，20 多年来，劳动收入份额在多数工业化经济体都在缓慢下降，但在英语经济体中尤其严重。伦敦咨询公司 Smithers & Co 负责人安德鲁·史密瑟斯（Andrew Smithers）指出："不仅现在的利润率很高，而且（企业的）行为也很异常。"利润率和资本回报率是劳动收入份额的对立面。一般来说，在经济衰退时，由于企业会保留员工而牺牲利润，因此劳动收入份额通常会增长，而在经济复苏时又会回落。但 2008 年经济衰退中的变化趋势却恰恰相反：劳动收入份额出现下降，而且在复苏开始后继续下降。[①] 许多学者认为，全球化和科学技术的发展是劳动收入份额下降的原因。资本在全球范围内对资源的重新配置提高了全球经济效率，做大了全球经济蛋糕。但在这一进程中，发达国家是受益者，也是受害者，受益的是高端金融、科技产业等产业，受害的是低端制造业的产业工人。目前美国制造业岗位总数为 1180 万个，比 1979 年的峰值 1960 万个减少了 40%。美国外交关系委员会高级研究员塞巴斯蒂安·马拉贝在《金融时报》专栏中写道："美国科技和全球化放大了工人之间的生产率差异。如果薪酬依据业绩而定，以实现激励最大化，那么不平等的扩大就

---

① 罗宾·哈丁：《美国劳动收入份额为何下降？》，载于英国《金融时报》，来自 FT 中文网 2011 年 12 月 16 日。

是必然的结果。"[①] 利润与工资的对比在利益层面上直接体现了当代资本主义社会"强资本"与"弱劳动"的对比（胡莹，2013）。

## 二、当代资本主义国家财产权结构的特征及趋势

财产权本质上是一种由所有制关系决定的法权关系，财产权结构反映的是由一定生产关系所决定的利益关系。财产权是现代社会的基本权利，它既是每一个社会成员生存及自由选择的基础，也是资源配置的手段。

历经数百年的演变与沉淀，发达资本主义国家在逐渐形成了一个较为成型的社会财富结构体系的同时，其社会财产权结构也发生了一系列新的变化：随着家庭财产金融化，财产权主体范围的扩大催生出庞大中产阶层；居民财产总规模总体呈现稳定增长态势，居民家庭财富普遍增加，发达资本主义国家财产权利结构的调整呈现出向更高层次和全方位发展的趋势。但同时社会财富也正以惊人的速度向极少数富豪阶层转移，与贫富差距伴生的是社会结构的断裂和社会流动性的凝滞。尤其是金融危机之后，富者愈富、穷者愈穷的状况正在削弱美国中产阶级，财富向顶层集中正在改变美国引以为傲的梭子型社会结构。因此，不少研究者认为，第二次世界大战之后的 30 年，美国是在聚合地增长，而近 30 年，美国则是在分裂地增长。

### （一）家庭财产金融化趋势明显

经济过度金融化是 20 世纪 80 年代以来资本主义经济发展的鲜明趋势。财产积累价值形态化和财产金融资产化成为发达国家居民财产权结构新变化的一个显著特征。财产金融化导致了财产增值形式的多元化，强化了财产的流动性和叠加、倍增效应。1983～1989 年、1989～2001 年和 1977～1984 年、1984～1999 年美国、加拿大两国金融资产的实际增长速度分别为 17.80%、43.70% 和 18.15%、92.40%（见附表 1）。同期两国金融资产的实际总增长率均超过了总财产净值的实际总增长率。金融资产在居民财产总量中占据的份额越来越高。

---

[①] 《中国证券报》，2012 年 3 月 24 日。

附表1　　美国、加拿大居民总财产及金融资产实际总增长速度

| 国家 | 资产类型 | 时期 | 增长（%） |
| --- | --- | --- | --- |
| 美国（SCF） | 金融资产 | 1983~1989 | 17.80 |
| | | 1989~2001 | 51.10 |
| | 总财产净值 | 1983~1989 | 14.60 |
| | | 1989~2001 | 43.70 |
| 美国（PSID） | 总财产净值 | 1984~1994 | 7.30 |
| | | 1984~1989 | 9.30 |
| 加拿大 | 金融资产 | 1977~1984 | 18.15 |
| | | 1984~1999 | 92.40 |
| | 总财产净值 | 1977~1984 | -2.10 |
| | | 1984~1999 | 36.60 |

资料来源：KEVINMILLIGAN,"Life-Cycle Asset Accumulation and Allocation gin Canada", NBER Working Paper, 2004, 10860.

居民家庭财产金融化重新界定了财产持有者权利，催育出股票、债券、大额存单、股（债）权投资和衍生金融品等多种形式在内的金融资产，构成为财产主体持有财富的新内容，财产增值从静态化、单一化向动态化、多元化方向发展，金融资产收益成为发达国家居民收入的主要来源。

### （二）居民财产占有总规模和人均规模变化

20世纪80年代以来资本主义经济走出"滞胀"，进入了一个相对稳定发展时期。经济增长与经济结构的相对稳定性加速了居民财富积累，财产总规模和人均规模均呈现稳定增长的态势。根据美国皮尤研究中心（2015）数据，从1983~2007年，美国家庭财富在持续增长。2001~2007被誉为美国家庭财富爆发的黄金时代，美国人的家底在2007年达到高峰，当年全美每一个家庭财富平均下来高达60万美元。美国居民家庭财富积聚分布变化情况还可以通过高、中、低收入家庭净资产中位值和中位收入指标反映出来。1970~2010年全美高、中、低收入家庭中位收入分别增长了43%、34%和29%，1983~2001年全美高、中、低收入家庭净资产中位值则分别增长了85%、42%和68%。

在经历了金融危机后，美国人家庭财产开始严重缩水。由于房地产和股

票价格一落千丈,近几年美国居民财富积累开始"减肥瘦身",中低收入家庭财富积累遭遇重创。2013 年美国家庭平均净资产额回落到了 20 世纪初的水平(见附表 2),家庭净资产中位值则下降到 82756 美元,基本回落到了 90 年代中期的水平(见附图 5)。

附表 2　　　　金融危机后美国家庭财富积累"瘦身"情况　　　单位:美元

| | | 2001 年 | 2007 年 | 2010 年 | 2013 年 | 增幅(较 2010 年) | 增幅(较 2007 年) | 增幅(较 2001 年) |
|---|---|---|---|---|---|---|---|---|
| 全美家庭净资产平均值 | | 531813 | 635989 | 537576 | 537226 | 0 | -15.5% | 1% |
| 全美家庭净资产中位值 | | 116031 | 137955 | 83637 | 82756 | -1% | -40% | -28.7% |
| 美不同家庭净资产变化情况 | 低收入家庭净资产平均额 | 95912 | 119208 | 110994 | 86382 | -22% | -27.5% | -9.9% |
| | 低收入家庭净资产中位值 | 19397 | 18264 | 10688 | 9465 | -11.4% | -48.2% | -51.2% |
| | 中收入家庭净资产平均额 | 292862 | 316123 | 248121 | 228420 | -8% | -27.7% | -22% |
| | 中收入家庭净资产中位值 | 136445 | 161050 | 98084 | 98057 | 0 | -39% | -28.1% |
| | 高收入家庭净资产平均额 | 1900405 | 2326061 | 1914611 | 1958981 | 2% | -15.8% | -3% |
| | 高收入家庭净资产中位值 | 600089 | 729980 | 605228 | 660074 | 9% | -9.6% | 10% |

资料来源:根据 Pew Research Center, 2015 相关数据整理。

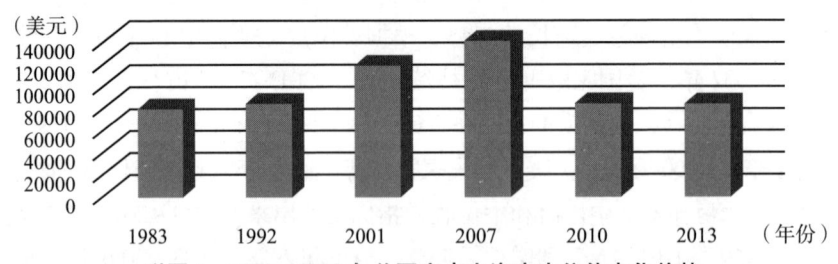

附图 5　1983~2013 年美国家庭净资产中位值变化趋势

资料来源:根据 Pew Research Center, 2015 相关数据整理。

值得关注的是,在金融危机冲击下,财产分布高端人群通过财产积累应对风险冲击能力在上升,而财产分布中低端人群通过财产积累应对风险冲击能力在下降。在美国,以往所谓的橄榄型社会结构正在发生变化,"美国中产阶级的空心化——这一现象仍被斯文地称作中产阶级收入停滞、而不是'下降'——正在加速而非减缓"。①

## (三) 中产阶层的兴起与衰落

20世纪美国的发展,不仅带来了经济、政治和社会的进步,而且也带来了社会结构的变迁,特别是带来了中产阶级构成的变化(石庆环,2010)。

### 1. 财产权主体范围扩大催生出庞大中产阶层

当代资本主义财产权形式和种类的膨胀现象被称为"权利的爆炸"。无形财产大量涌现,财产权呈现非物质化特征。"财产不仅仅是对个人自己的生产成果的所有权以及可以自由处置的权利;它是预期取得别人所生产的东西的现在价值"②。智力、技术、信息等要素在资本增值中作用加大,无形财产正成为更重要的财产形式。在美国,甚至包括养老金、福利资助、补贴等都被认定为是无形财产权,又称为"新财产"(New Property)。

与财产权形式和种类骤然增长相对应的是财产权的主体范围迅速扩大。在现代股份公司形式下,随着股权的日益分散化,社会居民持股人数大幅度增加。1989年美国直接、间接持股的家庭占全国家庭的32%,2005年持股家庭数量已占家庭总数的50.3%。财产权主体范围的扩大和收入流动性增强引致了社会结构均质化现象,特别是中产阶层比例不断增大:"在美国,80年代以来,社会上最富有的阶层大约占6.7%,最贫穷的阶层大约占6.2%,其余的87.1%的家庭,大致都处于一种中间阶层或曰中产阶级的地位上。"③

### 2. 中产阶级危机

2008年爆发金融危机后,发达国家的中产阶级普遍陷入了危机中,中产阶级规模呈快速萎缩的趋势。日本白波濑佐和子教授在《正在没落的中产阶级》一文中指出:"2008年雷曼公司破产引起(全球)金融危机,随后又

---

① [日]白波濑佐和子:《正在没落的中产阶级》,载于《经济学人》2012年1月31日。
② [美]康芒斯:《制度经济学》(下),商务印书馆2009年版。
③ 李强:《关于中产阶级和中间阶层》,载于《中国人民大学学报》2001年第2期。

爆发欧债危机，宏观经济变数丛生，受此影响，发达国家近年来普遍出现日益明显的'中产阶级危机'。"① 在危机的冲击下，财产分布高端人群通过财产积累应对风险冲击的能力在上升，而财产分布中低端人群通过财产积累应对风险冲击能力迅速下降，中产阶级正在迅速被边缘化。美国皮尤中心 2015 年 12 月 9 日发表研究报告称，美国家庭的中位数净资产仅仅在 6 年中就缩水了 40%，从 2007 年的 137955 美元降至 2013 年的 82756 美元。2001 ~ 2013 年的 13 年间，中产阶级的中值净资产下跌了 28%，至 98057 美元（见附图 6）。经济衰退吞噬了美国人近 20 年的财富，中产阶级家庭则首当其冲。美联储 2012 年 6 月 11 日发表研究报告显示，35 ~ 44 岁的中年群体从 2007 ~ 2010 年，净资产中值蒸发 54%（私人财产权制度与资本主义市场经济——基于马克思财产权思想的理论解析）。

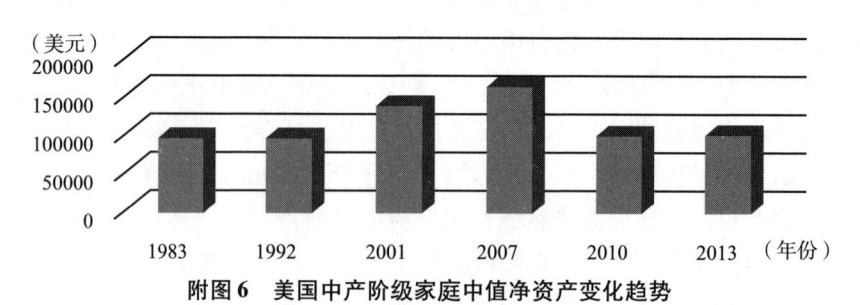

**附图 6　美国中产阶级家庭中值净资产变化趋势**

资料来源：根据 Pew Research Center, 2015 相关数据整理。

美国人口普查局（US Census Bureau）2012 年 9 月发布的数据则显示美国中等收入家庭的财富与 2009 年相比缩水了 4.8%，家庭收入中值已降至 1993 年前的标准。皮尤中心报告显示，美国中产家庭收入中值自 2000 年的 76819 美元跌至 2014 年的 73392 美元，这一下跌为第二次世界大战以来首次②（见附图 7）。

---

① ［日］白波濑佐和子：《正在没落的中产阶级》，载于《经济学人》2012 年 1 月 31 日。
② 皮尤调查结合了美国官方统计数据，但统计口径不完全同于官方。该研究将家庭收入在全国中位数 2/3 到两倍区间内的成年人定义为中产阶级，根据定义范围，2010 年美国三口之家年收入在 39000 美元到 118000 美元都算中产阶级。

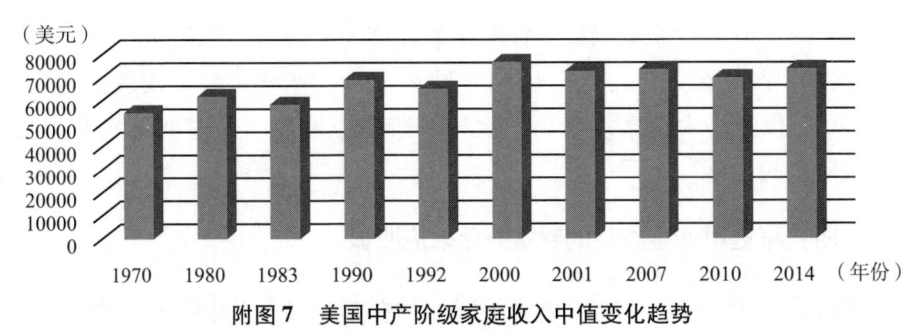

附图7 美国中产阶级家庭收入中值变化趋势

资料来源：转自 Pew Research Center，2015 相关数据整理。

与之对应，中产阶级人数呈快速萎缩的趋势，其规模自 1971 年的 61%收缩到了 2015 年的 50%（见附图 8）。

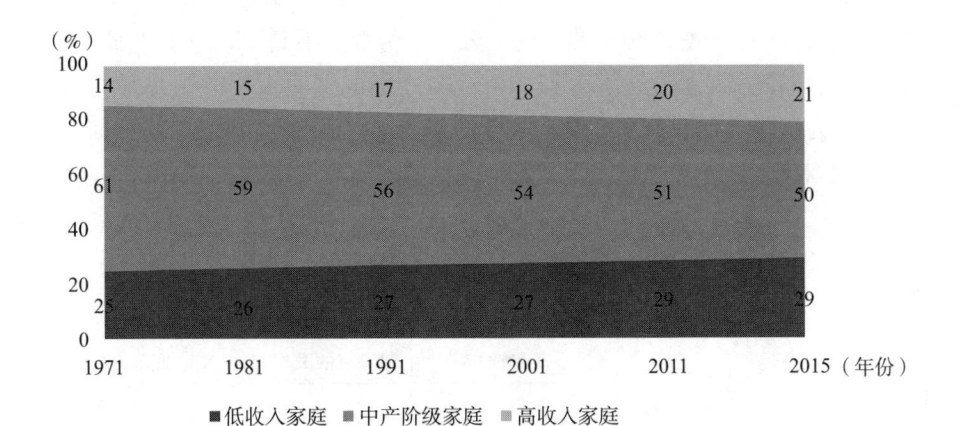

附图8 美国中产阶级规模变化趋势

资料来源：转自 Pew Research Center，2015 相关数据整理。

同样的情况也发生在欧、日等国。据柏林世界经济研究所最新报告显示，由于就业结构发生变化，德国中产阶级在过去 20 多年里明显萎缩，1991～2013 年从 60%降到 54%。[①] 日本白波濑佐和子教授的"关于解析少子老龄化社会阶级分析和构筑公共性的综合性实际验证研究"课题研究显

---

① 新华网：《就业结构变化　德国中产阶级明显萎缩》，2016 年 5 月 12 日，http://news.xinhuanet.com/world/2016-05/17/c_1118880496.htm。

示：20世纪80年代中期以来，日本在家庭可支配收入中间值70%~150%范围内的中产阶级人口占比已从51%跌至46%。哈佛大学卡茨教授指出，这是30年代经济大萧条以来第一次中产阶级家庭收入长时间无增长，是"中产阶级的失落"。

**（四）家庭财产金融化的财富分化效应明显**

随着居民家庭财产金融化趋势，金融资产收益成为发达国家居民收入的主要来源，金融资产占有量不均衡也愈益成为财产分布不均的重要因素，金融资产产生的财富效应对财产分布和财产性收入差距的贡献率快速上升。金融资产向少数人群积聚的分布格局，加速了居民金融资产规模的扩大面，这种财产结构反过来又进一步强化了财富分化效应。以美国为例，在20世纪90年代，最富有的1%的家庭有38%的家庭净资产表现为股票、有价证券、存款等金融资产，底部80%的家庭金融资产份额则不到15.2%；与此同时，80%的底部的民众金融负债达73.0%。与之形成鲜明对比的则是最富有的1%的家庭金融负债只有4.8%（见附表3）。各个阶层金融资产与负债持有率严重不对称。

附表3　　20世纪90年代美国家庭资产结构对比　　单位：%

| 资产结构 | 家庭按净资产拥有量进行的分组（百分位点） |||
| --- | --- | --- | --- |
|  | 最富有的1% | 最富有的1%~19% | 底部的80% |
| 第一套住宅 | 6.4 | 30.1 | 65.9 |
| 其他住宅 | 11.4 | 13.9 | 5.0 |
| 流动资产（银行存款、货币市场基金等） | 7.7 | 11.3 | 11.1 |
| 养老金 | 4.7 | 12.6 | 8.5 |
| 非公司企业股本 | 36.8 | 11.0 | 3.1 |
| 公司股票、有价证券、共同基金、个人信托 | 30.3 | 18.0 | 4.1 |
| 杂项资产 | 2.7 | 3.1 | 2.2 |

资料来源：Edward N. Wolff, Recent Trends in the Size Distribution of Household Wealth.

家庭财产金融化趋势助推了社会总体财产分布不平等的发展态势：一方面，金融资产投资具有高度的投机性和自我膨胀连续积累的本质，美国的富裕家庭在金融资产的分配中占据绝对优势，使得其在社会财富的分配中获得越来越大的份额和控制力量；另一方面，金融机构面向普通家庭消费和抵押信贷的金融衍生品创新的本质是资产和信用泡沫，与之相衬的则是中低收入者家庭可支配收入的实质性缩水。富人阶层和工人阶层在社会财富获得中的金融资产分布严重不均及其带来的"马太效应"，使得美国家庭的财富分配和收入分化状况日益严重。

### （五）财产权利结构分化，财富分布两极化趋势不断强化

在当代资本主义国家财产权结构中，居民财产分布不均等现象严重，财富分布两极化趋势不断强化。金融危机前后，"身居美国财富金字塔顶端的1%人口每年收入占全国总收入将近1/4。若以所拥有的财富而论，这1%人口所控制比例达40%。"① 根据加州伯克利大学伊曼纽尔·赛斯（Emmanuel Saez，2011）的研究和瑞士银行最新发布的研究报告，美国最富有10%群体的财富占美国个人总财产比例在金融危机前后开始陡升，目前比例已接近1929年大萧条前的水平，这意味着目前美国10%最富裕阶层掌握了约一半的国民财富。特别在2009~2010年的复苏期，美国新增财富中的93%被1%的最富有人收入囊中。20世纪70年代中期至今，在总的社会财富分布和增减趋势上，从底部向上99%的美国家庭占有社会总财富的比例均不断趋于下降，而上端1%的家庭却都是趋于上升的（见附图9）。20世纪美国最富有1%人口所占财产变化趋势反映出了其居民财富长期积累效应下社会财产分布的不均等性：1929~1933年大危机时代美国最富有1%人口所占财产份额达40%，其后呈总体下降趋势，70年代中后期降至20%左右，但这一趋势在70年代之后特别是80年代逆转，社会财产分布不平等程度提高，到2015年最富有1%人口所占财产份额已达42%左右。

---

① 约瑟夫·斯蒂格利茨：《美国1%的"民有、民治、民享"》，2011年，http://opinion.huanqiu.com/roll/2011-10/2092133.html。

附图 9　美国 1% 家庭和 99% 家庭所占社会财富比

资料来源：Emmanuel Saez and Gabriel Zucman. Wealth Inequality In The United States Since 1913: Evidence From Capitalized Income Tax Data. The Quarterly Journal Of Economics, 2016. Credit Suisse. Global Wealth Databook: https://www.credit-suisse.com/uk/en/about-us/research/research-institute/publications.html.

同样的情况也发生在欧洲国家。德劳工社会事务部《德国生活状况》报告显示：2008 年德国最富有 10% 人口拥有德国居民家庭净资产的 53%，与 1998 年相比，比例提高了 8%。此外，最不富有的 50% 的居民家庭财产总和占全德私人净资产比例仅为 1%，比 10 年前下降了 4%。德国《帕绍新报》2016 年 1 月底一篇报道显示：2013 年，全德 10% 的家庭占有全社会 51.9% 的家庭净资产；而收入靠后的全德半数家庭，只占有全社会家庭净资产的 1%。对比 15 年前的 1998 年，这两项数字分别仅为 45.1% 和 2.9%。[1] 法国国家统计局数据表明：全法"高收入人群收入增幅较大，相比之下，全国人口整体变穷了。"2004~2007 年，总人口中 1% 的富人在总收入中的占比上升 9.1%，而其余 90%、人口收入比重则下降 0.9%。[2]

根据戴维斯和夏洛克斯（Davies and Shorrocks, 2005, 2012）的研究，发达国家收入分配基尼系数一般在 0.3~0.4，而财产分布基尼系数则一般在 0.5~0.9。财产最多的 1% 的人口拥有总财产的 15%~35%，而收入最多的 1% 的

---

[1] 新华网：《德国 10% 富人占超社会 50% 财富》，2016 年 2 月 3 日，http://news.xinhuanet.com/world/2016-02/03/c_128698768.htm。

[2] 新华网：《调查显示法国贫富差距呈扩大趋势》，2010 年 4 月 3 日，http://news.xinhuanet.com/world/2010-04/03/c_1215654.htm。

人口则拥有总财产的不到10%。斯密丁（Smeeding, 2004）的研究也证实：21个主要发达国家在20世纪90年代中期收入分配的基尼系数大约为0.3，但同期这些国家财产分布的基尼系数为0.52~0.93。美国是发达国家中财产分配较为不均等的国家之一。美国纽约大学沃尔夫的研究证实：就财产分配的基尼系数而言，1983年、1993年、2001年美国人均财产分配基尼系数分别达0.80、0.79和0.83。用SCF数据可以算出，2010年美国的财富基尼系数高达0.84。

## 三、当代资本主义国家收入分配和财产权结构矛盾的深刻原因

财产和财产权利问题是资本主义经济制度和政治制度的核心，而行使私人财产权利的自由，是资本主义经济和政治自由的前提和基础。2008年金融危机呈现出的贫富差距扩大和社会分裂动摇了人们对于美国式"自由市场资本主义模式"的信心。在反思金融危机的根源、希望对金融体系进行改造时，越来越多的人更加关注到社会不平等与贫富差距扩大的问题。

### （一）资本主义国家来自现实的反思：自由市场制度缺陷和政府的"劫贫济富"

法国学者托马斯·皮凯蒂在他的新著《21世纪资本论》中研究了资本主义经济增长过程中的不平等现象，"财富分配已成为时下最广泛讨论和颇具争议的话题之一。但是我们是否真正了解其漫长的演进过程呢？私有资本的不断积累真如卡尔·马克思在19世纪预言的那样，将导致财富被少数人掌握吗？或者如西蒙·库兹涅茨在20世纪所设想的那样，增长、竞争与技术进步之间的不断博弈将会逐渐降低社会不同阶层之间的不平等程度，促进其更加和谐地发展？"[1]他基于自18世纪工业革命至今的财富分配的数据分析，认为不加制约的资本主义导致了财富不平等的加剧，自由市场经济并不能完全解决财富分配不平等的问题。因此，他认为现代市场经济出现了系统性问题，解决这一问题必须采取直接对高财富群体和资本高额征税这一极端措施。

---

[1] 托马斯·皮凯蒂：《21世纪资本论》，中信出版社2014年版，第1~2页。

斯蒂格利茨《不平等的代价》一书中阐述，"当今有三大主题响彻全球，第一，市场并没有发挥应有的作用，因为它们显然既无效率也不稳定；第二，政治体制并没有纠正市场失灵；第三，经济体制和政治体制在根本上都是不公平的。"他认为，"已为公众所知的市场经济最黑暗的一面就是大量的并且日益加剧的不平等，它使得美国的社会结构和经济的可持续性都受到了挑战……"[①] 斯蒂格利茨提出资本主义需要改革，如增加对社会的投资和为普通公民提供更多的保护都将形成一种更有效率和活力的经济，甚至还提到了美国政治体制改革方面稍微减少1%群体的政治势力。

托马斯·皮凯蒂认为，"当21世纪的今天依然重复着19世纪上演的资本收益率超过产出与收入增长率的剧情时，资本主义不自觉地产生了不可控且不可持续的社会不平等，这从根本上破坏了以民族社会为基础的精英价值观。"[②] 托马斯·皮凯蒂针对不平等问题开出的药方即是对资本收入的管制措施，即在全球实行资本高额征税。对此，西方马克思主义学者大卫·哈维认为皮凯蒂关于应对不平等的补救措施的建议是"天真的、乌托邦式的"，也没有提供一个21世纪资本的实用模型。

美国学者克里斯特曼提出了一个"走向平等主义的所有权理论"，对资本主义的财产权结构进行了批判性分析。他说："我的结论是，私人自由所有权不应该成为一个社会占统治地位的财产制度。因此，我不同意说，在为了分配的目的建构财产权时，国家不应起作用。"[③] 克里斯特曼基于所有权结构重新定义了资本主义分配公正的平等主义原则，但他的平等主义所有权的实现措施仍然是福利主义和国家干预主义，并没有触及资本主义私人财产权制度本身。

"从经济学层面而非道德层面看问题，出现富豪越来越富，（中产阶级和穷人）日子难过的局面，几乎是完全合乎逻辑的"（斯蒂格利茨，2011）。建立在私有制基础上的美式资本主义信奉自由竞争优胜劣汰的市场效率，资本主义所有制关系和财产权利结构下特有的国民财富分配机制导致了资本和

---

① [美] 约瑟夫·E. 斯蒂格利茨：《不平等的代价》，机械工业出版社2013年版，序言第3页。
② 托马斯·皮凯蒂：《21世纪资本论》，中信出版社2014年版，第1~2页。
③ [美] 克里斯特曼：《财产的神话：走向平等主义的所有权理论》，广西师范大学出版社2004年版，第15页。

劳动收入在国民收入分配比例上的长期失衡。尤其是20世纪80年代以来西方私有化浪潮不断高涨，社会福利大幅削减，经济金融化和自由化程度持续提高，财富以惊人的速度向占极少数富豪阶层转移、中产阶级萎缩和贫困人口急剧增加，加剧了既有的贫富两极分化。正如白宫经济顾问委员会主席阿兰·克鲁格指出的，第二次世界大战之后的30年，美国是在聚合地增长；近30年以来，美国则是在分裂地增长。这种分配结构长期积累的结果是公平与效率的不对称、贫富悬殊、畸形消费等经济和社会现象，成为社会动荡的基础。这些问题反过来又对经济产生冲击并制约着所谓市场均衡的实现，放大了自由市场的固有的市场缺陷。

我们看到，西方国家许多学者都尖锐地看到资本主义自由市场制度以及政府的"再分配"政策出了问题，但是他们并未从财产权初次分配的层面去发现导致财产权结构失衡和贫富差距的深刻原因。这些学者提出了要克服过大的贫富差距和社会分化，资本主义国家要对它的自由市场制度加以重新调整；但是，他们都没有去触动私有制这个基础，而只是主张在政府与市场之间找到新的平衡；① 而不论采取什么样的政府干预措施，都不可能从根本上改变作为资本主义制度基础的财产权结构，而且也不是以此为目标的。由于生产力发展经常被周期性危机所打断，西方主流经济学不再拒绝对资本主义市场体制进行社会改革的要求。他们认为，社会不平等会破坏资本主义所追求的自由、平等与公正，会破坏资本主义长期的经济增长和社会稳定。但他们认为，以私有制为基础的资本主义市场经济制度仍然是理想的。当然，这个理想的制度不可能单独依靠市场的力量来完成，它还得以政府的干预包括资本管制的各种措施来补充，还需要运用通过政府政策和税收调节手段来弥补市场的缺陷。

### （二）马克思深入制度和结构分析：其实质是资本主义生产方式内在矛盾

马克思深入到经济结构和制度结构的层面，深刻分析了资本主义的私有

---

① 斯蒂格利茨说："当看到了市场经济可以带来的好处时，许多人会相信市场经济会解决所有问题，并认为政府规制会抑制经济增长。与对政府能够解决经济所有问题的盲目信任一样，对市场会解决所有问题的盲目信任也是十分危险的。我们所需要的是在市场与政府之间的某种平衡。"（斯蒂格利茨：《经济学》（第三版上册），中国人民大学出版社2005年版，第3页）斯蒂格利茨对经济中政府与市场的作用的解释可以称为经典，但他仍然回避了资本主义极度发展的私人财产权利和由此带来的收入分配差距问题实际上会影响市场的均衡及有效运转这一问题。

财产制度和财产结构，马克思把财产关系作为社会生产关系来研究，批判地分析了资本与劳动之间的财产占有及利益关系，揭露出资本主义财产权的核心实质是资本强权，分配的不公源于财产权占有的不平等。例如，新自由主义认为垄断是对自由的打击，因此坚持反对垄断，要求垄断组织在自由竞争下活动，但是它不反对垄断资本，相反把反垄断矛头指向工会组织，认为大公司和工会都是垄断组织，强调工会是"非常危险"的垄断联合，是自由市场经济的障碍，要求消除工会组织，矛头直指工人阶级（张彤玉、时学成，2010）。财产权的分配使没有财产权的成为被剥削者，财产权的缺乏使其无法参与社会生产成果的分配，更谈不上参与市场的选择权。而经济危机恰恰根源于资本主义生产关系决定的分配关系（分配结构——即按资本权力分配使没有资本权力的广大劳动者的收入与消费被限制在一个最低的水平上），以及由此衍生出来的社会利益关系失衡的财产权结构。

资本主义生产方式内在矛盾注定了资本主义国家收入分配和财产权结构的矛盾，以及资本主义经济的内生的不稳定性，周期性经济危机成为资本主义的制度病，这是资本主义市场经济的根本缺陷。"资本积累一般规律"作用的结果是财富在资产阶级一端的积累和贫困在无产阶级一端的积累，社会两极分化对生产过剩和需求不足矛盾的激化，是金融危机爆发的根源。伴随劳动所得比重趋于下降，资本所得比重越来越高。特别是在金融自由演化和经济过度虚拟化过程中，不同阶层在持有金融资产和金融负债率上存在明显"倒挂"效应：富裕阶层持有大量金融资产和低金融负债率，贫穷阶层持有少量金融资产和高金融负债率。这种金融资产分布不均本质上是一个从劳动向资本的收入转移过程，大量财富集中流向了持有巨额金融资产的金融资本家手里。此外，在有效需求与供给能力的制度性失衡的大格局下，资本主义国家借助于信用扩张（如消费信贷、房贷）来刺激民众消费和支撑有效需求，持续的货币信用扩张滋生出一个过度金融化、虚拟化的畸化经济结构，虚幻繁荣现象的背后掩盖了居民可支配收入透支和普通家庭债务负重的实质。一旦信用链条紧绷、断裂，金融危机、经济危机的爆发就成为这一逻辑链条的必然结果。

# 第八章 我国转型期收入分配领域矛盾的深层原因

我国转型期收入分配领域矛盾的深层原因是利益结构失衡，本书对此的分析集中到生产关系层面的三大关系上：一是资本权利与劳动权利的关系；二是政府与公民的关系；三是公共利益与私人利益的关系。在这些关系上体现出来的我国转型期收入分配关系及其利益结构失衡，其背后的核心逻辑是生产关系，它是社会主义初级阶段生产力发展与生产关系、经济基础与上层建筑之间矛盾的具体表现和在现实中的展开。本章从市场化改革与按要素贡献分配、所有制结构变化与财产权分布、财产权利结构失衡与收入差距以及初次分配领域资本与劳动的分配关系失衡等方面探讨了我国转型期收入分配领域矛盾的深层原因。

## 一、关于我国转型期收入分配结构主要矛盾及其原因的研究

我国转型期收入分配结构的主要矛盾是社会成员间收入差距和财产占有扩大。这一问题的产生机理及其原因，近年来学界从体制、市场、人力资本禀赋、政府政策和公共品投资等方面进行了诸多研究。

蔡昉、王美艳认为，在初次分配环节，很久以来有几个造成收入差距过大的因素。首先，由于长期存在着大量剩余劳动力，收入分配向更为稀缺的资本要素倾斜；其次，在生产要素价格被扭曲的条件下，如资本要素的相对价格被人为压低的情况下，收入分配也向资本而不是劳动要素倾斜，导致收入差距扩大；最后，在资源和生产资料等分配领域，存在着不公正、不公平和不透明的现象。例如，有人利用特殊的身份，或者借助不正当手段，得到了较大份额的土地、矿产和其他自然资源的开发权，或者原有国有资产的使

用权和收益权，这就注定了收入分配的不均等和不公平。因此，利用刘易斯转折点到来这个有利的时机，在初次分配环节进行深入改革，是解决收入分配问题不可回避的途径（蔡昉、王美艳，2014）。

王明华（2005）认为，影响乃至决定收入差距变化及变化程度的深层次原因是制度因素。制度变迁和城乡等级制度是居民显性收入差距全方位拉开并快速扩大的基本原因，隐性收入特别是非法或非正常收入是居民收入差距扩大的根本因素。行政垄断、干部任用与考核制度缺陷、司法腐败及向市场经济过渡时期的特殊环境，是非法或非正常收入产生并得以蔓延的制度性根源。陈宗胜（2001）测算了各种非法非正常收入对我国城乡居民收入差别的影响程度，并对体制转轨时期非法非正常收入的发生机理给出经济学诠释。结果显示，各种非法非正常收入是导致全国（及城乡）居民收入差别"非正常扩大"的基本因素；而市场化改革过程中不可避免出现的"制度缺陷"是体制转轨时期我国非法非正常收入滋生蔓延的根本原因。陈刚、李树（2012）基于中国 2000～2007 年的官方统计数据，考察了腐败的收入分配效应。研究发现，腐败是造成城镇居民收入差距的最主要原因，就样本区间内而言，腐败对城镇居民收入差距的贡献要远远高于除去经济增长外的其他影响因素。

曾广波（2013）认为，人力资本失灵是中国有组织现代化过程中搁置城乡弱势群体发展的结果，引致了人力资本的非等价交换，人力资本沉没成为常态；国有资产管理的行政性委托代理存在极大的道德风险，易于滋生为权力精英的寻租能力；市场差异化改革造成不同区域资源配置能力与市场能力的巨大差异；国家垄断部门的普遍存在带来垄断利益，寻租与腐败不可避免。这是目前引发贫富差距不断扩大的重要根源。

唐未兵（2013）认为，由于受多种因素的制约，所有制结构变迁对居民收入差距的影响可能会有非常复杂的实际情形。他选取 1981～2010 年样本，采用非线性最小二乘估计和仿真试验对阈值协整模型进行了严格检验和科学估计。结果显示，公有制与全国、城镇和农村基尼系数之间均存在阈值协整关系：公有制比例低于 0.5 左右，推进非公有化导致公有制缩小居民收入差距的作用达到最小。因此，非公有化是我国居民收入差距扩大的主要原因，特别是随着公有制经济比重下降至某一水平，持续推进非公有化将加速弱化国有经济缩小居民收入差距的功能。

郭震（2013）认为，城乡二元结构、地区差距、行业垄断和非正常收入等因素，是导致中国基尼系数居高不下、收入差距不断扩大化的原因。他基于主成分分析和回归分析等研究方法，对收入差距扩大化诱因的重要程度进行排序；通过分析得出生产要素中劳动价值被严重低估是导致收入差距扩大重要诱因的结论。朱富强（2015）从市场方面探讨了收入差距扩大的原因，他认为，主流经济学家往往基于自由交换逻辑为市场收入辩护，但实际上，市场机制的基本特征就是收入分配由参与者的博弈均衡决定，而这种市场博弈均衡根本上取决于博弈各方的权力对比。现实市场收入就是由特定的分配规则而非劳动贡献所决定。尤其是，市场经济带来权力碎片化发展的同时又衍生出了一种放大效应，这导致了决策权的篡夺和集中，从而使得收入差距拉大现象更为严重。

近年来不少学者研究了我国城乡收入差距扩大的原因。陈斌开、林毅夫利用中国1978~2008年的省级面板数据，对发展战略、城市化和城乡收入差距的关系进行了实证检验。研究发现，重工业优先发展战略将导致城市化水平的相对下降、城乡收入差距扩大。重工业企业的基本特性是资本密集度高、就业吸纳能力低，发展中国家的现实条件却是资本稀缺、劳动力丰裕，在发展中国家的重工业优先发展战略不能在世界市场充分利用本国的比较优势，导致工业部门吸纳就业能力的相对下降，城市化水平的相对降低，这解释了中国城市化进程远远落后于工业化进程的现实。在二元经济的现实条件下，城市化水平的相对下降，意味着大量劳动力不得不滞留农村，在土地规模报酬递减的现实约束下，农村平均收入水平的提高因此受阻，城乡收入差距扩大（陈斌开、林毅夫，2013）。

陈云认为，中国城乡居民收入差距扩大的原因是深层次且多方面的，从历史发展来看，中国处于农业向工业转变的阶段，出现城乡居民收入差距扩大状况有一定历史必然性；从生产力和生产关系来看，中国存在明显的城乡二元经济结构，特殊的国情是城乡居民收入差距扩大的重要社会背景；从国家政策取向来看，过去长期以来以"先工后农"为政策导向，各种形式的城乡"剪刀差"政策是城乡居民收入差距产生的现实原因；从国家公共管理来看，财政税收的再分配调节作用弱化，城乡居民收入差距扩大的趋势没有得到有效遏制；从基础设施建设来看，城乡交通、金融存在较大差异，基础条件的不同决定了城乡居民增收空间和潜力有差异；从教育文化差异来看，农村居民较城镇居民输在了起跑线上，劳动力素质和技能的城乡差异直接导致城乡居民收入差距拉大；从户籍管理制度来看，农村居民被限制在土地上，收入领域、渠道和途径上的差异导致城乡居民收入差距扩大（陈云，2013）。钱忠好（2013）认为，研究结果表明，土地市场化水平的提高并不必然导致城乡居民收入差距扩大，土地市场化水平与城乡居民收入差距之间呈现倒 U 型关系。随着土地市场化水平的提高，城乡居民收入差距不断扩大，直至土地市场化水平达到 25.33%。当土地市场化水平达到 25.33% 时，城乡居民收入差距达到最大；当土地市场化水平大于 25.33% 后，城乡居民收入差距开始缩小。由于中国目前相当多的地区土地市场化水平低于这一临界值，现阶段土地市场化水平对城乡居民收入差距的影响处于正向作用阶段。

行业收入差距也是我国收入差距扩大的重要影响因素。邱兆林认为，我国行业收入差距呈现先增后降的趋势，但下降幅度较小，行业间收入差距仍然较大，垄断行业的过高收入是造成收入差距扩大的主要因素。测算垄断行业和非垄断行业全要素生产率，结果发现垄断行业比非垄断行业具有更高的全要素生产率和技术改进。采用 2003～2012 年 34 个工业行业的面板数据，实证检验技术进步和行政垄断对行业收入差距的影响，回归结果表明：行政垄断仍然是行业收入差距扩大的主要因素，全要素生产率的提高有利于缩小行业收入差距，但影响作用较小；技术改进拉大了行业间的收入差距，纯技术效率和规模效率有利于行业收入差距的缩小。缩小行业收入差距可以从技术进步和行政垄断两方面入手，引入市场机制打破行政垄断是主要途径（邱兆林，2014）。

近年来一些学者对居民财产性收入差距给予了关注。李实（2005）的研究使用中国社会科学院经济研究所收入分配课题组 1995 年和 2002 年调查数据，对中国居民财产分布的不均等情况进行了描述，对这一不均等状况进行了分析。研究发现，中国居民的财产分布差距出现了快速而且明显扩大的趋势，这一扩大的趋势主要来自于城乡之间差距的急剧拉大。其中，城镇公有住房的私有化过程既造成了此间城镇财产差距的缩小，同时又扩大了城乡之间乃至全国财产的收入差距；而随着土地收益的下降，土地价值在农村居民财产总值中相对份额降低，造成其原本具有的缩小全国财产差距的作用减弱。另外，他还认为，居民的金融资产对总财产分布不平等的推动作用将会进一步增强。

宁广杰（2014）的研究，运用中国家庭金融调查（CHFS）2011 年的数据对居民财产和财产性收入的影响因素进行分析，探讨个人能力差异还是市场制度阻碍导致了财产性收入差距。研究发现高学历者在金融财产和财产性收入获得方面更有优势，党员身份等政治因素也会影响财产和财产性收入获得。克服选择偏差和分位数回归的结果表明，低收入居民由于缺乏必要的社会保障，风险抵御能力差，不能参与资本市场以获得较高的财产和财产性收入。另外，金融制度约束使其无法获得贷款，限制其购房和进行房产投资，因而很难增加财产和财产性收入。他们只能依靠偶然的土地征用或住房拆迁补偿来增加家庭财产。

贾康、孟艳认为，20 世纪 90 年代以来，我国居民财产的总规模和人均规模快速增加，财产分布差距扩大而且复杂化。当前，决策者需要高度重视财产分布呈现出的重心低、城乡财产差距扩大、房产（不动产）差距突出等财产分布差距问题。我国居民财产性收入和财产分布状况变迁的原因是多方面的，个人劳动收入的快速增长是我国居民财产增长的基础，资本市场成为我国居民财产增长及爆发性分化的重要原因，房地产市场化及价格快速上涨成为居民财产差别化增长的重要因素，居民理财意识和理财水平的不同也是导致差距扩大化的重要原因；影响我国居民财产分布及财产性收入分配的不只是经济性因素，还有社会、制度、法律以及政策性因素等。这些因素的存在导致原来设想的各种生产要素共同参与的公平的收入分配模式发生了异化与扭曲，从而一方面可能会通过权力与资本的相互作用，最终以市场化的外在表现导致居民之间财产分配差别的扩大化；另一方面可能会出现通过垄断权力的作用直接对存量财产进行非公平再分配（贾康、孟艳，2014）。

综上所述，近年来国内学界对我国转型期收入分配领域的矛盾特别是居民之间收入差距和财产占有差距的扩大十分关注，较多的研究注意到了产生这些矛盾和现象的体制性原因，并从深化收入分配制度改革、缩小差距方面提出了许多政策性建议。2008 年金融危机以来，收入分配差距在全球都成为尖锐话题，而在转型期的中国，收入分配问题则呈现出更复杂的面貌和更深刻的潜在危机。在经济转型社会和转型的 30 多年过程中，政府行政权力的不当干预、经济机会的分配不均、利益集团的存在，都在催动着中国收入分配差距的扩大，而面临"中等收入陷阱"更增添了问题的复杂性，这些因素都提醒着我们必须直面收入差距问题及其背后的深刻原因。因此，我们需要运用马克思主义政治经济学的研究方法，把收入分配问题纳入社会制度结构和生产关系分析，寻找其生产力与生产关系相互关系的内在逻辑，这是中国特色社会主义政治经济学面临的一个重大理论问题。

## 二、转型期收入分配领域矛盾的深层原因

### （一）市场化改革与按要素贡献分配

按要素贡献分配作为中国社会主义市场经济的一项重要的收入分配制度，是改革开放和长期探索实践的结果。

党的十四大以后，我国明确了建立社会主义市场经济体制的改革目标，建立和完善社会主义市场经济体制的改革不断推进。1993年，党的十四届三中全会通过的《中共中央关于建立社会主义市场经济体制若干问题的决定》指出，个人收入分配要坚持以按劳分配为主体、多种分配方式并存的制度。国家依法保护法人和居民的一切合法收入和财产，鼓励城乡居民储蓄和投资，允许属于个人的资本等生产要素参与收益分配。随着资本等非劳动生产要素在我国分配领域中所占比例迅速上升，理论上需要对按生产要素分配予以阐释。1997年，党的十五大报告提出，坚持按劳分配为主体、多种分配形式并存的制度。把按劳分配和按生产要素分配结合起来，允许和鼓励资本、技术等生产要素参与收益分配。2002年，党的十六大报告提出，确立劳动、资本、技术和管理等生产要素按贡献参与分配的原则，完善按劳分配为主体、多种分配方式并存的分配制度。2007年，党的十七大报告进一步指出，要坚持和完善按劳分配为主体、多种分配方式并存的分配制度，健全劳动、资本、技术、管理等生产要素按贡献参与分配的制度。十六大报告把按要素贡献分配确立为一项收入分配的原则，十七大报告把按要素贡献分配进一步确立为一项收入分配制度，是坚持和完善按劳分配为主体、多种分配方式并存的分配制度的体现。十八大报告强调要完善劳动、资本、技术、管理等要素按贡献参与分配的初次分配机制。

按要素贡献分配，使得我国社会主义初级阶段各类生产要素在初次分配中获得了话语权，它的基本特征是：（1）参与分配的主体是要素所有者，

依据是要素所有权;(2)分配的客体是各种生产要素协同劳动创造出来的财富,既包括物质形态的财富,也包括价值形态的财富;(3)分配的标准是生产要素在生产过程中的实际贡献;(4)实现的机制是市场机制。在市场经济中,生产要素按贡献参与分配是通过市场机制来实现的,要素市场的供求状况、商品市场的价格波动等因素,对各种要素所获得的收入会产生显著的影响。按要素贡献分配遵循的是市场经济的通行法则,即平等交易、市场定价、按贡献分配,在实践中它激发了各类经济主体参与生产的积极性。按要素贡献分配是我国社会主义初级阶段基本经济制度在分配领域生产关系上的体现。

但是,按要素分配通行的是市场经济法则。即使市场给予每个人的机会和权力是平等的,各种要素参与生产与分配过程也遵守公平的市场规则,但由于个人拥有的要素禀赋以及数量不同,要素所有者获得的收入必然有差距。在生产与分配实践中,资本和劳动两大要素在各经济主体之间的分布是不均衡的。就资本要素来说,资本要素的多少不仅取决于个人的储蓄转化为投资(我们假定个人的储蓄主要来自于劳动收入),还取决于资本财产的代际传递、其他非劳动途径获得收入以及投资机会等;就劳动要素来说,它有简单劳动和复杂劳动、非专用性劳动和专用性劳动、一般生产劳动和管理劳动或知识劳动之分,这些劳动又取决于个人受教育程度、工作经验的积累、先天性个人能力差异等。加之,在经济增长一定阶段资本要素的稀缺性往往大于劳动要素的稀缺性。这些因素都影响了按要素贡献时对不同要素的市场定价,从而影响在初次分配领域中资本要素收入和劳动要素收入的差距。

## (二)所有制结构变化与财产权分布

改革开放以来,我国所有制结构有了重大调整和改善,已从单一公有制变为公有制为主体,多种所有制经济共同发展,形成了有中国特色的社会主义经济,不断解放和发展了社会生产力;公有制经济特别是国有经济在国民经济中长期处于绝对优势的地位未变,在关系国民经济命脉的重要行业和关键领域中占有支配地位,对国民经济发展仍具有较强的控制力,同时,混合所有制经济中的国有成分的比重较大增长。随着社会主义初级阶段基本经济制度的不断完善,非公有制经济迅速发展,已成为我国社会主义市场经济的重要组成部分。随着多元化的所有制结构的形成,所有制结构的变化在个人收入及财富分配领域中的直接表现就是,在这一过程中,集中于国家的财产权利向民间分散以及居民个人拥有私有财产的趋势已不可逆转。公民财产权结构的变迁过程本质上是一场人们思想意识形态和社会经济结构的嬗变,它和中国市场化改革进程相互交织,迄今仍旧处于不断变化和演进的过程中,在这一过程中所有制结构和产权制度改革对财产权结构的变化产生了巨大影响。

据相关研究结果,到 2016 年底,中国国有及国有控股企业资产总额已达到 131.7 万亿元,企业营业收入达到 45.9 万亿元,利润总额达到 2.3 万亿元,然而国有企业仍普遍面临着"大而不强"的问题,以净资产收益率(ROE)为例,全国国有企业 ROE 水平已从 2013 年的 7.57% 逐年下滑至 2016 年的 5.18%,低于同期中国上市民营企业(2015 年 ROE:8.75%)和世界 500 强企业(2015 年 ROE:8.19%)。另外,中国非公有制经济的企业占中国企业总数的 82%,他们对中国 GDP 的贡献率达到 60%,非公有制经济给国家提供的税收已达 69%[①]。

### (三)财产权利结构失衡与收入差距

财产权分布和财产权收入的多少与个人及家庭收入差距是密切相关的。当前城乡居民之间、不同阶层居民之间以及不同区域居民之间财产性收入差距持续扩大,而导致居民财产性收入差距扩大的原因,我们可以看到主要是居民拥有财产的形式和数量差异、区域经济发展不平衡、市场体系及市场制度不完善,以及居民个人禀赋差异等。而深层次原因,我们应该回到初次分配领域去看财产权利在社会成员间的分配即分布状况。在市场经济中,财产权利是一种财产性生产要素,财产性要素在不同主体间的配置是经济主体获得财产及财产性收入的基础性条件,而财产性要素的获得又与个人的年龄、职业、受教育程度有关;也与社会政治因素、主观行为特征(对待风险态度)、有无财产遗赠以及正式制度之外的非正当聚财行为等非市场因素有关。从体制性因素看,农村居民土地财产权缺失,弱势群体获得财产的能力低,一部分人非正当性途径获得财产权利和财产性收入等,是导致我国转型期财产权利在社会成员间分布失衡的重要原因。

---

① 麦肯锡:《聚焦国有资本投资公司试点改革》,载于《第一财经日报》2017 年 5 月 27 日。

第一，从农村居民的土地财产权利看，其主要问题，一是土地所有权与使用权的权属边界模糊，造成土地用益物权人的权能受到限制；二是土地使用权缺乏稳定性，产权激励并提供长期预期的作用难以发挥；三是土地使用权缺乏可分解性和可交易性，难以发挥市场配置资源的作用；四是土地权利的资本属性受到限制，农民实现土地财产收益缺乏制度保障。我们细观农村居民收入和财产结构，农业经营收入增长慢，农村居民金融资产缺少（农村通常只有在财富分布顶端的家庭才有机会参与金融和形成金融资产），土地财产价值难以估计，这些因素都加大了城乡居民的收入差距。

第二，从弱势群体看，由于先天障碍或缺乏经济、政治、社会机遇而被排除在社会经济发展进程之外，不能充分享受到社会经济发展的成果，在城乡都属于低收入分组中的下端且缺乏流动性，个人或家庭几乎没有财产和财产性收入。

第三，从一部分人非正当性途径获得财产权利和财产性收入看，主要是指有一部分人通过以权谋私（权力寻租）、行政垄断和资本违法谋权三种途径非正当性地获得了财产权利。（1）从权力寻租看财产权利的获得，我们发现，公权拥有者以权力为筹码谋求获取自身经济利益，是这种寻租的代表。它的本质是把权力作为资本，参与商品交换和市场竞争，从中谋取物质利益，从而形成私人及其家庭的财产积累。（2）从资本违法谋权并进而追求财产权利获得看，改革开放以来一系列的体制变革和制度创新，为资本权力与国家权力（尤其是地方政府）之间的结盟提供了强有力的制度激励，大大扩充了资本的能量，本应相互制衡的资本权力和国家权力，在转型中国不仅没有通过相互制约而各安其位、各守其分，反而出现了大量非法勾结的现象，损害了社会基本结构的公平正义性。另外，资本权力与地方政府的合谋与勾结还造成了大量的社会问题，加剧了社会成员之间在财产权拥有上的利益矛盾和冲突。

## 三、资本与劳动：初次分配领域不可避免的矛盾

### （一）初次分配领域资本与劳动的分配关系失衡

资本强权和劳资利益关系失衡是我国转型期初次分配领域的主要矛盾。

改革开放以来,我国经济以年均9.8%的速度获得了长期快速增长,但劳动报酬所占比重不仅没有随着经济增长同步提高反而呈现不断下降的趋势。近20多年来,劳动、资本、技术等生产要素按贡献参与分配的体制机制还不健全、不完善,致使我国劳动报酬占国内生产总值的比重呈逐年下降趋势。《社会蓝皮书:2013年中国社会形势分析与预测》显示,我国劳动者报酬占GDP比例从1990年的53.4%下降到2011年的44.9%。[1]

初次分配领域资本与劳动的分配关系失衡主要表现为:

第一,国民收入分配中劳动收入比重下降。国民经济分配是经济社会发展的一个重大问题也是学术界的一个重要研究领域。中国现阶段的收入分配体制,按劳分配没有充分体现公平,按要素分配只是考虑的资本等强势要素的效率,劳动的分配效率不尽如人意。我们据此看到的是资本和劳动两大要素背后的所有者分配地位的不公平以及衍生出来的财产占有权利的巨大差异。财产权所得,在某种情况下可以扭转国民收入分配中资本所得和劳动所得的禀赋差异,但若利用不当,则会带来收入差异的巨大鸿沟。

近年来,劳动者报酬的下降已经引起国内外学者的广泛关注。第二次世界大战后至20世纪70年代末,发达国家的劳动收入份额一度出现上升趋势,但在80年代之后,发达国家特别是OECD国家的劳动份额出现下降趋势。特别是80年代之后,伴随着信息技术的迅猛发展以及各国的经济结构调整,这些国家的劳动收入的份额出现不同程度的下降。而在中国改革开放之后到90年代中期之前,劳动者报酬在国民收入中所占的比重出现上升,这曾一度引发"工资侵蚀利润"的担忧(戴园晨、黎汉明,1988)。但在90年代中期之后,不管是基于收入法GDP核算的劳动者报酬占比还是基于资金流量表计算的劳动者报酬占比都处于下降的趋势。在国民收入分配中,劳动者报酬所占份额下降的同时也意味着政府部门和资本所得会发生相应的变化,而事实上从1992年以来,政府在国民收入分配中所占的份额一直处于平稳上升的态势,资本所得在此期间发生了波动,比如在90年代到21世纪初大约10年的时间里资本所得份额出现下降的趋势,这可能与这段时间

---

[1] 陆学艺等编:《社会蓝皮书:2013年中国社会形势分析与预测》,社会科学文献出版社2012年版。

里企业改革、国家的税制结构改革以及要素市场扭曲效应逐渐被矫正等因素有关，而从 2003 年开始资本所得在波动中有所上升。①

第二，经济增长中劳动报酬增长缓慢。改革开放以来，我国经济以年均 9.8% 的速度获得了长期快速增长，但劳动报酬所占比重不仅没有随着经济增长同步提高反而呈现不断下降的趋势。特别是，1997~2017 年这 21 年间，我国财政收入每年都大幅度增长而职工工资总额和职工平均工资则增长缓慢。同时在居民收入中工资性收入所占比重偏低。

2000 年以来，我国城镇职工工资收入占居民可支配收入的比重一直维持在 35% 左右，这就意味着职工的非工资收入大约占 65%，显然，以工资收入为主的普通劳动者的收入状况堪忧。此外，劳动报酬增长低于企业劳动生产率和利润率增长。随着经济技术的进步不少企业近年来的劳动生产率和利润率提高了几倍甚至十几倍，但普通职工的收入水平并没有随之同步上升，导致一线普通职工工资增长缓慢。工资增长率远低于利润增长率表明我国企业内部分配向非劳动要素倾斜而劳动要素报酬比较低。

在一些民营企业、合资企业和外资企业的农民工收入增长速度更是十分缓慢。而一个很明显的现象是，在企业内部职工分配中，经营管理者所得过高而普通员工所得过低。在国有企业中，经营管理者年收入一般是普通职工工资的 10~15 倍。企业和劳动者之间利益分配不合理存在着利润侵蚀工资、劳动者干得多挣得少的问题，这是劳动报酬在初次分配中的比重难以提高的症结所在，也是普通劳动者在收入分配中缺乏话语权的直接体现。截至 2015 年，全国城镇非私营单位就业人员年平均工资为 62029 元，与 2014 年的 56360 元相比，增加了 5669 元，同比名义增长 10.1%，增速比 2014 年加快 0.6 个百分点。其中，在岗职工年平均工资 63241 元，同比名义增长 10.3%，增速加快 0.8 个百分点。扣除物价因素，2015 年全国城镇非私营单位就业人员年平均工资实际增长 8.5%。分四大区域看，2015 年城镇非私营单位就业人员年平均工资由高到低排列是东部、西部、东北和中部，分别为 70611 元、57319 元、51064 元和 50842 元，同比名义增长率从高到低依次为西部 11.9%、东部 9.9%、东北 9.8% 和中部 8.6%。分行业门类看，

---

① 王玉玲：《劳动报酬占比变动轨迹及其经济效应分析——兼谈对中国经济转型发展的现实影响》，载于《上海经济研究》2015 年第 10 期。

年平均工资最高的三个行业分别是金融业 114777 元，信息传输、软件和信息技术服务业 112042 元，科学研究和技术服务业 89410 元，这三个行业年平均工资分别为全国平均水平的 1.85 倍、1.81 倍和 1.44 倍。年平均工资最低的三个行业分别是农、林、牧、渔业 31947 元，住宿和餐饮业 40806 元，水利、环境和公共设施管理业 43528 元，这三个行业年平均工资分别为全国平均水平的 52%、66% 和 70%。最高与最低行业平均工资之比为 3.59，与 2014 年的 3.82 相比，差距有所缩小。从登记注册类型看，年平均工资最高的三个类型分别是外商投资企业 76302 元，股份有限公司 72644 元，国有单位 65296 元，分别为全国平均水平的 1.23 倍、1.17 倍和 1.05 倍。年平均工资最低的是集体单位 46607 元，为全国平均水平的 75%[①]。

劳动收入份额是国民收入初次分配中最根本的问题之一。有专家研究指出，影响劳动收入份额格局最根本的因素可归纳为经济结构转型、有偏技术进步、产品和要素市场扭曲三个方面，其他因素可通过它们间接地作用于劳动收入份额；而实证分析倾向于认为美国和欧洲国家劳动收入份额的变动多由分行业劳动收入份额的变动解释，分行业劳动收入份额差异还可解释国家间的总体劳动收入份额的不同，而中国的劳动收入份额下降趋势则更多由产业结构变化所致。同时，市场偏离完全竞争造成的扭曲也是影响劳动收入份额的重要因素，例如在产品市场上垄断和企业追求利润之外的目标均是代表性因素，要素市场中则是劳动和资本的谈判能力和要素市场发育程度等[②]。

### （二）资本强权下的分配不公问题突出

与以前的计划体制相比，目前我国社会主义市场经济条件下的初次分配不仅分配的总量扩大了，而且，所涉及的利益主体也多元化和复杂化了。既存在国家、集体和个人之间的利益关系，也存在不同所有制之间、企业内部的资本所有者、管理者与劳动者之间以及劳动者之间错综复杂的利益关系。但核心问题是劳动要素价值被低估，缺乏工资谈判机制，资本要素的分配权力过于强势。初次分配领域中，按资分配超过了按劳分配。我国目前的劳动力市场缺乏对劳动要素贡献及劳动的财产性收益进行动态评价的机制，往往

---

① 资料来源：2016 年度工资统计：http://www.yjbys.com/wage/242813.html。
② 王晓霞、白重恩：《劳动收入份额格局及其影响因素研究进展》，载于《经济学动态》2014 年第 3 期。

是资方通过压低工资来增加利润，尤其劳动密集型企业由于产品技术含量不高，缺乏足够的市场竞争力，只能接受低工资以保持自己的"比较优势"，这种情况在企业内部加剧了分配不公，也加剧了劳资矛盾。

可以说，初次分配的公平与否直接关系到社会经济生活的各个层面和各个环节能否正常运行。企业中业主是否按等价交换的原则支付了劳动者的工资是衡量初次分配是否公平的一个重要原则①。劳动要素的财产所有权是否体现到了分配过程的方方面面？这在一段时间以来，是根本无法做到的。企业剩余控制权基本是资方说了算，分配的不公，根源上是劳动要素的财产权利无法得到体现。

取决于生产条件本身的分配，分配的依据是生产要素的所有权。在雇佣劳动下，工资是劳动者凭借自己拥有的劳动力所有权所得到的劳动力价值，这暗含劳动要素的财产性特征。作为生产和再生产劳动力所花费的社会必要劳动时间劳动力价值具体表现为三个部分："一是劳动者本身所需要的生活资料价值；二是劳动者家庭所需要的生活资料价值；三是一定的教育训练费用。除此之外，劳动力价值中还包含一定社会的道德因素。"随着劳动生产率的不断提高和物价水平的上升，劳动力的价格也必然有一个上升的趋势。这些特征，说明劳动的财产性收益分配机制应该有动态调整机制，而不是几十年一成不变。

但事与愿违的是，目前中国的劳动力市场，往往是资方通过低工资率增加利润，尤其劳动密集型企业由于产品技术含量不高，缺乏足够的市场竞争力。因此，只能通过低工资率以保持自己的"比较优势"，从而获取利润。特别是，有些外贸订单类企业在生产旺季普通职工一天要工作10~12个小时，每月加班超过法定时间；有的劳动密集型企业经营者以"灵活"用工制度的名义千方百计延长工作时间，压缩劳动力成本等。这些都是劳动的财产要素特征被忽略的结果。

### （三）从三大关系看转型期利益结构失衡

中国的市场化改革过程，是一场涉及社会成员之间利益结构调整和财产

---

① 王天义：《提高劳动报酬是深化收入分配改革的关键》，http://theory.people.com.cn/GB/12914684.html。

权利重新配置的深刻的社会变迁。改革30多年后，社会成员间利益结构（财产占有和收入分配）发生了一系列新的变化，财产占有不均和各占有主体之间利益冲突是转型期利益结构失衡的突出表现，而这一特点在我国转型期是内生的。

首先，从资本权利与劳动权利的关系看。在社会主义市场经济中，资本作为一种要素，凭资本所有权参与分配，获得资本收入已成为社会主义初级阶段收入分配的制度性安排。但是，资本要素相比其他要素而言往往拥有某种特权，特别是在资本稀缺性超过其他要素稀缺性的时候。资本权利的特权和强势在市场化分配体制中往往表现为保护资本财产所有者利益，在公司治理中表现为股东利益最大化原则。这种制度性安排承认和保护包括资本和劳动在内的各种要素主体对经济的贡献以及获得相应收入，这是一种贡献与收益相对应的公平原则，它是社会财富的第一次分配意义上的"原始公正"。但是，在社会主义市场经济中，资本、劳动等生产要素并不能在社会成员之间无个体差别的分布与占有，不同的市场主体在资本获得、劳动禀赋、经营条件、市场机遇等方面千差万别，资本所有者凭借资本权利成为社会的强势群体，在国民收入分配中资本收入的比例大大超过劳动收入的比例，就成为社会两大权利主体矛盾的显性表现。

其次，从政府与公民的关系看。在社会主义市场经济中，政府与市场、政府与各类市场主体、政府与公民个体之间的关系是社会经济运行的关键性基础，理顺这些关系是建立和谐市场秩序的先决条件。在财产权结构中，政府既要按照财产法律制度有效保护财产，又要根据社会公共利益和公共政策目标调节财产关系，限制私人财产行为。在我国市场化改革过程中，政府财产行为不受约束和侵害私人财产权利是矛盾的主要方面，这在实践中往往表现为政府权力对市场经济活动的过分介入，以及以不当方式和途径获得财产收益。政府除了凭借其权力因素获得一部分财产收益以外，更深层次的还可能将权力与资本等强势利益集团形成联盟，通过联盟，实现垄断性的资本回报，导致权力资本与普通百姓（劳动力要素所有者）甚至与一般民营资本（普通的资本所有者）的收入差距扩大，并最终阻碍各类市场主体的活力。

最后，从公共利益与私人利益的关系看。在社会主义市场经济中，公共利益与私人利益是最主要的两大利益。在当代市场经济各个国家中，公共利益都是社会总体福利的现实基础，即使在实行自由市场模式的资本主义国家，他们也要用国有企业、公共事业和在公共事务治理上的"集体行动逻辑"来实现其公共利益。与社会主义市场经济相适应的公民财产权结构承认和保护私人财产权利，但这不意味着排除掉公共利益，财产法律制度在保护私人财产不受侵犯的同时更要保护公共财产不受侵犯。当前我国财产权结构中的矛盾，许多涉及各财产权利边界的侵权行为，实际上都源于没有处理好公共利益与私人利益的关系。例如在实践中公有资产、国有资产虽然法律上明确为公共和国家所有，但国有产权、公有产权主体缺位的情况在实际中还是比较严重的。在偌大的公有资产事实上没有真正的人格化代表（实际是无人真正负责，缺乏有效的产权监护人）的情况下，一些"私利"主体对公共财产的"攫租"行为自然不可避免。

# 第九章 构建一个与市场经济相适应的中国特色社会主义收入分配制度

按照马克思主义的唯物史观,任何一个制度作为生产关系的法定表现是由生产力决定的。在制度构建上,作为社会理性,我们要选择的是这种制度与现阶段生产力发展相适应,且促进经济效率的内洽性。我国转型期个人收入和财产分布差距扩大的原因是复杂多样的,总的说来,一方面是来自深化改革所牵动的利益格局调整;另一方面来自发展过程的代价体现。通过不断完善社会主义市场经济体制和深化改革,处理好市场经济中政府与市场的关系,可以在一定程度上抑制住差距扩大的趋势;而在今后相当长的时间内保持较中高速的经济增长,实现共享经济发展,对于抑制和缩小差距具有更加重要的意义。本章研究了深化收入分配制度改革的路径和破解难题的关键问题,提出一个与市场经济相适应的、中国特色社会主义收入分配制度的指导思想、价值取向、基本原则、整体架构和所有制基础。

## 一、社会主义收入分配制度的核心价值

### (一)收入分配与社会公平:思想史的溯源

1. 马克思的按劳分配与公平正义思想

公平正义是马克思按劳分配的价值取向和基本原则。马克思认为公平分配原则和方式是客观的,而不是主观的、抽象的。分配公平与否取决于它是否与一定历史阶段由生产力水平决定的生产方式及生产关系相适应。马克思指出,所谓的分配关系,是同生产过程的历史规定的特殊社会形式,以及人

们在他们生活的再生产过程中互相所处的关系相适应的,并且是由这些形式和关系产生的,分配关系不过表示生产关系的一个方面。

马克思的分配公平包含着禀赋公平(起点公平)、规则公平、结果公平这三个有机联系、辩证统一的方面。从禀赋公平来看,要求社会成员起点上拥有相同的天然禀赋,马克思将此看作公平分配的前提和出发点。马克思指出,只有在个人全面自由发展的共产主义社会,彻底废除生产资料私有制并全面实现公有制才是最终解决公平分配问题的根本性措施,只有使每个社会成员都得到全面自由发展的共产主义社会才能从根本上保证公平原则的实现和公平问题的解决。从规则公平来看,要求社会成员遵循统一的分配原则。在生产力还不是十分发达、财富还没有充分涌流的共产主义第一阶段,个人消费品实行按劳分配原则。而当生产力高度发达、财富充分涌流、劳动成为人们自我发展的第一需要以后,个人消费品的分配将在全社会公有制基础上实行公平的按需分配方式。从结果公平来看,结果公平不是公平分配范畴的全部内容,它只是起点公平与规则公平的产物,如果起点公平与规则公平都能很好地得到贯彻,那么结果公平也就能够自然实现。

2. 关于公平正义的西方学术思想

人们对公平问题的探讨,可以追溯到很早以前。从古希腊的卡克利斯、柏拉图和亚里士多德,到中世纪的西欧思想家,及至资产阶级革命时期的伏尔泰、孟德斯鸠、卢梭等人及以后的马克思、恩格斯等人,都对公平问题作了许多阐述,形成了丰富的有关公平的思想。

古希腊的柏拉图将公平等同于正义;亚里士多德认为遵守法律就是公正,违法则是不公正;伊壁鸠鲁则重视由约定而产生的公平与正义。在中世纪,西欧的基督教教义提出了在上帝面前人人平等的思想,并且为了达到平等就必须按上帝的意志接受考验,救赎自己的灵魂。在17~18世纪欧洲的资产阶级革命时期,资产阶级思想家格劳秀斯认为,基于人类共有的理性,人们所拥有的符合人性要求的自然权利是公正的、公平的;霍布斯认为,人类在自然法支配之下,人人都是平等的,遵守自然法就是实现正义、公平、公道;伏尔泰认为,人生而是平等的,一切享有各种天赋能力的人,都是平等的。他认为平等的真谛就在于自然法面前的平等,而不是在财产所有权和社会地位上的平等;孟德斯鸠认为,公平的法律不能牺牲公民的个性,在公平的社会中,人民的安全就是最高的法律;卢梭认为,公平很重要的内容就是平等，它不是绝对的、事实上的平等，而是能够缩小贫富差别，实现法律面前的平等。19 世纪，不少资产阶级思想家提出与自然法思想相异的公平思想。边沁认为，公平的要求在于为社会谋福利。奥斯丁认为法律往往与公平、正义相分离。黑格尔则认为公平理性的东西是自在自为的法的东西。马克思和恩格斯则将公平理解为人们对社会事物进行价值评价时表现出来的观念，是现存经济关系的表现。

在现代经济学学科领域内，形成了功利主义的公平观、古典自由主义公平观和罗尔斯主义公平观等三大类[①]。(1) 功利主义及其在经济伦理思想方面发展成为以庇古为代表的福利经济学，对国民收入极大化和收入均等化的重要命题做出了开创性的研究。庇古认为，社会经济福利在很大程度上受影响于：国民收入的大小；国民收入在社会成员间的分配。在他看来，国民收入总量愈大，社会经济福利就愈大；国民收入分配愈均等化，社会经济福利就愈大[②]。因此，从某种意义上讲，福利经济学的公平观着眼于分配结果，具有很强的平均主义色彩。总之，功利主义分配公平观和福利经济学将"公平"引入经济分析，弥补了实证经济学回避"公平"问题的不足，使公平作为具有社会价值判断色彩的规范经济学范畴而区别于"纯经济学"范畴。但是，由于这种公平观是以唯心主义方法论、个人主观效用为基础，遭到了其他经济学理论流派的质疑。(2) 古典自由主义者从起点入手，认为公平的实质就是法律面前的平等和机会公平，也就是说，只要能充分尊重市场经济中经济主体的自由，保证其基本权利不受侵犯，不管分配结果如何，都是公平的。哈耶克和弗里德曼都批评福利国家以促进收入公平而干预社会再分配。他们认为，市场分配是一个自发过程，它的后果是个人无法预见的，竞争性市场分配并非人们有意安排的结果。如果"分配公平的原则，一旦被采用，那么，只有当整个社会都据此原则加以组织的时候，才会实现，这就会产生一种在各方面都与自由社会相反对的社会——在这个社会中，权力机构将决定个人所应当做的事情以及个人在这种事情应当采取的方式"[③]，这样会破坏市场的资源配置和分配。因此，把法律上平等对待原则

---

[①] 刘斌：《西方经济学中收入分配公平观述评》，载于《山西大学学报》（哲学社会科学版）2004 年第 4 期。
[②] [英] 庇古：《福利经济学》，商务印书馆 2002 年版。
[③] [英] 哈耶克：自由秩序原理（上卷），上海三联书店 1997 年版，第 121～122 页。

运用到分配领域，是一种错误。弗里德曼还指出："把平等——即所谓的结果均等——放在自由之上，其结果既得不到平等，也得不到自由。""另一方面，一个把自由放在首位的国家，最终作为可喜的副产品，将会得到更大的自由和更大的平等。"① 所以，超越自由主义者逻辑的机会公平原则去追求社会再分配领域的公平，不仅不能实现公平，而且威胁到自由制度本身。

(3) 罗尔斯主义的公平思想同时重视了分配起点和分配结果，但首先强调的是结果公平，并重视社会最少受惠成员的公平。罗尔斯强调社会有责任通过教育、税收和其他途径来改变机会不平等，以排除自然和社会的偶然因素对公平分配的影响。其次，罗尔斯还批判"效率至上"原则，坚持"公平优先于效率"的观点。"如果社会基本结构是不公平的，这些原则将允许做一些可能降低状况较好者的预期的变更，因此，如果效率原则意味着只有改善所有人前景的改变才是允许的，那么民主原则就和效率原则不一致了。公平正义是优先于效率的，要求某些在这种意义上并非有效率的改变"②。

由此，我们可以看出，在不同的历史时期，不同的个人从不同的角度赋予了公平范畴不同的内涵，因此，公平范畴本身是"历史的"。正如马克思所指出，公平始终只是现存经济关系的观念化表现，是随着社会经济关系的发展变化而发展变化的。不同的时代、不同的阶级、不同的学派各有不同的公平观，抽象的、超时代的永恒公平是不存在的。公平的标准也随着历史的演进而不断更新，随着时代的变迁而不断补充新的内容，所以没有永恒的公平定则。恩格斯指出，希腊人和罗马人的公平观认为奴隶制度是公平的；1789 年资产阶级的公平规则要求废除被宣布为不公平的封建制度。在普鲁士的容克看来，甚至可怜的专区法也是破坏永恒公平的③。

我们认为，经济学意义上的公平，是指有关经济活动的制度、权利、机会和结果等方面的平等和合理。它是随着经济发展而变化的、相对的、客观的、历史性的范畴，并反映出了人们对一定的社会历史条件下人与人之间利益关系的主观价值判断。公平的终极意义在于不同的人具有不同的个体自身利益，从而可以满足个人效用函数中的物质利益和非物质利益等变量，实现个

---

① ［美］弗里德曼：《自由选择》，商务印书馆 1998 年版，第 152 页。
② ［美］罗尔斯：《正义论》，中国社会科学出版社 1988 年版，第 302~303 页。
③ 《马克思恩格斯全集》第 2 卷，人民出版社 1957 年版，第 539 页。

人满足感,提高个人积极性、主动性和创造性,最终促进经济效率的提高[1]。

3. 西方马克思主义关于经济正义的思想

近年来,一些西方马克思主义者重新整理马克思的文献,梳理出了"正义"相关的论述,做出了新的解读,提出了"交易正义""产品分配正义""生产资料的分配正义""生产正义""权利正义"等正义原则[2]。伍德(Wood)提出了马克思经济学的"交易正义"理论,认为虽然马克思没有对正义做出完整而清晰的解释,但是其文献中对交易正义时有论述[3]。如马克思在《资本论》第3卷中写道:"生产当事人之间的交易的正义性在于:这种交易是从生产关系中作为自然结果产生出来的。这种经济交易作为当事人的意志行为,作为他们的共同意志的表示,作为可以由国家强加给立约双方的契约,表现在法律形式上,这些法律形式作为单纯的形式,是不能决定这个内容本身的。这些形式只是表示这个内容。这个内容,只要与生产方式相适应,相一致,就是正义的;只要与生产方式相矛盾,就是非正义的。在资本主义生产方式的基础上,奴隶制是非正义的;在商品质量上弄虚作假也是非正义的。"[4] 可见,伍德将马克思的正义理解为以所有权为基础,建立在强制性法律约束基础上的交易正义,而交易正义的合理性来源于交易与生产方式的一致性。哈塞米(Husami)对伍德的交易正义提出了质疑,认为马克思的经济正义原则是关于产品分配正义的。他认为马克思的正义原则具有阶级性,无产阶级可以利用这个正义标准去批判资本主义的生产和分配模式,而无产阶级的正义原则具体体现在《哥达纲领批判》中马克思提出的"按劳分配"和"按需分配"的分配原则中[5]。佩弗(Peffer)关于马克思经济正义原则的分析和哈塞米的论述具有相似性,支持产品分配的正义原则。他还继承了马克思在《哥达纲领批判》中提出的按劳动分配和按需分配的分配原则,并进一步细化了这些原则[6]。科恩(Cohen)基于自然权利观点,

---

[1] 殷文伟、魏广森:《公平和效率的有限相关分析》,载于《集团经济研究》2005年第3期。
[2] 柳平生:《当代西方马克思主义对马克思经济正义原则的重构》,载于《经济学家》2007年第2期,第27~31页。
[3] Wood Allen. W. Marxian Critique of Justice, Philosophy and Public Affairs, Vol.1, 1972, Spring.
[4] 马克思:《资本论》第三卷(上),人民出版社1975年版,第379页。
[5] Husami Ziyadi. Marx on Distributive Justice, Philosophy and Public Affairs, Vol.8, 1978, Autumn.
[6] Peffer R. G. Marxism, Morality and Social Justice, Princeton, New Jersey: Princeton University Press, 1990.

认为资本主义所有制和生产方式严重侵蚀了人们的自然权利,因此资本主义具有非正义性。要重构经济正义,就需要破除资本主义生产资料的资本家占有制,实现所有权的共有①。尼尔森(Nielsen)批判了伍德等的正义思想,将马克思的经济正义思想从分配领域扩展到了生产领域。他认为在资本主义私有制体制下,资本家占有生产资料,工人只能靠出卖劳动力为生,资本家却无偿占有了剩余价值,这说明在生产过程中存在剥削,这是非正义的②。要建立社会主义的正义原则,其中的路径之一就是建立生产过程正义。生产方式决定分配方式,只有建立了生产过程正义,才能实现产品分配的正义。要建立生产过程正义,就需要将生产者和生产条件结合起来。罗默(Roemer)提出了拥有生产资料所有权的不平等是产生资本主义剥削和收入不平等的主要原因,因此实现生产资料的分配正义是实现马克思经济正义的关键③。

4. 收入不平等和财富差距:西方学者的新研究

近年来,一些西方马克思主义学者和左翼学者越来越重视收入不平等和财富差距问题。法国经济学家托马斯·皮凯蒂《21 世纪资本论》的问世,引起了各国学者对财富不平等问题的关注和讨论。一般说来,财富不平等的程度要大于收入不平等的程度④。近百年来,世界上主要发达国家居民之间财富或收入差距与经济增长的关系并没有像库兹涅茨"倒 U 型假说"所预测的那样变化,而是出现了差距不断扩大的趋势⑤。以美国为例,2013 年,美国财富差距达到了 30 年来的峰值,高收入家庭的财富是低收入家庭的 70 倍,造成美国财富差距扩大的主要原因是富裕家庭财产的过快增长和中产阶级收入停滞⑥。美国中产阶级财富规模下降和财富不平等程度上升的主要原因是房价暴跌导致房产财富在家庭财富组合中的比重下降和高的财务杠杆率

---

① Cohen G. A. Freedom, Justice, Capitalism, New Left Review, 1981.
② Nilelson Kai. Marx on Justice: the Tucker – Wood Thesis Revisited, The University of Toronto Law Journal, Vol. 38, 1988, Winter.
③ Roemer John. Free To Lose: An Introduction to Marxist Economic Philosophy, Harvard University Press, 1988.
④ F. Martin, "Social Security and the Distribution of Wealth," Journal of the American Statistical Association, Vol. 73, No. 356, 1976, pp. 800 – 807.
⑤ T. Pikettyand E. Saez, "Inequality in the long run," Science, Vol. 344, No. 6186, 2014, pp. 838 – 843.
⑥ 王晓真:《美国财富差距达 30 年来峰值》,载于《中国社会科学报》2014 年 12 月 24 日。

使得很多家庭处于"入不敷出"的境地[1]。除了美国以外，很多学者研究发现英国、德国、加拿大等国家的财富差距和不平等程度也在不断扩大[2]。

什么原因造成了主要发达资本主义国家居民之间的财富差距在不断扩大？按照皮凯蒂的理论，造成财富差距不断扩大的原因之一是资本收入率高于经济增长率（r>g），使得财富更多地集中在高收入者（精英阶层）手中[3]。一般认为市场收入分配的结果既受制于市场力量，也受到"资本与劳动讨价还价"的法律和社会政策的影响[4]。市场力量的不均衡，法律和政策的不公正等都会扭曲财富分配。正如迪顿（Deaton）所指出，目前全球的不平等正是现代经济增长所造成的，全球化既造就了今天的经济繁荣又形成了不平等[5]。有学者用收入税申报和资金流量表数据估算了美国1913年以来的财富分布趋势，认为造成美国财富不平等的原因之一是顶层财富持有者拥有的高储蓄率和高收入导致了财富的集中，财富的集中进一步形成了财产性收入的集中，最终形成了不平等的"滚雪球效应"[6]。除此之外，遗产继承、家庭结构和婚姻制度也会影响财富分配的不平等[7]，财富不平等还有产生代际转移，出现富者愈富、穷者愈穷的马太效应[8]。

人们关注财富不平等问题，主要是基于道德、经济和社会因素的考虑。

---

[1] E. N. Wolff, "Inequality and Rising Profitability in the United States, 1947 – 2012," International Review of Applied Economics, Vol. 29, No. 6, 2014, pp. 1 – 29.

[2] R. Morissette and X. Zhang, "Revisiting Wealth Inequality," Perspectives on Labor and Income, Vol. 19, No. 1, 2006, P. 6; J. Frick and M. Grabka, "Wealth Inequality on the Rise in Germany," German Institute for Economic Research Weekly Report, No. 10, 2009; F. Bastagli and J. Hills, "Wealth Accumulation in Great Britain 1995 – 2005: the Role of House Prices and the Life Cycle," London School of Economics and Political Science, LSE Library, 2012; L. Arrondl, L. Bartiloro and P. FESSLER, et al, "How Do Households Allocate Their Assets? Stylised Facts from the Eurosystem Household Finance and Consumption Survey," Central Bank of Luxembourg Working Paper, 2014.

[3] [法] 托马斯·皮凯蒂，巴曙松等译：《21世纪资本论》，中信出版社2014年版。

[4] 杨春学：《如何压缩贫富差距？——美国百年历史的经验与教训》，载于《经济学动态》2013年第8期。

[5] A. Deaton, "The Great Escape: Health, and the Origins of Inequality," New Jersey: Princeton University Press, 2013.

[6] E. Saez and G. Zucman, "Wealth inequality in the United States Since 1913: Evidence from Capitalized Income Tax data," National Bureau of Economic Research Working Paper, 2014.

[7] O. Bover, "Wealth Inequality and Household Structure," Review of Income and Wealth, Vol. 56, No. 2, 2010, pp. 259 – 290; G. Howard, "Why Was a Wealth Tax for the UK Abandoned?: Lessons for the Policy Process and Tackling Wealth Inequality," Journal of Social Policy, Vol. 41, No. 2, 2012, pp. 233 – 249.

[8] A. G. Isaac, "The Intergenerational Propagation of Wealth Inequality," Metroeconomica, Vol. 65, No. 4, 2014, pp. 571 – 584.

财富差距过大会影响一个社会的和谐和稳定，也会影响经济增长[1]，甚至会形成经济危机[2]。针对西方主要发达国家日益严重的财富占有的不平等，学者们提出通过征收资本税和遗产税[3]，实施社会保障制度等[4]。但是，占有财富最多的社会精英，往往又具有很强的政策影响力和避税能力，法国等国家的实践表明征收资本税和遗产税的效果可能并不佳。

我们也注意到，面对全球范围特别是发达资本主义国家的收入不平等和财富差距，收入分配分公平正义问题也回到了西方主流经济学的视野之中，更多的西方学者也看到信奉自由主义的市场经济不能解决不平等问题。

### （二）中国特色社会主义收入分配制度的价值取向

1. 马克思认为所有制决定分配关系，分配关系的核心是财产所有权

马克思在自己庞大的思想体系中，建立了完整的所有制理论，同时提出了内容丰富的财产所有权理论。马克思认为所有权是一种对实际存在的经济关系进行法律确认的法权关系。所有权表面上看是人与物的关系，但实质上体现的是人与人的关系。"对象作为人的存在，作为人的对象性存在，同时也就是人为了他人的存在，是他同他人的关系，是人同人的社会关系。"[5] 资本所有权的实质是资本家与工人之间剥削与被剥削、雇佣与被雇佣的关系，体现的是资本对劳动的剥削关系。

马克思虽然强调所有制对所有权的决定作用，但他同时也承认所有制与所有权不是简单的一一对应的关系，同一所有制下可以有不同的所有权形式。"在每个历史时代中所有权是以各种不同的方式、在完全不同的社会关系下面发展起来的。因此，给资产阶级的所有权下定义不外是把资产阶级生产的全部社会关系描述一番。"[6] "以国家所有权为例，社会主义公有制国家

---

[1] J. Chesters, "Wealth Inequality and Stratification in the World Capitalist Economy," Perspectives on Global Development & Technology, Vol. 12, No. 1, 2013, pp. 246–265.

[2] P. Lysandrou, "Global Inequality, Wealth Concentration and the Subprime Crisis: A Marxian Commodity Theory Analysis," Development and Change, Vol. 42, No. 1, 2011, pp. 183–208.

[3] J. A. Yunker, "Capital Wealth Taxation as a Potential Remedy for Excessive Capital Wealth Inequality," Journal of Post Keynesian Economics, Vol. 33, No. 1, 2010, pp. 83–104; T. Piketty, "Capital and Wealth Taxation in the 21st Century," National Tax Journal, Vol. 68, No. 2, 2015, pp. 449–458.

[4] K. Mcgarry and A. Davenport, "Pensions and the Distribution of Wealth," Chicago: University of Chicago Press, 1998.

[5] 《马克思恩格斯文集》第1卷，人民出版社2009年版，第185页。

[6] 《马克思恩格斯文集》第1卷，人民出版社2009年版，第638页。

存在国家所有权,封建社会、资本主义社会,同样也都存在国家所有权。可见,同为国家所有权的法权关系,却有着不同的经济基础。"①

可见,马克思始终坚持区分生产关系范畴的所有制和上层建筑范畴的所有权,认为所有制不是一种简单的生产资料的归属关系,而是生产关系的总和,主张以所有制来界定所有权。而苏联和中国传统政治经济学理论认为,所有制是一定社会生产资料归谁所有、归谁支配的基本经济制度,是生产关系的一个方面,这种观点其实是对马克思所有制理论的简单化理解。这种理解,是以上层建筑的名义确定经济基础,以财产所有权来界定所有制,认为所有制与所有权之间是一一对应的关系,即一种所有制必然反映为一种所有权,有什么样的所有制就必须有什么样的所有权;而一种法律上的所有权,也必然反映着一种所有制,有什么样的所有权就必然有什么样的所有制的"照相式反映论"。

2. 以公平正义为核心价值构建收入分配和财产权制度

人类社会不存在普遍的正义,正义是历史的产物。一个公平正义的产权制度,其作用是要形成一个让社会绝大多数成员都感到满意,从而能激励他们的创造性劳动的制度环境,最终促进经济效率的提高。任何一个制度作为生产关系的法定表现是由生产力决定的,在财产权构建上,我们要选择的是这种制度与现阶段生产力发展、增进经济效率的内洽性。在社会主义市场经济条件下,产权正义原则应体现为法律承认和保护财产获得的正当性和正当财产权利的排他性。

在马克思、恩格斯对资本主义私有制的批评和对未来社会公有制的构想中,包括了深刻的产权正义公平的思想。马克思主义产权正义思想体现了追求实质正义和平等的社会主义价值观,我们在构建社会主义市场经济的财产权制度时应该坚持这种价值取向。但是,按照马克思主义的唯物史观,任何一个制度作为生产关系的法定表现是由生产力决定的。在财产权制度构建上,作为社会理性,我们要选择的是这种制度与现阶段生产力发展、促进经济效率的内洽性。

财产权制度承认和保护包括劳动在内的各种要素主体对经济的贡献以及获得财产,这是一种贡献与收益相对应的公平原则,在它是社会财富的第一

---

① 李雅云:《民商法理论与实践》,中国法制出版社2004年版,第174页。

次分配的意义上,又被称为"原始公正"。在不区分市场主体的个性特征而具有普遍适用性上来说,这种公平原则体现了一种形式理性和机会平等的公平,它却不能体现社会成员之间无个体差别的共享与占有。问题在于,在物质财富还没有极大丰富,劳动还是个人的谋生手段的社会主义市场经济中,不同的市场主体在个人禀赋、经营条件、机遇等方面的千差万别,注定了各市场主体之间发生实际。

  经营结果上的差别(在分配上体现为个人财产和收入的差别),如果我们的产权制度不保护这种结果而强调全体成员共同占有和平等分享,事实上会造成一部分人占有他人劳动成果的情况,这又违背了产权正义的原则,同时还会损失效率。社会主义市场经济中,原则应该充分体现为法律承认和保护私人财产获得的正当性及正当财产权利的排他性。自从出现私有财产制度以来,私产的正当性都是法律承认的核心。随着我国《物权法》的颁布和实施,关于《物权法》的核心精神与社会主义社会产权正义原则是否矛盾的争论继而兴起。在现阶段社会主义,产权正义的实现途径首先是形式正义,它要解决的是社会成员在获得和利用财产时权利能力的平等,这应该是财产权立法体现的基本精神。2016年11月中共中央、国务院发布了《关于完善产权保护制度依法保护产权的意见》,提出"加快完善产权保护制度,依法有效保护各种所有制经济组织和公民财产权,增强人民群众财产财富安全感,增强社会信心,形成良好预期,增强各类经济主体创业创新动力,维护社会公平正义,保持经济社会持续健康发展和国家长治久安"。这就是说,公民的财产权得到平等有效保护,是社会公平正义的基本内涵。

  马克思认为,一个利益关系失衡的财产权结构会构成严重的"社会安全问题"①。社会公平正义是社会和谐的基本条件。公平正义的权利结构和分配结构是我国收入分配制度改革的目标,也是构建社会主义和谐社会的基础。这种分配制度,要能有效地促使和规范人们通过正当合法途径去获得财产和收入,要能平等保护各类产权主体,要能有效地约束产权主体和政府的行为;在此基础上建立起一种新的利益均衡机制,建立起一种为社会大多数成员所接受的权利分布及收入分配状态,以体现社会主义共同富裕和利益和谐的基本方向。

---

① 武建奇:《马克思的产权思想》,中国社会科学出版社2008年版,第160页。

### 3. 收入分配和财产权制度应保证经济自由和人的全面发展

财产权是经济自由的基础。改革 30 多年来，随着多种所有制结构的形成，公民个人及家庭财产的积累，以及财产权利的生产性运用，人们对财产权利的诉求越来越强烈，公民个人拥有财产权利成为他能否作为市场主体、进行自由选择的基础性条件。从更深层次来看，经济自由一方面要对任何限制自由的权力进行限制，特别是要限制政府在市场经济中的不当行为；另一方面，经济自由还包括尊重和保护个人的自由选择权，能够为个人扩大和增进自己的财富创造更开放的机遇和更广阔的空间。当人们享有充分的自由选择的权利，且每个人的这种权利受到法律保护时，他们就会把自己的精力更多地用于寻求市场机遇，通过自己的诚实劳动以获得长期的收益，这样更多的人就会依靠自身的努力和市场机遇而获得更多的属于自己的财产。

收入分配和财产权制度应保证人的发展。马克思说："每个人的自由发展是一切人的自由发展的条件。"① 马克思主义从分析现实的人和现实的生产关系入手，指出了人的全面发展的条件、手段和途径。所谓人的全面发展，即指人的体力和智力的充分、自由、和谐的发展。马克思初步提出人的全面发展理论是在《1844 年经济学哲学手稿》中。在《德意志意识形态》中第一次正式使用"个人的全面发展"这一概念，明确地提出关于人的全面发展的思想。后来马克思和恩格斯在《共产党宣言》中指出：人的全面发展是共产主义者的理想目标和共产主义社会的基本原则，这为人的全面发展思想走向成熟奠定了坚实的基础。马克思、恩格斯从人和社会的关系出发，从历史演变的角度揭示了三大社会形态中人的发展状态，指出人的全面发展的历程和人类社会历史发展一样是一个自然历史过程。从历史唯物主义出发，马克思认为财产权和所有制不仅是一种与物质生产力发展有关的生产关系，它本质上包含着人的发展的基础条件，即能否突破旧的社会分工和机器大工业对人的束缚，消灭并剥夺任何人利用财产的占有权力去奴役他人劳动的权力，重建"劳动者个人所有制"和自由人联合体，最终实现每个人的自由全面发展。马克思关于人的全面发展的思想是我们构建社会主义收入分配制度和财产权制度的基本原则和核心精神。

---

① 《马克思恩格斯选集》，人民出版社 1972 年版，第 273 页。

(三) 增长与共享：以新的发展理念实现公平正义

1. 马克思的发展理论

发展观决定发展的路径和举措。马克思追求的是人的全面发展，物质资料的生产和发展只不过是人的全面发展的基础。在《1857～1858年经济学手稿》中，马克思按照人的个体发展的程度把人类社会分为依次递进的三种社会形态。其中最初的社会形态是指人的依赖关系，在这种形态下，人的生产能力只是在狭窄的范围内和孤立的地点上发展着。这种形态相当于资本主义社会以前的诸社会形态，生产力不发达，盛行人身依附。以物的依赖性为基础的人的独立性，是第二种社会形态。在这种社会形态下，才形成普遍的社会物质变换、全面的关系，多方面的需求以及全面的能力体系。这种社会形态打破了等级制度和人身依附，是货币面前人人平等，人们有了更广阔的实现自我价值的选择空间和多方面的选择自由，较之第一种社会形态是一个伟大的历史进步，相当于马克思所讲的资本主义社会或通常意义上的市场经济。"建立在个人全面发展和他们共同的社会生产能力成为他们的社会财富这一基础上的自由个性，是第三阶段"，在这个阶段，人的个体得到了全面的、充分的发展，它相当于马克思所讲的社会主义和共产主义社会。马克思强调："第二个阶段为第三个阶段准备条件。"马克思所讲的条件既包括物质条件，又包括精神条件。物质条件包括资本主义市场经济造就的强大的生产力，即经济本身的发展和物质的丰富。对于资本主义市场经济形成的巨大生产力，马克思、恩格斯在《共产党宣言》里给予了充分的肯定。他们写道："资产阶级在它的不到一百年的阶级统治中所创造的生产力，比过去一切世代所创造的全部生产力还要多，还要大。自然力的征服，机器的采用，整个大陆的开垦，河川的通航，仿佛用法术从地下唤出来的大量人口，……过去哪一个世纪能够料想到有这样的生产力潜伏在社会劳动里呢？"[①] 与这样的生产力和生产方式相适应的精神方面的准备就是公平、平等、自由选择和竞争，是人的自我价值较之此前的社会得到了更充分的实现，才能得到了更为淋漓尽致的发挥。在马克思的经济发展理论里，生产力的发展只是手段，人的全面、自由发展才是目的。

---

① 马克思、恩格斯：《共产党宣言》，人民出版社2005年版。

经济生活中的发展如果背离了发展是为了人的发展观,发展将是不可持续的。先期发展的国家存在着这种现象,造成了环境污染的严重后果。1973年,美国学者加尔布雷思曾经批评道,把经济增长作为主要目标,对物的关注胜过于对人的关注,结果从商品的生产和消费两个方面都会发生对环境的损害——发电厂对空气的影响,由此产生的氮对视力的影响……造纸厂不能推卸它的责任,而汽车主对于汽车的使用所产生的一切后果可以表示遗憾,却不存在个人的责任感,因为他个人在总的损害中所增加的一份是微不足道的。加尔布雷思认为,应当改变这种现象,应当对人本身给予充分关注,确立和追求公共利益或最大限度地满足公众需求的公共目标。

1998 年诺贝尔经济学奖得主阿马蒂亚·森在其颇具影响的《以自由看待发展》一书中,同样批评了将发展等同于国民生产总值的增长,或个人收入的提高,或工业化与技术进步,或社会现代化等的观点,认为这些都是狭隘的发展观,最多属于工具性范畴,是为人的发展服务的。进入 2000 年,世界各国领导人在联合国千年首脑会议上商定了一套时限为 15 年的目标和价值指标,强调自由、平等、共济、宽容、尊重大自然和共同承担责任,最终是为了人的发展。

中国立足于改革开放以后的经济增长与发展实践,在丰富的实践经验基础上,形成了以人民为中心的发展思想。习近平指出:"要坚持以人民为中心的发展思想,这是马克思主义政治经济学的根本立场。要坚持把增进人民福祉、促进人的发展、朝着共同富裕方向稳步前进作为经济发展的出发点和落脚点,部署经济工作、制定经济政策、推动经济发展都牢牢坚持这个根本立场。"[①] 以人民为中心的发展,其关键是实现共享发展,体现逐步实现共同富裕的要求。

2. 经济增长与收入不平等

收入不平等与经济增长之间的关系,一直以来都是经济学家们关注的焦点。就收入不平等而言,存在两个层次,一是国家间人均收入的不平等,另一个是一国内部个人收入的不平等。前者尤其体现于经济增长理论之中,特别是新经济增长理论更是试图解释国家间人均收入差异。关于一国内部个人

---

① 习近平:《立足于我国国情和我国发展实践,发展当代中国马克思主义政治经济学》,载于《人民日报》2015 年 11 月 25 日。

收入不平等与经济增长的关系，最早就此问题进行系统研究的是库兹涅茨（1955）。库兹涅茨利用一些小样本数据，得出了描绘人均收入与收入分配不平等之间关系的"库兹涅茨倒U形曲线"。他发现在人均收入低的国家中，相对富裕的国家收入分配较为不平等；而在人均收入高的国家中，相对贫穷的国家收入分配较为不平等。这一结论说明了一个国家的收入分配状况可能会随着这个国家的增长阶段变化，即"库兹涅茨倒U形曲线"。后来的许多实证研究结果表明并不存在"库兹涅茨倒U形曲线"。特别是20世纪90年代之后各国的经验研究表明，发达国家在70年代以前所经历的不平等下降趋势在最近30年间发生了逆转。

对于一国内部个人收入的不平等与经济增长的关系，研究者关注两个主要问题：一个国家的收入分配状况会影响它的发展速度吗？与此相对应，一个国家经济的增长会影响它的收入分配状况吗？经济增长与发展理论认为，一国人均收入的高低取决于该国的长期经济增长。同样，增长理论与各国发展的历史经验表明长期经济增长关键是实现经济的转型，即实现从传统马尔萨斯陷阱向现代持续经济增长的转变。长期经济增长的进程必然经历经济成果的分配过程，该过程是收入分配理论研究的主要内容。不同的收入分配必然造成收入的不同分布，并进而影响一国的经济福利。根据各个发展中国家的经验，经济转型和实现长期经济增长并非能自行解决收入的不平等问题。有学者认为，经济转型过程呈现出三种特征，人口转移与产业变迁、人力资本积累和人口的转型，因而收入不平等与经济增长之间可以正相关，也可以负相关，他们之间的关系最终取决于技术进步结构和技能劳动供给（刘勇，2010）。另外，社会制度结构也会影响一国的经济增长，如果经济增长的成果不能为全体社会成员共享而是被少数人或社会利益集团独占，经济增长将失去普遍的激励价值。

3. 以共享发展来解决分配领域中的矛盾，推进社会公平正义

发展中国家如何实现经济现代化以及成功转型，西方主流经济学根据西方国家经验开出了不少药方，而中国立足于自身国情坚持走中国特色社会主义道路，其发展道路和成功经验却受到越来越多的关注。但是，我们在转型和发展过程中也遇到和其他发展中国家一样的问题。"尽管中国经济正在经历不可思议的增长和经济趋同，然而不应该忽视的是，与其他发达国家一样，不平等问题与中国息息相关，而且在接下来的几十年里，不平等问题将

越来越突出，因为经济增长最终将不可避免地放缓。"① "在过去的几十年里，中国立足于本国国情，并从 19 世纪到 20 世纪的西方历史经验里吸取教训，试图在资本主义和共产主义之间找到一条融合二者优点的道路，并建立起适合自己的发展模式……调和经济效率、社会公平和个体自由的矛盾，防止全球化以及贸易和金融开放所带来的利益被少数人独占，阻止我们的自然资源被彻底破坏等诸如此类的问题，无论我们身处何地，都需要共同面对。"②

我国转型期个人收入和财产分布差距扩大的原因是复杂多样的，总的说来，一方面是来自深化改革；一方面来自发展过程。通过不断完善社会主义市场经济体制和深化改革，处理好市场经济中政府与市场的关系，可以在一定程度上抑制住差距扩大的趋势，而在今后相当长的时间内保持较高速度的经济增长，实现共享经济发展，对于抑制和缩小差距具有更加重要的意义。我们的道路选择应该是以包容性经济增长和共享式发展来解决收入分配领域中的矛盾，来解决社会公平正义问题。

党的十八届五中全会提出了必须牢固树立并切实贯彻创新、协调、绿色、开放、共享的"五大发展理念"，用新的发展理念引领我国发展方式的转变。十一届三中全会后，一个重要的发展理念就是让一部分人先富起来。历史发展到今天，开始进入通过先富带后富，让人民群众共享发展成果，实现共同富裕的历史新时期。共享发展回答了"发展目标是什么和发展成果如何共享"的问题。党的十八届五中全会提出坚持共享发展，必须坚持发展为了人民、发展依靠人民、发展成果由人民共享，使全体人民在共建共享发展中有更多获得感，增强发展动力，增进人民团结，朝着共同富裕方向稳步前进。共享发展作为中国道路实践经验的概括和总结，彰显了中国道路的鲜明特色，明确了中国道路未来探索的实践方向。西方学者在讨论中国现代化道路问题时承认，中国虽然经历了殖民入侵，但是它特有的文化、价值观和历史，意味着它无法走西方现代化的道路。实践也已有力地证明了，中国现代化必然要走一条有自己特色的独特道路。在这条道路的特殊性内涵中，共享无疑是其中的核心价值之一。

共享发展理念是坚持以人民为中心的发展思想的集中体现，也是马克思

---

①② 李实、岳希明：《"21 世纪资本论"到底发现了什么》，中国财政经济出版社 2016 年版。

主义政治经济学的根本出发点，即把人民作为生产的目的。马克思主义认为，如果社会生产不以人民为目的，不仅是不正义的，更是违背社会发展规律的，是不可持续的；资本主义经济之所以不断陷入经济危机，一个重要原因就是把资本的增值和扩张作为生产的根本目的，只见"物"不见"人"，更不见广大的劳动者，把作为社会主体的人异化成了生产剩余价值的工具。新发展理念坚持马克思主义政治经济学的根本立场，坚持发展为了人民、发展依靠人民、发展成果由人民共享，是马克思主义政治经济学的当代创新，我们需要在实践中探索实现共享发展的路径，才能把缩小差距和共同富裕建立在生产力与生产关系相互促进的基础之上。

## 二、深化收入分配制度改革制度建设的整体架构

在转型期和经济快速增长的过程中，我国面临着收入差距扩大的严峻考验。在收入差距扩大的同时，我们还面临财产差距扩大的问题。从本质上讲，收入分配中的核心问题是财产关系决定分配关系。财产分布差距和收入差距是我国转型期社会利益结构失衡和调节机制失效的表现，是社会生产关系层面的问题，因此，需要用生产关系范式来分析。要避免社会财富分配不公和收入差距过大，关键在于解决财产权利在社会成员之间合理分配、平等受益的问题。因而，我们需要深化改革，构建具有中国特色的财产调节与收入分配制度，进而充分体现社会主义的制度优越性。

### （一）取向维度

中国的市场化改革过程，是一场涉及社会成员之间利益结构调整和财产权利重新配置的深刻的社会变迁。改革30多年后，社会财产权结构发生了一系列新的变化：一是产权主体的多元化。随着国有产权在一般性竞争领域的退出、城乡非公有经济的快速发展，以及外资的进入，形成了社会主义市场经济的多元所有制结构，个人、企业及其他经济组织，都成为市场经济活动的主体和拥有独立财产权利的主体。二是社会成员收入来源的多样性。收入分配制度改革后，个人收入结构中既有在企业和其他经济组织获得的工资收入，也有基于个人储蓄或投资所获得的利息、股息收入和资本利润收入，

而且这一部分收入的比例呈扩大趋势。三是个人或家庭财产形式的多样性。从财产形式看，个人拥有的财产既包括动产，也包括不动产①；既包括有形财产，也包括像知识产权、人力资本这样的无形财产。四是私人财产积累量快速增长。

从实践层面来看，我国还存在着弱势群体财产权利的缺失、公权对私权的侵害、资本强权以及劳动收入比例过低、居民的财产分布差距明显扩大等一系列突出问题。在不断深化市场化改革的过程中，对个人财产产权（主要是所有权）的崇尚与保护，社会整体对个人财产权的认识等都发生了深刻的变化；经济激励和市场作用的强化，使个人财产的分布状态发生了快速变化。当我们在推进市场化改革过程中，越来越关注社会财富分配及居民收入差距这一重大问题时，也需要关注和审视社会主义市场经济条件下财产权制度的价值取向，因为财产权的配置是个人财富及收入差距的根本原因。

建立与社会主义市场经济相适应的财产调节与收入分配制度，是关系到市场经济有效运行的基础性问题，也是构建社会主义和谐社会的重大理论和实践问题。这关系到如何保障在社会主义国家既有私有财产权的繁荣又不会使公有制的经济基础受到伤害？如何划定私有财产权与公有财产权的界限？如何解决政府与国家、民众及社会的关系？如何确保私有财产权得到发展的同时社会公正也得到兼顾？如何实现国家与民众从对有限资源的争斗中既能各复其位、各归其所又能保障人自身利益得到最大满足和资源的最大节约？如何安排政府在财产权问题上的进入和退出机制？如何设计各利益主体在财产权上的激励和制衡机制？

收入分配关系背后的核心和实质是生产关系，要解决分配不公和差距过大应着力解决财产权利社会成员之间合理分配、平等受益的问题，以及在第一次分配中如何以有效的手段保证资本收益与劳动收益的合理比例，关键在于构建一个与社会主义市场经济相适应的财产调节与收入分配制度，以保证财产分布和收入分配上的公平与效率。马克思的产权正义思想体现了追求实质正义和平等的社会主义价值观，我们在构建与社会主义市场经济相适

---

① 按照比较通行的统计分类方法，居民（家庭）财产分为非金融资产和金融资产两大类。非金融资产包括个人或家庭拥有的农业、工商业等生产经营资产，房产与土地资产，车辆资产，家庭耐用品等资产；金融资产包括活期存款、定期存款、股票、债券、基金、金融衍生品、金融理财产品、非人民币资产、黄金、借出款等（《中国家庭金融资产调查》，西南财经大学，2012 年）。

应的财产调节与收入分配制度时应该坚持这种价值取向,在财产调节和收入分配制度上体现权利与经济自由、人的全面发展、社会和谐与利益均衡,并在法治条件下处理好政府与市场的关系,实现公有财产权利和私有财产权利的均衡。

针对这一命题,我们提出了一个整体性制度架构:在核心价值取向上,提出坚持马克思主义核心的价值观,即社会公正与人的全面发展;在制度功能上,提出保护公民的占有财产和社会产品分配上的权利,激励各类经济主体,规范不同主体之间的权利义务关系,实现资源的有效配置;在制度构建上,提出财产权利制度建构层面、顶层设计层面、行政法律法规层面、经济调节层面(如税收、社会保障等)以及利益共享机制层面的多层次制度设计。

### (二) 制度功能维度

一个行之有效的财产调节与收入分配制度是市场经济得以顺利运行的润滑剂。其基本功能包括:一是经济激励功能。财产调节与收入分配制度的激励功能就是指通过法律确认和保护的财产占有主体,可以使用产权来谋取自身的利益,并且使这种利益不断地内在化。二是资源配置功能。当资源不存在稀缺性因而人们在占有使用资源上并不存在利益矛盾时,财产权的界定并不重要。而当稀缺性出现时,争夺生产资源的冲突迫使各主体之间都要寻求一种社会稳定秩序以确认资源的归属,以保护人们对资源的稳定利用。因此,通过法律而确认保护的财产权制度,一开始就是为了资源配置的需要。三是行为约束功能。产权的约束功能有两层意思:第一是由财产权的排他性而产生的对非产权主体的约束,即排除他人的侵占、盗窃等行为,保障排他性产权关系的建立;第二是对财产权主体行为的约束,即通过主体权利和责任的界定,使外在的责任内在化。四是经济预期功能。一个社会所建立的对财产所有权充分保护的法律制度,会有力地鼓励人们增加财富,有效地利用资源,从而促进社会经济的发展。在存在外部环境的不确定性和风险的情况下,只有当社会持续而稳定地保护产权,人们才会普遍地从事财富的积累,谋划长期的经济活动。[1]

---

[1] 刘灿:《中国经济改革与产权制度创新》,西南财经大学出版社2007年版,第283~292页。

1. 当代资本主义国家财产调节与收入分配调整的经验

在欧美发达国家,由于财富积累的不均等,加上市场机制对居民财产性收入的调控存在马太效应,财产性收入在居民中的分配存在着较大的差距。但总体而言,发达国家国内贫富阶层对立状况并不十分明显,社会相对稳定,反映出这些国家经济增长和经济结构的相对稳定性。更重要的是其逐渐形成了一整套财产分布稳定机制和行之有效的财产再分配调控机制,在一定程度上抑制了整个社会财富的过度集中和财产分布过度不均等的趋势。

从近代以财产权的私人性和绝对性为突出特征,到20世纪相对财产观念逐渐成为主流,当代资本主义国家财产分布和财产性收入的调节思想是随着资本主义经济发展而不断深化的。19世纪末严峻的贫富分化和对立现实以及社会主义的蓬勃开展,逐渐扭转了西方社会的财产观念,使20世纪成为一个规范财产权的时代。① 在现实的压力下,资本主义国家先后实行了社会改良,在维持资本主义私有制的前提下,限制私人财产权,强调公共福利,在公共利益与个人利益间寻求一个平衡发展的基准点。在财产权利观念演进过程中,资本主义自身逐渐意识到:财富占有进而收入分配的过分不平等状态,不仅阻滞了经济的发展,而且严重地威胁到资本主义制度的稳定。特别是"二战"后,各资本主义国家越来越认识到财富分布均等化和收入分配平等化对经济社会持续稳定发展的巨大影响,普遍选择了旨在纠正收入分配不公平和财产占有不平等,从而使社会福利损失最小的财产性收入分配干预政策。根据其分配调节理念取向及财产调节政策特征的差异,可划分为美国模式和欧洲模式。

20世纪80年代,美国经济在实现向新自由主义的制度变迁后,实施效率导向型的收入分配调节干预制度。美国的收入分配政策主要有劳资谈判与最低工资制、税收政策以及社会保障制度等几个方面。其财产性收入再分配的调控方法主要有:通过财产税制对财产保有和转移环节的课税,从源头上缩小财产的差距;通过差额累进个人所得税制调控居民的收入,从源头上减少收入对财富积累能力的影响;提高低收入人群的收入,通过税收减免和相应的社会保障制度,减少其支出,从而增加财富积累。

欧洲国家在"二战"后致力于调节收入分配,缩小社会贫富差距,并

---

① 刘军:《西方财产观念的发展》,载于《文史哲》2007年第6期。

以建立福利国家作为主要目标。在欧洲，德国和瑞典的收入分配政策很具有代表性，两国以收入分配的公平性为导向，同时兼顾社会发展，防止经济自由和社会公正之间的矛盾和冲突，高税率和完善的社会保障制度使得其收入再分配调节与美国所选择的道路大相径庭。德国、瑞典等为代表的欧洲国家高福利的政策和严厉的收入分配调节措施有力地缩小了社会差距，缓解了社会对立情绪，减少了社会不公。据联合国《国际人类发展指数》（2011）显示，瑞典和德国的基尼系数分别只有0.25和0.28左右，居于世界上社会公平系数最高的国家之列。

总的说来，在资本主义财产关系社会化的嬗变中，在财产分布稳定机制和财产再分配调控机制的作用下，西方资本主义国家公民财产分布的范围和主体数量的迅速扩大，基数庞大的中产阶层的财产稳定积累和增长使其成为社会稳定的减震器，从而有效缓解了生产社会化与资本私人占有之间的矛盾，缓和了阶级间的冲突和紧张关系。"由于中间阶层人数的剧增，社会关系和社会矛盾总的说来趋向缓和，有利于社会的稳定和发展"[①]。而财产关系社会化的实现方式最终也体现在了分配环节的社会化上，居民财产和财产性收入人均规模和总规模的提高，提高了居民消费能力和投资能力，从而在一定程度上保证了社会购买力与社会再生产之间的平衡，有效弥补了生产过剩与需求不足的裂痕和鸿沟，进而为资本主义经济社会发展注入了较强的支撑力、稳定力与推动力。

2. 当代资本主义国家财产调节与收入分配调整的制度困境

在资本主义国家居民财产结构分布演化和财产权利关系调整的复杂历史过程中，尽管居民财产总规模和人均规模、财产权的主客体范围和数量均呈迅速扩张的趋势，但是财产在各阶层间的分布不均等常态化以及由此引致的收入分配畸形化和社会结构断裂化仍是当代资本主义生产关系的最基本的特征和最核心的线索。究其原因在于：财产和财产权利问题是西方资本主义经济制度和政治制度的核心，而行使私人财产权利的自由，是资本主义经济和政治自由的前提和基础。即使资本主义国家对它的自由市场制度加以重新调整，也根本不会去触动私有制这个基础，而只会力争在政府与市场之间找到新的平衡。但不论采取什么样的政府干预措施，都不可能从根本上改变作为

---

① ［美］约翰·斯梅尔：《中产阶级文化的起源》，上海人民出版社2006年版，第1~2页。

资本主义制度基础的财产权结构，而且也不是以此为目标的。

在财产关系调整和财产权结构演进中，资本强权自始至终要求维持自己的核心统治地位，资本主义私产制度和雇佣劳动制决定了劳资之间永远不可能在公平的条件下缔结协定，从而财产关系的变革必然被限制在资本主义经济关系自身限度之内，财产关系社会化也只能是在维护私人资本利益基础上的社会化，超出这个底线必然遭到资本强权的反对。从这个意义上说，资本主义财产关系的调整和财产权结构的演进始终都是在资本主义私有制的基础上并在资本主义生产方式范围内进行的。资本主义生产方式的内在矛盾注定了资本主义经济的内在的不稳定性，周期性经济危机成为资本主义的制度病，这是资本主义市场经济的根本缺陷。尽管美国等通过所谓金融创新一时满足购买力不足的劳动人民在住房等消费品上的"美国梦"和对过剩商品的逆向调节，以及基于缓和收入分化的再分配政策的横向调节，可在一定程度上延缓危机的发生，但受到和巩固资本主义私有财产制度这一根本点的制约，这些政策无法克服新自由主义长期泛滥累积的各种经济社会矛盾。历史经验表明，只要以私有制为基础的资本主义基本经济制度没有改变，只要资本主义生产关系决定的分配关系（分配结构）以及由此衍生出来的利益关系失衡的财产权结构没有发生质变，新自由主义也好，凯恩斯主义也好，都无法从根本上防止贫富分化，进而阻止经济危机周期性发生。

3. 通过制度设计、制度功能有效调节我国收入差距

构建与社会主义市场经济相适应的财产调节与收入分配制度，就是要充分发挥财产权制度的功能，第一，要界定和保护公民财产所有权的排他性，保护公民实现其财产权益；第二，要激励财产权主体，规范不同主体之间的权利义务关系，包括公民个体与国家权利主体的关系，与各类集体、社会经济组织之间的关系，公民个体权利主体之间的关系等；第三，要充分发挥产权交易的功能实现资源的有效配置；第四，在不同的利益主体（政府、企业与个人）之间形成利益均衡机制。

具体而言，与社会主义市场经济相适应的财产调节与收入分配制度应包括以下三个基本方面：首先，在初次分配领域要健全和完善相关的制度、机制，着重保护劳动所得，在增进效率的同时也增进公平。当初次分配中存在着体制和制度缺陷的情况下，收入分配就容易出现规则不公平、机会不均等的现象，从而导致效率和公平的双重损失。其次，完善再分配调节机制，强

化政府对收入分配的调节职能。要按照再分配更加注重公平的原则，完善以税收、社会保障、转移支付为主要手段的再分配调节机制，加大税收调节力度，强化政府对收入分配的调节职能。通过提高低收入者收入水平、扩大中等收入者比重、调节过高收入的思路，使居民之间收入差距较大的问题得到有效缓解。最后，要始终坚持共同富裕的原则，实现发展成果由全体人民共享。

（三）顶层设计维度

党的十八大指出，"实现发展成果由人民共享，必须深化收入分配制度改革"。十八届三中全会指出，要形成合理有序的收入分配格局。着重保护劳动所得，多渠道增加居民财产性收入。完善以税收、社会保障、转移支付为主要手段的再分配调节机制，加大税收调节力度。规范收入分配秩序，完善收入分配调控体制机制和政策体系，保护合法收入，调节过高收入，清理规范隐性收入，取缔非法收入，增加低收入者收入，扩大中等收入者比重，努力缩小城乡、区域、行业收入分配差距，逐步形成橄榄型分配格局。十八届五中全会进一步提出："坚持共享发展，必须坚持发展为了人民、发展依靠人民、发展成果由人民共享，做出更有效的制度安排，使全体人民在共建共享发展中有更多获得感，增强发展动力，增进人民团结，朝着共同富裕方向稳步前进。"这些为新时期我国深化收入分配制度改革的基本原则、基本目标、基本政策等进行了方向性探索和系统化的顶层设计。

收入分配结构的优化是新时期供给侧结构性改革应有之义。收入分配制度改革涉及社会不同利益群体利益关系和利益结构的调整与整合，是一项复杂的系统工程，需要以科学有效的顶层设计来推动。30余年丰富的实践经验和经济发展的巨大成就使得我们具备了对收入分配进行系统化顶层设计的条件，并有能力将改革的风险和不确定性置于可控范围之内。收入分配改革的顶层设计需要结合中国收入分配面临的现实，抓住收入分配制度改革的关键与核心问题，重点从初次分配制度、再分配制度、农民增收、分配秩序四个方面入手。

一是建立要素价格市场化形成机制，完善收入初次分配制度。从劳动力、资本、技术、公共资源收益分配机制等方面应明确完善劳动、资本、技术、管理等要素按贡献参与分配的初次分配机制，形成由市场决定生产要素价格的机制:在劳动力要素分配上,促进就业机会公平,促进中低收入者职工工资合理增长;在资本要素分配上,提出建立健全国有资本收益分享机制;在技术要素分配上,提出健全技术要素参与分配机制;在管理要素分配上,提出对于行政任命国企高管薪酬限高,提高央企国有资本收益上交比例;提出要完善公共资源占用和收益分配机制。总之,初次分配要着力于纠正要素价格形成机制的扭曲现象,扫清制约初次分配效率提升的非市场性障碍,杜绝不合法收入的产生,为各要素合理分配所得提供基本制度保障,解决好"功能性分配"问题,最大程度推进分配机会公平的实现。

二是要建立公共服务均等化机制,完善收入再分配制度。再分配本质上是政府职能对"市场失灵"的有效弥补,重点是运用税收等再分配手段,调节规模性收入分配,缩小收入差距,实现公平正义的目标。因此,要"加快健全以税收、社会保障、转移支付为主要手段的再分配调节机制"。具体包括"健全公共财政体系,完善转移支付制度,调整财政支出结构,大力推进基本公共服务均等化""加大税收调节力度,改革个人所得税,完善财产税,推进结构性减税,减轻中低收入者和小型微型企业税费负担,形成社会公平的税收制度",同时要"全面建成覆盖城乡居民的社会保障体系,不断完善社会保险、社会救助和社会福利制度,稳步提高保障水平"。

三是要促进农民增收,推进城乡一体化发展。研究证实,城乡二元结构是拉大收入差距的最大权重。因此,要围绕土地增值收益分配机制、农民增收机制、农业人口市民化机制等健全促进农民收入较快增长的长效机制,促进公共资源在城乡之间均衡配置、生产要素在城乡之间平等交换和自由流动,促进城乡规划、基础设施、公共服务一体化,统筹推进户籍制度改革和基本公共服务均等化。

四是要完善收入分配法律制度,规范收入分配秩序。合理的收入差距是保持市场经济竞争活力的积极因素。问题的关键在于厘清收入差距扩大的正常的市场因素和不正常的非市场因素,消除不合理的差距和不合理的因素。推动形成公开、合理的收入分配秩序,规范收入分配市场秩序,加强制度建设,健全法律法规,加强执法监管,加大反腐力度等。保护合法收入,规范隐性收入,取缔非法收入,夯实规范收入分配秩序的基础。[①]

---

① 权衡等:《收入分配与社会公平》,上海人民出版社 2014 年版,第 194 页。

需要特别指出，改革开放以来，我国对于完善社会主义收入分配关系的改革历来并不缺乏顶层设计，但部分顶层设计的执行和落实却差强人意。这就促使我们对于新时期收入分配改革的顶层设计的可行性和可操作性去进行更深层次的思考：顶层设计要兼具方向性与科学的施行标准，强化顶层设计目标达成的约束性指标考核；顶层设计要明确任务和相关的体制机制保障以及相应的组织安排；顶层设计的成功实施需要来自底层的支持与互动以及实践层面的实验性探索等。

### （四）法律法规维度

在构建财产权保护的法治体系上，针对公权侵害私权、财产权立法滞后、平等保护各类产权缺乏法律等问题，我们在财产权结构和收入分配上应该做到积极有为，其核心是构建一个能切实保护各类财产权的法治体系，将平等保护作为规范财产关系的基本原则。民法、行政法等部门法配合宪法在对财产权结构与收入分配结构优化中发挥着不同的制定性功能，应建立起以宪法为核心，以民法、刑法和行政法等为基本法律的财产权利法律保护体系。

1. 财产权保护的法律制度的构建，首先涉及财产权利的宪法保障

改革开放以来，随着经济的快速发展，公民拥有的私有财产有了不同程度的增加，人们对用法律保护自己的私有财产有了更加迫切的要求。八二宪法确立了我国财产权法律制度的最基础性框架。2004年宪法修正案将宪法第十三条"国家保护公民的合法的收入、储蓄、房屋和其他合法财产的所有权。""国家依照法律规定保护公民的私有财产的继承权。"修改为："公民的合法的私有财产不受侵犯。""国家依照法律规定保护公民的私有财产权和继承权。""私产入宪"实现了财产权与人权的制度同构，充分承认了私有财产权，进一步完善了私有财产保护制度。这是中国首次在宪法中确认私有财产权的地位，确立私有财产权为公民的基本权利。

然而，需要指出，这一公民财产权的最高法律定位的确立，是基于对部分社会群体利益增进的边际调整，并未打破既有的身份意识，也未真正实现财产权与人的自由和全面发展的深层融合。虽然在宪法文本上私有财产权利得以确认，但毕竟只是规定了一个大概的框架，宪法仍滞后于实际经济运行过程中财产权嬗变的实际，其创设的宪法权利只是在文本上体现了对一个法治国家理想的认同。如何在宪法层面上协调公民财产权利行使中国家、集体

和个人之间的关系，划定公有财产与私有财产的界限，实现公有财产权与私有财产权的动态均衡仍面临理论与实践的双重缺口，离公私财产权平等保护的实现还是有一段距离。需要在公有制与财产权的关系与地位条款、公有财产权与私有财产权的关系条款、财产权的限制条款以及补偿条款等层面进行修改和完善，核心是实现对财产所有权制度（包括国家所有权、集体所有权、公民个人所有权、社团和宗教组织的所有权等）的明晰以及对不同财产所有形式（包括单独所有和共同所有）的明晰和界定，加强人大释法对公私财产权平等保护的保障作用，充分体现出我国宪法自适性调整的稳定性、权威性与灵活性。

2. 完善个人财产权利和财产收入的民法保护制度

中国公民财产权利的民法保护体现在民法的各个方面，如《民法通则》《物权法》《合同法》《著作权法》《专利法》《商标法》等。

《物权法》充分彰显了我国在公私财产权实施平等保护方面的决心与国家意志。《物权法》第三条、第四条确立了公有财产和私有财产"一体承认、平等保护"的原则，可见，物权法对公民财产权利的保护较民法其他部分更为深入和全面。

《物权法》作为调整平等主体之间的财产归属和利用关系的重要法律规范，作为调整社会主义市场经济关系的基本法，是构建社会主义和谐社会的重要保障。可是，《物权法》在平等保护方面的规定还是存在着缺陷，关于"公益"的界定便是争议的焦点"公益"边界与范围的模糊为公权侵害私权提供了制度上的庇护。需要完善土地、房屋等财产征收征用法律制度，合理界定征收征用适用的公共利益范围，不将公共利益扩大化，细化规范征收征用法定权限和程序。遵循及时合理补偿原则，完善国家补偿制度，进一步明确补偿的范围、形式和标准，给予被征收征用者公平合理补偿。因此，此处侧重对物权法中公民财产权利保护的完善提出以下几方面建议。

（1）物权法有关保障对象范围的建议。《物权法》基本上偏重对公民的合法收入、储蓄、房屋的保护，保障对象的范围具有局限性，表现在对私有财产权的保护着重于生活资料，例如第六十四条规定："私人对其合法的收入、房屋、生活用品、生产工具、原材料等不动产和动产享有所有权。"所列举的个人合法财产中强调保护合法的收入、储蓄、房屋和其他合法财产权的所有权，这些都主要体现为生活资料，而对于生产资料和投资性资产虽有涉及，但却没有详细列举。从长远看，不利于社会财富的增长和公民对福利的追求。

建议将《物权法》第六十五条增加一款，只有通过法律明确为国有财产的，才属于公共财产。这一规定可以减少国家对公民财产权的不当干预，并增加其创造财富的积极性和安全感。

（2）物权法有关征收、征用规定的建议。

建议将第四十四条变更为："因抢险、救灾等紧急需要，依法律规定的权限和程序可以征用单位、个人的不动产或者动产。被征用的不动产或者动产使用后，应当返还被征用人。单位、个人的不动产或者动产被征用或者征用后毁损、灭失的，需按同期市场价格进行完全补偿。"

此款的变更对补偿进行细化，不仅有利于补偿方式得到确认，同时保证财产所有人依物的效用最大化得到补偿。

3. 进一步完善刑法对公私财产权的平等保护

我国刑法对公私财产实施区别保护是十分明显的。《刑法》第九十一条规定："本法所称公共财产，是指下列财产：（一）国有财产；（二）劳动群众集体所有财产；（三）用于扶贫和其他公益事业的社会捐助或者专项基金的财产。在国家机关、国有公司、企业、集体企业和人民团体管理、使用或者运输中的私人财产，以公共财产论。"《刑法》之所以专门用一条条款对公共财产的概念来进行界定，其目的就是为了对公共财产和私有财产进行区别保护，在我国现行刑法体系中，对侵害公共财产的惩罚力度要远远大于对侵害私有财产的惩罚力度。例如挪用资金罪，侵害的是非公共财产，其定罪的最高刑也不过 10 年有期徒刑，而以同样的方式侵害公共财产则会被定为挪用公款罪，最高刑为无期徒刑。在当前市场经济不断开放和成熟的背景下，应当取消我国刑法有关公共财产的规定，将有关财产的概念统一改为"他人财产"，在这里"他人"既包括现在的"公共"也包括现在的"私人"。只有这样取消对财产的不合理分类，才能真正发挥刑法在保护财产权方面所起到的作用，使我国的市场经济能够在一个更好的环境中成长和发展。[①]

--------

[①] 庄劲：《国有财产和私有财产：刑法面前如何平等——以"合理分类理论"和"一体刑的平等论"为基础》，载于《中山大学学报》（社会科学版）2007 年第 1 期；易昕：《论现阶段我国公私财产权的平等保护》，湘潭大学，2008 年，第 31 页。

### 4. 对公民财产权行使的调节：行政法律法规制度

行政法是调整行政主体行使其职权而发生的各种社会关系的法律规范和原则的总称。现代社会中，公民个体的私人财产权利并不是"为所欲为"的绝对权利，它是受到限制的，限制来自代表社会公共利益的公共权利，即公法。公共利益是公法的核心，也是掌握在公权力执行者手中对私权进行限制的一把利剑。任何权利都不是绝对的，私权同样要受到限制。现代社会限制财产权的重要手段是行政法律法规，但这种行政法律法规必须在一定限度内使用，不能过度或滥用。政府是否能够正当地行使手中的公权力决定着公民私有财产权受保护的程度。

在中国，强调公民私权利的保护，限制政府利用自身设定的行政法规来不当干预，最好是尽可能明确规定公共利益的范围。我们认为，现阶段在拆迁征地这类纠纷中公权力与私权力最容易发生碰撞。而解决这一棘手的问题，公共利益的明确界定是首要的，它是完善其他相关法律制度的前提。因为，如果公共利益界定不清，政府不当干预就有了滋生的土壤。政府并不是超脱于现实社会经济利益关系的、没有自身独立利益的超利益组织。在公共利益界定模糊的情况下，为了自己的利益，政府往往会将"公共利益"的概念无限扩大，借此审批强制拆迁，损害被拆迁人的私权。

我们在现有的法律体系内，还要通过具体的法律制度来真正可操作性地界定公共利益的范围，以防止公权力机构借口"公共利益"肆意侵入到私权的领域。对此，唯一的途径就是通过正当程序限制"公共利益"的泛化。政府在制定相关法律、法规或者实施相应行政行为时，凡涉及公共利益与个人权利的比较衡量时，必须要纳入到法治化的轨道：一方面从行政立法上明确行政权力的分工，加强行政权力之间的相互监督，从实体法上完善国家赔偿的原则和标准，从程序法上秉承公平、公正、公开的原则，完善听证、回避和信息公开各项制度；另一方面又要树立公民的权利意识，促使行政法由过去的"统治法"向"控权法"的转变。

在财产权保护法治体系中，除了从立法层面制定出平等保护各类财产权和经济活动的法律法规外，更重要的是这些法律法规得到有效执行。如果有法不依、执法不严、违法不究，那么保护财产权的法律法规就只是一纸空文。因此，第一，要建立高效的执行机构体制和执法环境；执行机构在省级以下可以独立并垂直领导，消除地方保护、党政干预等不良现象。第二，要加强执行的沟通协调，进一步发挥执行联动工作机制，改善执法环境，加强与公安、银行、工商、税务、国土资源、房产等部门协调与沟通，发挥执行信息共享与联动机制。第三，要提高执行队伍的素质。要解决执行难，必须建立一支政治素质、业务素质都过硬的执行队伍。第四，要加强公民诚信道德建设，培养全社会监督威慑机制。第五，要提高公民产权保护意识，普及产权保护知识，使其能够正确运用产权保护相应法律法规，维护自身财产权利不受侵害。

### （五）经济调节维度

从西方发达国家收入分配实践经验来看，往往通过社会再分配政策来缩小收入差距，如税收、转移支付、提供公共产品等，但是在初次分配中还缺乏调节财富差距和收入差距的有效手段。汲取西方国家的经验教训，需要充分发挥政府在纠正社会财富占有进而收入分配的过分不平等状态的功能，在初次分配和再分配领域构建起一整套财产分布稳定机制和行之有效的财产再分配的经济调节机制，以之抑制和扭转整个社会财富的过度集中和财产分布过度不均等的趋势。

1. 健全工资决定和正常增长机制，完善最低工资和工资支付保障制度

构建动态的最低工资增长机制，在确定最低工资标准时，要与职工平均工资保持合理比例关系，并根据不同地区的物价上涨情况和经济社会的发展水平适时调整，充分发挥最低工资制度的收入保障作用。在工资正常增长机制方面，目前政府通过定期公布具有参考性的劳动力市场工资指导价位、工资指导线等方式引导和调控企业工资分配行为，这些手段存在一定的模糊性与软弱性，缺乏刚性，导致工资正常增长落实不到位。政府应通过立法的方式强制企业以国民收入增长率和企业利润增长率为基数确定工资增长率，工资随劳动生产率提高和企业利润增加而提升的机制，使企业工资性收入总额的增长不低于企业利润总额的增长；企业平均工资性收入的增长不低于企业平均利润总额的增长，保证劳动者工资收入和福利待遇能随企业经济效益提高和国家经济发展而同步增长。[①]

---

[①] 袁竹：《完善中国特色社会主义收入分配机制研究》，东北师范大学博士论文，2013 年，第 90 页。

## 2. 完善税收调节机制，健全有利于调节财产与收入差距的税制结构

在市场经济的框架内，财政税收天然地具有稳定宏观经济运行、筹集财政收入和调节收入分配三大功能。然而，目前我国现有税收调节收入分配差距的功能还非常微弱，税制结构与税收调节收入分配差距的功能还存在不匹配的问题，现有税制税种甚至对收入分配差距产生逆向调节效应。具体表现为：以间接税为主体，直接税比重相对较小；能够有效调节收入分配差距有关的税种还不健全，社会保障税、遗产税与赠予税等缺失，消费税和财产税等既不完善、功能也不够；个人所得税存在的缺陷抑制了调节收入分配差距的功能等。

基于此，我们应转变财税理念，把税制设计的核心目标放在调节收入分配公平上[①]，着眼于整个税制体系的建设，充分发挥不同税种之间协调配合的调节功能。通过财产税制对财产保有和转移环节的课税，从源头上缩小财产的差距。通过差额累进个人所得税制调控居民的收入，从源头上减少收入对财富积累能力的影响。开征具有直接税性质的新税种，扩大直接税征税范围，健全直接税体系，增强直接税制的调控功能；同时要降低间接税特别是增值税税率，减轻增值税的负担。具体而言：改革完善现行个人所得税制。个人所得税改革应遵循"限高、扩中、提低"的基本原则，充分发挥其在调节个人收入分配差距中的独特作用。实行综合和分类相结合的个人所得税制模式，改革个人所得税税率和个人所得税免征额和扣缴方法。改变现行的费用扣除单一标准，充分考虑纳税人的婚否、子女抚养等家庭状况及其他经济状况，并结合我国教育、居住、保险、医疗制度的改革，对个人所得税费用扣除采取综合扣除和分项扣除相结合的方式。同时试行负所得税税率，逐步构建所得税和社会福利补助相结合的包容性税收制度[②]。由于当前我国个人所得税漏缴少缴现象严重，个人所得税对收入差距的调节作用非常有限。根据中国家庭金融调查与研究中心测算，在扣除个人所得税前，居民工资薪金收入的基尼系数为 0.458，而扣除个人所得税后的基尼系数为 0.445，但如果对个人所得税进行严格征收，工资薪金收入的基尼系数将降

---

① 曲顺兰：《税收调节收入分配：基本判断及优化策略》，载于《马克思主义与现实》2011 年第 1 期，第 195~199 页。
② 甘犁：《以税收刺激经济已在乐山开展"负税率"试验》，载于《四川新闻网》2016 年 7 月 23 日。

至 0.432。① 因此，完善个人财产与收入信息系统，加强个税征管，对于调节当前过大收入差距非常必要。

完善财产税与消费税。财产税是对居民财产存量进行征税，是所得税调控功能的必要补充。长期以来我国财产税在实践中调控功能弱化，甚至出现"逆调节"的现象②。在房产已成为居民家庭财产最重要构成部分的现今③，应适时建立以房产税为主体税种、包括土地使用税和车船使用税在内的财产税体系，根据市场情况评估住房、土地、车船的市场价格，以评估值作为财产税的计价依据，从价计征。为充分发挥消费税商品课税再分配功能，应对必需品适用低税率或免税、奢侈品适用高税率④。随着经济形势的发展，可以适当调整消费税征税范围和税基，除已征税的消费品外，将部分高档消费品纳入征税范围，体现高收入者多纳税的原则。

开征社会保障税。随着城乡一体的社会保障体系逐步构建，我国社会保障覆盖范围与社保基金开支规模都不断扩大，在社会保障收费的基础上开征社会保障税的时机日益成熟⑤。社会保障税的征收不仅具有调节收入差距的功能，而且有利于建立可靠、稳定的社会保障基金，从根本上发展和完善社会保障制度。我国社会保障税的制度设计，应遵循单位和个人双方共同负担，单位和个人按支付和取得的收入额计税，逐步突出个人义务的原则，选择部分收入积累型社会保障税，实行按项目设置的比例税率。

开征遗产税与赠与税。随着个人财产的增加与积累，以在财产转让环节对个人收入进行必要调节，我国有必要开征遗产税与赠与税。在征税模式上，根据我国经济社会发展的实际情况并借鉴国际经验，宜实行总遗产税制，即被继承人死亡后的遗产总额为课税对象，遗产继承人或遗产管理人为

---

① 中国家庭金融调查与研究中心：《中国收入差距报告 2013》，第 28 页。
② 陈少英：《论财产税法收入分配调节功能之强化》，载于《法学》2011 年第 3 期，第 49~58 页。
③ 根据中国家庭金融调查与研究中心 2011 年数据，城市家庭户均住房资产高达 93 万元，在家庭总资产的占比为 37.6%；农村家庭户均拥有的住房资产为 22.3 万元，占比高达 59.2%。且 2016 年 10 月发布的《中国家庭金融资产配置风险报告》披露：中国家庭资产配置表现出以房产为主、金融资产为辅的特点，房产占中国家庭总资产的比例超过六成。
④ 雷致青、兰延灼：《我国基尼系数现状与税收调控政策选择》，载于《税务研究》2006 年第 9 期，第 12~15 页。
⑤ 孙宇晖、安娜：《关于我国开征社会保障税的若干思考》，载于《税务与经济》2015 年第 3 期，第 80~84 页。

纳税义务人。在遗产处理上采取"先税后分"的方式，即先征遗产税，然后将税后遗产分配给继承人或受赠人。在税基的选择上，应采用宽税基的原则，尽可能包括各类财产和遗产。在税率的设计上，应像国际上通行做法一样采用超额累进税率。① 与此同时，作为遗产税补充税种的赠与税也要适时开征，以防止被继承人生前将财产通过赠与方式逃避缴纳遗产税②。

3. 完善社会救助体系

社会救助是国家和社会对无劳动能力和生活来源的社会成员以及因自然灾害或其他经济社会原因导致生活困难者，给予临时或长期的救助和帮扶的一种社会保障制度，主要内容包括救济、救灾和救贫，是为了满足人民群众最基本的生活需求、保障其最低生活水平的最后一道防线。从新中国成立初期建立的社会救济制度到改革开放以来的社会救助体系，我国以政府为主导的社会救助制度框架逐步确立且日趋成熟。但社会救助工作机制不健全、救助渠道不规范、救助制度碎片化、救助效率效益不高、救助对象和救助标准不合理等问题依然存在，严重制约了我国社会救助功能的发挥。因此，我们需要完善社会救助体系，实现社会救助体系的规范化、制度化、体系化、人性化，使社会救助供给更好地与社会救助需求相匹配，以满足人民群众对民生保障不断提高的期望。

完善社会救助内容体系。实施分类救助，将最低生活保障、特困人员供养、教育救助、医疗救助、住房救助、自然灾害救助、就业救助、临时救助等八项救助和社会参与，作为社会救助体系的基本内容。改变对贫困类型及原因的传统认识，设立多元化的救助方式，综合运用现金支付、实物发放、心理救助、权利救助、能力建设等多元化的救助方式，最终实现社会救助济贫、服务和平权的三大功能③。统一规划建立社会救助管理信息系统，实现社会救助信息互联互通，促进社会救助工作从点状到网状、从单一物质救助到多元综合救助、从部门分割发展到衔接协同发展、从生存型救助到发展型救助。

---

① 曲顺兰：《税收调节收入分配：基本判断及优化策略》，载于《马克思主义与现实》2011年第1期，第195~199页。
② 谭泰乾：《遗产税和赠与税的协调配合问题研究》，载于《税务与经济》2003年第2期，第79~80页。
③ 陈水生：《整体性救助：社会救助制度的功能整合研究》，载于《浙江社会科学》2013年第11期。

完善社会救助的法律体系。对现有社会救助方面的单行法规进行清理修改补充完善，推动社会救助立法由地方向中央、由分散向相对集中、由行政立法向人大立法发展。应尽快制定《社会救助法》，对社会救助工作进行统一规范，消除现行工作中法律层面的盲区，以法治化保障制度化建设，建立完善阳光救助体系，织牢守护广大困难群众基本生活的安全网。

转变社会救助理念。树立社会公平的救助理念，以维护社会公平作为社会救助的根本理念，把维护社会公平贯穿于社会救助政策实施的全过程，从根本上树立"以人为本"的社会救助理念。维护弱势人群的基本生存权利、减少社会不公，才是避免社会冲突、达到社会长治久安的根本举措。确立积极的救助理念，为贫困群体提供积极主动的社会救助。救助项目和救助内容的设置要有系统性、前瞻性，完善临时救助制度，及时有效地解决困难人群突发性、临时性、紧迫性的急难事项，防止"断崖式贫困"，建立起社会救助项目的贫困预防功能。健全完善救助服务和就业创业、扶贫开发间的联动机制，注重"授人以渔"，为具有劳动能力的救助对象提供就业创业信息，帮助提高创业能力、创造就业机会等。

## （六）利益共享机制维度

### 1. 建立资本与劳动的协调、共赢机制

马克思的资本积累理论揭示了资本主义的财富分配机制和资本与劳动的根本对立。马克思正是通过资本积累进程中资本有机构成作用机制的分析，揭示了资本主义积累的一般规律："社会的财富即执行职能的资本越大，它的增长的规模和能力越大，从而无产阶级的绝对数量和他们的劳动生产力越大，产业后备军也就越大。可供支配的劳动力同资本的膨胀力一样，是由同一些原因发展起来的。因此，产业后备军的相对量和财富的力量一同增长。但是同现役劳动军相比，这种后备军越大，常备的过剩人口也就越多，他们的贫困同他们所受的劳动折磨成反比。最后，工人阶级中贫苦阶层和产业后备军越大，官方认为需要救济的贫民也就越多。这就是资本主义积累的绝对的、一般的规律。"[①] 由于这一规律的作用，资本主义社会两极分化现象日益发展。"这一规律制约着同资本积累相适应的贫困积累。因此，在一极是

---

① 马克思:《资本论》第 23 卷，人民出版社 1975 年版，第 707 页。

财富的积累,同时在另一极,即在把自己的产品作为资本来生产的阶级方面,是贫困、劳动折磨、受奴役、无知、粗野和道德堕落的积累。"①

建立资本与劳动的协调、共赢机制是当代资本主义国家缓和劳资矛盾,在资本主义私有制范围内对资本主义生产关系进行微观调整的重要举措。"二战"后,由社会民主主义政治推动的集体谈判和福利国家的兴起,使工人在生产率进步的前提下分享企业剩余成为当代资本主义国家中普遍推行的实践。工人分享剩余的问题吸引了一些非马克思主义经济学的注意,并在人力资本理论的基础上得到了一定程度的分析。例如,威廉姆森(2002)曾提出,雇员可因其专用性人力资本的投资而取得准租。青木昌彦(2005)则力图在一个合作博弈的框架里解释工人和股东如何分享组织租金。如金格勒斯、布莱尔等人,进一步发展了威廉姆森和青木昌彦的观点(Zingales,2000,1998;Rajan and Zingales,1998;Blair,2005;Blair and Stott,1999)。在他们那里,剩余索取权不再被认为专属于股东,而应由各种从事专用性投资的利益相关者分享。但是,他们并没有深入地思考企业的价值创造过程,而至多是承认,公司治理中那些影响剩余分割的条件也会通过某些渠道影响生产出来的总剩余。近年来国内一些学者也关注了这一问题的研究。孟捷(2011)从价值创造的角度提出资本与劳动可能存在的正和关系。他认为,在传统剩余价值论的架构中,劳动与资本在价值创造中只存在零和关系;如果把劳动生产率与单位时间创造的价值量成正比的理论运用于分析以技术变革和劳动复杂程度提高为基础的价值形成过程,可以证实劳动与资本之间的正和关系得以实现的经济条件。②

如何认识、对待和调整劳资关系并使其与经济社会发展目标相一致,当代资本主义国家为此经历了几个世纪的探索和改进,特别是在"二战"以后,以邓洛普(1958)、克雷格(1967)、安德森(1987)和寇肯等(1986)等为代表的产业关系学派对劳资关系调整进行了系统研究,他们的研究均试图证明,作为经济社会关系之一的劳资关系调整需要包括劳、资、政等主体在内的多方参与,并以此为基础建构起有助于一国经济社会目标达成的稳定和谐的劳资关系;在价值取向上,他们都以市场经济的劳动

---

① 马克思:《资本论》第 23 卷,人民出版社 1975 年版,第 708 页。
② 孟捷:《劳动与资本在价值创造中的正和关系研究》,载于《经济研究》2011 年第 4 期。

关系和谐为目的。他们的研究试图证明,在现代劳动关系系统内,工会组织的存在和博弈行为是维持系统正常运转,平衡劳动关系乃至社会稳定的重要社会因素。

  社会主义基本经济制度和不断完善的社会主义市场经济体制为在初次分配领域解决资本与劳动的利益矛盾提供了基础条件和制度环境,其基本途径是建立资本与劳动的协调、共赢机制。恩格斯说过,"资本和劳动的关系,是我们现代全部社会体系依以旋转的轴心"。如何在社会主义市场经济条件下构建新型的劳资关系也是我国近年来学界关注的热点。有学者提出,从市场化劳资关系调整的经验来看,建构以"劳、资、政"为代表的"三方机制"是达成目标的有效社会政策。我国的市场化经济体制虽然时间不长,但"三方机制"的架构上已基本成形。面对日益趋紧的劳资关系,"三方机制"并未彰显其在舒缓劳资冲突、平衡劳资利益、促进劳资和谐的应有功能[1]。有学者认为,在当今的中国有可能以非阶级抗争的利益协调方式化解社会冲突。还有学者认为,中国的国有企业工人并非要变革制度而是使制度能够实现赋予他们的权益,使这些制度和政策得到具体的执行和落实,从而使制度和国家政策赋予他们的权力和利益得以实现;应该格外重视中国改革中劳动者的诉求,如果其能够被制度所接纳便有利于社会的合作;尽管制度的供给者是政府,但并不意味着政府是决定制度取向的唯一主体,事实上社会本身也是制度建构的推动者。有许多实证研究表明,在总体上,工会是有助于化解群众性时代的社会矛盾甚至社会危机的。几项中国工会在转型期作用的研究都表明,其对劳动工资、劳动福利、劳动效率等都有积极影响。国际金融公司(IFC)和北京大学中国经济研究中心(CCER)在全国12个城市1268家企业的调查数据表明,工会能够显著地提高工人的小时平均工资、缩短每月平均工作时间,并提高企业养老保险覆盖率。小时平均工资提高了0.94元,月平均工作时间减少了约10小时,养老保险覆盖率提高了20%。这一结论在国内私营企业的子样本中仍是成立的。

  有学者认为,与资本主义经济制度下的"劳动—资本"剥削及其对抗关系不同,中国特色社会主义"劳动—资本"关系更多体现为劳资双方对经济利益的诉求关系;当下"劳动—资本"关系的问题及其实质是劳动—

---

[1] 常凯:《如何理解民工荒危机下的当代中国劳动关系》,载于《中国工人》2010年第4期。

资本收入分配与利益关系的扭曲问题；这一问题的根源并不是由基本经济制度所致，而是与长期以来快速却失衡的工业化和城市化推动的经济增长方式有密切关系。必须从深化市场经济体制改革和转变经济发展方式出发，重建中国特色社会主义的劳动—资本共赢与和谐之劳资关系。①

我们认为，建立资本与劳动的协调、共赢机制是社会主义市场经济中解决初次分配劳资矛盾的根本途径，这一机制的基础是社会主义初级阶段的生产关系。在市场经济条件下，初次分配关系是通过市场机制形成的，资本和劳动价格的高低决定了资本所有者和劳动及其他要素所有者的收入水平，并同时调节资源的配置过程，政府对市场机制的调节不做过多的干预。我国在构建社会主义市场经济体制的基本框架时，为保证体制的效率也提出了在初次分配领域效率优先、兼顾公平的原则。实践证明，初次分配完全由市场决定既不能实现市场经济的高效率也难以实现公平。初次分配的基本格局是由资本与劳动的利益关系即生产关系决定。生产决定分配，不同的所有制关系决定不同的分配制度，这是马克思主义政治经济学的一个基本原理。资本主义市场经济中生产资料的私人占有是收入分配的两极分化和贫富差距的根本原因，据此，马克思提出了生产资料由全社会成员共同占有的设想，并把生产资料的公有制作为促进社会生产力发展，实现社会成员共同富裕的基本条件。因此，协调资本与劳动的合理关系必须坚持社会主义初级阶段基本经济制度，充分发挥公有制的作用。在社会主义市场经济中，公有制经济在关系国家及民生的重要经济部门充分发挥主体和主导作用，是国民财富增长和财产利益在社会成员间合理分配、平等受益的重要保证。同样是财产权主体的多元化和收入分配方式形式的多样性，其合理结构与协调关系的所有制基础是否以公有制为主体，这是社会主义市场经济条件下解决初次分配领域各利益主体收入分配矛盾（最主要的矛盾是资本与劳动）与资本主义市场经济的根本区别。

2. 建立公共资源出让收益合理共享机制

我国公共资源出让收益既包括备受社会关注的土地出让收益和各类矿产资源出让收益，也包括经营性国有资产的出让收益。由于社会主义国家性质，我国公共资源存量规模巨大，公共资源出让收益也随经济发展而快速增

---

① 权衡、杨鹏飞：《资本与劳动共赢逻辑》，上海人民出版社2008年版。

长。然而由于产权制度不完善、政府行政主导等因素，与公共资源出让收益数额巨大相对应的是其分配状况不合理，包括公共资源收益收支透明度低、公共资源定价低、公共资源开发使用中的外部性、公共资源收益内部化及部门化等诸多问题，使得巨额收益落入个别部门、个别行业、个别地方甚至个别企业的"小腰包"。基于此，建立公共资源出让收益全民合理共享机制是深化收入分配制度改革的重要举措。

公共资源出让收益的分配可以分为两种方式。国家作为公共资源的所有者出让公共资源的所有权或经营权而从受让者手中获得收益后，再以财政预算的方式支出的分配。公共资源在国家这个资源所有者与资源使用者之间的定价本身也决定了公共资源收益初次分配，其定价的高低直接决定了资源使用者利润水平的高低[1]。因此本文认为公共资源出让收益合理共享机制的构建主要从以下几个方面展开。

建立产权清晰、权责明确、监管有力的公共产权制度，是实现我国公共资源出让收益合理共享的基础。具体来说，首先要加快对土地、河流、矿产和森林等资源的不动产登记，厘清公共资源数量以其产权现状。其次要通过完善相关的法律法规，健全我国的法制体系，依法保护公共资源以及各利益主体的合法权益。最后分离政府对公共资源管理者与所有者职能，建立公共资源管理部门，代表国家行使所有权收取公共资源使用租金，以改变公共资源领域我国所有权与行政管理权混合运行的制度特征。

建立统一完善的公共资源市场交易制度，打破部门间利益壁垒，改变一些部门长期垄断低价独占公共资源现状。发挥市场在资源配置中的决定性作用，理顺反映公共资源市场供求关系、稀缺程度以及与其使用有关负外部性的价格形成机制。政府也应规范与完善公共资源交易监管体制，增强公共资源在交易过程中的公平性与透明度，防止暗箱操作等寻租行为。在提高配置效率的同时，减少我国公共资源非市场化出让所造成的收益损耗。

规范公共资源收益预算管理制度，将国有企业、土地、矿产等公共资源产权收益全部纳入财政预算体系，强化预算约束与管理，打破现有部门利益格局，按照法定的程序接受监督统筹使用。科学合理地界定公共资源出让收益分享领域，在资源收益预算安排上，要更大比重地用于教育、医疗、社

---

[1] 曾力：《公共资源出让收益合理分配机制研究》，载于《金融经济学研究》2013年第11期。

保、基础设施等保障和改善民生领域,以更好地体现公共资源出让收益的全民共享。

3. 建立精准扶贫机制,实现共同富裕

扶贫开发是中国特色社会主义事业的重要组成部分,也是实现共同富裕的必然要求。改革开放初期,由于我国在整体上处于经济落后状况,贫困人口主要集中在农村贫困地区,此时主要采用区域性扶贫政策,通过改善贫困地区基础设施和公共服务来提高当地农业和非农业生产效率,从而使农户通过高效率的创收活动增加收入水平摆脱贫困。然而,随着宏观经济环境的变化,特别是在收入分配不平等程度扩大、贫富差距日益严重的情况下,农村的普遍性贫困逐渐开始转化为地域性、群体性贫困,具体扶贫工作中出现贫困对象识别不清、致贫原因分析不清、帮扶机制构建不清等问题,以区域开发为重点的农村扶贫也出现了偏离目标和扶贫效果下降的问题。为了确保我国到2020年如期实现贫困人口脱贫、全面建成小康社会的发展目标,实施更加有针对性的扶贫政策来直接对贫困人口进行帮扶就显得越来越重要。精准扶贫政策应运而生。

精准扶贫就是改变过去大水漫灌粗放式扶贫方式,将扶贫政策和措施下沉到村到户,通过对贫困家庭和贫困人口的精准帮扶,从根本上解决导致贫困发生的各种因素和障碍,从而实现真正意义上的脱贫致富[1]。精准扶贫政策的内容体系包括:贫困户的精准识别和精准帮扶,扶贫对象的动态管理和扶贫效果的精准考核。精准扶贫通过对贫困人口进行精细化管理、对扶贫资源进行精确化配置、对贫困农户进行精准化扶持,使扶贫政策在具体工作中得以有效运用,实现由传统的"输血式"扶贫向"造血式"扶贫转变。

建立精准扶贫识别与帮扶机制,实行动态管理。采取自上而下和自下而上相融合的贫困户识别和帮扶机制,准确识别扶贫对象、贫困原因;实施分类管理、分类扶贫。明确贫困户的退出标准,构建贫困户生计特征长效跟踪体系,建立脱贫村户识别退出与再进入机制。加强基层扶贫机构和扶贫队伍建设,提高乡村治理能力。建立精准识别和精准帮扶的过失追究制,确保精准扶贫公开透明和公平公正。

---

[1] 王介勇等:《我国精准扶贫政策及其创新路径研究》,载于《中国科学院院刊》2016年第3期。

创新扶贫发展手段，改变减贫帮扶措施依然侧重传统的种养殖业的现状，依托贫困地区自然资源优势，结合整村推进措施发展包括休闲农业、生态农业、乡村度假的旅游扶贫。积极推动国土、教育、卫生、金融、社会保障等各部门出台配套扶贫政策和制度创新，采用综合性扶贫措施，实施产业扶贫、教育扶贫、医疗扶贫；创新地方政府和金融机构在担保、保险和信贷等综合金融扶贫方面的合作模式，探索金融扶贫。此外，还可以大力发展专业性的民间组织参与扶贫到户工作，提高扶贫到户效率。

## 三、坚持和加强社会主义收入分配制度的所有制基础

### （一）转型期收入分配关系及其利益结构演变的核心逻辑：生产关系

马克思说："分配关系本质上和生产关系是同一的，是生产关系的反面。"[1] 在马克思主义经济学"生产—分配—交换—消费"的理论范式和逻辑链条里：首先，生产方式决定了分配方式，生产关系的性质决定了分配关系的性质。由于生产资料所有制是生产关系的核心和基础，人们在生产中的地位和相互之间的关系就是由生产资料所有制决定，从而也就决定着人们之间的分配关系。其次，一定的分配关系只是历史规定的生产关系的表现，生产关系与分配关系的动态平衡和内在一致性的形成是历史发展的结果和产物："所谓的分配关系，是同生产过程的历史规定的特殊社会形式，以及人们在他们生活的再生产过程中相互所处的关系相适应的，并且是由这些形式和关系产生的。"[2] 因此，一定的分配关系只是历史规定的生产关系的表现。[3] 最后，分配关系的历史规定性是由与社会生产力发展水平相适应的社会生产方式及其生产关系所决定的，而"这种独特的、历史规定的生产方式相适应的生产关系，——即人们在他们的社会生活过程中、在他们的社会生活的生产中所处的各种关系，——具有独特的、历史的和暂时的性质……"随着生产力的发展和生产关系的变化，分配关系、分配方式进而分配的结构也随之发生变化，而这当然随着生产和社会组织的进步而改变，

---

[1] 《马克思恩格斯全集》第25卷，人民出版社2006年版，第993页。
[2] 马克思：《资本论》第3卷，人民出版社1975年版，第998页。
[3] 《马克思恩格斯全集》第25卷，人民出版社2006年版，第997页。

从而分配方式也应当改变。①

　　分析我国转型期收入分配关系及其利益结构变动需要深入到生产关系层面进行更为本质地观察。马克思主义分配理论关于生产关系决定分配关系的核心原理，揭示了社会公正源于社会生产过程中经济主体所结成的经济关系和财产关系，因此，分析社会收入分配关系和利益关系需要深入到社会基本制度结构和经济结构的层面来进行，这是我们分析社会主义初级阶段收入分配和利益关系的核心理论依据。从现象层面看，尽管当前社会的收入差距和利益结构关系失衡的成因错综复杂，既有初次分配领域的因素，也有再次分配领域的因素；既有市场方面的因素，也有政府方面的因素；既有垄断方面的因素，也有竞争方面的因素；既有起点公平方面的因素，也有机会公平方面的因素等。但从本质层面上看，一定时期社会的收入分配关系和利益关系是由生产关系决定的。我国转型期收入分配关系及其利益结构演变背后的核心逻辑是生产关系，它是社会主义初级阶段生产力发展与生产关系调整之间的具体表现和现实展开。在社会主义初级阶段的客观规定性里，公有制为主体、多种所有制经济共同发展的基本经济制度架构决定了劳动因素和非劳动因素共同参与分配，尽管作为社会主义基本特征的生产资料公有制和按劳分配的主体地位已经确定，但在实践过程中，对于公有制的实现形式、公有制生产资料与劳动者的结合方式、按劳分配具体实现形式以及如何处理好效率与公平的关系等问题还有待于进一步探索。

　　因此，在分配关系调整和收入分配制度改革中，必须要遵循生产关系适应生产力运动的客观规律，必须要坚持和完善公有制为主体、多种所有制经济共同发展的社会主义初级阶段基本经济制度。首先必须毫不动摇地巩固和发展公有制经济。公有制是社会主义经济制度的基础，坚持公有制为主体，发挥国有经济的主导作用，对于发挥社会主义制度的优越性，增强我国经济实力、国防实力和民族凝聚力，防止两极分化、实现共同富裕，推动科学发展、促进社会和谐、维护公平正义、保障国家安全，以及巩固和完善社会主义的政治制度和核心价值体系，都至关重要。还必须毫不动摇地鼓励、支持、引导非公有制经济发展。激发非公有制经济活力和创造力，充分发挥非

---

① 《马克思恩格斯选集》第 4 卷，人民出版社 2006 年版，第 691 页。

公有制经济在支撑增长、促进创新、扩大就业、增加税收等方面的重要作用。① 总之，应坚持和完善现阶段的基本经济制度，真正做到公有制和非公有经济平等竞争、共同发展，真正夯实我国特色社会主义的经济基础，真正坚持共同富裕的原则，实现发展成果由全体人民共享。②

### （二）公有制经济：国民财富与利益共享的根本保证

在生产关系中，生产资料所有制形式是生产关系的基础，分配关系作为生产关系的一部分归根结底是由生产资料所有制形式规定的，"消费资料的任何一种分配，都不过是生产条件本身分配的结果。而生产条件分配，则表现为生产方式本身的性质。"③ 这就是说，生产资料归谁所有决定收入分配的性质，如果生产资料所有制是资本主义性质的，则决定了分配的资本主义性质；若生产生产资料所有制是社会主义性质的，则决定了分配的社会主义性质。

在历史与现实的双重视野里，在理论与实践的双重逻辑下，不难证明：资本主义私有财产制度及其衍生出来的分配规则成为社会财产分布不均、收入分配不公和社会结构断裂的"制度之锁"。

西方发达资本主义国家基本经济制度的核心是以私有制为基础的市场经济制度，其社会财产分布和收入分配状况正是以此为基础延展出来的。在其社会财产结构分布演化和收入分配关系调整的长期而复杂的历史过程中，就其横切面而言，在再分配政策的调节下，局部性、阶段性地出现了贫富分化缓和、中产阶级崛起现象，甚至在一定时期内出现了财产分布和收入分配基尼系数走向呈典型库兹涅茨倒 U 曲线的趋势，构成为一种橄榄形社会结构已然实现的错觉。但若将历史镜头拉长，运用长逻辑链条和方法来观察，正如皮克迪在《21 世纪资本论》中运用大历史数据所揭示的那样：财产在各阶层间的分布不均等常态化以及由此引致的收入分配畸形化和社会结构断裂化从来都是发达资本主义国家生产关系的最核心特质。究其根由，在于以私有制为基础的资本主义基本经济制度决定了其社会财产关系的调整和收入分

---

① 张宇：《更好坚持和完善基本经济制度》，载于《人民日报》2014 年 9 月 12 日。
② 卫兴华：《坚持和完善中国特色社会主义经济制度》，载于《政治经济学评论》2012 年第 1 期。
③ 《马克思恩格斯选集》第 3 卷，人民出版社 1972 年版，第 13 页。

配结构的演进始终被限定在资本主义经济关系范围内进行，资本私有财产制度下特有的以维护资本利益为核心的国民财富和收入分配机制导致了资本和劳动收入在国民收入分配比例上的长期失衡。

在新兴市场经济国家改革进程中，同样陷入了由于过分迷信私有制经济而将自身在经济转型过程中暂时出现的收入分配不公、财富两极分化彻底"锁定"的"中等收入陷阱"中。俄罗斯、东欧和拉美国家私有化改革浪潮中，所有制结构、分配制度的急速变化以及财产分布调节机制的完全失效，造成了财产分布和收入分配结构的严重畸形化，正常的社会财富分布和分配机制的缺失，撕裂了社会群体，加剧了贫富对立的鸿沟，造成了社会利益全体和利益结构的不正常分化，反过来又构成为阻碍自身体制转型的巨大障碍。

同样是财产主体的多元化和收入分配形式的多样性，其所有制基础是否以公有制为主体，这是社会主义市场经济与资本主义市场经济的根本区别。在经济转型期，我国与社会主义市场经济相适应的收入分配结构正在逐渐形成，多种所有制并存共荣和财产多元化、包容性结构的社会主义市场经济体制新形态正逐渐为社会大众认可接受。与此同时，社会经济结构的演变，也形成了多样性的财产权形式和财产权主体。与社会主义市场经济相适应的社会主义收入分配制度，其所有制基础是公有制为主体、多种所有制经济共同发展。在社会主义市场经济中，公有制经济在关系国家及民生的重要经济部门充分发挥主体和主导作用，是国民财富增长及其经济利益在社会成员间合理分配、平等受益的重要保证。公有制经济及其衍生出来的按劳分配制度与方式，是"消灭剥削、消除两极分化、实现共同富裕"自觉实现的制度基础和长期保证，是实现国民财富和利益共享的"制度之钥"。

为此，应进一步深化改革生产资料公有制的具体实现形式：进一步深化改革国有资产监督管理体制，明晰国有产权所有者和代理人关系，推动实现国有企业股权多元化和公司治理现代化，健全其内部监督制度和风险内控机制，强化董事会规范运作和对经理层的监督，完善国有资产交易方式，严格规范国有资产登记、转让、清算、退出等程序和交易行为，以制度化保障促进国有产权保护，防止内部人任意支配国有资产，切实防止国有资产流失；建立健全归属清晰、权责明确、监管有效的自然资源资产产权制度，完善自然资源有偿使用制度，逐步实现各类市场主体按照市场规则和市场价格依法平等使用土地等自然资源；完善农村集体产权保护制度，规范农村产权流转交易，防止集体经济组织内部少数人侵占、非法处置集体资产。

### （三）公有领域的权力以及权力者行为规范与制度约束

在经济转型期，特别是进入21世纪后，我国出现了收入分配差距迅速拉大的现象。根据官方统计数据，近10年，我国的基尼系数甚至超过了一些发达资本主义国家的基尼系数，这当然不能构成为质疑"社会主义制度优越性"命题的证据，但仍需我们在理论上解释：为什么社会主义国家出现了比资本主义国家更为严重的收入分配差距现象？首先，我们认为，观察与比较不同社会制度条件下的财产分布与收入分配结构问题必须将其置于长期化视域下，运用长逻辑链条方法进行长历史周期的观察：发达资本主义国家阶段性出现的财富分化收敛、收入差距改善现象无法改变其财产分布不均、收入分配不公的长期化趋势和典型化事实；我国虽然在转型期由于种种原因导致暂时出现收入差距拉大现象，但长期而言，只要以公有制为主体的财产制度根基不变，社会主义国家的财产分布结构和收入分配关系必将呈现自动优化和改善的态势。

前述的隐含条件是：公有制经济具有自动修复收入差距裂痕和构筑国民财富与利益共享基础的制度性功能。然而，在经济转型深水期，由于全面改革尚未完全到位导致的体制机制性缺损，使得公有制这一制度性功能并不必然会自动实现。在某些公有制经济领域，甚至非但没有发挥其正向促动效应，反而对改善收入差距和社会不公起到了"逆向调节"的负面作用，例如行政性垄断、权力寻租等。这就意味着以公有制为主体的所有制基础需要一个制度来保证，以解决和制约在公有制情况下可能出现的权力寻租、化公为私等问题。如果对公有领域的权力以及权力者行为不加约束，可能会产生比私有制更严重的财富分配不公和不平等问题。

建立与社会主义市场经济相适应的财产权制度，保护各类产权主体的财产权，要依法限制政府的权力，特别是要防止政府权力以不正当方式介入和干预产权交易。在市场化改革和转轨过程中一个有效的产权制度安排，一定要厘清产权、市场与政府的关系。在实践中，主要应解决以下两个问题。

一是要阻止政府权力进入市场进行"权力寻租"。在从计划体制向市场体制转轨的过程中，"公共权力进入市场"成为市场化改革和转轨期的一个重要特征。公共权力市场化的结果是公共权力的腐败和权力寻租，虽然它从表面上看并没有妨碍经济增长，它却是市场经济的"腐蚀剂"，它会破坏社会的"财产秩序"，侵害社会公共利益，造成社会福利的损失。公共权力寻租与产权有密切关系。在市场经济中，政府过大的权力和过多的管制，必然增大公共决策的领域，公共领域的"租金"就会成为政府权力追逐的对象。为此，一方面要加快市场化改革，减少政府公共决策的领域，让产权即市场机制在资源配置中起到更多的作用；另一方面，要通过法律来规范政府行政权力，政府应为产权的市场运作提供"游戏规则"而非自接介入或干预产权交易。

二是要防止国家公权对私人财产权的侵害。政府为了社会公共利益，可以通过"公法"限制私人财产权利，这就给政府利用公权侵犯私人财产提供了可能。从各国工业化、现代化发展的历史进程考察，国家权力对私人或集体财产的不正当征收和征用，是损害私人或集体财产权的主要形式。例如我国目前城乡大量存在的对农村集体所有的耕地、农民自留地与宅基地的强制征收，对城市居民住房的强制拆迁，对农村居民征收的赋税过重或不合理的税费。在社会主义市场经济中，要正确处理国家或政府权力与私人财产权的关系，就应该进一步规范公权行使的范围和原则。在处理征用问题上的产权矛盾时，要通过立法来规范行政征用行为，其立法的意义在于对征用权力的限制和对私人或集体财产权的保护。国家征用权力的行使有两个条件：(1)为了公共利益的需要；(2)所有者必须得到公平的补偿，这是政府行使行政征用权力的基本原则。

### （四）保护非公有制经济特别是公民私人财产权利不可侵犯

我国当前新的财产权结构，其最大特点之一就是社会公民在社会主义市场经济条件下，在公有制为主体的所有制结构中拥有了真正意义上的个人（及家庭）私有财产。这种私人财产作为一种权利，提供了个人参与市场活动、生产和积累财富的激励，推动了市场经济的发展。在社会主义市场经济条件下，公民个人拥有私人财产权利是市场经济中个人经济自由（选择权和退出权）的条件，是激励生产性劳动和创新活动的动力；财产权制度应该充分保护非公有制经济特别是公民私人财产权利不可侵犯，保护各种所有制经济产权和合法利益，这也是由社会主义市场经济的所有制基础和所有制结构决定的。

　　有恒产者有恒心，经济主体财产权的有效保障和实现是经济社会持续健康发展的基础。必须加快完善产权保护制度，依法有效保护各种所有制经济组织和公民财产权，增强人民群众财产财富安全感，增强社会信心，形成良好预期。健全以公平为核心原则的产权保护制度，毫不动摇巩固和发展公有制经济，毫不动摇鼓励、支持、引导非公有制经济发展，公有制经济财产权不可侵犯，非公有制经济财产权同样不可侵犯。

　　我国宪法对公民私有财产的保护有明确规定："公民的合法的私有财产不受侵犯，国家依照法律规定保护公民的私有财产权和继承权。"但宪法保护公民合法的私有财产的原则规定如何在有关法律法规中得到全面而完整的落实，迄今还需要在立法与司法实践中进一步加以完善。因此，应在财产权立法上强化公民私有财产的排他性以及在受到公权侵害时的权利对抗性。

　　对公民私有财产的侵犯从主体上看来自两个方面：一方面是来自公共权力的侵犯；另一方面是来自产权主体以外的个人或者组织的侵犯。对于个人或组织对主体公民财产权的侵害，主要由物权法、债权法、合同法、劳动法、消费者权益保护法等一系列法律法规实施公民财产权保护；而政府部门以"公共利益"的合法名义对公民私权的侵犯时，公民个人处于弱势而难以表达补偿诉求。现有民法的规定为私人财产权利的冲突与侵害提供了救济途径，但是现实中对公民私有财产权利侵害的最大威胁不是来自私人，而是来自政府的公权力，尤其是行政权力。针对这种情况，应构建私法财产权和公法财产权，来保障个人拥有和使用私有财产的经济过程不受政府行政权力的任意侵害。

　　另外，要切实加强对农民土地财产权的保护。农民财产权的保护以及保障农民从自己财产中获得合理的财产收入，是目前产权保护制度的一个薄弱环节。因此，有效保护农民的私有财产，需要毫不动摇地坚持和保障农民的土地承包经营权、宅基地使用权、房屋所有权、集体资产的财产权；进一步完善农村土地确权颁证，通过赋予农民明确和稳定的财产权利，继而提高农民财产权利的可交易性；建立统一的产权交易市场，促进农民财产权利的合理有序流转，提高农民财产权利的市场价值；保障农民获得合理的土地增值收益，获得合理的土地增值收益是农民土地产权的重要体现，也是农民分享经济发展成果、提高财产性收入的重要途径。当前农村新一轮的土地产权制度改革实践已经沿着这些方向在推进,但是农村农民土地财产权保护的法律制度还滞后,现行的《物权法》《土地管理法》《土地承包法》等的一些条款还成为农民获得真正的土地财产权利的障碍。因此,应加大农村土地产权制度改革创新的力度,修订现行法律或对相关条款做出新的法律解释,尽快建立确认和有效保护农民土地财产权的法律制度。

# 参考文献

1. 《马克思恩格斯全集》，人民出版社1960年版。
2. 《马克思恩格斯文集》，人民出版社2009年版。
3. 《马克思恩格斯选集》人民出版社1995年版。
4. 马克思：《资本论》，人民出版社1975年版。
5. 马克思：《哥达纲领批判》，引自《马克思恩格斯选集》第3卷，人民出版社1972年版。
6. 《马克思主义经典著作选读》，中共中央党校出版社1989年版。
7. 《毛泽东选集》，人民出版社1977年版。
8. 《周恩来选集》下卷，人民出版社1984年版。
9. 《邓小平文选》，人民出版社1993年版。
10. 《列宁选集》，人民出版社2012年版。
11. 《列宁文稿》第四卷，人民出版社1978年版。
12. 《列宁全集》，人民出版社1985年版。
13. ［法］托马斯·皮凯蒂，巴曙松等译：《21世纪资本论》，中信出版社2014年版。
14. ［英］亚当·斯密，郭大力、王亚南译：《国富论》第一卷，商务印书馆1972年版。
15. ［英］大卫·李嘉图，周洁译：《政治经济学及赋税原理》，华夏出版社2005年版。
16. ［法］萨伊，陈福生、陈振骅译：《政治经济学概论》，商务印书馆1998年版。
17. ［英］穆勒：《政治经济学原理及其在社会哲学上的若干应用》，商务印书馆1991年版。

18. ［英］约翰·霍布森：《工作和财富》，外语教学和研究出版社2016年版。

19. ［奥地利］门格尔：《国民经济学》，商务印书馆1958年版。

20. ［奥地利］庞巴维克：《资本实在论》，商务印书馆1964年版。

21. ［英］马歇尔：《经济学原理》，商务印书馆2011年版。

22. 鲁友章、李宗正：《经济学说史》，人民出版社1983年版。

23. ［美］克拉克：《财富的分配》，商务印书馆2009年版。

24. 鲁友章、李宗正、吴易风：《资产阶级政治经济学史》，人民出版社1975年版。

25. ［英］弗雷德里希·奥古斯特·冯·哈耶克：《自由秩序原理》，三联书店1997年版。

26. ［英］弗雷德里希·奥古斯特·冯·哈耶克，冯克利译：《哈耶克文选》（译者前言），凤凰出版传媒集团、江苏人民出版社2007年版。

27. ［英］阿尔弗雷多·萨德-费洛、黛博拉特·约翰斯顿，陈刚等译：《新自由主义批判读本》，凤凰出版传媒集团、江苏人民出版社2006年版。

28. ［美］约翰·罗尔斯，何怀宏等译：《正义论》（译者前言），中国社会科学出版社2001年版。

29. 李小兵：《当代西方政治哲学主流》，中共中央党校出版社2001年版。

30. ［美］罗伯特·诺齐克，姚大志译：《无政府、国家与乌托邦》（译者前言），中国社会科学出版社2008年版。

31. 何建华：《经济正义论》，上海人民出版社2004年版。

32. ［印度］阿玛蒂亚·森，任赜等译：《以自由看待发展》（译者前言），中国人民大学出版社2002年版。

33. ［印度］阿玛蒂亚·森，李凤华译：《理性与自由》，中国人民大学出版社2006年版。

34. ［印度］阿玛蒂亚·森，徐大建译：《生活水准》（译者前言），上海财经大学大学出版社2007年版。

35. ［印度］阿玛蒂亚·森，王利文等译：《论经济不平等/不平等之再考察》，社会科学文献出版社2006年版。

36. 圣西门，董果良等译：《圣西门选集》（上卷），商务印书馆1962年版。

37. 庇古：《福利经济学》，商务印书馆 2002 年版。

38. 弗里德曼：《自由选择》，商务印书馆 1998 年版。

39. 黄泰岩：《国外经济热点前沿》（第 4 辑），经济科学出版社 2007 年版。

40. 何建华：《经济正义论》，上海人民出版社 2004 年版。

41. 傅立叶，赵俊欣等译：《傅立叶选集》（第 1 卷），商务印书馆 1979 年版。

42. 管德华等：《西方价值理论的演进》，中国经济出版社 2013 年版。

43. 朱炳元等：《马克思劳动价值论及其现代形态》，中央编译出版社 2007 年版。

44. [苏] B. A. 梅德维杰夫：《政治经济学》，中国社会科学出版社 1989 年版。

45. 达·卡扎克维奇：《社会主义经济理论概论》，中国社会科学出版社 1985 年版。

46. 樊亢：《苏联社会主义经济七十年》，北京出版社 1992 年版。

47. 关雪凌：《俄罗斯社会转型期的经济危机》，中国经济出版社 2002 年版。

48. 《列宁论苏维埃俄国社会主义经济建设》，人民出版社 1979 年版。

49. [苏] 鲁米扬采夫：《社会主义政治经济学》，上海人民出版社 1973 年版。

50. [苏] 鲁缅采夫：《政治经济学教科书》，人民出版社 1977 年版。

51. 陆南泉：《苏联经济体制改革史论（从列宁到普京）》，人民出版社 2007 年版。

52. [比利时] 曼德尔，廉佩直译：《论马克思主义经济学》（下卷），商务印书馆 1979 年版。

53. 斯大林：《苏联社会主义经济问题》，人民出版社 1958 年版。

54. 《斯大林选集》，人民出版社 1979 年版。

55. 苏联科学院经济研究所：《政治经济学教科书》，人民出版社 1955 年版。

56. 王元璋：《列宁经济发展思想研究》，武汉大学出版社 1995 年版。

57. 《人民日报》特约评论员：《贯彻执行按劳分配的社会主义原则》，

人民出版社 1978 年版。

58. 陈新年：《中等收入者论》，中国计划出版社 2005 年版。

59. 冯文荣、赖胜德、李由：《中国个人收入分配论纲》，北京师范大学出版社 1996 年版。

60. 谷书堂：《社会主义经济学通论——中国转型经济问题研究》，高等教育出版社 2005 年版。

61. 顾海良、张雷声：《马克思劳动价值论的历史与现实》，人民出版社 2002 年版，转引自江宗超：《按劳分配与劳动价值论的关系综述》，载于《法制与社会》2008 年第 11 期。

62. 《顾准文集》，贵州人民出版社 1994 年版。

63. 胡培兆：《我的经济伦理观：只问贫不问富》，转引自《权衡、收入分配与社会和谐》，上海社会科学院出版社 2006 年版。

64. 胡晓风、韩淑颖：《中国社会主义经济问题讨论纲要》，吉林人民出版社 1983 年版。

65. 胡长清：《共同富裕论——中国公平分配模式》，湖南人民出版社 1998 年版。

66. 胡锦涛：《高举中国特色社会主义伟大旗帜，为夺取全面建设小康社会新胜利而奋斗——在中国共产党第十七次全国代表大会上的报告》，引自《十七大报告辅导读本》，人民出版社 2007 年版。

67. 黄泰岩等：《如何看待居民收入差距的扩大》，中国财政经济出版社 2001 年版。

68. 黄燕芬等：《分配的革命：部分劳权向股权的转换》，中国水利水电出版社 2004 年版。

69. 江泽民：《高举邓小平理论伟大旗帜，把建设中国特色社会主义事业全面推向二十一世纪——在中国共产党第十五次全国代表大会上的报告》，引自《十五大报告辅导读本》，人民出版社 1997 年版。

70. 江泽民：《加快改革开放和现代化建设步伐 夺取有中国特色社会主义事业的更大胜利——在中国共产党第十四次全国代表大会上的报告》，载于《求实》1992 年第 11 期。

71. 江泽民：《全面建设小康社会，开创中国特色社会主义事业新局面——在中国共产党第十六次全国代表大会上的报告》，引自《十六大报告辅导读本》，人民出版社 2002 年版。

72. 《建国以来按劳分配论文选》（上），上海人民出版社 1978 年版。

73. 世界银行：《中国：社会主义经济发展——世界银行经济考察团对中国经济的考察报告》，中国财政经济出版社 1981 年版，转引自李实等：《中国居民收入分配研究Ⅲ》，北京师范大学出版社 2008 年版。

74. 《1977~1978 按劳分配理论讨论会》，引自《四次会议纪要汇编》，中国财政经济出版社 1979 年版。

75. 汪行福：《分配正义与社会保障》，上海财经大学出版社 2003 年版。

76. 王春正：《我国居民收入分配问题》，中国计划出版社 1995 年版。

77. 经济研究、经济学动态编辑部：《建国以来政治经济学重要问题争论》，中国财政经济出版社 1981 年版。

78. 经济研究编辑部：《中国社会主义经济理论的回顾与展望》，经济日报出版社 1986 年版。

79. 李楠：《马克思按劳分配理论及其在当代中国的发展》，高等教育出版社 2003 年版。

80. 李强：《当代中国社会分层：测量与分析》，北京师范大学出版社 2010 年版。

81. 李成瑞：《陈云经济思想发展史》，当代中国出版社 2005 年版。

82. 王毅武：《中国社会主义经济思想史简编》，青海人民出版社 1988 年版。

83. 李实、岳希明：《21 世纪资本论：到底发现了什么》，中国财政经济出版社 2016 年版。

84. 《梁漱溟全集》第七卷，山东人民出版社 1993 年版。

85. 《刘少奇选集》上卷，人民出版社 1981 年版。

86. 卢嘉瑞等：《中国现阶段收入分配差距问题研究》，人民出版社 2003 年版。

87. 陆立军、王祖强：《新社会主义政治经济学论纲》，中国经济出版社 2000 年版。

88. 马克思主义政治经济学概论编写组：《马克思主义政治经济学概论》，人民出版社、高等教育出版社 2011 年版。

89. 马寅初：《新人口论》，北京出版社 1979 年版。

90. 王珏：《中国社会主义政治经济学40年》，中国经济出版社1991年版，引自杨辉：《马克思主义个人收入分配理论中国化研究》，世界图书出版公司2011年版。

91. 王珏等：《分配制度十人谈》，广西人民出版社1998年版。

92. 王珏：《社会主义政治经济学四十年》第四卷，中国经济出版社1991年版。

93. 王启荣、王广礼、方涛：《中国社会主义经济学理论》，华中师范大学出版社1987年版。

94. 穆怀中：《国民财富与社会保障收入再分配》，中国劳动社会保障出版社2003年版。

95. 青连斌：《分配制度改革与共同富裕》，江苏人民出版社2004年版。

96. 清华大学社科系政治经济学教研室：《社会主义经济十四题》，清华大学出版社1987年版。

97. 权衡：《收入分配与社会和谐》，上海社会科学院出版社2006年版。

98. 王毅武：《中国社会主义经济思想史简编》，青海人民出版社1988年版。

99. 吴敬琏：《论"四人帮"经济思想的封建性》，引自《吴敬琏选集》，山西经济出版社1989年版，转引自钟祥财：《中国收入分配思想史》，上海社会科学院出版社2005年版。

100. 吴敬琏、周叔莲、汪海波：《驳"四人帮"对社会主义工资制度的污蔑》，广东人民出版社1978年版，转引自钟祥财：《中国收入分配思想史》，上海社会科学院出版社2005年版。

101. 《一九七七——一九七八按劳分配理论讨论会四次会议纪要汇编》，中国财政经济出版社1979年版。

102. 赵晓雷：《中华人民共和国经济思想史纲》，首都经济贸易大学出版社2009年版。

103. 徐茂魁等：《"马克思主义政治经济学原理"疑难解析》，中国人民大学出版社2002年版。

104. 薛暮桥：《中国社会主义经济问题研究》，人民出版社1979年版。

105. 谢明干、丁家桃：《学习"中共中央关于经济体制改革的决定"百题问答》，吉林人民出版社1985年版，转引自清华大学社科系政治经济学教研室：《社会主义经济十四题》，清华大学出版社 1987 年版。

106. 徐茂魁：《马克思主义政治经济学研究述评》，中国人民大学出版社 2003 年版。

107. 杨辉：《马克思主义个人收入分配理论中国化研究》，世界图书出版公司 2011 年版。

108. 于光远：《谈谈社会主义公有制和按劳分配问题》，人民出版社 1978 年版，转引自经济研究、经济学动态编辑部：《建国以来政治经济学问题争论》，中国财政经济出版社 1981 年版。

109. 于光远：《再来谈谈按劳分配问题》，引自《于光远经济学文选》，西蒙与舒特国际出版公司 2001 年版，转引自钟祥财：《中国收入分配思想史》，上海社会科学院出版社 2005 年版。

110. 于光远：《政治经济学社会主义部分探索（二）》，人民出版社 1981 年版。

111. 于祖尧：《中国经济转型期个人收入分配研究》，经济科学出版社 1997 年版。

112. 王毅武：《中国社会主义经济思想史简编》，青海人民出版社 1988 年版。

113. 中共中央：《关于全面深化改革若干重大问题决定》，引自《党的十八届三中全会"决定"学习辅导百问》，党建读物出版社学习出版社 2013 年版。

114. 中共中央：《关于制定国民经济和社会发展第十三个五年规划的建议（中国共产党第十八届五中全会通过)》，人民出版社 2015 年版。

115. 中共中央文献研究室：《关于建国以来党的若干历史问题的决议》，人民出版社 1985 年版，转引自李成瑞：《陈云经济思想发展史》，当代中国出版社 2005 年版。

116. 中共中央文献研究室：《建国以来重要文献选编》，中央文献出版社 1995 年版。

117. 中共中央文献研究室：《文献和研究》，人民出版社 1984 年版，转引自王毅武：《中国社会主义经济思想史简编》，青海人民出版社 1988 年版。

118. 中共中央文献研究室：《关于建国以来党的若干历史问题的决议注释本》，人民出版社 1983 年版。

119. 中国发展研究基金会课题组：《转折期的中国收入分配：中国收入

分配相关政策的影响评估》，中国发展出版社 2012 年版。

120. 中国经济体制改革研究基金会、中国经济体制改革研究会联合专家组：《中国改革发展报告 2005：收入分配与公共政策》，上海远东出版社 2005 年版。

121. 中国社会科学院课题组：《2011 中国城市发展报告》，中国新闻网，http://www.chinanews.com/2011-08-04。

122. 《中国社会主义经济理论的回顾与展望》，经济日报出版社 1986 年版。

123. 中国政治经济学社会主义部分研究会学术组：《关于按劳分配问题：全国第五次按劳分配理论讨论会论文选编》，人民出版社 1984 年版，转引自钟祥财：《中国收入分配思想史》，上海社会科学院出版社 2005 年版。

124. 钟祥财：《中国收入分配思想史》，上海社会科学院出版社 2005 年版。

125. 中共中央：《关于建立社会主义市场经济体制若干问题的决定（中国共产党第十四届三中全会通过）》，人民出版社 1993 年版。

126. 中共中央：《关于经济体制改革的决定（中国共产党第十二届三中全会通过）》，人民出版社 1984 年版。

127. 周振华：《收入分配——中国经济分析 2001~2002》，上海人民出版社 2003 年版。

128. 周振华等：《收入分配与权利、权力》，上海社会科学院出版社 2005 年版。

129. 朱炳元等：《马克思劳动价值论及其现代形态》，中央编译出版社 2007 年版。

130. 朱光磊：《中国的贫富差距与政府控制》，上海三联书店 2002 年版。

131. 李春玲：《断裂与碎片：当代中国社会分层分化实证分析》，社会科学文献出版社 2005 年版。

132. 王开玉：《中国中等收入者研究》，社会科学文献出版社 2006 年版。

133. 中共中央党校教务部：《十一届三中全会以来党和国家重要文献选编》，中共中央党校出版社 2003 年版。

134. 中共中央文献研究室：《中共十三届四中全会以来历次全国人民代表大会中央全会重要文献选编》，中央文献出版社 2002 年版。

135. 《中共中央关于构建社会主义和谐社会若干重大问题的决定》，人民出版社 2006 年版。

136. 中央财政领导小组办公室：《中国经济发展五十年大事记》，人民出版社 2002 年版。

137. 《建国以来重要文献选编》第 13 卷，中央文献出版社 1996 年版。

138. 萧国亮、隋福民编著：《中华人民共和国经济史（1949~2010）》，北京大学出版社 2011 年版。

139. 国家统计局国民经济综合统计司编：《新中国 60 年统计资料汇编》，中国统计出版社 2010 年版。

140. 李楠：《马克思按劳分配理论及其在当代中国的发展》，高等教育出版社 2003 年版。

141. 林毅夫等：《中国的奇迹：发展战略与经济改革（增订版）》，上海三联书店 1999 年版。

142. 林毅夫：《关于制度变迁的经济学理论：诱致性变迁与强制性变迁》，上海三联书店 1994 年版。

143. 张作云等：《社会主义市场经济中收入分配体制研究》，商务印书馆 2004 年版。

144. 赵凌云：《中国共产党经济工作史（1921~2011）》，中国财政经济出版社 2011 年版。

145. 胡绳：《中国共产党的七十年》，中共党史出版社 1991 年版。

146. 权衡、杨鹏飞：《资本与劳动共赢逻辑》，上海人民出版社 2008 年版。

147. [英] 冯·哈耶克：《哈耶克论文集》，首都经贸大学出版社 2001 年版。

148. 武建奇：《马克思的产权思想》，中国社会科学出版社 2008 年版。

149. 韦森：《社会秩序的经济分析导论》，三联书店 2011 年版。

150. 盛洪：《中国的过渡经济学》，上海人民出版社 1994 年版。

151. 何自力、张俊山、刘凤义：《高级政治经济学——马克思经济学的发展与创新探索》，经济管理出版社 2010 年版。

152. 洪银兴：《资本论的现代解析》，经济科学出版社 2005 年版。

153. 逄锦聚等：《马克思劳动价值论的继承与发展》，经济科学出版社 2005 年版。

154. 任洲鸿：《"新按劳分配"论——一种基于劳动力资本化理论的劳

动报酬递增学说》，山东人民出版社 2014 年版。

155. 《张闻天选集》，人民出版社 1985 年版。

156. 杨锦英、肖磊：《马克思收入分配理论新探》，西南财经大学出版社 2015 年版。

157. 杨志、王岩：《"资本论"解读》，中国人民大学出版社 2015 年版。

158. 约翰·布雷：《对劳动的迫害及其救治方法》，商务印书馆 1983 年版。

159. ［日］中野英夫：《谈谈马克思"詹姆斯·穆勒〈政治经济学原理〉一书摘要"的研究进展》，载于《马克思主义研究》1987 年第 4 期。

160. 陈惠珍：《社会消费基金》，载于《国际观察》1981 年第 2 期。

161. 叶·利别尔曼、梁攸、汉文：《计划，利润，奖金》，载于《经济学动态》1962 年第 20 期。

162. 王克忠：《论社会主义市场经济与按劳分配》，载于《学术月刊》1997 年第 4 期。

163. 蔡昉、王美艳：《中国面对的收入差距现实与中等收入陷阱风险》，载于《中国人民大学学报》2014 年第 3 期。

164. 参见《人民日报》1958 年 10 月 17 日、11 月 22 日、11 月 28 日发表的刘艺、彭海、贺天中等的文章。

165. 陈钊、陆铭：《教育、人力资本和兼顾公平的增长——理论、台湾经验及启示》，载于《上海经济研究》2002 年第 1 期。

166. 陈宗胜、高玉伟：《论我国居民收入分配格局变动及橄榄形格局的实现条件》，载于《经济学家》2015 年第 1 期。

167. 陈宗胜：《倒 U 曲线的"阶梯形"变异》，载于《经济研究》1994 年第 5 期。

168. 陈宗胜：《经济发展中的收入分配》，载于《南开学报：哲学社会科学版》2016 年第 2 期。

169. 迟巍、蔡许许：《城市居民财产性收入与贫富差距的实证分析》，载于《数量经济技术经济研究》2012 年第 2 期。

170. 崔朝栋、崔翀：《马克思分配理论与当代中国收入分配制度改革》，载于《经济经纬》2015 年第 2 期。

171. 《邓小平文选》第二卷，人民出版社 1993 年版。

172. 方偟：《工资制好处大》，载于《人民日报》1958年10月11日，转引自胡晓风、韩淑颖：《中国社会主义经济问题讨论纲要》吉林人民出版社1983年版。

173. 付敏杰：《什么影响了居民的财产性收入？——兼论城市化的首要功能》，载于《经济与管理研究》2010年第10期。

174. 《改工资制是一个历史教训》，载于《人民日报》1958年10月27日，转引自经济研究、经济学动态编辑部：《建国以来政治经济学重要问题争论》，中国财政经济出版社1981年版。

175. 高培勇：《收入分配：经济学界如是说》，经济科学出版社2002年版。

176. 谷书堂、蔡继明：《按贡献分配是社会主义初级阶段的分配原则》，载于《经济学家》1989年第2期。

177. 关柏春：《也谈按劳分配、按要素分配和劳动价值论三者之间的关系——与何雄浪、李国平先生商榷》，载于《经济评论》2005年第1期。

178. 《关于人民公社若干问题的决议》，载于《中华人民共和国国务院公报》1958年第36期。

179. 郭磊磊、郭剑雄：《人力资本投资二元性对城乡收入差距的影响》，载于《技术经济与管理研究》2017年第1期。

180. 郭熙保、张平：《对我国经济体制改革论争的回顾与思考》，载于《江海学刊》2009年第4期。

181. 郭元晞：《有计划商品经济条件下的个人消费品分配》，载于《中国社会科学》1986年第5期。

182. 国家发改委、财政部、人力资源社会保障部：《关于深化收入分配制度改革的若干意见》，2013年2月3日。

183. 国家发改委宏观经济研究院课题组：《扩大中等收入者的比重》，载于《经济研究参考》2005年第5期。

184. 国家发改委宏观经济研究院课题组：《中等收入者的概念和划分标准》，载于《宏观经济研究》2004年第5期。

185. 韩志国：《社会主义初级阶段按劳分配理论讨论会观点综述》，载于《经济纵横》1987年第12期。

186. 何培煌：《不是倒退，而是前进》，载于《人民日报》1958年10月27日，转引自胡晓风、韩淑颖：《中国社会主义经济问题讨论纲要》，吉林人民出版社1983年版。

187. 何雄浪、李国平：《论劳动价值论、按劳分配与按要素分配三者之间的逻辑关系》，载于《经济评论》2004年第2期。

188. 洪银兴：《非劳动生产要素参与收入分配的理论辨析》，载于《经济学家》2015年第4期。

189. 侯春芳：《法权不能超过经济制度》，载于《吉林日报》1958年11月17日，转引自胡晓风、韩淑颖：《中国社会主义经济问题讨论纲要》，吉林人民出版社1983年版。

190. 胡钧：《正确理解马克思的劳动价值论》，载于《红旗文稿》2001年第9期，转引自赵振华：《我国收入分配问题研究综述》，载于《中共云南省委党校学报》2005年第3期。

191. 胡钧：《关于全民所有制内部商品价值形式》，载于《红旗》1959年第12期。

192. 黄黎：《为"按劳分配"正名——1977～1978年的按劳分配理论讨论会始末》，载于《党史博采：纪实版》2008年第5期。

193. 黄泰岩：《论按生产要素分配》，载于《中国经济问题》1998年第6期。

194. 纪宏、陈云：《我国中等收入者比重及其变动的测度研究》，载于《经济学动态》2009年第6期。

195. 江宗超：《按劳分配与劳动价值论的关系综述》，载于《法制与社会》2008年第11期。

196. 劳动和社会保障部劳动工资研究所课题组：《深化劳动价值论和分配理论的认识》，载于《经济日报》2002年3月18日。

197. 李楠：《关于社会主义市场经济与按劳分配的关系》，载于《江汉论坛》1995年第5期。

198. 李培林：《关于扩大中等收入者比重的对策思路》，载于《中国党政干部论坛》2007年第11期。

199. 李实、魏众、丁赛：《中国居民财产分布不均等及其原因的经验分析》，载于《经济研究》2005年第6期。

200. 李实：《中国个人收入分配研究回顾与展望》，载于《经济学》2003年第2期。

201. 李实：《中国农村劳动力流动与收入增长和分配》，载于《中国社会科学》1999 年第 2 期。

202. 李实：《中国收入分配格局的变化与改革》，载于《北京工商大学学报社会科学版》2015 年第 4 期。

203. 林毅夫、刘明兴：《中国的经济增长收敛与收入分配》，载于《世界经济》2003 年第 8 期。

204. 林幼平、张澍：《20 世纪 90 年代以来中国收入分配问题研究综述》，载于《经济评论》2001 年第 4 期。

205. 林子力：《论联产承包责任制——中国社会主义农业合作经济的新形式》，载于《中国社会科学》1982 年第 6 期，转引自钟祥财：《中国收入分配思想史》，上海社会科学院出版社 2005 年版。

206. 刘必坚：《包产到户是否坚持了公有制和按劳分配？》，载于《农村工作通讯》1980 年第 3 期，转引自李楠：《马克思按劳分配理论及其在当代中国的发展》，高等教育出版社 2003 年版。

207. 刘建明：《扩大中等收入阶层比重 构建小康社会结构》，载于《理论探讨》2005 年第 2 期。

208. 刘湘勤、闫恺媛：《资产价格波动对居民财产性收入分配影响的实证研究》，载于《金融发展评论》2012 年第 2 期。

209. 刘艺：《工资制在解放后势在必行》，载于《人民日报》1958 年 10 月 17 日，转引自胡晓风、韩淑颖：《中国社会主义经济问题讨论纲要》，吉林人民出版社 1983 年版。

210. 逄锦聚：《论劳动价值论与生产要素按贡献参与分配》，载于《南开学报》（哲学社会科学版）2004 年第 5 期。

211. 彭定赟：《要素价格失衡与收入差距变化的动态关联研究》，载于《华中师范大学学报》（人文社会科学版）2013 年第 1 期。

212. 漆琪生：《关于按劳分配原则的几个问题》，载于《新建设》1964 年第 8~9 期，转引自胡晓风、韩淑颖：《中国社会主义经济问题讨论纲要》，吉林人民出版社 1983 年版。

213. 任仲平：《不要让前人的理论束缚住后人的手脚》，载于《人民日报》1958 年 10 月 27 日，转引自胡晓风、韩淑颖：《中国社会主义经济问题讨论纲要》，吉林人民出版社 1983 年版。

214. 沈志远：《关于按劳分配的几个问题》，载于《文汇报》1962年8月30日，转引自钟祥财：《中国收入分配思想史》，上海社会科学院出版社2005年版。

215. 王从军、钱海燕：《人力资本投资与公平的收入分配——一个基于经济发展兼顾公平的收入分配理论研究》，载于《求索》2005年第9期。

216. 王克忠：《论社会主义市场经济与按劳分配》，载于《学术月刊》1997年第4期。

217. 王林辉、赵景：《技术进步偏向性及其收入分配效应：来自地区面板数据的分位数回归》，载于《求是学刊》2015年第4期。

218. 王茂湘：《供给制改工资制是一种倒退》，载于《人民日报》1958年10月18日，转引自胡晓风、韩淑颖：《中国社会主义经济问题讨论纲要》，吉林人民出版社1983年版。

219. 王松霈、朱铁臻：《论我国农业集体化的光辉道路》，载于《经济研究》1981年第6期，转引自李楠：《马克思按劳分配理论及其在当代中国的发展》，高等教育出版社2003年版。

220. 王小鲁、樊纲：《中国收入差距的走势和影响因素分析》，载于《经济研究》2005年版。

221. 王小鲁：《灰色收入拉大居民收入差距》，载于《中国改革》2007年第10期。

222. 卫兴华：《按贡献参与分配的贡献是指什么》，载于《人民日报》2003年2月18日。

223. 吴敬琏：《按劳分配的平等权利不具有资产阶级法权的属性吗？》，载于《经济研究》1963年第12期，转引自胡晓风、韩淑颖：《中国社会主义经济问题讨论纲要》，吉林人民出版社1983年版。

224. 吴向鹏：《教育投资、资本市场不完全与收入差距》，载于《当代财经》2005年第7期。

225. 武岚：《缩小我国居民收入差距的现实选择——基于提高财产性收入的分析》，载于《经济师》2008年第12期。

226. 夏华、李金凤：《扩大中等收入者比重的影响因素分析和政策建议》，载于《环渤海经济瞭望》2015年第5期。

227. 晓亮：《论经营及按经营成果分配》，载于《中国社会科学》1986

年第 5 期。

228. 杨灿明、赵兴罗：《"收入分配理论与政策"国际学术研讨会综述》，载于《中南财经政法大学学报》2012 年第 1 期。

229. 杨宜勇、池振合：《经济新常态下我国居民收入差距的动态变化》，载于《区域经济评论》2017 年第 1 期。

230. 于光远：《关于社会主义制度下商品生产问题的讨论》，载于《经济研究》1959 年第 7 期。

231. 俞文伯、安烈鹰：《革命队伍中改行"工资制"是倒退》，载于《安徽日报》1958 年 10 月 27 日，转引自经济研究、经济学动态编辑部：《建国以来政治经济学重要问题争论》，中国财政经济出版社 1981 年版。

232. 袁恩桢：《收入差距与社会和谐》，载于《上海交通大学学报》（哲学社会科学版）2005 年第 9 期。

233. 张俊山：《关于当前我国收入分配理论研究的若干问题思考》，载于《经济学家》2012 年第 12 期。

234. 张问敏等：《对农业家庭承包责任制分配性质的探讨》，引自中国政治经济学社会主义部分研究学术组编：《关于按劳分配问题——全国第五次按劳分配理论讨论会论文选编》，第 423 页，转引自钟祥财：《中国收入分配思想史》，上海社会科学院出版社 2005 年版。

235. 张玉丽、杨国玉：《对增加居民财产性收入的探讨》，载于《经济问题》2008 年第 12 期。

236. 赵满华：《社会主义市场经济与按劳分配相互统一》，载于《经济问题》1993 年第 6 期。

237. 赵人伟、丁赛：《中国居民财产分布研究》，引自李实等：《中国居民收入分配研究Ⅲ》，北京师范大学出版社 2008 年版。

238. 赵振华：《如何认识当前我国居民的收入差距》，载于《光明日报》2016 年 3 月 23 日。

239. 赵振华：《我国收入分配问题研究综述》，载于《中共云南省委党校学报》2005 年第 3 期。

240. 郑季翘：《再谈消除资产阶级法权》，载于《人民日报》1959 年 1 月 27 日，转引自胡晓风、韩淑颖：《中国社会主义经济问题讨论纲要》，吉林人民出版社 1983 年版。

241.《政策信号：扩大中等收入者比重》，载于《羊城晚报》2002年11月12日，转引自卢嘉瑞等：《中国现阶段收入分配差距问题研究》，人民出版社2003年版。

242. 仲津：《对按劳分配的一些看法》，载于《学习》1957年第2期。

243. 周振华：《我国收入分配变动的内涵、结构及趋势分析》，载于《改革》2002年第3期。

244. 刘国光：《是"国富优先"转向"民富优先"还是"一部分人先富起来"转向"共同富裕"》，载于《浙江社会科学》2011年第4期。

245. 魏众、王琼：《按劳分配原则中国化的探索历程——经济思想史视角的分析》，载于《经济研究》2016年第11期。

246. 陈慧女：《中国共产党领导社会主义经济建设过程中收入分配改革领域的实践与基本经验》，载于《经济纵横》2012年第2期。

247. 林榜：《马克思按劳分配释读与中小企业薪酬管理实践》，载于《改革与战略》2010年第1期。

248. 王友成：《1958～1959年党的领导集体对所有制问题的认识轨迹》，载于《河南师范大学学报（哲学社会科学版）》2010年第4期。

249. 程恩富：《现代马克思主义政治经济学的四大理论假设》，载于《中国社会科学》2007年第1期。

250. 杨承训：《正确认识"深化收入分配制度改革"中的矛盾》，载于《思想理论教育导刊》2008年第4期。

251. 高玉伟：《关于收入分配原则问题的讨论》，载于《中国城市经济》2010年第11期。

252. 刘承礼：《30年来中国收入分配原则改革的回顾与前瞻——一项基于公平与效率双重标准的历史研究》，载于《经济理论与经济管理》2008年第9期。

253. 刘承礼：《改革开放以来我国收入分配制度改革的路径与成效——以公平与效率的双重标准为视角》，载于《北京行政学院学报》2009年第1期。

254. 卢现祥：《我国的渐进式改革及其寻租问题》，载于《中南财经大学学报》1998年第5期。

255. 林毅夫：《中国农业：当前问题和政策抉择》，载于《经济导刊》1996年第1期。

256. 林毅夫等：《论中国经济改革的渐进式道路》，载于《经济研究》1993 年第 9 期。

257. 朱光华、陈国富：《中国所有制结构变迁的理论解析》，载于《经济学家》2001 年第 3 期。

258. 周为民、卢中原：《效率优先兼顾公平——通向繁荣的权衡》，载于《经济研究》1986 年第 2 期。

259. 课题组：《促进形成合力的居民收入分配机制（总报告）》，载于《经济研究参考》2010 年第 3 期。

260. 冯招容：《收入差距的制度分析》，载于《中共中央党校学报》2002 年第 3 期。

261. 罗志荣：《国企改革——十年攻坚探出发展新路子》，载于《企业文明》2013 年第 3 期。

262. 习近平：《切实把思想统一到党的十八届三中全会精神上来》，载于《求是》2014 年第 1 期。

263. 杨冬雪：《国家和制度创新：诺斯的国家理论述评》，载于《经济社会体制比较》1996 年第 1 期。

264. 卫兴华：《把发展生产力与发展社会主义生产关系和上层建筑统一起来》，载于《求是》2016 年第 8 期。

265. 邓大才：《强制性制度变迁方式转换的时机选择》，载于《社会科学》2004 年第 10 期。

266. 马昀、卫兴华：《用唯物史观科学把握生产力的历史作用》，载于《中国社会科学》2013 年第 11 期。

267. 盛洪：《寻求改革的稳定形式》，载于《经济研究》1991 年第 1 期。

268. 平心：《三论生产力性质：关于生产力性质的含义问题及其他》，载于《学术月刊》1959 年第 12 期。

269. 平心：《略论生产力与生产关系的区别：八论生产力性质》，载于《学术月刊》1960 年第 8 期。

270. 平心：《关于生产力性质问题的讨论》，载于《学术月刊》1960 年第 4 期。

271. 李怀印等：《制度、环境与劳动积极性：重新认识集体制时期的中国农民》，载于《开放时代》2016 年第 6 期。

272. 高志仁：《新中国个人收入分配制度变迁研究》，湖南师范大学博士学位论文，2008 年。

273. 谷红欣：《中国当代收入分配思想研究》，复旦大学博士学位论文，2006 年。

274. 胡爽平：《马克思主义分配理论及其在当代中国的发展》，武汉大学博士学位论文，2010 年。

275. 林霞：《中国特色社会主义个人收入分配制度研究》，南京师范大学博士学位论文，2012 年。

276. 林延光：《当代中国慈善公益募捐发展研究——兼与美国的比较》，湖南师范大学博士学位论文，2014 年。

277. 袁竹：《完善中国特色社会主义收入分配机制研究》，东北师范大学博士学位论文，2013 年。

278. 李济广：《我国现阶段财产所有权结构统计评估》，载于《中州学刊》2011 年第 4 期。

279. 雷钦礼：《技术进步偏向、资本效率与劳动收入份额变化》，载于《经济与管理研究》2012 年第 12 期。

280. 王玉玲：《劳动报酬占比变动轨迹及其经济效应分析——兼谈对中国经济转型发展的现实影响》，载于《上海经济研究》2015 年第 10 期。

281. 卓勇良：《关于劳动所得比重下降和资本所得比重上升的研究》，载于《浙江社会科学》2007 年第 3 期。

282. 王晓霞、白重恩：《劳动收入份额格局及其影响因素研究进展》，载于《经济学动态》2014 年第 3 期。

283. 王婷：《增加财产性收入对居民收入差距的影响评析》，载于《当代经济研究》2012 年第 7 期。

284. 李金良：《财产性收入与贫富差距——基于城乡收入差距的实证研究》，载于《北京邮电大学学报（社会科学版）》2008 年第 6 期。

285. 金双华：《我国城镇居民财产性收入差距及其税收负担的实证研究》，载于《财贸经济》2013 年第 11 期。

286. 李宪印：《城市化、经济增长与城乡收入差距》，载于《农业技术经济》2011 年第 8 期。

287. 钞小静、沈坤荣：《城乡收入差距、劳动力质量与中国经济增长》，载于《经济研究》2014 年第 6 期。

288. 吕炜、储德银：《城乡居民收入差距与经济增长研究》，载于《经济学动态》2011 年第 12 期。

289. 陈安平：《中国经济增长与收入差距关系的经验研究》，载于《经济问题》2010 年第 4 期。

290. 彭爽等：《论 1978 年以来中国国民收入分配格局的演变、现状与调整对策》，载于《经济评论》2008 年第 2 期。

291. 白重恩等：《谁在挤占居民的收入——中国国民收入分配格局分析》，载于《中国社会科学》2009 年第 5 期。

292. 国家发改委社会发展研究所课题组：《我国国民收入分配格局研究》，载于《经济研究参考》2012 年第 21 期。

293. "当前宏观收入分配格局研究"课题组：《当前我国宏观收入分配格局研究》，载于《调研世界》2015 年第 11 期。

294. 田卫民：《测算中国国民收入分配格局：1978~2006》，载于《财贸研究》2010 年第 1 期。

295. 李子联：《中国收入分配格局：从结构失衡到合理有序》，载于《中南财经政法大学学报》2015 年第 3 期。

296. 陈宗胜等：《论我国居民收入分配格局变动及橄榄形格局的实现条件》，载于《经济学家》2015 年第 1 期。

297. 《改革开放 30 年：所有制改革和非公有制经济发展的回顾》，人民网，2008 年 9 月 8 日。

298. 邹东涛、欧阳日辉：《我国所有制改革与非公有制经济发展 30 年》，人民网-理论频道，2008 年 9 月 8 日。

299. 李荣融：《加大并购重组力度　优化国有经济布局》，新华网，2003 年 11 月 19 日。

300. 《改革开放 30 年：所有制改革和非公有制经济发展的回顾》，人民网，2008 年 9 月 8 日。

301. 胡绳：《中国共产党的七十年》，中共党史出版社 1991 年版。

302. 吴垠、孔德：《"三权分置"：四川农村土地产权的改革路径》，载于《四川省情》2014 年第 11 期。

303. 李斌：《中国住房改革制度的分割性》，载于《社会学研究》2002

年第 2 期。

304. 李培:《中国住房制度改革的政策评析》,载于《公共管理学报》2008 年第 3 期。

305. [英]爱德华·卢斯:《美国制造业即将复兴?》,载于《金融时报》2012 年 9 月 28 日。

306. [日]白波濑佐和子:《正在没落的中产阶级》,载于《经济学人》2012 年 1 月 31 日。

307. 伯纳德·施瓦茨,王军等译:《美国法律史》,中国政法大学出版社 1990 年版。

308. 惠晓霜:《美国贫富差距创纪录,2009 年基尼系数超"警戒"》http: //news. xinhuanet. com/. world/2010 - 09/29/c_13534449. htm。

309. 罗楚亮、李实、赵人伟:《我国居民的财产分布及其国际比较》,载于《经济学家》2009 年第 9 期。

310. 刘灿:《从经济自由主义和国家干预的纷争与现实看市场经济模式》,载于《中国经济问题》2010 年第 1 期。

311. 李强:《关于中产阶级和中间阶层》,载于《中国人民大学学报》2001 年第 2 期。

312. 李长久:《西方中产阶级失势,尽显疲态》,载于《经济参考报》2012 年 5 月 17 日。

313. 约瑟夫·斯蒂格利茨:《美国 1% 的"民有、民治、民享"》http: //opinion. huanqiu. com/roll/2011 - 10/2092133. html。

314. 石庆环:《20 世纪美国中产阶级的结构变迁及其特征》,载于《辽宁大学学报(哲学社会科学版)》2010 年第 4 期。

315. 王家庭、杨庭:《当代美国收入分化的演进历程及其政策启示》,载于《学习与实践》2012 年第 8 期。

316. 张彤玉、时学成:《论新自由主义理论对美国收入差距的影响》,载于《理论探讨》2010 第 4 期。

317. 宋小川:《美国税收制度累进性质的减退对贫富差距扩大的影响》,载于《财经科学》2008 年第 10 期。

318. 曾康霖:《美国收入分配的贫富差距与金融经济危机》,载于《马克思主义与现实(双月刊)》2009 年第 5 期。

319. 乔为国：《中国和美国宏观收入分配结构的差异及启示》，载于《经济理论与经济管理》2007年第8期。

320. 李栗：《收入分配差距的贫困度研究》，辽宁大学，2012年。

321. 李实、罗楚亮：《中国收入差距的实证分析：Empirical analysis on income inequality in China》，社会科学文献出版社2014年版。

322. 胡志军：《我国城镇居民收入基尼系数的估计及其群体阶层效应——基于省级收入分组数据的研究》，载于《当代财经》2016年第10期。

323. 林毅夫、刘明兴：《中国的经济增长收敛与收入分配》，载于《世界经济》2003年第8期。

324. 王志刚：《质疑中国经济增长的条件收敛性》，载于《管理世界》2004年第3期。

325. 王小鲁、樊纲：《中国收入差距的走势和影响因素分析》，载于《经济研究》2005年第10期。

326. 潘文卿：《中国区域经济差异与收敛》，载于《中国社会科学》2010年第1期。

327. 刘生龙、胡鞍钢：《交通基础设施与经济增长：中国区域差距的视角》，载于《中国工业经济》2010年第4期。

328. 刘明兴、张冬、章奇：《区域经济发展差距的历史起源：以江浙两省为例》，载于《管理世界》2015年第3期。

329. 白俊红、王林东：《创新驱动对中国地区经济差距的影响：收敛还是发散？》，载于《经济科学》2016年第2期。

330. 李学芬：《中国城镇居民住房现状大调查》，载于《中外房地产导报》2000年第10期。

331. 刘灿等：《完善社会主义市场经济体制与公民财产权利研究》，经济科学出版社2014年版。

332. 《毛泽东选集》1964年版第4卷，第1433~1434页。

333. 刘斌：《西方经济学中收入分配公平观述评》，载于《山西大学学报》（哲学社会科学版）2004年第4期。

334. 殷文伟、魏广森：《公平和效率的有限相关分析》，载于《集团经济研究》2005年第3期。

335. 柳平生：《当代西方马克思主义对马克思经济正义原则的重构》，

载于《经济学家》2007 年第 2 期。

336. 杨春学:《如何压缩贫富差距？——美国百年历史的经验与教训》, 载于《经济学动态》2013 年第 8 期。

337. 李雅云:《民商法理论与实践》,中国法制出版社 2004 年版。

338. 孟捷:《劳动与资本在价值创造中的正和关系研究》,载于《经济研究》2011 年第 4 期。

339. David M. Kotz, 2007: "The Capital – Labor Relation: Contemporary Character and Prospects for Change", The American Economic Review.

340. Pew Research Center, 2015: "The American Middle Class Is Losing Ground" http://www.pewsocialtrends.org/2015/12/09/.

341. Edward N. Wolff: "Changes in Household Wealth in the 1980s and 1990s in the U.S" in Edward N. Wolff "Editor, International Perspectives on Household Wealth", Elgar Publishing Ltd., 2004.

342. Kopczuk & Saez: "Top Wealth Shares in the United States, 1916 – 2000: Evidence from Estate Tax Returns", NBER Working Paper 2004, 10399.

343. Fred Magdoff & John Bellamy Foster: "Class War and Labor's Declining Share", Monthly review, 2013.

344. Benjamin Bridgman: "Is Labor's Loss Capital's Gain? Gross versus Net Labor Shares", Bureau of Economic Analysis, 2014.

345. Emmanuel Saez & Gabriel Zucman: "Wealth Inequality in the United States since 1913: Evidence from Capitalized Income Tax Data", Quarterly Journal of Economics, 2016.

346. Emmanuel Saez & Thomas Piketty: "Income Inequality in the United States, 1913 – 1998", Quarterly Journal of Economics, 2003.

347. Feenstra, Robert C., Robert Inklaar and Marcel P. Timmer: "The Next Generation of the Penn World Table", American Economic Review, 2015.

348. Logan J A, Megretskaia I A, Miller A J, et al. Logan, J. A. et al. Trends in the vertical distribution of ozone: a comparison of two analyses of ozonesonde data. J. Geophys. Res. 104, 26373 – 26399 [J]. Journal of Geophysical Research Atmospheres, 1999, 1042 (D21): 26373 – 26400.

349. Kuznets S. Economic Growth and Income Inequality [M]. LAP LAM-

BERT Academic Publishing, 2002.

350. Wen Rui and Wu Li, "New China's Income Distribution System: Its Evolution, Performance and Lessons for the Future", Social Science in China, Winter, 2007.

351. Atinc, T. Manuelyan, "Sharing rising incomes: disparities in China," in World Bank, eds., Sharing 5. Rising Incomes: China 2020 Series, Washington D. C.: World Bank Press, 1997, pp. 257 – 260.

352. World Bank, World Development Report 2005: A Better Investment Climate for Everyone, New York: World Bank and Oxford University Press, 2004, pp. 258 – 259.

# 后　　记

　　本书是马克思主义理论研究和建设工程项目和国家社会科学基金项目研究的最终结果，在此要特别感谢"马工程"和国家社科基金的支持与资助。

　　改革开放以来，我国收入分配制度改革逐步推进，破除了传统计划经济体制下平均主义的分配方式，在坚持按劳分配为主体的基础上，允许和鼓励资本、技术、管理等要素按贡献参与分配，不断加大收入分配调节力度。经过三十多年的探索与实践，按劳分配为主体、多种分配方式并存的分配制度基本确立，以税收、社会保障、转移支付为主要手段的再分配调节框架初步形成，有力地推动了社会主义市场经济体制的建立。同时，收入分配领域仍存在一些亟待解决的突出问题，主要是城乡区域发展差距和居民收入分配差距依然较大，收入分配秩序不规范，隐性收入、非法收入问题比较突出，部分群众生活比较困难，宏观收入分配格局有待优化。面对当前中国改革发展要解决的重大问题，立足于构建中国特色社会主义政治经济学理论体系，本书系统研究中国特色社会主义收入分配制度的理论与实践问题，提出一个与市场经济相适应的、中国特色社会主义收入分配制度的整体架构。

　　2015年底，习近平在中央经济工作会议上指出："要深入研究世界经济和我国经济面临的新情况、新问题，为马克思主义政治经济学创新发展贡献中国智慧。"立足于中国改革发展的成功实践，研究和揭示社会主义经济发展和运行规律的科学，形成的系统化、科学的理论体系，是中国特色社会主义政治经济学面临的重大课题。近年来，在社会主义收入分配领域的理论研究和实践创新取得了一系列成果，但结合中国实践对中国特色社会主义收入分配制度作基础理论研究、形成系统化的成果还不多，在实践中收入分配领域的一些深层次矛盾还需要经济学解释。因此，本书还未深入研究的理论和实践问题还很多，在写作过程中也难免有疏漏不妥之处，在将本书呈献给读者时，希望大家不吝赐教，以便我们修正。

　　本书是集体合作的成果。刘灿是该项课题的主持人并负责全书的框架设计，吴垠、刘灿负责全书统稿。具体分工如下：导论（刘灿），第一章（王朝明、韩文龙、李梦凡），第二章（王朝明、张海浪），第三章（王朝明、王彦西），第四章（李萍、陈志舟、田世野），第五章（李怡乐、李标、李萍、王军、冯梦黎），第六章（王雪苓、李萍、王卫卿），第七章（吴垠、李梦凡、陈师、盖凯程、周永昇），第八章（刘灿），第九章（盖凯程、刘灿、韩文龙）。

　　本书是"马工程"重大课题、国家社会科学基金重大项目"中国特色社会主义政治经济学研究"子课题"中国特色社会主义收入分配制度研究"的成果，在课题研究过程中得到该项目总负责人、首席专家洪银兴教授的悉心指导和大力支持，在此表示衷心感谢。本书在写作和出版过程中，得到了西南财经大学马克思主义经济学研究院、经济学院、科研处的支持和资助，经济科学出版社为本书的出版给予了大力支持并做了大量具体工作，我们在此一并表示诚挚的感谢。

作　者<br>
2017 年 7 月光华园